Hillel Schwartz
Déjà vu

Hillel Schwartz

DÉJÀ VU

Die Welt im Zeitalter
ihrer tatsächlichen Reproduzierbarkeit

Aus dem Amerikanischen
von Helmut Ettinger

Aufbau-Verlag

Die Originalausgabe
The Culture of the Copy. Striking likenesses, unreasonable facsimiles
erschien 1996 bei Zone Books, New York.

Mit 46 Abbildungen

ISBN 3-351-02500-9

1. Auflage 2000

First published in the United States of America 1996 by Zone Books
Lektorat Daniel Kiecol und Annette C. Anton
Einbandgestaltung Preuße & Hülpüsch Grafik-Design
Druck und Binden Clausen & Bosse, Leck
Printed in Germany

www.aufbau-verlag.de

Inhalt

1. Verschwindende Zwillinge

Wir werden als Zwillinge empfangen, meist aber als einzelne Wesen geboren. Wir selbst begreifen uns zunächst als Zwillinge, bis einer von uns verschwindet. Die Ersten Zwillinge kämpfen gemeinsam gegen Urkräfte, öffnen uns Zugänge zu dieser Welt, um Pferde zu zähmen, die Erde umzupflügen und den Blitzschlag zu überleben. Dann vernichtet einer den anderen. Der verschwundene Zwilling hinterläßt einen Körper, so trocken und dünn wie ein Fetzen Papyrus.

Akte und Bilder der Verdopplung nehmen hier ihren Anfang – an der Wurzel unseres Lebens, unseres Fleisches, unseres Blutes, unserer Existenz. In einer Zeit, die von Kopiergeräten begeistert, von vagabundierenden Kopien jedoch entsetzt ist, die bei federleichten künstlichen Gliedmaßen in Entzücken, bei der Möglichkeit des Klonens aber in Angst und Schrecken verfällt, gerät die Biologie selbst ins Zwielicht des Mythos. Die Geschichten, die wir im Zeichen der Doppelhelix über unsere Körper erzählen, gehen eine aus der anderen hervor und alle auf denselben Ursprung zurück. Es heißt, unser Anfang im eigentlichen und übertragenen Sinne liege im Kopieren unserer eigenen Zellen. Die Geschichten, die wir von verdoppelten Körpern zwischen Zerstörung und Nachbildung erzählen, führen unweigerlich von der Wissenschaft zum sozialen Gewissen. Sie konfrontieren uns mit unangenehmen Seiten unseres Ichs im emotionalen, kulturellen und historischen Sinne. Zwillinge, die quäkend und zu früh auf diese Welt kommen, überraschen uns nicht länger, stellen aber bohrende Fragen nach unserer Einmaligkeit als Individuen in einer Gesellschaft der Duplikate. Zwillinge tragen, wenn sie das erste Mal auf dem Monitor des Ultraschallgerätes erscheinen, in sich das uralte Drama des zusammengesetzten Ichs, die moderne Legende gespaltener Schwestern- und geraubter Bruderschaft.

Geburtshelfer dieser modernen Legende war Dr. Arnold Gesell, der 1922 über Zwillinge nachgrübelte. Wenn ein Zwillingsfötus stärker als der andere ist, schrieb er, kann der andere zu einer »vegetativen Masse mißgestalteten oder formlosen Gewebes« degenerieren. Gesell, dessen Klinik für Kindesentwicklung an der Yale University jahrzehntelang den Inhalt der Lehrbücher für Kinderärzte und Eltern bestimmte, kam zu der Erkenntnis, daß das spontane Absterben von Zwillingsföten gar nicht so selten ist, wenn man bedenkt, wie häufig neben lebenden Neugeborenen papyrusähnliche Rückstände *(foetus compressus* oder *foetus papyraceus)* gefunden werden.[1]

Der Schriftsteller Michel Tournier schlachtete die Arbeiten des Psychologen René Zazzo aus, der mit Gesell in New Haven studiert und später mit französischen Zwillingspaaren gearbeitet hatte. So gewann er das Material für einen Roman, in dem einer der eineiigen Zwillinge Jean und Paul darüber fabuliert, daß alle Menschen ursprünglich Zwillinge seien. »Jede schwangere Frau trägt in ihrem Schoß zwei Kinder«, behauptet Paul in dem Roman *Die Zwillingssterne*. »Doch der stärkere von ihnen duldet nicht, daß ein Bruder da ist, mit dem er alles teilen soll. Er bringt ihn schon im Mutterleib um, und wenn er ihn umgebracht hat, verzehrt er ihn; dann kommt er mit diesem Unfrevel besudelt allein zur Welt, zum Alleinsein verdammt und durch seine ungeschlachte Größe als Mörder gebrandmarkt.« Diesen Ungeheuern fehlt immer etwas in ihrem Leben: Sie suchen nach der perfekten Gemeinschaft, die sie schon vor der Geburt geopfert haben.

Die Geschichte ist nicht neu. Schon vor 2400 Jahren sprach Aristophanes in Platos *Symposion* von dem ursprünglich doppelten Menschenwesen, von Zeus gespalten und stets auf der Suche nach seiner anderen Hälfte. Ein von menschenfressenden Ungeheuern besessener französischer Autor erzählte sie 1975 neu als Parabel über die maßlose Liebe in einem Jahrhundert der Einsamkeit, des Betrugs und der Fälschung. Zwilling und verschwundener Zwilling stehen für das, was uns am Ende dieses Jahrtausends am stärksten bedrückt: Je perfekter wir uns selbst und unsere Welt zu reproduzieren vermögen, um so mehr scheint sie unserer Umarmung zu entgleiten.

Was Tournier nicht wissen konnte: Im selben Jahr 1975 holte Salvator Levi vom Universitätskrankenhaus in Brüssel den verschwundenen Zwilling aus der Sphäre der Literatur und Philosophie in die reale Welt der Geburtshilfe. Bei der Untersuchung von 6690 schwangeren Frauen fand Levi heraus, daß »in 71 Prozent der Fälle von Zwillingsschwangerschaften, die man vor der zehnten Lebenswoche diagnostizierte, nur ein Kind geboren wurde«. Vor der Einführung der Fetoskopie und des Ultraschalls war es unmöglich gewesen, Zwillinge bereits im ersten Vierteljahr der Schwangerschaft zu erkennen. Levi zitierte ein Lehrbuch, dessen Verfasser bereits 1945 aus dem Auftreten von *foetus papyraceus* den Schluß gezogen hatte, daß in zwei Dritteln der Zwillingsschwangerschaften das Gewebe des einen Kindes resorbiert werden könnte, »ohne Spuren zu hinterlassen«. Dreißig Jahre später hatte Levi nun aber solche Spuren entdeckt.

Im Jahr 1989 verwies ein Zwilling in der Kolumne »First Person« der Zeitschrift *Psychology Today* auf »Mediziner, die glauben, daß ein Viertel aller einzeln geborenen Kinder ihr Leben als Zwillinge beginnen«. Aus diesen traurigen Zahlen strickte man bald die populäre Legende von einer ganzen Schar verlorener Zwillinge, die uns in einer Welt voller Scheinbilder treue Weggefährten hätten sein können. Bereits 1982 hatte Zwilling und Synchronschwimmerin Kay Cassill spekuliert: »Es kann sich durchaus herausstellen, daß über die Hälfte aller heute lebenden einzeln Geborenen ursprünglich einen Zwilling zur Seite hatte!« Unbeeindruckt von der banalen Annahme, dieser könnte bereits im Mutterleib resorbiert worden sein, bot Cassill die Version an, »der Überlebende könnte seinen Bruder (oder seine Schwester) in der Tat lebend, *in verändertem Zustand* in seinem Körper bewahren«. Wer weiß, wie viele Menschen mit einer Dermoidzyste das »unvollkommene, aber lebende Gewebe längst verschwundener Brüder und Schwestern in sich tragen«? Ausgehend davon, daß eineiige Zwillinge dieselbe Blutgruppe haben, so daß ein in einem Menschen aufgegangener Zwilling unauffindbar wäre, behauptete Cassill: »Potentiell ist es möglich, daß solch ein unsichtbarer Zwilling in *jedem* stecken kann.«

Jedes Individuum ein *vopiscus*, das heißt, wie die Römer sagen, ein überlebender Zwilling? Der vielleicht sogar sein verschwundenes Pendant in sich trägt? Die Vorstellung schien für die kanadische Schriftstellerin Margaret Atwood im Jahr 1990 ganz natürlich zu sein, deren Romanheldin Kat man einen haarigen Klumpen herausoperiert, der sogar Hirngewebe enthält. »Sie fragte den Arzt, ob dies einmal ein Kind, ein befruchtetes Ei, gewesen sein könnte, das an eine falsche Stelle des Körpers geraten sei. Nein, sagte der Doktor. Einige Menschen glauben, diese Art Tumor sei in Keimform von Geburt an oder noch früher dagewesen. Es könnte ein unentwickelter Zwilling der Frau sein.« Das war durchaus vorstellbar, denn »der haarige Klumpen spricht zu ihr ohne Worte ... Er sagt ihr alles, was sie niemals über sich hören wollte. Das ist neues Wissen – düster, kostbar und notwendig. Es tut weh.«[2]

Die aufkommende Legende vom verschwindenden Zwilling macht uns zu unseren eigenen Blutsverwandten. Umringt von Fälschungen und Nachbildungen, suchen wir bei diesem primitiven Zwilling nach Bestätigung für Treue und nach Entschuldigung für Verrat. In unserem Körper könnten wir also unsere vertrauteste Schwester, unseren nächsten Bruder zerstört haben und doch zugleich in uns tragen. Der verschwundene Zwilling versichert uns eines unauflöslichen menschlichen Bandes und läßt uns zugleich an einem unaussprechlich tragischen Verlust teilhaben.

Wie sollen wir mit einer Legende umgehen, die uns in größte Nähe zu einem Blutsbruder, einer Blutsschwester bringt und sie im selben Augenblick wieder entreißt? Waren wir schon immer auf der Suche nach dunklen, schwindenden Körpern wie Astronomen auf der Suche nach Zwillingsgestirnen, die andere Sterne umkreisen? Ist die Rettung von Zwillingen vor den Risiken einer allzu frühen Geburt so alltäglich geworden, daß wir nun um so stärker um jene Zwillingsföten trauern, die sich uns entziehen? Haben die vielen Spätgebärenden die Zahl der Zwillinge anwachsen lassen, so daß jede Schwangerschaft nun erst recht auf mögliche Zwillinge untersucht wird? Läßt die Befruchtung im Labor, die mit immer größerer Finesse vorgenommen wird, so viele Mehrlingsgeburten erwarten, daß wir uns vor anomalen Föten ängstigen müssen, nach denen wir immer früher im Verlauf einer Schwangerschaft Ausschau halten?

Beantworteten wir alle diese Fragen mit Ja, was ich glaube, so ergäbe dies doch nur ein schwaches Fundament für eine Legende von solcher Tiefe. Sie hat letzten Endes weniger mit Wissenschaft oder Medizin zu tun als vielmehr mit der orakelhaften Funktion von Zwillingen, die uns anscheinend vieles sagen, was wir über unsere einzigartige menschliche Natur erfahren möchten, zugleich aber auch mehr, als wir über unsere Einsamkeit zur Kenntnis nehmen wollen. Die Legende vom verschwindenden Zwilling spricht aus, wie tief verstört wir über die postmoderne Verwirrung der Identität und über die postindustrielle Beschädigung der Authentizität sind. Es ist nicht unsere anmaßende Fähigkeit, Zwillinge aufzuspüren, die untersucht werden muß, sondern unser seltsamer Hang, den verschwundenen Zwilling zu einer Leitfigur unserer Kultur der Kopie zu machen.

Doppelgeister

Wo Zwillinge am häufigsten vorkommen, wollen wir den Schlüssel zu einer überzeugenden Erklärung dafür finden, weshalb die Legende vom verschwindenden Zwilling eine derartige Anziehungskraft besitzt. Diese nimmt zu, je mehr Zwillinge gerettet und geboren werden. Eineiige Zwillinge sind eine biologische Abweichung und überall sehr selten – weniger als vier unter eintausend Geburten. Wie häufig zweieiige Zwillinge vorkommen, hängt davon ab, wie Alter, Gesundheit und Hormonspiegel der Mutter beschaffen sind, wie häufig sie Geschlechtsverkehr hat und ob sie gewillt ist, ihre Gemeinschaft davon in Kenntnis zu setzen, die Zwillinge entweder verehrt oder, wie im vormodernen Japan, verabscheut.[3]

Bei den Yoruba in Westnigeria kommen unter sechzehn bis zweiundzwanzig Geburten einmal Zwillinge vor. Das ist die höchste Rate in der Welt, dreimal so viel wie in der westlichen Welt. Niemand weiß, ob sich dieser Anteil in der Geschichte stark verändert hat, aber verbürgt ist, daß die Yoruba erst seit Mitte des 18. Jahrhunderts Zwillinge in positivem Lichte sehen. Bis zu jener Zeit teilten sie die Abneigung ihrer Nachbarn gegen sie und töteten sie sogar wie viele afrikanische Völker. Zwillinge brachten in ihren Augen nur zusätzliche wirtschaftliche Schwierigkeiten und verstießen zudem gegen die Vorstellung, daß nur Tiere mehrere Junge auf einmal zur Welt bringen konnten.

Als im Jahr 1730 die nigerianische Hafenstadt Porto Novo gegründet wurde, brachten Yoruba-Händler von dort eine gänzlich andere Haltung gegenüber Zwillingen mit. König Oyo, der mit Dahomey in einer Auseinandersetzung über die Vorherrschaft an der Sklavenküste begriffen war, übernahm diese neue Haltung rasch. Unter den an der Küste lebenden Yoruba und den Yoruba-Sklaven, die man nach Brasilien brachte, entstand ein Kult der Zwillinge, die nun nicht mehr als ein Fluch, sondern als ein Segen gesehen wurden:

Ihr öffnet Türen auf der Erde.
Ihr öffnet Türen im Himmel …
Ihr, die Ihr Doppelgeister seid.

Wenn bei den Yoruba nun Zwillinge geboren wurden, hatten die beiden den Göttern bereits die Zustimmung abgehandelt, nicht als Colobus-Affen zur Welt zu kommen, die regelmäßig Zwillinge gebären und wie die Yoruba-Frauen ein Kind vor der Brust und eines auf dem Rücken tragen. Die beiden teilten sich eine Seele. Da jeder Yoruba einen Schutzgeist im Himmel hatte, mußte dieser bei Zwillingen mit seinem Gegenstück auf der Erde verstrickt sein. Da niemand den Erdbewohner von seinem Gegenstück im Himmel unterscheiden konnte, verehrte man beide und nannte sie *Ejire* – »zwei, die eins sind«.

Wenn ein Zwilling starb, wurde für das Elternhaus eine Holzfigur geschnitzt. Diese kleinen Plastiken, *Ibeji* genannt, die Ausländer in den dreißiger Jahren des 19. Jahrhunderts zum ersten Mal zu Gesicht bekamen, waren fünfzehn bis fünfundzwanzig Zentimeter groß und trugen die typischen Merkmale der Familie. Sie waren den individuellen Zügen des verstorbenen Zwillings nachgestaltet, wurden im Schlafraum aufgestellt und behandelt, als seien sie lebende Wesen. Damit wollte man verhindern, daß der überlebende Zwilling seinem Pendant in den Tod folgte. Wegen der damals herrschenden hohen Kindersterblichkeit umsorgten Eltern diese *Ibeji*-Figuren jahrelang und salbten sie mit Öl, selbst wenn beide Zwillinge bereits verstorben waren. Dann wurden die beiden *Ibeji* nebeneinander aufgestellt. Ihre Körper waren glatt von der Berührung der vielen zärtlichen Hände. Etwa eine halbe Million *Ibeji* finden sich noch bei den zehn Millionen Yoruba, denen Geburt und Tod von Zwillingen vertraut sind. »Sie sterben und werden immer wieder neu geboren«, sagt Ijebu, ein Vater von Zwillingen. Heutzutage werden als *Ibeji* Plastikpuppen oder Fotos benutzt – nicht von dem verstorbenen Zwilling, sondern Fotografien des jeweils überlebenden, der direkt in die Kamera sieht. Eine Schwester, die ihren Bruder überlebt, posiert in Jungenkleidung für ein solches Porträt. Handelt es sich um Drillinge, wird sie zweimal fotografiert, wobei sie jeweils einen ihrer toten Brüder darstellt.

Seit einiger Zeit erst wissen Psychologen in Europa und Nordamerika, wie sehr überlebende Zwillinge leiden. Ein Mann, der seinen Zwillingsbruder sterben sah, »glaubte zu sehen, wie eine Kopie seiner selbst krank, abgezehrt und zerbrechlich wurde«. Er litt an Phantomschmerzen gleich denen, die seinen Zwilling ins Jenseits rissen. Zur Erinnerung nennen die Überlebenden eines ihrer Kinder nach dem Verstorbenen oder sie geben sich als der Verstorbene aus, dessen vertrautes Gesicht sie täglich im Spiegel sehen.

Ibeji, Zwillingsskulptur der Yoruba. Nigeria, 19. Jahrhundert. (Mit freundlicher Genehmigung des Museum of Anthropology, University of British Columbia, Vancouver. Foto: Heidi Piltz Burton)

Es scheint, daß wir wie die Yoruba begonnen haben, einen Kult um den verschwundenen Zwilling zu entwickeln. Wie die Yoruba glauben auch wir, daß zwischen Zwillingen überirdische Bande bestehen: »Sie erinnern sich, meine Schwester und ich waren Zwillinge«, erzählt Helen Stoner Sherlock Holmes in der Geschichte vom Gefleckten Band. »Sie wissen, wie einzigartig die Bande zwischen zwei Seelen sind, die einander so nahestehen.«

Wir nehmen an, daß sich das Leben eineiiger Zwillinge, selbst wenn sie weit voneinander entfernt sind, gleich gestaltet. Die Legende vom verschwundenen Zwilling macht uns mit der Vorstellung vertraut, jeder von uns mag einst ein lebendiges Ebenbild gehabt haben.

Die *Ibeji* sind die Vermittler zwischen Erdenbürgern und Himmelsbewohnern. Der Zwillingskult der Yoruba verschiebt die soziale Handlung von der Ablehnung oder dem Kindsmord hin zur Verehrung. Solange sie beisammen sind, geht von Zwillingen kein Fluch, sondern ein Segen aus. Deshalb müssen sie als Paar dargestellt werden, selbst wenn einer von ihnen bereits in den Himmel zurückgekehrt ist.

In den Industriegesellschaften dagegen ist der verschwindende Zwilling der stumme Beweis für einen verschwindenden Blutsverwandten. Verunsichert durch das immer brüchiger werdende Netz der Blutsbande, suchen wir nach kaum sichtbaren Spuren der Blutsverwandtschaft, die uns noch zusammenhalten. Der verschwindende Zwilling taucht just in dem Augenblick auf, da das Bild der treusorgenden Familie von der Panik um Kindesmißbrauch und Gewalt in der Ehe überschattet wird. Er erscheint in dem Moment auf der Bildfläche, als die Biotechnologien Unfruchtbarkeit kompensieren und fingierte Ahnentafeln den entwurzelten Stammbaum wieder einpflanzen sollen. Unser Kult des verschwindenden Zwillings verleiht uns durch wiedergefundene Familienbande eine historische Dimension.

Bei den Lele im Kongo werden die Eltern von Zwillingen als Wahrsager verehrt. Das widerfährt auch Zwillingen bei den Völkern, die glauben, daß ein Kinderpaar dann geboren wird, wenn eine Frau von einem Mann und einem Gott zugleich begattet wurde. Wenn auch westliche Linguisten und Psychologen die Stirn runzeln, so schreiben doch alle den Zwillingen übersinnliche Kräfte und Zaubersprachen zu. Von einer »wundertätigen« Biotechnologie zur Welt gebracht, gewinnen Zwillinge eine wundertätige Funktion. Und selbst verschwindende Zwillinge werden von unserem Symbol der Allgegenwart, dem Bildschirm, zu neuem Leben erweckt.

Die Zwillinge im Westen erben diesen Mantel des Propheten über einen archaischeren Zeitraum hinweg als den, der zwischen Klinikbett und Ultraschallgerät liegt. Unsere Erneuerung der Legende vom verschwindenden Zwilling bezieht Symbole und Gehalt aus einem weiten Kreis von Mythen, wo Urzwillinge die Unwetter des Himmels mit den Wassern der Erde, das Land der Lebenden mit dem Land der Toten verbinden. Zu Beginn des indoeuropäischen Mythos erschafft der Urpriester Manu (der Mensch) diese Welt, indem er seinen Bruder Yemo (Zwilling), den ersten König, opfert, der Herr über die Toten wird. So vereint sich jeder Mensch, wenn er Yemo schließlich gegenübertritt, »mit seinem gesamten Geschlecht. Eine Begegnung, in der die Zeit selbst sich aufhebt.«

Wie sehr uns die uralten Dramen vom Kampf zwischen Zwillingen, zwischen Nacht und Licht auch in ihren Bann schlagen mögen, so ringen doch nur wenige unserer Urbilder im Mutterleib so heftig miteinander wie Jakob und Esau. Unsere Legende vom verschwindenden Zwilling beschwört dagegen die harmonische Familie herauf. Was wir, geplagt von Intrigen, Tricks und Doppelzüngigkeit, heute von dieser Familie erwarten, ist Bestätigung. In unseren Augen ist die Feindschaft von Jakob und Esau (in 1. Mose 25;

24–34) überdeutlich vorherbestimmt. Esau, der Erstgeborene, der Mann der Jagd und des Feldes, beweist zunächst große Langmut angesichts der Ränke Jakobs, der sich auf ein Versprechen Jahwes berufen kann. Schließlich doch in Rage gebracht, lehnt es Esau ab, sich demütig nach Seir zurückzuziehen. Als er schließlich das Volk der Edomiter begründet hat, wird das ganze Kapitel 36 des 1. Buches Mose gebraucht, um seine Nachkommen aufzuzählen. Jakob selbst muß gegen Gott kämpfen, einen neuen Namen (Israel – stark gegen den Herrn) annehmen und einer Stadt in Kanaan brutale Gewalt antun, um zu beweisen, daß er dem starken Naturburschen, der Esau schon war, als Jakob ihn noch an der Ferse festhielt, trotz allem überlegen ist.

War das nicht Liebe? fragt Paul seinen Zwillingsbruder Jean. Hielt Jakob Esau vielleicht vor der schmerzlichen Trennung zum letzten Male fest? Vermuten wir einen Kampf im Mutterleib, während die Trennung in Wirklichkeit erst eintrat, als Esau der Solidarität der fötalen Bruderschaft entfloh?

Weder als Tragödie noch als Komödie, sondern als romantisch verzweifelte Liebesgeschichte eignete sich die Geschichte von Jakob und Esau später nur zu gut für eine verzweifelt romantische Auslegung: Von den stolzen Juden, den Erstgeborenen, denen die Liebe der blinden Patriarchen gehörte, erkauften ihre jüngeren Zwillingsbrüder das Erstgeburtsrecht mit dem roten Blut Jesu; in die Felle ihrer Beutetiere gehüllt, erhielten die neuen Israeliten, die den Namen Christen angenommen hatten, als Märtyrer den Segen für das Gotteshaus des Neuen Testaments.

So kommt aus der alttestamentarischen Geschichte über Jakob und Esau sowie die Kirchenväter das volkstümliche Motiv vom Ewigen Juden als dem verschwindenden Zwilling. Das Motiv von der Suche nach den zehn untergegangenen Stämmen als einer Suche nach verschwundenen Zwillingen. Das theologische Motiv von den Juden als den Erstgeborenen, die niemals ganz verschwinden dürfen, weil sonst den Christen ihr Gegenbild verlorengeht. Das Motiv von den Juden als abschreckendes Beispiel dafür, daß jene zur Bedeutungslosigkeit verurteilt sind, die sich von Christus abwenden. Und schließlich das literarische Motiv vom allgegenwärtigen Bösen, vom Juden als finsteren Zwilling, der einfältigen Gemütern auflauert.

Letzteres hat zweifellos die größte Verbreitung gefunden. Finstere Zwillinge sind ein fester Bestandteil von Schauerromanen, journalistischen Enthüllungen, antisemitischen Traktaten und Kriegspropaganda. Über Jakob und Esau ist es nur ein kurzer Weg vom unheildrohenden Zwilling zum verborgenen Feind oder zur eingebildeten Verschwörung.

Aber dieses Buch handelt nicht von Paranoia. Mit der Ausnahme höchstens, daß der Paranoiker sich von Doppelgängern bedrängt fühlen kann, was Gegenstand des nächsten Kapitels sein soll. In diesem Buch ist die Rede davon, was wir aus uns machen – im Guten oder im Bösen –, wenn wir die Welt um uns so kunstfertig reproduzieren. Dabei geht es immer wieder um das Paradox: Je bedrückender die Zweideutigkeit unserer Nachschöpfungen, um so intensiver halten wir nach binären Paaren Ausschau, um festzustellen, welche Rolle jeder einzelne von uns spielt. Wir sollten deshalb nicht erschrecken, wenn wir Zwillinge sehen, wo wir zuvor nur Individuen sahen, wenn die Legende vom verschwindenden Zwilling uns dazu drängt, bei diesen nach einem kritischen Zeugnis und einem Urteil über die menschliche Natur zu suchen.

Vergleiche

In den altgriechischen Komödien des Menander, die der römische Dichter Plautus bearbeitete und die Dramendichter der Renaissance aufgriffen, bringt ein Zirkus von verwechselten Zwillingen und vertauschten Identitäten die Zuschauer fast um den Verstand. Die »verzögerte Wahrnehmung« bringt Sinnestäuschungen hervor. Daraus resultierende Unsicherheiten, die sich – wie z. B. in Shakespeares *Was ihr wollt* – von Akt zu Akt steigern, kulminieren darin, daß man sich selbst im wahren Lichte sieht und einen Gefährten fürs Leben, einen verloren geglaubten Zwilling, gewinnt.

In endlosen Variationen wurden diese Verwechslungskomödien allmählich zu literarischen Versuchsanordnungen. Im späten 18. Jahrhundert wurden die geselligen, sich oft liebenden Zwillinge der Renaissance auseinandergerissen, doch weder um des Vergnügens willen, sie wieder zusammenzubringen, noch zum Zwecke der Selbsterkenntnis. Vielmehr wurden die Zwillingsschicksale zu Anschauungsmaterial in philosophischen und später wissenschaftlichen Debatten über die Formbarkeit der menschlichen Natur. Im 19. Jahrhundert dann versuchte man in populären Romanen den Gedanken zu verbreiten, daß Zwillinge, wie ähnlich sie von Geburt auch

Die Zwillinge. Radierung nach einem Gemälde von Karl Hübner (1814–79)

sein mögen, durch schlechte Erziehung charakterlich verdorben werden können. Das waren Geschichten – anders als im Alten Testament, wo Jakob Esau überlistet, anders als in den Schauerromanen, wo das Böse das Gute verfolgt, und natürlich auch anders als im Sturm und Drang, wo ein verzweifelter Mann vom Bild eines Doppelgängers gepeinigt wird. Dies waren Geschichten wie aus einem Laborprotokoll: Zwei Personen, die sich gleichen wie ein Ei dem anderen, werden unterschiedlich behandelt, bis sie diametral entgegengesetzte Persönlichkeiten sind, die vollkommen unterschiedliche Schicksale erleiden. Um ein eindeutiges Ergebnis zu erhalten, müssen Zwillinge früh verwaisen und werden in Pflege gegeben. Das geschieht den Zwillingsbrüdern Herbert und John, »deren Ähnlichkeit nicht nur ihre äußere Erscheinung betrifft, sondern das Innerste ihres Charakters«. Herbert wird zu einem rechtschaffenen Quäker auf dem Lande gegeben, während Zwillingsbruder John von einem skrupellosen Ladenbesitzer in der Stadt aufgezogen wird. Natürlich gerät John in einen Mordfall, den man Herbert anhängt. John muß sich schließlich rehabilitieren, indem er seinen Bruder entlastet.[4]

An der Schwelle zum 20. Jahrhundert wurden fiktive Zwillinge im Streit um das Verhältnis von Vererbtem und Erworbenem bei der Entwicklung des Menschen bemüht. Sie sollten beweisen, daß Mädchen, wenn sie die gleiche Erziehung und die gleichen sozialen Spielräume erhalten wie Jungen, auch gleiche Fähigkeiten erwerben. Gemischte Zwillingspaare stürmten zwischen 1911 und 1934 durch zwei Dutzend vielfach übersetzte Kinderbücher aus der Feder von Lucy Fitch Perkins. Bevor sie heiratete und nach Chicago zog, war sie Zeichenlehrerin in New England. Sie illustrierte alle ihre Bücher von *The Dutch Twins* (1911) und *The Japanese Twins* (1912) bis hin zu *The Spanish Twins* (1934) mit fast identischen Zwillingspärchen aus Bruder und Schwester. Überall ist das Mädchen so gescheit und aufgeweckt wie der Junge. In vielen Fällen »konnte man auf den ersten Blick sehen, daß sie Zwillinge waren. Fast jeder aber wäre in Verwirrung geraten, hätte er sagen müssen, ob er zwei Jungen, zwei Mädchen oder je eines von beiden vor sich hatte.«

Diese Idealtypen aus der *Schönen neuen Welt* kamen hier genau richtig, denn nach 1932 (und den Dionne-Fünflingen von 1934) traten in der Science-Fiction-Literatur ganze Heerscharen von Klonen auf. Aldous Huxley bot mit seiner Vision der Babys vom Fließband im Zeitalter nach Ford eine tückische Lösung für die Debatte um erbliche Anlagen, Umwelt und Erziehung an: Kinder werden von der Insemination bis zur Pubertät durch menschliches Eingreifen geformt (Erziehung), wodurch ihr soziobiologisches Ich (Anlagen) von Anfang an exakt bestimmt ist.

Seit langem waren Soziologen und Biologen schon den Zwillingen auf der Spur, denn man nahm allgemein an, sie seien unfruchtbar und wenn es zu viele von ihnen gebe, könnte dies das Wachstum der Industriearbeiterschaft beeinträchtigen. Um 1860 herum begannen Volkswirtschaftler, die einen direkten Zusammenhang zwischen dem Alter der Mutter und der Geburt von Zwillingen vermuteten, die Geburtenraten von Zwillingen in den USA und in Europa (wo 1859 auf neunzig Geburten eine Zwillingsgeburt kam) miteinander zu vergleichen.

Die eigene Unfruchtbarkeit mag einen gutsituierten Viktorianer bewogen haben, seine geistigen Fähigkeiten nicht mehr an Meteorologie und Reisen zu erproben, sondern an einem irdischeren und naheliegenderen Thema – der Vererbung. Als neuntes Kind der kultivierten Violetta Darwin und des Bankiers Samuel T. Galton geboren, nach zehn Jahren Ehe wie seine verheirateten Brüder kinderlos geblieben, begann Francis Galton im Jahr 1864 das Verhältnis »von ererbtem Talent und Charakter« zu untersuchen. Zwei Jahre später hatte er einen Nervenzusammenbruch und litt an Zwangsvorstellungen, die er erst überwand, als sein *Hereditary Genius* 1869 erschien. Unerträglich sei ihm, so schrieb er, »die gelegentlich ausgesprochene, aber häufig – besonders in Geschichten zur Belehrung von Kindern – unterstellte Hypothese, alle Babys seien im wesentlichen gleich geboren, die Unterschiede zwischen Kind und Kind oder Mann und Mann seien allein auf ständigen Fleiß und moralisches Bemühen zurückzuführen«.

Galton wandte sich gegen die »Behauptung von der natürlichen Gleichheit« und stellte statistisch dar, wie sich Talent und geistige Fähigkeiten unter den Menschen verteilen. Er wollte zeigen, daß die Natur beide Enden der Kurve in der Hand hielt, während durch Erziehung höchstens ein kleiner Bereich in der Mitte der Kurve zu formen sei.

Teils als Antwort auf Kritiker, teils zur Verteidigung seiner Anhänger veröffentlichte Galton im Jahr 1874 das Buch *English Men of Science: Their Nature and Nurture*, in dem er Fragebogen analysierte, die er an Freunde, darunter auch seinen Cousin Charles Darwin, verteilt hatte. Auch dieses Buch quoll über von Fakten, die die Dominanz der Erbanlagen beweisen sollten. Galton räumte hier allerdings ein: »Wenn ich bestimmen soll, wie

Erziehung und Milieu einerseits sowie Charakter und Begabung andererseits darauf einwirken, welche Stellung ein Mann unter seinen Zeitgenossen erringt, dann ist beides so miteinander verwoben, daß es mir nahezu unmöglich scheint, es völlig getrennt voneinander zu betrachten.« So ist sein im Jahr darauf erschienener Aufsatz »History of Twins. As a Criterion of the Relative Powers of Nature and Nurture« zu erklären, mit dem er dieses berühmt gewordene Begriffspaar prägte. Gleichgeschlechtliche Zwillinge, die sich so ähnlich sind, daß man ihnen als Kinder »Bänder um das Handgelenk wand, um sie voneinander zu unterscheiden«, mußten der Generalschlüssel zur Wahrheit sein. Ihre schiere Ähnlichkeit, die durch unterschiedliche Erziehung nicht beeinträchtigt werden konnte, war Galton Beweis genug für die Dauerhaftigkeit der menschlichen Natur.

Andere, wie Augustinus, beriefen sich auf Zwillinge, um den Streit um die Macht der Sterne und die Macht der Seele über den toten Punkt zu bringen. In einer Polemik gegen den Astrologen Posidonius schrieb Augustinus, nicht alle Menschen, die unter derselben Sternenkonstellation geboren wurden, seien nach Charakter oder Konstitution identisch. Man bedenke die unterschiedlichen Schicksale zweier Kinder, die gleichzeitig am selben Ort von verschiedenen Müttern geboren werden – die eine reich, die andere arm. Man denke an Zwillinge, die gleichzeitig empfangen werden, aber selten das gleiche Schicksal haben.

1500 Jahre später tappte Galton drüber, wie menschliche Zwillinge entstehen, noch fast ebenso im dunkeln wie vor ihm altgriechische Ärzte, römische Astrologen und christliche Priester. Zur Diskussion über die juristische Scherzfrage, welcher Zwilling der ältere sei und deshalb Anspruch auf das Erbe habe, mußte ein Enzyklopädist des 18. Jahrhunderts eingestehen: »Was zwischen Empfängnis und Geburt im Mutterleib geschieht, ist für die Menschen ein so undurchdringliches Geheimnis, daß nicht einmal die Physiologie Licht in unsere Unwissenheit bringen kann.« Erst Jahrzehnte später, im Jahr 1827, entdeckte Karl Ernst von Baer unter dem Mikroskop die menschliche Eizelle. Als Galton 1870 eine Serie von Transfusionen bei Kaninchen vornahm, womit er den organischen Vererbungsträger herauszufiltern hoffte, stellte ein österreichischer Geburtshelfer gerade den Unterschied zwischen eineiigen und zweieiigen Zwillingen fest. Galton in London erfuhr bald von der Veröffentlichung Joseph Späths in Wien, aber keiner von beiden kannte die Arbeit eines Mannes, der nur wenige

Monate jünger war als sie beide, des österreichischen Mönchs Gregor Mendel, der seine botanischen Studien über die Zwillingssprosse der Zuckererbse in den sechziger Jahren veröffentlicht hatte, ohne damit das geringste Aufsehen zu erregen.

Ausgehend von den Daten, über die er verfügte (die Lebensgeschichten von 35 vermutlich eineiigen Zwillingspaaren), bezweifelte Galton, daß »Erziehung überhaupt etwas erreichen kann, es sei denn, Belehrung und berufliche Bildung«. Was aber konnte man aus einigen von gutsituierten Zwillingen ausgefüllten Fragebogen über die menschliche Natur erfahren? Wer sagte eigentlich, daß man durch Erziehung die natürlichen Anlagen nicht wesentlich entwickeln konnte?

Das waren kritische Fragen für Pädagogen und deren neue Berater, die Erziehungspsychologen, als sie die ersten Intelligenztests vornahmen. Während der französische Psychologe Alfred Binet 1905 die erste Version seiner Testserie veröffentlichte, brachte Edward L. Thorndike am Lehrerinstitut der Columbia-Universität seine Studien über »geistige Ähnlichkeiten« von fünfzig Zwillingspaaren im Unterschied zu gewöhnlichen Geschwisterpaaren heraus. Als eingeschworener Galton-Anhänger kam er zu dem »nahezu sicheren Schluß, daß die bei den Zwillingen festgestellten geistigen Ähnlichkeiten ... mindestens zu neun Zehnteln auf ihre Anlagen zurückgehen«. Das war eine schlechte Nachricht für seine Kollegen Pädagogen. »Zweifellos widerstrebt es uns allen, den Umweltfaktoren so geringen Einfluß zuzugestehen.« Aber es blieb eine Tatsache: Bildung konnte jeden ein wenig voranbringen; die Wirkung großer Lehrer oder hochentwickelter Zivilisationen hatte man dagegen stark überschätzt.[5]

Binet war kein Vertreter der Vererbungslehre. Mit seinen Tests wollte er den Lehrern helfen, weniger begabte Schüler voranzubringen. Aber nachdem er in seiner Testserie Stufen des »Intelligenzalters« für die Bewältigung der jeweiligen Aufgaben festgelegt hatte, war ein deutscher Psychologe in der Lage, einen Intelligenzquotienten zu ersinnen, den ein amerikanischer Kollege in Umlauf brachte. Man dividierte kurzerhand das Intelligenzalter durch das Lebensalter. Im Widerspruch zu den Zielen, die Binet mit seiner Arbeit verfolgte, wurde der IQ ein Erkennungsmal auf Kinderstirnen und entwickelte sich später vom reinen Mittel zum Zweck zu einer Maßeinheit für Intelligenz, die, wenn Zwillinge überhaupt etwas über uns aussagen können, wahrscheinlich ererbt war.

Auch die Zwillinge selbst schienen darauf erpicht zu sein, sich mitzuteilen. 600 Zwillingspaare meldeten sich, als die American Genetic Association im Jahr 1918 den Wunsch äußerte, mit Zwillingen überall im Lande Kontakt aufzunehmen. Die Association wollte herausbekommen, »welche Veränderungen oder ausgebliebenen Veränderungen exakt bis zu unserem Ursprung, der Begegnung der beiden Elternzellen, mit denen unser Erdenleben einsetzt, zurückverfolgt werden können«. Arnold Gesells Aufsatz von 1922 stützte sich auf solche von Zwillingen gelieferten Daten. Daraus konnte er 1929 den Schluß ziehen, daß selbst die identischsten Zwillinge angeborene Unterschiede aufweisen, die durch körperliches Training und geistige Anregung mehr oder weniger vertieft werden können. Seine in jenem Jahr veröffentlichte Monographie über eineiige Zwillinge trug den Untertitel »Eine Experimentalstudie nach der Methode der Zwillingsforschung«.[6]

Die Vorstellung, man könne einen Zwilling als Vergleichsmaßstab für den anderen benutzen, war in der Literatur bereits vorhanden. Man hatte sie den Buchhaltern abgesehen, die eine Zahlenaufstellung überprüfen, indem sie ein Duplikat benutzen. In einem Bühnenstück aus dem 18. Jahrhundert mit dem Titel *Der Disput* werden zwei weiße Mädchen und zwei weiße Jungen in einem Garten mit hohen Mauern von schwarzen Dienern getrennt voneinander aufgezogen. Herangereift, werden die vier zusammengeführt, und ihre adligen Herren wollen nun die Urgründe für Geschlecht und Liebe an ihnen erkennen. Man trieb zudem Studien mit »Wolfskindern«, die offenbar als Babys ausgesetzt und von Tiermüttern gesäugt wurden. Da ihnen menschliche Sprache und Erziehung fehlten, hielt man sie für ideale Beispiele unverfälschten menschlichen Wesens und trieb mit ihnen, wie z. B. mit dem Wolfsjungen von Aveyron im Jahr 1800, Experimente, um den Ursprüngen der menschlichen Natur auf die Spur zu kommen.

Zwar wurde die Vorstellung von einer monolithischen menschlichen Natur im 19. Jahrhundert von Modellen verdrängt, die sich auf einen Durchschnittsmenschen mit gewissen Abweichungen bezogen, aber die Statistiker spielten keine geringe Rolle im Streit zwischen Vererbung und Umwelt, der durch die Dispute über die Evolution weiter angeheizt wurde. Wieder war Darwins Cousin Francis Galton dabei, als man feststellen wollte, in welchem Maße Veränderungen von Variablen »auf gemeinsame Ursachen«

zurückgehen. Galtons Freund Karl Pearson verfeinerte die Mathematik dieses Übereinstimmungskoeffizienten, den man mit r bezeichnete, und Charles Spearman vervollständigte sie 1904 durch die Faktorenanalyse. Aber wieder brachte Galton Daten und Schicksal durcheinander. Entgegen der Logik dieser Methode glaubte er, daß der Übereinstimmungskoeffizient, den er von –1 über 0 (keine Übereinstimmung) bis +1 festsetzte, die jeweiligen Ähnlichkeiten zwischen Eltern und Kind ans Tageslicht bringen könnte, die ausschließlich auf Vererbung zurückgehen. Stephen Jay Gould wandte jedoch in *Der falsch vermessene Mensch* zutreffend ein: »Daß eine Korrelation besteht, sagt nichts über Ursachen aus ... Die Ableitung der Ursachen muß woanders herkommen als von der schlichten Tatsache, daß eine Korrelation besteht.«

Und doch schienen die »r« der Übereinstimmung (und die Vektoren der Faktorenanalyse) den Anspruch der Sozialwissenschaften, als exakte Wissenschaften zu gelten, derart zu verstärken, daß Versuchsergebnisse nunmehr ohne den Mantel von Koeffizienten einfach nackt und bloß wirkten. Die »r« (und die Vektoren) schienen eigens für Zwillinge gemacht, die eines Ursprungs sind und deren Abweichungen voneinander exakt festgestellt werden können. In den Jahren 1923/24 veröffentlichte der deutsche Dermatologe Hermann Siemens die erste umfassende Erläuterung der Zwillingsmethode: Man mißt die Übereinstimmung eineiiger Zwillinge bei einer gegebenen Eigenschaft. Danach vergleicht man den Grad der Übereinstimmung mit dem bei zweieiigen Zwillingen. Wenn diese bei ersteren wesentlich größer ist als bei letzteren, muß die Eigenschaft genetischen Ursprungs sein. Die biologische Überzeugungskraft des Übereinstimmungskoeffizienten verschmolz hier mit der Gabe der Zwillinge, als Orakel zu wirken.

So wurden Zwillinge zum Vergleichsmaßstab: Leben und Körper des einen galt als Eichmaß für die des anderen, oder man verglich Leben und Körper zweieiiger mit denen eineiiger Zwillinge. Früher waren Zwillinge in der Wissenschaft wie Opfertiere gewesen, denen Wahrsager den Bauch aufschlitzten, um sich nach dem Zustand ihrer Eingeweide *in genau jenem Augenblick* über den Lauf der Welt zu äußern. In den zwanziger Jahren des 20. Jahrhunderts übernahmen Zwillinge eine aktivere und dauerhaftere Rolle als Wahrsager über die menschliche Natur.

Eineiige Zwillinge, erklärte der Chefchirurg des Hôpital Bichat in Paris im Jahr 1926, sind zwei Kopien ein und derselben Person, nicht zwei wirkliche Einzelwesen. »Es müßte biologisch recht interessant sein«, überlegte er, »eineiige Zwillinge in zwei verschiedene Länder zu bringen und dort unterschiedlich aufwachsen zu lassen.« Kurz darauf bot eine Wohltätigkeitseinrichtung der Universität von Chicago »ein Paar eineiiger Zwillingswaisen im Alter von wenigen Wochen an, um sie voneinander zu trennen und in ganz unterschiedlicher Umgebung aufzuziehen«. Horatio Newman und andere lockte die »großartige Gelegenheit, aber der Gedanke, zwölf Jahre lang warten zu müssen, bis sie das richtige Testalter erreicht hatten, und in der Zwischenzeit als wissenschaftliche Eltern eines Zwillingspaares agieren zu müssen, hätte genügt, um uns abzuschrecken, auch wenn unser besseres Ich sich nicht dagegen gewehrt hätte, einen so ungeheuerlichen Plan ins Auge zu fassen«. Das bessere Ich ließ sich rasch mit dem Angebot besänftigen, als Gegenleistung für die Beteiligung an einer Studie mit getrennt aufgezogenen erwachsenen Zwillingen im Jahr 1933 unentgeltlich zur Ausstellung »Jahrhundert des Fortschritts« nach Chicago reisen zu können. Bald darauf nahm Newman Ed und Fred in Empfang, die eintausend Meilen voneinander entfernt als einzige Söhne von Pflegeeltern aufgezogen worden waren, als Telefonmonteure bei unterschiedlichen Niederlassungen derselben Gesellschaft arbeiteten, im selben Jahr heirateten, beide einen Foxterrier namens Trixie besaßen und seit ihrer Jugend vom Phantom eines toten Bruders verfolgt wurden.[7]

Auch Arnold Gesell und Helen Thompson konnte 1927/28 nichts davon abhalten, die Methode der »Zwillingskontrolle« auf weibliche Zwillingsbabys anzuwenden, die kurz nach der Geburt verwaist waren und in ein Kinderheim kamen, wo man sie im Alter von sechs Wochen zu Forschungszwecken voneinander trennte. Gesell und Thompson leiteten ihre Monographie mit der heuchlerischen Klage ein: »Wir zogen ein Kind auf, das wir später damit verglichen, wie es gewesen wäre, wenn es diese Aufzucht nicht erfahren hätte. Leider kann Entwicklung nicht rückgängig gemacht werden ...« Wie traurig – »aber man kann beim Studium eineiiger Zwillinge solche Probleme bedenken«. Was sie auch taten, als sie die zwei Mädchen von der Geburt bis zum 18. Monat beobachteten, aber nur das eine ihren Versuchen unterwarfen, denn: »Man muß darauf bestehen, daß man schwerlich ein umfassenderes und in gewisser Hinsicht auch empfindlicheres Instrument der Verhaltensmessung findet, als einen Zwilling, für den ein zweiter als Vergleichsmaßstab benutzt werden kann.« Das motorische und visuelle Training, das Gesell und Thompson dem ersten Zwilling angedeihen ließen, hatte nur sehr geringen Einfluß auf dessen Entwicklung. Ein überzeugender Beweis, so schien es, entweder dafür, daß physiologische Entwicklungsstufen mit gewissen Altersstufen korrespondieren oder daß in erster Linie die Gene die Entwicklung der physischen Fähigkeiten beeinflussen. Schüler von Thompson und Gesell verglichen dasselbe Zwillingspaar immer noch, als die Mädchen bereits vier Jahre alt waren.

Bedient euch ihrer, drängte der amerikanische Botaniker und Genetiker Albert F. Blakeslee im Jahr 1930. Blakeslee, der bald Präsident der American Association for the Advancement of Science wurde, bezog das auf den »biologischen« Vergleich (den er für zuverlässig hielt) und Zwillinge (von denen es mehr als genug gab). Und man bediente sich ihrer – überall. Kurt Gottschaldt vom Kaiser-Wilhelm-Institut für Anthropologie in Berlin beispielsweise hielt 138 Paare »arischer« Zwillinge zur Beobachtung in Sommerlagern und kam 1936/37 zu dem Schluß, daß »im ganzen Bereich der geistigen Tätigkeit erbliche Einflüsse die Umweltaspekte bei weitem überwiegen«. In seinen Fußstapfen folgte Dr. Josef Mengele in Auschwitz, der überwachte, wie 250 Zwillingspaare – Juden und Sinti – zu Tode kamen. S. G. Lewit untersuchte am Medizinisch-Biologischen Forschungsinstitut »Maxim Gorki« in Moskau 800 Zwillingspaare, bis dies 1936 verboten wurde, weil es der marxistischen Überzeugung widersprach, daß die menschliche Natur formbar sei. Franz J. Kallmann, der von 1945 bis 1956 am New York State Psychiatric Institute 2536 Zwillinge im Alter über 60 Jahre untersuchte, stellte fest, daß »genspezifische intellektuelle Unterschiede bis zu einem relativ hohen Alter erhalten bleiben«. Luigi Gedda arbeitete am Gregor-Mendel-Institut für Medizinische Genetik und Zwillingsforschung in Rom seit 1942 mit 15000 Zwillingen unter der Voraussetzung, daß eineiige Zwillinge »uns unter anderem die Möglichkeit geben, zu demonstrieren, daß sie ungeachtet ihrer psychophysischen Übereinstimmung, die von ihrer identischen Erbmasse herrührt, einen *anemos*, eine Seele, besitzen, ein immaterielles Prinzip, das das einzelne Individuum unterscheidet und zu etwas Besonderem macht«. René Zazzo von der Ecole Prâtique des Hautes Etudes in Paris beobachtete in den fünfziger Jahren 200 Zwillingspaare, darunter einige von der Geburt bis ins Erwachsenenalter, was ihn zu der Erkenntnis führte, daß Unterschiede zwischen Zwillingen sich erst aus ihrem Umgang mit dem paarweisen Dasein ergaben. James Shields befragte von

1954–1956 am Institute of Psychiatry des Maudsley Hospital in London 44 eineiige Zwillingspaare, die getrennt aufgewachsen waren, 44 Paare, die stets zusammengelebt hatten, und 32 Paare zweieiiger Zwillinge. Nach seiner Meinung könnten Unterschiede zwischen eineiigen Zwillingen durch den sozialen Druck verursacht werden, der durch das gemeinsame Aufwachsen entsteht. Richard J. Rose und das Gesundheitsamt von Helsinki beobachteten 7626 Zwillingsschwestern und 6662 Zwillingsbrüder, was sie 1988 zu dem Ergebnis führte, daß – hört, hört – gemeinsame Erlebnisse und Erfahrungen auf die Persönlichkeiten von Zwillingen recht unterschiedliche Wirkung haben können.

Mit den Zwillingen selbst und an und für sich beschäftigte sich die Forschung nur wenig. Sie interessierte stets nur, was Zwillinge über die Natur des Menschen auszusagen vermochten. Über Intelligenz, Kriminalität, Geselligkeit, die Verträglichkeit von Beruhigungsmitteln, über Temperament, Fettleibigkeit, Homosexualität, Depressionen, Selbstmord, Emotionalität, Zynismus, über Zwanghaftigkeit, Unterwürfigkeit, Pessimismus, sexuelle Hemmungen, über Narzißmus, Passivität und Selbstdarstellung. Und schließlich über eine verhängnisvolle Krankheit, die bei Zwillingen geradezu schicksalhaft erscheint – die Schizophrenie.

Zwillinge haben trotz allem in großer Zahl an derartigen Experimenten mitgewirkt – verlockt entweder durch das Besondere ihrer Zweisamkeit (wenn man sie zusammen aufgezogen hatte) oder durch die Aussicht, den verschwundenen Zwilling wiederzufinden (wenn sie getrennt aufgewachsen waren). Wenn sie mit ihren seherischen Fähigkeiten nach so vielen Jahren die menschliche Natur nicht enträtseln konnten, dann ist das nicht ihnen anzulasten. Wer das Orakel befragt, muß es auch selbst auslegen. Soziologen, Volkswirtschaftler und Psychologen nahmen Zuflucht zu Zwillingen, als die Biologen nicht in der Lage waren, die Fragen nach Fruchtbarkeit und Vererbung zu beantworten. Biologen und Experimentalpsychologen flüchteten sich in die Zwillingsforschung, als sie die Zelltheorie entdeckten, ihnen aber die entsprechenden Teilbereiche der Wissenschaften fehlten. Soziobiologen, Genetiker und Neuropsychologen bedienen sich nach wie vor der Zwillinge. Aber weder die Mathematik noch die Biotechnologie war bisher in der Lage, Zwillingen wirklich auf den Grund zu gehen. Bis zum heutigen Tag suchen wir bei ihnen das, was das unveränderlich Menschliche ausmacht.

Vorher/Nachher

Bis zum heutigen Tag ist es nicht sicher, daß auf natürliche Weise empfangene Zwillinge aus ein und derselben Eizelle stammen. Anders gesagt: Keine der Studien, die angeblich eineiige Zwillinge miteinander oder mit zweieiigen vergleicht, ist vollkommen glaubwürdig. Wir diskutieren immer noch darüber, wie Zwillingsembryonen entstehen. Judith C. Hall bot 1992 die Version an, daß eine genetisch »dissonante« Zelle abgestoßen wird, sobald die Zellteilung einer befruchteten Eizelle beginnt. Diese abgestoßene Zelle kann zum Ausgangspunkt eines Embryos werden, der sich geringfügig von dem ansonsten völlig identischen ersten Embryo unterscheidet. »Eine böse Vorstellung«, meint ein skeptischer Genetiker der Johns Hopkins University, »daß in jedem Zwillingspaar einer der beiden an einem genetischen Defekt leiden soll.«[8]

Die Technik der DNA-Stichprobenkontrollen hat uns die Erkenntnis vermittelt, daß eineiige Zwillinge nicht völlig identisch sind. Wenn wir die Forschung rückblickend betrachten, kommt dabei heraus, daß nicht zweifelsfrei bewiesen werden kann, daß zweieiige Zwillinge aus zwei Eizellen stammen. Zwillinge, die sich zu Versuchen melden, tun dies in der Regel nur, wenn sie sich sehr ähnlich sind. Jüngste Beobachtungen haben ergeben, daß Mütter nur schwer beurteilen können, ob sie nun eineiige oder zweieiige Zwillinge haben. Ein Drittel der Eltern zweieiiger Zwillinge behandelt diese so, als stammten sie aus einer Eizelle.

Eineiige Zwillinge, denen sich moderne Autoren, Wissenschaftler und Eltern besonders zuwenden, kämpfen im Mutterleib härter auf Leben und Tod, als es zweieiige Zwillinge tun. Zumindest will unsere Legende vom verschwindenden Zwilling es so. Eineiige Zwillinge ringen heftig miteinander um Nahrung, die normalerweise über ein begrenztes Zirkulationssystem aus nur einer Plazenta kommt. Sie sind seltener, nicht weil sie genetische Abweichungen darstellen, sondern weil, wie der Schriftsteller Tournier es vielleicht sagen würde, ein Ungeheuer im Mutterleib oft seinen Partner vernichtet, indem es den Löwenanteil der Nahrung für sich beansprucht. Der wahre verschwindende Zwilling der Legende ist in Wahrheit nicht irgendein Zwilling. Er ist, oder war, ein unterlegener eineiiger Zwilling.

Beide – Sieger und Besiegter – sind als Zeichnungen nach dem Prinzip »vorher/nachher« in medizinischen Büchern und Traktaten über Mäßigung und Enthaltsamkeit aus dem 19. Jahrhundert zu sehen. Ein abstoßendes, ungepflegtes, aufgedunsenes Gesicht steht zur Linken für das »Vorher«. Es verblaßt vor dem Glanz des strahlenden, ebenmäßigen oder verführerischen »Nachher« zur Rechten. Strukturell sind die beiden eineiige Zwillinge. Das Gesicht, das man im Gedächtnis behalten soll, die Zukunft, die Rettung steht rechts, das andere bleibt links zurück. Verschwindende Zwillinge der viktorianischen Zeit zeigten die häßliche Fratze des Exzesses und wurden so der Sache der Enthaltsamkeit geopfert. Die verschwindenden Zwillinge von heute werden von einer Vision des neuen Millenniums dem Konsum zum Opfer gebracht. Auch die bekannten Werbespots nach dem Prinzip des »Vorher/Nachher«, die ein Schlankheitsmittel nach dem anderen präsentieren, versprechen ein wohlschmeckendes Essen als Anreiz für das herrliche neue Leben.

Werbefachleute setzten Zwillinge in diesem Jahrhundert zunächst wegen ihrer verstärkenden Wirkung ein. Sie kamen doppelt vor, konnten sie nicht auch die Welt verdoppeln? Die brünetten Schönheiten unter dem Logo für Halls Haarpflege auf Pflanzenbasis nannte man DOUBLE. »Verdoppeln Sie die Schönheit Ihres Haares!« 1932 fand das Zirkuspublikum im Programmheft das Bild zweier identischer langbeiniger Tänzerinnen, die behaupteten: »Seit wir unsere Strümpfe in Lux waschen, halten sie *doppelt* so viele Vorstellungen.« Die Firma Wrigley setzte um 1940 Zwillinge ein, kurz nachdem die einzigartige Claudette Colbert »von gesundem, köstlichem Double Mint-Kaugummi doppelt so hübsch« geworden war. Seitdem versprechen Rundfunkstimmen, Zeitschriften, Fotos und Videoclips eineiiger Zwillinge weltweit »Doppelten Genuß«.

Der Doppelpack genügte aber nicht. Auf den Papieren von Gesell & Co über die Methode der Zwillingsforschung war kaum die Druckerschwärze trocken, als sie bereits von der Werbung vereinnahmt wurde. »ZWILLINGE berichten über STRÜMPFE«, hieß es in einer Anzeige für das Waschmittel Lux im Jahr 1932. »ZWILLINGSSCHWESTERN ... tragen die gleichen Strümpfe ... Der einzige Unterschied – die eine wäscht sie mit einem Stück

Eine der ersten Anzeige von um 1900, die ein Zwillingspaar zu ihrem Werbeträger macht. Ein endlose Reihe von Zwillingen in der Werbung sollte folgen. (Nach einer Reproduktion im *Newsletter* der Werbeagentur J. Walter Thompson Company von 1963 in der Sammlung des John W. Hartman Center for Sales, Advertising, and Marketing History, Special Collections Library, Duke University)

DOUBLE
Why not double the beauty of your hair? Double the length, double the thickness, double the richness!
HALL'S
Vegetable Sicilian Hair Renewer
certainly makes the hair grow, sometimes to a most remarkable degree.
R. P. HALL & CO.
Nashua, N. H.

Seife, die andere mit Lux.« Und? »Das Ergebnis zeigt, *wie groß* der Unterschied bei Lux ist.« Dorothy Brougham bestätigt: »Ich benutzte Seife und stellte nach der ersten Wäsche fest, daß die Strümpfe spürbar ausblichen. Nach fünfmal Waschen hatte ich eine Laufmasche.« Betty, die Zwillingsschwester in gleicher Kleidung, berichtet: »Ich habe *meine* in Lux gewaschen. Sie sind immer noch schön, obwohl ich sie doppelt so oft gewaschen habe wie Dorothy.« Ihr Einsatz als Zwillinge stand in einem besonderen Verhältnis zu dem Test, den sie vorführten: Sie hatten weniger für eine gleiche Behandlung der Strümpfe zu werben, als vielmehr den visuellen Eindruck von »Lux als Bewahrer der ELASTIZITÄT« zu verdoppeln. Die *revolutionäre* neue Idee, wie die Werber sagen, bestand hier darin, ein »Zwillingsexperiment« vorzuführen, um die Qualität eines Produkts zu beweisen.

Weshalb kommen Zwillingsexperimente und Doppelpacks in der Werbung so häufig vor? Eineiige Zwillinge, die Hüfte an Hüfte posieren, sind zunächst ein Symbol der Massenproduktion. Wie qualitätskontrollierte Industrieerzeugnisse präsentieren sie sich ganz eindeutig als austauschbare Kopien. Und in der Tat wurden sie eingesetzt, um für Original-Ersatzteile von Ford zu werben: »Ihr AUSSEHEN ist gleich ... sie SIND gleich ... sie sind EINEIIGE ZWILLINGE!« Und dann hat der Wettstreit eineiiger Zwillinge paradigmatische Bedeutung für das Marketing von Massenprodukten, dessen Aufgabe darin besteht, offensichtlich identische Produkte mit künstlichen Unterschieden zu versehen. Das Experiment des Zwillingsvergleichs ist beispielhaft für einen Prozeß, in dem die Produzenten hoffen, Vorteile für sich zu gewinnen und zu erhalten. Wenn Biologen sich identische Zwillinge ausgesucht haben, um zu beweisen, was genetisch bedingt ist, dann haben sich Waschmittelhersteller identische Zwillinge ausgesucht, um von der unspezifischen Profillosigkeit ihrer Produkte erlöst zu werden.

Ob sie nun deutsches Deospray, britische Waschmittel, japanische Faxgeräte oder amerikanische Soft Drinks anpreisen – eineiige Zwillinge eignen sich in der Werbung bestens als Orakel. Eingerahmt in Bildern vom Vorher und Nachher prophezeien sie eine neue Figur und ein neues Leben. Im Doppelpack vorgeführt, legen sie Zeugnis füreinander ab, schwören heilige Eide und erheben alles, was sie berühren, in eine höhere Potenz. Durch das Zwillingsexperiment potenziert, enthüllen diese Produkte den exponentialen Menschen. Was Wissenschaftler als die Orakelwirkung eineiiger Zwillinge sehen, ihre vollkommene »Übereinstimmung«, macht den

Kern ihrer Werbewirksamkeit aus. Der einzige Unterschied zwischen den eineiigen Zwillingen in der Werbung für eine Antifaltencreme von Pond's oder die Heimdauerwelle von Toni sind Zeit und Geld, nicht angeborene Schönheit oder Naturlocken. Mädchen, die jeden Tag zur Arbeit gehen, oder unscheinbare Hausfrauen mit wenig Geld und Zeit können durch die Magie der Zwei-Dollar-Produkte von Pond's oder Toni so aussehen, daß man sie glatt für Luxusweibchen halten könnte.

»Mädchen, die jeden Tag zur Arbeit gehen«, »unscheinbare Hausfrauen« oder »Luxusweibchen«. Solch leichtfertige Wendungen lassen uns an diesem Punkt die Geschlechterfrage stellen, denn die Werbung verwendet vor allem weibliche Zwillinge. Wenn man von dem unverhüllten Sexismus der Werbung, den Kritiker seit Jahrzehnten anprangern, einmal absieht – womit ist genauer zu erklären, daß ausgerechnet weibliche Zwillinge zu Prophetinnen der menschlichen Natur erkoren werden?

Liegt es an ihrer besonderen Sexualität? Man denke an die verbreiteten Männerphantasien von Zwillingsschwestern, die perfekte erotische Kombinationsmöglichkeiten bieten. »Man kann sich vorstellen, wie erregt ich einer Sitzung mit Linda, einem der temperamentvollen Thompson-Zwillinge, entgegenfieberte«, schreibt ein Psychiater, der sich zugleich als Pornograph betätigt. »Doppelter Spaß, dachte ich mit einem Grinsen.« Linda hat »vollendet symmetrische kleine Brüste«, eine Pfirsichhaut, und »ein zweites Exemplar, genau wie sie« sitzt noch zu Hause. Die Phantasien des Seelendoktors von symmetrischem Sex hoch zwei kommen richtig in Fahrt, als Linda ihm im Vertrauen mitteilt: »Sehen Sie, Doktor, Zwillinge sind nicht wie andere Menschen. Wir sind einander tief verbunden, absolut identisch und unzertrennlich von Geburt an. Ein anderes menschliches Wesen, das Spiegelbild seiner selbst, ständig um sich zu haben – und das in einem Alter, in dem die sexuellen Gefühle erwachen ... Und alle meine erotischen Empfindungen hat zur gleichen Zeit ... eine andere Person, die genauso aussieht, spricht, sich bewegt, ißt und sich kleidet wie ich! Da gibt es endlose Möglichkeiten!« (Aristophanes hat einige davon in seiner Rede in Platos *Symposion* beschrieben: »Nach der Trennung der beiden Teile des Menschen kamen sie, in heißem Begehren nach der anderen Hälfte, wieder zusammen, schlangen die Arme umeinander, um wieder eins zu werden.«) Hier haben wir junge Frauen von kaum siebzehn Jahren vor uns. Linda liegt tagträumend vor dem Seelendoktor. Sie und ihre Schwester finden zueinander im Zeichen von Castor und Pollux, den Himmelszwillingen: »Gewitter erschrecken sie zu Tode!« Lucy schlüpft in Lindas schmales Bett, wo die zwei sich eng zusammenkuscheln, um sich sicher zu fühlen. (»Uralt ist das Verlangen des einen nach dem anderen, das in uns sitzt, das unser ursprüngliches Wesen wiederherstellt, zwei zu einem werden läßt und dem Zustand des Menschen Heilung bringt.«) Die jungen Frauen werden zu Liebenden, wie es ihre Bestimmung ist. Sie erkunden mit ihren »Fingern, die von Geburt an wußten, was die andere braucht!« Das bedeutet gegenseitiger Betrug, lesbische Liebe, Inzest und Gruppensex. Der Mann stellt sich selbst zwischen den Zwillingsschwestern vor – gefangen in einer beruhigenden und schließlich fast platonischen Liebe. (»Denn die tiefe Sehnsucht, die beide füreinander empfinden, scheint nicht der Wunsch nach geschlechtlicher Vereinigung zu sein, sondern etwas anderes, das die Seele begehrt und nicht ausdrücken kann, wovon sie nur eine dunkle, von Zweifeln erfüllte Ahnung hat.«)

Es ist nicht davon auszugehen, daß sich die Werbefachleute der beschriebenen Männerphantasien oder der dunklen Ahnungen nicht bewußt sind. Fotos von weiblichen Zwillingspaaren strahlen etwas von sapphischer Vollkommenheit aus. Diese kontrollierten Bilder und in den Mund gelegten Worte zielen allerdings niemals auf Männer. Anders als Sia und Shane, die barbusigen Covergirls auf dem *Playboy,* sollten die sanfteren Zwillinge von Pond's und Toni vor allem Frauen ansprechen, eine Zielgruppe, der man sicherlich keine Männerphantasien unterstellen kann.

Das heißt nicht, daß in den Phantasien der Frauen keine sinnlichen, begehrenswerten Zwillinge vorkommen. Man kann sie in Anthologien erotischer Frauenliteratur finden, angedeutet in Szenen von Inzest und lesbischer Liebe, in Geschichten von Sex mit zwei Brüdern, die sich aneinanderpressen »wie Mahlsteine«, oder mit Cousinen, von denen eine die »jugendliche Kopie« der anderen ist, oder in brutaler Offenheit – in Erzählungen von einem Liebesakt mit siamesischen Zwillingen. Männliche Zwillinge als Objekt weiblichen Begehrens (und Experimentierens) finden sich in Rosamond Smiths Roman *Der Andere* (1987). Darin taucht Molly Marks, die Geliebte von Jonathan McEwan, unter und geht, so gekleidet, wie sie sich mit Jonathan traf, zum Rendezvous mit dessen Zwillingsbruder James. »Aus wissenschaftlichen, experimentellen Gründen will Molly ihre frühen Erlebnisse mit Jonathan McEwan so genau wie möglich imitieren.«

Einzigartige Sexualität, symbolische Ganzheit, historischer Sexismus und bedenkenloses wissenschaftliches Interesse sind notwendige, aber nicht hinreichende Antworten auf die Frage: Wenn die Werbung eineiige Zwillinge vor allem wegen ihrer Wirkung als Orakel nutzt, weshalb wird die hohe Gabe der Prophezeiung so eindeutig weiblichen Zwillingen zugeschrieben?

Weil die Werbung zu unserem sibyllinischen Medium geworden ist, das unsere Träume deutet, das uns sagt, wer wir sind und was wir tun sollen. Und zwar, weil Intuition, Sinn für die Gemeinschaft und Begeisterung für das Orakel Eigenschaften sind, die man eher Frauen als Männern zuschreibt, seit die Griechen ihre Parzen und Sibyllen erfunden haben. Und weil Werbung in jeder Hinsicht mit Verdoppelung einhergeht, auf Wiederholung baut, Altes in einer Welt neu erscheinen läßt, die auf Sprüche setzt wie »Doppelt so lang« und »Doppelt so viel«, »Zwei zum Preise von einem«, »Doppelter Genuß« oder »Doppeltes Geld zurück«. Weil dieser Dopplungswahn von dem Glauben befeuert wird, daß Konsum eine Leidenschaft sein soll und uns in einen Zustand versetzt, wie es im Mutterleib gewesen sein muß. Der Konsument kann dabei nie gänzlich zufriedengestellt werden. Er empfindet eine Unzufriedenheit, die auch der einzeln Geborene kennt. Bei starker Übertreibung werden von einer Ware gleichgestaltete Exemplare zurückbleiben, die sie zu einer Marke machen. Mit anderen Worten: Der Vergleichsmaßstab gerät in Vergessenheit, weil die Menschheit vom anderen besessen ist. Weibliche eineiige Zwillinge erscheinen in der Werbung nicht allein deshalb als Orakel, weil sie eine Konsumkultur reflektieren, sondern weil sie den Prozeß der Werbung selbst schablonenhaft verkörpern.

Doubletrouble

So oder so sind eineiige Zwillinge, ob nun männlich oder weiblich, wandelnde Werbetafeln im Sinne des französischen *avertissement* – Warnung, Prophezeiung, Schrei nach Aufmerksamkeit. Sie lernen es, im gleißenden Licht der Literatur, der Forschungsberichte und der Werbetexte zu leben. Wie die Könige und Damen auf den Spielkarten des 19. Jahrhunderts sehen eineiige Zwillinge sich plötzlich verdoppelt und auf den Kopf gestellt, fühlen sich gefangen zwischen Bildern von Wahrsagerei und Monstrosität. Die Kinder der viktorianischen Zeit, die Zwillingspuppen zu Bett brachten, müssen geglaubt haben, echte Zwillinge schliefen gemeinsam ein und erwachten zur gleichen Zeit wie diese Puppen. Am Ende dieser Epoche plazierten Fotografen Zwillingsschwestern wie Säulen zu beiden Seiten von Familienfotos. Die *Twin Brothers* in D. W. Griffiths Film zogen in die weite Welt von 1909, um getrennt voneinander ihren Weg zu machen. Der eine fand Arbeit als Gorilla-Darsteller in einem Kuriositätenkabinett, wo er sich plötzlich seinem Bruder, der im Löwenkostüm steckte, gegenübersah.

Bei solchen Konstellationen hatten Zwillinge sich vor der *folie à deux* zu hüten. Diese Erkrankung, die seit 1819 als *folie gémellaire* (Zwillingswahnsinn) bekannt war, wurde 1877 von zwei französischen Ärzten, Charles Lasègue und Jules Falret, unabhängig voneinander umbenannt und einem größeren Publikum bekanntgemacht. Sie studierten dafür Fälle »morbider Interpsychologie« bei nicht miteinander verwandten Menschen. *Folie à deux* kam als Wahnvorstellung bei Ehepaaren, Müttern und Töchtern oder unter Patienten in Heilanstalten vor. Die Psychologen setzten jedoch als Maßstab die mögliche pathologische Übereinstimmung von Zwillingen. Lasègue und Falret, die beobachteten, daß andauernder und wiederholter Kontakt zur ansteckenden Wirkung von Wahnvorstellungen führen konnte, beschrieben als fünftes ihrer Beispiele den Fall zweier »alter Jungfern«, zusammenlebender Zwillingsschwestern. Es ist nicht klar, ob die beiden allein deshalb an *folie à deux* erkrankten, weil sie Zwillinge waren, doch wegen dieser Erkrankung behandelten die Ärzte sie, als seien sie eineiige Zwillinge. *Folie à deux*, die 1877 noch sehr selten vorkam, ist heute in aller Munde und wird gern unreflektiert gebraucht. Es gibt kaum eineiige Zwillinge, die von einzelnen nicht einer Art von *folie à deux* verdächtigt werden, wenn diese sie fragen: »Wie kannst du wissen, was der Unterschied zwischen dir und deiner Schwester ist?«

Zwillinge selbst hatten immer Schwierigkeiten sich zu entscheiden, ob sie sich nun als zwei Personen oder als eine Person verstehen. Die Maler Ivan und Malvin Albright kamen 1943 nach Hollywood, um zwei Porträts für einen Film nach Oscar Wildes *Das Bildnis des Dorian Gray* anzufertigen. Malvin, der das jugendliche Modell für das Bild seines Bruders, *Maker of Dreams*, abgegeben hatte, malte den jugendlichen Gray. Ivan schrieb: »Wir sind Schatten der Wirklichkeit, aber nicht die Wirklichkeit selbst; wir

Hawthorne's Twins von Karen Kovacik, 1987. Das Schwarz-Weiß-Foto wurde von einer Videokamera direkt auf eine Diskette aufgezeichnet und mit Deluxe Paint II Software digital bearbeitet. (erstmals 1989 erschienen in: *The Gamut. A Journal of Ideas and Information*. Verwendung mit freundlicher Genehmigung)

leben von Halbwahrheiten und halben Tatsachen.« Er arbeitete im selben Studio am Porträt des kranken, verlebten Dorian Gray. Über den Tod ihrer Zwillingsschwester sagte mir eine Siebzigjährige: »Man kann nicht so eng miteinander verbunden sein und dann völlig loslassen.«

Laßt sie Individuen sein! So schrieb Dr. Benjamin Spock in dicken Lettern in seinem Lehrbuch der Säuglings- und Kinderpflege, das er am Ende des Zweiten Weltkriegs abschloß. Seine Empfehlung für die Erziehung von Zwillingen, die Generationen von Eltern beherzigten – in einer Welt, die angeblich »auf die Demokratie vorbereitet« war, hielt einem Vergleich mit der UNO-Charta stand: »Möge jeder genießen, was er ist, und er wird aufwachsen in Frieden mit sich selbst, seinem Zwilling und der übrigen Welt.«

Von da an wäre es taktlos gewesen, von Zwillingen auch weiterhin als harmonischen Paaren zu sprechen, besonders als die ehemaligen Alliierten mit den Zwillingsnamen USA und UdSSR sich durch den Eisernen Vorhang voneinander abschotteten. »Behandelt Zwillinge nicht als eine Einheit!«

drängte Dr. Winifred de Kok 1949 in der Zeitschrift *Childhood*. Eltern, die »immer auf Zwillinge warten», schrieb Marjorie Leonard 1953 für *Child Study*, haben sich als einzelne Kinder immer nach einem Zwillingsgeschwister gesehnt, einem idealen Vertrauten, »der auch ohne viele Worte alles versteht«. Gedankenübertragung und Einfühlungsvermögen waren Teil des »Zwillingsmythos», den Erwachsene ihren Familiengeschichten zuschrieben, des Mythos von einem verschwundenen oder entführten Zwilling.

Schanghai, Australien, Kalifornien und die Walt-Disney-Studios waren der Geburtsort und die Wirkungsstätten der Künstlerin und Werbetexterin Phyllis Graham. Als sie 1955 ihr erstes Buch herausbrachte, »das sich speziell an die geplagten Eltern von Zwillingen richtet», widerstand sie der Versuchung, die Individualität von Zwillingen besonders herauszustellen, deren »erstaunlich kreative Kooperation häufig unbemerkt bleibt« und im Westen gar nicht willkommen ist. Natürlich sollten Zwillinge lernen, Geschmack an einem gesunden Wettbewerb zu finden, aber hartnäckig schrieb Graham in ihrer Arbeit *Die Pflege und Ernährung von Zwillingen*, daß »Zwillinge, die denselben Geschmack und dieselben Interessen entwickeln, häufig keine besonderen sozialen Probleme haben, zugleich aber ein Glück empfinden, wie es anderen nicht vergönnt ist.«

Graham hatte den Geist des kalten Krieges nicht verinnerlicht. Diese multikulturelle Mutter von Zwillingen war ihrer Zeit hinterher und zugleich voraus. Ganz im Sinne des Zeitgeistes äußerte sich dagegen das kanadische Department of National Health and Welfare im Jahr 1955: »Auch eineiige Zwillinge sind *zwei* Individuen, die nur zufällig zur gleichen Zeit geboren wurden.« Je weniger sich Zwillinge voneinander trennten, desto wahrscheinlicher sei es, daß ihre Ähnlichkeit ins Pathologische ausarte wie bei Bert und Bill, die die englische Psychiaterin Dorothy Burlingham von 1955 bis 1958 behandelte. Unehelich als eineiige Zwillinge geboren, schliefen Bill und Bert als Babys in der gleichen Haltung, krabbelten mit den gleichen Bewegungen und wiegten sich im gleichen Rhythmus. Mit 14 Monaten begannen ihre Nachahmungsspiele, bei denen Bill Bert kopierte, wenn dieser in die Hände klatschte, und Bert Bill nachmachte,wenn dieser irgendwo draufschlug. Sie ignorierten andere Kinder, Kinderfrauen, ihre Mutter und ihre »Ersatzmütter« (die einsprangen, als ihre leibliche Mutter es nicht mehr aushielt, weil sie selbst nicht wußte, welches Baby sie gerade im Arm hatte). Mit zwölf Jahren kamen sie in ein Heim für verhaltensgestörte Kinder, in narzißtischer Rivalität und gegenseitiger Nachahmung gefangen. »Ihre Augen, ihre gesamte Aufmerksamkeit ... war absolut vom jeweils anderen in Anspruch genommen.« Wenn der eine eine rote Nase oder einen Furunkel bekam, geschah dem anderen das gleiche. Sie hatten homosexuelle Phantasien, stellten sich vor, einander umzubringen, sahen sich jeder als zwei Personen, eine gute und eine schlechte zugleich. Aus kleinen Rackern wurden jugendliche Raufbolde. Das war eine düstere Warnung für Eltern, die es versäumten, die individuellen Talente ihrer Zwillinge zu entwickeln.

»Doubletrouble« war das Codewort. Es bedeutete, daß Zwillinge als ausgeprägte Individuen sozial akzeptiert waren. Wenn sie es aber wagten, an ihren Doppelcharakter zu erinnern, von ihrem Kummer über einen verlorenen Zwilling oder von einem heraufziehenden kalten Krieg zu sprechen, dann hielt man sie für unsozial, ja geradezu inhuman:

»Ihr habt zwei Köpfe!« sagt der Englischlehrer der King-Zwillinge, als sie eine gemeinsame Autobiographie schreiben. »Ich möchte hoffen, auch zwei Hirne. Ihr seid *zwei* Individuen.«

»Niemals passiert mir etwas«, sagt Enid King. »Es passiert uns.« Ihr und Audrey, meint sie in der Teenager-Geschichte *Double Trouble* von 1964.

»Es wird höchste Zeit, daß Ihr aufhört, Zwillinge zu sein«, sagt Freund Hal, der solche Dummheiten von siebzehnjährigen Mädchen nicht mehr akzeptieren will, »und endlich anfangt, Menschen zu werden. Einzelne Menschen.«[9]

So lautet also die schwere Wahl: Entweder Zwillinge oder Menschen. So große Macht haben Zwillinge als Orakel gewonnen, daß sie entweder in Original und Vergleichsmaßstab getrennt, zur Individualität gezwungen oder als Werbeidole und Sportpaare (Synchronschwimmer, Tennis-Doppel) vergöttert werden.

Erst als das Jahr 2000 bereits seinen Schatten vorauswarf und die binäre politische Welt im Untergang begriffen war, folgte auf Bill, Bert und »Doubletrouble« *The Joy of Twins*. (Hier sei festgehalten, daß Bill Busfahrer geworden ist und am Wochenende seinen Garten pflegt. Bert ging zur Air Force, reiste viel, hat eine Familie gegründet und baut Flugzeugmodelle.) Plötzlich zeigt die »Forschung«, daß »die meisten Zwillinge und ihre Familien nicht nur gesunde, glückliche Menschen sind, sondern viele von ihnen meinen, daß Zwillinge sein und Zwillinge haben für sie *von Vor-*

teil war, um sich selbst und die Menschen um sie herum zu verstehen.« Diesen Vorzug brauchen wir dringend, wenn wir an der Schwelle zum 21. Jahrhundert Janus von Angesicht zu Angesicht gegenüberstehen, dem zweigesichtigen Gott der Kreuzwege und Überquerungen des Rubikon. So machen wir also Platz für Zwillinge, die unsere gemischten Gefühle von Furcht und Vorfreude am besten verkörpern.[10]

Unsere Rückbesinnung auf die Verheißung von harmonischen Zwillingen fällt mit dem Auftauchen der Legende vom verschwindenden Zwilling zusammen, denn am Ende des Jahrhunderts mag sich jedes Individuum in der zweifachen Zeit von Ende und Anfang selbst als doppelt empfinden. Der verschwundene Zwilling, der Verlierer, der Vergleichsmaßstab steht für unser paradoxes Gefühl von Erschöpfung und Unvollkommenheit am *fin de siècle*. Der Überlebende, der Andere, steht für das Licht, das aus der neuen Kalenderwelt mit ihrer magischen Zwei herüberstrahlt als ein neues Jahrtausend, eine zweite Chance. Die Legende vom verschwindenden Zwilling ist zur Stelle, da wir das apokalyptische 1999 durchbrechen und unsere Kinder in eine noch fremde Zeit entlassen müssen, die bereits von fiktiven Androiden, Cyborgs und Scharen von Klonen bevölkert ist. Kein Wunder, daß eineiige Zwillinge uns als Orakel dienen und daß verschwindende Zwillinge jedes Individuum an ein zweifaches Leben binden.

2. Doppelgänger

Wie kann ich glücklich sein,
da ich doch meinen treuen Gefährten
als tote Last mit mir herumtrage ...

Einer der Schottischen Brüder um 1518

Ein Zwilling ist der, der nicht verschwindet, ein Mensch, dessen Fleisch dein Fleisch, dessen Tod dein Tod ist. Solch maßlose Zuneigung tritt auf, wenn zwei Menschen einander »so nahe sind, wie nur irgend möglich, sich als ein Wesen in zwei Körpern fühlen«. Leben und Tod der Zwillinge Cyril und Stewart Marcus, Gynäkologen in Manhattan, die im Jahr 1975 gemeinsam Selbstmord begingen, kommen einem in den Sinn. Sie waren einander so zugetan, daß der Film über sie, *Die Unzertrennlichen*, ganz glaubhaft mit einer Szene endete, in der man monströse Instrumente »zur Trennung siamesischer Zwillinge« zeigte.

Unteilbare Zwillinge – *terata didyma*, Doppelmißgeburten – haben eine lange Geschichte als Monster, ein Wort, das vom lateinischen *monstrum* – böses göttliches Vorzeichen – kommt. Doppelskelette aus dem alten Peru konnten auf die Zeit um 7000 Jahre vor Christi datiert werden. Skulpturen miteinander verwachsener menschlicher Körper galten in der Kupferzeit als Symbole für den Reichtum der Natur oder als Gottheiten mit doppelter Kraft. Seit der Mensch die archaische Welt verlassen hat, kündeten solche doppelten Orakel allerdings weniger von der Natur als vielmehr vom Unnatürlichen. Einander verbundene himmlische Zwillinge werden zur häßlichen Mißgestalt, wenn sie auch auf der Erde miteinander verwachsen sind. In unserer Zeit gelten sie als Urtyp unvernünftiger Vervielfältigung – Bilder von uns selbst, die uns betroffen machen, Vorboten der Gefahr, die bedenkenloses Kopieren mit sich bringt.

Frauen, die Monster gebären, heißt es im 4. Buch Esra, sind ein Zeichen dafür, daß das Ende nahe ist. Diese Worte aus einem apokalyptischen Text, der 1500 Jahre lang kanonischer Teil der Bibel war, sind falsch übersetzt und so über die Jahrhunderte weitergetragen worden: Aus *menstrua* wurde *monstra*. Im lateinischen Text hieß es, eine Frau, die während ihrer Periode mit einem Mann schlief, werde ein Monster gebären – ein Doppelwesen als Zeichen des Exzesses. Kinder, die aus solch sittenloser Verbindung hervor-

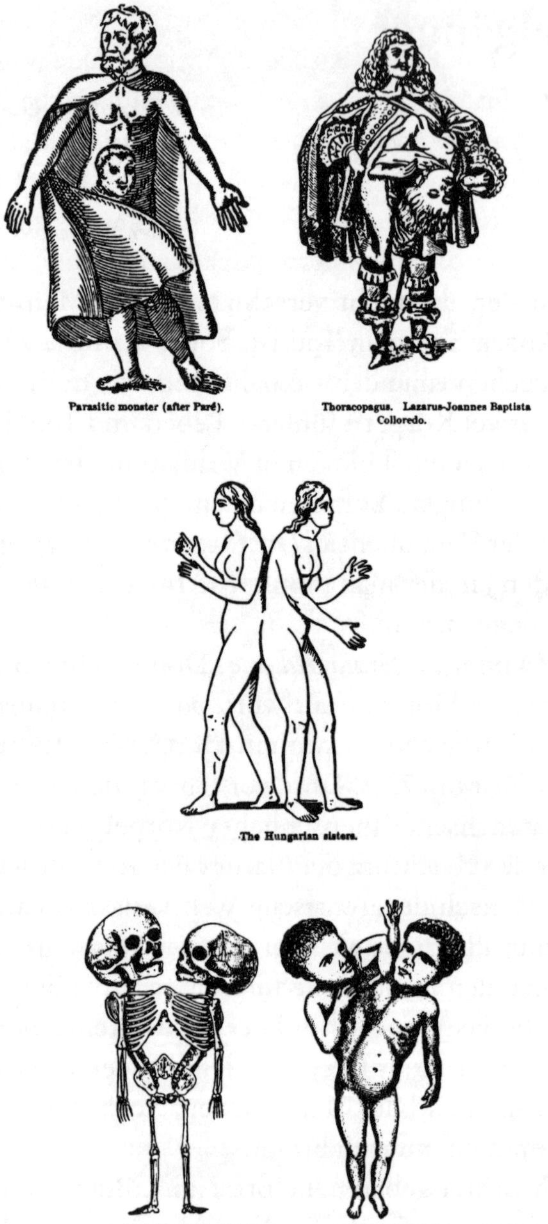

Zusammengewachsene Zwillinge. Oben links das »parasitäre Ungeheuer« (geboren 1516) nach Ambroise Parés *On Monsters and Marvels* von 1573; oben rechts Lazarus und Joannes Baptista Colloredo (um 1630); in der Mitte Judith und Helena Szony (um 1710); unten Ritta-Cristina (1829). In: George M. Gould und Walter Pyle, *Anomalies and Curiosities of Medicine* (1896)

gehen, schrieb der Chirurg Ambroise Paré im Jahr 1573, sind die Strafe Gottes für derart unmäßige Fleischeslust; sie werden abnorm in Form und Masse geboren – Frucht einer unsäglichen, wahnwitzigen Vereinigung.[1]

Um dieselbe Zeit bekam Michel de Montaigne eine lebende Doppelmißgeburt zu Gesicht. Von einem aufrecht stehenden, etwa vierzehn Monate alten Kind baumelte ein zweites herab, das kleiner, magerer und ohne Kopf war. Montaigne hob das unvollkommene Kind an und sah, daß beide zwischen Nabel und Brustwarzen miteinander verwachsen waren. »Ihre Lage war mit dem Angesichte gegeneinander – so als ob ein kleineres Kind ein größeres umhalsen wollte«. Im Zweiten Buch seiner Essais schrieb der französische Denker: »Dieser doppelte Körper und diese verschiedenen Gliedmaßen, die in einem Kopf zusammenliefen, können wohl für den König von günstiger Vorbedeutung sein, zeigten sie ihm doch, daß er unter der Einheit seiner Gesetze die verschiedenen Glieder und Teile unseres Staates behaupten und erhalten könne.« Aber politische Satire solcher Art war gefährlich, und der Spötter zog sich hinter den Moralisten zurück: »Was wir eine Mißgeburt nennen, ist es nicht vor Gott, der in der Unbegrenztheit seiner Werke die unendliche Zahl von Formen sieht, die er darin begriffen hat.« Der Skeptiker Montaigne faßte zusammen: »Wir nennen das widernatürlich, was dem zuwider ist, was wir gewohnt sind zu sehen. Doch ist alles nach der Natur, sei es, was es wolle.«

So, wie die Eschatologie langsam der Homilie wich, wurde diese allmählich von der komparativen Anatomie abgelöst. Montaigne arrangiert die Veränderungen in einer perfekten historischen Ordnung – vom Monster als etwas Einzigartigem, einem ominösen *Ereignis* ebenso himmlischer wie irdischer Art über das Monster als Wunder, als erstaunliche *Erscheinung* unter Gottes Himmel, bis zum Monster als multiples, polyformes *Wesen*, entstanden aus einer Laune der Natur. Im Mittelalter registrierten Prediger solche Geburten als Sensationen in den Annalen. Spätere Augenzeugen wunderten sich darüber, wie ausgeformt diese Körper, diese bizarren Verschlingungen der Glieder waren. Die Wissenschaftler des 18. und des frühen 19. Jahrhunderts gingen dem Entstehungsprozeß, den embryologischen Fragen nach, die diese Menschenwesen aufwarfen. Als unerwünschte Ankömmlinge hielt man diese Monster oft für unnatürlich, für »furchteinflößend« und tötete sie. Als absonderliche Erscheinungen galten sie für übernatürlich und »merkwürdig«, wurden, solange sie lebten, für einige

Kupferlinge zur Schau gestellt und, wenn sie gestorben waren, für Seziervorführungen verkauft. Als neuartige Wesen hielt man sie für »anomal«, ordnete sie eigenen Klassifikationssystemen zu und bewahrte sie schließlich in großen Gläsern auf.

Die »Laune der Natur« *(lusus naturae)* – das Wort und die »lebende Kuriosität« – erlangten neue Bedeutung, als im 19. Jahrhundert Kuriositätenkabinette und Zirkusshows aufkamen, in denen man Zwillingsmißgeburten für Geld zeigte. In der Gegend von Brügge hatte man bereits 1682 solche Babys für drei Stüber bestaunen können. Nun sollten die aufgeklärten Eliten sie als »Perversion« der erfindungsreichen Natur sehen und drängten sich, um »siamesischen Zwillingen« die Hand zu schütteln oder sie Schach spielen zu sehen, während die ärmeren Leute zu ihren Gesangs- und Tanzdarbietungen zusammenströmten, wo sie sie als Rätsel oder gar als übernatürliche Wesen bestaunten.

Waren sie eins oder zwei? Diese Frage mußten Hebammen und Theologen beantworten, denn davon hing der Status der (des) Neugeborenen in der Gemeinde ab. Thomas von Aquin fällte im 13. Jahrhundert ein salomonisches Urteil: Wenn zwei Brustkörbe mit zwei getrennt schlagenden Herzen oder zumindest zwei Köpfe vorhanden waren, dann hatten sie eigene Seelen und sollten als zwei Wesen getauft werden. Seine Entscheidung war in Handbüchern für Priester festgehalten: Zwei Brustkörbe und zwei Köpfe bedeuteten zwei Seelen. In der Praxis kam es bis 1800 vor, daß Hebammen die kleinen Monster erstickten, Theologen nach zwei Denkzentren suchten und Priester ratlos waren. Waren es nun zwei Brustkörbe und zwei Köpfe? Oder nur zwei Köpfe? Eine der ersten Autopsien eines Leichnams zusammengewachsener Mädchen wurde auf Bitte eines Priesters in Santo Domingo vorgenommen, der nicht sicher war, ob er nun eine Seele oder zwei getauft hatte.

Suchte man bei der Analyse eineiiger Zwillinge im Labor vor allem nach Übereinstimmungen, so ging es im Falle von zusammengewachsenen Zwillingen um die inneren Unterschiede, die den Schluß zuließen, daß es sich um zwei individuelle Seelen handelte. Die Schottischen Brüder, die um 1500 am Hofe von König James IV. erzogen wurden, waren vom Nabel aufwärts getrennt. Zwei Rümpfe standen Rücken an Rücken, zwei Köpfe konnten zweistimmig singen – der eine Sopran, der andere Tenor. »Zuweilen entwickelten die beiden Körper«, hielt ein Chronist fest, »unterschiedliches Verlangen, konnten sich nicht einigen und stritten miteinander, weil der eine dies und der andere jenes wollte.« Ihre endgültige Trennung konnten sie aber nicht verwinden. Als sie achtundzwanzig waren, starb einer der Körper viele Tage vor dem anderen, und der überlebende, selbst bereits halb in Verwesung übergegangen, siechte dahin. »Wie kann ich glücklich sein«, soll er gesagt haben, »da ich doch meinen treuen Gefährten als tote Last mit mir herumtrage, der mit mir sang, spielte und plauderte. Wenn ich traurig war, tröstete er mich, wie ich ihn. Aber nun fühle ich nichts als Schmerz von dieser schweren Last, die tot, kalt und vermodernd auf meinem Rücken liegt, was mir in diesem Leben alle irdische Freude raubt.«

Einiges davon ist als apokryph anzusehen, aber die Geschichte hält sich so hartnäckig wie die Berichte über Lazarus und Joannes Baptista Colloredo, die am Nabel zusammengewachsen waren und 1617 in Genf als zwei Seelen getauft wurden. Johannes der Täufer war der Parasit von beiden; er hing an der Seite des aufrechten Lazarus, und obwohl sein Mund »immer weit offenstand«, nahm er nur über seinen Bruder Nahrung auf. Sie reisten in den dreißiger Jahren des 17. Jahrhunderts durch Europa und stellten sich auch dem dänischen Anatomen Thomas Bartholin vor, der sich gezwungen sah, über Joannes zu schreiben: »Da er schläft, schwitzt und sich bewegt, wenn sein größerer Bruder wacht, keine Schweißausbrüche hat und in Ruhestellung ist, scheinen ihre lebenswichtigen Teile getrennt voneinander zu funktionieren.« Ein Londoner stellte das in Frage. Für ihn hatte Joannes »zwar Empfindungen und Gefühle, [war] aber ohne jede Vernunft, weshalb mich dünkt, daß es fraglich ist, ob sie zwei getrennte Leben haben und zwei Seelen in ihnen wohnen oder ob sie sich eine Seele teilen.«

Unteilbar und doch Individuen – das war das Rätsel. Selbst wenn solche Doppelmißgeburten nur eine gemeinsame Harnröhre und einen After besaßen wie die Szony-Zwillinge von 1701, die am Beckengürtel zusammengewachsen waren, betonte man vor allem ihre Unterschiede. »Die Sache scheint kein Schwindel zu sein«, schrieb ein Mitglied der Londoner Royal Society, nachdem er Judith-Helena im Alter von sechs Jahren in Den Haag untersucht hatte. »Wo sie zusammengewachsen sind, ist die Haut ganz weich und ohne jede Naht … Wenn eine sich bückt, um nach etwas zu greifen, hebt sie die andere in die Höhe. Das tut sie recht oft, weil sie größer und lebendiger als die andere ist. Gemeinsame Empfindungen haben sie nur dort, wo sie zusammengewachsen sind.« Ein scholastisches Urteil auf die Frage, wie Judith-Helena vor das Jüngste Gericht treten werden, kam zu folgendem Schluß: Da sie durch einen Zufall vereinigt wurden, »sind wir fest davon überzeugt, daß die Schwestern mit getrennten oder auseinandergerissenen Körpern dort erscheinen werden«. Sie reisten durch Europa und zogen sich schließlich in ein Kloster zurück. Dort starb Judith an einer Erkrankung des Hirns und der Lungen. Helena folgte ihr kurz darauf.

Sie waren 22 Jahre alt geworden – ein langes Leben. Oft erlagen solche Zwillinge bereits in ihrem ersten Lebensjahr dem Streß, ständig herumgefahren und vorgezeigt zu werden. So starben Ritta-Christina, die am 12. März 1829 in Sardinien mit zwei Köpfen und zwei Herzen geboren wurden, bereits am 23. November in Paris. Frankreichs berühmtester Anatom sezierte sie. Etienne Serres suchte nicht nach Seelen, sondern nach Belegen für ein Gesetz der embryologischen Symmetrie (nach dem zunächst doppelt vorhandene Organe miteinander verschmelzen sollten). Ritta-Christina, die an Becken und Schultern miteinander verwachsen waren, jeweils ein Bein und einen Arm für sich hatten, waren nach Serres' Auffassung zunächst getrennte Embryos gewesen. Das war aus seiner Sicht auch bei einer anderen Kreatur der Fall, einem Jungen mit vier Beinen, aber nur einem Kopf. Serres meinte, es sei »eindeutig, daß zwei Egos in diesem einen Kopf leben«. Ob nun ominöses Ereignis, erstaunliches Ding oder polyformes Wesen, das Doppelmonster wurde zu allen Zeiten über Polarität, Gegensätze und getrennte Individuen definiert. Daß es, er, sie oder sie (Plural) weder ein, noch zwei Wesen sein könnten, war logisch zu bedrückend und emotional zu unbefriedigend, um wahr zu sein.[2]

Starke Bindungen

Zu der Zeit, als Ritta-Christina in Sardinien das Licht der Welt erblickten, bereiteten sich Luk-Chan und Luk-In bereits darauf vor, Siam zu verlassen. Im Westen sprach man ihre Namen falsch aus und übertrieb auch die Unterschiede zwischen ihnen: »Chang« der »rechte« (aus der Sicht des Betrachters), auch »gelbe, reife Frucht« genannt, vom selben Baum wie »Eng«, der »linke«, auch »grüne Frucht« genannt. Sie standen sich gegenüber, mit Changs rechter Schulter an Engs linker, verbunden durch ein elastisches Gewebeband von der Größe einer kleinen Hand, das oberhalb der Taille saß.

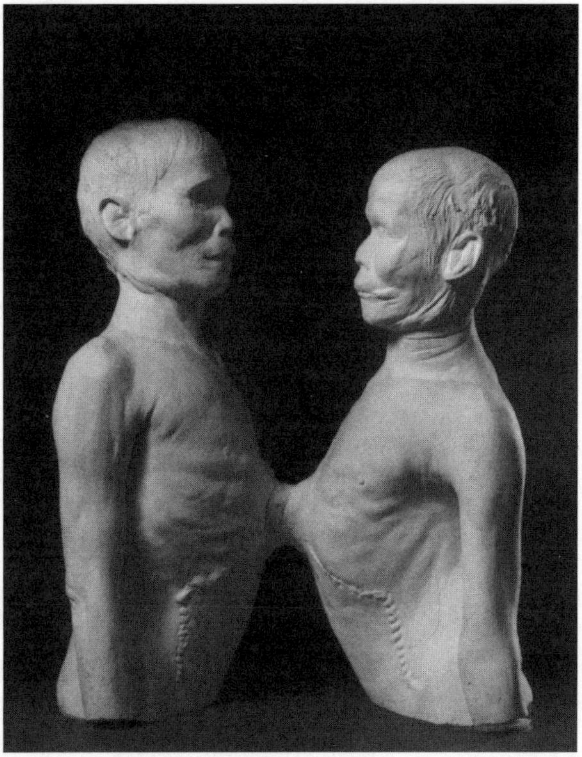

Die siamesischen Zwillinge Eng (links) und Chang (rechts). Gipsabdruck nach der Autopsie, 1874. (Mit freundlicher Genehmigung des Mütter Museum, College of Physicians of Philadelphia)

Mit siebzehn waren beide reif, gepflückt zu werden. Fünf Jahre zuvor hatte sie der schottische Schiffskapitän und Waffenhändler Robert Hunter zum ersten Mal erblickt, als sie in der Bucht von Bangkok schwammen. Mit Musketen, die er dem bedrängten König Rama II. schenkte, hatte er sich Zugang zu einem Land verschafft, das Europäern bislang verschlossen war. Hunter ließ sich in der Hauptstadt Siams nieder, heiratete eine thailändische Frau und wartete – nicht so sehr auf die Erlaubnis, die Jungen zu exportieren, als auf die Gelegenheit, mit anderen thailändischen Waren zu handeln. Als der neue König Rama III. im Jahr 1824 den Thron bestieg, war er von den zusammengewachsenen Zwillingen fast ebenso beeindruckt wie von europäischen Waffen. Das war Hunters Chance. Er half den Thais, eine moderne Kriegsflotte zu bauen, befremdete sie jedoch zugleich durch seine Arroganz, als er beim Schmuggel von Opium aus Indien ertappt wurde. Der verwitweten Mutter von Chang-Eng handelte er einen Vertrag ab, die Jungen in seine Dienste zu stellen, stieß sie durch seine Machenschaften ab und verkaufte schließlich seinen Anteil an diesen Schaustücken an einen Partner, den Schiffskapitän Abel Coffin aus Neuengland. Zwischen Hunter und Coffin stachen Chang-Eng, oder Kain und Abel, schließlich am 1. April 1829 an Bord der *Sachem* in See, einem Schiff, getauft nach dem Begriff der Narragansett-Indianer für den Häuptling einer Konföderation.[3]

An dem Tag, da Ritta-Christina in einem kalten Zimmer in Paris starben, beklagten sich Chang-Eng über die Kälte von London. Als die »siamesischen Zwillinge« waren sie bereits in Boston, New York und Philadelphia vorgeführt worden, hatten Überschläge gezeigt und Untersuchungen der besten Mediziner wie John C. Warren, Anatomieprofessor an der Medical School von Harvard, über sich ergehen lassen. Warren befestigte eine Schnur um ihr Knorpelband und zog daran. Chang-Eng drängten sich weich aneinander. Aber wie Warren schreiben mußte, war dies »eine Angewohnheit, bedingt durch die Notwendigkeit«, ihre getrennten Bewegungen auszugleichen. »Sie ähneln einander sehr, aber nicht so sehr, daß bei ein wenig Beobachtung nicht einige Unterschiede festgestellt werden könnten.« Nun waren sie in London als »Verwachsene siamesische Zwillinge«, die gleichzeitig an einer Erkältung litten und die peinlich genaue Untersuchung des Anatomen Joshua Brookes zu überstehen hatten, der sie schließlich für »völlig frei von jeglicher Täuschung« erklärte.

Mit Täuschung hatte indes ihre Behandlung zu tun. Während Chang-Eng selbst und das hingerissene Publikum sich an der großen Ähnlichkeit, der »perfekten Übereinstimmung ihrer Bewegungen im Tanz« begeisterten, zerbrachen sich Ärzte und Philosophen die Köpfe über die medizinischen Möglichkeiten einer Trennung und die moralischen Probleme ihres Lebens zu zweit. Phrenologen tasteten sie ab und fanden eine solche Übereinstimmung in Größe und Form der zwei Köpfe, wie man sie »noch nie zuvor gesehen hatte. Deshalb ist die erstaunliche Übereinstimmung in Charakter und Veranlagung der beiden Brüder kein Geheimnis mehr.«

»Nach einer so langen und harmonischen Verbindung«, sinnierte der *Boston Centinel* 1829, »könnten sie sicher niemals glücklich werden, wenn man sie trennte.«

Das wollten sie damals auch gar nicht, wie sie gewöhnlich dastanden, Chang den rechten Arm um Engs Schultern gelegt. Sie, die stets gleich gekleidet waren. Die mit »Chang Eng« unterzeichneten. Die, wenn man dem einen eine Zinkscheibe auf die Zunge legte und dem anderen einen Silberlöffel in den Mund, einen galvanischen Stromkreis bildeten. Die Flötenduette spielten, gemeinsam auf Freiersfüßen gingen, 1843 zwei dicke Schwestern, Adelaide und Sarah Yates, heirateten, mit denen sie in einem großen Bett schliefen und 22 Kinder zeugten. Erforderte es die Menschlichkeit, wie eine New Yorker Zeitung suggerierte, daß Chang-Eng, wenn möglich, getrennt wurden, um als Chang und Eng weiterzuleben?

Ja und nein. Aufklärung und abstrakt-romantische Vorstellungen von Humanität, von persönlicher Freiheit und einem intelligenten Glücksstreben erforderten die Trennung. Zeitgenossen fühlten sich von dem »Bindestrich zwischen den beiden Brüdern«, wie es eine französische Zeitschrift nannte, magisch angezogen. Was, wenn der eine sich Christus zuwandte und der andere ein Heide blieb? Ein Schiffschirurg untersuchte ihre Nabel und das Verbindungsband, was ihn zu der Aussage führte, daß die beiden lange vor dem Jüngsten Gericht gefahrlos getrennt werden könnten. Ein Experimentator flüsterte solche Fragen Chang und Eng getrennt voneinander ein, worauf sie genügend unterschiedliche Antworten gaben, um den Schluß zuzulassen, daß Chang über die größere Energie und den stärkeren Willen, Eng aber über die bessere Denkfähigkeit verfüge.

Sie sehnten sich danach, von »diesem lästigen, unnatürlichen Band befreit zu werden«, schrieb der englische Erzähler, Dichter und Politiker Edward Bulwer-Lytton. Konnte sein umfangreiches Poem *Die siamesischen Zwillinge* als *Satirisches Zeitmärchen* aufgefaßt werden, so forderte er in seiner letzten Rede vor dem Parlament ganz offen die sofortige Gleichstellung der Schwarzen Westindiens. »Alle Versuche, die Sklaverei abzumildern und zu erleichtern, sind sinnlos und absurd«, sagte er. »Der ewige Unterschied zwischen Sklaverei und Freiheit kann nicht übertüncht werden.«

Von den vielen Geschichten über sie kränkte Chang-Eng am meisten, wenn sie mit Sklaverei in Verbindung gebracht wurden. Als sie 1832 von dem Gerücht hörten, ihre Mutter habe sie an Hunter und Coffin verkauft, »kannte Chang-Engs Zorn keine Grenzen«. Sie waren »betrübt darüber, daß man sie als *gekaufte und verkaufte Sklaven* bezeichnen durfte«. Darin zeigte sich die tiefe Furcht, man könnte sie mit Gewalt voneinander trennen, aber auch die Scham, »die Menschen könnten auf sie als Kinder herabsehen, die eine so hartherzige Mutter hatten«. Gewissensbisse plagten sie, weil sie bereits weit mehr als die ursprünglich vereinbarten zwanzig Monate von ihr getrennt waren. Nach 48 Monaten »Dienst« (wie sie es ausdrückten) trennten sie sich im Jahr 1832 endgültig, nicht voneinander, sondern von Coffin.

Sieben Jahre später setzten sie sich wohlhabend zur Ruhe, nachdem sie fast alle Bundesstaaten der USA und zweimal Europa bereist hatten. Inzwischen verheiratet, nannten sie selbst dreißig Sklaven ihr eigen. Ihre Kinder wurden von Grace Gates erzogen, einer schwarzen Frau, die man ihnen zur Hochzeit geschenkt hatte.

Jahrzehnte später, im Jahr 1860, nahmen sie sich in San Francisco schließlich vor, den Pazifik zu überqueren und ihre Mutter zu besuchen. Der amerikanische Bürgerkrieg hinderte sie daran. Formal als Baptisten getauft und unter dem von New Yorker Freunden angenommenen Namen Bunker mit der amerikanischen Staatsbürgerschaft ausgestattet, kehrten Chang-Eng in ihre Häuser in den Blue Ridge Mountains von North Carolina zurück. Sie unterhielten getrennte Haushalte, zwischen denen sie alle drei Tage wechselten. Der Bürgerkrieg brachte Chang-Eng weiter auseinander. Das war nicht darauf zurückzuführen, daß der eine Konföderierter und der andere Unionist war, denn beide waren loyale Südstaatler. Die Ursache lag darin, daß Chang, der immer zweieinhalb Zentimeter kleiner war und eine gekrümmte Wirbelsäule hatte, dem 1,60 Meter großen Eng zunehmend zur Last fiel. Auch ihre Gewohnheiten gingen immer weiter auseinander. Eng konnte die ganze Nacht hindurch beim Poker sitzen, Chang dagegen las sich gern in den Schlaf. Körperlich einander näher als je zuvor, da das sie verbindende Band schrumpfte und an Elastizität verlor, so daß sie sich nicht mehr voneinander abwenden konnten, drifteten sie emotional immer weiter auseinander, entwickelten eigene Geschäftspartnerschaften und schienen Kurs auf eine völlige Trennung zu nehmen.

Zwei sein oder nicht sein, das war hier die Frage. Zumindest für P. T. Barnum. Ganz im Geiste des gerade beendeten Krieges, den man »für den Erhalt der Union«, aber auch für die Befreiung der Sklaven geführt hatte, gingen die berühmten siamesischen Zwillinge im Jahr 1868 auf die Reise zu den bekanntesten Chirurgen Europas, um herauszufinden, ob einer ihre Fessel zu lösen vermochte. »Doch wer ertrüg' der Zeiten Spott«, wenn das Skalpell des Chirurgen sie in den ewigen »Ruhstand setzen« sollte? Chang-Eng hatten viel von ihrem Vermögen eingebüßt. Sie brauchten das Geld, das Barnum ihnen beschaffte, wenn sie ihren Impresario auch für großspurig und herablassend hielten. Dieser wiederum haßte ihr arrogantes Selbstbewußtsein, hatte aber ihren Zauber ganz persönlich gespürt: Sein Busenfreund Rev. Edwin Chapin bezeichnete ihn und sich selbst jahrelang als

»Chang und Eng«. Charakterlich mögen sie nicht zueinander gepaßt haben, aber sowohl Chang-Eng als auch P. T. Barnum wußten um die Macht des Bandes, das sie gefangenhielt.

Angekündigt als »lebende und atmende siamesische Zwillinge« zu einer Zeit, da ihre jugendlichen Abbilder aus Wachs oder Gips bereits in vielen Museen standen, wirkte Chang 1868 sichtbar gebeugt und an einen runzligen, ergrauten Eng gelehnt. Beide hörten schwer und blickten auf Fotos grimmig drein. Würde ein blanker Stahl sie von einem grausamen Schicksal befreien oder ihnen mit fast sechzig Jahren das Leben rauben? Bisher hatten chirurgische Versuche, miteinander verwachsene Zwillinge zu trennen, immer mit dem Tod eines oder beider geendet. Der hochbegabte Dr. Valentine Mott von der Columbia University behauptete, er sei imstande, das Band zu lösen. Aber angesehene Chirurgen in England, Schottland, Frankreich, Deutschland, Österreich und Rußland äußerten weiterhin Zweifel. Jahre zuvor wäre es vielleicht möglich gewesen, meinten manche, aber die Zwillinge seien zu alt, Changs Blutgefäße zu schwach. Ob nun Werbegag oder letzter Entschluß, Chang-Eng brachen ihre Europatour bei Ausbruch des preußisch-französischen Krieges im Jahr 1870 ab und schifften sich nach Amerika ein. Das Band, das sie zusammenhielt, war noch immer tragisch intakt.

Sieben Tage, nachdem sie von Liverpool aus in See gestochen waren, erlitt Chang einen Schlaganfall. Sein Körper war rechtsseitig gelähmt. In den Jahren darauf verlor auch Eng zunehmend Kraft und Geduld mit dem Mann, den er nun Schritt für Schritt mit sich schleppen mußte. Chang, dessen Lieblingstochter bereits 1867 gestorben war, verzweifelte, wurde zänkisch und ergab sich dem Alkohol. Eng, der zunehmend fürchtete, Chang werde sterben und er müßte ihn dann als leblose Last herumtragen, bat die Ärzte am Ort, sie unverzüglich zu trennen, was weder Joe Hollingsworth noch sein Bruder William wagten. Als Eng sie anflehte, dies unmittelbar nach Changs Tod zu tun, willigten beide Ärzte ein.

Doch das Skalpell sollte zu spät kommen. Chang erkrankte Anfang 1874 an einer schweren Bronchitis, wollte aber von der Regel, alle drei Tage das Domizil zu wechseln, nicht ablassen. Am 15. Januar, einem kalten Abend, fuhren Chang-Eng in einem offenen Wagen die drei Kilometer von dem einen Haus zum anderen. Am Abend des 16., einem Freitag, fröstelte Chang, klagte über Schmerzen in seiner Brust, keuchte, fand keine Ruhe und konnte nicht schlafen. Zweimal weckte er Eng. Sie traten auf die Veranda hinaus, er trank etwas Wasser, dann setzten sie sich im Wohnzimmer am Kamin nieder. Eng, der schlafen wollte, murrte, weil man ihn mit Gewalt wachhielt. Chang sagte: »Wenn ich mich jetzt hinlege, ist das mein Tod.« Gegen ein Uhr morgens gingen sie trotzdem wieder zu Bett. Eng schlief ein und erwachte um vier Uhr, weil ihm übel war. Er fand Chang leblos neben sich, und Angst packte ihn. »Ich sterbe«, sagte Eng. In kalten Schweiß gebadet, zerrte er an dem Band und fühlte Krämpfe in seinen Armen. Die einzige Reaktion auf Changs Zustand war, daß er ihn näher an sich heranzog. Er klagte, daß er keine Luft bekomme. Dann verfiel er in völlige Apathie. Seine Frau und seine Kinder rieben heftig seine Glieder, aber bevor einer der Brüder Hollingsworth eintraf, starb Eng.

Seine Todesursache war kaltes Grausen. »Zuerst starb Chang an einer Lungenentzündung, die er sich durch sein unbeherrschtes und unkluges Verhalten selbst zugezogen hatte. Sein Bruder Eng folgte ihm zwei Stunden später, so tief war ihm der Schock in die Glieder gefahren, als er erwachte und seinen Bruder nicht mehr als atmende, lebende Seele, sondern als einen kalten, starren Leichnam an seiner Seite fand. Zumindest ist dies die Erklärung des ausgezeichneten und bedeutenden Arztes am Ort, der ihre letzte Krankheit behandelte«, schrieb ein Nachbar. William Hollingsworth erklärte als Ursache für Engs Tod »den großen Schock und den Schreck, der von dieser Verbindung mit einem Toten ausging, dazu der Glaube beider, daß einer dem anderen in den Tod folgen werde«.

Man legte die beiden Leichname zunächst in einen trockenen Keller. »Wir wagen es nicht, sie zu begraben«, schrieb Changs Tochter Nancy, »sondern haben sie in einen holzverkleideten Zinnsarg gelegt. Dr. Joe meint, sie blieben keine drei Nächte in einem Grab, wenn wir sie dort bestatteten.« Um das Haus herum sah es aus »wie in einem Feldlager, so viele Menschen, Pferde und Wagen waren zusammengekommen«, schrieb der Sargmacher. Familie Bunker fürchtete, man könnte Chang-Eng als wertvolle Kuriosität rauben. Zwei Wochen später gaben die Witwen ihre Zustimmung zu einer Teilautopsie, legten aber fest, Chang-Eng sollten nicht getrennt, das Band zwischen ihnen nicht beschädigt werden. Chang war nicht an Lungenentzündung, sondern an einem Blutgerinnsel im Hirn gestorben, stellten die Pathologen in Philadelphia fest. »Eng starb wahrscheinlich vor Angst; die stark geschwollene Blase deutet auf eine tiefe emotionale Störung des Nervensystems hin.« Im Jahr 1961 kam ein anderer Arzt, der den Fall noch einmal untersuchte, zu dem Schluß, Chang sei an Arteriosklerose und Herzversagen gestorben. Eng habe der Schreck getötet.[4]

In einem Glaskasten im Mütter Museum des College of Physicians von Philadelphia sind sie noch immer zu besichtigen. Als die Autopsie abgeschlossen war, wurden Chang-Eng zwar einbalsamiert und zur Beerdigung nach White Plains in North Carolina gebracht, doch Abgüsse ihrer Körper sind zwischen den Gläsern mit Tumoren und den beiden Köpfen eines Kindes verblieben, das nur dreizehn Monate lang lebte. Da sie ihre Zöpfchen abgeschnitten und ihre Tunikas gegen Fräcke ausgetauscht hatten, da sie von Buddhisten zu Baptisten geworden waren, wirken sie in Gips weder östlich noch westlich, sondern wie das, was sie immer waren – Exemplare der Gattung Mensch.

Neben ihnen, in einem Glas, einst gefüllt mit Phenol, Rosmarinblüten und Glyzerin, schwimmen ihre Lebern, verbunden durch einen feinen Strang von Gefäßen. Chang-Eng waren also durch mehr als nur Hautgewebe verbunden. Hätte man das Band durchtrennt, wären sie wahrscheinlich verblutet oder an der Unterbrechung des Kreislaufs gestorben. *Lancet*, die angesehenste medizinische Zeitschrift Großbritanniens, bezeichnete sie als Omphelopagus Xiphodidymus, als Doppelwesen, an Nabel und Schwertfortsatz zusammengewachsen. »Sie waren keine Monster« hieß es dort in einem Bericht über die Obduktion. »Chang und Eng waren Menschen. Der Zufall hatte sie mit einem lebenden Band aneinander gefesselt, aber psychologisch, man kann sagen, auch physiologisch waren sie klar getrennte Persönlichkeiten.«

Chang-Eng gaben der westlichen Gesellschaft eine Art paradoxes Rätsel auf. Je mehr man versuchte, Chang von Eng zu trennen, desto enger rückten sie zusammen. Mark Twain behandelte dieses Verhältnis in seinen »Persönlichen Gewohnheiten der siamesischen Zwillinge« mit hintergründigem Humor: Je mehr er ihre Unterschiede übertrieb, desto komplizierter erschien ihre Verbindung. Eng ließ der grinsende Twain auf der Seite der Unionisten kämpfen, Chang auf der der Rebellen. Sie nahmen einander bei Seven Oaks fest und waren dann gezwungen, sich als Gefangene auszutauschen. Angesichts der modernen Definition von *Humanität*, die verlangte, einerseits für den selbständig denkenden *Menschen* einzutreten, andererseits aus *humanen* Erwägungen für die Sklavenbefreiung zu kämpfen und die Vivisektion abzulehnen, stellten die siamesischen Zwillinge, denkend, aber unselbständig, weil fürs Leben aneinander gefesselt und dabei nur allzu glücklich, einen schrecklichen Widerspruch in sich selbst dar. In einer Zeit des aggressiven Industriekapitalismus in einem wirtschaftlichen Umfeld, das von Telegrafendrähten und Eisenbahnschienen durchschnitten war, erschienen die siamesischen Zwillinge zugleich als eklatanter Anachronismus (dörflichen Zusammenlebens) und als naheliegende Utopie (von gewerkschaftlicher Brüderlichkeit oder sozialistischer Genossenschaft). Sie waren untrennbar und doch Individuen. Als sie am Ende physisch immer enger zusammenrückten, strebten sie emotional auseinander. Was ihnen widerfuhr, geschah der ganzen Welt, die einerseits mit der Schnelligkeit der Information immer mehr zusammenschrumpfte, zugleich aber unter Anfällen von (wirtschaftlicher) Depression, Mangel an (politischer) Geduld und Ausbrüchen von (militärischem) Zorn litt. Die siamesischen Zwillinge waren nicht mehr Monster als die übrigen Männer und Frauen des 19. Jahrhunderts, die sich in subtile, vielleicht tödliche Fesseln geschlagen fühlten.

Das widerfuhr auch dem Ich-Erzähler Ishmael im 71. Kapitel von Herman Melvilles Roman *Moby Dick*. Queequeg, der, geschickt wie eine Affe, auf den Rücken eines toten Wals kletterte, wurde von einem »Affenseil« gehalten, das er und sein Ruderer Ishmael sich um die Hüfte gebunden hatten, »so daß wir zwei für diese Zeit auf Gedeih und Verderb miteinander verheiratet waren. Und falls der arme Queequeg ins Wasser fallen würde, ohne wieder aufzutauchen, dann forderten Seemannsbrauch und -ehre, daß ich mich in seinem Kielwasser nach unten ziehen ließe, anstatt das Seil einfach zu durchschneiden. So vereinigte uns also eine verlängerte siamesische Bindung. Queequeg war mein unzertrennlich mit mir verknüpfter Zwillingsbruder, und ich konnte mich nicht freimachen von der gefährlichen Verantwortung, welche das zwischen uns laufende Band gleichsam vom einen auf den anderen übertrug.«

Hier zunächst eine Fußnote, eine hübsche Analogie und eine Vorahnung: Herman Melvilles Fußnote lautet, daß nur an Bord der *Pequod* Affe und Wächter miteinander verbunden waren. Die Analogie ist die zur Verbindung von Chang-Eng; die Vorahnung weist auf den Tod Ahabs, der an den aufgeschlitzten Wal gefesselt ist. Aber auch Ishmael hängt am Affenseil: »Während ich seine Bewegungen beobachtete, empfand ich die Situation so stark metaphysisch, daß ich mein Selbst völlig in unsre Zweisamkeit verschmelzen fühlte. Mein freier Wille hatte, wenn man so will, eine tödliche

Wunde empfangen; und jeder Fehler oder jedes Mißgeschick, das den anderen betraf, würde mich Unschuldigen in unverdientes Unglück oder in den Tod reißen.« Er weitet das Gleichnis zur Synekdoche: »Ich dachte weiter und erkannte, daß sich im Grunde jeder beliebige Sterbliche in einer ähnlichen Lage befindet. Hat doch jeder einzelne Mensch, wenn auch auf unterschiedliche Art, seine siamesische Verbindung mit einer Mehrzahl von anderen Sterblichen.« Aus einem Sonderfall wird Normalität; vor der siamesischen Verbindung, die nichts Einzigartiges mehr ist, gibt es kein Entrinnen: »Möglich, daß du mit außerordentlicher Vorsicht diesen und zahlreichen anderen bösen Zufällen entgehen könntest; jedoch, ich mochte Queequegs Affenseil handhaben, wie ich wollte, manchmal wurde er doch so heftig auf und nieder geschnellt, daß ich wirklich fast über Bord glitt. Auch konnte ich unmöglich vergessen, daß ich, so sehr ich mich auch ins Zeug legte, nur das eine Ende des Taus regierte.«

Am anderen Ende des Taues hing ein riesenhafter schwarzer Mann, ein Afrikaner im Zylinder, Queequeg, der Unergründliche, der mit seinem Sack voller Knochen und Götter Ishmael ebensowenig begreifen konnte wie die kalvinistische Vorsehung oder die Titel von Ishmaels neuenglischen Vorfahren. Queequeg und Ishmael waren Zwillinge und Antipoden zugleich, Schwarz und Weiß, Heide und Christ, zwei Enden der Welt zusammengebunden, so gegensätzlich wie Mark Twain Chang-Eng dargestellt hatte, und beide Einzelgänger. Die Legende vom verschwindenden Zwilling meint den traurigen Verlust gemeinschaftlichen Lebens, harmonisch und beruhigend zugleich; siamesische Zwillinge dagegen – im Sinne des modernen Begriffes von der wahrhaft freien und selbständigen Persönlichkeit – verbreiten den Schrecken des antithetischen, aber unlösbar aneinander gefesselten Paares.

Entgegengesetzte Ziele

In der jüngsten Zeit haben es Chirurgen gelernt, siamesische Zwillinge zu trennen – viel zu gut, klagte ein Jahrmarktbetreiber im Jahr 1980: »Wirklich absonderliche, ausgefallene Attraktionen sterben buchstäblich aus. Siamesische Zwillinge werden getrennt. Finger und Zehen, die zuviel sind, werden gleich nach der Geburt entfernt.« Allerdings haben Generationen echter und falscher siamesischer Zwillinge noch bis vor kurzem die Grenzen und die Doppelbödigkeit von *Humanität* erproben dürfen. Chang-Eng reisten mit der minderjährigen Carolina Nightingale und mit Millie-Christine, die 1851 mit zusammengewachsenen Rücken in der Sklaverei geboren wurden – zwei Köpfe, vier Arme, vier Beine und ein Torso. Sie kannten die Bühne, seit sie im Alter von fünfzehn Monaten »mit ihren beiden Mündern zu sprechen begannen«, später süße Duette in Sopran und Alt sangen und sich schließlich, die beiden Hälften einander zugewandt, fröhlich im Tanze drehten. »Sie ist oder sie sind gewiß eine Anomalie«, schrieb 1866 der Senator des Staates Carolina Leander S. Gash, der selbst Zwillingstöchter aufgezogen hatte. »Die siamesischen Zwillinge sind nichts gegen dieses doppelte Negerkind«, denn Millie-Christine »sind von der Mitte des Rückens aufwärts zwei vollständige Menschen«. Diese Mißbildung übte eine so starke Anziehungskraft aus, daß die beiden entführt wurden und von Eigentümern, Managern, einer Frau, die sich als ihre Mutter ausgab, sowie ihrer wirklichen Sklavenmutter hart umkämpft waren. Schließlich wurden sie als »farbiges Individuum« aus der Sklaverei entlassen und verdienten genug, um sich im Jahr 1891 in einem Zehn-Zimmer-Haus am Rande der Plantage, wo sie geboren wurden, zur Ruhe zu setzen. Als das Anwesen 1909 niederbrannte, zogen sie in ein kleines Landhaus um. Sie sprachen von sich stets nur in der ersten Person Plural. Im Oktober 1912 verstarb Millie. Christine sang Hymnen auf sie und folgte ihr siebzehn Stunden später. Ihr Grabstein trägt die Worte:

Eine Seele, die zweifach dachte,
zwei Herzen, die wie eines schlugen.

Sie starb wie Chang-Eng in North Carolina. Per Zufall ereilte der Tod dort auch die Schwestern Violet und Daisy Hilton, die im unteren Teil der Wirbelsäule miteinander verwachsen waren. Den größten Teil ihres Lebens waren sie wie Schachfiguren herumgeschoben worden: Ihre britische Mutter, die bei ihrer Geburt starb, hatte sie der Hebamme zum Geschenk gemacht. 1909 waren sie in einem Wachsfigurenkabinett in Edinburgh zu bestaunen, und 1912 traten sie bei Zirkusvorführungen in Deutschland auf. Stets in den Klauen gewalttätiger Manager, sangen sie sich als Wunderkinder durch ganz Europa, Asien und Amerika. In den zwanziger und dreißiger Jahren traten sie als Saxophonduo im Varieté von Loew auf. 1927 benutzte man sie für wissenschaftliche Experimente, um ihre Unterschiede herauszufinden. 1936 und 1941 schlossen sie umstrittene Ehen (Bigamie?), die jedoch bald wieder geschieden wurden. 1950 waren sie die negativen Heldinnen in dem Film *Chained for Life* (Zusammengekettet fürs Leben), einer Geschichte von Leidenschaft und Mord, in der sie als Todfeinde auftraten. 1955 übernahmen sie in Miami einen Kiosk, wo sie »im Doppelpack« Hamburger verkauften. Schließlich landeten sie in Charlotte, nachdem sie ein weiterer gerissener Manager 1962 als Gast an ein Autokino vermittelt hatte, wo man *Freaks* zeigte. Die Lebensmittelabteilung eines Supermarktes stellte sie ein, wo sie kurze Zeit Werbung für Kartoffelchips im Doppelpack betrieben. Als sie im Jahr 1969 an einer Grippe starben, kamen sechzig Personen zu ihrer Trauerfeier. Es waren nur wenige Gaffer darunter.

Miteinander verwachsene Zwillinge verschwinden mehr und mehr. Aber nicht nur die hochgelobten Chirurgen erscheinen in den Schlagzeilen, sondern auch die neuen ethischen Dilemmas der Eltern: »Siamesische Zwillinge: Der eine getötet, um den anderen zu retten«. Der Druck, solche Wesen nach der Geburt zu trennen, ist nicht nur medizinischen, sondern vor allem kulturellen Ursprungs. Wir wehren uns gegen Beweise für ein so inniges Verhältnis, denn diese siamesische Bindung erscheint für unsere (von der Welt des Kinos geprägten) Vorstellungen als höchst unziemlich: Sie ist unfreiwillig *(Zusammengekettet fürs Leben)*; sie ist melancholisch (*Freaks*); sie ist inzestuös (selbst die »gerissenen, zänkischen Zwillinge« Saber und Raquel, die Mutter Natur *Vereint* hat, die alles miteinander teilen, »einschließlich sich selbst«, müssen in Teil Zwei *Getrennt* werden, um »ein eigenes erfülltes Sexualleben genießen zu können«); und sie kann für beide tödlich enden *(Die Unzertrennlichen)*.[5]

Es ist das Affenseil der siamesischen Zwillinge und nicht der Papyrus des verschwundenen Zwillings, das einen gegensätzlichen, tödlichen Gefährten an uns bindet. Es ist wahr, Zwillinge sind niemals absolut identisch, und gewöhnlich dominiert einer der beiden. Es ist wahr, Zwillinge werden von der Mutter unterschiedlich behandelt und erzogen, wie sehr sie auch auf gleiche Zuwendung achten mag. Wie groß Schuld und Verwirrung auch sein mögen, die im Extremfall dazu führen, daß Eltern die positiven Eigenschaften auf den einen, die negativen auf den anderen Zwilling projizieren.

»Manche Eltern rufen uns bereits, wenn ihre Kinder kaum vier Tage alt sind«, berichtet der Direktor eines Zwillingsservice in Berkeley, »und sagen, sie wüßten genau, welcher der ›böse‹ sei.« Zum tödlichen Schicksal werden finstere Zwillinge aber erst, wenn der siamesische Aspekt hinzutritt: Heimtückischer Zwilling tritt als sein Bruder auf! »Eifersüchtiger Nicolas Klein nahm seinem Zwillingsbruder das Leben.« Stahl sein Geld und seinen Porsche! Übernahm seinen lukrativen Job! Zog bei seiner sexy Frau ein! Oder: »Als Kinder unzertrennlich, trennten sich ihre Wege, als sie erwachsen wurden.« BIS HEUTE WILL MEIN BÖSER ZWILLING MICH TÖTEN!

Solcher Schwulst hat seine Wurzeln beim gefährlich starken Esau, dem Älteren, und dem fähigeren Jakob. Er zeigt, wie notwendig es ist, Worte sorgfältig zu wählen. Dahinter steht das Bild vom doppelköpfigen Monster, von zwei Kräften, die auf dem gleichen Terrain um die Herrschaft kämpfen. Die dunkle Hälfte, der böse Zwilling, gewinnt immer größere Aktualität in unserer Kultur der Kopie, da wir zu fürchten beginnen, uns selbst zu verlieren.

Zwei Köpfe, zwei Körper

Nur ein *Mann ohne Eigenschaften* konnte selbstlos genug sein, um freiwillig einen siamesischen Zwilling anzunehmen. Im dritten Band von Robert Musils Roman suchte Ulrich seine fünf Jahre jüngere verheiratete Schwester Agathe auf, die er schon ewig nicht gesehen hatte. Zu ihrer Überraschung waren sie gleich angezogen. »Ich habe nicht gewußt, daß wir Zwillinge sind!« rief Agathe aus. Sie wurde Ulrichs Mitverschworene, die gemeinsam mit ihm die Orden vom Leichnam ihres Vaters stahl und gegen Ersatzstücke austauschte. Dann wurde sie seine »Eigenliebe«, »ein gewisses zärtliches Verhältnis zu einem selbst, das scheinbar den meisten anderen Menschen natürlich ist«, zu dem selbstlosen Ulrich aber über andere kommen mußte. Dazu Ulrich: »Kein Mensch weiß doch, welche von den vielen umherlaufenden Hälften die ihm fehlende ist.« Bis sie eine siamesische Verbindung eingehen. Siamesische Zwillinge, meist von gleichem Geschlecht, werden mit spiegelgleichen Händen geboren – rechts zu links und links zu rechts. »Dieses Verlangen nach einem Doppelgänger im anderen Geschlecht ist uralt«, fuhr Ulrich fort. »Es will Liebe eines Wesens, das uns völlig gleichen, aber doch ein anderes als wir sein soll.« Als Agathe schwärmte, man müßte sich wie ein siamesisches Zwillingspaar fühlen, fragte sich Ulrich, »wie es wäre, mit einem anderen Menschen wirklich zusammengewachsen zu sein«. »Er nahm an, daß jede Erregung der einen Seele von der anderen mitgefühlt werde.« Sie mußten ihre Kräfte in andächtigem Inzest vereinen.

Doppelgänger wurden Ende des 18. Jahrhunderts mit den Romanen Jean Pauls in die Literatur eingeführt. Sie sind Zwillinge aus dem Zerrspiegel, von denen der eine ohne den anderen weder Vergangenheit noch Zukunft hat, deren Gegenwart und Präsenz aber stets zur Tragödie führt. Jede Bewegung der einen Psyche fühlt die andere mit. Der haarsträubende Horror und romantische Terror des Doppelgängers sind der Horror und Terror ihrer siamesischen Verbindung – eines Lebens, das dem eigenen zuwiderläuft, eines Schicksals, das das eigene Schicksal ist. William Godwin ging dieser Verbindung 1794 in *Things as They Are, or The Adventures of Caleb Williams* auf den Grund: »Der Mensch ist wie diese Doppelgeburten mit zwei Köpfen und vier Armen. Wenn man versucht, einen vom anderen zu trennen, dann bringt man ihnen unweigerlich Unglück und schleichende Zerstörung.«

Titularrat Jakow Petrowitsch Goljadkin begegnete seinem Ebenbild und damit seinem Schicksal in einem »ganz anderen Herrn Goljadkin, der aber dem ersten vollkommen glich. Und wenn man sie nebeneinanderstellte, dann würde es niemand, aber auch niemand auf sich nehmen zu entscheiden, wer nun der richtige und wer der nachgemachte Goljadkin war, wer der alte und wer der neue, wer das Original und wer die Kopie.« Ein Kollege in der Kanzlei erkannte die Ähnlichkeit und fragte Goljadkin: »Wie nennt sich das doch? Ach ja, die siamesischen Zwillinge, ich hoffe, Sie haben von ihnen gehört, sie sind mit ihren Rücken zusammengewachsen und leben auch so; sie essen gemeinsam und schlafen gemeinsam; sie lassen sich besichtigen und nehmen, wie man behauptet, ein Heidengeld damit ein.«

Fjodor Dostojewski schrieb den *Doppelgänger* im Jahr 1845 für ein paar Kopeken. Über Chang-Eng wurde damals bereits fünfzehn Jahre lang berichtet, und Doppelgänger kannte man seit über fünfzig Jahren. Europäische Schriftsteller hatten in dieser Zeit die alten skandinavischen und slawischen Doppelgänger aus göttlichen Schutzgeistern, die in wechselnder

Gestalt auftraten, zu menschlichen Omina umgeformt, die heraufziehendes Unglück ankündigten. Der Doppelgänger war der Alptraum der romantischen Seele, die sich in exaltierter Furcht selbst zerstörte. Dichter wie Novalis und Schriftsteller wie Ludwig Tieck sannen über eine Welt nach, die das Konstrukt eines transzendenten Individuums war. Oder war das Individuum das Konstrukt einer Welt, die wir nicht vollständig zu ergründen vermögen? Den Doppelgänger empfand man als unstet und flüchtig, als man selbst und auch wieder nicht, wie der Fabulierer E. T. A. Hoffmann, der unablässig über Doppelgänger schrieb und als Staatsbeamter mit gleichem Namen ein zweites Leben führte.

Herrn Goljadkin Zwei, flink und ein falscher Freund, konnte man nicht entfliehen. Er nannte Goljadkin »Bruder« und drängte ihn aus seinem Beamtenposten als Kopist von Dokumenten hinaus. Der Titularrat verlor sich in dubiosen Vergleichen. »Ein Wunder, eine Seltsamkeit, heißt es, geradezu wie die siamesischen Zwillinge ... Aber was sollen hier die siamesischen Zwillinge? Also zugegeben, es sind Zwillinge, aber haben nicht auch große Männer gelegentlich einigermaßen wunderlich ausgeschaut?« So schaute nun Goljadkin aus, »vernichtet« von Goljadkin Zwei.

In Dostojewskis Neufassung von 1866, kurz bevor Chang-Eng Rußland bereisten, quälte Goljadkin ein Alptraum: »Bei jedem Auftreten auf dem granitenen Bürgersteig schossen, gleichsam unter der Erde hervor, neue Goljadkins empor, die alle dem durch seine Herzensverderbtheit so widerwärtigen Herrn Goljadkin Zwei aufs Haar glichen.« Goljadkin versuchte, sich sein reines Gewissen zu bewahren, und verfaßte einen Brief an den korrupten Goljadkin: »Entweder Sie oder ich, etwas anderes gibt es nicht! Und darum erkläre ich Ihnen, daß Ihr seltsamer, lächerlicher und zugleich unerfüllbarer Wunsch, sich als mein Zwilling aufzuspielen und sich als solchen auszugeben, zu weiter nichts als Ihrer restlosen Blamage und Entehrung führen muß.«

Welche Art selbstzerstörerischer Doppelgänger war dieser unheimliche Zwilling Goljadkin, der Korrupte? Ein gespenstisches Ich aus der Vergangenheit? Die dunkle und doch verführerische Hälfte des Ego, das in der Gegenwart zur Reife gelangen wollte? Ein unirdisches Ich aus der Welt der Träume oder der Zukunft? Goljadkin Zwei war eine Projektion der gescheiterten Ambitionen des Titularrates und seines Ehrgeizes, die Fortsetzung seiner selbst. Geronnene Gegenwart, ein Doppelgänger, an den Goljadkin wie ein siamesischer Zwilling auf Leben und Tod gefesselt war. Goljadkin geriet in Panik: »Da geht ein Mensch zugrunde, verzehrt sich aus sich selbst heraus und kann sich nicht fangen.«

Schließlich wurde der Doppelgänger selbst zum eingefleischten Materialisten, der für Rechtschaffenheit und Exaktheit, gegen Aufruhr und Zweideutigkeit stritt. Er lief neben der Kutsche her, in die man den völlig verunsicherten Goljadkin gesteckt hatte, und »warf dem Titularrat Kußhändchen zu«, der zitternd seinem ruhigen alten Freund, dem Doktor, gegenübersaß. Aber es war »nicht der frühere, sondern ein anderer Krestjan Iwanowitsch!«, der Arzt für Menschen, die nicht mehr sie selbst sind.

Hätte dieses Wesen zwei Köpfe und zwei Körper, aneinandergefesselt und gegeneinandergestellt, ob nun Fakt oder Phantasie, dann hätte es von der Zukunft nur Schande und Zuflucht zu erwarten. Schande für den Fall, daß der Doppelgänger ein Verbrecher wäre, wie es die Gerichtsakten von Captain Atkins (verstorben 1811) berichteten. Dieser »hatte einen Doppelgänger, der die Plage seines Lebens war, ein Schwindler, der, als er die glückliche Ähnlichkeit entdeckte, in Atkins Namen Käufe tätigte, Geld lieh und schließlich sogar eine Frau heiratete«. Zuflucht für den Fall, wenn der Kontakt hergestellt *ist* wie bei Guy de Maupassant, dessen Helden heiraten, um ihrem Schatten zu entgehen (»Lui«, 1883), oder ein Haus niederbrennen, in dem eine Gestalt herumgeistert, die ihr Spiegelbild verzerrt (»Le Horla«, 1887). Maupassant selbst gestand: »Jedesmal, wenn ich nach Hause komme, sehe ich meinen Doppelgänger. Ich öffne die Tür und sehe mich selbst im Sessel sitzen.« Maupassant starb im Jahr 1893 mit Wahnvorstellungen in einem Asyl, als gerade eine neue Welle von *fin-de-siècle*-Doppelgängern die europäische Literatur heimsuchte.

Ein Kopf, zwei Körper

Wo ein Kopf und zwei Körper auftauchen, ist das Theater nicht fern. Jahrhundertelang arbeiteten europäische Schauspieler daran, in einen zweiten Körper zu schlüpfen. Das gelang ihnen z. B. 1536 bei einem Mysterienspiel in Bourges, wo man ihnen als weisen Männern Beifall spendete, »die es verstanden, mit Zeichen und Gesten die Charaktere, die sie darstellten, so gut nachzuahmen, daß die meisten Zuschauer glaubten, die Geschichte sei echt und nicht nur gespielt«. Hier erhebt sich die Frage, wie jede Gesellschaft oder Zeit die menschliche Natur begreift und darstellt. So verlangte z. B. der Schauspieler und Regisseur Aaron Hill im England des 18. Jahrhunderts als einer der ersten eine durchgängige Bühnenpräsenz. Er verachtete jene, »die mitten im Redefluß in Unaufmerksamkeit verfallen ..., um sich schauen und die Zuschauer begaffen«. Die Schauspieler sollten in ihrer Rolle bleiben, was Vertiefung erforderte. Die Figuren auf Bildern oder auf der Bühne sollten als »vollständig in ihrer Rolle versunken« erscheinen und das Publikum nicht mehr wahrnehmen. Als Dramatiker bestand Denis Diderot darauf, »daß jede Aktion, jede Geste und jeder Gesichtsausdruck das darstellen, was sie tatsächlich bedeuten«. Seine Grundsätze der Schauspielkunst – Einheitlichkeit *(unité)* der Wirkung, Naivität *(naiveté)* der Gefühle, Unmittelbarkeit *(instantanéité)* des Ausdrucks und Vergessen *(oubli)* der Zuschauer – nannte er eine *UNIO mystica*, die mystische Vereinigung von einem Kopf und zwei Körpern.

Aber die Leidenschaften, die jede Person bewegten, waren als voneinander isolierte Zustände gedacht. Auf der Bühne sollte jede Leidenschaft als Einheit von Wirkung, Gefühl und Ausdruck einzeln dargestellt werden. Diderots *UNIO* führte deshalb nicht zur »schrittweisen Entfaltung einer Persönlichkeit«, sondern zu einer Serie von *lebenden Bildern*, Gruppenposen, die bekannten Gemälden oder Szenen der Literatur aufs Haar gleichen sollten.

Von den französischen Bühnen der sechziger Jahre des 18. Jahrhunderts fanden die lebenden Bilder ihren Weg in kleine Hoftheater überall auf dem Kontinent, von dort in englische und amerikanische Salons. Über einem guten lebenden Bild wie z. B. Sarah Annie Frosts »Warten auf das Urteil« »liegt ein unbeschreiblicher Hauch von Schicksal und Zauberei«: Vor einem Gerichtsgebäude ist jedes Gesicht von »gespannter Furcht gezeichnet«. Im Zentrum der Gruppe sitzt eine Frau, die Hände um ihre Knie geklammert, die Haube verrutscht, das Haar zerwühlt, die Augen vor Schmerz weit aufgerissen. In allen Fällen »wird von den Darstellern vor allem gefordert, ... in absoluter Regungslosigkeit zu verharren, eine Kunst, in der man sich durch Üben vor dem Spiegel wunderbar vervollkommnen kann«.

Lebende Bilder fielen deshalb in die Kompetenz derer, die regelmäßig vor dem Spiegel saßen. Dort erlernten Frauen die Contenance, die man in der

Gesellschaft von ihnen erwartete. Dort gaben sie aber auch die dramatischen Szenen, die ihnen in der Öffentlichkeit verwehrt waren. Anne Boleyns »ganze Haltung bringt Widerwillen und Ablehnung zum Ausdruck – der Kopf zur Seite gewandt, ihre Linke erhoben, um ihre Augen gegen das gleißende Licht der Juwelen abzuschirmen, ihre Rechte nach oben gestreckt«. Die Frauen der viktorianischen Zeit, die solche Posen einübten und mit Gesten der Gestalten mischten, die François Delsarte in den vierziger Jahren des 19. Jahrhunderts für die Opernbühne erfand, wollten damit den Freiheiten Ausdruck verleihen, nach denen sie strebten, den Leidenschaften, die sie in sich spürten, während die Gesellschaft schweigsame Zurückhaltung von ihnen forderte – zwei Körper und ein Geist, eine Seele.[6]

Emma, Lady Hamilton mit wehendem Haar und Kaschmirschals um einen Körper gewunden, den sie nicht mehr in ein Korsett zwängte, war kaum schweigsam zu nennen. Wenn sie in ihrem Privattheater in Neapel tanzte, versetzte sie mit ihrer Darstellung klassischer Statuen selbst Goethe in Entzücken. Er, der sich über den statischen Narzißmus der lebenden Bilder lustig machte, war tief bewegt, wenn Emma geschmeidig von einer Pose in die andere glitt. Diese *poses plastiques* vom Ende des 18. Jahrhunderts waren wie die Ballette eines Jean-Georges Noverre vom revolutionären Drang getrieben, »die abscheulichen Masken herunterzureißen, die lächerlichen Perücken zu verbrennen und die schrecklichen Reifröcke abzuwerfen«, kurz, der Herrschaft der mechanischen Gesten ein Ende zu setzen. Noverres Ballette fanden allerdings in königlichen Gemächern mit gebremsten Emotionen und »gesteuerten« Bewegungen statt. Erst *Poseure* am Rande des offiziellen Theaters wie Henriette Hendel-Schütz in Deutschland und Andrew Ducrow in England praktizierten den emotionalen Stil, der uns heute für die überzeugende Darstellung einer Rolle auf der Bühne unverzichtbar erscheint. Ein Zuschauer, der die »belebten Statuen« 1828 in Dublin sah, schrieb, Ducrows Vorführungen »übertreffen die auf dem Kontinent so beliebten ›lebenden Bilder‹ bei weitem«. Vom kämpfenden zum stürzenden und schließlich sterbenden Gladiator demonstrierte Ducrow »das Schwinden der Kräfte, aber in dem Augenblick, da er eine perfekte Kopie der berühmtesten Statuen der Antike bot, erstarrte er, wie in Marmor gehauen«.

Und doch schmähte man Ducrow als Marionette, die von unbekannter Hand an Fäden hin- und hergezerrt werde. Über Lady Hamilton äußerte

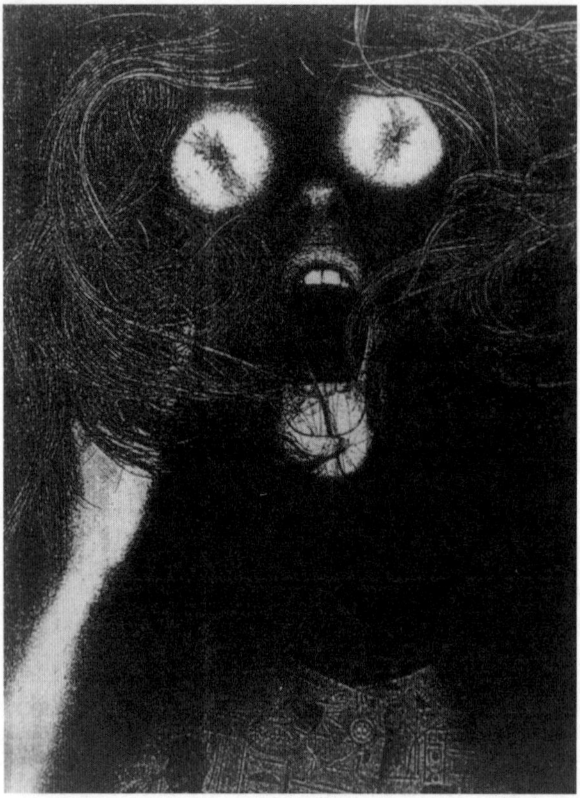

La Belle Marlène B. von Cesario Rachador. Elektrografische Postkarte, 1986. (Mit freundlicher Genehmigung des Künstlers)

Goethe, es fehle ihr an Seele. Im Possenspiel ließen sich Worte besser in Fleisch und Blut umsetzen. Immer noch ohne das gesprochene Wort hatten Darsteller auf dem Boulevard du Crime in Paris vor allem auf das Fleisch, auf Clownerie und Akrobatik, gespickt mit schlüpfrigen, obszönen Darstellungen zu setzen. Da französische Bühnenakteure außerhalb der königlichen Theater vor dem 18. Jahrhundert zu totalem Schweigen verurteilt waren oder höchstens unsinnige Laute von sich geben durften, hatten sie zwei Möglichkeiten: Entweder sie ließen eloquente Marionetten an Fäden tanzen, oder sie stöhnten und schnitten Grimassen wie der Wilde Junge von Aveyron, dessen Leben die Vorlage für das erste erfolgreiche Bühnen-Melodram abgab. Heinrich von Kleist hätte sicher Marionetten gewählt. Sie zierten sich zumindest nicht, schrieb er in einem Aufsatz im Jahr 1801 (zehn Jahre bevor er gemeinsam mit einer Geliebten Selbstmord beging). Bei einer Marionette, so erläuterte Kleist, könne auch kein Bewußtsein die Darstellung der Rolle oder die Grazie der Glieder beeinträchtigen. Puppenspieler bewegten sie, indem sie sich (ein Kopf – zwei Körper) in den Schwerpunkt der Kreaturen aus Holz hineinversetzten.

Bald sollte es eine solche Figur aus Fleisch und Blut geben, die keine Launen zeigte, die das Publikum nicht zu Emotionen sondern durch Emotionen bewegte und deren Schwerpunkt, wie manche sagten, von weit oben gesteuert wurde. Als Jean-Gaspard Deburau zum ersten Mal als Pierrot in schwarzem Käppchen, weißen Hosen und Bluse auftrat, beschrieb ihn Jules Janin, ein bewundernder Kritiker, als »einen unerschütterlichen Stoiker, der mechanisch alle Eindrücke des Augenblicks wiedergibt«. Dieses Kompliment wäre eines Kleist würdig gewesen. »Mechanisch« meinte automatisch, rückhaltlos, spontan. »Ein Akteur ohne Leidenschaft, ohne Worte und fast ohne Gesicht, sagt er doch alles, drückt alles aus und verspottet alles.«

Schmeichelei beiseite, Deburau war sicher nicht zu vergleichen mit dem großsprecherischen Diener Piero, dem feigen Maulhelden italienischer Harlekinaden. Er war um Klassen besser als jene, mit denen er gemeinsam im Théâtre des Funambules auftrat – all die Axtkämpfer, Springer und Grimassenschneider, die ihre Gesichtsmuskeln verzerrten, um in rascher Folge Wut Freude Trauer Wahnsinn Flehen und Beten darzustellen. »Weit von der ermüdenden Wichtigtuerei solcher Komödianten entfernt, die immer wieder innehalten, um jede ihrer Gesten zu betonen«, schrieb ein anderer Bewunderer, »bewegte sich Deburau wie im wirklichen Leben, als glaube er selbst daran, daß er gerade seinen Alltag erlebe.« Aus einer Familie von Akrobaten und Seiltänzern stammend, bewegte sich Deburau mit dem Gleichgewichtssinn und der Geschmeidigkeit eines Akrobaten. Aber seine Stärke war das Doppelbödige – Spott, Heuchelei und zurückhaltende Tapferkeit. Er stand niemals abseits von seinem zweiten Körper.

Das Schweigen war für ihn nicht der springende Punkt, eher der nahtlose Übergang. Deburau spielte in einer lärmerfüllten Welt, wo ihn der Pöbel von den billigen Galerieplätzen, die man »Paradies« nannte, lautstark feierte. Zwar ließ er in seinen Vorstellungen Soundeffekte, Gesang und etwas Dialog zu, doch schweigend vollzog sich nach wie vor der kaum spürbare Übergang von Deburau zu Pierrot. Welche Unterbrechungen es auch vom »Paradies« hagelte, auf der Bühne war kein Bruch zwischen dem Mimen und seinem zweiten Körper zu spüren. Der umfängliche Kragen, der in der Vergangenheit Kopf (und Geist) des Schauspielers von Herz (und Körper) der darzustellenden Person getrennt hatte, war verschwunden.

Als Deburau 1846 einem Asthmaanfall erlag, hatte er seine Kunst an seinen Sohn und Nachfolger Charles, den hartnäckig Schweigenden, nicht weitergegeben. Da sein Sohn und die nachfolgenden Verwalter seines Erbes sich allzu ehrerbietig zeigten, wurde Pierrot bald zu einer stilisierten und steifen Figur. Erst um 1910 erstand der Mime wieder auf – diesmal in Schule und Theater von Jacques Copeau und Suzanne Bing sowie im Rampenlicht von Gordon Craig. Wie Kleist suchte Craig nach einem Schauspieler als *Über-Marionette*, denn was menschliche Darsteller, denen ihre Emotionen ständig im Wege stehen, uns geben, »sind nur zufällige Bekenntnisse«. Einer der neuen Mimen, Etienne Decroux, »wünschte sich persönlich, daß ein aus Holz gedrechselter Darsteller geboren wird. Er muß Schrecken und Mitleid auslösen, muß die Menschen in Tagträume versetzen.« Jean-Louis Barrault, ein anderer der neuen Mimen, äußerte sich zu einem »Problem, das mich immer wieder zutiefst aufwühlt – *das Problem des Doppelgängers*«, eine der Grundfragen des Theaters. »Jeder Mensch trägt zwei Positionen in sich – die erste ist real, man kann sie sehen und fühlen; die zweite ist nicht greifbar, kann aber wahrgenommen werden, ist präsent, aber nicht sichtbar – das ist der Doppelgänger. Das Wesen, das das Theater auf der Bühne zum Leben erweckt, ist in der Tat *ein Doppelgänger reinsten Wassers*.«

Denn im guten wie im schlechten Sinne ist er ein siamesischer Zwilling. Barrault war mit dem Grundsatz angetreten, daß »es keinen Schauspieler gibt, der mit Hilfe seiner eigenen Gefühle überzeugend agieren kann. Schauspieler, die ihre Emotionen einsetzen wollen, müssen also falsche erfinden.« Ein diszipliniertes Agieren aus dem Bauch war sicherer, weil man damit nicht den schmerzhaften Bruch zwischen Person und Rolle riskierte, mit dem der Doppelgänger drohte. »Je schwieriger das Stück, desto mehr hat der Schauspieler, der hinter seiner Rolle steht, seine eigenen aufrichtigen Gefühle zurückzunehmen, sonst steigt das Risiko, daß es der Rolle an ›Authentizität‹ fehlt.« War hier böse Absicht im Spiel?, fragte Barrault hörbar (gemeinsam mit Jean-Paul Sartre) 1941, kurz bevor er und Decroux in einem Film über das Künstlerleben des 19. Jahrhunderts, der von den ungehorsamen »Kindern des Paradieses« handelte, eine Hommage für Deburau in Szene setzten.

Doppelrollen zu spielen, wo jeder Körper von seinem eigenen Schwerpunkt bewegt wurde und doch in beiden derselbe aufrichtige Geist wirkte – das wäre der Himmel des Theaters gewesen. Nicht zu enthüllen, daß jeder

der beiden Körper von einem einzigen Geist gesteuert war, galt als Gipfel der Arglist, als Hochstapelei.

Dem Hochstapler ist Theater nicht fremd. Ob Hochstapler nun »durch die Erinnerung an das früheste Bild des Vaters unablässig einen Ödipuskonflikt ausleben« oder sich mit Hilfe einer Familienromanze der Realität nähern, in der sie die Liebe der Mutter verdienen und erhalten, ihr Drama ist die Aufhebung aller Grenzen zwischen Fiktion und Realität. Ob man es nun »non-ego ego« und die Unmöglichkeit jeglicher therapeutischen Abgrenzung nennt oder »Narzißmus« und Unfähigkeit, wahre innere Gefühle auszudrücken – Hochstapelei ist und bleibt die unablässige Siamesierung des eigenen Lebens. Sie ist von zwanghaftem Wesen, speist sich selbst und kennt keine Reue.

Zwanghaftigkeit spricht auch aus den *Memoiren eines sozialen Monsters, aus der Geschichte von Charles Price, alias Bolingbroke, alias Johnson, alias Parks, alias Wigmore, alias Brank, alias Wilmott, alias Williams, alias Schutz, alias Polton, alias Taylor, alias Powel und, und, und ... meist genannt OLD PATCH*, »der so viele Schandtaten anhäufte wie der Turm zu Babel Steine hat«, der sich schließlich im Gefängnis erhängte, nachdem er alles abgestritten hatte.

Sie speist sich selbst: Eine junge Frau, die sich als französische Dienerin namens Caraboo ausgeben wollte, wurde für eine Prinzessin aus Sumatra gehalten, ein Titel, an dem sie Gefallen fand. Gegenüber Gönnern, die sie lautstark feierten, bekannte sie sich zu »hindustanischem« Vegetariertum und zur Verehrung von Allah Tallah. Mit vielen Worten und eindrucksvollen Gesten erfand sie eine Geschichte von Piraten, die sie entführt hatten, als sie sich in ihren Gärten in Javasu erging, und die sie an den Kapitän der *Tappa Boo* verkauften. So phantasierte sie fort, bis sie ihr Auftauchen in England erklärt hatte. Damit war sie in der Wirklichkeit angelangt, denn (wahrscheinlich) handelte es sich um Mary Willcocks, alias Baker, geboren 1791 in Devonshire, eine jugendliche Landstreicherin, die in Männerkleidern bettelte und die sich später mit einem Mann liierte, der angeblich Verbindungen nach Malaya besaß. Mit ihrer wahren Herkunft konfrontiert, legte sie ein Geständnis ab, beharrte aber darauf, sie habe eine Zeitlang in Bombay gelebt. »Mehrfach äußerte sie den Wunsch, ihre Geschichte möge auf die Bühne gebracht werden, und nichts hätte ihr größeres Vergnügen bereitet, als die Rolle der Caraboo zu spielen!« Sie starb 1865 in Bristol,

»aber es war ein grimmiger Humor in der Beschäftigung, der sie mit viel Gewinn für sich selbst und zur Befriedigung ihrer Kunden nachging«, hieß es in ihrem Nachruf. »Sie betätigte sich als Importeurin von Blutegeln.«[7]

Sie kennt keine Reue: *Das Leben von William Fuller, einem Fleischersohn, von Beruf Kaninchenscherer … vom Parlament festgestellter Hochstapler, der sich als Oberst ausgab und durch eigene Schuld 1701 von der Flotte gefangengenommen wurde*, der sich selbst als Spion enttarnte, als Anglikaner, dann wieder als Katholik ausgab, in Wirklichkeit aber ein abtrünniger Protestant war, der andere davon überzeugen wollte, er sei Katholik. Schließlich ein geständiger Doppelagent, der sich aber auch hier selbst zum Narren hielt.

Wiederholungstäter, rekursiv, unverbesserlich und tollkühn, trägt der Hochstapler die Maske einer Höllenkomödie. Denken wir nur an die teuflische Farce von George Psalmanazar, Taufname und Geburtsort bis heute unbekannt, der sich mit japanischen Papieren in Europa herumtrieb und zwischen 1704 und 1711 sich selbst und sein Leben auf der Insel Formosa mitsamt ihren Sitten, ihrer Sprache und ihren Ritualen neu erfand. Später führte er in England eine Apotheke, lehrte Festungsbau, tat in einem Dragonerregiment Dienst, verkaufte bemalte Fächer und trat 1728 (erneut) zum Christentum über. In seiner Hochstapelei ermutigte ihn Rev. William Innes, ein Plagiator, der im selben Jahr die Abhandlung eines Freundes über *Moral und Tugend* unter seinem Namen veröffentlichte. Bis zuletzt behielt Psalmanazar seinen pseudo-assyrischen Namen bei, denn nach seiner Meinung verdiente er es, den Menschen als Hochstapler in Erinnerung zu bleiben. Am Ende seiner Tage verteidigte er die biblischen Wunder und schrieb Artikel über Geographie, in denen er seinen früheren Schauergeschichten abschwor. Dessen ungeachtet wurde er noch viele Jahre nach seinem Tod im Jahr 1763 als seriöse Quelle über Formosa zitiert.[8]

Hochstapler haben Erfolg, nicht obwohl, sondern weil sie ihre Geschichten frei erfinden. Sie lassen sich von kongenialen kulturellen Phantasien beflügeln. Sie halten unbeirrt an ihren Versionen fest, weil das Risiko, entdeckt zu werden, sie viel weniger schreckt als die Furcht, allein zu sein. Zur unablässigen Reinkarnation in Gestalt anderer Personen treibt sie ein *horror vacui*, die Furcht vor der Leere in ihnen und um sie herum. Als manische Personen stehen sie konstant neben sich selbst. Es fällt ihnen wesentlich leichter, mit Widersprüchen fertigzuwerden, als ihr siamesisches Leben aufzugeben.

Hochstapler sind weder mit Blitzlichtfotos noch Fingerabdrücken oder Videoaufnahmen zu stoppen. In einer Welt voller akademischer Grade und Diplome öffnen sich ihnen weitere Räume als je zuvor, um von einem Halbleben in das nächste zu schlüpfen. In unseren Tagen ersetzen eindrucksvolle Papiere die Persönlichkeit, Ausweise die Identität, Zeugnisse wahre Bildung. All das nutzte Stanley Clifford Weyman, der sich nacheinander als Rechtsanwalt, Arzt, Marineoffizier und rumänischer Generalkonsul ausgab. Gefaßt und zu einer Gefängnisstrafe verurteilt, studierte er den Strafvollzug. Nach seiner Entlassung trat er außerhalb von Sing Sing als Experte für die Gefängnisreform auf. Als Nachtportier in einem Motel leistete Weyman Widerstand gegen einen Raubüberfall, bei dem er 1961 den Tod fand.

Im selben Jahr war Tony Curtis der Star des Films *Ein charmanter Hochstapler*, der das wahre Leben nicht von Clifford Weyman, sondern von Ferdinand Waldo Demara jr. nachgestaltete. Von diesem stammt der Ausspruch: »Jedesmal wenn ich eine neue Identität annehme, stirbt ein Teil meines realen Ichs, wer immer dies auch sein mag.« Als man dem jungen Demara nach zwei Jahren als Novize den Eintritt in den Trappistenorden verweigerte, zog er als Asket im Lande umher. Er verschwieg, daß er die High School abgebrochen hatte, und hüllte sich fortan in die Roben von Universitätsprofessoren und Psychologen, eines Chirurgen der Royal Canadian Navy, eines zugelassenen Wirtschaftsprüfers, eines Gerichtsreformers, eines Lehrers für geistig Behinderte und posierte als Mitglied von »mehr katholischen Orden und Institutionen als jeder derzeit lebende Katholik«. Dieses Zitat stammt aus einer Biographie von Robert Crichton, die 1959 erschien, als Demara mit 38 Jahren auf dem Höhepunkt seiner Karriere stand. Ungeachtet dieser Biographie und seines Hollywood-Ruhms gründete Demara später unter verschiedenen Varianten seines Taufnamens eine New Life(!)-Jugend-Ranch für straffällige Jungen, wirkte als Baptistenpfarrer in Oregon, trat als Postulant in ein Kloster für verschiedene Konfessionen in Missouri ein, war Pastor einer konservativen Baptistengemeinde im Staate Washington und religiöser Ratgeber des Hospitals der Barmherzigen Samariter in der Nähe von Disneyland. 1978, im Alter von 57 Jahren, verlor ihn die Presse offenbar aus den Augen. Ob er seitdem wohl weitere siebenundfünfzig Mal den Glauben gewechselt hat?

Es klingt merkwürdig, bei Menschen, die sich unseres Vertrauens nicht würdig erweisen, von Glauben zu sprechen. Aber wir selbst stellen sie bloß. Hochstapelei wird es erst dann, wenn das Doppelspiel entlarvt wird. Bleibt der Hochstapler bei seiner Version, tritt er in seine eigenen Fußstapfen, dann ist er nicht geistesgestört, sondern nur einem Lebensplan treu, der zum Spirituellen neigt. Namen und Körper mögen wechseln, um der jeweiligen Phantasie Gestalt zu geben, aber der Geist bleibt sich treu – er ist sich seiner glanzlosen Einsamkeit ebenso bewußt wie dem Drang nach der göttlichen Einheit zweier Seelen in einer Brust. Das ist eine gute Beschreibung der Gefühlswelt der Glaubenssucher und eine perfekte Anleitung für religiöse Konversion, wie wir sie im Leben eines Psalmanazar, eines Demara und – eines Trebitsch Lincoln finden.

Geboren 1879 in Ungarn als Sohn jüdischer Eltern, war Ignácz Trebitsch ein gescheiterter Schauspieler und tatsächlicher Journalist, ein angeblicher konvertierter Christ und wirklicher Missionar, ein schweigendes Mitglied des Parlaments, ein raffinierter Betrüger, ein Doppelagent im Zweiten Weltkrieg, den beide Seiten fallenließen, ein wirklicher Lehrer des Sohnes eines chinesischen Generals, der selbsternannte Buddhist Anagarika Pukkusati, »der Heimatlose« und der ordentlich geweihte Mönch Chao Kung, der »Ehrwürdige«, dem man das Rad des Seins auf den kahlgeschorenen Schädel tätowierte. Von Shanghai aus rief er 1939 zum Weltfrieden auf, der von einem Tribunal tibetischer Weiser garantiert werden sollte.[9]

Hochstapler, die die in der westlichen Kultur verbreitete Sehnsucht nach einer Wiedereinsetzung des Glaubens im Göttlichen, in Wundern, in der Offenbarung und Reinkarnation nutzen, steigen in unserem Jahrhundert vom Himalaja oder ähnlichen Gegenden als Gurus, Wunderheiler, Psychologen und Lehrer herab. Hochstapler, die uns treuherzig Glauben vorgaukeln und, wenn die unvermeidliche Entlarvung kommt, ihren Unglauben demonstrieren, lehren uns durch das positive Gebot und das negative Beispiel, uns selbst als etwas anderes als Hochstapler zu fühlen. Ich unterscheide hier zwischen Hochstapelei, der anmaßenden Täuschung der zwanghaften Annahme eines erdachten Lebens, und der *impersonation*, der vorbedachten Verkörperung einer anderen Person in der Öffentlichkeit. *Impersonators* können sich in ihrer Rolle verlieren, aber ihr zweiter Körper ist selten so bedingungslos an den ersten gebunden. Sie mögen daran glauben, daß der King of Rock'n'Roll einen totgeborenen Zwilling hatte; jeder überzeugte Elvis-Darsteller glaubt, er müsse »essen, schlafen, fühlen und handeln wie dieser«, doch weiß er genauer als jeder Hochstapler, daß er, wenn das Singen und Tanzen ein Ende hat, »nicht Elvis sein kann!«[10] Immer in Furcht vor Entdeckung oder auf die Verteidigung ihres Rufes bedacht, kämpfen solche Darsteller gegen die Übermacht von Archiven, Augenzeugen und konkurrierenden Rivalen. Ein Hochstapler lebt in einer lyrischen Oper, schwerelos wie z. B. die Figur eines modernen Majors *(der sich nacheinander Major Harrold, Major Maxwell, Major Grant, Major Cunningham, Major Winter nannte)*. Ein *impersonator* lebt unter dem schweren Druck einer historischen Biographie: Der Physiker Julius Ashkin schreibt an Marvin Hewitt alias Julius Ashkin und fordert von diesem, seine Rolle aufzugeben: »Ich wäre dann bereit, Ihnen zu helfen, etwas abzulegen, was für Sie zu einer nahezu unerträglichen Last geworden sein muß.«

Nur nahezu unerträglich. Für die Verlockungen von Reichtum, Titel, Liebe oder reiner Berühmtheit tauchen *impersonators* förmlich aus dem Nichts auf. Sie erklären steif und fest, sie seien der (sicher) einem Schiffbruch entkommene Erbe Roger Tichborne, der (zufällig nicht) verunglückte Martin Guerre, der (nicht) ermordete Schwager Russell Colvin oder die (beinahe) hingerichtete Zarewna Anastasia. Die besten Darsteller wie auch die besten Doppelagenten sind natürlich jene, die wir nicht kennen.

Der Doppelagent, der bewußt zwei gegensätzliche Rollen spielt und dabei insgeheim einer Sache treu bleibt, ist dem Imitator auf den Leib geschrieben. Ein Hochstapler mag ein Abt, ein Adliger, ein General in Marokko, ein Kneipenwirt in Dänemark, ein Postmeister in Böhmen, ein Botschafter in Belgien, ein Arzt in England, ein Kutscher in Schweden, ein Zahnarzt in Italien und obendrein noch ein Dieb sein wie Jean Frollo um 1700, aber Hochstapler sind unfähig, die Bürde eines Doppelagenten zu tragen. Zur *impersonation*, nicht zur Hochstapelei gehört der Betrug ohne jedes Aufsehen, der sich insgeheim noch verstärken kann. Beide – Hochstapler und *impersonator* – können perfekt verkleidet sein, aber am Ende will der Hochstapler unsere Aufmerksamkeit und Liebe, um die wir ihn betrügen; der *impersonator* will unser Geld, unsere Geheimnisse, unsere Herkunft, um die er uns betrügt.

Der schnelle Wechsel

Madame M., ihres Zeichens Damenschneiderin, fügte im Ersten Weltkrieg den Erfindungen der Paranoiker und dem realen Leben eine neue Wahnvorstellung hinzu – die *Illusion des Sosies*. Sosia war Dienerin des Prinzen Amphitryon, der unabsichtlich seinen Onkel, König Elektryon, tötete, mit dessen Tochter Alkmene er verlobt war. In Plautus' Version dieser grausamen Geschichte von Blutschande ist Amphitryon im Krieg, als Merkur in der Rolle von Sosia auftritt, während Zeus, in der Gestalt des Prinzen, Alkmene schwängert. Diese bringt Zwillinge zur Welt – Iphikles von ihrem menschlichen Gatten und Herkules von ihrem göttlichen Verführer. *Sosie* wurde das französische Wort für Doppelgänger und Madame M.s Begriff für alle Doppelgänger, die sie 1914 in ihrer Umgebung sah.

Wie Alkmene hatte Madame M. Zwillinge geboren. Nach ihrer Heirat im Jahr 1898 brachte sie zunächst ein Kind zur Welt, dann 1903 zwei Mädchen und 1906 zwei Jungen. Zu ihrem Kummer starben vier der fünf Kinder sehr jung. Madame M. erlitt einen Nervenschock und glaubte danach, sie selbst sei ein Wechselbalg, den man bei der Geburt vertauscht habe. In Wirklichkeit sei sie Prinzessin Mathilde de Rio-Branco, die Erbin des argentinischen Thrones. Ausländische Abenteurer, die ihre wahre Identität kannten, hätten ihre Babys geraubt und durch leblose Doubles ersetzt. Als der Krieg am Horizont aufzog, fand Madame M. heraus, daß die Feinde ihr einziges überlebendes Kind entführt und ihr anstelle der Tochter einen ganzen Trupp junger *Sosies* gesandt hätten. Solange der Weltkrieg dauerte, erschien angeblich täglich eines dieser Mädchen in der Rolle ihrer Zwillingstochter, um am nächsten Tag durch eine andere ersetzt zu werden. Madame M. warnte die Behörden, unter den Straßen von Paris gebe es Keller, in denen man über 2000 verschwundene Kinder finden könne, dazu 80 *Sosies* ihres Gatten, der vor Jahren ermordet wurde oder, »wenn er tatsächlich mein Gatte sein sollte, völlig unkenntlich ist, weil man ihn total transformiert hat«.

Zahllose andere seien verschwunden oder transformiert worden, erklärte Madame M. Sie alle befänden sich im Untergrund. Ganze Regimenter, die in die Métro hinabstiegen, seien verlorengegangen. In den Tunneln würden andere Soldaten entstellt, als ob sie an der Front gewesen seien, die selbst ein Schwindel sei, da man dort nur mit Platzpatronen schieße. Und wenn die Unterwelt aus Katakomben der Täuschung bestand, dann gehörten auch ihre Dienerinnen, ihre Concierge und die Polizisten einer Gesellschaft von *Sosies* an, ebenso das Personal im Maison Blanche, der Anstalt, wo Madame M. Hof hielt, als der Krieg vorüber war. Dort beschrieb sie sich selbst nachdrücklich als Original, denn keine *Sosie* konnte je so elegant gekleidet sein wie sie mit ihren 50 Jahren. Allerdings hatte sie fünfzehn Doppelgänger ihres behandelnden Arztes Jean Marie Joseph Capgras gezählt.

Capgras legte 1923 in der Anstalt eine Arbeit über ihren Fall vor. Madame M. unterbrach die Diskussion mit einem großen Auftritt, stampfte seine Analyse in Grund und Boden, erging sich über ihr Schicksal und über die *Sosies*. Es half alles nichts – das neue Syndrom wurde nicht nach ihr, der Dauerpatientin, benannt, sondern nach ihm, dem scharfsichtigen Arzt Capgras, Präsident der Société Médico-Psychologique. Er war bereits zuvor als Mitautor eines Buches über chronische Wahnvorstellungen hervorgetreten, darunter die *fausses reconnaissances*, die fälschliche Annahme, verschiedene Personen seien identisch. Madame M. sah ihrerseits in bekannten Personen eine Reihe von Darstellern. Ihr Eindruck der Fremdheit rührte von Schuld- und Angstgefühlen, die ihr wiederholte Verluste ausgelöst hatten. So viele ihrer Lieben waren verschwunden (zudem raubte und verkleidete der Krieg so viele andere, machte z. B. aus Jungen völlig identisch wirkende Soldaten), daß es ihre größte Angst war, auch alle anderen könnten verschwinden. Wenn sie Tochter und Ehemann immer wieder prüfend betrachtete, konnte sie nicht sicher sein, daß sie genau dieselben waren, die sie kannte. In ihrer Verzweiflung, diejenigen festzuhalten, die noch am Leben waren, verlor sie sie an ein Bild, das sie geboten hatten, als ihnen noch keine Gefahr drohte und sie sich ihrer sicher sein konnte. »Ein kleines Mal am Ohr, eine etwas schlankere Figur, ein etwas längerer Schnurrbart, die um eine Nuance veränderte Augenfarbe« verrieten die Maskerade. Dies war, schloß Capgras, Sohn eines Bauingenieurs, eine Genauigkeitsstörung.

Präzise gesagt, ging es um eine Störung der Zeitgenauigkeit, einen doppelten Zeitbegriff. Jeder von uns muß zugeben, daß wir von Tag zu Tag ein wenig älter und ein wenig anders werden. Im gesellschaftlichen Umgang räumen wir veränderte Stimmungen und Neigungen, Vorlieben und Verhaltensweisen ein, setzen dabei aber eine innere Kontinuität voraus, an der wir Freunde ungeachtet ihrer Kleider, ihrer Frustrationen, ihrer Runzeln oder ihrer Sorgen jederzeit zu erkennen glauben. Je mehr man von Menschen einen völlig gleichbleibenden äußeren Eindruck und Charakter über längere

Zeit erwartet, desto wahrscheinlicher ist es, daß man mit »unterschiedlichen Erscheinungen desselben Individuums« konfrontiert wird, mit Doppelgängern, die ganz geringfügig vom Original abweichen. Madame M. und Madame H. (ein weiterer Fall, der 1923 registriert wurde) konnten ihr eigenes Altern über die Zeit akzeptieren, nicht aber das ihrer Lieben, deren Erscheinung und Charakter einer Vorstellung entsprechen mußten, die wir für unvernünftig detailliert halten. Auch bei kleinsten Abweichungen konnte es sich nur um Kopien handeln, niemals um das Original. Darauf kam es an: Geliebte Menschen, die solchen strikten Anforderungen gerecht wurden, durften nur keiner Veränderung unterworfene Objekte sein, erst dann waren sie *echt*.

Jacques Vié, ein Schüler von Capgras, war der Meinung, Mathilde de Rio-Brancos Wahn sei eine Schutzreaktion gegen den Verlust ihrer psychischen Integrität. Diese hatte die am wenigsten schmerzhafte von drei Alternativen gewählt, die Abwesenheit ihrer Lieben zu erklären: Entweder hatten sie sich bis zur Unkenntlichkeit verändert und waren nicht mehr jene, die sie geliebt hatte und die sie geliebt hatten; oder sie selbst hatte sich derart verändert, daß sie nicht mehr sie selbst und alle Bande zerrissen waren; oder Doppelgänger stellten ihre Lieben dar, die von ersteren zuvor entführt oder getötet worden waren. Wohin sie während des Weltkrieges auch schaute, überall zerrissen Familienbande, zerbrachen die Rahmen der nationalen Identität. Auch für sie war es das beste, alle Rahmen zu sprengen und sich als bar jeder persönlichen Bindung darzustellen.

Dieses Überschreiten aller Grenzen war auch das Ziel Lepoldo Fregolis, des größten Imitators zur Zeit von Madame M. Er konnte sich in einem Augenblick vom Mann zur Frau, vom Baß zum Sopran wandeln und tat dies in 650 Theatern zwischen Moskau und Paris, zwischen Manhattan und Buenos Aires. Als Sohn eines Majordomos eines römischen Palazzo geboren, wäre Lepoldo gern Musiker geworden, mußte aber zu einem Uhrmacher in die Lehre gehen. Mit 16 Jahren gab er seinen Beruf auf, nicht aber die Fähigkeit, mit diesem kaum wahrnehmbaren Stoff umzugehen, den wir Zeit nennen. Mit 20 wirkte er in Shows mit, die die spiritistischen Darstellungen der Davenports imitierten – Magier mit einer Vorliebe für das Verschwinden und Wiedererscheinen. Vor Kameraden in der Armee auf einer Insel im Roten Meer gab Fregoli im Jahr 1887 seine erste Solovorstellung. Er schuf *Camaleonte* – das Chamäleon, das einen Prominenten und gleich darauf einen anderen darstellte. 1896 hatte Fregoli dann seine eigene Truppe, die Compagnie Fin de Siècle, mit zwanzig Assistenten für seine Opernparodien, in denen er sämtliche Rollen selbst spielte. »Ich bin von Statisten umgeben«, erklärte er, »die mich ersetzen, wenn ich mich umziehe, wobei ich ständig weiterspreche.« Er konnte sechzig Rollen in drei Opern an einem Abend spielen, sang Falsett, Alt und Baß – dieser »Multimensch«, dieses »Parlament von Menschen«, dieses »Pantheon – schnell wie ein Kinoapparat«.

Das war hohes Lob, und Fregoli hat den Bezug zu den bewegten Bildern sicher genossen. Als Amateurfotograf verbesserte er einen Projektor, den er von seinen Freunden, den Lumière-Brüdern, erhalten hatte. Im Jahr 1900 waren bereits 26 Filme fertiggestellt, die er in seinen Vorstellungen zeigte. Er arbeitete mit Georges Méliès, einem Pionier der Spezialeffekte, bei *Blitzumwandlungen* zusammen – 20 Umkleidungen in zwei Minuten vor laufender Kamera. Fregoli (und die Futuristen, die ihn bewunderten) behauptete stolz, seine Filme seien die ersten »mit der Dynamik, dem Rhythmus und der raschen Szenenfolge seiner fast völlig offen vor sich gehenden Umzüge, die zum Maßstab für die neue Filmkunst werden sollten«.[11]

Fregolis Name breitete sich vom Theater zum Film aus, wo der »Fregoligraph« die magischen Transformationen vervielfältigte, und schließlich zur Kunst des blitzschnellen Kleiderwechsels selbst, den man *Fregolismus* nannte. Künstler, die ihn nachahmten, schmückten sich mit seinem Namen (Fregola, Frego, Frégoly). 1927 benannten zwei französische Psychiater eine Variante des Capgras-Syndroms nach ihm, eine Störung, bei der Fremde dem Patienten als bekannt erscheinen. Im ersten registrierten Fall glaubte eine theaterbegeisterte Frau, sie werde von ihren Lieblingsschauspielerinnen Robine und Sarah Bernhardt verfolgt, die in die Haut anderer schlüpften und diese fregolisierten. 1930 diskutierte Jacques Vié den Fall von Madame B., deren Ehemann »ein wahrer Illusionist« sei, »denn er verwandelt sich, wie er will« in die Gestalt ihrer verschiedenen Liebhaber. Fregolismus-Patienten behaupten, ein Fremder müsse nicht körperlich ihrem Freund oder Geliebten gleichen, sei aber psychologisch identisch – also so wie Fregoli die Persönlichkeit Hunderter Prominenter annehmen konnte.

All das – die Schnelligkeit des Films, die Grenzenlosigkeit der Darstellung von Menschen auf der Bühne, die zeitlose Präzision der *Sosies* und die

Hinterlist von Doppelagenten kam auf dem Höhepunkt des McCarthyismus und des kalten Krieges am 13. August 1953 in der kalifornischen Stadt Santa Mira zusammen. Die frisch geschiedene Becky sucht Dr. Miles Bennell auf. Sie weiß nicht mehr aus noch ein. Ihre nüchterne Cousine Wilma glaubt, ihr Onkel Ira sei nicht er selbst. »Sie sagt, er sieht genauso aus wie Onkel Ira, spricht und bewegt sich wie er. Soweit okay. Aber sie weiß genau, daß es nicht Ira ist.« Sollte Wilma verrückt werden? Sie behauptet, ihr fehlten die emotionalen Reaktionen des Onkels, sie vermisse dieses besondere Funkeln in seinen Augen. Bald darauf wird Miles der nackte Körper eines Mannes auf einem Billardtisch präsentiert. »Er wirkte unreal und theatralisch, zugleich aber geradezu übertrieben real.« Der Körper ist gesund und ungebraucht. Er hat keine Fingerabdrücke. Das Gesicht ist noch nicht ausgeprägt. Miles konsultiert Professor Budlong: Könnte dieser Körper ein Rohling sein, geformt aus gewaltigen Samenschoten, der darauf wartet, als Individuum geprägt zu werden? Nein, lügt Budlong, der einer von *ihnen* geworden ist, außerirdischen Sporen, Parasiten mit »der Fähigkeit, sich Zelle für Zelle in das perfekte Ebenbild eines jeglichen Lebewesens zu verwandeln«. Der ursprüngliche Körper verschwindet in einer Staubwolke, und der Alien übernimmt den Originalkörper, dessen Gedächtnis und Eigenheiten intakt bleiben. Steril und unfähig, reale Menschen zu werden, sind sie auch nur zu Standardreaktionen in der Lage. Dieses Glanzlose hatte Wilma an Onkel Ira bemerkt. Miles stellt es schließlich bei Becky Driscoll selbst fest. In dem Buch von Jack Finney vereitelt Miles den Plan. In dem Film der Allied Artists von 1956 blickt Miles bei seiner Warnung vor einer *Invasion der Körperfresser* bereits in die leeren Gesichter von außerirdischen Motorradfahrern, die gerade beginnen, ihre Brut über die Straßen der Erde zu verbreiten.

Schlechte Brut vernichtete gute in diesem verfilmten Roman aus der McCarthy-Ära, in denen »Patrioten« überall Doppelgänger und »Mitläufer« sahen und unter den Schauspielern Hollywoods mit ihren Künstlernamen Doppelagenten vermuteten. Das Capgras-Syndrom verbreitet sich nach wie vor. Die Scheidungsrate wird von Aussagen genährt, ein Ehepartner sei nicht mehr die Person, die man einmal geheiratet habe. Schönheitschirurgen produzieren fast unfehlbar wirkende Ersatzfrauen; das parallele Reich des Fernsehens präsentiert Ersatzeltern, denen der wirkliche Mr. Q erst einmal das Gegenteil beweisen muß; die andere Welt der Seniorenheime bringt Ersatzverwandte hervor. Ein Neurologe, der 1987 die vorhandene Literatur analysierte, kam zu dem Schluß, daß das Capgras-Syndrom durchaus keine Seltenheit sei. Die Wahnvorstellung, eine Person werde durch eine andere ersetzt, ist inzwischen in der europäischen, nordamerikanischen und japanischen Kultur so verbreitet, daß das Capgras-Syndrom bereits zu einem Symptom degeneriert ist – kennzeichnend für eine Industriegesellschaft, die um sich selbst fürchten muß.

Wenn die Paranoia des kalten Krieges zu Alpträumen von Doppelagenten und bösen Zwillingen führte, wo immer das Kräftegleichgewicht gestört war, so führten andere ungleiche Machtverhältnisse zu ebenso besorgniserregenden Formen des Einsatzes von Doppelagenten. Dabei gaben sich Schwarze als Weiße, Juden als Christen, Schwule als Heteros, Frauen als Männer, Opfer des Kolonialismus als ihre Kolonialherren aus. »Wir werden so, wie wir uns in den Augen anderer sehen«, schrieb der Romancier V. S. Naipaul über seine heimatliche Karibik. »Wir geben vor, real zu sein, ... wir Scheinmenschen der Neuen Welt.« Bei solchen Darstellungen nehmen Menschen bösartige zweite Gestalten an, um den schmerzhaften Anforderungen an ihr eigenes Ich zu entgehen. Sie begeben sich ins Schlepptau des Doppelgängers, des sterblichen, flüchtigen Ebenbildes ihrer selbst.

Zwei Köpfe, ein Körper

Könnte man über jede Hochstapelei und jede Imitation von Menschen Buch führen, die dadurch der Einsamkeit, Tyrannei oder Intoleranz entfliehen wollen, wie viele führten dann wohl kein Doppelleben? Wenige Absätze zuvor schien dieses Kapitel mit dem normalen Leben der Menschen nichts zu tun zu haben – es handelte von monströsen Zwillingen, zwanghaften Hochstaplern, Menschen aus der Retorte oder Spionen. Plötzlich aber vermuten wir Doppelgängertum in uns allen.

Schon bevor er seinem Doppelgänger begegnete, beschlich Titularrat Goljadkin ein ungutes Gefühl. Als er in seinem schmuddeligen Zimmer mit den auf Mahagoni gebeizten Stühlen erwachte, eilte er sogleich zum Spiegel. Er war unverändert. Aber irgend etwas war im Gange. Er nahm sich eine Kutsche und fuhr durch die Straßen, als ihn sein Abteilungsleiter dabei

Das »Doppelgefäß« der Alchimisten zur Herstellung von flüchtigem Antimon, das eine höchste wirksame Medizin abgeben sollte oder sogar – wie der Stein der Weisen – Blei in Gold verwandeln. In: *Basil Valentine His Triumphant Chariot of Antimony, with Annotations of Theodore Kirkringius* (1678)

ertappte, wie er seine Zeit vertrödelte. »Gebe ich zu, daß ich's bin, oder nicht? fragte sich in unbeschreiblicher Pein unser Held. Oder tu ich, als wäre es jemand anderes, der mir zum Verwechseln ähnlich sieht, und zucke mit keiner Wimper? Ich bin es eben nicht, beileibe nicht, und damit fertig!« Bei einem überraschenden Besuch in der Praxis seines Arztes erklärte Goljadkin: »Jämmerliche Heuchler kann ich nicht leiden ... Eine Maske lege ich nur an, wenn ich zum Maskenball gehe.« Zunächst nur leicht schwankend, schließlich aber durch seine von Rechtschaffenheit geleiteten Schritte völlig aus dem Gleichgewicht gebracht, verstörte Goljadkin die Rechtschaffenheit selbst. Sie kam ihm so ... siamesisch vor.

Wo zwei Köpfe und ein Körper ins Spiel kommen, dort ist der Umkleideraum nicht weit. Etikette. Rechtschaffenheit. Rechtschaffenheit gehört zum Habitus der Masken wie ihr Gegenstück, die Heuchelei, die Hypokrisie (vom griechischen Wort für »Schauspieler«, der, welcher etwas darstellt). In der Renaissance war Rechtschaffenheit für das Verhalten der Humanisten, was Heuchelei für das der Höflinge war. Während das Handbuch der Etikette von Erasmus das humanistische Ideal der edlen Übereinstimmung von äußerem Auftreten und »innerem Denken« verteidigte, griff Ben Johnson in seinen Epigrammen die verhüllende Seide und die unaufrichtige Schmeichelei der Hofschranzen an. In der Endzeit des Ancien Régime bedeutete Rechtschaffenheit für das Raffinement, was Heuchelei für aristokratische Doppelzüngigkeit bedeutete. Der doppelgesichtige Mann *(l'homme double)* sagt sich, er müsse stets als aufrechter Mensch erscheinen, dürfe aber niemals so dumm sein, tatsächlich einer sein zu wollen. Der doppelgesichtige Mann täuscht dich; der elegante Mann *(l'homme fin)* erlaubt dir, dich selbst zu täuschen.

Zivilisierung durch wechselseitige Täuschung wurde im 19. Jahrhundert zugleich eine Voraussetzung für das dichtgedrängte städtische Leben und ein wunder Punkt für die innere Gedankenwelt. Rechtschaffenheit bedeutete für Höflichkeit, was Heuchelei für Künstlichkeit bedeutete. »Für Künstlichkeit einzutreten scheint kaum vereinbar zu sein mit den Warnungen vor ihren Gefahren, die wir von Kindesbeinen an zu hören bekommen«, kommentierte ein englischer Essayist 1888. Und doch »besteht gute Erziehung, bei Licht betrachtet, vor allem aus etwas, das eigentlich künstlich ist. Man kann sagen, daß Zivilisation vor allem richtig verstandene Künstlichkeit bedeutet.« Takt, die Unterdrückung von Gefühlen, das Verbergen der eigenen Gedanken waren in diesem Sinne weniger egoistisch als die Ehrlichkeit.

Mit Freundlichkeit oder mit List und Tücke gesellschaftlich aufzutrumpfen – derartige Doppelgesichtigkeit galt mehr und mehr als Falschheit. Eine einstudierte Geradheit konnte zwar zu einer äußerlich akzeptablen Körperhaltung führen, stürzte den Menschen aber in einen Wust widersprüchlicher Gedanken und Gefühle, wie sie in den dreigesichtigen deutschen Puppen der Jahrhundertwende zum Ausdruck kamen, deren Gesicht sich von Ruhe über strahlende Zufriedenheit bis zu tränenreichem, lautstarkem Weinen verändern konnte, wenn man an einem (Herz-)Faden zog. Haltung, die verlangte, sich als eine Person zu geben, als die man gesehen werden wollte, bedeutete, Herz und Verstand so zu beherrschen, daß sich keines von beiden verriet. Solches Verhalten fand seine künstliche Fortsetzung und Überspitzung in der Öffentlichkeit mit der Beleuchtung durch Gas und Elektrizität und der dadurch möglichen Spiegelung in den großen Schaufenstern, in der Privatsphäre durch das Aufstellen von Spiegeln und Porträtfotos. Die körperliche Erscheinung hatte im Haus und auf der Straße aus einem Guß zu sein, aber die Gedanken schweiften, und die Gefühle rebellierten.

»Zu einer Zeit, da die Liebhaber auf der Bühne fast durchweg Sechzigjährige waren und sich wie Kellner kleideten«, geriet die zarte Liebesszene im Zwielicht zwischen wirklich jungen Liebenden in *Society* im Jahr 1865 zu einer regelrechten Offenbarung. Thomas Robertson, der darauf bestand, daß in seinen Stücken »natürlich« gespielt werde, machte damit den Bruch zwischen der disziplinierten Haltung des Körpers und der Disziplinlosigkeit von Herz und Verstand vollends deutlich. Solche Duplizität war besonders problematisch für Frauen, die sich zwischen Privatsphäre und Öffentlichkeit auf viel trügerischerem Grund bewegen mußten und die bei der Heirat ihren Mädchennamen, manchmal sogar ihre Identität aufzugeben genötigt waren.

Inzwischen waren Detektive Frauen und Männern auf der Spur, die im wahrsten Sinne des Wortes ein verstecktes Doppelleben führten. Sie, die sich selbst als Meister der Tarnung und »Beschattung« hochstilisierten, konnte die Rechtschaffenheit des Detektivs Allan Pinkerton nicht täuschen, »der jahrelang in den besten Kreisen der Gesellschaft verkehrte, allgemein geachtet war und als führende Persönlichkeit seiner Heimatgemeinde galt, der aber gleichzeitig jahrelang mit hartgesottenen Verbrechern Umgang hatte und in zahlreiche Kriminalfälle verwickelt war«. So oder ähnlich hätte auch ein schottischer Fall, der von William Brodie aus Edinburgh, zusammengefaßt werden können, der Diakon der Möbel- und Sargtischlerzunft war, *zugleich* aber auch ein Spieler, Betrüger, Bigamist und Chef einer Diebesbande. Er wurde 1788 gehenkt. 1886 erweckte ihn Robert Louis Stevenson als Dr. Henry Jekyll und Mr. Edward Hyde zu neuem Doppelleben. »Trotz dieser tiefen Zwiespältigkeit«, erklärte Jekyll, »war ich doch in keiner Weise ein Heuchler, denn mit beidem war es mir todernst.« Der ausschweifende, korrupte Hyde war im vollständigen Sinne des Wortes die andere Seite von Jekyll. »Mit jedem Tag und von beiden Seiten meines Wesens her, der moralischen und der intellektuellen, kam ich so ständig der Wahrheit näher, durch deren teilweise Entdeckung ich zu einem so furchtbaren Schiffbruch verurteilt worden bin, nämlich der, daß der Mensch in Wirklichkeit nicht ein Einfaches, sondern ein Doppeltes ist.«

Selbst das menschliche Hirn, berichteten Anatomen, sei zweigeteilt. Die beiden Hälften müßten »in der Tat als zwei vollständig ausgebildete, getrennte Organe« gelten. »In jeder Hirnhälfte sind gleichzeitig eigene, separate Denkprozesse möglich«, schrieb Arthur L. Wigan in dem Buch *The Duality of the Mind*, das bereits 1844 erschien. Der Mensch verfügte also eindeutig über eine linke und eine rechte Hirnhälfte. Als man das Sprachzentrum in der linken Hälfte lokalisierte, erkämpften wortgewandte Neurologen und noch eloquentere Psychologen dieser einen höheren Stellenwert. Nur ein Trauma konnte der rechten Hälfte wieder mehr Geltung verschaffen. Von dieser grundsätzlichen Dualität des Hirns, von der Zweideutigkeit der Alltagserfahrungen und von Berichten über totgeborene Monster mit einem schwarzen und einem weißen Kopf war es nur ein kleiner Schritt zur Verfilmung von Jekyll/Hyde oder zu Romanen, deren Heldinnen von heimtückischen Ärzten hypnotisiert werden, um ihr böses Alter ego hervorzulocken.

Wo man zur Zeit der Jahrhundertwende auch hinschaute, überall stieß man auf Doppelleben. Nicht jeder führte es so offen wie der Stempelfabrikant Théophile Longuet, der genau wußte, daß er die Inkarnation des Verbrechers Cartouche war. Vielleicht auch nicht so ätherisch wie der frisch gewogene Astralleib von 69,5 Gramm, der durch ein elastisches Silberkabel an den irdischen Körper angeschlossen wurde, wodurch die jeweilige Person wie ein siamesischer Zwilling an den *Phantasien der Lebenden* teilhaben konnte. Ein Meilenstein war die wissenschaftliche Entdeckung eines inneren Doppellebens, das man bereits früher bei Schlafwandlern zu erkennen geglaubt hatte und das sich nun in der Klarheit des Hypnosezustandes bestätigte. »Mir ist, als führte ich zwei Leben zu gleicher Zeit«, sagt ein Schlafwandler in dem »hypnotischen Roman« *Double Life; or, Starr Cross*, einer der vielen Geschichten, die Bewußtseinsspaltung als »ethische Konvenienz, psychologische Tatsache und metaphysische Realität« nutzten. Der französische Psychologe Jules Janet schrieb 1888 über eine leicht zu hypnotisierende Frau: »Es scheint, daß im normalen Menschen oder, genauer gesagt, in einer Person, die frei von Hysterie ist, wie auch im Hysteriker, zwei Persönlichkeiten stecken – die eine bewußt, und die andere unbewußt.« Was der amerikanische Philosoph William James als »das verborgene Ich« bezeichnete, nannte sein Bostoner Freund Dr. Morton Prince eine »zweite Persönlichkeit«. Er schloß die rhetorische Frage an: »Haben wir alle in uns eine zweite Persönlichkeit, die unser Handeln in größerem Umfang beobachtet, speichert und lenkt, als wir es zu träumen wagen?«

Mehrlinge

Nun schließt sich der Kreis, und wir sind beim Doppelgänger als Reflexion der scharfen Widersprüche angekommen, denen sich siamesische Zwillinge durch die Moderne ausgesetzt sehen. Monster mit zwei Köpfen und zwei Körpern wetteifern miteinander und werden darüber wahnsinnig; Monster mit einem Kopf und zwei Körpern neigen zur Hochstapelei oder zum Doppelagententum; Monster mit zwei Köpfen und einem Körper werden zu multiplen Persönlichkeiten mit tiefen inneren Widersprüchen.

Der Historiker J. H. van den Berg, der das außergewöhnliche Interesse für Doubles und plurale Existenzen in den neunziger Jahren des 18. und 19. Jahrhunderts beobachtete, kam zu dem Schluß, daß Bilder von gespaltenen Existenzen – Doppelgängern und Doubles – sich dem Unterbewußtsein dann besonders zwingend aufdrängen, wenn die Familienverhältnisse besonders tief gestört und Menschen von ihrer Tätigkeit besonders stark entfremdet werden. Der Wissenschaftsphilosoph Ian Hacking meinte, eine »gespaltene Persönlichkeit« wurde erst »zu einem spontanen Ausdruck von Unglücksempfinden«, nachdem (etwa um 1875) die »ganzheitliche Persönlichkeit« als »Konsens der primären Eigenschaften« eines Menschen zur Norm erklärt wurde. Da das vorherrschende medizinische, rechtliche und philosophische Modell des menschlichen Seins nunmehr nicht nur von einem unauflösbaren, sondern von einem *integrablen* Ego ausging, konnten gespaltene Persönlichkeiten als psychische Störung, als »eine von mehreren Möglichkeiten menschlichen Seins« definiert werden. An anderer Stelle habe ich darauf hingewiesen, daß die Faszination, die multiple Persönlichkeiten (bei einer Ätiologie des Kindesmißbrauchs) auf uns ausüben, von der Furcht der Gesellschaft herrührt, die Folge der Generationen könnte unterbrochen werden, eine Furcht, die immer dann besonders akut ist, wenn ein Jahrhundert zu Ende geht.[12]

»Ist es dann nicht möglich, daß andere normale Menschen eine zweite Persönlichkeit besitzen, die tief unter ihrem gewöhnlichen, alltäglichen Ich liegt, und daß dieses im Unterbewußtsein schlummernde Ich unter Bedin-

Web of Time von Tsuneko Kokubo für die Aufführung von *Ghosts in the Machine*, Dezember 1990. (Mit freundlicher Genehmigung des Museum of Anthropology, University of British Columbia, Vancouver. Foto: Heidi Piltz Burton)

gungen, die eine Neuanpassung erforderlich machen, hervortreten kann?« fragte ein New Yorker Arzt im Jahr 1897. Bedingungen, die eine solche Neuanpassung begünstigen, scheinen am Ende dieses Jahrhunderts (und Jahrtausends) zu wachsen und mit ihnen das »quälende Geheimnis« »unserer anscheinenden *Dualität* – der Präsenz einer anderen *Person* in uns, die nicht unser Sklave, sondern frei und unabhängig ist« (schrieb Mark Twain am Ende des letzten Jahrhunderts). Angesichts dramatisch zerfallender Familien, angesichts entfremdeter Beschäftigter multinationaler Ökonomien und angesichts der am Ende dieses Jahrhunderts wachsenden Sorgen darüber, was für eine Welt wir unseren Kindern vererben werden, scheinen wir in unsicheren Zeiten ein Doppelleben zu führen.

Freud fühlte sich vom *Unheimlichen* angezogen, dessen Definition er von dem Philosophen Friedrich Schelling entliehen hatte: »Unheimlich nennt man Alles, was im Geheimnis, im Verborgenen bleiben sollte und doch hervorgetreten ist.« Die Psychoanalyse selbst konnte unheimlich erscheinen, weil sie ans Licht brachte, was man bisher verdrängt hatte. »Der Charakter des Unheimlichen kann doch nur daher rühren«, schrieb Freud, »daß der Doppelgänger eine den überwundenen seelischen Urzeiten angehörige Schöpfung ist, die damals allerdings einen freundlicheren Sinn hatte. Der Doppelgänger ist zum Schreckbild geworden, wie die Götter nach dem Sturz ihrer Religion zu Dämonen werden.«

Ebendarum ging es, kurz gesagt, in diesen ersten beiden Kapiteln: Wie aus den harmonischen, treuen Himmelszwillingen einander bekämpfende Antagonisten wurden. Das ist die Geschichte der multiplen Persönlichkeit. Seit sie im Jahr 1811 zum ersten Mal beobachtet wurden, sind die in großer Fülle auftretenden wechselnden Ichs zunehmend grausamer und selbstzerstörerischer geworden. Aus einigen wenigen (drei, vier oder fünf) entwickelten sich viele (16, 24, 56, 90). Wo zunächst überschäumende Hochstimmung und fragile Rechtschaffenheit miteinander wetteiferten, haben wir nun einen Konflikt zwischen einer Menge von »Soziopathen« und einem »inneren Selbsthelfer« vor uns. Der Übergang von der Grundpersönlichkeit zum Alter ego, der sich bei einer Handarbeit im Wohnzimmer vollzog, geschieht nun überall und völlig unvorhersehbar. Wo man multiple Persönlichkeiten früher als jugendliche Verwirrung ansah, muß man sie heute als Verwirrung von Generationen ansehen, als Verletzung von Kindern durch Erwachsene, die selbst Opfer frühen Mißbrauchs waren, wodurch »etwas

Unterdrücktes, das *wiederkehrt*«, vertieft wird, wie es Freud unter dem Schock der Grausamkeit des Ersten Weltkrieges formulierte.

Seinem launischen Schüler (Doppelgänger?) C. G. Jung hatte Freud geschrieben: »Aber bei Frazer, *Golden Bough*, vol. I, kann man nachlesen, bei wieviel primitiven Völkern heute noch die Nachgeburt der *Bruder* (Schwester) oder der *Zwilling* heißt, entsprechend behandelt, genährt und erhalten wird, was natürlich nicht lange angeht. Wenn es phylogenetisches Gedächtnis des Individuums gibt, was leider bald nicht zu leugnen sein wird, so ist das *Unheimliche* des ›Doppelgängers‹ auch dieser Herkunft.«[13]

Siamesische Duplizität wie auch der verschwindende Zwilling sind Vorstellungen und Erfahrungen, die wir uns zu eigen gemacht haben. Wir sprechen davon, »zwei Seelen in unserer Brust« zu haben, wir erklären unsere Vorzüge und Nachteile mit den Fähigkeiten der linken und der Intuition der rechten Hirnhälfte. Zwar werden nur wenige von uns mit Kommissurotomie, d. h. der Trennung der linken von der rechten Hirnhälfte, behandelt (um schwere Epilepsie zu lindern), aber schon spekulieren prominente Philosophen gemeinsam mit Science-Fiction-Autoren, daß »die Vorstellung von einer einzelnen Person mit gespaltenem Bewußtsein uns weniger befremdlich erscheinen wird, je mehr die Wissenschaft voranschreitet«. Und wir scheinen bereits zu akzeptieren, daß eine kulturell und historisch merkwürdige Art von selbstkommentierendem, sich selbst bekämpfendem, doppeltem und doch gespaltenem Bewußtsein existiert. Duplizität scheint zu einem integralen Bestandteil von Modernität geworden zu sein, für manche sogar ihre eigentliche Definition.[14]

Halten wir das Affenseil gut fest ...

3. Selbstbildnisse

Mit einem Wort ...
wir wollen zum zweiten Mal einen Menschen schaffen,
nach dem Bild und Gleichnis eines Mannequins.

Traktat über die Mannequins
oder das Zweite Buch Genesis von Bruno Schulz' Vater

Verschwindende Zwillinge offenbaren unsere Sehnsucht nach perfekter Gemeinschaft, selbst wenn wir dabei die Einzelpersönlichkeit hervorheben. Doppelgänger enthüllen die siamesischen Brüche dieser Persönlichkeit. Ein Porträt soll uns verewigen und über uns hinausführen – für das Erinnern oder Wiedererkennen, das Identifizieren oder Entschädigen und für den Ruhm, ob nun echt oder vorgetäuscht.

Am Ende dieses Jahrhunderts scheinen unsere Selbstporträts weder das eine noch das andere zu bewirken. Warum? Vielleicht, weil die heftige Beschleunigung und die ermüdende Verlangsamung, die am Ende jedes Jahrhunderts eintreten und besonders stark in den neunziger Jahren des 20. Jahrhunderts zu spüren waren, uns verzweifelt nach neuen Körpern Ausschau halten lassen. Vielleicht, weil unsere Abbilder so brüchig sind wie unser Leben. Vielleicht, weil falsche Vertrautheit uns in einen Narzißmus treibt, der sich vom eigenen Abbild bezaubern läßt und doch unbefriedigt bleibt. Vielleicht, weil wir in einer »fiktiven Kultur« umhertaumeln, deren besessener Hang zum Rollenspiel Porträts hervorbringt, die so stereotyp wie instabil sind. Vielleicht, weil angesichts der Flut elektronischer Bilder keiner Darstellung von uns mehr zu trauen ist. Vielleicht, weil wir in einer Welt der Nachbildungen ohnehin nur ein Allerweltsgesicht haben können.[1]

Vielleicht, vielleicht. Mein Problem mit dieser Art Erklärungen ist, daß sie auf der Stelle alles zu erklären suchen. Apokalypsen oder Enthüllungen sind am Ende des Jahrtausends eine tödliche Verlockung, aber ich muß auf den Anfang dieses Kapitels, auf das Mannequin – die Kleiderpuppe –, zurückkommen. »Spürt ihr«, fragt Bruno Schulz' Vater, »den Schmerz, das dumpfe Dulden, das nicht befreite, das in die Materie eingeschmiedete Leiden der Puppe, die nicht weiß, was sie ist und warum sie in dieser gewaltsam aufgezwungenen Form verharren muß, die eine Parodie ist?« Was kann genauer erklären, wie es kommt, daß unsere Kultur der Kopie so erschreckt, ja, bestürzt, auf Gestalten reagiert, die wir nach unserem eigenen Bilde formen?

Um eine Antwort zu finden, wollen wir einige Dreiergruppen aus der Kulturgeschichte des Abbildes betrachten: Erstens, Miniaturen, Schattenrisse und Porträtfotografien; zweitens, Holzmodelle von Künstlern, Kleiderpuppen und Sexpuppen; drittens, Marionetten, Bauchrednerpuppen und automatische Figuren. Sie werden uns in das Reich des Rechts, der Wirtschaft und der Politik führen, denn sie stellen uns und unsere Abbilder in Frage – als Kläger und Beklagte, als Produzenten und Verbraucher, als Herrscher und Untertanen.

Kläger und Beklagte

Anläßlich ihrer Krönungsfeierlichkeiten begaben sich ägyptische Pharaonen zu ihren Ahnen, den gigantischen Steinfiguren von Luxor, wo die neuen Könige sich mit dem ewigen *ka,* dem Geist ihrer Familien, vereinigten. Die gewaltigen Steine der alten Griechen standen für die unauffindbaren Körper Verschollener oder Toter und sollten diese an ihren Ursprungsort binden.

Mit ihrer schieren Masse sagen diese Kolosse, daß eine Persönlichkeit *war*; mit ihrer Präsenz symbolisieren sie die Unauslöschlichkeit der Macht. Im Jahr 1272 formte man aus 300 Pfund Wachs die Gestalt Heinrichs III. von England und schmückte damit den Deckel seines Sarges. In den Jahrhunderten danach fuhren überlebensgroße Figuren aus Holz, Wachs, Gips oder Leder mit den königlichen Insignien auf einem Triumphwagen hinter dem einfachen Sarg, der die Leiche des Königs enthielt. Als Franz I. 1547 starb, bahrte man eine Nachbildung auf, der französische Adlige in einer Zeremonie Nahrung reichten. Im Jahr 1610 verkörperten am selben Hof drei Nachbildungen die königliche Würde, da die Leiche Heinrichs IV. bereits in Verwesung übergegangen war.

Miniaturen mit ihren feinen, verspielten Darstellungen geben uns eine zweite Chance und überlisten die Zeit. Ägyptische Puppen, römische Marionetten oder die Gliederpuppen in den Ateliers der Renaissancekünstler waren weniger Masse als Energie, wurden ständig verändert und aus-

Puppenhersteller in Nürnberg, Kupferstich von Christoph Weigel, 1698. In: Karl Grober, *Children's Toys in Bygone Days* (1928)

getauscht. Die winzigen Ausmaße der Miniaturen lösen spontane Zuneigung aus, verführen zu Tändelei und Phantasie.

Mit zwölf Monaten ist ein Kind bereits in der Lage, eine Miniatur dem lebensgroßen Original zuzuordnen. Das Verhältnis von Kindern und Puppen ist aber selten einseitig. Je mehr sich ein Kind von der Mutter abnabelt, desto eigenständiger werden die Rollen, die es seinem Spielzeug zuweist, bis die Puppen selbständig handelnde Personen sind. Wenn Kinder beginnen, Sätze zu bilden, wird die Puppe zum Komplizen ihrer kleinen Revolten: »Sie sagt, sie will das Essen nicht.« Der Koloß ist völlig abhängig von einer Rahmengeschichte; die Miniatur ist uns Mittel, um uns mit unseren geschönten Abbildern zu verbünden.

Diese Tendenz zur Individualisierung finden wir in europäischen Porträtminiaturen. Von den mittelalterlichen Darstellungen großer Kirchenmänner, denen die jeweilige historische Rolle ins Gesicht gezeichnet wurde, kam man zu den lebendigen, aber anonymen Gesichtern, mit denen man die Initialen von Manuskripten verzierte. Von dort zum Bild des Herzogs John von Bedford in dessen Stundenbuch mit seinem typischen Doppelkinn. Später folgten die charakteristischen Gesichter in den Medaillons der Renaissancezeit. Dann die ausgezeichneten Miniaturporträts von Heinrich VIII. und dessen Tochter Mary, von Franz I. und dessen zwei Söhnen, die beide Herrscher vor dem Vertrag von Amiens im Jahr 1525 austauschten. Von dort geht der Weg zu den winzigen Kupferstichen mit den Porträts von Adligen und den exakten Bildnissen von Kaufmannspaaren. Um 1700 versprach ein Londoner Wachskünstler »das Abbild *jeder Person nach dem Schatten* oder NUR NACH BESCHREIBUNG, selbst wenn die Person bereits seit vierzig Jahren tot ist«.

»Schatten« bedeutete für diesen Mr. Percy einen Geist oder einen Schattenriß. Der Wachskünstler wetteiferte mit beiden – rief den einen aus dem Jenseits herbei und verlieh dem anderen Substanz. Schattenrisse, aus schwarzem Papier geschnitten und auf weißen Untergrund geklebt, mit chinesischer Tusche auf Glas oder Elfenbein gezeichnet, wurden so billig, daß man sie nach Etienne de Silhouette benannte, einem französischen Finanzminister, der ebensogern Porträts wie Coupons schnitt. A. A. C. Fidèle Edouart, der 1825 die Herstellung von Liebesporträts aus menschlichem Haar einstellte und sich auf Silhouetten verlegte, schnitt im Laufe seiner Karriere 100000 Stück in England und Amerika. Tatsächlich aber produzierte er in dieser Zeit 200000 Profile, denn wie so viele seiner Zunft schnitt er stets doppelt und behielt das zweite Exemplar für sich. »Der Zweck war vor allem, eine Kopie zur Hand zu haben, sollte der Kunde durch Entfernung oder den Tod von seinen Lieben getrennt werden.« Der »Schatten« konnte also zugleich als Geist *und* als Schattenporträt dienen. Edouart reagierte damit aber weniger auf das Bedürfnis nach treuer Erinnerung, als vielmehr auf die neue Forderung nach »EXAKTEN ABBILDERN, mit Eleganz und Schnelligkeit hergestellt« – *Instant*-Bilder von veränderlichen Menschen, die man in zwei bis zehn Minuten fertigte. William King aus Neuengland besaß 1806 bereits 20000 solcher Profile, jedes in genau sechs Minuten »mit der größtmöglichen Genauigkeit« gefertigt.

Genauigkeit ist eine merkwürdige Sache. Erasmus bemerkte dazu schon vor Jahrhunderten: »Welch enormer Teil des lebendigen Menschen fehlt einem Porträt! ... Wo sind das Hirn, das Fleisch, die Venen, die Knochen und Sehnen, die Eingeweide, das Blut, wo sein Atem und sein Temperament? Wo sind Leben, Bewegungen, Gefühle, Stimme und Sprache? Wo sind schließlich die besonderen Eigenschaften des Menschen, sein Gemüt, seine Intelligenz, sein Gedächtnis und sein Geist?« Ein Porträtmaler kann einen Kratzer, eine Beule oder eine verwachsene Augenbraue darstellen, aber kein Bild kann lange Zeit wirklich genau sein – die Mode ändert sich, die Haut wird faltig und der Rücken gebeugt. Krankheiten und Mißgeschicke, die dem Körper geschehen, verschwören sich gegen die Korrektheit, die, wenn man sie übertreibt, im Capgras-Syndrom enden kann, wenn dem Menschen alle seine Lieben fremd erscheinen.

Unser Verlangen nach Abbildern ist, Erasmus ungeachtet, auch deswegen unstillbar, weil die schnellebige industrielle Entwicklung immer mehr kontinuierliche »Genauigkeit« verlangt. Ruth Henshaw Bascom, die jährlich hundert Porträts malte und von 1828 bis 1846 über tausend Profile von Bewohnern Neuenglands zeichnete, mußte dem Gesicht von Rev. Timothy Rogers, dessen Porträt sie kaum ein Jahr zuvor gemalt hatte, eine neue Brille hinzufügen. Innerhalb von sechs Jahren forderte man mehrmals von ihr, Frisur und Kleidung der von ihr porträtierten Lydia Burr zu ändern. Diese pedantische Korrektheit war ein aussichtsloser Kampf, der hartnäckig geführt wurde – zum Nutzen der Künstler, die am Tag 50 Silhouetten schnitten oder ein Dutzend Porträts in Öl malten. Das waren stereotype Gesichter, die aber jeweils einige charakteristische Details aufweisen mußten. »Mein Porträt ist noch recht neu«, rühmte sich ein Künstler, »es stellt M. [Emile] Zola dar, nachdem er durch strenge Diät eine beträchtliche Abnahme seines Gewichts erreicht hat.« Derselbe Künstler mußte sein Porträt von Papst Leo XIII. verteidigen: »Es ist immer noch sehr ähnlich, obwohl Seine Heiligkeit inzwischen viel gebrechlicher geworden ist.«

William Henry Brown, der Silhouetten »mit unheimlicher Genauigkeit« anfertigte, war stolz darauf, daß er sie »direkt nach der Natur mit einer ganz gewöhnlichen Schere ohne alle technischen Hilfsmittel« schnitt. Das konnte 1823 auch der damals sechzehnjährige W. J. Hubard, »der nach einem einzigen Blick auf das Gesicht! mit einer ganz gewöhnlichen Schere! ohne Hilfe einer Maschine, ohne Zeichnung mit Feder, Stift oder Griffel, allein nach dem Anblick!!! das lebendigste und erstaunlichste Abbild in einer Minute schneidet«. Die Maschine, von der Brown und Hubard sich distanzierten, war von G. L. Chrétien, einem Musiker am Hofe Ludwigs XVI. erfunden und von dessen Freund Edmé Quenedey im Jahr 1788 in die Salons von Paris und selbst nach Versailles gebracht worden, wo der Kronprinz, zur Salzsäule erstarrt, Modell saß. In fünf Minuten hatte der »Physionotrace« das Profil des jungen Mannes hergestellt, von dem man 2000 Exemplare stechen konnte. In der Regel waren es allerdings höchstens zwölf. Da er in so kurzer Zeit Miniaturen in vielen Exemplaren produzierte, galt der Physionotrace zunächst als »wissenschaftliche« Alternative zum gemalten Porträt. Wie Wissenschaftler experimentierten Chrétien und Quenedey weiter, da das Ergebnis sie noch nicht befriedigte, vor allem, wenn das Modell ungünstig saß oder herumzappelte. Die Männer und ihr Apparat stellten in vier Jahren 1300 Porträts her. Ein Revolutionsflüchtling, Févret de Saint-Mémin, polierte ihre Erfindung auf und zog damit an der Ostküste der Vereinigten Staaten von einem wohlhabenden Haus zum anderen. Thomas Jefferson, Meriwether Lewis und Aaron Burr zahlten ihm 25–30 Dollar je Porträt. Bis 1810 hatten Saint-Mémin und sein Apparat 800 Porträts von Richtern, Senatoren und der Kaufmannselite hergestellt.

Als eines seiner Produkte einmal sehr gelobt wurde, wies Saint-Mémin alle Kunstfertigkeit von sich, »da ich einen Apparat benutze, um Gesichtszüge genauestens wiederzugeben. Wenn es ein Verdienst an der Feinheit und Genauigkeit des Abbildes gibt, dann schuldet der Zeichner seine Fähigkeit, die von seinem eigenen Bemühen so völlig unabhängig ist, allein der Vorsehung.« Mechanische Vorsehung, unverfälscht durch die Hand eines Menschen, sicherte eine wirkliche Momentaufnahme des Modells – sehr korrekt und doch sofort veränderbar.

Die Vorsehung benötigte häufig die Dienste von Isaac Wetherby, eines amerikanischen Malers, der Porträts in Serie herstellte und den man nicht nur rief, wenn überholte Bildnisse zu ändern waren, sondern auch, wenn man Porträts bereits Verstorbener wünschte. Am 28. Juni 1842 bezahlte er einem Totengräber einen Dollar »für die Öffnung eines Grabes im Park Street Friedhof, damit ich hineingehen und ein totes Kind für Capt. Hodge skizzieren konnte«. Monate zuvor hatte er bereits einen neuen Apparat gekauft, den L. J. M. Daguerre erstmalig 1839 in Frankreich anbot. Nach der »sehr unscharfen Daguerreotyp-Miniatur« eines Verstorbenen war ihm dessen Bild recht gut gelungen. Von nun an malte er sowohl lebende Modelle und Verstorbene als auch nach dem Gedächtnis und nach Fotografien, die man zu Lebzeiten aufgenommen hatte.

Bewahre den Schatten,
Wenn das Leben sich neigt.
Mag Natur kopieren,
Was Natur erzeugt.

So lautete Daguerres Motto. Es war ein Motto für menschliche Schatten: 90 Prozent der mit Daguerres Apparat hergestellten Bilder waren Porträts. Als Wetherby im Jahr 1854 eine gutgehende Fotogalerie in Iowa City unterhielt, gab es allein in New York City bereits 68 solcher Galerien. Von der Fotografie lebten inzwischen 2500 Menschen in London und 3000 in Paris.[2]

Doch dem Reiz, »sofort ein exaktes *fac simile*« zu erhalten, wie es Daguerre versprochen hatte, stand ein technisches Problem im Wege. Damit die Bilder auf Silbernitratbasis geschossen werden konnten, brauchte man in Abhängigkeit von der Lichtqualität 5, 10, 15 oder 30 Minuten und mehr (für eine Aufnahme der Pyramiden 20 Minuten). Bei der Eröffnung einer Eisenbahnlinie in Belgien im Jahr 1840 verharrten Paradetruppen und Würdenträger sieben Minuten lang regungslos in der Hoffnung auf ein Daguerreotyp zum Andenken. Mit chemischen Beschleunigern wurde der Prozeß auf Bruchteile einer Minute verkürzt, aber im ersten Jahrzehnt der Fotografie mußten diejenigen, die vor der Kamera standen oder saßen, in der Regel endlos posieren, wobei sie Kopfstützen oder klassische Säulen als Hilfsmittel benutzten. Daher die künstliche Beinstellung, die gerade Haltung, die zusammengekniffenen Lippen, der starr auf ein Objekt oberhalb der Kamera gerichtete Blick – all die Dinge, die frühe Fotografien so merkwürdig feierlich erscheinen lassen. Elizabeth Barrett, deren geliebter Bruder kurz zuvor ertrunken war, bewunderte die Zeitlosigkeit und Beständigkeit dieser Porträts. 1843 schrieb sie an eine Freundin: »Stell Dir vor, jeder Mensch kann sich in der Sonne niedersetzen und nach eineinhalb Minuten sein vollständiges Abbild mit Körper und Schatten auf eine Platte bannen lassen … Ich hätte gern ein solches Andenken von jedem Wesen, das mir auf dieser Welt teuer ist.« Weniger um der Kunst willen, unterbrach sie sich selbst, als um der *Liebe* willen. »Nicht nur die Ähnlichkeit ist kostbar, sondern die Assoziation und das Gefühl von Nähe, das davon ausgeht ... Die Tatsache, daß hier der *Schatten der Person* für immer festgehalten ist!«

Doch so war es leider keineswegs. Was man auch zu produzieren versuchte – Daguerreotype, billigere Papierbilder (Kalotype), die von 1839 bis 1841 im Schwange waren, oder die schnelleren Drucke von Glasnegativen (1851), die Abbildung verschwand oft wie ein Geist. Zwar benutzte man Fixiermittel, aber Visitenkarten und Papierbilder blieben unbeständig. »Sie bleichen allmählich aus, verlieren zunächst das tiefe Schwarz und die scharfen Konturen, dann erlischt aller Glanz, das Bild vergilbt und verschwindet mit der Zeit schließlich ganz.« Die Analogie zur Sterblichkeit des Menschen ist in diesem Essay von 1868 unverkennbar, dessen anonymer Autor Fotoalben durchgesehen hatte, in denen er nur noch in silbrigem Dunkel verschwimmende Gesichter fand.

Das Schwinden der Bilder, die kürzeren Entwicklungszeiten und die Benutzung der Retuschiertechnik formten das Porträtfoto zur Miniatur. Was bisher ein feines Gefühl für Licht und Schatten erfordert hatte, um das *ka*, den Geist einer Person, heraufzubeschwören, wurde nun zu einer ebenso mechanischen Angelegenheit wie die Silhouetten von Saint-Mémin. Was bisher ein Unikat gewesen war (Daguerreotype ließen sich nicht kopieren), konnte nun in Millionenauflagen hergestellt werden.

Porträtfotos traten in die Rechte der Miniatur – sie waren wiederholbar, rekursiv, korrigierbar und unwirklich. Wenn Menschen nun den Ort oder den Partner wechselten, eilten sie zu einer Sitzung vor der Kamera, ließen sich neue Porträts anfertigen, als ob sie eine neue Identität annähmen. Sie posierten auch mit Fotos ihrer Verstorbenen. Solche Fotografien von Fotografien waren schlechte Andenken, sie verloren an Ausdruck und Schärfe, belegten aber eindeutig den Glauben an die Reinkarnation, ohne den die Miniatur nicht ihre wundersame Wirkung entfalten könnte. Daher die Faszination der spätviktorianischen Zeit für das fotochemische *Medium*, mit dessen Hilfe Personen aus dem Jenseits auf die Emulsion gebannt wurden, um zu beweisen, daß es ein Leben nach dem Tod gibt. Derartige Illusionen erwiesen sich als sehr langlebig, denn diejenigen, die den Schwindel hätten aufdecken können, erlagen selbst dem Zauber ihrer Tricks. Das *Buch der Fotografie – praktisch, theoretisch und angewandt* enthüllte jedem Fotoamateur die Methode der Fotomontage, mit der man Bilder herstellen konnte, »auf denen eine Person zu sehen ist, die mit sich selbst spricht, trinkt oder Karten spielt«.

Einzeln und gemeinsam wurden die Lebenden andere Menschen, wenn sie vor der Kamera Platz nahmen. Und, wie ein französischer Beobachter schrieb, nicht ein einziger Berufsfotograf, der etwas auf sich hielt, ließ sich zu einem Porträt herbei, das Licht und Schatten allein geformt hatten. Als Minimalleistung entfernte er kleine Schönheitsfehler, stellte blondes oder kastanienbraunes Haar und blaue oder graue Augen wieder her (für die die meisten Fotoplatten blind waren). Ebenso hellte er Schatten unter dem Kinn auf, rundete ein zu scharfes Profil ab oder beseitigte Altersfalten.

Dabei mußten natürlich »die charakteristischen Besonderheiten jedes Gesichts« erhalten bleiben. Porträtfotografien sollten ein Individuum nicht allein auf eine gewisse Familienähnlichkeit reduzieren, nicht nur eine *Visage* sein, »die ein markantes Profil oder eine fade, regelmäßige Schönheit wiedergibt und für jeden anderen Zweck ohne Wert ist«, wie John Randolph im Jahr 1805 eine Silhouette seiner Schwester Fanny beschrieb.[3] »Jedes

Crossing Paths von J. Seward Johnson, Jr. Lebensgroße Bronzeskulpturen, 1983. (Mit freundlicher Genehmigung von Sculpture Placement, Ltd., Washington, D. C.)

Individuum hat bestimmte Besonderheiten«, hieß es in einem populären Handbuch für Fotoretusche. »Diese müssen so behandelt werden, daß sie dort erhalten bleiben, wo sie als charakteristische Mängel auftreten, dürfen aber keine besondere Aufmerksamkeit erregen.« Retusche war also die Kunst des wechselseitigen Entgegenkommens von Individuum und Kamera. Der Fotograf hatte den »fixierten, starren und unnatürlichen Blick, den so viele Menschen vor der Kamera annehmen, zu einem leichten, natürlichen Lächeln« zu wandeln.

Waren Fotografien also nicht wahrhaftig? Während Maler von ihrem Herzschlag beeinflußt waren, gaben doch Kameras die Realität um uns objektiv wieder! Wimmelte es nicht in Alben und auf Kaminsimsen von treuherzigen Bildern wirklicher Menschen, denen man plötzlich Unsterblichkeit verliehen hatte? Waren nicht Medaillons und Liebesbriefe mit Schwarzweißfotos als Symbole unerschütterlicher Aufrichtigkeit und ewiger Treue gefüllt?

Nein, Fotografien konnten kaum als wahrhaftig, unparteiisch oder objektiv gelten. Nicht bei der Entstehung – dem waren Staubkörnchen und Schatten im Wege. Nicht auf halbem Wege – verschiedene Blickwinkel ergaben ein unterschiedliches Profil. Nicht im Endstadium: Das Entwickeln hatte seine eigenen Fallstricke.

Kein Wunder, daß Gerichte es ablehnten, Fotografien, die man so einfach montieren und retuschieren konnte, als Beweismittel zu akzeptieren. Als allerdings das Oberste Gericht von Pennsylvania im Jahr 1874 einen Fall verhandelte, für den entscheidend war, einen Leichnam als A. C. Wilson und/oder W. S. Goss zu identifizieren, wischte es Einwände gegen die Benutzung eines Fotos vom Tisch, mit dessen Hilfe Wilson als Goss identifiziert wurde. Das Gericht entschied, da ein gemaltes Porträt als Beweismittel zugelassen war, »scheint es keinen Grund zu geben, weshalb eine Fotografie, die nachweislich zu Lebzeiten aufgenommen wurde und der Person ähnlich sieht, nicht denselben Zweck erfüllen soll«. Zwar konnten fotografische Bilder nicht auf die Hand des Menschen zurückgeführt werden, aber »die Abbildungen auf der Platte, die die Lichtstrahlen durch die Kamera erzeugen, folgen denselben allgemeinen Gesetzen, die Bilder der Außenwelt durch die Augenlinse auf die Netzhaut projizieren. Dieser Prozeß ist inzwischen so allgemein bekannt, daß wir es nicht ablehnen können, ihn als ein geeignetes Mittel zur Herstellung korrekter Abbildungen juristisch zur Kenntnis zu nehmen.« Dann folgte der Stoßseufzer des Gerichts: »Zum Glück hängt der Identitätsbeweis nicht allein von der Fotografie ab.« Ein anderes Gericht erklärte dagegen, Fotografen stellten nicht unbedingt exakte Abbilder her, die Fotografie sei »letzten Endes eine Scheinkunst, die nur sekundäre Eindrücke vom Original vermittelt, welche je nach den Lichtverhältnissen bei der Aufnahme variieren können«.

Unretuschierte Porträts zu erzeugen war, wie es ein Pariser Polizeibeamter demonstrierte, die Kunst, hinter der Maskerade des Lebens und dem Zerstörungswerk des Todes das wahre Profil des Menschen zu entdecken. Nachdem er 1888 zum Chef des Büros für Gerichtliche Identifikation ernannt wurde, sammelte Alphonse Bertillon 100 000 Fotografien von Erwachsenen und Kindern, mit deren Hilfe er Personen noch im Leichenschauhaus oder unter falschem Namen agierende Verbrecher identifizierte. Zwar »kann die Linse einer Kamera nicht lügen«, schrieb Bertillon, Fotografen und ihre Modelle aber schon. Den weitverbreiteten Tricks setzte er exakte Grundpositionen entgegen – die Aufnahme en face, das Profil von rechts und von links. Als die Gerichte Fotos endlich, wenn auch widerwillig, als Beweismittel zu akzeptieren begannen, stand Bertillon mit Aufnahmen bereit, die als exakt gelten konnten.

Doch welche Art Exaktheit meinte Bertillon? Sein liberal eingestellter Vater, der sich für die Arbeiten des belgischen Statistikers Quetelet begeisterte, war ein Pionier der Anthropometrie von Verbrechern. Er heiratete Zoé Guillard, die Tochter eines Vorkämpfers der Demographie. Sie gebar ihm den Sohn Alphonse, ein rebellisches, aber blutarmes Kind, das an Migräne litt. Er besuchte viele Schulen und verließ sie wieder, wurde vor allem von Zoé unterrichtet, studierte später Quetelet, beschäftigte sich mit Pflanzenbestimmung und fertigte 1876 eine metrische Analyse der 222 Teile des menschlichen Skeletts an. Über Beziehungen seines Vaters bekam er eine Anstellung bei der Pariser Polizeipräfektur, wo er Dokumente zu kopieren hatte. Dieser Job erschien ihm so stupide, daß er darauf verfiel, Fotografien zu zerschnipseln und die Gesichtszüge auszutauschen. Im Oktober 1879 – er war damals 26 Jahre alt, 1,55 Meter groß, abgehärmt, mit einer rauhen Stimme und hieß in der Familie nur »der Barbar« – legte Alphonse einen Bericht über seine Schnipselei vor: Keine zwei Gesichter waren identisch. Es sollte noch Jahre dauern, bis er seine Vorgesetzten davon überzeugen konnte, daß er mehr war als ein verschrobener, maulfauler

Kerl, doch bis 1884 hatte man mit seinem System bereits Hunderte von Rückfalltätern identifiziert.

Von seiner und anderer Menschen einzigartiger Erscheinung überzeugt, räumte Bertillon ein, daß Fotos mit den besten Gemälden nicht wetteifern konnten. Eilige Polizeifotografen erreichten weder die Lebendigkeit noch die subtile Ähnlichkeit, die ein Porträtmaler in mehrtägiger Arbeit darzustellen vermochte. Das kümmerte Bertillon aber nicht. Die Exaktheit, die er wünschte, war so offenkundig wie unfehlbar. Wenn man einen Menschen unter absolut gleichen Bedingungen vor dem gleichen Hintergrund aufnahm, mußte er erkennbar sein, unter welchen Namen oder in welcher Verkleidung er auch immer auftrat. So hatte man bereits 1854 einen Dieb in Lausanne dingfest gemacht, nachdem sein Daguerreotyp verbreitet worden war. Bertillons Verfahren, die man bald überall auf der Welt anwandte, sicherten das Abbild einer originären Person, die ihrer körperlichen Hülle nicht entfliehen konnte. Der Knochenbau war wichtig und die Form des Schädels. Keinen Anspruch erhob man auf die Seele. Allerdings lichtete man 1898 auch Jesus, bzw. sein Grabtuch in Turin ab, das schließlich selbst eine Art fotografisches Negativ war.[4]

Dank Bertillon und den Kriegen, die Millionen Menschen zu Flüchtlingen machten und weitere Millionen zum Schlangestehen vor Lebensmittelgeschäften zwangen, besitzen wir alle nun fotografische Miniaturen von uns selbst, die unsere Identität bezeugen – unsere Staatstreue, finanzielle Solidität, akademische Ausbildung, militärische Vertrauenswürdigkeit, körperliche Fitneß oder Fahrtauglichkeit. Ohne sie werden aus Kindern keine Erwachsenen und kommen Erwachsene sich vor wie Kinder. Keines dieser Bildchen erhebt den Anspruch, den Geist des jeweiligen Menschen zu beherbergen, wenn sein Körper zerfällt, aber ohne sie bleiben Krankenzimmer versperrt und Begräbnisse anonym. Nichts ist so dauerhaft wie eine Tätowierung, aber die Menschen legen Wert darauf, ihr Konterfei stets bei sich zu tragen und es rasch zu erneuern, wenn es überholt ist. Nichts ist so eindeutig wie Fingerabdrücke (die Bertillon entdeckte und Galton klassifizierte), aber wenn das Miniaturporträt verlorengeht, ist die Einmaligkeit des Menschen in Gefahr und seine Identität in Frage gestellt.

Produzenten und Konsumenten

Meister fertigten sie als Männer und Frauen mit ausgeformten Knöcheln und Knien, Hüften und Taillen, Handgelenken und Ellenbogen, Schultern und Nacken. Vor allem hatten sie unirdisch zu wirken. Sie schwebten als Engel und Putten umher, stiegen als Heilige zum Himmel auf und als Götter vom Olymp herab. Aber wie überzeugend sie die Proportionen des menschlichen Körpers auch vertreten konnten, solange sie als götter- oder engelsgleiche Wesen unterwegs waren, standen sie entblößt da, wenn sie als Staffage für Subjekte zu dienen hatten, die, wie die meisten von uns, an die sündige Erde gefesselt sind. Weniger als 25 Zentimeter groß, konnten diese gesichtslosen Männlein (niederländisch: *manneken*) als verschiedene Personen in der gleichen Szene posieren, wo sie allerdings weder die Vollkommenheit des gesellschaftlichen Umgangs noch das Bodenständige des Individuums darzustellen vermochten. Erstmals in den Arbeiten von Masaccio im frühen 15. Jahrhundert entdeckt, fielen sie mit ihren steifen Posen vor allem in Bildern des 16. und 17. Jahrhunderts auf, die Kneipenszenen oder Eß- und Trinkgelage darstellten. Die holländischen und flämischen Maler verzichteten auf gezeichnete Entwürfe und bauten ihre Bilder aus solchen *Mannekens* auf. Wie beziehungslos diese Figuren nebeneinanderstanden, zeigt das Bild *Die Werkstatt des Malers* von Jan Miense Molenaer aus dem Jahr 1631 (siehe Abbildung). Links steht der Künstler, schaut über seine Schulter und lenkt unseren Blick auf den Zwerg (das *Manneken*), der mit einem Schoßhündchen tanzt. Der Zwerg mit völlig instabiler Beinstellung ist von dem Hund emotional ebenso weit entfernt wie von den anderen Personen im Studio, einem bärtigen Reisenden, der mit dem Rücken zur Weltkarte sitzt, einem grinsenden Höfling, der mit einem Stock oder Degen spielt, und einer großen Frau (der Schankwirtin?), die warnend ihren Zeigefinger erhebt, dabei aber niemanden anschaut. Dieselben Figuren erscheinen noch einmal auf einem fertigen Bild, das zur Rechten des Betrachters auf einer Staffelei lehnt. Sie sollen Geselligkeit ausstrahlen, der wir nun mißtrauen. Der Maler selbst muß ein *Manneken* sein – in dieser merkwürdig vorgebeugten Haltung und ohne alle Muskeln, so daß er wirkt wie das Bündel Kleider, das in der Mitte der Szene über einen Stuhl geworfen ist.[5]

Ein Witz auf jede Kunstproduktion, führt Molenaers *Werkstatt* das hölzerne *Manneken* in einer einzigen ironischen Szene in allen vier Stadien der

Die Werkstatt des Malers von Jan Miense Molenaer, 1631. (Mit freundlicher Genehmigung der Staatlichen Museen zu Berlin, Gemäldegalerie im Bodemuseum)

Abbildung vor. Da haben wir die *impersonation* in Gestalt des Künstlers selbst, die Täuschung durch die vier selbstvergessenen Figuren, jede für sich die unterschiedlich vergrößerte Inkarnation einer Holzminiatur, die Korrektheit der gut gemalten Personen auf der Staffelei, die an einer Tafel zechen, allerdings ohne jeden körperlichen oder emotionalen Schwung, und schließlich die Verstellung – das körperlose Bündel Kleider und das ganze Atelier, wo das Fehlen jeder Atmosphäre sofort die Fälschung verrät.

Die unbegrenzte Verwendbarkeit des *Mannekens* (oder Gliederpuppe) entlastete den Maler oder Bildhauer von den Launen, Erschöpfungszuständen oder Krankheiten der Modelle aus Fleisch und Blut, die in der Kälte des Ateliers stundenlang zitternd ausharren mußten. Die Gliederpuppe war kein Partner, sondern ein Apparat. Solche Figuren wurden unverhüllt mit einem Stock zwischen den Hinterbacken auf einem hölzernen Sockel fixiert oder niedergesetzt. Selten vermochten sie allein, frei zu stehen. Sie waren

Untergebene der Künstler wie diese Untergebene ihrer Auftraggeber waren. Das *Manneken*, lautete eine Definition von 1730, war »eine kleine Statue oder Figur aus Wachs oder Holz, deren Gelenke so beschaffen sind, daß sie in jede beliebige Stellung gebracht werden kann«. Etwa 60 Zentimeter hoch, zuweilen auch in Lebensgröße, blieb die Gliederpuppe in der Regel eine Miniatur, jederzeit dienstbereit und manipulierbar. Wilhelm Trübner hat sie 1888 gemalt: Da steht ein nacktes *Manneken* in Lebensgröße, die Arme in die Seiten gestemmt, der Kopf auf unmenschliche Weise nach hinten gekippt und der Oberkörper in extremer Stellung – so ist es jeder Laune des Malers hilflos ausgesetzt. Ein lebendes Modell, eine voll bekleidete Frau, sitzt in steifer Haltung da, die Hände im Schoß, und blickt dem Betrachter gerade ins Gesicht. Pablo Picassos *Nackte und Skulptur* von 1923 zeigt ein verrenktes hölzernes *Manneken* und ein lebendes Modell, das sich gegenüber dem Maler etwas bedeckt hält. Das eine hat doppelte Gelenke, das andere seine Würde.

Als der italienische Künstler Giorgio de Chirico zu Beginn des Ersten Weltkrieges seine Bilder von *Manneken* »metaphysische Stilleben« nannte, wollte er wie seine Vettern, die Futuristen, damit Automaten Geist verleihen und Apparaten Leben einhauchen. Giorgio, Sohn eines Bauingenieurs, war fasziniert vom *Manneken*, einer scheinbar sinnlosen Konstruktion, die man leicht übersieht. Die zentralen Figuren seiner Bilder *Der Seher* (1915), *Das Duo* (1915), *Die aufregenden Musen* (1917), *Die Condottieri* (1917) oder *Der verlorene Sohn* (1922) waren irgendwo zwischen Holz, Stoff, Marmor, Metall und Leben angesiedelt. Was die Futuristen in furioser Aktion malten, entwarf de Chirico als menschliche Prototypen, die darauf warteten, nach einem architektonischen Koordinatensystem in Bewegung gesetzt zu werden. So war der Krieg – schlammbedeckte Soldaten hockten monatelang unbeweglich in Schützengräben und wurden immer wieder gegen ihren Willen in Ausbrüchen von Gewalt über ein mörderisches Niemandsland gejagt, das mit Stacheldraht und zerfetztem Metall gespickt war. Vom Dauerfeuer betäubte Soldaten wurden wie Puppen in einem Crash-Test gegen uneinnehmbare Hindernisse in die Schlacht geworfen, um zu erproben, ob ein großer Plan funktionierte.

Heute können Gliederpuppen in ihrer vollendetsten Form tanzen und springen wie Balletteusen, meistern aber nach wie vor nicht die Schwerkraft oder die heftigen Anziehungs- und Fliehkräfte. Wie von Kinderhand gezeichnete Strichmännchen beherrschen diese Gestalten auf Computermonitoren ihre Körpermasse nicht und finden nur selten mit ihresgleichen zusammen.

Einige Probleme sind technischer Art. Haut ist eine komplizierte, halb durchlässige, unterschiedlich empfindliche und elastische Oberfläche, so daß elektronisch dargestellte Figuren so hautlos bleiben müssen wie ihre hölzernen Verwandten. Ihre Skelette werden geometrisch mit Scheiben, Kugeln oder Vielecken aufgefüllt, sie haben kein *Gefühl* für den Untergrund. Um einen paramenschlichen Körper zu befähigen, kleinste Bewegungen ständig zu kontrollieren, ist so viel Rechenzeit erforderlich, daß etwas so Einfaches wie ein Händeschütteln nur von Supercomputern bewerkstelligt werden kann. Außerdem ist ein Körper nicht von einheitlicher Festigkeit. Selbst wenn man seine Proportionen festgestellt hat, ist es noch schwierig, die Gewichtsverlagerungen zu berechnen, die nötig sind, wenn ein Tänzer aus dem Stand zum Sprung ansetzt; noch schwieriger ist es, die Konturen des ein Gelenk umschließenden Gewebes eines Tänzers zu beschreiben, der seine Position ändert. Wie *Mannekens* haben auch computersimulierte Körper keine Muskeln und müssen deshalb mechanisch oder durch Extrapolation bewegt werden. Elektronische Gliederpuppen können mit übermenschlicher Präzision elegant programmierte Schritte vollführen oder das Tempo ändern; wenn sie aber einen *Pas de deux* tanzen sollen, dann droht ein siamesisches Monster daraus zu werden, sobald ein Tänzer den anderen an sich zieht.

Figuren, die auf dem Monitor eines Computers gesichts- und schattenlos umhertanzen, können einander sehr leicht überlagern und durchdringen. Auch hier haben wir alle vier Arten der Darstellung vor uns: Erstens die Belebung eines Leichnams, zweitens die Vortäuschung seiner Klone, drittens die Präzision von Zwillingsfiguren, die sich ohne inneren Antrieb oder Anteilnahme bewegen, viertens den Unterschied zu wirklichen Körpern, denn es handelt sich hier um Simulationen, um gewichts-, emotions- und rückgratlose Wesen, die statt einer Wirbelsäule einen Algorithmus für Bewegungen wie beim Ziehen eines Akkordeons eingespeichert haben. Computer können diesen Figuren eine Virtuosität verleihen, wie sie von Choreographen bewundert wird, die dem modernistischen Phantom einer unpersönlichen Grazie nachjagen, sie bestätigen aber auch ihre historische

Anonymität und ihren proteischen Charakter, der ihnen zu ihrem Namen auf dem freien Markt verholfen hat: »Lebensformen«.

Man kann sich die *Mannekens* als Vorstufe zur austauschbaren Form vorstellen, der einen, die vielen paßt. Wenn die Geschichte der Technik eine Geschichte von Maschinen ist, die dem Bild des Menschen nachgeschaffen wurden, wie es ein Dichter aus Neuengland 1843 schrieb, dann könnten *Mannekens* Maschinen sein:

Was sind seine Maschinen
Aus Stahl, Messing, Leder, Holz und Elfenbein
Anderes als *Mannekens* und Miniaturen,
Zwerge mit gleichen Gaben nach seinem Maß,
Die kunstfertige Anpassung seines wendigen Ichs
An die sich wandelnde Welt …?

So empfand eine Jury ein *Manneken*, das im Jahr 1851 im Londoner Crystal Palace ausgestellt war. Als kopflose Version des Apollo von Belve-

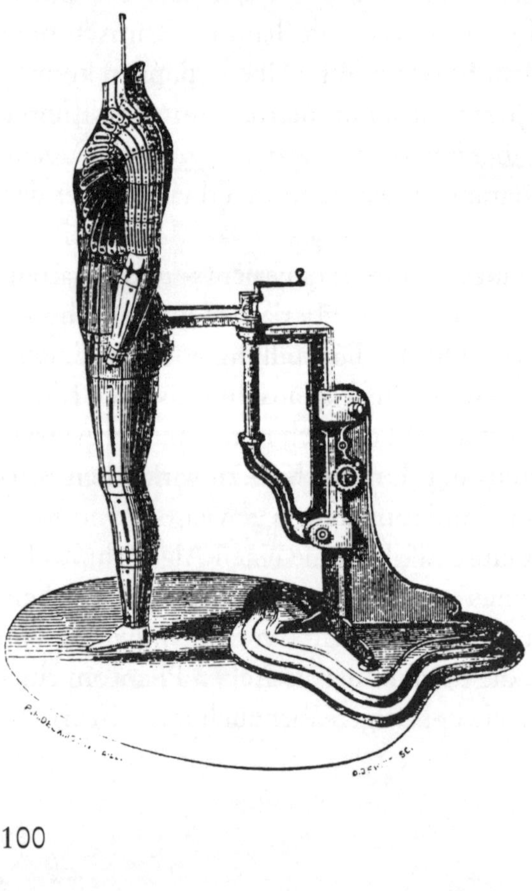

Die mechanische Schneiderpuppe von C. de Dunin, die dem Apollo von Belvedere nachgebildet, aber so konstruiert war, daß man sie den meisten Maßen anpassen konnte. Erstmals wurde sie 1851 im Londoner Kristallpalast gezeigt.

dere bestand die von C. de Dunin gebaute mechanische Figur aus »875 Gestellteilen, 48 geriffelten Stahlplatten, 163 Rädern, 202 Schiebern, 476 metallenen Unterlegscheiben, 482 Spiralfedern, 704 Gleitplatten, 32 Gleitröhren, 497 Muttern, 3500 Feststell- und Regulierungsschrauben sowie einer beträchtlichen Zahl von Feststellritzeln«, die allesamt dazu dienten, die verschiedensten Haltungen und Stellungen eines jeden Individuums – fern von aller Perfektion – darzustellen. Künstler konnten Apollo als Gliederpuppe nutzen und Schneider sie zur Anprobe verwenden, »als ob die Person, von der man Maß genommen hat, anwesend wäre«. Wer mit mehreren Apollos gesegnet sei, prahlte Dunin, könnte einer Armee von mehreren hunderttausend Mann die Uniformen anmessen.[6]

Es war ein gigantischer Sprung von einigen kopflosen Figuren zur Menschheit, aber nur ein kleiner historischer Schritt vom *Manneken* zur Schneiderpuppe. Die Ritter im Mittelalter hängten, wenn sie nicht in die Schlacht zogen, ihre Panzer auf Puppen, die sie »Doubles« nannten. Der Florentiner Künstler und Architekt Filarete faßte im Jahr 1464 seinen Anspruch, die Gliederpuppe erfunden zu haben, in Paragraphen über die Notwendigkeit, für Skulpturen oder Figuren in Gemälden die nach Alter und Lebensumständen passenden Kostüme zu erproben. Im 17. Jahrhundert erschienen in Stichen von Crispijn van de Passe *Mannekens* mit außergewöhnlich individualisierten Zügen. Aber auch er empfahl, daß sie ausschließlich für Studien zur Verhüllung des menschlichen Körpers verwendet werden sollten. 1744 wurden die Maler ermahnt, »alles Harte und Steife bei den Faltenwürfen zu vermeiden und darauf zu achten, daß man von der Gliederpuppe nichts merkt«. De Chiricos metaphysische Stilleben aus dem 20. Jahrhundert sind irgendwo zwischen Atelier und Nähstube, zwischen hölzernem *Manneken* und kreidebeschmierter Schneiderpuppe angesiedelt. Die Figur in Ethel B. Van der Veers Einakter von 1936 war »NICHT eines jener schönen und kostbaren Geschöpfe, wie sie manche Künstler heute verwenden, sondern eine *plumpe* und altmodische Figur aus festem Musselin, mit Sägespänen oder Baumwolle ausgestopft. Das Gesicht der Figur sollte noch nicht einmal besonders gestaltet sein, aber eine Mohairperücke in der Farbe von Sylvies Haar sollte sie tragen.« Sylvie diente als Modell für den Engel des Lichts, den ihr wahnsinniger Vater malte, der Sylvie als Kind damit gestraft hatte, daß er der Sylviepuppe die Kleider herunterriß, sie die ganze Nacht nackt in der dunklen Werkstatt stehenließ und die gesichtslose Figur mit einer Peitsche bearbeitete, wobei er brüllte: »Bist du meine Tochter? Bist du meine Tochter?«

»Wir sollten doch, meine Damen, über unser eigenes Schicksal weinen beim Anblick dieser Not der vergewaltigten Materie, der ein schreckliches Unrecht zugefügt wurde«, sagt Bruno Schulz' Vater, der ein Textilgeschäft führt. Die Geschichte der »Mannequins« von Bruno Schulz, einem polnischen Zeichenlehrer und Fabulierer des 20. Jahrhunderts, ist eine Kleistsche Fiktion, eine Erläuterung der angeblich von seinem Vater verfaßten Schrift *Traktat über die Mannequins oder das Zweite Buch Genesis*. Wenn wir eine zweite Schöpfung vollbringen wollen, schrieb der Vater (schrieb Bruno), »werden wir keinen Nachdruck auf Dauerhaftigkeit und Güte der Ausführung legen ... Für jede einzelne Handlung und jedes Wort rufen wir einen anderen Menschen ins Leben.« Wie in seinen Zeichnungen von Männern, die vor Schneiderpuppen knien, verwechselte Schulz auch hier die merkurgleiche Gliederfigur, die die Flüchtigkeit der Charaktere verkörpert, mit der stumpfsinnigen Kleiderpuppe, deren ausgestopfter Körper so geformt ist, daß er in die Kleider von Personen der verschiedensten Maße paßt. Diese Konfusion entspringt der pausenlosen Produktion einer industrialisierten Welt und der unablässigen Konsumtion einer Wegwerfkultur. Nicht Marmor, sondern Pappmaché, nicht Hartholz, sondern Werg und Sägespäne müssen unsere Leidenschaft sein. »Mit einem Wort«, schloß der Vater, »wir wollen zum zweiten Mal einen Menschen schaffen, nach dem Bild und Gleichnis eines Mannequins.«[7]

Auch die Frau wollte man als Schneiderpuppe ein zweites Mal erschaffen. Kopflos, aber vertraut, brustlos, und doch vollbusig, beinlos, aber von selbst stehend, massig, aber nicht aus Fleisch und Blut (sondern mit Bast, Sägemehl, Baumwolle oder Luft gefüllt), ist die Schneiderpuppe mit Vieldeutigkeit schwanger. Sie reproduziert die Widersprüche, in denen Männer ihre Mütter verehrt und nach Hausmädchen und gefürchteten Matronen gegiert haben. Wie der Junge, der in seiner Kindheit jeden Tag am Laden von Misses Scriven vorbeiging, wo Kleider auf »kopflosen, arm- und beinlosen weiblichen Torsoattrappen mit lederbezogenen Stümpfen aus dunklem Holz statt Köpfen ausgestellt waren«. Daher der immer wiederkehrende Alptraum von einer »kattunbezogenen, herrlich vollbusigen, aber gruselig kopflosen Schneiderpuppe«, die Alan Watts in seinen Memoiren beschreibt. »Das Ding raunte mir etwas zu, das mir unsägliche Angst einjagte.«

Diese Attrappen verkörpern den inneren Widerspruch eines Prozesses, in dem die modernen Gesellschaften einerseits die Arbeit enthumanisieren, deren Produkte sie preisen, und andererseits die »maßgeschneiderte« Individualität von Produkten rühmen, die Fabrikarbeit und Massenproduktion erst möglich machen.

Aber im Leben der Frauen hat selbst die Schneiderattrappe etwas von der Macht und dem Glamour der Schaufensterpuppe, die beträchtliches kulturelles Ansehen erworben hat durch den perfekten Sitz der Kleider, die sie trägt. Erinnern wir uns an Madame M. Sie war Schneiderin. Daß sie zwei Zwillingspaare geboren hatte, war ein Zufall. Daß sie dann aber alle ihre Lieben verdächtigte, eine Reihe aufeinanderfolgender falscher Personen zu sein, gleichsam eine Serie von Kleidern, die alle über dieselbe Schaufensterpuppe gezerrt wurden, war mehr als ein Zufall. Capgras brachte Madame M.s Beruf niemals in einen Zusammenhang mit ihren späteren Wahnvorstellungen, obwohl sie sich wie besessen über die Kleider definierte, an denen man sie erkennen sollte. Frauen haben über Schnitte und Schneiderpuppen ihre eigene Vorstellung davon entwickelt, wie Kleider zu sitzen haben. Das soll nicht heißen, daß Frauen der künstlichen Welt eines Schaufensters bedürfen. Es soll heißen, daß das Bild der Frauen von sich selbst (wie die vielen Selbstporträts der Malerin Judith Leyster, Molenaers Ehefrau) eine befreiende Wirkung hatte und haben könne.

Seit dem 14. Jahrhundert ist festzustellen, daß Puppen mit den neuesten Frisuren und Kleidern von Modezentren in Frankreich, Flandern und Italien an die Höfe Europas gesandt wurden. Die demokratisierte Variante waren die »Taschenpuppen«, die in den Satteltaschen von Hausierern ihren Platz hatten. Im 18. Jahrhundert benutzten Damen in so fernen Gegenden wie Indien und den beiden Amerikas diese etwa 30 Zentimeter hohen Puppen, um mit der europäischen Mode Schritt zu halten.

Als Gefährtinnen dieser *Couriers de la mode* kursierten weitere Figuren, Miniaturen, nach den exakten Proportionen von Frauen angefertigt, die sie weit entfernten Modeschöpfern schickten, deren Näherinnen die Maße auf Lebensgröße hochrechneten und neue Kleider anfertigten. Von diesen Wesen ging eine Macht aus, die gewöhnliche Schneiderpuppen nur zum Teil hatten, die Macht, eine ideale Paßform zu fordern. Im Unterschied zum *Manneken* des Künstlers, dessen Maße ideal oder angenähert sein mochten, hatten diese Figuren alle Eigenschaften eines Doubles. Diese Paßform war weit mehr als bloße Korrektheit, sie stand für die enge Beziehung zwischen Frau und Double, für ihre Zufriedenheit mit ihrem Porträt. Wenn das Porträt so vergänglich ist wie die Puppe es – zeitweilig – war (eine Frau konnte vom Leben gebeugt werden, an Gewicht zu- oder abnehmen), dann sicherte eine gute Paßform zumindest eine erfolgreiche, ansehnliche Erscheinung.

Als aus weiblichen Schneiderpuppen lebensgroße, in der Öffentlichkeit präsentierte Figuren wurden, verlangte man auch von ihnen die entsprechende Form. Infolge der verstärkten Nachfrage nach sauberer Kleidung, später unter dem kommerziellen Druck der Gestaltung von Schaufenstern mußte man die Gebilde des 15. Jahrhunderts aus Leinwand und Stroh weicher und menschenähnlicher gestalten. Um 1750 wurden sie noch aus Weidenzweigen, um 1810 aus Draht, um 1848 aus Rohr und um 1860 aus geheftetem Karton gemacht. Schaufensterdekorateure, die öffentlich – bei hellem Licht hinter großen Glasscheiben – arbeiteten, mußten den Eindruck erwecken, ihre Puppen seien für die jeweiligen Kleider gemacht. Dieser Druck nahm noch zu, als Charles Worth Ende der fünfziger Jahre des 19. Jahrhunderts seine Pariser Originale von lebenden Modellen vorführen ließ. Die Kleider waren für atmende Körper entworfen und auf diese zugeschnitten. Von Frauen, die sich die Reise zu Worths Salon nicht leisten konnten, die die Schaufenster bestaunten und sich in dieses oder jenes Outfit hineinträumten, forderten die Puppen, daß sie ihren gewölbten Kartonfiguren mit den engen Korsagen und dem perfekt geschminkten Teint zu entsprechen hatten.

Friseure und Hutmacher hatten bereits seit dem 18. Jahrhundert Pappköpfe benutzt, um Perücken und Hauben zu präsentieren. Um 1850 leitete Professor Lavigne in Paris die erste Firma, die lebensgroße Schaufensterpuppen anfertigte. Der belgische Bildhauer Frédéric Stockman, der als Modeschöpfer in Paris arbeitete, lernte von Lavigne, wie man fleischfarbene Büsten mit einer Oberfläche aus Perkalin herstellte. Er fügte Glieder hinzu, die er an Hüften und Knien ausmodellierte. Er ließ bei Maskenmachern Köpfe herstellen, formte die Körper nach dem Vorbild lebender Modelle und begründete gemeinsam mit seinem Sohn auf diese Weise eine Industrie, die dreißig Jahre später, um 1900, bereits über 1,5 Millionen komplette und lebensgroße Figuren produzierte.

Man stellte sie in vielen Größen her – in Rom, Brüssel, Berlin und auch in Paris. Bald gab es auch Verbesserungen an ihren Gelenken, wodurch sie an Flexibilität gewannen. Man verlieh ihnen Charakter. Es war die erste Wachsfigur auf einer Pariser Weltausstellung, die mit ihrem menschlichen Haar, ihren Glasaugen und dem Wachsgesicht alles andere übertraf. Mit ihrem voll durchmodellierten Körper (200-Pfund-Frauen aus Wachs und Pappmaché, 300-Pfund-Männer aus Wachs und Gußeisen) mit eigenem Ständer (eine Metallplatte mit an einem Bein befestigtem Stab), Nacken, Taille, Hüften, Arme und Gelenke wohlgeformt, die Zähne (künstlich oder echt) strahlend weiß, um den Hals falsche Juwelen oder ein Seidentuch, war mit der Wachsfigur nicht zu spaßen. War bisher sie es, die jedem Stil angepaßt wurde, so stellte jetzt jede Schaufensterpuppe, geschminkt und frisiert, eine eigene Persönlichkeit dar, deren Kleidung und Accessoires zu passen hatten.

Während im Lichtdruckverfahren hergestellte Modeaufnahmen bald die Miniaturpuppen verdrängten, konnten sich die Schaufensterpuppen mit ihrem Glamour und ihrer idealen Paßform behaupten. Diese wirkte um 1900 bereits bis ins Ökonomische hinein. Sie bedeutete für den gehobenen Anspruch, daß einem ein gebieterischer Couturier einen Anzug anpaßte oder man bei einem Herrenausstatter »geschneiderte« (relativ gut sitzende) Jacketts und Hosen erstand. Für die Mittelschicht hieß dies, sich an einem überfüllten Kleiderstand in fertige Sachen zu zwängen und seinen Körper den Massenprodukten der Industrie anzupassen, die an Wachsfiguren noch am besten aussahen. Für die untersten Schichten bedeutete es schließlich, mit Nadel, Faden und Schere auf dem Küchentisch zu versuchen, das Stück selbst zustande zu bringen, das man an einer Schaufensterpuppe bewundert hatte. Von allen miteinander erforderte dies Exaktheit, denn, wie die Sozialdarwinisten sagten und sagen, überlebt im Kampf ums Dasein nur der, der in jeder Hinsicht FIT – paßfähig – ist. Verschärft durch die wachsende Sorge um schlaffes Körperfett, um das richtige Verhältnis von Größe und Gewicht, das man für Pfennige überall erfahren konnte, durch das Verschreiben von Brillen, die zumindest Astigmatismus korrigierten, wurde das passende Outfit immer mehr zu einer Sache nicht nur besessener Modenarren, sondern regelrecht zu einem Zweck rechtschaffenen Lebens. Die Schaufensterpuppe wurde zur Göttin des Outfits – die Gesichtszüge fein modelliert, die niemals ermüdende aufrechte Haltung, der ganze Körper in Einklang mit Mode und Umgebung. Als beherrschende Figuren dramatischer Szenen, den neuen Tableaux in naturgeschichtlichen Museen vergleichbar, standen diese Geschöpfe um 1900 im Zentrum aller Dinge.

»Ich erinnere mich noch an den Tag im Jahr 1912, als ich sie zum ersten Male sah. Ich war damals fünf Jahre alt. Sie starrte höchst reserviert auf einen Punkt etwa fünf Zentimeter über meinem Kopf, als ich durch die Scheiben von The Famous lugte, dem größten Geschäft der Stadt Hannibal. Sie hatte einen wunderbar zarten hellrosa Wachsteint, die längsten geschwungenen Wimpern, die ich je gesehen hatte, zarte kleine Finger, die sie im rechten Winkel abspreizte. Sie trug ein Kleid, das mich blendete – es war aus glitzernden Perlen gemacht, und ein gestickter Papagei bedeckte die ganze Vorderseite.« Hier begann die große Karriere des Lester Gaba als Designer weiblicher Schaufensterpuppen. Aber bevor wir zu ihm (und erst recht zu den Papageien) kommen, müssen wir die besondere Animation der Puppe zur Kenntnis nehmen, die für den Dekorateur von zentraler Bedeutung war. Ein Vertreter dieser Zunft sagte in einer Rede vor Kollegen im Jahr 1899: »Wir stellen diese (Wachs-)Figur nicht in unsere Dekoration, nur weil sie einen Kopf hat. Wir tun es, damit sie Leben repräsentiert.« Ein Jahrzehnt später verkündete auch ein Handbuch das Credo des Schaufensterdekorateurs: »Seine geschickten Hände erwecken diese Konstruktion aus Wachs, Holz und Metall zum Leben, verleihen ihr den ganzen Charme einer menschlichen Gestalt. Für ihn ist diese Form keine Puppe, sondern ein lebendiges, atmendes Wesen.«[8]

Der König und Bildhauer Pygmalion bekleidete seine Frauenfigur aus Elfenbein, legte ihr Blumen zu Füßen, umarmte sie jede Nacht und war todunglücklich, bis Venus sich erweichen ließ und der Figur Leben einhauchte,

Als wäre Elfenbein zu Wachs geworden,
Und Wachs zu Leben –
Weich, nachgiebig und mit raschem Atem.

Wenn die Wachsfigur die auferstandene Galatea war, dann mußte ihr Zauber darin bestehen, zu neuem Leben zu erwachen – im Schaufenster wie in Ovids *Metamorphosen*. Ohne diese Wirkung konnte sie die Konsumenten nicht dazu verführen, »das Unglaubliche zu glauben«, was die Kunst des Schaufensterdekorateurs wie die jedes Geschichtenerzählers ausmacht. Von ihrem Platz etwas über Augenhöhe hatte sie jeden Vorübergehenden zu fesseln, zu inspirieren.[9]

Half ihr dabei, daß sie sterblich war? Daß sie, wenn sie Charakter und Gefühl offenbarte, unter heißen Glühbirnen schmelzen konnte? Daß sie Alterserscheinungen zeigte: »Je mehr ein Wachskopf altert, desto spröder und härter wird das Wachs, bis man den Kopf nicht mehr reparieren kann, weil er sonst in Stücke zu fallen droht.« Daß sie bald für alle ihre Pariser Gesichter einen Namen tragen mußte – Vera, Marjolane, Célimène, die Matrone Adeline oder Renilde mit der Brille? Daß die Union Christlicher Temperenzlerinnen sie beim Rauchen ertappte und 1927 wegen ihrer lockeren Sitten heruntermachte, weil sie sich in der Öffentlichkeit schamlos entkleidete und für eine Weile sogar ihre Brustwarzen sehen ließ? Daß sie sich in ihrem Ruhm sonnte und in der Regel von mindestens einem Viertel der Bevölkerung des jeweiligen Ortes bestaunt wurde? Daß sie sich in der großen Stadt in Begleitung von Lester Gaba, ihrem Pygmalion, wohlfühlte, als sie Nachtklubs und selbst einer Aufführung von *Madame Bovary* den Glanzpunkt aufsetzte? Daß sie 1941 von einer neidischen Frau verklagt wurde, die für sie Modell gesessen hatte und sich nun von ihr übertroffen sah?

Ja, es half ihr, aber nie genug, um dem Vorwurf der Treulosigkeit zu entgehen. Anders als das *Manneken* oder die Schneiderpuppe, deren Zweck klar und deren Klarheit zweckmäßig ist, schwankt die Schaufensterpuppe zwischen materieller und sexueller Wirkung. Zwar hat sie einen Vornamen, ein Alter, körperliche Selbstsicherheit, soziale Mobilität und eine Rechtsposition (als Porträt), doch bleibt sie stets nur eine Scheinpersönlichkeit. Sie kann zwar eine Person darstellen, wird aber stets nach einem menschlichen Vorbild geformt, das nicht nach seinem Innenleben, seinem Geist oder seiner historischen Rolle ausgewählt wurde, sondern allein wegen seines Aussehens. Sie kann eine überzeugte Hochstaplerin sein, aber sie ist richtungslos. Sie kann in korrekter Haltung vor uns stehen, aber sie hat kein Rückgrat und wird von einem Stab zwischen ihren Hinterbacken gehalten. Ihre Glieder sind gegen die von anderen Exemplaren ihrer Serie austauschbar, sie hat weder eine Gebärmutter noch einen Familiennamen. Die fehlende Ahnentafel stempelt sie zur Hochstaplerin und macht sie wertlos für aggressive Vermarktung, bei der es, wie William Leiss in *The Limits of Satisfaction* schreibt, mehr darauf ankommt, was man den Dingen zuschreibt, als was sie wirklich sind.

Im Zentrum der *Dinge* stehend, kann sie selbst zu jedem Ding werden: Symbol der Fälschung, einer Arbeit ohne jede persönliche Hingabe; Symbol der Herstellung nach endlos sich wiederholenden und sterilen Produktionsmustern; Symbol für tadellos sitzende Mode, korrekt in jedem Detail und jeder Proportion; Symbol für die Konsumtion selbst, ewig unverbindlich und angespannt.

Ihre Überladenheit machte sie zu einer der Ausgangsideen des Surrealismus, der die Schaufensterpuppe in allen nur möglichen Varianten einsetzte – als Schlafwandlerin, als *Objet trouvé*, als Biomorph oder als Traumgesicht. Die Surrealisten steckten das Bein einer solchen Figur in den Schalltrichter eines Phonographen, ihr Arm hielt die Nadel; sie zerstückelten große Puppen; sie formten menschenähnliche Wesen, die etwas von langhälsigen Schaufensterdamen hatten. Auf einer internationalen Ausstellung des Surrealismus in Paris im Jahr 1938 konnten die Besucher eine surrealistische Straße entlanggehen, wo die Fußgänger Schaufensterpuppen waren, die André Masson, Max Ernst, Marcel Duchamp, Jean Arp, Yves Tanguy, Man Ray, Hans Bellmer und Joan Miró bekleidet hatten. »Am meisten bewundert wurde eine Kreation von Masson, deren Kopf in einem Vogelkäfig steckte, der Mund mit einem schwarzen Samtband zugebunden, auf dem ein Stiefmütterchen steckte. Ansonsten war die Figur nackt bis auf einen Tanga aus Glasaugen.« Außerdem trug sie Stiefmütterchen in den Achselhöhlen, und vom Schritt her schwang sich eine Pfauenfeder nach oben. An der Taille war die Bruchlinie zu erkennen, an der Ober- und Unterteil zusammenstießen.[10]

Assemblage war der Begriff, den die Surrealisten auf ihre Schaufensterpuppen anwandten, die in der modernen Kunst wie in der Bekleidungsindustrie ja eigentlich Konfektionsprodukte waren. Während Marcel Duchamp einen Hutständer zum Kunstobjekt erhob, täuschten über Augenhöhe angebrachte Schaufensterpuppen mit Konfektionsware Designerkleidung vor. Und die Figuren in Duchamps *Akt eine Treppe herabsteigend, Nr. 2* oder *Die Braut von ihren Junggesellen nackt entblößt, sogar* (1915–23) mit ihren merkwürdigen Gelenkzapfen, den Stützstöcken bis zum Hüftgürtel, dazu die Musterrädchen und Heftfäden eines Schneiders, waren nichts anderes als Schaufensterpuppen, gebrochene Bilder durch Glasscheiben betrachtet, wie auch die Schaufensterpuppe mit einer Haut aus Spiegelscherben, die er 1911 im Salon d'Automne ausstellte. Duchamp, der eingestand, seine »Braut« von Puppen in Hochzeitskleidern auf einem ländlichen Markt abgeschaut zu haben, meinte einmal, er sehe sich ohnehin eher als *Fenêtrier*, als Schaufensterdekorateur, denn als Maler.

Als André Breton sein Manifest über den Surrealismus verfaßte, wurde die Schaufensterpuppe selbst zur Kunst. »Mit einer zu hohen Stirn, zu großen Augen und (zu?) exaltierten Gesten«, räkelten sich oder wandelten Art-déco-Puppen aus schwarzem Wachs, olivfarbenem oder mit Gold, Silber und Bronze bedecktem Pappmaché in Fenstern längs einer Ladenstraße auf der internationalen Ausstellung für dekorative Kunst und moderne Industriewaren in Paris im Jahr 1925. Nicht nach lebenden Modellen, sondern nach Modezeichnungen gestaltet, verharrten diese Puppen mit ihren langgestreckten Körpern in Posen, wie sie zu Dekorationen im Stile des Art déco paßten. »Die alten Wachsmannequins waren so realistisch, daß sie nicht in die abstrakten Formen der Architektur und der Dekoration paßten«, erläuterte Victor-Napoléon Siégel, der kanadische »König der Schaufensterpuppen«,

Modepuppe, entworfen von Pierre Imans, 1924/25. Vorgestellt bei der Exposition Internationale des Arts Décoratifs et Industriels Modernes, Paris 1926.

der für die Firma Stockman arbeitete. Und André Vigneau, ein Künstler, der mit Siégel und Stockman kooperierte, fügte hinzu: »Es ist verblüffend, daß die Puppe nun, da sie keine exakte Kopie der Natur mehr ist, viel lebendiger wirkt.« Pierre Imans fügte in den Katalogtext über seinen Teil der Ausstellung die Bemerkung ein: »Die Fotos in unseren Katalogen geben den Eindruck nur unvollkommen wieder, den unsere Schaufensterpuppen *in natura* ausstrahlen.«

Ein Designer, der sich von der Tyrannei der realistischen Puppe befreit, erklärte Imans, kann hochstilisierte Figuren schaffen, deren intensive Wirkung nicht vom realen, sondern vom idealen Körper der modernen Frau mit ihrer »weichen Eleganz und ihrem grazilen Charme« ausgeht. Die neue Schaufensterpuppe, modelliert aus Pappmaché oder Karnisin (einer Mischung aus Leim und Gelatine) war mehr als nur von idealer Schlankheit. Sie war um vieles leichter, denn sie hatte von massiven 200 Pfund auf hohle 40 Pfund abgespeckt. Sie war strapazierfähiger und beständiger gegen die Hitze der Scheinwerfer und die rauhe Behandlung durch die Dekorateure. Sie war drahtig und ihre Finger, Arme und selbst ihr Körper ließen sich in alle Richtungen biegen. Sie konnte offenbar alles – eine monumentale Treppe im Abendkleid hinaufsteigen (wie auf dem Titelblatt einer Ausgabe von Bretons Zeitschrift *Révolution surréaliste*), in »Tagträume vom Fließband« verfallen (wie Dali und Jean Cocteau von ihnen gestaltete Fenster im Jahr 1930 betitelten) oder in den Krieg ziehen.

Im Ersten Weltkrieg hatte man Pappkameraden für Täuschungsmanöver benutzt. Im Zweiten Weltkrieg setzte man rundliche Puppen in Panzer, um so deren Reichweite zu erproben. Henry Dreyfuss hatte bereits früher einen Gips-Joe auf den Fahrersitz eines Traktors gehievt und eine Gips-Josephine an ein Schaltbrett gesetzt. Wie Raymond Loewy, der Schaufenster drapiert und Puppen angezogen hatte, bevor er sich auf diesem neuen Feld der »menschenfreundlichen Technik« betätigte, stellte auch Dreyfuss den Menschen in den Mittelpunkt des Industriedesigns und paßte seine Produkte den Erfordernissen des menschlichen Körpers an. Surrealistisch verdrahtet, um hohe möglichst hohe Empfindlichkeit zu erreichen, machten Josephine und Joe, was ihnen an Glamour fehlte durch gesteigerte FITness wett, eine FITness von nahezu militärischem Charakter, die auf größere Mobilität und Freiheit zielte.

Maury Wolf verkaufte 1944 seine Kette von Textilgeschäften in Dallas und begab sich auf die Suche nach der perfekten Schaufensterpuppe, die nicht nur müßig herumstehen, sondern etwas *tun* sollte. Jahrelang hatte er Pappmachéfiguren mit Gipsköpfen aus amerikanischen Fabriken angezogen, die aussahen »wie ein Haufen Vogelscheuchen auf dem Feld oder eine Truppe von Schmierenkomödianten«. Zwar war er einer der ersten, der über vierzig Puppen in einem einzigen Schaufenster unterbrachte, hatte dabei jedoch das Problem, daß ihre Nasen abplatzten, die Hände abbrachen und die Hüften Risse bekamen. Schlimmer noch, auf ihre Größe war kein Verlaß, da das Pappmaché schrumpfte. Am schlimmsten: Aus dem Blickwinkel der Passanten wirkten ihre Figuren plump. Er wußte, europäische Puppen waren größer und schlanker, hatten feinere Gesichtszüge. Aber mit ihrem wächsernen Teint und ihren Glasaugen wirkten sie »wie Tote«. Die Lösung war Plastik, von dem er bereits im Krieg gehört hatte und aus dem die Europäer bereits Puppenköpfe anfertigten. Er wandte sich der Flugzeugindustrie in Südkalifornien zu, wo die Plastikherstellung am weitesten vorangeschritten war. 1946 konnten er und sein Partner David Vine sich kaum mehr retten vor Aufträgen für ihre erste Serie lebensnaher Plastikpuppen. Bei Licht nahmen die neuen Stücke allerdings leider eine ähnliche grüne Färbung an, wie Leichen sie bekommen, wenn man sie mit Formalin behandelt. Dieses Problem (das ein Glyzerin-Weichmacher verursachte) wurde erst gelöst, als man ein neues Polyesterharz entwickelte. Wolf & Vine nahmen nun die Produktion von bewegten »Action«-Puppen auf, die man vor allem für die Vorführung der nach dem Kriege in Mode kommenden Sportkleidung benutzte.[11]

Action-Puppen kamen einer schon lange bestehenden Nachfrage entgegen. Während es noch 1909, wie ein Schaufensterdekorateur damals schrieb, für unnatürlich galt, wenn die Puppen in Positionen verharrten, die als instabil galten, so sah man es 1939 für unnatürlich an, wenn die Puppen dastanden (so Wolf) »als hätten sie einen Stock verschluckt«. Ganz im Geiste der Blitzlichtfotografen und der neuen »ungekünstelten« Kamerafrauen der dreißiger Jahre, die Bewegung in die erstarrten Posen der Depressionszeit bringen wollten, arbeiteten die Designerin Cora Scovil und die Bildhauerin Lilian Greneker aus New York unabhängig voneinander die Schaufensterpuppe so um, daß sie die athletische, drahtige Figur der Neuen Frau verkörperte. Für ihre Puppen wählten sie die Gesichter berühmter Models oder Filmstars, reduzierten ihr Gewicht, indem sie sie groß und schlank modellierten, und überzeugten dann zusammen mit Gaba und dessen »Kandid Kamera Kids« die exklusivsten Geschäfte, Schaufensterpuppen zu verwenden an Stelle der abstrakten Drapierungen oder einfachen Büsten, mit denen sie bisher gearbeitet hatten.

Mit den Wachspuppen war es nach dem Zweiten Weltkrieg vorbei. In kaltem fluoreszierendem Licht standen Wolf & Vines gewagtere Figuren aus Polyesterharz, harzbeschichtetem Pappmaché oder bald auch aus Glasfasern. Individualisierte Figuren verschwanden aus den Schaufenstern wie auch bestimmte Körperformen, Altersklassen und soziale Gruppen – die Dicken, die Alten, die Gebeugten oder die von der Arbeit steif Gewordenen, die Wachsbildhauer meisterhaft geformt hatten. Amerikanische Hersteller bevölkerten nun die Welt mit den schlankeren, größeren, weniger verletzlichen, aber auch weniger persönlichen Typen der Zeit des kalten Krieges. Jede Puppe hatte »selbstsicher« auszusehen, hieß es in einem verbreiteten Handbuch von 1953. »Genau wie ein menschliches Model hat die Puppe eine Rolle zu spielen ... Sie muß vor jeder Vorführung gehätschelt und bearbeitet, gedreht und gewendet werden, bevor sie zum Schönheitsideal wird.« Sollte ein Dekorateur diesen Kampf um das Idealbild verlieren, dann würde »der frostige, erstarrte, arthritische Anblick der in einer unangenehmen Stellung gefangenen mechanischen Puppe mit hängenden Gewändern nur noch lächerlich wirken«.

In den vergangenen Jahren hat das Streben der Dekorateure nach Lebendigkeit neue Höhen erklommen, da die Vorstellung von FITness kosmopolitischer geworden ist. Afrikanische und asiatische, braungebrannte und sommersprossige Gesichter wetteifern mit Abstraktionen aus Chrom oder Aluminium. An die Stelle der zurückhaltenden Damen der Gesellschaft sind die lockere Pose einer Twiggy oder die exotische Figur der einer Discotänzerin nachgestalteten Helenka getreten, die der frühere Accessoire-Designer Adel Rootstein geschaffen hat. Er glaubt, daß Schaufensterpuppen »aussehen müssen wie wirkliche Menschen mit echten Gesichtern und all ihren Schönheitsfehlern«. Nasenlöcher und Brauen werden stärker modelliert, Brustwarzen und die Wölbungen der Geschlechtsorgane treten deutlicher hervor, das Becken erhält mehr Schwung. Ohren aus Vinyl und Hände aus Polyurethan vervollständigen die Glasfiberkörper in den Werkstätten der über 200 Hersteller auf der ganzen Welt, die ihre Erzeugnisse anpreisen, weil sie mehr seien als »ein Sack voll falscher Knochen«.[12]

In ihrer Selbstsicherheit haben diese Puppen einen faustischen Pakt geschlossen. Dieser lautet: Mehr Persönlichkeit, aber kürzere Lebensdauer. Früher führten die Hersteller in unregelmäßigen Abständen neue Puppen ein. Jetzt kommen zweimal im Jahr »revolutionäre« Figuren heraus, die nach wenigen Saisons bereits überholt sind. Es ist nicht unbedingt die Mode, die ständig nach neuen Puppen verlangt. Das Problem liegt vielmehr darin, daß neue Trends in Medizin und Ernährung, in Erholung, Reise, Mode und Kunst ständig neue Anforderungen an die körperliche FITness stellen. Die Puppen müssen nicht nur »die Figur haben, um Kleider zu tragen«, sondern »den Kunden in Sitz und Aussehen der getragenen Kleidung weit übertreffen«, wie es ein Dekorateur 1965 ausdrückte. Wenn die Puppe nicht den Körper bieten kann, der FIT für die Garderobe ist, dann ist das ihr Todesurteil.

Wenn Lester Gaba seine Cynthia nach den Abendvorführungen und Kostümbällen mit nach Hause nahm, zerlegte er sie und verpackte sie in sieben mit schwarzem Satin ausgeschlagene Schachteln. Trotz seiner Vorsicht und ihrer »unheimlichen, nahezu menschlichen Ausstrahlung« fiel sie eines Tages von einem Stuhl und zersprang »in tausend kleine Plastikstücke«. Wenn andere Puppen ausgedient haben, werden sie Zielscheiben für die Polizei oder für Fotografen (die sie Zombies nennen), zuweilen auch Objekte für Wiederbelebungsübungen von Medizinstudenten oder für Dichter, die sie im Reich der Unsterblichen plazieren. Denn eigentlich verdient sich die ausrangierte Schaufensterpuppe aufgrund ihres Glamours ein eigenes Begräbnis.

Weibliche Schaufensterpuppen beschäftigen nicht ausschließlich die männliche Phantasie. Wie die Wachskörper vor ihnen wurden auch sie von weiblichen Bildhauern (Cora Scovil, Kay Sullivan, Tanya Ragir) geformt, von weiblichen Designern (Lillian Greneker, Mary Brosnan, Adel Rootstein, Käthe Kruse) hergestellt, von avantgardistischen weiblichen Dekorateuren (Cecilia Staples, Candy Pratt) aufgestellt und schließlich von Marisol Escobar und Leza Lidow, deren bemalte Puppen zu Glanzpunkten der Stadtlandschaft wurden, in Kunstgalerien eingeführt. Adel Rootstein verpaßte den Puppen einen Nabel mit den Worten: »Ich hatte niemals richtige Kinder, aber ich habe Hunderte aus Glasfasern.« Evangeline Calvin ließ sich eine schwangere »Mutterpuppe« mit Schnappverschlüssen patentieren. Daß die Puppen so leblos wirkten, löste bei Frauen Empörung, bei Männern aber Erleichterung aus. Dazu schrieb Sidonie Gabrielle Colette 1933: »Ich habe mir oft gewünscht, daß der Teufel sie in seinem Kessel schmelzen möge – diese Mumien mit ihrem steifen Haar, ihrem chinesischen Lächeln und ihren Körpern ohne Brüste.« Sie pries Siégels lebenssprühende Puppen, die zu atmen schienen.

Gewohnt, alles besser zu können, haben Männer Lippenbekenntnisse für eine Belebung der Puppen abgegeben, diese aber sofort vergessen, wenn es um Männerpuppen ging – »bis heute eine Katastrophe«, sagt Martha Landau nach dreißig Jahren im Geschäft.[13] Angesichts der revolutionären Veränderungen, die die Männermode in den letzten Jahrzehnten erlebt hat, wäre es längst an der Zeit, entsprechende Puppen zu kreieren. Aber die Männer bleiben nach wie vor bei den alten bewegungslosen Typen, die an Kopien von Tyrannen oder Verrätern erinnern. Männerpuppen wirken entweder wie Unbeteiligte oder Komplizen, wie öde Langweiler oder Karikaturen auf Männer, die sich selbst als Produzenten und nicht als Konsumenten sehen müssen. Was soll man auch mit Augen anfangen, deren Wimpern nicht getuscht, mit Lippen, die nicht geschminkt werden, oder mit Wangen, die kein Rouge bekommen dürfen? »Stecke eine gut gestylte Schaufensterpuppe in ein Kleid, und eine Frau wird sich leicht selbst darin vorstellen können. Aber«, schrieb Maria Massey 1951 über das Problem der Präsentation von Männerkleidung, »stecke eine Männerpuppe in einen Anzug und stelle sie in ein Fenster mit einem Blickfang daneben – kein Mann wird sich mit dieser Figur identifizieren wollen.« Sie schlug vor, der Männerpuppe mehr Charakter zu geben und sie *in action* zu zeigen, aber auch das funktionierte nicht wirklich. Der Dekorationskünstler Robert Currie sprach 1978 von »dem merkwürdigen kulturellen Phänomen, daß Männerpuppen fast ausnahmslos auch nicht annähernd so reizvolle oder realistische Erscheinungen sind wie ihre weiblichen Gegenstücke. Die besten weiblichen Puppen haben im Fenster eine starke Präsenz; ... dagegen wirken Männerfiguren oft krank oder schmerzgeplagt«. Der Name *Mann*equin wirkt auf Männer irgendwie abwertend, als ob es sich um einen Bauern im Schachspiel oder ein Werkzeug handle. Männer und die Frauen, die für sie einkaufen und mit ihnen das Bild vom starken Mann teilen, können Männerpuppen, die so leblos und impotent wirken, einfach nicht sympathisch finden, selbst wenn sie die Fäuste ballen, breitbeinig dastehen oder Ralph Pucci ihnen Muskeln verpaßt. So schlecht passen männliche und weibliche Puppen in Ausstrahlung und Haltung zusammen, daß man die Geschlechter nur sehr selten mischt. Sie sind nicht FIT füreinander.

Arglist ist ein Vorwurf, den man eher vorsichtig gegen weibliche Schaufensterpuppen äußert, da diese ihre Absichten niemals verhehlt haben. Von der Kleiderpuppe bis zum Ausstellungsgegenstand haben sie die Frau stets als Schöpferin und Konsumentin dargestellt, haben sie eine Kultur geschaffen, von der sie wiederum geformt wurde. Diese Beziehung ist spielerisch wie zwischen Mädchen und Puppe. Während Keramikpuppen die schöne Zartheit bewahrt haben, auf die die Eliten Frankreichs so stolz waren, wurden Puppen, die man seit der Mitte des 19. Jahrhunderts in Deutschland und Amerika für weniger exklusive Märkte herstellte, immer dauerhafter. Man verwendete dafür Materialmischungen (Harz, Holz, Mehl, Stärke), Weich- oder Hartgummi und schließlich die Vinyle und die Hartplastik, die

Similitudes II von Cal Bowser, Jr., Papiercollage, 1993. (Mit freundlicher Genehmigung des Künstlers)

1958 zu Mattels Barbiepuppe führten. Die Barbiepuppe war nicht die erste, die ihre eigene Garderobe besaß (Effanbees Patsy hatte ihre bereits im Jahr 1926), aber sie war und bleibt die Puppe, die allen Sätteln gerecht, für alle Rollen FIT ist. Immer wieder veränderte sie ihren Stil, ihren Kopf, ihre Gelenke und (allmählich) auch ihre Körpermaße, wodurch sie zur Trägerin der Kleider in der überquellenden Aussteuertruhe der 800 Millionen Exemplare wurde, die von ihr über die ganze Welt verstreut sind. Die Persönlichkeiten, die Mädchen ihren Barbiepuppen verleihen, bemerkte die Künstlerin Lisa Herskovits, »ähneln in der Regel denen, die diese kleinen Mädchen selbst werden, wenn sie erwachsen sind«. Angesichts des Glamours und der Paßform der Barbiepuppen sollte man nicht überrascht sein, wenn eine Dekorateurin von ihren Schaufensterpuppen sagt: »Es ist, wie wenn man mit riesigen Barbiepuppen spielt.«[14]

Arglist sollte also eher Männerpuppen vorgeworfen werden, die weder Glamour noch Paßform vorzuweisen haben und die ihre Absichten schon von Natur aus verhüllen. Designer und Hersteller wissen, daß Männer realistische Darstellungen ihrer selbst überhaupt nicht mögen. Deshalb werden Männerpuppen meist abstrakt und ohne charakteristische Merkmale gestaltet. Wenn männliche und weibliche Puppen auch gleichermaßen ausdruckslos und mit geschlossenem Mund dastehen (Zähne wirken grotesk, lachende Gesichter entweder lächerlich oder psychotisch), so sind sie doch nicht gleichermaßen im reinen mit ihrer kulturellen Anatomie. Jede von uns ist Konsumentin, jede von uns will das sein, was wir nicht sind, sagen die weiblichen Puppen. »Wir sind die hohlen Männer«, murmeln die abstrakten Männerpuppen, die stets um ihre Würde fürchten und nichts zu sagen haben.

Hohle Frauen gibt es auch – versteckt in Seemannstruhen oder Junggesellenschränken. Die Seidenstrümpfe über wohlgeformte Waden bis zu schwellenden Schenkeln unter Spitzenröckchen hinaufgezogen, wurden Sexpuppen mit Emailleaugen und Elfenbeinzähnen bereits in den achtziger Jahren des 19. Jahrhunderts in Frankreich hergestellt. Madame Van der Mys aus Lyon, bei der man diese fleischfarbenen Konkubinen mit rollenden Augen und hingebungsvoll bewegten Armen bestellen konnte, erzählte Geschichten von mörderischer Eifersucht: Als ein Schiffskapitän seinen Ersten Offizier *in flagranti* ertappte, tötete er den Verführer, behielt aber die Ehebrecherin aus Gummi. Madames Anekdoten offenbarten zwei der höchsten Tugenden der Sexpuppe – Detailtreue und immerwährende Bereitschaft.

Verschmäht von Alma Mahler (deren Name und Leben Synonym für die »Künstlerseele« waren), bestellte ein liebeskranker österreichischer Maler 1918 bei einem Münchener Puppenmacher ihr lebensgroßes Ebenbild. Die Proportionen der Puppe, die nach Oskar Kokoschkas anatomisch sehr detailgetreuen Zeichnungen gefertigt wurde, waren exakt, ihr Gesicht korrekt und ihre Haut von einem leichten Flaum bedeckt. Kokoschka bekannte später: »Ich wollte die Alma-Mahler-Geschichte endlich in Ordnung bringen.« Doch wäre seine Alma aus Stoff und Sägemehl lediglich ein Therapieobjekt gewesen, hätte er für sie wohl kaum Pariser Unterwäsche und Kleider bestellen müssen. Als die Puppe im Frühjahr 1919 in Dresden eintraf, war Kokoschka »in fieberhafter Erwartung wie Orpheus, der Eurydike aus der Unterwelt gerufen hat«. Bereits früher hatte er sich eine Tochter erdacht, Puppenspiele geschrieben und versucht, eine in »orientalische« Kleider gehüllte Gliederpuppe zum Leben zu erwecken. Als er jetzt die Kiste öffnete, strahlte ihm ein Licht entgegen, wie er es nie zuvor erblickt hatte, und (Pygmalion läßt grüßen!) »die Erinnerung brach so stark hervor, daß ich die Frau, von der ich mich nur so schwer hatte trennen können, leibhaftig vor mir sah«. In der Konkurrenz zu Eurydike und Galatea konnte die Puppe nur verlieren, welch clevere Gerüchte Kokoschka über die mysteriöse Herkunft der Schweigsamen Frau auch ausstreute. Als auf ihrer Vorstellungsparty bei zarter Kammermusik eine Kurtisane anzügliche Fragen stellte (Ob der Künstler mit ihr geschlafen habe? Ob sie jemand ähnle, die er geliebt hätte?), verlor Oskar Alma aus den Augen und Alma ihren Kopf. Am nächsten Morgen schellte die Polizei am Haustor: Man habe gemeldet, im Garten liege eine Leiche. Es war Alma – mit Wein, aber wie von Blut übergossen, mit abgerissenem Kopf. Die Müllabfuhr holte sie ab. Das waren die Katharsis und die Auflösung der Geschichte, schrieb Kokoschka rückblickend. Die Therapie mit der Sexpuppe habe gewirkt. Aber auf seinem *Selbstporträt mit Puppe*, das der Künstler 1922 vollendete, liegt Alma nackt in seinem Schoß, und er weist ernüchtert und enttäuscht auf ihre Schamgegend.[15]

Ob nun Darstellung, Täuschung oder Genauigkeit – Kokoschkas Sexpuppe war dafür gemacht, dem Abbild einen Schleier nach dem anderen herunterzureißen. In dem Maße, wie die Täuschung sichtbar wurde, schwand auch die Faszination. Er täuschte wohl eher eine Frau, die ihn selbst getäuscht hatte. Zuerst machte er aus Alma Mahler die schönste aller Puppen, dann ließ er seine Brutalität an ihr aus und kehrte damit seine Erregung ins Gegenteil um; schließlich malte er sie auf seinem Schoß, als ob sie für ihn nie mehr gewesen wäre als ein derber Scherz, eine Gliederpuppe. Sadismus (schreibt Leo Bersani nach Freud und Mallarmé) hat mit solchen Vorstellungen zu tun. Schmerz und Täuschung werden als Begehren und Genuß dargestellt. Die »gemeinsame Erregung« des Sexualverkehrs wird zur Ware, die Begehrte ist keine menschliche Person mehr, sondern wird zu einem wiederholbaren Geschehnis, das in eine außergewöhnliche Form gepreßt werden muß.

Kokoschkas autoerotische Episode erwachte in der Erzählung »Gogols Frau« von 1950 zu neuem Leben, die, so meint zumindest ihr Schöpfer Tommaso Landolfi, eine dicke Gummipuppe war, die mit jedem Luftstoß, den der russische Schriftsteller in sie hineinblies, eine neue Ausstattung bekam. Durch ein Mundstück in ihrem Hinterteil pustete er sie zu verschiedener Größe auf, cremte, puderte sie und experimentierte mit verschiedenen Versionen – jede eine »neue Erscheinungsform«, »Inkarnationen« der Phantasien eines Mannes. Entscheidend war für ihn, daß ihre Anatomie stets exakt blieb: »Erstaunlich dabei die Geschlechtsorgane ... Sie bestanden aus ingeniösen Gummifalten.« Nach einer Partnerschaft, die ein Vierteljahrhundert währte, kam es zum Bruch zwischen Nicolai und Caracas, als er sich bei ihr die Syphilis holte, sie ihren eigenen Kopf aufsetzte, unverschämt wurde und in einer feinen Gesellschaft bekanntgab, daß sie jetzt scheißen gehen müsse. Nicht daß sie es gekonnt hätte, sie wollte Gogol damit nur in Verlegenheit bringen. Der blies sie daraufhin zu solcher Größe auf, daß sie platzte. War es das Delirium der Syphilis, das ihn dazu trieb, die kümmerlichen Reste im Kamin zu verbrennen, wie er es mit seinen Manuskripten (tatsächlich) getan hatte? Oder war es ihr Altern, für das sie nichts konnte? Oder war es die Babypuppe, die er noch einmal in den Arm nahm, bevor er sie in die Flammen warf und dabei murmelte: »Auch es, auch es!«

»Es gibt keine tote Materie«, lehrte Bruno Schulz' Vater, »der Zustand des Todes ist lediglich ein Schein, hinter dem sich unbekannte Daseinsformen verstecken.« Aber die Sexpuppe soll so selbstlos wie willig sein und auf die kühnsten Avancen eingehen. So sie überhaupt Laute von sich gibt, soll sie in einem phonographischen Orgasmus aufstöhnen, wenn ein Mann ihre Lippen mit Küssen bedeckt: *»Mon cheri! Meine süße Geliebte! Mein Schatz!«* Ihr Sex soll so vollkommen sein, daß ein Mann dabei vergißt, wie sehr er bei diesem Verkehr der Verbraucher ist, wie er sich selbst verbraucht und daß die Sexpuppe wie die Schaufensterfigur lediglich für einen Zweck FIT zu sein hat. Sollte sie starrköpfig, streitsüchtig oder fruchtbar werden wie Gogols Frau, dann offenbart sich ihre Sexualität als heimtückischer Betrug und sie beschwört Gogols tyrannische Reaktion oder Kokoschkas Treuebruch herauf.

»Hey – das sind perfekte Damen! Sie quengeln nicht, wenn du Fußball schaust und Bier trinkst. Sie mögen alle Arten von Sex, sogar perverse!! Sie haben NIEMALS Kopfschmerzen.« Ms. Wonderful für 89,79 Dollar ist lebensgroß, aus Vinylgummi, hat eine »durch Pumpen in Vibration zu versetzende Vagina«, einen »bebenden Mund« und eine »Samthaut wie lebendig, seidiges blondes Haar und Augen, die sich schließen«. Aphrodite bietet für 69,95 Dollar »blaue Augen mit Schlafzimmerblick, eingenähtes blondes Haar und volle, lebensgroße Brüste, die man sogar mit warmem Wasser füllen kann«. Stunde für Stunde SOLIDEN GENUSS verspricht eine »lebensgroße, revolutionäre, nicht aufgeblasene Sexpuppe«, die keinen Namen hat, aber dafür eine »elektronische Vibro-Vagina«. Sie ist »kein billiges Spielzeug, nicht das altmodische Aufblasgerät, sondern die lebendigste, unvorstellbarste Liebessklavin. Sie wird Sie in eine Erregung versetzen, die Sie nie für möglich gehalten hätten!« Der beispiellos NIEDRIGE PREIS von nur 12,95 Dollar wird möglich durch ein »NEUES MASSENPRODUKTIONSVERFAHREN«. Und Suzie, »die aufregendste Bettpartnerin, die sich ein Mann wünschen kann, ist etwa 1,60 Meter groß, hat »drei penetrierbare gepolsterte Öffnungen« und wird »allen neuen Kunden absolut unentgeltlich zugesandt«.

Trotz all dieser übertriebenen Versprechungen waren Suzie, Aphrodite und Ms. Wonderful doch weniger überzeugend als der Royal Classic Vibrator, den es in drei verschiedenen Hautfarben gibt, oder der »ultrarealistische FESTE PENIS«, dessen Schaft »mit einer dünnen Schicht aufregend lebensechter Haut« überzogen ist, oder gar der »handgemachte Pornostar, der jede Wölbung und jede Nische im Sturm erobert«. Sexpuppen simulieren auf eine Art, wie es der alte Dildo nicht tut. Zwar haben sie keine Netzhaut, keine Nervenendigungen und keinen Puls, aber ihre flatternden Augenlider sollen mehr bedeuten als nur ein eigensüchtiges Vergnügen; die abwesenden Laute, die in der Regel »weiche sinnliche Stimme, die Sie drängt, alles mit ihr zu tun, was SIE glücklich macht«, ihr Stöhnen »in der Ekstase multipler Orgasmen« beschreiben ein äußerst schales Entzücken, unbeeindruckt von den atemlosen Worten, die ihnen entströmen. Es ist der Gipfel der Korrektheit, das Hohelied der Gleichgültigkeit.

Sexpuppen könnten ebensogut universelle Sportgeräte sein – ein Mundsimulator für 29,95 Dollar, eine künstliche Vagina von Madame X für 9,95 Dollar im »Räumungsverkauf« oder ein »süßer, griffiger Arsch« ebenfalls für 9,95 Dollar – würden sie nicht dazu dienen, die Illusion eines sexuellen *Verhältnisses* zu verlängern. Sie bilden ein System von Beziehungen, in dem seit Ende des 18. Jahrhunderts »Trieb« und »Libido« an die Stelle von Liebe sowie »Orgasmus« und »Besitzen« an die Stelle von Vereinigung getreten sind. Männliche Psychologen und Psychiater des 19. und 20. Jahrhunderts haben im Frauenkörper eine terra incognita vorgefunden, die für wissenschaftliche Forschung so fruchtbar war, daß die moderne Sexpuppe auch als anatomischer Fetisch für die Öffnungen vulkanisierter Frauen beschrieben werden kann. Sex geriet so zur Höhlenforschung. Ist das alles im Dunkeln nicht sowieso ein und dasselbe?

Zwar keine Persönlichkeit, aber absolut verfügbares Eigentum: Die Sexpuppe könnte von Candy Samples, der Göttin der Pornografieszene, inspiriert sein. Denn letzten Endes ist sie genauso anonym und unerreichbar wie die weiblichen Puppen auf der Kinoleinwand. So für Archibaldo de la Cruz, der die Frauen, in die er verliebt ist, zu töten versucht und eine Puppe als Symbol der unerreichbaren Angebeteten in Brand setzt. Schließlich heiratet er eine, die ihre Kleider mit einer Schaufensterpuppe tauscht. Ein Kieferorthopäde bestellt aus Japan eine lebensgroße Puppe, deren Haut täuschend natürlich wirkt und die ihre Zunge herausstrecken kann. Da sie hartnäckig keinerlei Reaktion zeigt, unterwirft er sich ihr, was den Neid seiner Ehefrau hervorruft, die sich schließlich verhält wie die Puppe. Der Kieferorthopäde will die Puppe heiraten (um sie zu besitzen), ertränkt sich aber schließlich zusammen mit ihr. Die Puppe schwebt wie Ophelia an die Oberfläche.[16]

Das Besitzenwollen macht neun Zehntel der Gefühle aus, die eine Sexpuppe auslöst, das restliche Zehntel ist Erleichterung. Mit ihren Eigenschaften ruht die Schaufensterpuppe in sich selbst und kann in Einzelfällen über sich hinauswirken – wenn sie unter einer Decke liegt oder als Schatten hinter einem Fenster steht, während die lebende Person sich davonmacht. Die Sexpuppe kann zwar wiederholte, aber nur geringe Wirkung auf ihren Herrn und Meister ausüben. Während die Schaufensterpuppe Macht über den Verkauf von Phantasie und Mode hat, ist die Sexpuppe selbst das Kaufobjekt. Das Preisschild an einer Schaufensterpuppe bezeichnet, was sie trägt, an einer Sexpuppe, was sie materiell darstellt. Mit Hilfe einer Schaufensterpuppe, die im Großhandel 800 bis 1 000 Dollar das Stück kostet und stundenlang vorbereitet werden muß, hofft der Händler uns dazu zu bewegen, neue Kleider zu kaufen. Die Sexpuppe ist selbst ein Massenprodukt, das nur ein Zwanzigstel dieser Summe kostet. Der Ladenbesitzer fragt danach, wie sein mit einer Puppe geschmücktes Fenster den wöchentlichen Gewinn steigert, der Sexpuppenbesitzer dagegen prüft die Batterien und ordnet ihr das künstliche Haar. Der Dekorateur bearbeitet die Schaufensterpuppe mit professioneller Kunst an Haupt und Gliedern und macht so aus einer nackten Figur eine öffentliche Erscheinung. Die Sexpuppe dagegen, die nur für den privaten Gebrauch bestimmt ist, erweckt Gefühle, die sie nicht erwidern kann.

Der Liebe nicht gewachsen, ist die nur Sexpuppe eine kitschige Fälschung. Kitschig, weil sie laut Lexikon zu der Art von Dingen und Personen gehört, »die bemüht sind, mehr zu scheinen, als sie tatsächlich sind«. Eine Fälschung, weil sie den Akt aus seinen ursprünglichen sozialen, historischen und biologischen Zusammenhängen reißt. Sie erweckt den Eindruck von falscher Liebe, abgekoppelt vom persönlichen Rhythmus der Hormone und Menstruationszyklen, von sozialen Problemen wie Syphilis, Herpes oder Aids. Im besten Falle ist sie ein weicher, dauerhafter Gegenstand, dem die Schüchternen und Gescheiterten, die sexuell Verklemmten und Unterdrückten ein Quentchen Genuß und Sicherheit abgewinnen. Im schlimmsten Falle ist sie eine Kleinsche Flasche, eine geometrische Figur, die röhrenförmig wirkt, aber nur eine Seite hat, die weder gibt noch empfängt. Die ausdrehbaren Glieder der Sexpuppe und ihr weit offenstehender Mund symbolisieren die »schreckliche Not« (wie Bruno Schulz' Vater es nannte) der »vergewaltigten Materie«.

Untertanen und Herrscher

»Schlag mich nicht so hart!« sagt das Stück Holz. »Ist es möglich«, wundert sich Antonio der Zimmermann, »daß dieses Stück Holz schreien und wimmern kann wie ein Baby?« Er dreht es einem armen kinderlosen Freund an, der eine Holzpuppe schnitzen will – »eine wirklich schöne, die tanzen, fechten und Purzelbäume schlagen kann«, mit der er auf Reisen gehen und Geld machen will.

Carlo Collodi war ein Florentiner Journalist, geboren als ältester Sohn einer Näherin, nach deren Heimatdorf er seinen Autorennamen wählte. Er verlor seinen Vater bereits als Kind. Ein großer Teil seiner Jugend fiel in die Zeit der politischen Kämpfe um die Unabhängigkeit Italiens. Er war bereits ein gesetzter Junggeselle von 54 Jahren und Übersetzer französischer Märchen, als er die ersten Folgen von *Pinocchio* für eine neue Kinderzeitschrift schrieb. Das war im Jahr 1881 – das Vereinigte Königreich Italien war kaum zwanzig Jahre alt und beging noch die Torheiten der Jugend. Antonio findet in seiner Werkstatt ein Stück ganz gewöhnliches Feuerholz – die Armen hatten in Italien nicht mehr das Recht, auf öffentlichem Grund und Boden Holz zu sammeln. Geppetto nennt seine Puppe nach den Pinienkernen, einer Speise der Armen, die mit ihren Mitteln ohne Hilfe anderer gegen das Elend ankämpften. Pinocchio läuft weg, und Geppetto wird unter dem Verdacht der Kindesmißhandlung festgenommen. Insgeheim wirft man ihm vor, das Bürschchen zu einem Spielzeug herabgewürdigt zu haben – ein Ausdruck der Angst der gerade erst befreiten, aber häufig des Lesens und Schreibens unkundigen Italiener, erneut als politische Marionetten mißbraucht zu werden. Pinocchio wird von den Freunden Füchsin und Kater überzeugt, seine Goldstücke auf einem Feld der Wunder auszusäen – so wie man parlamentarische Bündnisse nicht nach Parteien oder Grundsätzen, sondern nach dem Glauben an politische Wundertäter einging. Während Pinocchio den Boden wässert, damit sein Gold wächst, verlacht der Papagei »die Einfaltspinsel, die dumm genug sind, all den Unsinn zu glauben, den sie hören, und doch immer von jenen betrogen werden, die listiger sind als sie«.

Wenn Pinocchio auch ständig unter dem Einfluß anderer zu stehen scheint, so kann er sich einfach nicht damit abfinden, unaufhörlich Lehren erteilt zu bekommen. Wenn er auch nicht weiß, was er will, ist er doch eher ein naiver, ausgelassener Junge als ein Teufel, wie wenig er auch auf sein

Gewissen in Gestalt der sprechenden Grille hören mag. Charles Nodier, ein französischer Entomologe und Verfasser phantastischer Geschichten, hatte bereits 1842 über Marionetten geschrieben, daß sie die besten Schauspieler sein könnten. Ohne eigenes Innenleben könnten Marionetten (ursprünglich Altarpuppen oder *Marien*, die mit dem Kopf nickten und die Arme hoben, um die Frommen zu segnen) jedes vorgeschriebene Gefühl mit größter Reinheit darstellen. »Ich gehe sogar noch weiter«, schrieb Nodier am Ende eines Lebens, das vom »Terreur« der Jahre 1793/94 und dem falschen Frühling der republikanischen Revolution von 1830 gezeichnet war: »Marionetten sind die einzig authentische Überlieferung der antiken Demokratien. Wenn die Menschen sich tatsächlich dazu entschließen, republikanische Institutionen um einen Thron zu versammeln, dann werden sie ihn mit Marionetten umgeben müssen.«

Ob nun bei den *Fantoccini*, die mit Stöcken und Fäden von oben bewegt werden, oder bei den *Burattini*, die man mit der Hand in der Puppe spielt, scheint die Bewegung Mensch-Marionette stets auch von einer Gegenbewegung Marionette-Mensch begleitet zu sein. Wir können *Pinocchio* (in 400 Versionen und 87 Sprachen) in der Tradition von der Marionette als Dummkopf lesen wie der Satiriker Mark Morelli in seinem »Brief von Geppetto«. Dort wird der alte Mann gebeten, eine Holzpuppe zu schnitzen »mit einem großen, blöden Gesicht, die Augen so leer wie ein altes Stahlwerk«, die sich als Vizepräsident bewerben soll. Oder wir können die Geschichte in der Tradition der Marionette als grobschlächtigem Kerl lesen wie beim Psychoanalytiker Willard Gaylin, der bei Pinocchio eine Entwicklung vom unselbständigen Kleinkind zum verantwortungsbewußten heranwachsenden Jungen sieht – »keine Phantasie über ein menschliches Wesen, sondern das alltägliche Wunder, das die menschliche Entwicklung hervorbringt«. Oder in der Tradition der Marionette als käuflichem Subjekt, wie es der Literaturgeschichtler Scott C. Shershow tut, der behauptet, Marionetten wie Pinocchio widerspiegelten zwangsläufig das westliche Hegemonialdenken, das kleine Charaktere mit Unterordnung, Arglist und purem Materialismus in einen Zusammenhang stellt. Oder schließlich in der Tradition der Marionette als aufmüpfig, aufgeweckt und kantig, wie der Übersetzer Noel Streatfeild die Geschichte sieht, die geschrieben wurde, »um zu zeigen, wie ein armer, kleiner italienischer Bürger zu einem nützlichen Menschen im neuen Königreich heranwachsen kann«.[17]

Schreibautomat von Pierre Jaquet-Droz, 1772–74. (Musée d'Art et d'Histoire, Neuchâtel. Foto: Linda M. Strauss)

Marionetten haben stets Frechheiten parat, sobald sie nur einen Ton von sich geben. Sie fordern das Zentrum der Macht heraus. Ob sie nun neun Meter hoch sind und Walzer tanzen oder nur siebeneinhalb Zentimeter groß und Tee einschenken, Marionetten bewegen durch ihr ganzes Wesen (und werden bewegt). Nichts an ihren Bewegungen hat sich über die Jahrtausende genügend verändert, um uns das historische Problem lösen zu helfen, das diesem Kapitel zugrunde liegt: Wie ist es geschehen, daß die Bilder, die wir uns von uns selbst machen, die Fähigkeit verloren haben, uns Halt zu geben und über uns hinaus fortzuwirken. In den letzten zweihundert Jahren haben andererseits Marionetten ihre Stimmen zu einem Chor neuer Dreistigkeit erhoben.

Besser gesagt, ihre Stimmen wurden erhoben. Puppen hatten immer ihre Wortführer und Stichwortgeber, ob nun weltlicher oder geistlicher Natur. Ägyptische *ka*-Statuen oder die Steinfiguren der griechischen Orakel sprachen mit den Stimmen von Priestern oder Priesterinnen. Stimmen entströmten auf mysteriöse Weise den sprechenden Häuptern, von solch legendären Zauberkünstlern wie Albertus Magnus, Roger Bacon oder John Dee gefertigt. Aber erst im 18. Jahrhundert forderten Menschen öffentlich den Ruhm für diese geliehenen Stimmen, die man bisher als göttlich oder dämonisch präsentiert hatte. Bauchredner erschienen auf der Bühne in eigener Person und im historischen Tandem mit komplizierten, sich bewegenden mechanischen Figuren, deren Zahnräder, Rohre und Blasebälge sie befähigten, Musik und Sprache von sich zu geben.

Weithin berühmt unter den mechanischen Musikanten war Jacques de Vaucansons automatischer Flötist von 1738, ein etwa eineinhalb Meter großer Faun, der eine Querflöte in beneidenswertem Ansatz an seinen Mund hielt, durch flexible Lippen Luft hineinblies, jede Sechzehntelnote mit der Zunge artikulierte und sogar trillerte. Wie bei seiner automatischen Ente, die schluckte, verdaute und schiß, wobei der »ganze Mechanismus zu betrachten« war, verfolgte Vaucanson eher das erklärte Ziel, die Physiologie nachzubauen als den Menschen Rätsel aufzugeben. Er »wollte nicht, daß man glaubt, er führe die Zuschauer mit einer verborgenen Vorrichtung oder einem Trick hinters Licht«. Deshalb demonstrierte er auch seinen Faun den Mitgliedern der Königlichen Akademie der Wissenschaften von innen und außen und hielt ihnen einen technischen Vortrag, in dem er die Ähnlichkeiten zwischen dem Flötenspiel und der Sprache hervorhob. Ein erklärter Bewunderer dieses »genialen Meisterwerkes der Mechanik, dieses Kunstwerkes« war vor allem beeindruckt von der inneren Ruhe der beweglichen Teile des Flötisten und von seiner Fähigkeit, ein Echo zu erzeugen, worauf Vaucanson besonders stolz war: »Können Sie einen so weichen Klang erzeugen, der wie ein Echo wirkt? Setzen Sie die Lippen ganz am Rand des Loches an, indem Sie die Flöte nach innen drehen. Dann wird durch eine so geringe Menge äußerer Luft in einem so kleinen Loch ein Ton erzeugt, der so weich auf unser Ohr trifft, daß er von weit her zu kommen scheint.« So erzeugte der Pariser Lebensmittelhändler Saint-Gille ohne Flöte im Jahr 1765 seine ätherischen Stimmen. Er agierte dabei als Bauchredner und stellte sich seitlich zu den Zuschauern, so daß sie nicht sehen konnten, daß er einen Mundwinkel bewegte. Das Wunder der Kunst Saint-Gilles wie das des Flötisten von Vaucanson entstand dadurch, daß sie die Töne bei völliger innerer Ruhe produzierten, so daß sie tatsächlich klangen, als kämen sie von weit her.

»Alsdann sollst du erniedrigt werden und mit deiner Rede murmeln, daß deine Stimme sei wie eines Zauberers aus der Erde und deine Reden aus dem Staube wispele.« Mit diesem Zitat des Propheten Jesaja (29.4) verwies Antonio Blitz, Bauchredner des 19. Jahrhunderts, auf eine achtbare Genealogie seines Berufes von hebräischen Propheten über altgriechische Engastrimanten (Prophetinnen, die aus dem Bauch sprachen, daher der erste Teil des Wortes »Bauch«redner) bis zu Schamanen der Eskimos und einer Holländerin, die in religiöser Ekstase mit mehreren Stimmen sprach. Zwar hat Blitz Jesaja mißverstanden (mit Kapitel 28 aus dem ersten Buch Samuel, der Geschichte über die Wahrsagerin von Endor, wäre er besser gefahren), aber die Genealogie selbst leuchtet durchaus ein, denn das Geheimnis des Bauchredens bestand nach Blitz darin, zu lernen, beim *Einatmen* zu sprechen. Wenn moderne Bauchredner also die Stimmritze extrem verengen und die Bewegung der Sprechmuskulatur auf einen kleinen Teil der abgewandten Gesichtshälfte reduzieren, dann benutzen sie eine uralte Technik der Wunderheiler und Wahrsager lediglich für einen profanen Zweck.

Einatmen für die Bühne, Ausatmen für die Wissenschaft. »Ich befasse mich nicht damit, die Sprache wiederzugeben oder wie Pygmalion einer Elfenbeinfigur Leben einzuhauchen«, erklärte der Physiker Christian Gottlieb Kratzenstein 1782. »Aber seit Jahren habe ich mich in meiner Freizeit mit einer Maschine befaßt, die die menschliche Stimme nachahmen und wie ein Musikinstrument mit den Fingern Wörter artikulieren kann.« Seine Sprechmaschine, eine Tastatur für Vokale, die 1779 einen Wettbewerb der Kaiserlichen Akademie der Wissenschaften von St. Petersburg gewann, war nur einer von mehreren mechanischen Köpfen, die Ende des 18. Jahrhunderts überall in Europa blökende Stimmen erschallen ließen. Ihr Repertoire war beschränkt auf die dänischen Vokale, die Kratzenstein mit Klappen und Bälgen hervorbrachte, auf die französischen Phrasen des Abbé Mical oder die Worte Wolfgang von Kempelens: »Papa, Roma, astronomie, opéra, pantomime, venez avec moi à Paris«. Die Köpfe waren sämtlich orgelähnliche Instrumente; wenn sie sprachen, dann sprachen sie *aus*.

Gesteuert von Knöpfen und Fußpumpen, gaben sich die ausatmenden Maschinen die größte Mühe zu sprechen. Die einatmenden Bauchredner taten dagegen so, als gelinge ihnen dies mühelos. Die Erfinder führten ihre genialen Montagen von Ventilen, Membranen und Röhren als Beweis vor, daß kein Trick im Spiel war. Die Bauchredner, die mit Wachsbüsten oder unsichtbaren Fremden Konversation trieben, riefen Zweifelnde zu sich heran, damit sie sich davon überzeugten, daß die Stimmen weder aus

Röhren stammten noch von kleinen Jungen erzeugt wurden, die im Bauch großer Puppen saßen. Mr. Fitz-James, der um 1800 auftrat, erschien aus dem Publikum in der Rolle eines Zweiflers, der beweisen wollte, daß die Stimmen von Helfern kamen, die unter dem Podium saßen. Die Stimmen antworteten empört von irgendwoher hinter der Bühne, er rief zurück, und so ging der wütende Dialog fort, bis Fitz-James alle Stimmen als seine eigenen zu erkennen gab. Er habe gelernt, beim Einatmen zu sprechen, erklärte er, und jede Stimme komme aus seiner Lunge. Das demonstrierte er nun offen. Zwanzig unsichtbare Männer traten auf, die miteinander debattierten. Ein Nachtwächter, der die Stunden ausrief, ging die Straße herunter. Er kam näher und näher, bis seine Stimme vor der Tür des Theaters erscholl.

Der Schlüssel zum technischen Erfolg des sprechenden Kopfes und des Bauchredners war Verständlichkeit – eine soziale Qualität. Der Diskurs setzt (wie von Kempelen erklärte) Kommunikation voraus – und daß die Zuhörer sich auf ihn einlassen und verstehen *wollen*. Aber, wie Descartes lange vor von Kempelen festgestellt hatte, können auch Papageien verstanden werden. Um voll zu überzeugen, benötigten die Bauchredner etwas, das über die bloße Nachahmung von Vokalen hinausging. Letzten Endes genügte es nicht, seine Stimme in verschiedene Gegenden des Raumes oder in die Hüte der Gentlemen zu werfen, wie es Richard Potter 1811 in Boston tat. Es reichte auch nicht aus, wie Nicholas Marie Alexandre 1821 in London ein prasselndes Feuer zu imitieren oder einen Papageien plappern zu lassen. Bauchredner benötigten eine Präsenz mit magnetischer Anziehungskraft, etwas von der Art des redenden Türken in E. T. A. Hoffmanns Erzählung »Die Automate« von 1814. Dieser »drehte erst die Augen, dann aber den ganzen Kopf nach dem Fragenden hin, und man glaubte an dem Hauch zu fühlen, der aus dem Munde strömte, daß die leise Antwort wirklich aus dem Innern der Figur kam ... Worte, die bald trocken, bald ziemlich grob spaßhaft und dann wieder voll Geist und Scharfsinn und wunderbarerweise bis zum Schmerzhaften treffend waren.« Nein, bei reichlicher Überlegung brauchten Bauchredner noch etwas anderes, denn Hoffmanns Figuren waren falsche Automaten, deren geräuschvolle Mechanik einen verborgenen Helfer tarnen sollte. Falsche Automaten gaben Magiern größere Möglichkeiten, auf die Erwartungen des Publikums einzugehen als wirkliche Maschinen, aber sie wurden so präsentiert, als liege das Rätsel tatsächlich in der Mechanik.[18]

Dabei fehlte das Geben und Nehmen einer wirklichen Konversation, für die Vaucanson zumindest ein Echo und von Kempelen einige Fragen geliefert hatte. Um über die reine Nachbildung von Lauten hinauszugelangen, mußten Bauchredner mehr nehmen als geben. Leben bezieht seine Inspiration aus dem Austausch. Die mechanischen Köpfe waren ausschließlich ausatmende Demonstrationsobjekte. Bauchredner suchten zumindest den Anschein des Dialogs mit lebendigen Figuren zu erwecken, wobei sie ihre Auftritte mit raschem Personenwechsel und Akrobatik würzten.

Wie kann man ein Publikum besser von seiner Stimmenbeherrschung überzeugen, als wenn man einen seriösen Mann gegenüber einer frechen Puppe spielt, die unterbricht, widerspricht und ihren eigenen Kopf hat? Bauchredner begannen schon in den siebziger Jahren des 18. Jahrhunderts *durch* Wachsbüsten und -figuren zu sprechen. Ein halbes Jahrhundert später, als ein Sprechautomat P. T. Barnum 300 Dollar wöchentlich einbrachte, parlierte Charles Mathews mit seinem »sprechenden Tommy« und Antonio Blitz mit seinem »wunderbaren Bobby«. In den fünfziger Jahren des 19. Jahrhunderts tourte George Washington Kirbye mit einem Automaten durch die Lande, dessen Kopf, Augen und Lippen von einer Feder bewegt wurden, die er hinter seinem Rücken mit dem Zeigefinger seiner rechten Hand betätigte. In den siebziger Jahren des letzten Jahrhunderts wimmelte es auf Bühnen und Podien von »lebenden Wunderköpfen« (falschen Automaten) der Magier, von den Automaten oder Figuren der Bauchredner und den sprechenden Köpfen solcher Erfinder wie Alexander Graham Bell, die versuchten, die menschliche Sprache mit mechanischen Mitteln nachzuahmen. Die Zuschauer wußten nie, ob sie es mit einer Stimme von hinter der Bühne, einer mechanisch erzeugten Stimme, einem Bauchredner oder mit Tönen von einem der neumodischen Phonographen zu tun hatten. Bald darauf, in Londoner Music Halls und New Yorker Varietés der Jahrhundertwende stritten Fred Russell, Arthur Prince und Harry Lester mit großmäuligen, altklugen irischen Puppen, die die Lacher stets auf ihrer Seite hatten. Die Puppe war nun, was der Bauch gewesen war – ein Schlingel, der die Leute mit einem Höllenlärm in Verlegenheit brachte. Wenn der Bauchredner Valentine Vox in einem Roman von 1904 das Parlament mit Phantomstimmen durcheinanderwirbelt oder der Memnon-Figur im British Museum Humor beibringt, dann dreht die Puppe den Spieß um und macht den Bauch zur Zielscheibe ihres Spotts. Immer von neuem stellt sie die Frage: »Wer ist hier der Boß?«

Der »Bauch«, der nur die zweite Geige spielt, behandelt den Partner (seit kurzem auch die Partnerin) mit Respekt, schaut ihn an, wenn er auf der Bühne spricht, oder plaziert ihn im Publikum. Die Stradivari unter diesen Puppen, eine Holzfigur der Brüder Glenn und George McElroy aus den dreißiger Jahren, konnte mehr als vierzehn Gesichts- und Armbewegungen vollführen, die über Knöpfe auf ihrem Rücken gesteuert wurden. Von dem enormen handwerklichen Können einmal abgesehen, bezog die Puppe ihre Wirkung vor allem daraus, daß sie sich viel unbekümmerter geben konnte als ihr Partner. Im Geben und Nehmen des Bauchredners ist der Part der Puppe Leidenschaft und Rebellion. Ein Handbuch für angehende Bauchredner enthält dazu die Empfehlung: »Laß die Puppe deine geheimsten Wünsche unverblümt aussprechen.«

Vielleicht waren wir vor langer Zeit alle einmal Puppen unserer eigenen Bauchredner, und die Kräfte von Licht und Schatten sprachen zu uns über ein zweigeteiltes Hirn. Das war die Zeit, meint Julian Jaynes, wo zu hören zu gehorchen bedeutete; die Zeit, da innere Stimmen Hirnbefehle waren, da die Welt und die Worte der Götter und Dämonen in der rechten, die Welt und die Worte der Männer und Frauen dagegen in der linken Hirnhälfte wohnten. Über die Urfuge, die die beiden Hirnhälften verband, kam der Befehl, großäugige, sprechende Figuren zu schaffen, über die die Götter ihre Wünsche in Worte fassen konnten. Wir brauchten Jahrtausende, diese Teilung des Hirns mit Hilfe von Psyche und Selbstbewußtsein zu überwinden.[19]

Die meisten Menschen, die weder erleuchtet noch besessen oder »nicht ganz bei Trost« sind, müssen die Bestätigung für ihr Handeln von Stimmen beziehen, die weniger deutlich sind, als Schizophrene sie hören. Mit der Puppe in der rechten Hand, der Seite der Götter, deren Bewegungen er mit der linken Hand, der Seite der Menschheit, steuert, spielt der Bauchredner die historische Entwicklung zu einer Zivilisation sich selbst beobachtender Individuen noch einmal durch. Die Puppe, die die Autorität ihrer inneren Stimme abgeschüttelt hat, scheint frei zu sprechen, lediglich von einem Urbewußtsein zurückgehalten, dessen Kehle und Lippen stumm sind. Wir schenken der Kunst des Bauchredners unsere Bewunderung, doch im Gedächtnis bleibt uns das aufsässige Halbkind, die Puppe.

Derartige Figuren können sicher nicht das ganze Gewicht einer so großen Geschichte tragen, aber es ist bemerkenswert, daß der schottische

Erfinder John Logie Baird, der 1926 seinen ersten Fernsehsender ausprobierte, für die erste echte Sendung zwei Bauchrednerpuppen auswählte. Wenn Bauchredner und Puppe auch nicht die kulturelle Revolution nachspielen, die in der Entwicklung der Hirnfunktionen vor sich ging, so spielen sie zumindest eine technische Revolution nach, indem sie Stimmen nahezu gleichzeitig senden und empfangen.

Gewöhnt an körperlose Stimmen, die aus Radios, Telefonen und Lautsprechern, von Schallplatten, Tonbändern und CDs kommen, nehmen wir auch die Stimmen für real, die den Figuren auf der Filmleinwand verliehen werden, obwohl vieles, was im Kino gesprochen und gesungen wird, synchronisiert ist und meist von anderen Menschen als denen, die wir auf der Leinwand sehen. Das Problem liegt weniger darin, daß ausländische Filme und Videobänder damit falsch übersetzt oder interpretiert werden können, sondern daß die anonymen Stimmen, die wir hören, mit dem Drama auf der Leinwand nichts zu tun haben und gar nicht haben sollen: »Synchronisation ist eine mechanische Technik wie Maschineschreiben.«[20]

Professionelle Bauchredner führen mit guter Absicht die Farce vor, die die elektronischen Medien und die Politiker in böser Absicht unsichtbar oder besser unhörbar machen. Die Puppe des Bauchredners ist unterwürfig und widerborstig zugleich: einerseits artikuliert sie unsere Furcht, von dämonischen Hebeln einer technologischen Gesellschaft manipuliert oder von den Fremdstimmen der Werbung und Propaganda vereinnahmt zu werden, andererseits lebt sie für uns den Wunschtraum aus, Widerstand zu leisten, aus dem Bauch zu sprechen und zu handeln. Zwar wird auch das Schicksal der Puppe letzten Endes von oben bestimmt, aber zunächst scheint sie nach ihrem freien Willen zu agieren. Bauchredner und Puppe führen in einer frechen Komödie gemeinsam Macht und Machtlosigkeit vor. Die respektlose Puppe auf dem Schoße des Bauchredners macht ihren Herrn und Meister zu ihrem Komplizen. Ein »Bauch«, der nicht selbst zuweilen zur Aufmüpfigkeit neigte, wäre tödlich.

Die halbe Portion von Marionette, ein komischer Senkrechtstarter, ist ein Kind gegenüber dem Industrieroboter, einem erwachsenen Koloß, einem lebens- oder überlebensgroßen Arbeiter, der – ob in soziologischen Untersuchungen oder Science-Fiction-Romanen – seinen Herrn permanent zu beherrschen droht. Dessen Stimme, die er der Puppe verleiht, läuft ständig Gefahr, vom Roboter, einer Figur des Schreckens oder der Tragödie, abgeschüttelt zu werden. Die Freiheit, die sich die Puppe nimmt, ist eine Übung in Gegenrede und anmaßender Gleichstellung, der Roboter, der arbeitende Automat, ist eine Übung in Rückkopplung und Rebellion.

Der Historiker Otto V. Mayr hat die Ansicht geäußert, daß die praktische Anwendung der komplizierten Mechanik der Automaten (aus der sich die Maschinen der industriellen Revolution entwickelten) dadurch verzögert wurde, daß sie sich lange Zeit wirtschaftlich und philosophisch an tyrannische Regimes banden. Aus Automaten konnte James Watts Zentrifugalregler und Jacquards lochkartengesteuerter Webstuhl entstehen, als man ihre Räderwerke in der zweiten Hälfte des 18. Jahrhunderts als selbstregulierende Systeme erkannte. In England, wo man das Wachstum der Industrie geschickt in klingende Münze umsetzte, fiel die Entwicklung von Rückkopplungssystemen überaus günstig mit der Entwicklung der ökonomischen Theorie dynamischer Handelsbilanzen und der politischen Theorie gegenseitiger Kontrolle (der Gewalten) zusammen.[21]

Dynamische gegenseitige Kontrolle war in der ehemaligen britischen Kolonie eindeutig bereits vorhanden, als John Randolph 1794 nach Philadelphia reiste, um dort zwei Automaten, Mr. Aristokrat und Bürger Demokrat, zu besichtigen. Mit seinen altklugen 21 Jahren erläuterte er der jüngeren Fanny Tucker: »Ein Automat ist eine künstliche Person, die mit Hilfe einer Mechanik viele Bewegungen vollführt, die denen eines vernunftbegabten Wesens ähnlich sind. Er unterscheidet sich von einer Marionette dadurch, daß er seine Tricks nicht mit Unterstützung von außen vorführt, sondern mit Hilfe einer Kraft, die in ihm selbst steckt.« Wahrscheinlich handelte es sich um falsche Automaten, aber ihr Besitzer zog sie mit großer Geste immer wieder einzeln auf. »Die Musiker spielten *Ça ira*, worauf Mr. Aristokrat den Kopf schüttelte, denn dieses Lied schien ihm sehr zu mißfallen. Bürger Demokrat dagegen zeigte sich hocherfreut und tanzte dazu ganz begeistert etwa zehn Minuten lang. Als das Musikstück wechselte, blieb er stehen, war offenbar verärgert und setzte sich. Ganz anders Mr. Aristokrat, der eine Lieblingsmelodie der verblichenen Königin erkannte und nun seinerseits tanzte, allerdings vornehmer und gezierter als der andere.« So tanzten sie eine ganze Stunde lang, »aber keine Musik gefiel beiden gleichermaßen«. Im Jahr darauf führte ein Franzose Monsieur Sans Culotte und Monsieur L'Aristocrate vor. In den Pausen zwischen beiden trat jeweils eine sprechende Madame Moderate auf.[22]

Irgendwo zwischen Frontierland und Fantasyland, in der Halle der Präsidenten am Liberty Square ist Abraham Lincoln die menschenähnlichste Figur. Er räuspert sich, stützt sich auf die Armlehnen seines Sessels und erhebt sich, um mit einer unnatürlich sonoren Stimme zu sprechen. Außerhalb von Disneys Magic Kingdom in Florida finden wir allerdings wenige solcher Politikerautomaten. Seit 1800 waren die meisten Automaten Unterhaltungskünstler – Musiker, Tänzer, Akrobaten, Geschichtenerzähler oder Zauberer, deren Vorbilder in Fleisch und Blut allesamt mehr Bewegungsfreiheit hatten und (angeblich) einen loseren Lebensstil pflegten als die Menschen im Publikum. Während die Kinder des Bürgertums sich aus einem wachsendem Angebot unberechenbarer Aufziehspielzeuge und sprechender Puppen Phantasiewelten aufbauten, schienen die erwachsenen Zuschauer vorgeführter Automaten von deren promptem Gehorsam und improvisierter Selbstbehauptung gleichermaßen fasziniert gewesen zu sein. Nach einem Bericht des *Galignani's Messenger* von 1836 mag Mareppes automatischer Geiger »außerordentlich gut« mit einem echten Orchester zusammen gespielt haben, »aber das Tollste ist doch die Art und Weise, wie die Figur den Bewegungen des Dirigenten folgt, wobei sie mit einer Art Halbvernunft begabt zu sein scheint«. Zwar versetzte von Kempelens automatischer Schachspieler die Zuschauer mit seinen endlosen Siegen und seinem mechanischen Ruf »Schach Matt!« in Erstaunen (eine Zugabe von J. N. Maelzel, dem Erfinder des Metronoms), aber das größte Lob seiner Intelligenz erhielt er nicht dafür, daß er ein so hervorragender Schachstratege war, sondern daß er sich weigerte, selbst Katharina der Großen oder Napoleon Bonaparte das Mogeln durchgehen zu lassen.

Wurde die Selbständigkeit zu weit getrieben, argwöhnte man, die Maschine verberge in ihrem Inneren einen kleinen Jungen, einen Zwerg oder einen Amputierten. Je ausgefallener die mechanischen Figuren waren, desto verdächtiger erschien ihr Innenleben. Strikter Gehorsam der Maschine brachte dem Erfinder große Bewunderung ein. So war es auch bei Hephaistos in seiner Schmiede, der von einer Schar automatischer Blasebälge umgeben war, die seiner göttlichen Arbeit dienten, ebenso von einer Gruppe lebensgroßer Jungfrauen, beweglichen goldfarbenen Automaten, auf die er sich stützte, wenn er sich humpelnd fortbewegte. Zwar fanden an Automaten stets beide Geschlechter Gefallen, aber es ist eine Tatsache, daß Bauchrednerpuppen und automatischen Personen seit der Zeit des Ktesibios und des Heron meist Männer Körper und Stimme verliehen, Männer wie Jackson Knickerbocker Van Horne, die Liebe in die Fesseln der Servilität zu schlagen suchten. Van Horne kauft ein junges Mädchen, nennt sie Zero, hält sie in Isolation, schult sie darin, als Modell für Schneiderpuppen aus Stahl und Draht zu dienen, die ihre Proportionen annehmen, und heiratet sie, als sie sich, wie zu erwarten war, in ihn verliebt. »Ich wünsche mir deine Zärtlichkeit in diesem Augenblick genauso, wie ich sie mir immer gewünscht habe«, sagt er zu ihr. »Ich möchte dich nur lehren, ... künftig ein Automat zu sein, der meine Wünsche exakt ausführt.« Zu diesem Zweck schließt er sie in eine Drahtpuppe ein und schockiert sie, wann immer sie »sich die Freiheiten nehmen möchte, die Ehefrauen in der Regel genießen«. Am Ende erkennt er, daß liebende Vereinigung mit Servilität unvereinbar ist. Sie will nur seine ideale Ehefrau sein, wenn er verspricht, ihr ein idealer Ehemann zu werden.

W. H. Ballous Zero, *die automatische Ehefrau* von 1891, war nur eine blasse Zeitgenossin der brillianten Hadaly aus der *Eva der Zukunft*, die der mit Zauberkräften begabte Edison aus der Feder von Auguste, Comte de Villiers de l'Isle-Adam erschuf. Der Katholik aus der Bretagne, der sich 1863, genötigt vom morbiden Adel seiner Familie und ihrer Devise »Gehe über dich hinaus« um den vakanten Thron von Griechenland bewarb, ging später in der Tat über sich hinaus, als er einer reichen englischen Erbin den Hof machte, die ihn für unzurechnungsfähig hielt. In einem kahlen Zimmer in Paris, verarmt nach einem Leben zwischen Askese und Ausschweifung, schrieb Villiers de l'Isle-Adam über die erlöschende Liebe eines Aristokraten zu einer schönen, aber innerlich kalten Schauspielerin, die diesem Lord Ewald als ein strahlender Tempel erscheint, »entweiht durch mechanische Treue, Herzenskälte und abergläubisches Heidentum«. Mit Hilfe einer virtuosen Elektronik verschmilzt Edison Hadaly, eine spirituell reiche elektromagnetische Einheit, mit einem Körper, der dem der eitlen Schauspielerin nachgebildet ist. Frühere Automaten, sagt Edison, waren elende Fehlschläge, die nach Altöl und Guttapercha rochen. »Animiert wirkten sie wie Perückenköpfe! Dieses Geräusch des Schlüssels, wenn der Mechanismus aufgezogen wurde! Dieser Eindruck der Leere!« Und nun: »Die Technik der Reproduktion und *Identifikation* ist präziser und perfekter geworden ... Wir werden also in der Lage sein, potente Phantome, mysteriöse *Mischwesen* REALITÄT werden zu lassen.« Ewald fragt: »Wird sie wissen, wer sie ist? Oder besser, was sie ist ...?« Edison antwortet: »Wissen wir selber denn so genau, wer und was wir sind?« Ein nicht weniger gemischtes Wesen als wir selbst, scheint diese automatische Figur über die beschränkten Gesten und die Platten der zwei goldenen Phonographen hinauszugehen, mit deren Hilfe sie 60 Stunden lang Konversation treiben kann, ohne sich zu wiederholen. Hadaly wird Ewald ebenbürtig und geht erst mit ihm und einem sinkenden Schiff, der Wundervollen, unter.

Als 35 Jahre später die wundervolle Belle Epoque im Schlamm und Gas des Ersten Weltkrieges untergegangen war, erschienen Roboter auf der internationalen Bühne. Auch sie Mischwesen – gehorsam, aber selbstregulierend, mechanisch, aber mit Intuition versehen. Sie, die arbeitende Menschen freisetzen sollten, wurden so weit entwickelt, daß sie nun sich selbst freisetzen. In ihrem Namen steckt der Begriff »dienstbereite Arbeit« (vom tschechischen *robota*, »Frondienst«). Historisch gesehen bewachten sie zuallererst die Gänge der Pyramiden und unterirdische Labyrinthe. Im Zuge der technologischen Entwicklung wurden sie Eisenbahnwärter, elektrischer Signalgast oder Puppe im verglasten Eingang von Kaufhäusern. Psychologisch waren es Wesen, die unwillkürliche Bewegungen vollführten, automatische Gesten, wie man sie bei Menschen mit nervösen Störungen feststellt oder wie die sich ständig wiederholenden Handgriffe von Arbeitern an Montagebändern. Zum dramatischen Schluß waren sie in Karel Čapeks Theaterstück *R. U. R.* von 1920 schließlich Arbeiter, Rossums universelle Roboter, die ihre menschliche Herren stürzen und die Romantik wiederentdecken.

»Die erstaunlichen Roboter von heute sind mißverstandene Wesen«, schrieb E. E. Free (!) 1929. Die neuen Prototypen Electric Eric (der die Initialen RUR auf seiner Brust trug) und Televox verdienten Besseres. »Hätten Roboter Gefühle, dann nähmen sie solch unwürdige Behandlung übel. Man könnte meinen, sie seien nichts als imitierte Menschen. In Wirklichkeit sind sie Kreaturen ganz anderer Art, relativ neu auf der Erde und möglicherweise genauso zukunftsfähig« wie die Menschheit selbst. Sie werden den Spieß umdrehen (schrieb ein Science Fiction-Autor nach dem anderen), eine neue Spezies des Menschengeschlechts werden (spekulierte Olaf Stapledon 1931), uns zu ihresgleichen machen, die »gute und böse Taten gleichermaßen ungerührt vollbringen« (protestierte Georges Bernanos 1945, im Angesicht der mit Maschinen ausgeführten routinemäßigen Massenmorde). Wir, die wir die Roboter ins Leben gerufen haben, können sie nicht einfach wieder abschaffen, wie ein Zauberer den Golem auf seinem Wege stoppen kann. Wenn wir ihnen die Sprache geben, müssen wir ihnen auch Bewußtsein geben – oder mehr.

Die »Automatisierung« – ein Begriff für die Entwicklung von Fertigungsprozessen im Industriekapitalismus nach dem Zweiten Weltkrieg, die immer weniger Fachkenntnisse erfordern, ist Ausdruck dieses »oder mehr«, das den Automaten als gehorsame, aber selbstregulierende, künstliche, sich aber selbständig bewegende Figuren zugestanden wird. Die numerisch gesteuerten Werkzeugmaschinen und ferngesteuerten Waffen der vierziger und fünfziger Jahre, die Punktschweiß- und Farbsprayroboter, die man 1969/70 einführte, die kolossalen Fujitsu-Fanuc-Roboter der neunziger Jahre, die andere Roboter für das 21. Jahrhundert produzieren, erinnern äußerlich allesamt nur sehr entfernt an menschliche Wesen, und doch spielen wir auch mit ihnen unsere Ambivalenzen zwischen Macht und Entmachtung, Herrschaft und Entfremdung durch. Was verlieren (oder gewinnen) wir, wenn wir ihnen eine Stimme geben? Delegieren wir damit unsere Menschlichkeit, oder geben sie gar völlig auf? Was würden wir mit Wesen vom Schlage eines *Blade Runner* von 1982 anfangen, die »menschlicher als Menschen« sind, zur Sklavenarbeit hergestellt, aber sich zornig bewußt, daß sie zu einem eingebauten Verfallsdatum nach vier Jahren abgeschaltet werden, wenn sie revoltieren und nach »mehr Leben« schreien?

Haben nicht auch wir schon nach »mehr Leben« geschrien? Unsere Selbstbildnisse können uns weder Halt geben noch über uns hinausführen, weil wir selbst nicht mehr sicher sind, was wir als Original darstellen, was es bedeutet, ein atmendes Wesen zu sein. Je unsicherer wir werden, welcher Koloß uns vielleicht Halt geben könnte, welche Miniatur ohne Todesgefahr über uns hinausführen könnte, desto mehr fordern wir Genauigkeit und enden schließlich in der Simulation.

Walter Benjamin, ein Theoretiker, den einige Leser sicher längst hinter jeder dieser Seiten vermuten, hatte nicht seinen besten Gedanken, als er behauptete, durch die technische Reproduzierbarkeit des Kunstwerkes verkümmere dessen Aura. Er hatte auch nicht recht, als er sagte, die rituelle Distanz, die wir zu wirklichen Kunstwerken wahren, werde durch den modernen industriellen Prozeß geringer. Was im Zeitalter der mechanischen Reproduktion verkümmert, ist nicht die Aura des Kunstwerkes, sondern unsere Sicherheit, daß wir selbst noch lebendig sind. Ebenso daneben lag Benjamin auch mit seiner Sicht auf von Kempelens automatischen Schachspieler, in dessen Tisch nicht ein buckliger Zwerg (der »historische Materialismus«) saß, sondern zwanzig Jahre lang ein 1,80 Meter großer, gebeugter Mann, dessen Endspiel etwas schwach war. Als schwacher Philosoph verwechselte Benjamin Mißbildung mit Irreführung. Unser Problem ist nicht, daß wir selbst plötzlich zu Monstern geworden sind, sondern daß wir verunsichert auf unsere Schöpfungen blicken, um von ihnen Lebenskraft zu gewinnen und unser Schicksal zu erfahren. Nur in einer Kultur der Kopie schreiben wir dem Original solche Kraft zu. Mit diesem »Original« meinen wir heute etwas, das unmittelbar zu uns spricht, eine Erfahrung, die wir offenbar bereits verloren zu haben glauben. Wenn der Büchersammler Benjamin richtig beobachtete, daß unser Drang von Tag zu Tag größer wird, ein Objekt über sein Abbild, seine Reproduktion, ganz nahe bei uns zu haben, dann begriff er nicht, daß derartiger Besitz letzten Endes etwas Pfingstliches hat, unser Sehnen verkörpert, unsere gemalten Abbilder mögen zu unserer Natur werden und mit verschiedenen Stimmen zu uns sprechen.[23]

4. Zweite Natur

> Jeder trägt auf der linken Schulter
> einen Affen, und auf der rechten einen Papagei.
> Ohne daß Guillaume etwas dazu tat,
> wiederholte sein Papagei die Sprache einer Welt der
> Bevorrechteten, und sein Affe ahmte ihre Gebärden nach.
>
> *Jean Cocteau, Thomas der Schwindler*

Papageien

Der Papagei hat eine fast menschliche Zunge, schrieb der Naturforscher Ulisse Aldrovandi vor vierhundert Jahren. Kann man das auch von seiner Sprache sagen? Unter allen Vögeln hat der Papagei eine ungewöhnlich fleischige und muskulöse Zunge, aber ihre Kraft und Geschicklichkeit sind eher dafür gemacht, Nüsse zu bearbeiten als Wörter. Menschen sprechen mit dem Larynx, dem Kehlkopf; sie formen die Laute mit Zunge und Zähnen. Papageien sprechen mit dem Syrinx, dem Teil des Kehlkopfes, der etwas weiter unten in der Luftröhre sitzt, fast so, als seien sie Bauchredner.

In ihrer natürlichen Umgebung stoßen Papageien gellend kreischende Laute aus. Erst wenn der Mensch sie gefangennimmt und zu seinen Gefährten macht, zeigt sich ihre sprachliche Begabung. Bis in dieses Jahrhundert hinein schlitzte man in Europa Papageien die Zunge auf, damit sie noch fließender sprechen könnten. Das war ein brutaler Verwandlungsakt. In der Wildnis fallen Papageien durch schrille Stimmen und erlesenes Gefieder auf, Orgien von Farben, denen eine alte wedische Hymne die Schattierungen des verblassenden Mondes in der Morgendämmerung zuschrieb. Angekettet, benutzte man Papageien als Wächter, so z. B. in französischen Festungsanlagen im Ersten Weltkrieg, wo sie nahende Luftschiffe des Feindes meldeten. Gezähmt und mit gespaltener Zunge, bezog man sie in die Unterhaltung der Menschen ein. Die »gelöste« Zunge hat den Papageien aus einem Schreivogel zu unserem engen Gefährten gemacht, einem Wesen, das uns dient und uns – im Guten wie im Bösen – beim Wort nimmt.

Edward Lear, der vor allem durch den Nonsens *Von Eule und Katz und anderem Geschwatz* bekannt ist, gab auch das erste Buch mit Farblithographien von Papageien heraus. Als einer der ersten zeichnete er lebende

»Sei kein Papagei, fluche nicht.« Die englische Version eines ursprünglich holländischen Plakats, das 1990 überall in Holland von der »Gesellschaft gegen das Fluchen«, dem Bond Tegen Het Vloeken, öffentlich angeschlagen wurde.

Papageien und gab jedem Vogel seine eigene Persönlichkeit. Als er 1831 seine *Illustrations of the Family of Psittacidae, or Parrots* abschloß, bemerkte Lear: »In den vergangenen zwölf Monaten habe ich Papageien so intensiv betrachtet, über sie nachgedacht und unter ihnen gelebt, daß ich ganz sicher bin, sollte es eine Seelenwanderung nach dem Tode geben, könnte meine Seele nur in einem Papageien ihren Frieden finden.«

Vielleicht war dies nur der lockere Spruch eines Neunzehnjährigen, der sich selbst das Zeichnen beibrachte, indem er alle Abbildungen von Tieren in der 44bändigen Naturgeschichte des Comte de Buffon kopierte. Vielleicht aber auch nicht: Das Bild der Seelenwanderung vom Menschen zum Papagei findet sich in vielen Kulturen. Es liegt nahe, Vögel als Symbol für das Entweichen des Geistes aus dem Körper zu benutzen. Die Kaluli auf Papua-Neuguinea stellen den Übergang vom Leben zum Tod in rituellen Tänzen als Verwandlung in einen Vogel dar. Das ägyptische *ka* teilte sich bei seinem Tode in zwei Vögel – *akh* und *ba*. Christlichen Heiligen wachsen Flügel, wenn sie zum Himmel aufsteigen. Aber von allen Vögeln verfügen nur die Papageien über so ungewöhnliche Gaben der Vermittlung und Verwandlung. Mit den Höhenflügen ihrer Beredsamkeit führen sie uns und unsere Kultur der Kopie über alle Zwillinge und Selbstporträts hinaus. Vielleicht zu unserer zweiten Natur. Folgen wir ihnen auf ihrem Flug durch Indien, Amerika und Europa.

Als hinduistische Liebesgötter verehrt, galten Papageien im alten Indien als Totem für Kurtisanen und als Gesellschafter für einsame Ehefrauen. Im *Kamasutra*, wo man sie lehrt, von Liebe zu sprechen, sind Papageien neutrale Boten zwischen Frauen und Männern, zwischen Schwestern im Land des Hungers und Brüdern im Land der Üppigkeit und des Überflusses.

Die Bororó, die am Amazonas leben, »glauben, daß ihre menschliche Gestalt nur ein Übergangsstadium zwischen einem Fisch (dessen Namen sie selbst angenommen haben) und einem Makao-Papagei sei (mit dem sich der Kreis ihrer Seelenwanderung schließt)«. Soweit der französische Anthropologe Claude Lévi-Strauss, der vor Ort über die Bororó forschte und »die Grenze zwischen Natur und Kultur nicht an der Herstellung von Werkzeugen, sondern an der gesprochenen Sprache« festmachen wollte.

Félicité ist eine stumme Dienerin, »ein einfaches Gemüt« (schrieb Gustave Flaubert), deren aufopferungsvolle Arbeit für andere fünfzig Jahre lang unbelohnt bleibt. Ihre letzte Hingabe gilt einem farbenprächtigen Papagei, dessen Stimme das einzige ist, was Félicité noch hören kann, während sie langsam ertaubt. Als Loulou stirbt, läßt sie sie ausstopfen und kniet vor ihr nieder, wenn sie ihre Gebete spricht. Sie verwechselt Loulou mit dem Teil der Dreifaltigkeit, der mit der Gabe der Sprache gesegnet ist – ein schöner Irrtum, denn die Taube, das traditionelle Symbol des Heiligen Geistes, kann nicht sprechen. Als Félicité ihr Leben aushaucht und der Himmel über ihr sich öffnet, glaubt sie »einen riesigen Papagei über ihrem Kopf schweben zu sehen«.

»Ich bin kein Bote Gottes, wenn ich auch Grün trage [wie die Nachkommen Mohammeds]«, sagt Tuti, der Papagei, der den Koran kennt und außerdem zehn Tage im voraus sagen kann, was geschehen wird. Tuti steht Allah näher, als er zugeben will, als ein indisch-moslemischer Händler ihn wegen seiner Schönheit, seiner Redekunst und seiner hellseherischen Fähigkeiten erwirbt. Der Händler unternimmt eine Geschäftsreise und läßt seine Frau in der Obhut Tutis und seiner Gefährtin, einer Myna, einem Starenvogel, zurück. Kaum ist der Ehemann fort, verliebt sich seine Frau Chodschasta in einen Prinz. Die Myna predigt Keuschheit und fordert damit Chodschasta heraus, die den Vogel erschlägt. Tuti verspricht vorsorglich, zu vermitteln und die Affäre zu vertuschen. Bei seiner Rückkehr erfährt der Händler trotzdem davon. Chodschasta bezichtigt den unschuldigen Tuti des Verrats, reißt ihm alle Federn aus, packt ihn beim Schnabel und wirft ihn aus dem Haus. Mehr erzürnt über die Mißhandlung Tutis als über ihre Untreue, verstößt der Händler Chodschasta. In Tränen aufgelöst, läuft diese zu einem Tempel, um zu beten. Dort aber hält sich der Konvaleszent Tuti versteckt. Mit der Stimme des Tempelheiligen befiehlt er Chodschasta, sich die Haare zu raufen und vierzig Tage lang Gebete zu sprechen. Am 41. Tag erscheint Tuti, dem sein Federkleid wieder gewachsen ist, beim Händler und erklärt, Chodschasta habe ihm durch ihre Reue zu neuem Leben verholfen, weshalb sein Herr ihr vergeben müsse.

Als klassisches Beispiel für das »prälogische« Wesen der »primitiven Mentalität« glaubten die Bororó, rote Papageien zu sein, was nicht einfach bedeutete, daß sie sich nach ihrem Tode in scharlachrote Makaos verwandelten, sondern daß sie Papageien *waren*. Sie bildeten mit ihnen eine »mystische Daseinsgemeinschaft«, die dem modernen Denken vollkommen fremd erscheinen muß. Soweit der französische Philosoph Lucien Lévy-Bruhl, der 1910 den Bericht einer deutschen Brasilien-Expedition aus dem Jahre 1887 zitierte. Dessen Verfasser Karl von den Steinen hatte solche

Schlußfolgerungen noch vermieden, die Bororó aber als phantasiebegabt, geräuschvoll, zur Nachahmung und Wiederholung bestimmter Handlungen neigend, beschrieben. Auf seinen Fotos waren sie nackt bis auf rituellen Schmuck aus Papageienfedern um Arme und Schultern. Das Wort, das die Bororó für Papagei gebrauchten, schrieb er, sei »der Name eines komplexen Wesens, das die Papageien und sie selbst einschloß«. Damit wollten sie (oder Karl von den Steinen?) sagen, sie seien für die roten Papageien das, was die Raupe für den Schmetterling ist.

In Europa gilt Grün als die Farbe der Auferstehung. Psytakus, der Sohn des Deukalion, der die Menschheit nach der Sintflut wiederaufleben ließ, bat nach einem guten, langen Leben in Äthiopien, der Fürsorge der Menschen enthoben zu werden. Die Götter verwandelten ihn, schrieb Boccaccio, in einen Papageien mit smaragdgrünem Gefieder, dem Symbol für Ruhm und Tapferkeit.

Als die Truppen Alexanders des Großen mit Sittichen auf der Faust siegreich aus Indien zurückkehrten, wurden Papageien zu den Lieblingen der hellenistischen Welt. Im alten Rom gab es einen regelmäßigen Handel mit asiatischen Papageien und einen Papageienlehrerverband. Die Aristokratie begeisterte sich so für diese Vögel, daß Ovid einem sogar eine spöttische Elegie widmete:

Der Papagei ist tot, das Echo des Menschen,
die sprechende Gabe aus Fernost.

Die Herrin dieses Exemplars hörte als letztes von ihm: »Leb wohl, Corinna.«

Vier oder fünf Dörfer der östlichen Bororó haben überlebt, während die westlichen Bororó seit drei Generationen ausgestorben sind. Papageien, die einzigen Tiere, die die Bororó verehren, werden von ihnen aufgezogen und von Mund zu Mund gefüttert. Sie geben ihnen menschliche Namen, schenken ihrer Sprechfähigkeit aber keine Beachtung. Frauen und Kinder spielen mit ihnen, aber identifiziert werden sie ausschließlich mit den Männern der Bororó. Sie werden niemals gehandelt oder verkauft, sondern an die Erben weitergegeben, wenn ihr Besitzer stirbt. Da sich die Geister zeitweilig in diesen roten Makao-Papageien niederlassen sollen, werden sie weder als Tiere noch als gänzlich himmlische Wesen betrachtet, sondern als Zwischenwesen wie die Bororó-Männer, die als zeitweilige Heimstatt der Geister gelten. So jedenfalls lautet eine Analyse des amerikanischen Anthropologen J. Christopher Crocker.

Die Bororó behaupten nicht, sie seien oder würden zu Aras (Makao-Papageien), sondern sie *wandelten sich selbst* zu Aras, um Bororó zu werden. *Aroe*, ihr Wort für die langen roten Schwanzfedern der Papageien, mit denen sich die Männer bei ihren Zeremonien schmücken, bedeutet zugleich Seele, Geist, Vorfahr und »Bororó«. Die Federn sind »das materielle Medium, durch welches die Bororó die Rolle der Geister für sich selbst spielen. Indem sie sich mit Ara-Federn bedecken, schaffen sich die Bororó selbst *in der Form* der Schöpfer der Gesellschaft«, denn nur als fliegende Vögel können sie die Gesellschaft als Ganzes überblicken. Für die Bororó, schrieb der britische Anthropologe Terence Turner 1987, bedeutet also »Aras zu werden, ein vollwertiger Mensch im Sinne eines gesellschaftlichen Wesens zu sein, das fähig ist, sich über die Strukturen und die Bedeutung des gesellschaftlichen Lebens zu erheben und dieses zugleich zu erschaffen«.

Artus, der die Tafelrunde einberief, war auch Chevalier du Papegau, Ritter des Papageien, denn im Kampf hatte er »den besten Vogel der Welt gewonnen, der das süße, heitere Lied der Liebe singt«. Der Papagei war ein Wesen von Berührung und Stimme, von Lust und Sprache. Auf der Hand einer Frau sitzend und an ihrem Daumen knabbernd, galt der Papagei als Symbol für Eloquenz und Sinnlichkeit.

Die Tupí und die Guaraní, die bislang in Frieden miteinander gelebt hatten, gerieten wegen eines sprechenden Papageien in Streit. Eine Frau hatte ihn gefunden, aber eine andere ihn zur Aufzucht erhalten. Die Familien stritten so heftig um den Papagei, daß die beiden Völker sich trennen mußten. Die (älteren) Tupí blieben an Ort und Stelle, die Guaraní mußten auf Wanderschaft gehen, die sie ruhelos durch ganz Brasilien trieb.

Als die Normannen und Kastilier im 15. Jahrhundert die Kanarischen Inseln vor der Nordwestküste Afrikas eroberten, hielt neben Papageien aus Asien der afrikanische Graupapagei, der sprachbegabteste unter all seinen Artgenossen, an den Höfen Europas Einzug. Nach der westafrikanischen Mythologie hat der Papagei, der in den höchsten Bäumen nistet und deshalb dem Himmel am nächsten ist, den Menschen die Sprache gebracht. Papst Martin V. persönlich ordnete an, beim Vatikan einen Papageienhalter anzustellen für die Pflege eines Graupapageien, der fortan das apostolische Glaubensbekenntnis rezitierte.

Zu jener Zeit beschrieben die Europäer Papageien noch als Wunder des Orients. Für den englischen Dichter John Skelton war der Papagei um 1522 ein »Vogel des Paradieses«, den die Flut nach Indien getragen hatte, wo ihn Damen mit silbernen Käfigen empfingen und höflich ansprachen: »Sprich, Papagei, ich flehe dich an.« In Namen, Gestalt, Farben und Schicksal des Papageien sah der Dichter das Paradies im kleinen, wie er es sich vorstellte: prächtig und grün. Skelton formte als erster den englischen Begriff »parrot« für Papagei, den er aus dem Französischen *pierrot,* der Koseform von *Pierre*, ableitete. Dieses Wort wiederum stammt vom griechischen Wort für Stein *(petros)*, der dem Apostel Petrus seinen Namen gab.

Christoph Kolumbus, italienisch Christoforo Colombo, trug einen Namen, der »die Taube als Trägerin des Heiligen Geistes« bedeutete. Er begann seine Fahrt auf den Kanarischen Inseln, weil er die Passatwinde nutzen wollte, die die Seeluft mit einem süßen Duft erfüllten wie Andalusien im April. Kolumbus notierte zweimal in seinem Schiffstagebuch, das einzige, was er vermisse, sei der (himmlische) Gesang der Nachtigall. Als er am 7. Oktober 1492 über die nördliche Reichweite der Passate hinaussegelte, erblickte er »große Schwärme von Vögeln [wahrscheinlich Lunde, auch Papageitaucher genannt], die von Nord nach Südwest fliegen, was bedeuten kann, daß sie ihren Schlafplätzen an Land zustreben«. Da er wußte, daß »die Portugiesen die meisten Inseln in ihrem Besitz durch Vögel entdeckt haben«, änderte Kolumbus auf gut Glück seinen Kurs, wandte sich nach Westsüdwest und landete fünf Tage später auf Guanahaní.

Kolumbus, der darauf gefaßt war, Papageien zu sehen, sollte in der Karibik tatsächlich keine Nachtigallen zu hören bekommen, weil es die dort nicht gab. Nachtigallen gehörten in ein spanisches Paradies, große, farbenprächtige Papageien dagegen kündeten vom Orient des Marco Polo. Papageien gab es in Europa nicht, und die afrikanischen Exemplare, die Kolumbus aus Guinea kannte, waren taubengroß, grau mit kurzem roten Schwanz oder grün mit grauem Köpfchen und gelbem Bauch. Die wohlgestalteten Menschen, die am ersten Tag seiner Barkasse entgegenschwammen und nahezu einen Meter große scharlachrote Makao-Papageien als Geschenk auf der Schulter trugen, mußten die Verkündigung Asiens sein, eines Indiens, reich an Gewürzen und Gold (»Wo Papageien sind, ist auch Gold«, sagte das Sprichwort).

Da Papageien die Begegnung zwischen Europa und diesem »Indien« vermittelt hatten, wurden diese »Indianer« nun stets mit Papageien assoziiert.

Kolumbus und seine Gefährten nahmen die Vögel mit großer Freude entgegen. Ihrerseits überreichten sie kleine Glöckchen und Glasperlen, die an die Glocken und Spiegel erinnern, die die Europäer in Papageienkäfige zu hängen pflegen. Am Tag der ersten Begegnung, dem 12. Oktober 1492, schrieb Kolumbus über die freundlichen Eingeborenen, die Taino, als seien sie nicht mehr und nicht weniger als kluge Papageien: »Sie werden gewiß gute und intelligente Diener abgeben, denn ich bemerke, daß sie sehr schnell alles nachsagen, was man ihnen vorspricht. Ich glaube, sie werden auch leicht für das Christentum zu gewinnen sein, denn mir scheint, sie haben keine Religion. Wenn es unserem Herrn gefällt, werde ich bei meiner Abreise sechs von ihnen für Eure Hoheit mitnehmen, damit sie sprechen lernen.« Im nächsten Satz der gleiche Gedanke: »Auf dieser Insel habe ich außer Papageien kein anderes Tier gesehen.« Kluge und gefangene Papageien: Am 14. Oktober schrieb Kolumbus, »wenn Eure Hoheit es so befiehlt, können alle Eingeborenen nach Kastilien mitgeführt oder auf dieser Insel als Sklaven gehalten werden. Mit fünfzig Mann kann man sie in Schach halten und sie zwingen zu tun, was immer man will.« Bei seiner Rückkehr nach Spanien zog Kolumbus im Triumph mit seiner Beute ein – Baumwolle, Gewürze, einige Goldmasken, sechs *Indios* in bunter Bemalung, mit goldenen Amuletten und bunten Federn geschmückt, dazu vierzig prächtige Papageien. Lange bevor der Admiral im Jahr 1506 das Zeitliche segnete, kennzeichneten die Kartographen die Neue Welt mit roten Makao-Papageien. Die Portugiesen nannten Brasilien *Terra de Papagaios*. Künstler malten die Ureinwohner Amerikas als rotbraune Menschen, die sich mit Papageienfedern schmücken. Im Jahr 1569 sprach Gerhard Mercator zum ersten Mal von einem weiteren neuen Kontinent, der irgendwo im Süden des Indischen Ozeans liegen sollte. Er nannte ihn *Psittacorum Regio*, Papageiengebiet, und meinte damit Australien. Als man es entdeckte, gab es dort tatsächlich Papageien in Hülle und Fülle.

»Schwärme von Papageien verfinstern die Sonne«, hatte Kolumbus in seinem Logbuch notiert. Auf jeder Karibikinsel, die er ansteuerte, gab es offenbar eine eigene Art roter Papageien. Diese sind heute sämtlich ausgerottet. Von den 300000 Angehörigen des Volkes der Taino, die 1492 die Insel Hispaniola (heute Haiti und Dominikanische Republik) bevölkerten, waren 1548 nur noch 500 am Leben. Das Tauschgeschäft des Kolumbus brachte die Syphilis und den Tabak nach Europa, zugleich aber die »Segnungen« der Pocken und des Schießpulvers nach Amerika. Bei diesem ungleichen Tauschgeschäft waren Papageien das Symbol der Neuen Welt als Zweiter Natur. Vieles, was der Papagei als kulturelles Gepäck aus Indien über Europa nach »Westindien« brachte, lief auf die Ausbeutung der amerikanischen Völker hinaus, die ihre eigenen Mythen um die roten Papageien hatten und sie – wie die Zapotec in Mexiko – als Orakel verehrten.

Zweite Natur: Eine andere Welt – Indien oder eine Neue Welt – Amerika, beide symbolisiert von prächtigen Papageien. Zweite Natur: Randinseln des Orients, wie Kolumbus jahrelang behauptete, oder Kontinente, die zwischen Europa und Indien lagen, wie andere meinten, wo man inzwischen die Rundschwanz-Seekuh, das gepanzerte Gürteltier, die Beutelratte und den plattnasigen Kapuzineraffen entdeckt hatte – alles Kreaturen, die sich zwischen den Arten zu bewegen schienen, so wie sprechende Papageien die Grenze zwischen Vogel und Mensch überwanden. Zweite Natur: Eine versunkene Welt, wo man vielleicht die zehn verlorenen Stämme wiederfand und wo die Seelen der »Indianer« durch das papageienhafte Nachplappern des Katechismus und des Glaubensbekenntnisses für Christus gewonnen werden konnten. Zweite Natur: Eine niedere Welt, eine Wildnis mit kreischenden Papageien und primitiven Menschen, geeignet nur für wüste Liebe und harte Arbeit (der Schädel des Papageien ist hart wie kein anderer, schrieb Plinius, wenn man ihm etwas beibringen will, »braucht es gelegentlich einen Schlag mit einer Eisenstange«). Zweite Natur: Man tat, was man immer getan hatte (*consuetude est altera natura* – »Gewohnheit wird zur zweiten Natur«, wie die Lateiner sagen), und formte die Neue Welt nach dem Bilde der Alten, was bedeutete, daß sich Namen und politische Strukturen der alten Heimat papageienhaft wiederholten – von New Brunswick über Nieuw Amsterdam, Nouvelles Orléans bis zu Nueva Armenia. Zweite Natur: Das war trotz allem auch ein zweites Leben – für die Armen, die Gestraften, die Verfolgten und die Propheten, ein Ort, um die Menschheit zu versöhnen und selbst zum brillanten Papageien zu werden, eine Mischung von Phönix und Heiligem, von Versöhnung und Auferstehung. Die Zweite Natur bedeutete schließlich auch das Paradies, wo es im Wasser von Fischen, auf dem Lande von Wildtieren und am Himmel von scharlachroten Papageien wimmelte.

Alexander von Humboldt, der im Jahr 1800 den Amazonas erforschte, um die Einheit der Natur zu ergründen, fand unter der phantastischen Vielfalt von Pflanzen, Zitteraalen, Gürteltieren, Affen und Vögeln einen alten Papageien, der die buchstäblich tote Sprache der Atures sprach, eines Stammes, der bereits dreißig Jahre zuvor ausgestorben war. Ob nun Tatsache oder deutsches Phantasieprodukt, es ist Humboldts Verdienst, durch seine Geschichte die Zweite Natur der Papageien als unsere Sprachrohre und Botschafter wiederbelebt zu haben, wie es Flauberts Verdienst war, in Papageien unsere Wiederkunft zu entdecken. »Weißt du, was seit drei Wochen vor mir auf dem Tisch steht?« schrieb Flaubert im Juli 1876, als er an der Geschichte von Félicité arbeitete. »Ein ausgestopfter Papagei ... Allmählich beginnt er, mich zu ärgern. Aber ich lasse ihn stehen, um mir eine bessere Vorstellung zu machen, was es bedeutet, ein Papagei zu sein.«

Dieser Zustand ist nicht einfach zu definieren. Zu viele unserer Vorstellungen von der Menschheit spielen hinein, besonders wenn wir uns etwas auf unsere Fähigkeit zur perfekten Nachahmung einbilden. Bereits um die Klassifizierung von Papageien gibt es Auseinandersetzungen, denn sie scheinen sich mehr von anderen Vogelarten zu unterscheiden als wir uns von anderen Säugetieren. Papageien, von denen 30 Millionen Jahre alte Fossilien gefunden wurden, stehen allein als Sondergruppe mit sieben Unterfamilien, 75 Gattungen und 326 (oder 332 bzw. 333) Arten. Weitere können entdeckt werden oder auch für immer verlorengehen. Gut möglich, daß die ganze Familie »dieser sehr natürlichen Vogelgruppe« ein weiteres Mal neu sortiert werden muß, wie es seit 1555, als den Europäern ganze vierzehn Papageienarten bekannt waren, wieder und wieder geschehen ist.

Welches Schema man auch nimmt, Papageien wurden im allgemeinen an die Spitze der Gruppe der Vögel gestellt, weil sie ein großes Vorderhirn besitzen, sprechen können, weil sie auf zwei Füßen gehen und ihre Krallen benutzen, um sich Nahrung zuzuführen. Die meisten Papageien stehen auf einer Extremität und greifen die Nahrung mit der anderen – eine Eigenheit, die man sonst nur bei Menschenaffen und dem Homo sapiens antrifft. Es wird behauptet, daß Papageien, die sich paaren, für immer beisammenbleiben. Die Tatsache, daß sie beim Tode eines geliebten Wesens, ob nun Vogel oder Mensch, selbst dahinsiechen, hat man als Beweis dafür genommen, daß sie eine Seele besitzen. Als die Herzogin von Richmond 1702 starb, konnte ihre wunderschön hergerichtete Leiche ihren Papagei nicht täuschen. Vor Kummer gab er den Geist auf, wurde ausgestopft und steht nun neben ihrem Ebenbild aus Wachs in der Westminster Abbey.

Umgekehrt soll ein sterbender Papagei nach seinem menschlichen Partner rufen. J. J. Sprenger veröffentlichte in der ersten Ausgabe der Zeitschrift *Audubon* 1887 einen Nachruf auf seinen Kakadu, der ihm 22 Jahre lang ein treuer Gefährte gewesen war und wie ein Mann lachen, wie ein junger Hund winseln und wie ein Baby schreien konnte. Mit zweiundfünfzig etwas wacklig geworden, fiel Polly eines Tages von einer Stuhllehne herunter und stieß »die jammervollsten Schreie aus. Offenbar wollte sie ›Papa‹ sagen (womit sie mich meinte)«. Sprenger lief die Treppe hinauf. »Noch ein paar Schnaufer, ein Zucken, die tiefschwarzen Augen schlossen sich, und Polly war nicht mehr!«

Sterbeszenen wie diese sind durchaus plausibel, hält man sich die Lebensdauer von Papageien vor Augen, ihr Altern und ihre Krankheiten. »1861 glaubte man noch, daß der Papagei wie der Phönix ein ganzes Jahrhundert überleben könne. Aber zwischen 50 und 80 Jahren endet sein irdisches Leben« – wie das eines Menschen. Wenn Papageien alt werden, verlieren sie mit ihren Federn auch ihr Gedächtnis, werden schweigsam oder verwirrt, klapprig und senil wie sehr alte Männer. Papageien, besonders scharlachrote Makaos, teilen mit Menschen, wie beispielsweise Edward Lear und Gustave Flaubert, die Neigung zur Epilepsie, dieser »heiligen Krankheit«. Lange für die Besessenheit von Göttern oder Teufeln gehalten, befällt diese Krankheit besonders Vögel, die es verstehen, sich totzustellen, den Himmel zu verfluchen oder die Glaubensbekenntnisse der Apostel zu zitieren, weil sie die Lieblinge von Piraten und Pastoren waren. Papageien übertragen auch Krankheiten auf Menschen, so daß wir (wie Félicité) an einer Art von Lungenentzündung erkranken können, die als Psittakose oder Papageienkrankheit bekannt ist.

Das Leben eines Papageien nimmt sich aus wie eine Imitation menschlichen Lebens. Von der Geburt (beide Eltern nähren ihre Jungen mit Erstmilch) bis zum Tod (und zur Seelenwanderung) zeichnen Papageien die Entwicklungsstufen des Menschen nach. Wie sie die sichtbare Zweite Natur der Neuen und anderer Welten repräsentierten, so repräsentieren sie auch unsere hörbare Zweite Natur.

Sie treten, wie wir, mit schrecklichem Geschrei ins Leben. Dann imitieren sie wie menschliche Kinder die Geräusche, die sie um sich herum hören. In unserer Gesellschaft wiederholen sie das Geplapper im Radio, das Knistern von Zellophan oder das Quietschen eines Drehstuhls – so wie die

Menschen ihrerseits künstliche Vogelhäuser geschaffen haben, wo mechanische Vögel von Ast zu Ast hüpfen, dabei singen und wo künstliche rote Papageien wie Nachtigallen trillern.

Die wirklichen Papageien befassen sich mittlerweile mit Wiederholung und Gedächtnistraining, mit dem ABC, der Multiplikation und täglichen Gebeten. Das papageienhafte Nachplappern ist eine Grundfertigkeit, ein Stadium, das wir alle durchlaufen. Das Problem ist, schrieb John Locke 1690 in einem Essay über Gedächtnis und Sprache, über den Papagei hinauszukommen: »Denn seit Kindertagen sind wir es gewohnt, bestimmte Laute perfekt zu artikulieren. Sie liegen stets auf unserer Zungenspitze und in unserem Gedächtnis bereit. Allerdings prüfen und begreifen wir ihre Bedeutung nicht immer vollkommen ... Denn viele Wörter werden erlernt, bevor man die *Gedanken* kennt, für die sie stehen. Deshalb gebrauchen nicht nur Kinder, sondern auch Männer zuweilen Worte nicht anders als Papageien, nur weil sie sie erlernt haben und ihnen die Laute vertraut sind.« Romantische Reformer verabscheuten dieses mechanische Lernen, »die Papageienmethode, Kindern Unverständliches einzutrichtern, als stecke man Stecknadeln in ein Nadelkissen«. Ungeachtet dessen ist die Papageienmethode fester Bestandteil des Lernens wie des Erwachsenwerdens geblieben.

Aber wie kleine Kinder spielen Papageien mit Regeln und Wörtern, passen sie den jeweiligen Zusammenhängen und Personen an. Zahllose Begebenheiten führten Dr. Karl Russ, einen deutschen Ornithologen des 19. Jahrhunderts, zu der Erkenntnis, daß »es sehr ungerecht wäre zu behaupten, der Papagei plappere Wörter nur mechanisch nach, ohne etwas von ihrer Bedeutung zu begreifen. Wie schmeichlerisch kann er um einen Leckerbissen betteln, wie wütend kann er schimpfen, wenn er ihn nicht bekommt, und wie fröhlich ruft er seinem Herrn ein Willkommen zu, wenn dieser nach langer Abwesenheit zurückkehrt.«

Imitation und spielerische Wiederholung können viel mehr sein als nur bloßes Geplapper. Sie können die Voraussetzung für Vernunft und Erfindungsgeist sein, wie der amerikanische Philosoph Josiah Royce 1894 glaubte. Unsere »Fähigkeiten zur Nachahmung«, schrieb er, sind »absolut wesentliche Elemente unserer gesamten Rationalität, unserer mentalen Entwicklung, unserer Qualitäten als Denker, Arbeiter oder Produzenten, die notwendige Begleiterscheinung und Voraussetzung, das notwendige Werkzeug jeder wahrhaften Originalität«. Das eine Extrem ist der *idiot savant*, der im Zustand der Echolalie lebt, mit exakter Intonation jede Sprache nachahmen kann, die er zu hören bekommt, selbst aber nicht zu zusammenhängendem Sprechen in der Lage ist. Das andere Extrem ist die Spottdrossel (die Kolumbus fälschlicherweise für eine Nachtigall hielt), die ihr eigenes Gezwitscher vervollkommnen und die Rufe von fünfzig anderen Vogelarten so perfekt nachahmen kann, daß selbst Ornithologen vor einem Rätsel stehen, wenn sie nach funktionalistischen Erklärungen suchen. Zwischen diesen beiden Extremen sind die meisten von uns einzuordnen – und Papageien wie Sparkie aus Bournemouth, der 531, oder Toby aus Washington, D. C., der über 350 Wörter beherrschte. Sie setzten ihren beeindruckenden Wortschatz mit »intelligenter Zielstrebigkeit, Heimtücke und Entschlossenheit« ein, neckten, entschuldigten sich (riefen »Autsch!«, wenn sie einen zwackten) oder protestierten (»Hör auf! Hör auf, habe ich gesagt!«), wenn man ihren Käfig säuberte.[1] So wie man in der legendären wedischen Zeit Schülern Papageienzungen um den Hals hängte, behauptet ein indischer Erzieher 1987 noch immer, daß »papageienhaftes Nachsprechen die erste Stufe der Grundausbildung« sei und man erst auf diese Art, wie die Papageien in den Legenden, zu höherer Weisheit gelange.

Über Nachahmung und Wiederholung führt also der Weg zu einem Denken höherer Stufe, das nicht einfach die Zuordnung von Vorgang und Wort beinhaltet, sondern einen Sinn für Begriffe verlangt. Dank der Forschungen von Frau Professor Irene Pepperberg wissen wir heute, daß Papageien über feste Kategorien hinaus zu denken vermögen. Oder, besser gesagt, dank ihres Forschungsgegenstandes, Alex, eines 1976 geborenen afrikanischen Graupapageis, der in der Lage ist, über 60 Objekte nach Farbe, Form und Beschaffenheit zu unterscheiden. Wenn ihn derart einfache (dumme) Fragen nicht gerade langweilen, kann Alex Dinge wie Papier, Stuhl, Traube, Dusche oder Schulter korrekt nennen, verlangen, ablehnen oder dazu Bemerkungen machen. Er kennt die Beziehung zwischen einem grünen Stift und einem grünen Grashalm (die Farbe), kann den Unterschied zwischen zwei gleichen Blättern Papier nennen (keiner) oder die Ähnlichkeit zwischen einer grünen Rute und einer bläulichen Rohlederpeitsche (die Form). Wie Alex demonstrierte, hat er auch begriffen, daß Gegenstände, die er in den Krallen hielt, weiter existieren, selbst wenn sie aus seinem Blickfeld verschwinden. Wenn er nicht mehr gesehen werden will, kündigt er an: »Ich gehe jetzt« und dreht einem den Rücken zu. Ein einziges Mal stellte *er* eine Frage, als er in den Spiegel sah, der in seinem Käfig hängt: »Welche Farbe?« »Grau«, antwortete der Lehrer. »Das ist grau, du bist ein Graupapagei.« Alex übte die Worte. »Grau«, sagte er zu seinem Spiegelbild. »Graupapagei.«[2]

Wie wir uns selbst in Mythologie und Literatur, in Philosophie und Wissenschaft sehen, hat mit Papageien zu tun, denn wir haben ihnen unsere Stimme geliehen, und sie haben sie angenommen. »Der Papagei ist das Tagebuch seines Herrn – nichts kann über den einen gesagt werden, ohne auch den anderen zu meinen«, schreibt der Essayist Alexander Theroux, der selbst ein mexikanisches Gelbköpfchen als Spiegelbild und Korrektiv hält. Wir suchen Freundschaft bei Papageien. Sie haben etwas an sich, das »es einem sehr schwer macht, sie als Eigentum zu beanspruchen«, schreibt der Romancier Paul Bowles. »Eine Kreatur, die den ganzen Tag damit verbringt, deine Gewohnheiten, jeden deiner Laute genau zu beobachten, ist eher ein kritischer Freund, der für unbestimmte Zeit zu Besuch kommt.« Wir lehren sie, uns zu loben und unsere Feinde zu beschimpfen. Wir brauchen ihre Liebe, sie sind »Kuscheltiere« mit einem Bedürfnis nach Nähe, sie schlagen uns ein Leben lang in ihren Bann. Wir betrauern sie in Gedichten und Trauermärschen, wie sie uns betrauern, wenn sie uns noch nach dem Tod beim Namen rufen. Und unsere Geschichtenerzähler berichten Kindern und Erwachsenen davon, daß der Geist des Menschen im Papagei seine Heimstatt gefunden hat.

»Eine grelle Symmetrie von Grün, Gold und Rubinrot, Augen wie Edelsteine, die in einem hemmungslosen Feuer glühen, ... und ein Schnabel mit so feinem, grausamem Schwung ward noch nie gesehen.« Marthas Papagei »war das Kettenglied zwischen der Außenwelt und dem tiefsten Inneren ihres Ichs. Dieses tropische Wesen, das schrie und lachte, schrille Laute und oftmals ganze Reden von sich gab, die auf ein diabolisches Erfassen der Situation hindeuteten, war das einzige Element wahrer Freiheit und Ungebundenheit in ihrem Leben.« Wenn der Papagei ein bizarres Abbild des Menschen ist, dann muß ihm seine Freiheit so viel bedeuten wie dem Menschen die seine. Deshalb hören wir im Dschungel »die schrillen, unbändigen Schreie von Schwärmen wilder Papageien«, denken wir uns auf See Papageien, die »ausländische Schimpfworte« ausstoßen, »kreischt der *Papagei* in vornehmer Umgebung die *Laster* und *Torheiten* der *Menschheit* offen heraus«, schrieb Eliza Haywood 1746 für ein neues Gesellschaftsjournal.

Papageien sind entschieden unanständig; zu unserem vorübergehenden Ärger und letztlicher Erleichterung parodieren sie rücksichtslos alles und jeden und weigern sich standhaft, auf Stichwort zu sprechen. »Ein Wesen, von den Göttern gesandt und von ihnen inspiriert, nur die heilige Wahrheit zu sprechen«, sind sie gleichermaßen darauf bedacht, Manieren und Antiquitäten zu entweihen, Zierat und Teppiche zu beschmutzen. Unverbesserlich schlampig, werden sie niemals stubenrein und reißen sich die Federn aus, wenn man sie mißachtet oder schlecht behandelt. »Jeder *Papagei*«, schloß Haywood, »ist sein eigener König und nur den Gesetzen der Natur untertan.«[3]

Zweite Natur ist auch das, was uns beisteht, was bei uns steht – der Papagei (englisch – *parrot*) mit dem griechischen Bestandteil *para* in der Bedeutung »neben«, »einseitig, abweichend« oder »nebeneinander, einander nachahmend«. In jedem Stadium unserer Menschwerdung finden wir den Papagei: Paraphrasie (zusammenhangloses Reden, Gestammel). Parallelismus (Imitation). Paraphrase (Übersetzung, spielerische Wiederholung). Paralipomena (Ergänzungen, Neuerungen). Parrhesie (freimütige Rede, Redefreiheit). Parabase (ein mutiger Einwurf). Paraklet (der Heilige Geist, der die Gabe der Sprache schenkt und die Seele entrückt). Und schließlich Parallaxe: die gegenseitige Neigung zweier Linien, zweier Leben, die sich schließlich in einem bestimmten Winkel treffen.

Affen

Félicité, die sich zu Loulou wie ein Kind verhielt, träumte von einem Affen, der ein Mädchen entführte. So träumte Flaubert, er sei auf einem Spaziergang mit seiner Mutter von Affen umringt worden. »Einer von ihnen wollte mich streicheln und faßte meine Hand. Ich schoß ihm mit meinem Gewehr in die Schulter, so daß er blutete; er stieß ein schreckliches Geheul aus. Da sagte meine Mutter zu mir: ›Warum hast du ihn verletzt, er ist doch dein Freund. Was hat er dir getan? Siehst du denn nicht, daß er dich liebt, daß er dir gleicht?‹ Der Affe schaute mich an. Es zerriß mir die Seele, und ich erwachte mit dem Gefühl, von gleichem Wesen wie die Tiere … zu sein.«[4]

Während Papageien von den Lebenden und den Toten, von verlorenen Stämmen und neu entdeckten Kontinenten erzählen, spielen Affen unsere Sehnsucht nach Liebe durch, unsere Melancholie, unsere längst von uns gegangenen Cousins und unsere neugeborenen Kinder. Papageien geben unserem Menschsein ein Echo, Affen ein Spiegelbild. Gleichermaßen gesellig, übermütig, lärmend und unbekümmert, erscheinen Papageien und Affen in Kunst und Literatur viel häufiger in der Begleitung von Menschen als von anderen Tieren. Das liegt vielleicht daran, wie der Comte de Buffon meinte, daß wir die Tiere am meisten bewundern, die uns am ähnlichsten sind – den Affen wegen seines Äußeren, den Papagei wegen seiner Stimme. Selbst »die Wilden«, schrieb Buffon, »die das große Schauspiel der Natur mit all seinen Wundern so gleichgültig läßt, geraten ins Staunen, wenn sie Papageien und Affen erblicken«. Papageien und Affen teilen (mit uns) ein ganzes Alphabet vielfältiger Begabungen: auslachen, betrügen, durchbrennen, sich erinnern, fragen, grübeln, helfen, imitieren, klettern, lustig sein, mogeln, nachäffen, sich opfern, beim Namen rufen, schwatzen, treu sein, untersuchen, verfolgen, Werkzeuge gebrauchen und zugreifen. Unsere Kultur der Kopie sieht Affen und Papageien, die in den höchsten Baumwipfeln hausen, an der Seite von uns Menschen als die Krone der Schöpfung, als ihr Vorbild und ihren Höhepunkt.

»Affen« steht hier für Gibbons, Gorillas, Orang-Utans oder Schimpansen. Mitte des 18. Jahrhunderts zählte Carl von Linné zu den Primaten noch Faultiere, Affen, Menschenaffen, Orang-Utans (»geschwänzte Menschen«) und den Homo sapiens. Diese unterschied er von anderen Säugetieren, die er Sekundaten nannte, und von allen anderen Tieren, den Tertiaten. Aber lange vor und auch nach Linné setzte man Menschenaffen mit Affen gleich und brachte diese wiederum mit dem Menschen in Zusammenhang. Während Papageien zum Symbol des besseren Menschen hochstilisiert wurden, standen Menschenaffen für den primitiven oder abgesunkenen Menschen. Sie erschienen als die monströsen Bewohner der weißen Flecken auf unserer Landkarte, die langhaarigen Wilden auf den Gobelins und in den Ritualen des Mittelalters, als Teufel, die den Heiligen Antonius in der Wüste versuchten oder arme Sünder in der Hölle quälten, als der halbmenschliche Mörder in Edgar Allan Poes *Die Morde in der Rue Morgue* oder der riesenhafte Entführer von Fay Wray in *King Kong*. Die Seelenwanderung macht uns zu Papageien, die Sünde zu Affen, die vom Narren über den Treulosen zum Antichristen absteigen oder vom boshaften Spötter zum lasterhaften, jämmerlichen oder stolzen Sünder herabsinken.

Linnés Primaten waren ein Familientreffen, eine Versammlung von Wilden und Affen, zwischen denen, wie er bekannte, man kaum unterscheiden konnte. Seine Zeitgenossen nahmen sie als Testfälle für die von ihnen vertretene aufklärerische Doktrin von der Erziehung, die weniger Wert auf fließende Rede als auf angeborenen Verstand legte. Ein britischer Anatom, beeindruckt von dem großen Hirn eines Orang-Utan (in Wirklichkeit eines Schimpansen), den er seziert hatte, schrieb: »Das Tier, dessen Anatomie ich hier studiert habe, steht dem Menschen am nächsten und scheint der Nexus zwischen Tier und vernunftbegabtem Wesen zu sein.« Wenn Affen über Rachen und Kehlkopf verfügten, aber nicht sprachen, dann dienten ihre Organe vielleicht anderen Zwecken, oder man hatte sie wie in der Wildnis aufgewachsene Kinder einfach nicht sprechen gelehrt. »Sprich, und ich werde dich taufen«, sagt Diderots Kardinal zu einem Orang-Utan. Das war unfair, denn neugeborene Babies, die auch nicht sprechen konnten, wurden trotzdem getauft. Rousseau hätte argumentiert, daß für stumm Geborene die Sprache kein Kriterium des Menschseins darstellen konnte. Hätte der Kardinal wohl einen Papageien getauft? Warum mißverstand Buffon den Namen Jaco oder Jocko, den für gewöhnlich afrikanische Graupapageien tragen, als das Wort, mit dem die Afrikaner Schimpansen bezeichnen? Wie kam es, daß Mozarts äffischer Wilder in der *Zauberflöte* als gefiederter »Pa-pa-pa-pa-pa-pa-pageno« auftrat? Weil Orang-Utans und andere Menschenaffen sich so verhalten, als könnten oder sollten sie die für sie vorgesehene Sprache sprechen?[5]

Einzeln und gemeinsam stellten Affe und Papagei das schönste Rätsel dar, das sich Philosophen, Naturforscher und freimaurerische Musiker angesichts der Kapriolen in der Großen Kette des Daseins stellen konnten. Der friedliche, nomadisierende und einsiedlerische Orang-Utan war Rousseaus Modell für den nichtsozialisierten Menschen, womit er andeuten wollte, daß Sprache und Zivilisation einander beeinflussende Kunstprodukte sein könnten. Ebenso erschienen Kunst und Gesellschaft als wechselseitige Entstellungen – wie in Watteaus Bild *Der Maler*, auf dem ein Affe als Künstler das Porträt einer herausgeputzten Puppe vollendet. Inzwischen hüpften Menschenaffen in Rokokoroben oder chinesischen Kostümen über die Wände französischer Schlösser, niederländischer Stadthäuser oder eng-

Der Affe als Bildhauer, ein Jean Antoine Watteau zugeschriebenes Gemälde, frühes 18. Jahrhundert. (Mit freundlicher Genehmigung des Musée des Beaux Arts, Orléans. Foto: La Maison Bulloz, Paris)

lischer Katen. Sie tanzten mit Papageien in französischen Balletten. Sie spielten Kammermusik in deutschen Musikautomaten. Sie traten live auf Londoner Bühnen auf wie eine Schimpansin im Jahr 1738, die Tee trank und dabei »verständig und freundlich war«. Oder wie Yo-Ho, im Jahr 1801 drei Jahre alt, aber schon »ein ernster alter Mann« mit dem »Gesicht eines betagten Äthiopiers«. Das Urteil fiel zweideutig aus: Menschenaffen galten zwar als die nackten, primitiven Tiere, die Menschen einmal gewesen waren, zugleich aber auch als Karikatur darauf, wozu sich die Menschen inzwischen entwickelt hatten.

Als im 19. Jahrhundert aus privaten Menagerien öffentliche Zoos mit Affenhäusern wurden, gab man Menschenaffen Vornamen und brachte ihnen bei, in dicken Folianten zu blättern. In Büchern über Naturgeschichte oder in Dschungelabenteuern hantieren Schimpansen geschickt mit Knüppeln oder tragen schöne Frauen davon. Als aus der Kette der Arten ein Stammbaum erwuchs, wurden die Verwandtschaftsbande unter den Primaten, die bisher nur als strukturell ähnlich gesehen wurden, auch historisch eng geknüpft. Embryologisch, schrieb der Biologe T. H. Huxley, stehe der Mensch dem Menschenaffen wesentlich näher als seinem »besten Freund«, dem Hund. Im nachhinein einen gemeinsamen Vorfahren für Menschenaffen und Homo sapiens anzunehmen war umstritten, aber die Verbindung zwischen Affen und Menschen war bereits in der Beziehung von wilden zu zivilisierten Wesen vorgezeichnet. Friedrich Engels ging der Dialektik zwischen dem Wesen des Menschen und seiner Haltung nach, die aufrechter ist als die der Affen (welche häufig auf Stöcke gestützt dargestellt wurden, damit sie nicht so unverschämt fest auf beiden Beinen standen). Nachdem er von den Bäumen herabgestiegen war und sich aufrecht fortbewegte, hatte der Homo sapiens nun die Hände frei, um die Welt neu zu formen. Daher kam die Arbeit, die wiederum die Struktur der Hand und der Umwelt veränderte. Bei ihrem Zusammenwirken »kamen die werdenden Menschen dahin, daß sie einander *etwas zu sagen hatten*«. Aufrechte Körperhaltung und Zugriff der Hand kamen vor der Entstehung der Gesellschaft, der Entwicklung des Kehlkopfes und der Sprache. »Im Naturzustand fühlt kein Tier es als einen Mangel, nicht sprechen oder menschliche Sprache nicht verstehen zu können.« Jetzt, im Umgang mit uns, könnte ein Tier diesen Mangel durchaus empfinden. Als Beleg führt Engels die Tatsache an, daß »der Vogel mit der abscheulichsten Stimme, der Papagei, am besten spricht«. Menschenaffen galten als die unvollkommenen Wesen, die wir noch heute sein könnten, wären wir nicht von den goldenen Ästen herabstiegen, hätten uns aufgerichtet und wären zur Arbeit gegangen.

Diese Logik erklärt, daß der Schelmenstreich mit dem Piltdown-Menschen, dessen 1911 in dieser englischen Stadt gefundener Knochen sich schließlich als der Unterkiefer eines Orang-Utan entpuppte, so lange (von 1911 bis 1954) unentdeckt bleiben konnte. Ein Kritiker dieses Fundes schrieb 1921 in der Zeitschrift *Nature*, Darwin habe eine Zeit vorausgesehen, da »Zweifel daran aufkommen werden, ob wir es mit affenähnlichen Menschen oder mit menschenähnlichen Anthropoiden zu tun haben«. Hat Darwin auch eine Zeit vorausgesehen, da Wissenschaftler an Affen und

Menschenaffen als Hauptersatz für den Menschen Experimente vornehmen? Dabei standen zur Jahrhundertwende genügend menschliche Leichen zur Verfügung, um der Sektion von Affen anstelle des Menschen ein Ende zu setzen, eine Praxis, die bereits die Ärzte der alten Griechen vor 2000 Jahren anwandten. Sie sezierten einst für heilig gehaltene Tempelaffen, deren Organe sie als menschliche ausgaben. Abgesehen von Studenten und lebenslänglich Verurteilten, waren lebende Menschen nicht gewillt, die Härten der Experimentalmedizin und der Sozialwissenschaften auf sich zu nehmen, Disziplinen, die an Selbstbewußtsein gewannen und nach Ergebnissen aus Versuchen an menschenähnlichen Wesen dürsteten. Seit Darwin in seiner Arbeit *The Expression of the Emotions in Man and Animals* 1872 gezeigt hatte, daß Menschenaffen tatsächlich unsere senti/mentalen Vettern sind, waren sie reif für die Untersuchungen und Experimente der Psychologen und Neurologen. So führten ausgerechnet die Entdeckungen von Darwin und Mendel, die neue Übereinstimmungen zwischen dem Homo sapiens und den Menschenaffen bestätigten, zu einer völlig neuen Form der Ausbeutung.

Darwin stellte seinem wissenschaftlichen Verbündeten George Romanes seine Aufzeichnungen über die Intelligenz der Tiere zur Verfügung, die er in vierzig Jahren Forschungstätigkeit zusammengetragen hatte. Im Jahr 1881 kam Romanes zu dem Schluß, daß Tiere, die aus Erfahrung lernen, über Verstand verfügen. Dabei bezog er auch Papageien ein, da sie in der Lage seien, *sich zu erinnern*, »d. h., sie erkennen, wenn ein Glied in einer Assoziationskette fehlt, und bemühen sich zielgerichtet, es aufzunehmen«. Affen und Menschenaffen sind die einzigen Tiere neben Papageien, die andere aus reinem Spaß an der Sache nachahmen. Romanes pries sie wegen ihres »unermüdlichen Forschungsdrangs« und ihrer Neugier, die sich zeigte, wenn sie sich lebensgroßen Modellen oder Spiegelbildern ihrer selbst gegenübersahen.

Das Nachahmungstalent und die Neugier der Menschenaffen waren nicht Romanes' Entdeckung. Allerdings paßte er diesen »Forschungsdrang« und die Nachahmungskraft in ein neues kulturelles Programm ein, in dem Affen und Menschenaffen als Mitwirkende und zugleich Objekte wissenschaftlicher Forschung erscheinen konnten. Richard Lynch Garner kampierte 1893 an Seeufern in Französisch-Kongo, um große Affen zu beobachten (Stellen sie Gegenstände her? Haben sie Privateigentum? Begreifen sie den Tod?). Er hatte ein Gewehr, einen eingeborenen Jungen und als »Gefährten« einen jungen Schimpansen in einem Käfig bei sich, den er Moses nannte, von dem er sich zwanzig Ausdrücke ablauschte und dem er vier beibrachte. Die vier Wörter, die er wählte, waren nicht weniger treffend als die Namen: Moses, der das Gelobte Land von weitem sah, aber nicht erreichte, sprach von Familie (er sagte *nkgwe*, was in der Nkami-Sprache »Mutter« bedeutet und *mamma* auf Englisch), von der wissenschaftlichen Methode (*wie* auf Deutsch) und von technologischem Erfindungsgeist (*feu*, »Feuer« auf Französisch). Hier begann die absichtsvolle Beobachtung und Auslegung der Worte und Gesten von Pavianen, Gibbons, Orang-Utans und Schimpansen. Kurzerhand wurden sie zu kameradschaftlichen Positivisten erklärt, die die Rätsel der Wissenschaft durch die Wiederholung von »Wie« und »Feuer« lösen sollten, die das »Warum« aber völlig kalt ließ.

Wie trefflich: Die Wissenschaftler konnten sich einbilden, die Primaten dienten als Helfer bei Versuchen, die der Menschheit materiellen Nutzen brachten. Affen und Wissenschaftler hatten das gleiche Ziel – wiederholte Untersuchung, praktizierte Technik, (statistisch auswertbare) Akte der Assoziation, der Evolution, des technischen Fortschritts. Je näher Affen und Menschenaffen der Menschheit kamen, desto unmenschlicher forderte diese sie als Menschenersatz. Waren sie schon unsere Zweite Natur, dann sollten sie auch *für* uns einstehen, wenn wir an Giften, an Syphilis, an Poliomyelitis oder Psychosen litten, wenn wir mißbraucht oder verlassen wurden, desorientiert oder verwirrt waren.

Schausteller im 18. und 19. Jahrhundert führten Affen, besonders Orang-Utans, oft als Wilde Männer vor. In Filmen und Theaterstücken des 20. Jahrhunderts dagegen trifft man viel häufiger zu Affen gewordene Menschen an – von Eugene O'Neills *Der behaarte Affe* über *Tarzan* bis zum *Planet der Affen*.

Teilweise ausgelöst durch ein wachsendes Interesse an Schoßtieren, durch die Empörung über die Mißhandlung von Tieren, das Nachdenken über die moralische Belastbarkeit anderer Arten und unsere Verantwortung ihnen gegenüber, ist es zu einer Verlagerung des Blickwinkels vom Affen als niederem Menschen zum Menschen als begabtem Affen gekommen. Diese wird durch das Gefühl verstärkt, daß Menschenaffen in gleichem Maß unsere Vorfahren, unsere Gefährten und unsere Kinder sind. Nicolas

Pike, der 1891 für die Zeitschrift *Scientific American* Paviane beschrieb, stellte fest: »Viele Leute weigern sich, auf sie zu schießen. Wenn man sie nicht sofort tötet, ist es so schrecklich, ihrem Todeskampf beizuwohnen. Ein kleiner grauer Affe, der einmal in meiner Gegenwart angeschossen wurde, führte eine ungeheuer starke Sterbeszene vor. Seine flehenden Blicke, seine zuckenden Bewegungen und Schreie erinnerten so sehr an ein schwerverletztes Kind, daß ich mir schwor, niemals auf einen Affen zu schießen und es auch nie getan habe.«

Das tat dafür Carl Akeley, der die besten Exemplare von Wildtieren für amerikanische Museen beschaffte. Aber auch hier, in der Kunst der Tierpräparation, zeichnete sich eine Veränderung ab. Mumifizierte Körper waren die Sensationen früher Kuriositätenkabinette, in denen man die Überreste solcher Fabeltiere wie Basilisken (deren Körper man aus Teilen von Manta-Rochen zusammensetzte), speerförmige Zungen oder polierte scharfe Krallen zur Schau stellte. Wirklich präparierte Tiere, denen Knochen fehlten, deren Farben verblaßten, deren Augen man mit Hilfe von Glas etwas Glanz verlieh, waren kaum weniger künstlich hergestellt. Im 18. Jahrhundert erfanden die Franzosen die Methode, ausgenommene Vögel in eine Mixtur aus Cognac und Lavendel zu tauchen, sie dann in Form zu bringen und trocknen zu lassen. Als diese Technik erstmalig 1748 im Britischen Museum angewandt wurde, waren die Besucher beeindruckt von den »ausgestopften Vögeln«, die »oft so fest und natürlich auf einem kleinen Stück Holz stehen, als seien sie noch am Leben«. Diese Vögel wurden aber von Insekten gefressen, weil sie nicht wirklich »ausgestopft« waren. Man ließ nämlich etwas Fleisch an den Knochen, damit die Form stabil blieb. Schritt für Schritt verbesserte man die Präparierungsmethoden. Die Franzosen schlitzten die Haut längs des Körpers auf, entfernten alles weiche Gewebe, säuberten das Skelett, ersetzten die Muskeln durch Hanf, wanden Draht um das Brustbein, um Kopf und Flügel zu stützen. Dann nähten sie die Haut wieder zusammen, die sie zuvor in ein Arsenseifenbad getaucht hatten. Oder sie füllten den Balg mit Gips und setzten künstliche Augen und Schnäbel ein.

Nelly Weeton, die im Jahr 1808 Bullocks Museum in Liverpool besuchte, fand »die ausgestopften Vögel, Tiere und Fische ganz erstaunlich. In einem Raum erblickt man ein riesiges Rhinozeros, fast so groß wie im wirklichen Leben, nur die Haut ist beim Trocknen etwas geschrumpft.« In einem anderen Raum sah sie »einen Panther in überaus natürlicher Haltung, der sich gerade duckt, als ob er den Besucher anspringen will«. Das mag einer Gouvernante so erschienen sein, die Panther nur von Gemälden oder Buchillustrationen kannte, dabei war es eine einsame Figur, die man aus ihrer natürlichen Umgebung gerissen hatte wie ein Löwe, der einem in Alpträumen erscheint. Grundlegende Veränderungen beim Präparieren von Tieren zogen erst ein, als Vogelillustratoren begannen, die noch nicht ausgestopften Vögel vor dem entsprechenden Hintergrund darzustellen. John James Audubon, selbst Tierpräparator, zeichnete frisch erlegte Vögel, bevor die Totenstarre eintrat und die Farben verblaßten. Dann plazierte er sie in *Szenen*. In einer dieser *Szenen* sieht man Zweige, auf denen sich Carolina-Sittiche tummeln, die einzige Papageienart, die in den USA heimisch ist. Um 1820 begannen Präparatoren, Vögel und kleine Säugetiere für Sammler in Europa vor einem gemalten Hintergrund von Gesträuch und blauem Himmel in verglasten Holzkästchen zu plazieren. In seinem Museum in Philadelphia zeigte Charles Willson Peale »Enten auf künstlichen Teichen, Vögel und kleine Tiere auf Zweigen und einige Vögel aufgehängt, wie im Flug«.

Dennoch wirkten Tierfiguren nach wie vor »steif, kahl, ungelenk und unnatürlich«, schrieb ein Museumskurator im Rückblick. Charles Waterton, ein Naturforscher aus Yorkshire fügte deshalb seinem Buch *Wanderings in South America, the North-West of the United States, and the Antilles* von 1825 eine »Anleitung für die perfekte Konservierung von Vögeln« an. Um seine Kunstfertigkeit als Präparator unter Beweis zu stellen, prangte auf dem Umschlag des Buches das Gesicht eines Wilden, das aus der Haut eines Rotaffen geformt und mit »a nondescript«, »ein Undefinierbarer«, untertitelt war. Im Begleittext stellte Waterton die Frage: »Ist es möglich, aus den rohen Gesichtszügen eines Affen das edle Antlitz eines Menschen zu formen?« Die Präparationskunst war offenbar in der Lage, die Gattungslehre herauszufordern. Auf seinen Exkursionen hatte ihn das Heulen der Rotaffen von Britisch-Guyana ebenso gestört wie ihn die brasilianischen Makao-Papageien entzückt hatten, die »einen zwingen, das Auge von aller übrigen belebten Natur zu wenden und nur noch sie zu betrachten«. Er brachte die Häute von Rotaffen, Makao-Papageien und Hunderten anderer Vögel nach England, mit denen er die Treppenhäuser seines Familiensitzes schmückte. Beim Präparieren verzichtete er endgültig auf Drähte zur Versteifung. Statt

Frontispiz der 1825 erschienenen Reiseberichte *Wanderings in South America …* von Charles Waterton. Er behauptet, diesen Kopf einem mysteriösen Wesen abgeschnitten zu haben, das er in Südamerika gefunden und getötet habe. »Ist es möglich«, so fragt sich Waterton, »aus den rohen Gesichtszügen eines Affen das edle Antlitz eines Menschen zu formen?«

dessen tauchte er den ganzen Balg in eine gefährliche Quecksilber-Perchloridlösung, modellierte den Körper von innen her, so daß er »das Wesen des Tieres sehr hübsch darstellen« konnte, und ließ ihn dann trocknen. Ganze Tage verbrachte er damit, die Hände und Füße von Affen zu bearbeiten, um sie so leicht und natürlich präsentieren zu können wie seine schwebenden Vögel.

Auch andere lösten sich von »der alten steifen Schule der Präparation«. Im Londoner Crystal Palace stellte Herman Ploucquet aus Stuttgart Gruppen von Hasen und Kaninchen in verniedlichenden Fabelszenen aus. Diese »brachten die korrektere, ja, künstlerische Präsentation von Tieren wesentlich voran«, stellte Montagu Brown, der Kurator des Stadtmuseums von Leicester, 1884 fest. Der deutschen Schule der Präparation »mag man zwar vorwerfen, sie entstelle die Natur auf die natürlichste Weise, doch vermittelt sie zugleich besondere Erkenntnisse darüber, wie man die Aspekte der Tiere noch sorgfältiger herausarbeitet, die ihnen diesen tragikomischen, beinahe menschlichen Ausdruck verleihen«. Nachdem im Jahr 1851 die erste Weltausstellung stattgefunden hatte und Darwin 1859 den Kampf für den Schutz und das Überleben der Arten in eine dramatische biogeographische Situation gestellt hatte, begannen britische Präparatoren ihre Vögel- und Tierszenen »mit echtem Gras, Farnen und Steinen zu schmücken, um so die Blicke und Gedanken der Betrachter auf die natürliche Umgebung zu lenken«.[6]

Die meisten Museen stellten ausgestopfte Tiere allerdings nach wie vor auf weißem Papier hinter Glas aus, was wie eine Art platonischer Quarantäne wirkte. Maler hatten jahrhundertelang wunderbare Natur- und Jagdszenen dargestellt. Aber das war Kunst, ebenso wie die kleinen Vogelflugszenen, die Präparatoren für viktorianische Herrenhäuser herstellten. Diese wurden bald von den Erfindern mechanischer Vogelszenarien und den Designern großer Hüte nachgeahmt. Die moderne Wissenschaft dagegen verlangte die ungestörte Betrachtung einzelner ausgewachsener und unverfälschter Exemplare.

Doch richtete man sich auch danach? Vielleicht regten Vögel die Phantasie zu sehr an. Frank Chapman wurde im Alter von 23 Jahren dafür angestellt, die 8000 Exemplare präparierter Vögel zu ordnen, die man dem American Museum of Natural History in New York kurz zuvor vermacht hatte. Das Museum besaß bereits 12000 Exemplare und eine eigene Präparationswerkstatt. Es brauchte dringend jemanden, der die Sammlung katalogisierte, vor allem aber jemanden, der die öffentliche Darbietung der prächtigen toten Vögel und Säugetiere arrangierte. Chapman, ein begeisterter Ornithologe, begann Ausstellungen mit Szenarien zusammenzustellen, die im Umkreis von 50 Meilen in der Natur zu finden waren – Vögel in heimischem Laubwerk (aus Wachs und Stoff, »den Pflanzen in der Natur sehr nachempfunden«), Vögel in Nestern und in verschiedenen anderen natürlichen Situationen.

Chapman, der als einer der ersten Kuratoren auf die natürliche Umgebung Wert legte, bezog auch als erster Fotografien von Vogelkolonien in seine Ausstellungen ein. Sein erster Vogelfelsen von 1899, Ergebnis einer Fotoexpedition, die er gemeinsam mit seiner Frau zum St.-Lorenz-Golf unternommen hatte, war die Reproduktion eines Felsenstücks mit Exemplaren aller dort nistenden Vögel, einschließlich der Jungen. »Ich wollte eine Illusion von Natur in unsere Säle bringen«, schrieb er in seiner Autobiographie. »Indem ich die Vögel in ihrer natürlichen Umgebung von

Land, Wasser, Pflanzenwelt und Luft zeigte, wollte ich ihren Charme als Wesen erhalten, die zu den schönsten lebenden Kreaturen gehören, und zugleich ihren Charakter im Verhältnis zu ihrem Lebensraum darstellen.« Beleuchtet und dargeboten wie ein Bühnenbild, lief der Vogelfelsen der ganzen bisherigen Praxis der Kuratoren zuwider, »die eine Ausstellung für das Publikum genauso formal gestalteten wie die Papiere, die sie vor ihren Fachkollegen verlasen«. Aber Chapmans »Habitate« trugen schließlich den Sieg davon. Sie waren populär, sie waren »*sehr* schön«, wie der Museumsdirektor sagte. Und sie hatten etwas Vertrautes.

Diese »Habitate« vermittelten die starke Illusion von einer Natur, in der alles seinen Platz hatte, in der mißgestaltete oder ausgestoßene Kreaturen nicht vorkamen. Damit projizierten sie westliche und männliche Vorstellungen von Kontinuität und Integrität der Familie und der Geschlechterrollen auf die Tierwelt. Chapman, der als erster zusammenhängende Serien von Schaubildern schuf, gruppierte 1903 in seinem Saal der nordamerikanischen Vögel viele dieser Arten am Strand oder um das Nest im Gebüsch, wobei er Elternpaare und Nachkommen zusammen zeigte. Damit vermittelten die »Habitate« zwar nicht unbedingt die legendäre Monogamie der Papageien, aber doch eine Treue der Paare, eine Zuwendung der Mütter und ein Schutzverhalten der Väter, das die Männer jener Zeit außerordentlich ansprach. Zur Jahrhundertwende waren sie über die Anarchie in der Gesellschaft ebenso beunruhigt wie über die Dekadenz in der Kultur, die Degeneration der Rassen und die Ausrottung edler Tierarten. Diese Männer, die sich selbst als Konservative oder »Ökologen« bezeichneten, begrüßten die »Habitate« mit Begeisterung, obwohl sie das Sammeln (das Töten) von Jungvögeln rechtfertigten, die eigentlich vor Jägern geschützt sein sollten. Eingesammelt samt Nest, Pflanzen und Untergrund, wurden diese Gruppen von Vater, Mutter, Jungvögeln und Nesthockern gehäutet, auf Drähte gezogen, ausgestopft, ihre Nester in Gips gegossen, Blätter und Zweige peinlich genau nachgebildet. Mit seinem Panorama der Präparate schuf Chapman Denkmäler für die heile Familie, die ungebrochene Geschichte und einen unendlichen Ausblick.[7]

Bei größeren Vögeln wie Strauß, Emu und Kasuar nahm man Abgüsse, zog die Haut über diese Plastik, verklebte und vernähte sie. Es war Carl Akeley, der diese Methode der Präparation mit Hilfe vorgefertigter Körper erfand und verfeinerte. Man wandte sie auch bei Tieren wie Elefanten an, deren Größe das Ausstopfen zu mühselig machte. Als junger Präparator in Ward's Natural Science Establishment in Rochester im Staate New York, wo er von 1883 bis 1887 tätig war, hatte Akeley an der Präparation von Jumbo, dem Lieblingselefanten P. T. Barnums, mitgewirkt und dabei angewandt, was er über die Behandlung der Haut mit Salz, Alaun und Arsenseife und über das Ausstopfen des Körpers mit Stroh gelernt hatte. Das Ergebnis war gewöhnlich »sperrig, steif und unnatürlich«. Als Akeley eine etwas ausdrucksvollere Variante an einem Zebra ausprobierte, wurde diese verworfen. Von seinem Freund William M. Wheeler (dem Begründer der Tierökologie) an das Museum of Natural History von Milwaukee geholt, schuf Akeley einige der ersten Habitatgruppen von Säugetieren – einen Lappländer, der Rentiere über den Schnee treibt oder Orang-Utans in den Bäumen im Dschungel von Borneo. Er wurde so berühmt, daß das British Museum ihn 1894 umwarb. Aber er fand die Aufgabe verlockender, die riesige Zahl von Tieren zu präparieren, die das Chicago Field Museum eben von Wards erworben hatte. Akeley wurde Chefpräparator des Field Museum und 1908 auch des American Museum of Natural History, wo er »die Präparationstechnik revolutionierte, indem er sein Talent darauf verwandte, Arbeiten mit so viel Gefühl und Ausdruck zu fertigen, daß sie wie lebendige, individuelle Charaktere wirkten«.

Akeleys größte Trophäe als Jäger und Präparator war der Gorilla. Dazu schrieb er, der Gorilla sei relativ unbekannt, und er fürchte, diese Tierart werde aussterben, bevor man mehr über sie wisse. Dazu erklärt die Anthropologin Donna Haraway, das Gorillamännchen sei für Akeley der Inbegriff der Männlichkeit und des Naturmenschen gewesen. Diesen sah Akeley im Riesen von Karisimbi, einem großes Leittier, verkörpert, das er für den Saal der afrikanischen Säugetiere im American Museum präparierte. Akeley wurde 1926 am Mt. Mikena begraben, ganz in der Nähe des Ortes, wo er zum ersten Mal einen Gorilla erlegt und gehäutet hatte, exakt in dem »Habitat«, das er für eine »Familie« von Gorillas vorbereitete.

»Ich lebe, um an die Zeit zu erinnern, da die Tiere ungestört und ungezähmt lebten, ohne Furcht vor dem Menschen, so wild, frei und schön wie das Land«, sagte Akeley und benutzte immer häufiger die Kamera anstelle des Gewehrs. Dieser Ausspruch wurde jedoch erst posthum bekannt, Akeleys Saal der afrikanischen Säugetiere posthum eröffnet, wie die Präparation ja auch eine posthume Kunst ist. Akeley schuf lebende Leichname, er verewigte die Zweite Natur von Tieren, die er in Bildern gesellschaftlicher Utopien wiederauferstehen ließ. Mit seinen Plastiken aus Pappmaché setzte er die fortschreitende Verdrängung der ausgestopften Tiere in Gang. Heute umgeben uns die naturgeschichtlichen Museen mehr und mehr mit plastischen Nachbildungen aus geschäumtem Polyurethan. Immer weniger Originale bleiben übrig. Wenn die Haut nur noch aus Polyesterharz besteht, bleibt nichts mehr zurück als vielleicht ein paar Büschel Haare, die häufig genug von einem weniger gefährdeten Säugetier stammen. Das Original ist zu einem verschwindenden Zwilling geworden – fotografiert, ausgemessen, in Plastik gegossen und zugunsten eines Glasfiberkörpers beiseite geschoben, der von hydraulischen Röhren und elektrischen Drähten durchzogen ist. War die Präparation einst die Kunst, ein Beutetier haltbar zu machen, so ist sie heute in modernen Museen nur noch damit befaßt, künstliche Haut anzufertigen.

Unsere zweite Haut. Je mehr menschliche Züge wir Papageien und gewissen Primaten zuschreiben, desto hartnäckiger bestehen wir darauf, daß sie so sind, wie wir selbst gern sein möchten – starke Männer, mütterliche Frauen, familienbewußte Jugendliche oder, zeitgemäßer, sensible Männer, unverwüstliche Frauen und wissensdurstige Jugendliche. Heute beschreiben wir Primaten, insbesondere Schimpansen, so, als seien sie nachdenklich und emphatisch, könnten sich selbst im Spiegel erkennen und Freunde in ihrem Schmerz trösten, seien sich ihrer Persönlichkeit bewußt, benutzten Metaphern (in Form von Zeichensprache), hätten Spaß daran, etwas vorzuspielen und einen an der Nase herumzuführen. Die Tatsache, daß ihr Kehlkopf zu keiner fließenden menschlichen Sprache imstande ist, entfernt sie nicht mehr von uns als die Tatsache, daß der Makao-Papagei rote Federn hat. Ein einziger Unterschied in der Folge von 141 Aminosäuren unterscheidet die Alpha-Ketten im Hämoglobin des Menschen und des Gorillas. Die DNA des Schimpansen, so stellt sich heraus, stimmt zu 99 Prozent mit der des Menschen überein. Wir sind Blutsbrüder und -schwestern; unsere Körper scheinen sogar die transplantierten Organe von Pavianen und Schimpansen anzunehmen.

Allerdings warnt die Primatenforscherin Jane Goodall: »Wir dürfen keinen Augenblick vergessen: Selbst wenn wir uns von den Menschenaffen nicht als Art, sondern nur in der Entwicklungsstufe unterscheiden, ist diese Stufe noch von enormer Höhe.« In Sprache und Intellekt scheinen wir uns gerade genug von ihnen zu unterscheiden, daß wir die Verantwortung dafür tragen, die Primaten – alle Primaten, einschließlich uns selbst – vor der uns bedrängenden vernunftlosen Welt zu retten. Als unsere Zweite Natur stehen Affen und Menschenaffen heute für etwas, das die Naturschützer fordern: Einfühlungsvermögen, ökologische Sensibilität, entschiedenen Umweltschutz. Wenn wir unsere Endzeitangst um unser Immunsystem und unsere Fortpflanzungsfähigkeit auf die Menschenaffen übertragen, dann müssen wir sie erlösen, sie wieder in das Oxymoron einer geschützten Wildnis entlassen, damit nicht sie es sind, die für unsere Verfehlungen zu büßen haben. Dann werden sie uns eines Tages vielleicht erlösen, wie man es von den Rhesusaffen seit den dreißiger Jahren glaubt und wie es die Schwanzmakaken vielleicht tun werden, die man 1992 als »billige und ungefährdete« Art entdeckte, an denen Impfstoffe gegen Aids getestet werden können.

Sex

Papageien verhalten sich zu Primaten in etwa so wie Eunuchen zu Adam und Eva. Das Geschlecht vieler Papageien ist nicht auf den ersten Blick zu erkennen; bei den meisten Affen und Menschenaffen fallen die Unterschiede des Geschlechts dagegen sofort ins Auge. Papageien sind sinnlich, Menschenaffen triebhaft. Die Erlösung, die Papageien uns bieten, ist geschlechtslos. Affendrüsen dagegen versprechen die Wiederherstellung unserer Manneskraft, Schimpansen und Languren (die ein Neugeborenes von Weibchen zu Weibchen weitergeben) stehen für leidenschaftliche Mutterliebe. Papageien kommunizieren mit uns, wenn wir sie allein halten, mit ausgesuchter Höflichkeit; Menschenaffen studieren wir in der Herde, in der Gruppe und als Paar, oder wir behandeln sie, als gehörten sie zur Familie.

Zwar flattern Papageien in erotischen Augenblicken ins Bild, aber in Malerei und Dichtkunst vermitteln sie eher die Erotik des Vor- oder Nachspiels, weniger der Paarung selbst. Ein prächtiger gelber Papagei hat sich von seiner Stange erhoben und mit ausgebreiteten Flügeln auf der linken Hand einer brünetten Nackten niedergelassen, die in ihrem Boudoir auf einem cremefarbenen Tuch liegt. Steht dieser Papagei in der ikonografischen Tradition, die einen Vogel als Symbol des Phallus und einen davonfliegenden Vogel als Verlust der Jungfräulichkeit versteht? Nein, dieser Papagei ist ein Voyeur, gepackt von derselben Lust wie die eifersüchtige Venus, die, einen Kakadu auf ihrem linken Arm, Psyche schlafend, nackt und schön vorfindet. *Frau mit Papagei* war der Höhepunkt, zu dem Gustave Courbet seine früheren Arbeiten *Studie zweier Frauen (Venus und Psyche)* und *Porträt einer Frau, die einen Papagei hält* (Solange Clésinger, die Tochter von George Sand, mit einem prächtigen Makao-Papageien) führte. *Frau mit Papagei*, das im Pariser Salon von 1866 einen besonderen Platz erhielt, stand am Beginn von Courbets Karriere als anerkannter Maler. Jahrelang trug er in seiner Brieftasche ein kleines Foto des Bildes mit sich herum, in dem Zeitgenossen das Porträt einer Kurtisane vermuteten.

Wer immer sie auch sein mochte, ob sie nach einem lebenden Modell oder einer Gliederpuppe gemalt wurde (ihre unbequeme Haltung zumindest legt diesen Verdacht nahe; außerdem hatte Courbet sich gerade eine weibliche Gliederpuppe von seinem Vater schicken lassen), die Frau sieht in dem Papagei einen intimen Freund. Wenn sein Schnabel und seine ausgebreiteten Flügel auch sexuelle Eroberung suggerieren mögen, dann agiert er im unmittelbaren Sinne doch als Voyeur und Vertrauter. Als Wächter über

Liebende, bei denen dem Mann ein Affe, der Frau ein Papagei zugeordnet ist. Sie liebkost ihn mit ihrer linken Hand, während die Rechte nach seiner Geldbörse greift. Holzschnitt, Deutschland 1470–80. In: H.W. Janson, *Apes and Ape Lore in the Middle Ages and the Renaissance* (1952). (Mit freundlicher Genehmigung des Warburg Institute)

die liebevolle Begegnung oder Hüter intimer Geheimnisse ist der Papagei der Eunuch im Harem. Wie der Zuschauer im Salon kann der Papagei Annäherung, niemals aber Vollzug bewirken.

»Als absolute Regel gilt«, rät *Das neue Papageienhandbuch* von 1986, »niemals ein Baby mit einem frei fliegenden großen Papageien in einem Raum allein zu lassen.« Als ausgezeichnete Beobachter können Papageien einen Liebhaber rächen, bei Scheidungs- oder Mordprozessen als Zeugen auftreten, werden aber in westlichen Gesellschaften nur selten in die Nähe von Kindern gelassen, auf die sie tödlich eifersüchtig sein können. Papageien sind die Vorboten der Verkündigung, aber die Schmerzen der Entbindung und die Bürde der Mutterschaft überlassen sie den Affen.

Während jedoch am Anfang des 20. Jahrhunderts Männern Affenhoden eingepflanzt wurden, um ihre Männlichkeit wiederherzustellen, wird dem Primatenweibchen höchste Menschlichkeit zugeschrieben, wobei man auf den Menstruationszyklus, die Rolle bei der Aufzucht der Jungen und die »Doppelkarriere« als Mutter und Ernährerin verweist. Das englische Wort für Menschenaffe, »simian«, ist nicht von der männlichen Form des Lateinischen *simius* abgeleitet (einer, der zu sein scheint, was er nicht ist), sondern von der weiblichen Form *simia*. So wird die Entwicklungsgeschichte der Menschenaffen vor allem von Gleichnissen der Mutterschaft begleitet. Man glaubte, sie brächten stets Zwillinge zur Welt, von denen sie, wie man beobachtete, stets eines in den Armen und eines auf dem Rücken tragen. Daher das klassische Gleichnis von der Affenliebe, nach der die Äffin das eine Kind mit ihrer Liebe erdrückt und das überlebende verstößt. Oder die mittelalterliche Version, daß die Äffin auf der Flucht vor dem Jäger das geliebte Kind (das Fleisch) fallen läßt, welches stirbt, während das ungeliebte (die Christenseele) sich an ihr festklammert und überlebt.

Mit einem beträchtlichen kulturellen Antrieb haben sich deshalb auch Psychologen in Laboratorien und Primatenforscher in der Wildnis für verschwindende Zwillinge, d. h., für verlorene Kinder und liebende Mütter, interessiert. Bis heute ist Jane Goodall von dem Kannibalismus schockiert, den sie bei einer Schimpansenherde in Gombe beobachtete, als zwei Weibchen die Jungen anderer packten und auffraßen. So wie die Versuche, nichtmenschlichen Primaten die menschliche Sprache beizubringen, weniger mit der Physiologie der Sprache als mit der Soziologie des Wissens zu tun hatten (Wie erwerben Menschenaffen *Wissen*? Sind sie fähig, etwas zu *erfin-*

den?), so drehten sich auch Experimente und Beobachtungen von Menschenaffenmüttern weniger um die Physiologie der Mutterschaft als vielmehr um die »Andropologie« des Weibchens und deren Einfluß auf die Fortpflanzung. Sind gute Mütter possessiv oder »restriktiv«? Können gute Mütter zugleich hervorragende Weibchen sein? Bringt die Arbeitsteilung nach den Geschlechtern Entwicklungsvorteile? Was bedeutet überhaupt »Arbeits«teilung, wenn bei den nichtmenschlichen Primaten beide Geschlechter gleichermaßen für den Unterhalt sorgen, aber das Weibchen allein die Jungen gebiert? Ist die Erfahrung, ein Pavian oder ein Mensch, ein Mann oder eine Frau zu sein, allein oder in erster Linie oder letzten Endes biologischer Natur?

Susan Sperling und Donna Haraway, die sich jede für sich mit der Erforschung von Menschenaffen befaßten (welche zu einem großen Teil Frauen geleistet haben – von der Gründung der ersten Primatenkolonien bis zur Beobachtung der Tiere in der Wildnis), wiesen darauf hin, daß die geschlechtlichen Unterschiede bei nichtmenschlichen Primaten dasselbe Wieso und Woher ergeben, das Frauen und Männer ansprechen, wenn es um ihre geschlechtlichen Unterschiede geht. Wir benutzen unsere fast-naturgetreuen Abbilder, unsere Zweite Natur, um unsere eigenen Ideologien zu bestätigen. Während das Menschenaffenweibchen früher der lebendige Beweis dafür war, wie natürlich doch die geschlechtsspezifische ungleiche Teilung von Arbeit, Macht oder Initiative sei, gilt es nun als Wesen, das die Gesellschaft der Menschenaffen in Unruhe versetzt und vorantreibt. »Das neue Menschenaffenweibchen ist auf Erfolgskurs«, schreibt Sperling, »und lebt in einer Herde, die an eine moderne Firma erinnert, wo jeder zu seinem Power Lunch auf die Savanne geht.« Hier besteht jedoch die Gefahr, daß man den komplexen Charakter des Verhaltens von Menschenaffen und Menschen übersieht oder mißachtet und, wie beide einräumen, »die Grenze zwischen Menschlichem und Nichtmenschlichem verwischt«.[8]

Bereits Jahre zuvor hat die Experimentalpsychologin Clara Harlow bei den anthropomorphen Annahmen ihres berühmteren Ehemannes, Harry F. Harlow, der Mitte des 19. Jahrhunderts seine berüchtigten Experimente durchführte, bei denen er Affenjungen ihre Mütter fortnahm und sie durch furchteinflößende, neutrale oder sympathische Figuren aus Draht oder Stoff ersetzte, diese Gefahr gesehen. Harry selbst war von seiner Mutter, seiner Großmutter väterlicherseits und zwei kinderlosen Tanten aufgezogen worden, von denen eine in einem Hinterhoftheater Stücke mit lebensgroßen Marionetten aufführte. Dazu Clara Harlow: »Nicht jeder wächst mit drei Ersatzmüttern und einer biologischen Mutter auf, um später ausgerechnet durch andere Ersatzmütter berühmt zu werden.« Aber die westliche Gesellschaft nutzt Menschenaffen seit langem, um ihre Vergangenheit zu reproduzieren – als Barbaren, als Wilde, als hoffnungslose Sünder, als fehlende Kettenglieder oder biologische Vorfahren. Affen und Menschenaffen, die uns (in so vielem) gleichen und uns nachzuahmen vermögen, hat man im 20. Jahrhundert beigebracht, nicht nur unsere Gesten und Worte zu reproduzieren, unsere Art zu lieben und zu lernen, sondern unsere ganze Lebensbahn vom schreienden Baby bis zum umstrittenen Soziobiologen.

Papageien wählen wir zu unseren Vertrauten; sie sind unsere sinnliche Gegenwart und eine himmlische Erscheinung. Mit den Affen verbinden wir dagegen unsere Herkunft und unsere Zukunft auf der Erde; sie sprechen zu uns viel eloquenter durch ihre Sexualität, ihre Fortpflanzung, ihre Mütterlichkeit und ihr kindliches Spiel als durch bloße Zeichensprache. Nicht Papageien, sondern Affen und Menschenaffen nennen wir unsere Vorfahren. Nicht Papageien, sondern Affen und Menschenaffen sind es, denen wir beweisen müssen, daß wir auch in Zukunft tauglich für diese Erde sind. Sollten unsere nächsten Verwandten aussterben, wie könnten wir dann weiterleben?

Etwas anderes werden

»Meine Affen haben versucht, mehr zu sein«, sagte Gertrude Lintz, die Schimpansen für Tarzanfilme schulte und deren Gorilla Buddy für die Ringling Brothers auftrat. »Ich kann es nicht anders ausdrücken.« Je systematischer wir »niedere« Tiere benutzen, um mehr über uns selbst zu erfahren, desto stärker fordern sie ihr Recht auf eine eigene Persönlichkeit ein. Diese Behauptung setzt natürlich (heute mehr denn je) als gegeben voraus, daß diese Tiere über einen Charakter, Motive, Moral und Gefühle verfügen. Wir haben Maschinen so perfektioniert, daß sie am Rande der Selbständigkeit stehen; wir gruppieren Tiere zu Paaren, angefangen bei Papageien und Affen. Wie sollte dann die Frage ihrer Humanität nicht tangiert werden?

Zwar hatte Aristoteles Tieren alles außer Vernunft zugestanden, hatten die Neoplatoniker Tiere zuweilen als gestrafte menschliche Seelen betrachtet, doch erst im 17. Jahrhundert wurde die Minderwertigkeit von Tieren ernsthaft in Frage gestellt. Wenn Tiere Seelen hatten, wie Thomas von Aquin erklärte, dann waren diese Seelen sterblich. Ratten, Mäuse, Maulwürfe, Heuschrecken, Rüsselkäfer, Bienen und Raupen wurden beschuldigt, die Ernten aufzufressen, Schweine (theoretisch) zum Tode verurteilt, weil sie Babies verschlangen, aber diese mittelalterlichen Urteile setzten quasi-rechtliche Schuld, nicht moralisches Vergehen voraus. Schließlich waren Tiere (nach Aquin) »in der natürlichen Ordnung dafür bestimmt, vom Menschen benutzt zu werden«, seine Felder zu pflügen und seine Lasten zu tragen. Selbst Affen und Papageien, schrieb Bartholomaeus Anglicus in seinem Werk *Batman uppon Bartholome His Booke De Proprietatibus Rerum* im Jahr 1582, waren dazu ausersehen, »den Menschen zu erfreuen«.

Galen benutzte im 2. Jahrhundert Schweine oder Ziegen, um ihr Gehirn zu sezieren, und nicht die Makaken, mit denen er gewöhnlich arbeitete, weil »man dann nicht den unangenehmen Ausdruck des Menschenaffen sehen muß, wenn er bei lebendigem Leibe seziert wird«. Versuche an lebenden Tieren, die man im 16. Jahrhundert wiederaufnahm, nachdem man Galens *Anatomische Verfahren* wiederentdeckt hatte, führten im 17. Jahrhundert zu Fragen, wie plausibel die Analogien in der Anatomie von Mensch und Tier sind und in welchem Maße Tiere leiden. Das Aufsehen, das die frisch entdeckte Pneumatik des Blutkreislaufs auslöste, wofür William Harvey 128 verschiedene Tiere tot oder lebend seziert hatte, löste Untersuchungen an den ähnlich dynamischen Luftwegen aus, denen Robert Boyle und Robert Hooke Lerchen, Mäuse, Schlangen, Enten, Katzen, Hunde und Wölfe opferten. Aber Hooke, der einem Hund Brustkorb und Zwerchfell aufschnitt, um sein schlagendes Herz zu untersuchen, schrieb bereits 1664 an Boyle: »Wegen der Qualen der Kreatur werde ich mich wohl kaum dafür hergeben, weitere Versuche dieser Art anzustellen.« Unter sanftem Druck wiederholte Hooke 1667 dieses Experiment doch noch einmal für die Royal Society in London, wo sein Freund John Evelyn es grausamer fand, als ihm angenehm war. Am Tisch der Vivisektion zeigten die Europäer Nerven.

Und dies im wörtlichen Sinne. Man glaubte, daß der Geist des Tieres, nämlich »Blutpartikel, die so außerordentlich verdünnt sind, daß sie sich schneller bewegen und Teile des Körpers ungehindert passieren, die für andere unzugänglich sind«, über Nervenbahnen von der inspirierenden Seele bis in die Spitzen der Klauen flössen. Das war für René Descartes wie auch für spätere »mechanische Philosophen« eine prekäre Neurologie, erdacht, um dem Tier zwar Empfindungen zuzubilligen, aber keine vernunftbegabte Seele. Die Kartesianer gingen davon aus, Tiere seien reine Automaten, fühlende Maschinen; sie gestanden ihnen eine ganze Palette physischer Wahrnehmungen zu, um sie so nur besser von den Menschen abgrenzen zu können, was den Besitz von etwas merkwürdig Körperlosem, einer denkenden und fühlenden Seele, betraf.

An ebendiese Seele appellierte man nun, um der Mißhandlung von Tieren ein Ende zu setzen. Bereits Anfang des 17. Jahrhunderts hatte sich der Humanmediziner Jean Riolan der Jüngere der Vivisektion mit dem moralischen und methodologischen Argument widersetzt, es sollte und dürfe nicht möglich sein, die Wahrheit durch das Quälen und Töten von Tieren zu ergründen. Als die Europäer am Anfang des 18. Jahrhunderts ihre eigene edle Natur als ein Gleichgewicht von Verstand und Gefühl zu definieren begannen, empfanden sie den Schmerz der Kreatur nun als weniger lehrreich oder unterhaltsam. Die ewigen Qualen der Hölle erschienen ihnen hier auf besonders scheußliche und unchristliche Weise. Die Hölle hatte als etwas Vorübergehendes, Überwindbares zu gelten. So strahlte die Aussicht auf eine schließliche »allgemeine Erlösung« der Menschheit heller, und das nicht nur für Pietisten und Deisten, sondern auch für die Anhänger der Erweckungslehre, die die Verdammnis in düsteren Farben malten, zugleich aber alles unternahmen, um jeden reuigen Sünder aus dem Feuerschlund zu holen. Erlösung (und für John Wesley eine unsterbliche Seele) schien auch für Tiere zu gelten, deren Blut (z. B. das von Lämmern) man in Frankreich bereits 1667/68 erfolgreich auf Menschen übertragen hatte und die im 18. Jahrhundert als Schoßtiere auf Familienbildern in Mode kamen. Solche Lieblinge wurden, wenn sie starben, zuweilen in Särgen beigesetzt.

Wenn man mit Tieren Zwiesprache hielt, ihre Schmerzen mitfühlte und ihren Tod betrauerte, bedeutete dies aber nicht, ihnen Vernunft oder Gleichheit zuzugestehen. Für den Philosophen David Hume unterschied sich der Intellekt der Tiere zwar nur graduell von dem der Menschen, doch billigte er ihnen keine Würde zu. Proteste gegen blutrünstige Vergnügungen mit Tieren appellierten an die Würde der Menschen und nicht etwa an die von Hunden, Hähnen, Stieren oder Bären. Wie bereits frühe Gegner der Sklaverei vor allem argumentierten, diese führe zu einer Verrohung der Seele der Sklavenhalter, war es auch das Anliegen der Gegner der Vivisektion im 18. Jahrhundert, zu beweisen, daß Grausamkeit gegenüber Tieren die menschliche Natur erniedrige. Samuel Johnson räumte ein, daß »ein Mensch teuer für sein Wissen bezahlt, der die Funktionsweise der Lymphdrüsen auf Kosten seiner Menschlichkeit ergründet«. Wer grausam zu Tieren sei, werde es auch bald zu Menschen sein, meinte Immanuel Kant.

Trotzdem verteidigte Kant Experimente an lebenden Tieren als gerechtfertigte Grausamkeit, da man Tiere als Werkzeuge des Menschen gegenüber (einem impliziten) Großen Gott betrachten müsse. Arthur Schopenhauer wandte Kants Ethik gegen Kant und bestand darauf, Tiere seien als Selbstzweck zu behandeln. Die Menschheit sei nach den Grenzen ihrer Menschlichkeit zu definieren. Wenn Tiere sterbliche Seelen besaßen, dann war ihr Tod endgültig, und man durfte sie nicht aus Versehen oder mit grausamer Absicht töten. Hatten sie aber unsterbliche Seelen, dann mußte man ihnen Respekt zollen und ihnen eine höhere Bestimmung zugestehen wie jedem menschlichen Wesen.

Ganz in diesem Sinne wurde im Jahr 1824 die Londoner Gesellschaft für die Verhütung von Grausamkeit gegen Tiere und danach viele weitere derartige nationale Gesellschaften gegründet. Der Eifer, mit dem man sich in der viktorianischen Zeit für das Wohl von Tieren einsetzte, sollte von der himmelschreienden Behandlung der Industriearbeiter ablenken oder erwuchs aus den Bewegungen für eine Reform der Arbeitsbedingungen. Er reflektierte den Wunsch des Bürgertums nach einer saubereren, unbefleckten Welt, oder es war ein Rückzug auf die Praxis der evangelischen Kirche, Kinder von ihren Sünden freizusprechen. Es war eine Ausdehnung des Feminismus von einem »Objekt« des Haushalts, der Frau, auf ein anderes, das Schoßtier, oder die Übertreibung einer romantischen anthropomorphen Tendenz. Es war ein Weg für die soziale Disziplinierung der niederen Klassen, oder es war deren Verständnis (durch Physiognomik und Phrenologie) von der Ähnlichkeit der Arten der Schöpfung.[9]

Mit der erstmaligen Verwendung von Äther in der Chirurgie im Jahr 1846 in Boston, mit dem Aufkommen des Chloroforms in Großbritannien in der Folgezeit und den ersten Morphiuminjektionen mit Hilfe von Hohlnadelspritzen im Jahr 1853 war es der Wissenschaft möglich, die moderne kulturelle Empfindsamkeit des Menschen mit dem Leiden der Kreatur in Einklang zu bringen. Dabei hatten die Fürsprecher der Tiere die Wissenschaft weitgehend unbehelligt gelassen und sich mehr über die *gedankenlose* Grausamkeit der Arbeiterklasse erregt. Claude Bernard, der erste Experimentalphysiologe in Frankreich, konnte Mitte des 19. Jahrhunderts Frösche, Kaninchen, Ziegen und Hunde in großer Zahl lebend sezieren und gleichzeitig mit einer frommen Frau verheiratet sein, die in der Tierschutzorganisation *Société protectrice des animaux* aktiv wirkte. Nachdem britische Wissenschaftler in den sechziger Jahren des 19. Jahrhunderts, dem Beispiel von Physiologen wie Bernard folgend, ebenfalls mit der Vivisektion begonnen hatten, nahmen sie das Gesetz von 1876 zur Grausamkeit gegenüber Tieren mit Zustimmung auf, weil es die Benutzung von Betäubungsmitteln als Voraussetzung für Experimente an lebenden Tieren vorschrieb. Mit der Anästhesie wurde legitimiert, was ansonsten, wie die Vivisektionsgegnerin Frances Power Cobbe schrieb, wie »ruhige, kaltblütige, vorsätzliche« Barbarei ausgesehen hätte.

Über die Jahre wurden im Krieg zwischen dem Großen Gott und dem Höheren Zweck zwei tiefe Schützengräben gezogen, zwischen denen ein Schlachtfeld liegt. Die Gräben verlaufen seit den siebziger Jahren des 19. Jahrhunderts erstaunlich parallel. Damals erkor der schottische Neurologe David Ferrier Affen grundsätzlich als Versuchsobjekte für die Erforschung der Physiologie *des* (ihres, unseres) Gehirns. Um ihre Arbeit mit Tieren methodologisch zu rechtfertigen, behaupten die Experimentatoren stets, Zellen, Organe, Systeme und selbst das Verhalten von Mensch und Tier seien ähnlich genug, um von dem einen auf den anderen schließen zu können. »Ich werde beweisen«, schrieb Claude Bernard 1865, »daß Ergebnisse, die an Tieren erzielt wurden, auch für den Menschen zutreffen, die richtige Methode des Experiments vorausgesetzt.« Harry Harlow benutzte in seinen Experimenten mit Rhesusaffen die Formel: »Wenn dem Affen menschliches Verhalten beigebracht werden kann, müssen die Ergebnisse der Untersuchung auch für menschliches Verhalten gelten.« Auf dieser Grundlage werden bis heute die meisten Medikamente und auch zahlreiche sozialpsychologische Theorien an Tieren getestet.

Die Gegner von Tierversuchen gehen nach derselben Logik vor: Da die Grundsätze der Rechte und der Würde des Menschen nicht auf unseren Unterschieden, sondern auf unserer Ähnlichkeit beruhen, fordern die vielen

Ähnlichkeiten zwischen uns und anderen Tieren zwingend, den Tieren Rechte oder zumindest eine eigene Würde zuzuerkennen. »Wir haben der schwarzen Bevölkerung von Afrika die Freiheit geschenkt«, schrieb ein besonders heißer Bewunderer des afrikanischen Graupapageien im Jahr 1861. »Warum sollte sich ein eifriger Philanthrop nicht auch für diese grauen Waldbewohner einsetzen, die wir als Sklaven unseres Vergnügens in Einsamkeit schmachten lassen?«

Als gegen Ende des 19. Jahrhunderts das Interesse an der Ökologie der Wildnis und dem bedrohten Leben in der natürlichen Umwelt zunahm, flammte ein Streit über die »Verfälschung der Natur« auf, womit man die sentimentale Fehlinterpretation wilder Tiere meinte. Der Naturforscher John Burroughs und sein Freund Theodore Roosevelt attackierten damals die Arbeiten von Jack London, Ernest Seton, Beatrix Potter und William J. Long, weil sie Wölfen und Hunden, Bären und Waldschnepfen, Maulwürfen und Kaninchen menschliche Worte ins Maul legten, menschliche Gefühle in die Herzen pflanzten und sie menschliche Tragödien erleben ließen. Und das zu einer Zeit, als längst zahme weiße Mäuse die wilden Ratten in den Laboratorien abgelöst hatten. Am Ende des 20. Jahrhunderts sind Gefühle, Gedanken und Kommunikation von Tieren besonders durch die drohende Tragödie ihrer Ausrottung zu einem wunden Punkt geworden. Im ganzen 18. und 19. Jahrhundert verschwanden etwa 100 Arten von Lebewesen. Heute sind es sechs an jedem Tag.

Wir können nicht hinnehmen, daß unsere Zweite Natur untergeht. Verschwänden Papageien und Menschenaffen, Delphine und Affen von dieser Erde, dann verfolgten sie uns, wie verschwundene Zwillinge ihre überlebenden Geschwister verfolgen. Ohne unsere Zweite Natur können wir nicht leben. Wir brauchen sie an unserer Seite. Wir brauchen den Papagei auf unserer rechten Schulter und den Affen auf unserer linken als aktives Echo und als einfallsreichen Verwandten. Die Zweite Natur verursacht uns heute mehr akute Probleme als je zuvor, denn wir beginnen zu begreifen, wie sehr wir von ihr abhängen und wie tödlich unsere Forderungen sein können. Wenn wir Papageien und Menschenaffen, Delphine und Affen nötig haben, dann könnten sie es nötig haben, daß wir sie eine Zeitlang in Frieden lassen. Das klassische Dilemma lebender Zwillinge.

5. Trompe-l'oeil

Nur ein Teil von dem, was wir wahrnehmen, gelangt vom Objekt über die Sinnesorgane zu uns; der Rest kommt stets von innen.

Matthew Luckiesh, Visual Illusions (1922)

»Ich bin ein Vogelnarr, das ist wahr«, bekannte der Maler und Naturforscher Abbott Handerson Thayer. Er unternahm mit seiner Familie Vogelwanderungen in Florida, Europa und der Karibik. 1903 – er war damals 45 Jahre alt – verkostete er Schmetterlinge auf den westindischen Inseln. »Damit«, schrieb seine Tochter Gladys, »wollte er beweisen, daß sein bester Freund, Professor Poulton aus Oxford, unrecht hatte, der in vielen dicken Büchern seine Theorie der Mimikry zu beweisen suchte. Poulton behauptete, wohlschmeckende Schmetterlinge … hätten durch natürliche Zuchtwahl zu ihrem Schutz eine ähnliche Färbung und Zeichnung angenommen wie ungenießbare.«

Die Schmetterlinge schmeckten alle gleich; Poulton mußte sich geirrt haben. Thayer selbst vertrat die Auffassung, daß Vögel (und Schmetterlinge) durch natürliche Auswahl Farben und Zeichnungen annehmen, die mit der Umgebung verschmelzen und sie dadurch weniger sichtbar machen. Diese Theorie hatte Thayer im Jahr 1896 Frank Chapman, dem Kurator der »Habitate« und Herausgeber der Zeitschrift *The Auk* demonstriert. Wie Chapman sammelte Thayer Vogelbälge für Studienzwecke und konnte schier verrückt werden, wenn er von den Massakern hörte, die Jäger im Auftrag von Putzmachern verübten; 144000 Vögel, so hieß es, seien auf einem Schiff mit drei Mann Besatzung und einem Faß Munition transportiert worden. Das war eine biblische Übertreibung: Im 14. Kapitel des Buches der Offenbarung stehen 144000 erlöst auf dem Berg Zion. Die Schutzfarbe war ein rettendes Geschenk für die Vögel, aber ebenso für Thayer, der sich von der Religion beflügeln ließ: »Die Schönheit der Zeichnung eines Vogels überflutet mich mit heiligem Schauer; meinen immensen Fortschritt bei Farben und Dekors verdanke ich vor allem dieser Leidenschaft in mir und den Hunderten von Stunden, die ich über meinen Vogelbälgen verbrachte.«[1]

Er schuf Frauenfiguren mit Engelsflügeln und demonstrierte zugleich, wie die Federn eines Pfauen »diesen in einem Maße mit dem Hintergrund

Links: *My Wife and My Mother-in-Law* von W. E. Hill, 1915. Anhand dieses Vexierbilds wird oft die Umkehrbarkeit von Vorder- und Hintergrund gezeigt. Rechts: *Standing the World on Its Head* von Gustave Verbeek. In: *The Terrors of the Tiny Tads*, erschienen im *Toronto Star Weekly*, 1906–1914. Wenn man die Abbildung auf den Kopf stellt, sieht man einen Vogel.

›verschmelzen‹ lassen, daß es jede menschliche Vorstellung übersteigt«. Er malte überlebensgroße Frauenporträts – halb Psyche, halb himmlische Wesen – und war zugleich voller Staunen darüber, wie die Natur die grellsten Farben miteinander mischt: »Was Wunder, wenn der Bankettsaal des Makao-Papageien voller prächtiger Gobelins mit Früchten und Blattwerk hängt, daß sein Kleid so beschaffen ist und er wunderbar in die Szene hineinpaßt, wie er dort herumklettert und seinen Kopf in die prallen Trauben versenkt.«

In Flanellhemd, Knickerbockern und hochgeschnürten Schuhen paßte Thayer selbst bestens in die Wälder an den Hängen des Mt. Monadnock in New Hampshire. Auf den Straßen von Manhattan, Oxford, London und Florenz dagegen trat er sehr sichtbar als Vorkämpfer für das Unsichtbare in Erscheinung. Die erste Erinnerung seines Neffen Barry Faulkner an ihn ist eine Szene, da der Onkel ein paar hölzerne Enten in den Staub setzte, um einem Zeichenlehrer sein Prinzip der Schutzfärbung zu demonstrieren. Eine Ente mit dunklem Rücken und hellem Bauch wirkte »nicht körperlicher als ein Spinnweb«. Eine Katze übersah sie und stürzte sich auf eine zweite. Die glücklichere Ente war nach Thayers Regeln koloriert: »Die Natur färbt die Tiere dort am dunkelsten, wo sie am stärksten dem Tageslicht ausgesetzt sind, und umgekehrt.« Auf diese Weise verschmilzt ein Vogel, von unten gesehen, mit dem Himmel, von oben dagegen mit den Farben der Erde. Nach diesem Prinzip bot er an, amerikanische Kriegsschiffe im spanisch-amerikanischen Krieg von 1898 »halb unsichtbar« zu machen. Als die amerikanische Navy darauf mit Spott und Hohn reagierte, bot Thayer im Ersten Weltkrieg seine Ideen den Briten an. Zugleich engagierte sein Neffe, ein Wandmaler, neunundzwanzig Künstler, die die Prinzipien seines Onkels Abbott bei den verspäteten Kriegshandlungen der Amerikaner zur Anwendung brachten. Thayer selbst ging nach England, um den Briten beizustehen, erkrankte dort aber ausgerechnet infolge von starker Unterkühlung. Nach New Hampshire zurückgekehrt, starb er im Jahr 1921. Er war einer der Väter dessen, was man damals schon »Camouflage« nannte.

An der Wiege der Camouflage standen mehrere Väter und Mütter. Daß sie sich im Ersten Weltkrieg rasch durchsetzte, lag daran, daß hier mehrere historische Veränderungen und Fragen nach der optischen Anschauung in

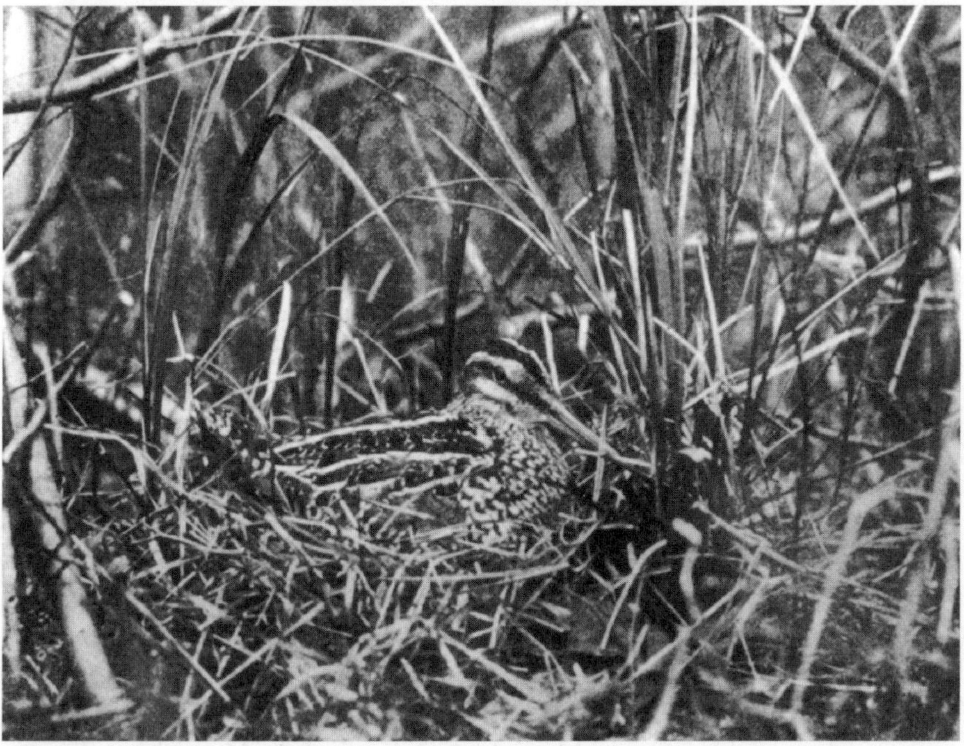

Schnepfe auf ihrem Nest. Licht und Schatten und die Zeichnung ihres Gefieders machen sie nahezu unsichtbar. In: Gerald H. Thayer, *Concealing-Coloration in the Animal Kingdom* (1909). (Foto: Herbert K. Job)

der westlichen Gesellschaft zusammentrafen: Wie weit können wir unseren Augen trauen, daß das, was sie sehen, die Realität ist? Was sollen wir mit einem Bereich der Kultur anfangen, in dem so vieles doppelt erscheint? Camouflage führt uns über unsere Doubles aus Fleisch und Blut (die eineiigen Zwillinge des ersten und siamesischen Zwillinge des zweiten Kapitels), über unsere selbstgeschaffenen Doubles (die Schneiderpuppen und Automaten des dritten Kapitels) über unsere Doubles aus der Tierwelt (die Papageien und Menschenaffen des vierten Kapitels) hinaus. Mit der Camouflage ist unsere Nachbildung der ganzen Natur angesprochen.

Optische Täuschung

Plinius, der bereits im ersten Jahrhundert »Ähnlichkeiten« erörterte, war von einem Stein fasziniert, auf dem Apoll und die Neun Musen zu erkennen waren. Für die Christen des Mittelalters waren die Welt Gottes und der Menschen so durch die Schöpfung eingerichtet, wie Adam es benannt hatte. Als die Illustratoren von Handschriften sich für Flora und Fauna zu interessieren begannen, wurde die Natur selbst als Malerin gefeiert, die mit Marmoradern Ruinen darstellte, die Skorpione in Jaspis, Meereslandschaften in Achat oder Porphyr erscheinen ließ. Der Handel mit solchen »Bildersteinen« in der Renaissance und der frühen Neuzeit war ein Handel mit Signets – ein Reich hatte hier dem anderen seinen Stempel aufgedrückt. Alle Teile der Schöpfung konnten in Kontakt miteinander treten – durch einen gemeinsamen Ort, durch Wettstreit, durch Analogie (eine Walnuß, gekräuselt wie das Hirn, heilt Kopfschmerzen) oder durch Mitgefühl (eine Trauerweide). Als der Dramatiker August Strindberg 1896 durch ein Mikroskop schaute, sah er in einer Walnuß »zwei winzige weiße Hände gleichsam aus Alabaster, die im Gebet gefaltet waren«.

Daß wir uns selbst und die Welt nicht nur in Papageien und Affen, sondern auch in Walnüssen nachgebildet finden, ist nur natürlich. Menschliche Gesellschaften arbeiten, spielen und sprechen in Metaphern. Unsere Rituale sind dazu bestimmt, Ähnlichkeiten zwischen Menschen, Tieren, Pflanzen oder Farben herauszuarbeiten. Dazu der französische Philosoph Roger Caillois: »Warum muß das Bemühen, Charakterzüge des Menschen außerhalb seiner selbst zu finden, oder umgekehrt, im Menschen Gesetze zu entdecken, die man von anderen Arten kennt, unbedingt verschroben, eine Selbsttäuschung oder ein Trugbild sein?« Wir würden allen Lebewesen gerechter, ließen wir uns nicht von Tabus gegen den Anthropomorphismus einschüchtern. »Der Vorwurf des Anthropomorphismus führt langfristig dazu, daß man den Menschen im Universum isoliert und nicht zugeben will, daß andere Kreaturen auch nur im entferntesten mit ihm zu tun haben, ja, in gewisser Hinsicht seine Brüder sind.«

Der schottische Theologe und Naturforscher Henry Drummond stellte in einem Vortrag vor einem nicht sehr freundlich gesinnten Publikum in Boston im Jahr 1893 dem grausamen »Kampf ums Dasein« einen edlen »Kampf für das Leben anderer« entgegen. Darwin hat das erste Axiom der Evolution entdeckt, aber das zweite übersehen – die Selbstaufopferung. Jene entzückenden klassischen Ähnlichkeiten waren für Drummond ein Diorama der Täuschung, vor dem sich Szenen von Altruismus und Mutterliebe abspielten. Die Mimikry der Tiere war nichts anderes als eine List für das Überleben der Art, die dunkle Seite von Mitgefühl und Selbstlosigkeit, die »direktes Ergebnis und wesentlicher Begleitumstand des Reproduktionsprozesses sind«. Täuschung und Wahrhaftigkeit rangen miteinander um das Wesen der natürlichen Zuchtwahl.

Als Abbott Thayer aus Boston kam und Frank Chapman aus den Sälen des American Museum of Natural History in die Natur trieb, arbeitete er im Grunde genommen mit Täuschung. Seine tarnfarbenen Modelle erinnerten an Köder, aber Thayer nutzte sie gegen ihre Natur, denn Köder werden sichtbar ausgelegt, Chapman hingegen sah sie nicht. Das englische Wort für Köder – *decoy* – kommt aus dem Holländischen *eende-kooi*, zu Deutsch Entenkäfig. Seit den Zeiten des Tut-ench-Amun haben Jäger gefangene Enten benutzt, um ihre wilden Artgenossen anzulocken. Solche lebenden Lockvögel, für den Fang mit der Schlinge dressiert oder an einen Pfahl gebunden, waren eine europäische Erfindung. Künstlich hergestellte Locktiere entstammen der nordamerikanischen Tradition. Man kann sie bis zu den Kanevas-Enten der Nevada-Indianer im 9. Jahrhundert zurückverfolgen, die aus Binsen gefertigt und mit Federn beklebt waren. Stämme, die um den Champlain-See im heutigen Staate New York siedelten, stopften im 17. Jahrhundert Entenbälge mit Heu aus und banden sie an schwimmenden Baumstämmen fest. Weiße Jäger, die dauerhaftere Locktiere wollten als jene aus Vogelbälgen mit echten Schnäbeln und Flügeln, schnitzten abstrakte Holzvögel, keine genauen Reproduktionen, sondern »eher ein Symbol, das einen Vogel gleicher Art anlockt, der hoch oben am Himmel kreist«.

Mit Gewehren und Schrotflinten bewaffnete professionelle Jäger banden in den siebziger und achtziger Jahren des 19. Jahrhunderts maschinell hergestellte »Dollar-Enten« in Gruppen zusammen, um vorbeiziehende Schwärme von Wasservögeln anzulocken, die sie wegen ihrer Federn jagten. Wahrlich keine Ruhmestat, 144 000 Vögel auf diese Weise zu töten. Das grausame Spiel trat in eine neue Phase, als man in den neunziger Jahren auf die Idee verfiel, Nachbildungen anderer Vogelarten als der eigentlichen Jagdtiere als Lockmittel zu benutzen. Man baute ganze Szenerien auf, die den Tieren vertraut waren: Schwäne tauchten zwischen hölzernen Pfeifenten, unter Stockenten ragte ein Reiher auf. So wie Thayer seine einfachen, steifen Holzmodelle mit einer Schutzfarbe versehen hatte, benutzte man diese Köder, nur für wesentlich profanere Zwecke.

Als kleinere Trugbilder verwendete man um die Wende zum 20. Jahrhundert auch tote Enten, die mit Nägeln an den Füßen oder am Hals befestigt wurden. Zweidimensionale Kunst, die dem Auge die dreidimensionale Präsenz von Vögeln, Mäusen, Blumen oder Hutständern vorgaukelt, läßt sich bis zu den Erbsenschoten und Haselnüssen zurückverfolgen, die offenbar über Fußbodenmosaiken aus dem 2. Jahrhundert hingestreut liegen. Für die klassische Welt waren derartige Effekte Beweise höchster Kunstfertigkeit. Fresken an den Innenwänden römischer Villen täuschten in geschlossenen Räumen Ausblicke in herrliche Gärten vor. In der Renaissance tendierte diese wiederentdeckte Illusionskunst zur christusgleichen Grenzüberschreitung: Pilger hefteten Abzeichen und Symbole an ihre winzigen Andachtsbücher, um den an einem Heiligtum empfangenen Segen festzuhalten; Adlige preßten Blumen oder Insekten in ihre illustrierten Stundenbücher, um sich die Erinnerung an ihre Reisen zu bewahren. Gegenstände durchbrachen die Bildfläche illustrierter Manuskripte, Figuren lugten hinter Vorhängen hervor, die Ölgemälde zu verhüllen schienen. In den Kuppeln der Kirchen des Barock lenkten vorgetäuschte Himmel und Engel den Blick vom Sichtbaren zum Transzendentalen.

Die Holländer und Dänen des 17. Jahrhunderts benutzten diese Illusionskunst, um die Eitelkeit und Hohlheit der Fleischeslust bloßzustellen, die in den Gesellschaften der Reichen über die Stränge schlug. Allein Cornelis Gysbrechts erfand in Antwerpen und Kopenhagen ein halbes Dutzend illusionistischer Motive – Quodlibets auf nur angedeutetem Hintergrund, unordentliche Wandborde mit halboffenen Briefen, überquellende Kabinette, durch halbgeöffnete Glastüren gesehen, halbgefüllte hängende Taschen, halb umgedrehte Gemälde, die die rohe Leinwand auf der Rückseite erkennen lassen, und die Nische der Vergänglichkeit mit Schädel und Kerze, die sich als halb vom Rahmen gelöste bemalte Leinwand herausstellt. Von Gysbrechts stammt auch die *Chantourné*-Figur, das lebensgroße, ausgesägte und bemalte flache Abbild einer Person, das im Sommer vor den unbenutzten Kaminen deutscher Schlösser, französischer Châteaux, in den Ecken englischer Landhäuser und den Vestibülen amerikanischer Villen plaziert wurde. Diese Kaminschirme sah man im 18. Jahrhundert als Erfrischung für das Auge im kultiviertesten Sinne an, weil sie einen vollkommen neuen Blickfang in einen Raum brachten. Andere illusionistische Kabinettstückchen nutzten die Faszination des Papiers in der Aufklärungszeit: Es waren Schriften, heilige Abhandlungen, Traktate, Bücher, Briefe, Eintrittskarten, Zeitungen – sämtlich Metonyme für Vernunft, Bildung und Freiheit. In der Tat seriöse Erfrischungen. Um 1800 unter dem Begriff *Trompe-l'oeil* zusammengefaßt, verloren diese Stücke allmählich ihren Status als Hinweise auf Sitte und Moral. Um 1900 war daraus eine anrüchige »Sinnestäuschung« geworden, die dasselbe Unbehagen auslöste wie die maschinell hergestellten Köder: Man sah sie nur noch als hinterhältigen Trick. Das Trompe-l'oeil war nicht länger Beweis für Kunstfertigkeit, sondern höchstens für eine Verschlagenheit, mit der man auch zwei ahnungslose Vögel mit einem Stein tötete.

Von Anfang an spielten beim Trompe-l'oeil Vögel und das Fliegen eine Rolle. In Plinius' Geschichte von den Trauben des Malers Zeuxis versuchen Vögel an Früchten zu picken, die der Meister gemalt hatte. Zu häufig, um reines Ornament zu sein, balancieren Papageien über gemalte Balustraden, zerren uns mit ihren krummen Schnäbeln und Klauen zu Aussichten, in die man wegen ihrer Tiefe und Körperlichkeit am liebsten eintauchen möchte. Vor allem Körperlichkeit verlockt zum Zugreifen. Deshalb findet man in östlichen wie in westlichen Trompe-l'oeils stets eine Fliege, die bewegungslos in einer Ecke oder auf jemandes Nase sitzt. Wie das Trompe-l'oeil selbst will auch die Fliege uns bis in die kleinsten Einzelheiten erkunden, seien wir nun Christen oder Konfuzianer. Die Fliege bewegt sich in den

Spalten von Häusern und Knochen, ist Zeugin von Festen und Katastrophen. Lange glaubte man, sie entstehe von selbst aus dem Nichts, um kurze Zeit von dem zu leben, was wir ihr übriglassen. Sie ist das Nachbild des Fleisches.

»Maler versichern uns, am schwierigsten sei es, lebendige menschliche Haut zu imitieren«, hieß es in *All the Year 'Round* im Jahr 1880. »So manche gemalten Vorhänge möchten wir am liebsten berühren, Kelche an unsere Lippen führen, Räume mit gemalter Perspektive betreten, in gemaltem Wasser baden oder den Duft von Blüten und Früchten einatmen. Aber kein Gesicht, das auf eine Leinwand gemalt ist, hat das Auge je so getäuscht, daß es für Realität gehalten wurde.« Der Künstler des Trompe-l'oeil gestaltet hervorragende Oberflächen, aber nicht *unsere* Oberfläche – das erstaunliche Gegenstück zur Heuchelei, die hinter einem freundlichen Äußeren Heimtücke verbirgt.

Was aber sollten dann die grünen Gesichter auf Banknoten und Briefmarken bedeuten, die in den achtziger Jahren des vorigen Jahrhunderts in Gemälden von William Harnett und John Haberle in Chicago, Boston, Philadelphia und New York auftauchten? Trotz seiner Protesterklärung – »ich imitiere nicht die Natur« – nahm man Harnett im Jahr 1886 wegen Fälschung fest. Seine Bilder mit Dollarscheinen (wie auch die anderer Künstler) wurden vom Schatzamt beschlagnahmt, dessen Agenten die Spur eines Großfälschers verfolgten, der in der Tat Banknoten von Hand fertigte.

Dieser »Jim der Schreiber« wurde erst Jahre später als Emanuel Ninger aus New Jersey identifiziert, ein ehemaliger Schildermaler, der echte Banknoten auf feuchtes Seidenfaserpapier mit Kaffeeflecken preßte, dann die Linien miteinander verband und die Farben auftrug. Ein Kalligraph beschimpfte Ninger als »papageienhaft«, ein anderer lobte ihn als »erstklassigen Impressionisten«. Harnetts Dollarbilder waren dubiose Sensationen zu einer Zeit, da Fälscher Reichtümer anhäuften, insbesondere in Rußland, wo eine Bande Halbrubelscheine mit der Aufschrift »Unser Geld ist nicht schlechter als eures« in Umlauf brachte. Viele Sammler aber verschmähten Harnetts Dollarbilder zugunsten der vielen Versionen seines Werkes *Nach der Jagd* (1883), eines wohltuend antiken Trompe-l'oeil mit den Utensilien einer Jagd und der prächtigen Trophäe, einer Wildente, im Mittelpunkt.[2]

Durch die Justiz gezwungen, sich von seinem einseitigen Dollarbild loszusagen, malte John Haberle auf eine Leinwand die Rückseite einer Banknote, die 1889 die strenge Warnung JEDER Art von Nachahmung trug. Aus einer armen Familie stammend, hatte Haberle beide Seiten der bei der Reproduktion angewandten Tricks kennengelernt – Edelmetall und Biologie. Er hatte das Handwerk des Silbergraveurs erlernt, aber ebenso bei dem Paläontologen Othniel Marsh in Yale gearbeitet, der Skelette für Ausstellungen montierte. Er wußte genau, was er tat, als er seine feinen Scherze mit Dollarnoten, französischen Postkarten oder dem Pamphlet »Wie soll das Baby heißen« trieb, das bei seinem Erscheinen in *A Bachelor's Drawer* einen Skandal auslöste. Als nach 40 kniffligen Gemälden seine Augen nachließen, gab Haberle das Malen auf. Eine Ausnahme war *A Japanese Corner* von 1898, wo auf einer Seite zu lesen steht: »Nicht berühren«.

»Man streckt ganz unwillkürlich seine Hand danach aus«, schrieb ein Bewunderer mit feinem Hintersinn über ein Werk von John Frederick Peto, einem Zeitgenossen Haberles, der ebenfalls Dollarnoten malte. »Man ertappt sich bei dem Gedanken, ... die Gegenstände aus dem Bild herausnehmen zu wollen. Kurz gesagt, wenn man das Bild ins rechte Licht rückt, ist die Illusion vollkommen.« Das rechte Licht war ebenso wichtig für die visuelle Toleranz des Mikroskops wie für die trügerische Greifbarkeit des Trompe-l'oeil. Wenn Haberles Arbeiten, wie es in einem Katalog hieß, »mit mikroskopischer Genauigkeit gemalt« waren, wenn Haberle selbst in seinem Bild *Changes of Time* von 1888 ein (gemaltes) Vergrößerungsglas über (gemalten) historischen Banknoten aufhing, dann sind wir in diesem Bericht über die Geschichte der Camouflage verpflichtet, auf die historische Bedeutung des »dritten« Auges und die immense kulturelle Kraft der (vermittelnden (eingreifenden)) Linse hinzuweisen.

Augengläser sind um 1260 erfunden worden – dieser Schluß liegt zumindest nahe, wenn man die Zeichnung eines Kranichs mit Brille in einem Psalmenbuch, die Verse deutscher Dichter, das Statut der Glasschleiferzunft von Venedig oder eine 1305 in Florenz gehaltene Predigt in Betracht zieht. Seitdem stehen Brillen für sehr verschiedene Dinge. Bei Affen, klapprigen alten Männern, Wucherern, Höflingen und perückentragenden Richtern galten sie als Zeichen von Torheit, Senilität, Geiz, Affektiertheit und Blindheit der Justiz; bei Gelehrten, Hofnarren, Notaren und ledigen Frauen standen sie für Gelehrsamkeit, Klugheit, peinliche Genauigkeit oder unangenehmen Scharfsinn. Jahrhundertelang galten sie eher als Symbole denn als Sehhilfen. In konvexer Form waren sie einfache Vergrößerungsgläser, eine Hilfe für den Lese- und Schreibkundigen, der zunehmend seine Altersweitsicht spürte, als die Drucker nach 1475 immer kleinere Buchstaben verwendeten. Zwar stellte man seit 1450 auch konkave Gläser (für kurzsichtige Jäger) her, und seit 1600 produzierten die Venezianer Linsen abgestufter Stärke, dennoch gelang es damals nur zufällig, die Sehschwäche eines Menschen wirklich zu beheben. Lucia, die Schutzheilige, die man um das Augenlicht anflehte, hatte von den Brillenmachern wenig Konkurrenz zu befürchten.

Da das Lesen durch eine in flackerndem Kerzenlicht flimmernde Linse äußerst anstrengend war, klagten Bücherwürmer wie der Historiker Justus Lipsius im 16. Jahrhundert ihr Leben lang über schlechtes Augenlicht und noch schlechtere Brillen. Sein Zeitgenosse, der Mailänder Arzt Girolamo Cardano, befürchtete, gekrümmte Gläser könnten das Abbild eher verzerren als korrigieren. Cardanos Bedenken gingen auf drei Debatten zurück, die seit langem hartnäckig geführt wurden: erstens, ob den Sinnen im Unterschied zum denkenden Geist zu vertrauen sei; zweitens, ob dem Sehvermögen (Malerei), dem Tastsinn (Skulptur) und dem Gehör (Musik) nicht nur relative Bedeutung zukomme; drittens, ob Augengläser nicht eine unnatürliche Sache seien. Zu letzterem schrieb ein Dresdener Augenarzt im Jahr 1583: »Es ist viel besser und nützlicher, keine Brille zu benutzen. Denn natürlich sieht und erkennt ein Mensch die Dinge besser, wenn er nichts vor seinen Augen hat, als wenn dort etwas ist.« Produzierten etwa *spectacula* (Brillen) dieselbe Art Geister wie die *specula* (Spiegel) des Roger Bacon, der im Jahr 1267 gewarnt hatte: »Wer hineinschaut, läuft auf das Bild zu und glaubt, da seien Dinge, wo doch nur Erscheinungen sind.« Konnte man den Abbildern einer Welt trauen, die nicht unmittelbar ins Auge gelangten, sondern von gekrümmtem Glas gefiltert waren? Wie sollte es möglich sein, daß eine Konstruktion aus denselben unvollkommenen Linsen plötzlich, 1600 Jahre nach Auferstehung und Himmelfahrt, dem Auge Himmelskörper erschloß, die bislang unsichtbar gewesen waren?

Historiker streiten darüber, in welchem Maße die neuen Erfindungen und Verfahren der wissenschaftlichen Revolution dazu führten, daß man sich von gedanklichen Experimenten abwandte und die Theorien über die natürliche Welt praktischen Tests unterzog. Jede neue Erfindung fiel aus dem Rahmen des Gewohnten und konnte leicht in den Verdacht geraten, nur das zu beweisen, was zu beweisen war. Wenn sie in der Hand von Unkundigen versagte wie die Luftpumpe, die Robert Boyle und Robert Hooke bauten, oder das Prisma, das Isaac Newton benutzte, wessen Versuche oder Hypothesen konnte man dann vertrauen? Ebenso streiten Historiker darüber, in welchem Maße die dramatische Verbesserung des Sehens im 17. Jahrhundert unsere Erkenntnis der materiellen Welt voranbrachte. Vasco Ronchi vertritt die Auffassung, die Erfindung des Teleskops habe eine Situation abwarten müssen, da der Mensch seinem Auge zutraute, die Wahrheit zu sehen. Erst im 17. Jahrhundert waren die Menschen geneigt zu glauben, daß sie durch die Linsen etwas anderes als nur eine optische Täuschung erblickten. Erst als Forscher dem vertrauten, was sie sahen, trennten sie sich vom Doppelbegriff des Lichts als entweder etwas Sinnlichem *(lumen)* oder Körperlichem (*lux*, das Licht der biblischen Genesis vor Erschaffung der Sonne) und entschieden sich dafür, Licht als rein physikalische Erscheinung, das Sehen jedoch als physikalischen Vorgang zu betrachten. Die Gesetze der Optik, die Newton erahnte, waren kein zufälliges Nebenprodukt anderer Forschungen; sie standen an der Wiege der Moderne.

Aber die Naturphilosophen der wissenschaftlichen Revolution lernten nicht so sehr, ihrem Auge zu vertrauen; vielmehr entwickelten sie Theorien über das Licht, die dessen physikalischen Aspekt akzeptabler erscheinen ließen. Francis Bacon, der über die Art und Weise besorgt war, »wie Licht und seine Ursachen in der Physik behandelt werden ... als seien sie etwas halb Göttliches und halb Natürliches«, ermutigte seine Anhänger dazu, mehr zu experimentieren und weniger zu sinnieren. Allerdings glaubte er nicht daran, daß man flüchtige Erscheinungen *sehen* könne. Damit meinte er weniger eine neue Art des Sehens als vielmehr ein anderes methodologisches System. Wenn wissenschaftliche Beobachtungen überzeugender wirkten, dann deshalb, weil man sie wiederholen und damit bestätigen konnte, nicht weil man nun seinem Auge mehr vertrauen durfte.

Als im 18. Jahrhundert die Pest aus nahezu ganz Europa verschwand und die Mittelschichten sich zunehmend besser ernährten, stieg die durchschnittliche Lebenserwartung. Deshalb gab es auch immer mehr alte Menschen, die allmählich die Fähigkeit einbüßten, so nahe und geliebte Dinge wie Gesichter, Schriftzüge oder Gedrucktes klar zu erkennen. Auch die Zahl von Arbeitern mit Augenkrankheiten, die vom Qualm und Staub in den Fabriken herrührten oder mit Sehschwächen von übermäßiger Anstrengung der Augen – bei Näherinnen, Druckern oder Wachsblumenmalern – nahm zu. Augenkrankheiten, nach einem Bericht aus Boston vom Jahre 1828 »überwiegend Krankheiten der Armen«, waren 1898 nicht mehr allein das Berufsrisiko von Frauen, die Bleistifte lackierten, oder von Metallschleifern ohne Schutz vor scharfen Metallsplittern, sondern auch von Telefonisten, Studenten, stark beanspruchten Geschäftsleuten oder reichen Neurasthenikern.

Erst als das schlechte Sehen zunehmend als störend empfunden wurde, vor allem von jenen, die nun an Schreibmaschinen, mit Hochgeschwindigkeitsbohrern oder an ohrenbetäubenden Rotationsdruckpressen arbeiteten, wurden die Sehhilfen Schritt für Schritt verbessert. Bisher waren Brillengläser ein Nebenprodukt der Glasherstellung gewesen, ihre Unreinheiten hatte man durch eine rosa Tönung zu kaschieren versucht. Die Schweizer entwickelten und die Deutschen vervollkommneten ein Verfahren, mit dem der Glasschmelze Homogenität verliehen werden konnte. Höhere Qualität des Glases führte zu klareren Gläsern. Mit dem Ophtalmoskop (1850) konnte der Fachmann durch die direkte Untersuchung der Netzhaut nun die Abweichung des einzelnen Auges genauer bestimmen. Die Vorgaben für das unterschiedliche Einschleifen der beiden Gläser einer Brille wurden verfeinert, als 1862 die Sehprüfung von Snellen aufkam und als Frans Cornelis Donders 1864 die Augenärzte darauf aufmerksam machte, daß Astigmatismus der häufigste Sehfehler ist. Am Ende des Jahrhunderts, als Thayer über die Schutzfärbung von Tieren predigte und Haberle täuschend echte Dollarbilder malte, waren funktionierende Brillen, deren zylindrische Gläser Kurz- und Weitsichtigkeit sowie Astigmatismus zu korrigieren vermochten, bereits überall zu haben.

Inzwischen hatten sie auch den richtigen Sitz. Bis zum 18. Jahrhundert kam zur schlechten Qualität der Gläser das Problem, diese vor dem Auge zu fixieren. Ob auf die Nase geklemmt oder an einem Stirnband befestigt, ob an einer Seidenschnur um den Hals gehängt oder an einem kurzen Stab befestigt und vor die Augen gehalten – Brillen waren besser geeignet, nach oben als nach unten zu schauen. Es war genauso anstrengend, sie am richtigen Ort zu halten wie längere Zeit hindurchzuschauen.

»Schläfengläser, die einen frei atmen lassen«, nannten die Franzosen die neuen Brillen mit steifen Bügeln, die sich zu beiden Seiten an den Kopf preßten. Zwar war es 1727 noch nicht schick, ständig mit einer Brille auf der Nase herumzulaufen, aber praktisch war es allemal. Verschiedene Arten von Brillen, darunter die bifokale von Benjamin Franklin, fanden sich in Firmenbüros oder Künstlerateliers des 18. Jahrhunderts. Dort malte Jean-Baptiste Chardin mit weit über 70 Jahren Selbstporträts, auf denen er mit einer Bügelbrille oder einem Kneifer zu sehen ist. Goethe wehrte sich noch 1805 dagegen, seine Sehgewohnheiten zu ändern, als er sich darüber ärgerte, von einem freundlichen Fremden mit Brille angesprochen zu werden. Er wollte sich nicht mit einem Mann unterhalten, dem er nicht ungehindert in die Augen sehen konnte. Die Brille, die bis zur Mitte des 19. Jahrhunderts noch als merkwürdig, störend und unnatürlich galt, wurde nach und nach als so alltäglich und praktisch empfunden, daß sie sich auf Porträts solch dominanter Frauenfiguren wie Madame Tussaud oder Königin Viktoria geradezu natürlich ausnimmt. Was zuvor furchterregend wirkte (so z. B. ein bebrillter Chirurg bei einer Beschneidung), war »das beeindruckende Zukunftsbild des modernen Mannes«, wie *Fraser's Magazine* 1876 fand.

Da man nun ohne zu blinzeln durch Brillen schauen, Operngläser oder Fernrohre benutzen konnte, sahen begüterte Leute in der Linse mit der Zeit mehr als nur ein Hilfsmittel für schwache Augen. Sie vermittelte tiefere Einsichten. Nachdem sie den Menschen bislang unbekannte Monde, Sterne und 1880 sogar die Marskanäle sichtbar gemacht hatte, enthüllte sie nun im Mikroskop die Voraussetzungen für ihr Leben auf der Erde. Antoni van Leeuwenhoek hatte bereits Ende des 17. Jahrhunderts mit guten Mikroskopen von 24facher Vergrößerung Bilder von menschlichem Haar und Blut beschrieben. Forscher des 18. Jahrhunderts konnten seine Schilderungen kaum bestätigen, da ihre Linsen von schlechterer Qualität waren, wenn sie auch stärker vergrößerten. Jeder sah etwas anderes. Der italienische Anatom Felice Fontana schrieb 1781, jeder Dummkopf könne in ein Mikroskop schauen, aber nur wenige könnten sich dessen sicher sein, was sie dort sähen. Vieles, was Wissenschaftler im Mikroskop zu erkennen glaubten, seien Trugbilder, geschaffen von gebrochenem Licht. Das Komposit-Mikroskop wies acht verschiedene Abweichungen auf. Diese wurden erst 1873 überwunden. Mit der Herstellung geschlossener Objektträger, der Verwendung von Anilinfarben als Kontrastmittel, einer verbesserten Auflösung und einer 500fachen Vergrößerung waren die Kristallographen und Mikrobiologen nun in der Lage, ihre Entdeckungen in feinsten Standardmaßeinheiten zu beschreiben. Zwar warnte der Präsident der American Association of Microscopists noch im Jahr 1883: »Selbst ein geübtes Auge läuft Gefahr, eine geistige Vorstellung auf die Ebene des Objektivs zu projizieren und … nicht das zu sehen, was dort wirklich ist, sondern was nach einer bestimmten Theorie dort sein sollte.« Jedoch der kulturelle *Sinn* des Mikroskops lag darin, daß man durch sein Okular die innere Wahrheit der Dinge erkennen konnte.

Wie Sherlock Holmes, der mit seinem Vergrößerungsglas Fingerabdrücke auf Fensterbrettern suchte, schaute man durchs Mikroskop auf die Dinge hinab und in sie hinein, eine Tätigkeit, die zwar inszeniert und manipuliert war, zugleich aber auch etwas Beweiskräftiges an sich hatte. Mit Hilfe dieser Konstruktion von Linsen waren Detektive, Journalisten und Bakteriologen in der Lage, Licht in die bisher im dunkeln liegenden Prozesse von Verbrechen, Verzweiflung und Krankheit zu bringen. Der Mensch konnte nun auf die geheimsten Fragen seiner Identität und seines Ursprungs Antwort finden. Noch tiefere Einsichten wurden möglich, als Wilhelm Röntgens Gammastrahlen, die das innerste Wesen des Menschen und, wie man behauptete, sogar seine Gedanken ans Licht bringen sollten, im Jahr 1896 von Deutschland aus ihren Siegeszug durch die Welt antraten.

Unter diesen Umständen und angesichts einer solch spektakulären Technologie war das Trompe-l'oeil eine Augenkrankheit, verkörpert nicht nur durch die Fliege, die den flüchtigen Betrachter täuscht, sondern durch eine Tradition der Werbekunst, in der man ein Stück gefärbtes, gekrümmtes Glas zwischen den Betrachter und einen ausgestopften grünen Papageien schob oder auch eine Matrone, die gerade Browns Iron Bitters trank. Das Trompe-l'oeil war für die hohe Kunst, was neurasthenische Schwäche für den gesunden Körper war – eine schwächende Erregung der (Seh-)Nerven mit Symptomen von Schwindel, Überempfindlichkeit und Erschöpfung. In einer Welt von Millionen elektrischer Glühbirnen, Hunderttausenden exakt angepaßter Brillen, Tausenden Mikroskopen und Hunderten Röntgenuntersuchungen, zu denen man kam, um seine strahlenden Knochen zu betrachten, wirkte ein Trompe-l'oeil wie böser Wille oder zumindest Irreführung.

»Der Gesichtssinn«, schrieb Abbot Thayer, »entscheidet im letzten Augenblick über das Schicksal der Beute … *Ein einziger Moment erfolgreicher Tarnung reicht aus, um ein Tier vor einem vorbeieilenden Räuber zu schützen.*« Das Trompe-l'oeil wirkt wie die Schutzfärbung in ihren besten Varianten (die eher kühne Mimikry als Farbe einsetzt) höchst täuschend für den raschen Blick. Seit 1900 wurde der Durchschnittsleser mit irreführenden Schlagzeilen in riesigen fetten Lettern und dramatischen Aufmachungen dazu verführt, Zeitungen zu kaufen, deren kurze Absätze und grelle Bilder kaum Substanz hatten, dafür aber flüchtige Geschehnisse in großer Menge vermittelten wie bunte Postkarten. Die Leser überflogen die Blättchen mit einem Blick, während sie sich in überfüllten Omnibussen drängten, gewöhnten sich an bestürzende Zwischenfälle und unerwartete Katastrophen.

Auf den schnellen Blick folgten die schnellen Bilder – das Kino. Die neuen bewegten Bilder ermöglichten zunächst zeitlich gestreckte Aufnahmen relativ langsamer Bewegungen. Aber am meisten erregte das Publikum, daß die im Projektor ablaufenden Szenen auf die Leinwand geworfen werden konnten – Arbeiter, die zum Feierabend am Fabriktor erschienen, Pferde, die das englische Derby liefen, die Ankunft des Paris-Express, Striptease- oder Jagdszenen. Das Kino war ein neues Schauglas, das es ermöglichte, scharf zu sehen und Dinge zu erblicken, die man vorher nicht zu Gesicht bekommen hatte. Viele frühe Filme wie die des Verwandlungskünstlers und Imitators Lepoldo Fregoli, liefen darauf hinaus, falsche Identitäten zu entlarven und Täuschungen zu enthüllen. Natürlich machten sich die Menschen keine Illusion darüber, daß Filme inszeniert waren. Harte Schnitte und die Namen bekannter Darsteller im Abspann wiesen sie als Kunstprodukte aus. Bereits 1901 wurde in *The Countryman's First Sight of the Animated Pictures* (Ein Dorfbewohner sieht zum ersten Mal lebende Bilder) ein Landei verspottet, das den Film für das wirkliche Leben hielt. Aber die Menschen ließen sich auf die Vorteile des »dritten« Auges ein (das fotografische Auge, schrieb Henry Drummond, sei dem natürlichen Auge überlegen), setzten Brillen auf, um die Untertitel zu lesen oder die Bilder scharf zu sehen, und trauten dem Kinoapparat zu, höhere (oder intimere) Wahrheiten zu verkünden.

Natürlich war die Handlung jedes Films fiktiv. Der anscheinend fließende Übergang von einem Bild zum nächsten nutzt die Physiologie des Nachbildes, des Bruchteils einer Sekunde, den die Netzhaut ein Abbild festhält, ebenso die Psychologie der *Gestalt*, unsere Tendenz, die Dinge in ihrer Gesamtheit zu erfassen. Während das von einer Linse unterstützte Auge mikroskopische Zellkulturen, ganze Fotoalben von Ureinwohnern ferner Länder, Filmaufnahmen vom Geschlechtsakt oder teleskopische Spuren des Sonnensystems kompilierte, erwies sich das bloße Auge mehr und mehr als unzuverlässig. Von Verletzungen durch Arbeitsunfälle oder von nervösen Blackouts bedroht, erlitt es ebenso irreparable Schäden durch Masern oder Windpocken. Aber auch ein gesundes und geschütztes Auge war nicht besser dran, denn Psychologen fanden heraus, daß Menschen die Welt permanent so verzerrt sehen können, wie es sich höchstens ein Trompe-l'oeil-Künstler vorstellen kann. Wir überschätzen Vertikalen, wir sehen Parallelen gekrümmt, wenn sie von Diagonalen geschnitten werden, wir wählen Teile eines Bildes aus oder fügen sie zusammen, bis sie ein bekanntes Ganzes darstellen. »Von allen Sinnen erliegt keiner so häufig der Täuschung wie der Gesichtssinn«, schrieb der englische Gelehrte und Propagandist populärwissenschaftlicher Kenntnisse Silvanus P. Thompson im Jahr 1880. Sehen sei keine unmittelbare Reaktion auf die Reizung der Stäbchen und Zäpfchen der Netzhaut, es sei eine Frage der *Aufmerksamkeit*, von *Lux* und *Lumen*.

Aufmerksamkeit führt zu Wahrnehmung, auch von Farben. Wir sind stets auf der Suche nach visueller Ordnung, nach Symmetrie und Gleichgewicht. Wir bestehen darauf, einen Vorder- und einen Hintergrund zu erkennen. Wir verleihen Objekten Bewegung, Bestand und Dauerhaftigkeit. Wir werden dynamisch von dem ergriffen, was wir sehen. Einblick sei eine Verlagerung der Aufmerksamkeit, schrieb der deutsche Gestaltpsychologe Wolfgang Köhler, Direktor der Anthropoidenstation auf den Kanarischen Inseln. Menschenaffen lernten durch *Geistesblitze*, die zum Teil ein Ergebnis optischer Täuschung seien, wenn irrtümlich ein Ding für ein anderes gehalten werde – etwas, das die Dichter Metapher nennen.

In Deutschland, wo die gestaltpsychologischen Grundsätze der Wahrnehmung vor dem Ersten Weltkrieg entstanden, plünderten Strategen Abbott Thayers Arbeiten für die Entwicklung der militärischen Tarnung. Thayer selbst war für derartige Gedanken empfänglich: »Ein veränderter Blickwinkel des Betrachters läßt jede Einzelheit [des Pfaus] in neuen Farben und in einem neuen Verhältnis zu anderen Details und zum Gesamtbild erscheinen.«[3] Die Kultur der Kopie nahm hier zu Erfahrungen und Theorien Zuflucht, nach denen dem bloßen Auge nicht mehr zu trauen war, Gestalt und Hintergrund nicht mehr stabil waren und die Verwechslung von beiden fatale Folgen haben konnte.

Täuschung

Die Soldaten des Ersten Weltkrieges, die am Boden auf Tod oder Verstümmelung warteten, bekamen den Feind nur selten zu Gesicht. Viele hatten sich heroische Nahkämpfe vorgestellt, wie die Franzosen in der Champagne im Jahr 1915, denen beim Sturmangriff ein Orchester voranmarschierte. Was sie statt dessen erlebten, war Sperrfeuer aus Geschützen, die meilenweit hinter ihnen (die eigenen) oder vor ihnen (die des Feindes) standen. Weder die Männer, die die Haubitzen bedienten, noch die, die von den Staubfontänen einschlagender Geschosse eingekreist waren, konnten viel sehen. Wenn die Infanterie vorrückte, dann bewegten sich die Soldaten kriechend wie Affen mit 30 Kilo Proviant und Ausrüstung auf dem Rücken. Jenseits von Schlamm, Minen, zerfetzten Leichen und Stacheldraht hatte sich der Feind mit seinen Maschinengewehren eingegraben. Hatte ein Soldat die ersten Minuten außerhalb des Grabens glücklich überstanden, konnte er durch den Rauch vielleicht die vorderste Linie des Gegners, ein paar Gestalten, schemenhaft wie Geister, erkennen. Und Geister gab es in der Tat viele. Typhusepidemien an den Fronten brachten Tausenden Männern Fieberträume, in denen sie alles doppelt sahen, bevor sie ganz im Dunkel des Vergessens versanken.

Die militärische Tarnung reproduzierte die visuellen Erfahrungen der Frontsoldaten: Täuschung, Unschärfe, Verdrängung, Desorientierung, Fragmentierung, Benommenheit. Konnten die alptraumhaften Halluzinationen, die Amnesie, die Sprach- und Gehörlosigkeit, das Fluchtsyndrom, das Zittern und die Schwindelanfälle der neuartigen Bombenneurose zuweilen noch als Einbildung verängstigter Menschen angesehen werden, so widerspiegelten die Symptome solcher »Drückebergerei« oder »Feindesangst« in gebrochener Weise die Methoden der *Camoufleure*: Mimikry, Farbabstufung, Köderung, Maskierung, Irreführung und Täuschung. Kriegstrauma und Trompe-l'oeil des Krieges waren die zwei Seiten einer Medaille.

Unklar ist der Ursprung dieses »verblüffenden und verwirrenden Wortes Camouflage, das kürzlich in unsere Sprache Eingang gefunden hat«, schrieb der *Camoufleur* Maurice G. Debonnet im Jahr 1918. Kam es vom französischen Argot-Begriff für Kerze – *camoufle* –, das finstere Untaten bezeichnete, die sich »hinter dem Rauch alter Talgkerzen verbargen«? Oder bedeutete es, wie in der französischen Theatersprache, Make-up und Verkleidung?

Oder stammt es, wie Professor Poulton meinte, vom militärischen *camouflet*, einer Mine, »die in den Erdwall zwischen den Laufgängen von Belagerern und Belagerten gelegt wird, um, wenn sie explodiert, den Minenleger der Gegenseite zu töten, zu verschütten oder ihm den Rückzug abzuschneiden«? Die verschiedenen Theorien lassen sich nach den beiden Zielen der Tarnungsstrategie unterscheiden, entweder etwas zu verhüllen (unsichtbar zu machen) oder herauszustellen (falsche Tatsachen vorzuspiegeln).

Auf dem Schlachtfeld bedeutete dies das Ende farbenprächtiger Uniformen, die den eigenen Truppen Mut machen und den Feind einschüchtern sollten. Angesichts von Maschinengewehren, die 300 Schuß in der Minute abfeuerten, ging von Soldatenreihen in strahlendem Weiß oder flammendem Rot keine abschreckende Wirkung mehr aus. Schon die amerikanischen Ureinwohner und englische Siedler hatten in Wäldern und Prärien so etwas wie Schutzfärbung angenommen, doch die erste absichtsvoll unauffällige Uniform trugen die paramilitärischen Indian Guides von 1846, die sich in Khaki (auf Urdu: Staub) kleideten. Reguläre britische Truppen färbten im Afghanistan- und Ägyptenkrieg 1880–1882 ihre weißen Tunikas khakifarben. Im Burenkrieg 1899–1902 trugen sie bereits khakifarbene Felduniformen. Damals kam auch das rauchfreie Kleinkalibergewehr zum Einsatz, mit dem man bis auf eine Meile weit traf, was die Optik des Krieges gründlich veränderte: »Der alte Schrecken eines sichtbaren Feindes wich nun dem lähmenden Gefühl, gegen einen unsichtbaren vorzurücken.« Das Khaki der Briten, das Gelbgrün der Japaner in der Mandschurei im Jahr 1905, das silbrige Grün, das die deutsche Armee sich 1910 zulegte, wurde für die Infanterie zum Mantel der Unverwundbarkeit. Die französischen Regimenter, die 1914/15 noch in roten Hosen in die Schlacht zogen, wechselten rasch zu himmelblau, der Farbe des Horizonts. Nach dem Krieg schrieb ein russischer Oberst: »Jeder, der den letzten Krieg erlebt hat, weiß, daß es wichtiger ist, sich unsichtbar zu machen als Schutzbauten zu errichten.«[4]

Angesichts von Qualm und Morast war es kaum von Bedeutung, welche Farbe die schmutzbedeckten Uniformen in den Gräben auf beiden Seiten des Niemandslandes hatten. Als erste benutzten die Deutschen Tarnung an der Front, als sie in Brustwehren aus Sandsäcken vereinzelt schwarze Säcke einbauten, um das Feuer des Gegners von den wirklichen Schießluken abzulenken. Das waren aber nur die ersten Kunststückchen von Trompe-

Retuschiertes Foto eines Zebras aus Pappe inmitten unechten Schilfrohrs. In: Gerald H. Thayer, *Concealing-Coloration in the Animal Kingdom* (1909). In seiner natürlichen Umgebung, so argumentierten Abbott Thayer und sein Sohn Gerald, sorgten die Streifen des Zebras für Unsichtbarkeit. Die »Zebrastreifen«, die die Marine hingegen im Ersten Weltkrieg ausprobierte, sollte Schiffe nicht unsichtbar machen, sondern U-Boot-Kommandeure hinsichtlich der Form, Größe und Richtung eines Schiffes verwirren. Während des Zweiten Weltkriegs kamen »Zebrastreifen« vor allem bei schweren Kreuzern zum Einsatz.

l'oeil, vergleichbar den Pappmaché-Attrappen von Pferdeleibern, in die Scharfschützen krochen, oder die flachen Papp-»Tommies«, die man aus den Gräben hielt, um die Scharfschützen des Gegners zu irritieren.

Was Tarnung im Kriege wirklich bedeutete, was ihr diesen mystischen Nimbus verlieh, hing nicht damit zusammen, daß die eine Seite sich vor der anderen verbarg, sondern daß sie sich vor jenen feindlichen Augen schützte, die sich von oben Einblick zu verschaffen suchten. Vor Beobachtern mit Ferngläsern, die in künstlichen Bäumen auf zerfurchten Schlachtfeldern versteckt waren – Baumattrappen mit abgerissenen Kronen, Rinde aus Schmiedeeisen, einem Kern aus kugelsicherem Stahl und Stufen, die zu einem Sehschlitz unter künstlich gespaltenen Ästen führten. Vor Beobachtern mit Fernrohren in Ballons und Luftschiffen. Vor allem aber vor Piloten, die Fotos schossen. Auf dem Höhepunkt des Krieges machten die Franzosen

10000 Luftaufnahmen pro Nacht; während der Meuse-Argonne-Offensive von 1918 erhielten die amerikanischen Expeditionstruppen in vier Tagen 50000 Fotos. Kurz vor Kriegsende hatten die Deutschen 2000 Kameras in Gebrauch, die bei voll geöffneter Blende und kurzer Belichtungszeit aus einer Höhe von 3000 Metern Fußspuren aufnehmen konnten.

Deshalb strichen die Kosaken, die von der »alles sehenden und alles registrierenden fotografischen Kamera« über sich wußten, ihre Schimmel grün, damit sie im Laubwerk verschwanden. Deshalb erfanden die Engländer Tarnnetze, die sie mit falschen Blättern garnierten, um damit Geschütze, Gräben und Depots abzudecken; sieben Millionen Quadratmeter gegen die Objektive am Himmel eingesetzt, um die Front nicht als parallel laufende Linien, sondern als ein kompliziertes Gewirr tiefgestaffelter Verteidigungsanlagen erscheinen zu lassen.

Die Franzosen, die sich öffentlich rühmten, die erste Einheit von *Camoufleuren* aufgestellt zu haben, errichteten Schutzdächer aus Zeltplanen, die sie bemalten, als seien es stille Landstraßen. Unter ihrem Schutz konnten sich Truppen ungesehen fortbewegen. Die Deutschen, die schlau genug waren, ihre Tricks geheimzuhalten, hatten bereits vor dem Krieg mit der Tarnung von Luftschutzanlagen gegen neugierige Blicke von oben begonnen. Sie bauten riesige falsche Arkaden über ihre Feldlager, bedeckten Straßen und Felder kilometerweit mit stabilen Hangars, deren Dächer wie die ursprüngliche Landschaft eingefärbt und modelliert waren. In der Nähe eines Landeplatzes bauten sie zwei falsche Flugplätze, wovon sie einen so schlecht ausführten, daß man bei der Analyse der Luftaufnahmen unweigerlich zu dem Schluß kommen mußte, die zweite Attrappe sei das tatsächliche Ziel. Der Porträtmaler Solomon J. Solomon, der die Aktionen der Briten leitete, bei denen Flugplätze als Seen und Abschußrampen für Gasgranaten als Kohlfelder getarnt wurden, bemühte sich vergeblich, seinem Luftwaffenministerium das Ausmaß der deutschen Täuschungsmanöver vor Augen zu führen. Nach Ansicht eines Veterans des 40. Pionierkorps (der amerikanischen Camoufleure) waren 95 Prozent der Tarnung im Ersten Weltkrieg auf beiden Seiten gegen die Luftaufklärung gerichtet.

Wer dazu noch wußte, wie man auf den Krieg hinabzuschauen hatte, wenn man sich mit Schatten auskannte wie ein Maler, mit Projektionen wie ein Architekt, mit Zeichnungen wie ein Zoologe und mit Reflexionen wie ein Physiker, für den bekam der Krieg einen Sinn. Auf ebener Erde waren

Bedeutung, Muster und Pläne kaum noch zu überblicken. Das Gesamtbild mußte von oben her zusammengesetzt werden – aus einem Flugzeug, das eine Front überschaute, so weitläufig, daß ein General auf vorgeschobenem Posten sie auch mit dem besten Fernglas nicht erfassen konnte. Camouflage hatte also die Aufgabe, den Krieg selbst vor dem Auge aus der Luft zu verbergen. Welchen Krieg? Oder die Landschaft so zerwühlt erscheinen zu lassen, als habe der Krieg sie umgepflügt. Welche Landschaft? War nicht alles dort unten – die Schatten, die Trümmer, die falschen Gräben, in denen vier Millionen Menschen Haken schlugen –, war nicht all das der Krieg?

»In der Tat war die Natur dieses Krieges von 1914 bis 1918 anders als die aller bisherigen Kriege«, schrieb Gertrude Stein. »Dort stand kein Mann im Mittelpunkt, umringt von vielen anderen Männern, dort gab es weder Anfang noch Ende, und eine Ecke war so wichtig wie die andere – eine Komposition des Kubismus.« Riesige Geschütze, oben schwarz und unten weiß gestrichen, mit braunen und grünen Flecken dazwischen. »Dieses futuristische Bild«, schrieb Debonnet, »verschmilzt so gut mit der Landschaft, daß nur gelegentliche Mündungsfeuer die Realität preisgeben.« Von den 1200 Männern und 8000 Frauen, die in Frankreich im Zeichen des Chamäleons wirkten und den vielen Tausenden in Deutschland waren sicher nur wenige Kubisten oder Futuristen. Erst im nachhinein wurde aus dem Krieg ein »kubistischer Krieg«. Die Amerikaner sprachen von Schutzfärbung und »indianischen Kampfmethoden«, die Briten von Täuschung und Disziplin, die Franzosen von Kubismus, »einer Kunst, die ans Übernatürliche grenzt«, die Deutschen von Tarnung (Maskierung und Abschirmung). In allen Lagern setzte man dafür Porträtmaler, Kartenzeichner, Karikaturisten, Maskenbildner, Requisiteure, Stukkateure, Näherinnen, Zimmerleute, Ingenieure, Architekten und Bühnenbildner ein. Emotional und visuell war der Weltkrieg ein Krieg der Illusionen und Ernüchterungen, eine Sehstörung, die man anscheinend nur beheben konnte, indem man sich von hoch oben mit Hilfe von Linsen, die verläßlicher waren als das bloße Auge, einen Überblick verschaffte.[5]

Vor allem aber war es ein noch tödlicherer Krieg als alle bisherigen. Von oben sichtbar zu sein hieß, bombardiert zu werden. Während britische Maschinen im Oktober 1914 die Zeppelin-Werke in Düsseldorf angriffen, flog Deutschland den ersten von 51 Luftschiffangriffen und 52 Flugzeugbombardierungen gegen England. Die Bombenabwürfe hinter den Fronten und jenseits des Kanals hatten eher psychologische als strategische Wirkung. Fern von der Front wurden nun Zivilisten zu Ködern für die anfliegenden Maschinen des Feindes. Verfolgt von anderen Raubvögeln, umschwirrt von den Geschossen der Luftabwehr, blieben den Piloten nur kurze Augenblicke, um ein Ziel zu erfassen und ihre todbringende Last auszuklinken. Bombenopfer waren stets Opfer kürzester Einblicke von oben. Während Fotoanalytiker ein geschultes Auge und das Objektiv einer Kamera benötigten, um einen Kriegsschauplatz zu erfassen, mußten Piloten und Bombenschützen Orientierungspunkte blitzschnell erkennen. Russischen Infanteriesoldaten brachte man bei, sich beim Nahen eines Flugzeuges in kreisrunden Gruppen am Straßenrand niederzuwerfen und dabei ihre Waffen zu verdecken, um von oben wie Haufen von Steinen zu wirken, die für den Straßenbau bereitlagen. Wie ein Tier im letzten Augenblick im Gestrüpp verschwindet, so war die Camouflage die Kunst, den Blick abzulenken, der der Attacke vorausgeht.

Das galt zu Land wie zu Wasser. Die primitivste Tarnung auf See war es immer gewesen, unter falscher Flagge zu segeln. Im amerikanischen Bürgerkrieg ließ der Unionistenadmiral David Farragut die oberen Spieren seiner Kriegsschiffe durch Bäume ersetzen, ihre Rümpfe mit Schlamm beschmieren und bei Nacht angreifen. In den Häfen der Konföderierten bejubelte man englische Blockadebrecher mit dunkelgrauem Rumpf, einziehbaren Schornsteinen und klappbaren Masten. Die weißen Kriegsschiffe der Engländer, der Deutschen, der Franzosen, der Italiener und der Amerikaner kamen am Ende des Jahrhunderts in Ozeangrau daher, denn die Geschütze trugen inzwischen so weit, daß man Schiffe versenken konnte, kaum daß sie am Horizont auftauchten. Nur wer sich seiner abschreckenden Wirkung vollkommen sicher war wie Theodore Roosevelts Flotte, die in den Jahren 1907/1908 auf den Weltmeeren kreuzte, blieb bei strahlendem Weiß. Das Grau erwies sich allerdings oft als zu dunkel, weil es Schiffe über weite Entfernung als Festkörper verriet. Im Jahr 1902 ließen sich Thayer und sein Freund, der Künstler George de Forest Brush, eine Bemalung patentieren, die die Umrisse der Schiffe auflösen sollte. Sie schlugen vor, weiße Oberdecks beizubehalten, die mit dem Himmel, nicht mit dem Wasser verschwammen.

Ihre Argumente erwiesen sich als prophetisch. Im Ersten Weltkrieg wurde die Kriegsmarine nicht von oben, sondern vor allem von unten und von der Seite bedroht. Nur wenige Flugzeuge hatten die Reichweite für

Angriffe auf hoher See. Die Tarnung mußte hier vor allem vor Blicken durch Ferngläser über unruhige Wellen schützen, vor allem aber durch die Periskope der U-Boote. Durch diese Sehrohre zeichneten sich die oberen drei Meter eines Schiffes scharf gegen den Himmel ab. Hatte man es so gestrichen, daß es mit den Wellen verschwimmen sollte, waren seine Umrisse im Sonnenlicht des Tages und vor dem nächtlichen Sternenhimmel klar zu erkennen. In diesem Verwirrspiel testeten die Marine der Alliierten und die der Deutschen jede mögliche Art von Camouflage. Mimikry: Der obere Teil des U-Bootes *Deutschland* war blaugrün gestrichen und mit weißen Häubchen verziert. Wenn es auftauchte, sollte es wie eine Welle wirken. Farbabstufung: Die Briten probierten Thayers weiß- und perlgraue Töne aus, die Amerikaner blasses Violett, geflecktes Grau, Blau und Grün – Farben, die die Lichtreflexe des Wassers nachahmen sollten. Maskierung: Schlachtschiffe erhielten die Umrisse von Zerstörern, englische Trampschiffe wurden wie Schlachtschiffe aufgemacht. Köderung: Briten und Deutsche tarnten Kriegsschiffe als Frachter oder Passagierdampfer. Irreführung: Da Torpedos bereits bei einem Zielfehler von fünf Prozent ohne jede Wirkung vorbeischossen, entstellten die Briten und Amerikaner die Umrisse ihrer Schiffe durch Bemalung mit Wellenlinien, verschwimmenden Konturen, falschen Ausbuchtungen und allerlei sonstigen Gimmicks. Täuschung: Dicke vertikale und diagonale Linien (Zebrastreifen) wurden auf Schiffsrümpfe aufgetragen, um deutsche U-Bootkapitäne zu verwirren, die mit Hilfe paralleler Linien auf den Linsen ihrer Periskope die Entfernung festzustellen suchten. Bis 1918 hatten die Alliierten insgesamt 4200 Schiffe auf diese oder jene Art mit Tarnung versehen.

Wir haben keine eindeutigen Beweise dafür, daß damit tatsächlich Schiffe gerettet werden konnten. Wir wissen, daß Truppen auf getarnten Schiffen eine bessere Moral hatten, wie auch jene Einheiten, die an Land unter Tarnnetzen lagen. Tarnungsoffiziere wurden »Schaufensterdekorateure« genannt. Aber wie Barry Faulkner schrieb, mochten die Soldaten diese Art von Dekoration, »denn sie gab ihnen ein Gefühl von Schutz, das zwar trügerisch war, aber doch beruhigend wirkte«. Ein Hochstapler beim Militär behauptete, er sei ein Tarnungsoffizier, der »die Dinge anders erscheinen läßt, als sie in Wirklichkeit sind«. Camouflage wurde zur Metapher: »Heute *tarnen* wir unsere Schützengräben, indem wir Drähte ziehen und Gras darauf legen. Später werden wir unsere Gedanken *tarnen*. Politiker sprechen mit ihren engsten Freunden nicht mehr darüber, wie sie ihre Aktionen geheimhalten, sondern wie sie sie *tarnen* können.« Hersteller verkaufen minderwertige Produkte unter der Camouflage unnötigen Schmuckwerks, schrieb der junge Architekt Le Corbusier. Er beklagte, die Industrie sei »der Camouflage verfallen« und mißachte die Bedürfnisse der Menschen. Hatte Freud mit seinen Migränen und dem ganzen Theater nicht genau dies im Sinn, wenn er von Übertragung (Mimikry), Sublimierung (Abstufung), Deckerinnerung (Maskierung), Symbolisierung (Köderung), Kondensierung (Irreführung) und Affektverlagerung (Täuschung) sprach? Hatten Politik, Massenproduktion und Neurosen nicht mit Doppeltsehen zu tun? Beim ganzen *Unbehagen in der Kultur* ist das Gebot »Liebe deinen Nächsten wie dich selbst« undurchführbar, schrieb Freud. Allerdings ist es möglich, unseren Nächsten zu täuschen, so wie wir es selbst von Kindesbeinen an auf diese oder jene Weise mit uns selber tun.

Ersatz

Nach dem Krieg, der allen Kriegen ein Ende setzen sollte, erhielt Freud 1921 einen Brief aus Moskau, der »mit zehntausend Rubeln frankiert (war) – ein Blick in unsere Zukunft, vielleicht auch in Eure«, schrieb er seinem Sohn Ernst in London. Die Geldinflation, die die Wirtschaft des Nachkriegsliberalismus in Deutschland und fast auch den Kommunismus in der Sowjetunion zugrunde richtete, war ein Blick in die *Zukunft einer Illusion* (die beginnende Abwertung des religiösen »als ob«), in die wilden zwanziger Jahre, in die Ersatz-Kultur und Depression der dreißiger. Was äußerlich wertvoll und solide erscheinen sollte, mußte nun künstlich hergestellt werden – eine Fähigkeit, in der die Amerikaner den Europäern den Rang abliefen. Das meinte zumindest Rainer Maria Rilke, als er bereits todkrank war und sich fühlte »wie ein leerer Ort«. An seinen polnischen Übersetzer schrieb er 1925: »Nun drängen von Amerika leere, gleichgültige Dinge herüber, Schein-Dinge, Lebens-Attrappen ... Die belebten, die erlebten, die uns mitwissenden Dinge gehen zur Neige und können nicht mehr ersetzt werden.«[6]

In der Sprache der amerikanischen Werbung war Sterling Leather (künstliches) Lackleder, Islandfuchs – Lamm, Wassernerz – gefärbte Bisamratte

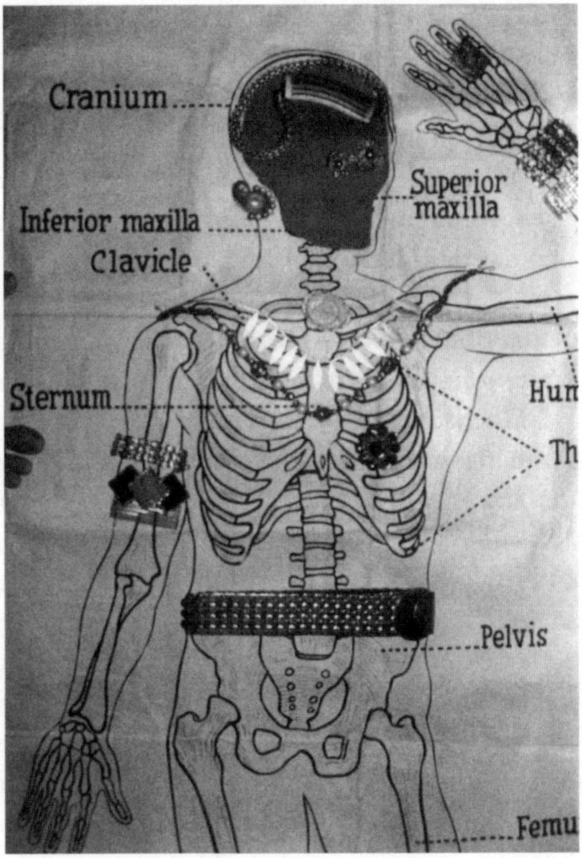

Stand-in von Donna Sasso, 1993. Die Kollage besteht aus verschiedenen Materialen: Glas, geschliffenes Glas, Straß, Messinglegierungen und falsche Diamanten aus Plastik, aber auch Perlen, Malachite, Aquamarine, Gold, Blattgold, Silber und Elfenbein. (Mit freundlicher Genehmigung der Künstlerin)

und Pariser Elfenbein – Zelluloid. Zelluloid war mit Kollodium verwandt, einer Lösung von Nitrozellulose, die man für die Beschichtung von Fotoplatten verwandte. Im Jahr 1863, als man fürchtete, Wilderer könnten afrikanische Elefanten in derselben Zahl abschießen wie Menschen in Gettysburg abgeschossen wurden, setzte ein amerikanischer Hersteller zehntausend Dollar als Preis für die Entwicklung künstlichen Elfenbeins aus. John Wesley Hyatt aus New York ließ sich 1869 Zelluloid patentieren, ein festes Kollodium, das der erste synthetisch hergestellte Kunststoff war. Der Schießbaumwolle ähnlich und leicht entflammbar, wies Zelluloid jedoch eine Dehnfestigkeit auf, die es zu einem idealen Material für Stehkragen, falsche Zähne, Klaviertasten, Knöpfe und Billardkugeln machte. Erfunden, um Elfenbein nachzuahmen, ist Zelluloid allerdings den Ruf einer billigen Imitation nie losgeworden.

Das gelang Bakelit. Leo Baekeland, ein nach New York ausgewanderter belgischer Chemiker, hatte bereits ein Fotopapier entwickelt und 1899 an Eastman Kodak verkauft, das bei Kunstlicht gute Abzüge ergab. In seinem Laboratorium suchte und fand er 1907 einen Weg, die Reaktion von Phenol mit Formaldehyd zu steuern, woraus ein formbares Harz entstand, das nach Wärmebehandlung eine feste Form annahm. Anders als Zelluloid gaben das dunkle Bakelit und andere hellere Kunstharze bei der Herstellung von Konsumgütern wie Autos, Telefonen, Kühlschränken, Hörgeräten und Radios bald den Ton an. Nicht immer billig und keine ausgesprochenen Imitationen, waren diese Kunststoffe ideal in der Mode einsetzbar.

»Modeschmuck – ein schönes Wort für eine falsche Perlenkette«, sagt Old Ashe in Agatha Christies *Ein Mord wird angekündigt*. Das Wort war neu in den dreißiger Jahren – die Sache uralt. Bereits die alten Ägypter glasierten Keramikperlen, so daß sie wie Türkise wirkten. Die Onyxe der Römer waren öfter falsch als echt. Als es in Mode kam, sich seinen Reichtum und Stand in prächtigen Porträts von Tizian oder Tintoretto festhalten zu lassen, schmückten die Auftraggeber (oder die Künstler) ihre Gewänder mit künstlichen Juwelen, um ihnen mehr Glanz zu verleihen. So ließ sich mancher Monarch falsche Gemmen und Perlen auf seine Krone malen. Künstliche Edelsteine aus Glas und Kristall haben eine königliche Geschichte. Falsche Perlen gewannen besondere Qualität, als Rosenkranz-Hersteller im 17. Jahrhundert dazu übergingen, Alabasterperlen mit einer irisierenden Paste zu überziehen. Als allerdings die Wachskerzen in den Sälen immer heller erstrahlten, weil man diese mit immer größeren Spiegeln ausstattete, war es der echte Diamant und nicht die mit Paste überzogene Perle, die alle Blicke auf sich zogen – zunächst der holländische Rosenschliff-Diamant von 1640 mit seinen 24 oder 36 Facetten, später italienische oder französische »Brillanten«, die bis zu 58 Facetten aufwiesen. Beryll, Amethyst und Zitrinquarz, die häufig wie Diamanten geschliffen und als solche verkauft wurden, hatten nicht das »Feuer« der echten Steine mit dem neuen Schliff. Aber im Jahr 1728 zog die Kunstfertigkeit mit der Kunst wieder gleich, als der Juwelier Louis XIV., Georges Frédéric Stras, eine Bleiglaspaste erfand, die so geschnitten und poliert werden konnte, daß sie wie ein Brillant funkelte. 1767 beschäftigte der französische Adel bereits dreihundert »Juwelenfälscher«.

In Gold oder, als dessen Ersatz, in Messing (einer Legierung aus Zink und Kupfer), in Sterling-Silber oder als Ersatz in Neusilber (Zink, Kupfer und Nickel) gefaßt, waren diese kostspieligen Fabrikationen perfekte Köder. Mit bloßem Auge war ein Diamant mit Brillantschliff von einem künstlichen Stein oder einem polierten Spinell (einem Metalloxyd mit natürlichen Kristallen) nicht zu unterscheiden. Im 19. Jahrhundert hatte man noch die Chance, nach der Fassung zu urteilen, denn die Juweliere ließen die Rückseite offen, damit das Licht in einem echten Stein spielen konnte, während die Kunstprodukte in geschlossene Fassungen gesetzt wurden, damit der Schliff sich nicht abnutzte. Als Bergkristalle, sogenannte Rheinkiesel, in großer Zahl aus Böhmen importiert wurden und Nachbildungen antiker Kameen aus Keramik in Mode kamen, erhielt auch der Mittelstand Zugang zu den täuschend echten Imitationen. War ein einziges gut gearbeitetes Stück Modeschmuck für ein armes Arbeitermädchen ein wahrer Schatz, so kamen die gefaßten Fälschungen unter den Wohlhabenderen so in Mode, daß sie bald nach ganzen Garnituren, sogenannten *Parures*, verlangten. Die Garnitur oder der Satz kam der industriellen Massenproduktion sehr entgegen, die bisher Tischschmuck, versilberte oder vergoldete Utensilien verschiedenster Art hergestellt hatte und sich nun auf maschinell gestanzte täuschend echte Anstecknadeln in Form von Stubenfliegen, Zelluloidkorallen, Perlmuttfischen und Perlen aus Nitrozellulose warf. Garnituren bedeuteten, daß man etwas reproduzieren konnte, was bisher als unersetzbar galt – eine Gemme oder einen Stein von einzigartiger Schönheit.

Als allerdings die Designerin Coco Chanel in den zwanziger Jahren mit riesigen künstlichen Juwelen protzte und lange Perlenschnüre auf Freizeitkleidung tragen ließ, löste derartige Hemmungslosigkeit einen Schock aus. In der *Vogue* sah man 1927 Modeschmuck auf sonnengebräunter Haut: »Die Mode hat entschieden, daß wir von einem Schmuck lediglich verlangen, uns zu zieren. Dabei müssen weder unser Teint noch unsere Steine echt sein.« Mengen von Diamanten kamen aus Südafrika, als in den siebziger Jahren des 19. Jahrhunderts die Erschließung der dortigen Vorkommen begann. Synthetische Diamanten kamen aus der Schweiz seit den neunziger Jahren, Zuchtperlen aus Japan, nachdem Kokichi Morimoto dort 1896 sich seine Methode der künstlichen Bestückung von Perlmuscheln hatte patentieren lassen. Bald darauf waren aber auch die Pastenmacher erneut in der Lage, jeden Stein zu imitieren, ob nun natürlich, synthetisch oder gezüchtet. Als allerdings Chanel 1928 lange Colliers aus zu großen Diamanten und zu ebenmäßigen Perlen zum Einsatz brachte, war der Modeschmuck nicht länger Imitation, sondern zum *Ersatz* geworden, ein Begriff, der dem deutschen Militärjargon entlehnt ist.

Aus Amerika und Europa kamen also unechte Dinge, wirkliche Fälschungen, die den Substanzverlust in einer Zeit des weltweiten wirtschaftlichen Niedergangs wettmachen sollten. Da Gold nicht mehr in Umlauf war, erschienen künstliche Juwelen an Armen und Nacken derer, die noch in der Lage waren, sich zu amüsieren. In den zwanziger Jahren, hieß es in *Life*, habe man künstliche Juwelen »Fälschungen« genannt, »denn damals hatten sie den Zweck, echte täuschend nachzuahmen«. 1938 dagegen waren riesige Diamanten und Perlen einfach »Modeschmuck«, der nicht den Anspruch erhob, etwas genau zu imitieren oder sehr kostspielig zu sein. Ein Armband aus künstlichen Smaragden war bereits für 100 Dollar zu haben. Aber die meisten Frauen konnten sich lediglich billigen Abklatsch von den Originalen leisten. Chanel fühlte sich geschmeichelt. Und in der Tat – infolge von zwei der Kehrtwendungen, die für unsere Kultur der Kopie so typisch sind, war Modeschmuck nun von vornherein so plastisch und imitierbar gestaltet, daß man ihn wegen der Unglaublichkeit der *Parure* sofort erkannte: Sechs einander vollkommen gleichende Stücke Glas konnten einfach keine Smaragde sein.

1938 war die Palette der Kunststoffe bereits weit über Nitratzellulose (Zelluloid) oder Phenolharze (Bakelit) hinausgewachsen. Inzwischen gab es Azetatzellulose (Tenit, das als Sicherheitsglas benutzt wurde), Formaldehydharze (für Flaschenverschlüsse), Vinylharze (für Filme, Schallplatten, Gewebe und aufblasbare Gegenstände), Polystyrolharze (für Wandfliesen oder Spielzeug), Acrylharze (amerikanisches Lucit und deutsches Plexiglas für Brillengläser, Fotofilter, Panzertürme und Cockpitverkleidungen). Das Werk der Firma Bakelit in New Jersey, das eine Fläche von 52 ha einnahm, war dabei nur für einen kleinen Teil der 50000 Einsatzmöglichkeiten verantwortlich, die sich die Kunststoffe inzwischen erobert hatten. Mitten im Zweiten Weltkrieg, als man bereits Melamin, Polyethylen und Silikon herstellte, sah sich J.-H. DuBois von der Firma General Electric mit dem Kunststoffzeitalter konfrontiert, das ihn mit der »dramatischen Zunahme neuer Rohstoffe wie Petroleum, Kohle, Wasser und Luft, ja selbst solcher Abfallprodukte wie Haferspreu, Erdnußschalen, Maiskolben, Insektenabsonderungen und Lumpen überwältigte, aus denen man Kämme, Spangen,

Knöpfe, Bürsten, falsche Edelsteine, Radiogehäuse ... und selbst die riesigen transparenten Cockpits von Bombenflugzeugen herstellen konnte, die wie aus Glas wirkten, aber bruchsicher waren«.

Wenn wir das Drama des Krieges einmal beiseite lassen, dann veränderte das Drama der Chemie auch das plastischste und transparenteste aller Medien, den Film. Ohne die Streifen aus Zelluloid als Rohmaterial, die wir »Film« nennen, hätte es das Kino, wie wir es kennen, nie gegeben. Tatsächlich wurden viele frühe Filme Opfer der Flammen. In den dreißiger Jahren wurde in der Regel die stabilere und weniger brennbare Azetatzellulose (die man auch für Schutzbrillen verwendete) als Filmmaterial verwandt. Auf der Leinwand wie beim Drehen wurden Kunststoffe immer wichtiger, wenn es darum ging, Illusionen zu erzeugen und aufrechtzuerhalten. Die Kostümbildner, die Schauspielerinnen in Samt und Seide kleideten, müssen im gleichen Atemzug mit Coco Chanel genannt werden (die in zahllosen Wochenschauen auftrat), weil sie den Modeschmuck populär machten und weil sie 1938 als erste Beine präsentierten, deren Formen durch Strümpfe aus Nylon, der ersten vollsynthetischen Faser, erst richtig zur Geltung kamen.

Der Film legte größten Wert darauf, ein synthetisches Kunstprodukt zu sein. Das meiste war gestellt – wundersame Fluchtaktionen, Zeitsprünge, Orgien von Gesang und Tanz. Flexibel in der Manipulation von Menschen, von Ort und Zeit, machte der Film Männer zu Monstern und Frauen zu austauschbaren Tanzgirls, die nach den Worten des Hollywood-Regisseurs Busby Berkeley »einander glichen wie eine Perle der anderen«. Der Film produzierte Zwillinge aus absoluten Singles: Grace Cunard spielte die Zwillinge Nell und Jo, wie ihre Doppelgängerin, die Betrügerin Grace, in *The Twins' Double* (1914). Louis Hayward stellte in *The Man in the Iron Mask* (1939) Ludwig XIV. und dessen Zwillingsbruder dar. Dabei ahmte er sich selbst perfekt nach (schrieb ein Kritiker), als er sein Ebenbild »mit bewundernswerter Kunst« auf der Straße von Fontainebleau vor sich hertrieb. Doppelrollen von verlorenen Brüdern oder Schwestern, Trauerspiele mit falscher Identität hatten seit langem das Können von Bühnendarstellern herausgefordert. Der Film erlöste das Zwillingsspiel auf der Bühne von der Akrobatik des schnellen Kleidertauschs und brachte statt dessen die Kunst vollendeter Maskenbildner in Nahaufnahmen zur Geltung, die mit der langsamen Verwandlung von Dr. Jekyll in Mr. Hyde brillierten.

Wie man es auch nahm, das Kino arbeitete mit doppeltem Boden. Selbst wenn keine Zwillinge vorkamen, blieb es im Film beim Doppelspiel. Zwar erhob die Boulevardpresse großes Geschrei, wenn sie Filmstars im wirklichen Leben dabei ertappte, daß sie mehr amourös als glamourös agierten, die vielen geheimen Helfer, ohne die die Stars durchaus nicht so göttlich erschienen wären – Stuntman, Doubles und andere Ersatzleute –, blieben im Hintergrund.

Unfälle konnten im Film, anders als in der Wochenschau, nicht einfach passieren. Ohne Kamera oder bei mißglückten Aufnahmen war dies durchaus möglich. Nachdem Harold Lloyd in einem Gag als Lonesome Luke bei einer Explosion beinahe zwei Finger verloren hätte, bestanden die Versicherungen darauf, für waghalsige Cowboys, tollkühne Frauen und permanent hinfallende Clowns Doubles einzusetzen. So entstand im Jahr 1915 der Klub der Lebensmüden, die erste Vereinigung der Stuntmen von Hollywood. Noch gab es für sie keine Spezialausbildung und von den 75 Gründungsmitgliedern starben bis 1935 alle (bis auf einen) eines unnatürlichen Todes. »Bei den Dreharbeiten einer Serie riskiert ein Double etwa dreißig Mal sein Leben«, sagte der Stuntman Cliff Lyons im Jahr 1936. Er hatte große Verdienste daran, daß Filmstunts allmählich sicherer wurden. Hollywood bestand damals auf immer waghalsigeren Aktionen von Schurken und Heldinnen. Zugleich umgab man berühmte Stuntleute für Spezialeffekte (so z. B. Mary Wiggins für Autounfälle oder Ione Reed für Kunststücke mit Pferden) mit immer größerer Anonymität, um die Aura des Heroismus, mit der man männliche und weibliche Stars umgab, nicht zu zerstören.

Während zur Stummfilmzeit Scheinwerfer und Kameras eingestellt wurden, konnte sich Star Pola Negri aus Hitze und Lärm zurückziehen. Eine Attrappe nahm ihren Platz ein. Diese Figuren waren aber den Regisseuren bald entweder zu glänzend oder zu matt, außerdem schmolzen sie. So kam man auf menschlichen Ersatz, einen geduldigen Stellvertreter, einen schweigenden Zwilling des Übermenschen, des Stars. Nach ihm kam in der Rangfolge das Double, ebenfalls schweigend, aber zuweilen auf der Leinwand zu sehen. Stichwortgeber für komische Situationen, Leiche des Helden, Geist der Heldin, unscharf oder von hinten zu sehen, wenn in Verwechslungsszenen oder überraschenden Arrangements beide Personen zugleich erscheinen mußten.

Ersatzleute wie Sylvia Lamarr, die für Hedy Lamarr (mit der sie nicht verwandt war) und später für Joan Crawford agierte, identifizierten sich mit ihren Stars. Als Ersatzfrau »hatte man das Drehbuch gelesen, wußte die Rolle des Stars auswendig und kannte den Star persönlich mit all seinen Eigenarten und Schwächen ... Man kopierte sogar seine Marotten.« Der Status der Ersatzleute im Stummfilm, ursprünglich noch niedriger als der eines Tonfilmdoubles, wurde erst in einer Komödie von 1937 mit dem Titel *Stand-In* aufgewertet, in der Humphrey Bogart den Produzenten des Ausstattungsepos *Sex und Satan* spielt. Der Star ist ein Vamp, dessen Ersatzfrau Joan Blondell (die anonym von Connie Rae dargestellt wird) den Finanzprüfer Leslie Howard dazu bringt, die Techniker und Ersatzleute zu respektieren, die die Studios am Laufen halten.

Nur wenige »Ersatzleute« (Troy Donahue, June Kilgour) und noch weniger Doubles und Stuntmen schafften den Sprung vom Trompe-l'oeil zu eigenem Ruhm. Sie waren in der Tat verschwindende Zwillinge. Bemerkenswert (wenn auch unbemerkt vom Zuschauer) war, daß sie meist genau in den Filmszenen auftauchten, die sich visuell am stärksten einprägten – als Body-Doubles für pikante Nacktszenen, als Stuntmen für riskante sportliche Leistungen von Cowboys oder Eisläufern. Wie der Schwindel der Synchronisation zu den Musicals der dreißiger Jahre gehörte, so ließen die Tricks der Stuntmen die sensationellsten Szenen zu exzellenten Vorführungen geraten.

Dabei war dem eigenen Auge nicht zu trauen. Hugo Münsterberg, Psychologieprofessor in Harvard, hatte bereits 1916 über den Film geschrieben, er sei »mehr als jede andere Kunstform dazu bestimmt, die Natur durch das freie und heitere Spiel der Gedanken zu ersetzen«. Zuvor hatte er jedoch über ein anderes Spiel der Gedanken nachgegrübelt, nämlich jenes, das Augen und Zeugen zu falschen Aussagen bewegt. »Erst kürzlich«, notierte er im Jahr 1908, »schworen die Fahrgäste eines Zuges, der an einem Hof vorüberfuhr, sie hätten mit einem Blick klar erfaßt, wie ein Mann ein Kind mit der Peitsche schlug. Einer schwor, er sei glattrasiert gewesen, habe einen Hut getragen und gestanden. Ein anderer dagegen behauptete, der Mann hätte einen Vollbart und keinen Hut gehabt, er hätte auf einer Bank gesessen.« Wahrscheinlich hatten beide unrecht, denn als Münsterberg seinen Studenten Zeit ließ, auf eine weniger komplizierte Szene mehr als einen Blick zu werfen, erhielt er von ihnen nach wie vor unterschiedliche Schilderungen. Nach einem Einbruch in sein Haus machte gar der Professor selbst Aussagen, in denen sich wenige Wahrheiten mit »einer ganzen Reihe von Verwechslungen, Irrtümern, Auslassungen und falschen Schlüssen« mischten.

Eine königliche Kommission in Großbritannien, die ein Urteil von 1896 über den unverbesserlichen Abenteurer Adolf Beck prüfte, warnte im Jahr 1904, daß »Aussagen über die Identität einer Person, die lediglich auf persönlichen Eindrücken beruhen und nicht durch andere Fakten bestätigt werden, eine unsichere Grundlage für das Urteil eines Geschworenengerichts darstellen«. (Nur aufgrund ähnlicher Schnurrbärte hielten viele Zeugen Beck für einen gewissen William Augustus Wyatt, alias William Thomas, Dr. Weiss, Lord Wilton of Willoughby, einen Charmeur, der Frauen ihren Schmuck abluchste.) Ungeachtet dieser Warnung wurden »Gegenüberstellungen« zu einem häufig angewandten Verfahren der Polizei, weniger, weil sie verläßliche Ergebnisse brachten (das können sie nicht), sondern weil sie kontrolliert ablaufende Experimente imitierten und das beliebte Gesellschaftsritual nachahmten, Fotoalben zu betrachten. Bis in die sechziger Jahre hinein zeigte man Augenzeugen in Großbritannien Fotos des Hauptverdächtigen, bevor man ihnen eine Reihe von Personen gegenüberstellte. An Steckbriefe, Zeitungsbilder von abgeurteilten Verbrechern und Polizeifotos gewöhnt, verließen sich die Menschen lieber auf ihr »drittes« Auge, bevor sie schilderten, was sie gesehen hatten.

»Das menschliche Auge ist eine sehr mangelhafte Kamera«, schrieben die Anwältin Asa S. Herzog und der Fotograf A. J. Erickson in *Camera, Take the Stand!* im Jahr 1940. Kameras, so behaupteten sie, sehen wesentlich genauer und vergessen nie. Ihr Thema war das visuelle Gedächtnis. In Bruchteilen von Sekunden entwischt die Beute, verfehlt die Bombe ihr Ziel. In einer Welt der flüchtigen Blicke nehmen wir die Linse zu Hilfe, um einen Gegenstand länger zu betrachten, den Schnappschuß, um den Augenblick festzuhalten.

Bei der Werbung für ihre Amateurfilmkamera nutzte die Firma Kodak 1930 das Problem des visuellen Gedächtnisses und die Freude des Wiedersehens. Halten Sie »Ihre Kinder, Ihre Mutter *genau* so fest, wie sie heute sind!« Die Filmkamera hielt Menschen »für immer am Leben«. »In sechzig Sekunden haben Sie etwas, das Sie nie vergessen.« Bereits 1935 produzierte Kodak die Retina, eine Kamera, die 36 Aufnahmen mit der »blitzartigen

Geschwindigkeit« von einer fünfhundertstel Sekunde herstellen konnte. Und im August 1939, unmittelbar vor dem deutschen Blitzkrieg, sollten Farbfilme von Kodachrome die Leute »faszinieren, wenn Sie sie auf der Leinwand sehen«, denn sie seien so lebensecht, daß man sie »*wirklich* sehen muß, um sich eine Vorstellung von ihnen zu machen«.

8000 Meter hoch und meilenweit entfernt, konnte ein Bomberpilot im Zweiten Weltkrieg die Ziele nicht wirklich sehen, auf die er seine Last abwarf. Er konnte sie gerade erkennen. Bei einer Geschwindigkeit von 300 bis 600 Stundenkilometern hatte er ganze 35 Sekunden Zeit, um sein Zielgerät auf die Orientierungspunkte einzustellen, die er sich beim Studium von Luftaufnahmen eingeprägt hatte. Da man dafür Farbfilm und Filter, Teleobjektive, Blitzlichtbomben und ab 1942 sogar Filme verwendete, die die Tarnung durchschauten, war es für Land- oder Seestreitkräfte fast unmöglich, bei klarem Himmel unsichtbar zu bleiben. Bei gutem Wetter waren auf den Fotos, ob bei Tag oder Nacht, Objekte von einem halben Meter Größe aus 10000 Meter Höhe zu erkennen. Die bleichen Gesichter von Soldaten, die nach oben schauten, waren noch aus 800 Metern Höhe zu sehen. Neue Infrarotkameras enthüllten Unterschiede in der Vegetation, die das bloße Auge nicht erfassen konnte. Folgerichtig kam die amerikanische Broschüre *Science in War* 1940 zu dem Schluß: »Das Ziel ist nicht in erster Linie, ein Objekt völlig unsichtbar zu machen. Da man weiß, daß es gesehen wird, geht es darum, daß man nicht erkennen soll, was es in Wirklichkeit ist. Das Objekt soll in keiner Weise auffallen.« Getreu seinem Namen war der Zweite Weltkrieg ein Krieg der Kopien und der Doubles.

Deutsche Tarneinheiten bauten vorgetäuschte Abschußrampen für V-1-Raketen, entzündeten kleine Feuer auf Fabrikdächern, um den Bombern vorzuspiegeln, sie seien bereits getroffen, malten künstliche Krater auf eben reparierte Start- und Landebahnen. Das war aber noch gar nichts im Vergleich zu den Tarnungsarbeiten im Hamburger Hafen. Dort wurden mehr als 70000 Quadratmeter offener Wasserfläche mit Brettern überdacht, deren Bemalung aus der Luft den Eindruck erweckte, es seien Häuserblocks und Straßen der Stadt. Nach Norden hin entstand eine etwa einen Kilometer lange falsche Chaussee, die sich an falschen Eisenbahnschienen, Zügen und einem Bahnhof entlangzog. Zugleich wurden der wirkliche Bahnhof und die Hafenanlagen mit Tarnfarbe gestrichen, wodurch die strategischen Ziele nach außerhalb des Stadtzentrums verlagert werden sollten.

Natürlich wußten die Briten, was dort vor sich ging, aber die *momentane* Desorientierung der Piloten, die 1941 über den zwei Hamburgs flogen, genügte den deutschen Luftabwehrbatterien bereits.

Die Briten unternahmen ähnlich intensive Anstrengungen. Mit Unterstützung von Kulissenbauern der Filmindustrie bauten Tarneinheiten Flugzeugattrappen für falsche Flugplätze und beschnitten die natürlichen Hecken um echte Flugplätze so, daß sie wie Attrappen wirkten. Eine Filmgesellschaft errichtete aus alten Abflußrohren, Faserplatten und Segeltuch ein riesiges Öldepot. »Abbruchfirmen« versahen Gebäude mit einem Anstrich, als seien sie bereits von Bomben getroffen. Bei Angriffen warfen die Briten Attrappen von Fallschirmspringern ab, die bei der Landung Gewehrfeuer hören ließen. Die Abteilung XX des Geheimdienstes MI-5 hatte 120 Doppelagenten im Einsatz, deutsche Spione, die man »umgedreht« hatte und die die Nazis mit falschen Informationen insbesondere über die 4. Britische Armee in Schottland (Operation Skye) versorgte. Diese bestand aus nichts anderem als aus Kriegsschiffen aus Maschendraht und Bombern aus Sperrholz, die einen völlig unsinnigen Funkverkehr miteinander unterhielten.

Im Fernen Osten färbten sich die japanischen Bodentruppen für den Dschungelkrieg Hände und Gesichter grün. Sie riefen auf englisch: »Kamerad, hilf mir! Ich bin schwer verwundet!«, um amerikanische Soldaten in den Hinterhalt zu locken. Die japanische Marine strich Truppentransporter und Zerstörer im Dock erdfarben, als seien sie ein Stück der Insellandschaft von Honshu. Die Luftwaffe benutzte so viele Zero- und Mitsubishi-Attrappen, daß 1945 ein Viertel der Maschinen, die auf japanischen Flugplätzen standen, sich als Imitationen herausstellten.

Noch weiter im Osten, an der ungeschützten Westküste der USA, wandten amerikanische Camoufleure Methoden an, die später von Disneyland übernommen wurden. Sie verbargen ein Flugzeugwerk unter der Nachbildung einer südkalifornischen Vorstadt. Nach dem Desaster mit der B-17, deren glänzendes Metall japanischen Spähern bereits auf 60 Kilometer Entfernung auffiel, wurden amerikanische Flugzeuge nun dunkelbraun, grün oder ozeangrau gestrichen. Dabei mußten die Amerikaner auf Tarnmethoden zurückgreifen, die seit 1919 nicht mehr in Gebrauch waren. Die Truppen lernten von Bühnenbildnern wie Harry Horner, der die Szenerie für *Lady in the Dark* geschaffen hatte. An der Armeeschule für Tarnung in

Jefferson (Missouri) unterrichteten ein Bühnenbildner, ein Innenarchitekt, ein Textildesigner, ein Maler und ein Architekt. Jane Berlandina, die mit großformatigen Wandmalereien und ihrem Gemälde *Three Stand-Ins* (ein Clown à la Picasso, eine Frauengestalt aus Pappe und ein Napoleonimitator) berühmt geworden war, stellte die Tricks, die sie sich als Malerin von Bühnenbildern für Oper und Ballett angeeignet hatte, für den Krieg zur Verfügung.

Nicht allein die Camouflage gehörte zur Kunst der Ersatzgegenstände; nolens volens wurde jeder zur Ersatzfigur. »Stehen wir nicht unser halbes Leben lang müßig herum und warten auf unser Stichwort?« fragte Berlandina. Louis Philippes *Angelus Rouge Incarnat* von 1935 traf die Farbe menschlichen Blutes so gut, daß nur ein Experte mit Vergrößerungsglas sehen konnte, daß die Farbe der Wangen nicht echt war. Nach der Warnung, daß auch sie »zum ersten Mal in der Geschichte genauso gefährdet sind wie Soldaten und sich keinesfalls vor Bombenangriffen in Sicherheit wiegen können«, erlernten selbst Zivilisten in Kunstschulen und -instituten nun die Grundregeln der Tarnung. Wie drückte es ein Beobachter aus? »Camouflage ist das Glamourgirl der Zivilverteidigung.«[7]

Was den Amerikanern der Glamour, war den Briten die Zauberkunst. Der Magier John Nevil Maskelyne, der falsche Automaten baute und den berühmten Kistentrick erfunden hat, bei dem zwei Personen in einem Augenblick ihre Plätze zu tauschen scheinen, hatte bereits im Burenkrieg dem War Office seine Erfahrungen mit Ballons zur Verfügung gestellt. Sein Enkel Jasper Maskelyne, der sein Leben lang »die Dinge als etwas erscheinen ließ, was sie nicht waren«, bot dem Militär 1939 seine Trompe-l'oeil-Fertigkeiten an, wurde aber abgewiesen. Er nervte das Kriegsministerium mit Versprechen von der Art: »Ich kann Kanonen herbeizaubern, wo keine sind, und Geisterschiffe über das Meer fahren lassen ... Ich kann die Nazis dazu bringen, dort Kanonen und Soldaten zu sehen, wo sie sie sehen wollen.« Seit der Zeit seines Großvaters hatten britische und deutsche Magier an der Verbesserung ihrer Tricks gearbeitet, so z. B. mit Köpfen ohne Körper (wofür sie verbesserte Spiegel benutzten), mit verschwindenden Körpern (wobei sie mattschwarze Objekte vor einem schwarzen Vorhang plazierten) und Doppeltricks (bei denen dem Publikum mit verwirrenden elektrischen Geräten eine Aktion vorgegaukelt wird, die gar nicht geschieht). Als man seine Hilfe schließlich annahm, machte sich Jasper Maskelyne 1940 mit einem Stuntman vom Film, einem Optiker, einem Parfümhersteller, einem Comic-Zeichner, einem Zimmermann, einem Maler von Ölbildern und einem ehemaligen Dieb an die Arbeit. Sie produzierten »Kriegsschiffe, die verschwanden ..., 36 Panzer, die aus einem Armeetransporter kamen wie Kaninchen aus dem Hut ..., Flugplätze, die es nicht gab«.

Wie schwer war es doch in einer Welt, die sich an Doubles aus Zelluloid und Kunststoff gewöhnt hatte, wo man im Extremfall sein Leben Attrappen anvertraute und Feinde fürchtete, die sich als Trugbild erwiesen, Bildern oder gar Gerüchten Glauben zu schenken, die Berge von Brillen zeigten und über Haufen von goldenen Zahnfüllungen berichteten.

Der Kult der Oberfläche

Oskar Schlemmer, ein deutscher Tänzer und Künstler, der Figuren malte, die an Schaufensterpuppen erinnerten, schrieb 1940: »Künftig werde ich mich dem Kult der Oberfläche widmen.« Zu den Tarneinheiten abkommandiert, wußte Schlemmer: »In dieser Zeit ist eine künstlerische Neutralität, die Tarnung des Eigentlichen, vonnöten oder gegeben; die Botschaft sollte also durch ein allgemein verständliches Medium verhüllt werden, die Landschaft.« Der Kult der Oberfläche war für dieses ehemalige Mitglied des Weimarer Bauhauses eine Überlebenstaktik. Dessen Kunstphilosophie verunglimpften die Nazis zwar als »Kulturbolschewismus«, bedienten sich aber zugleich seiner Grundsätze der gesamtheitlichen Gestaltung. Der Kult der Oberfläche lag den Anstrengungen aller Camoufleure im Zweiten Weltkrieg zugrunde. Als der Krieg vorüber war, hatte der Kult der Oberfläche programmatischen Einfluß auf einen großen Teil der modernen Kunst.

Ein anderer Bauhaus-Lehrer, der ungarische Konstruktivist László Moholy-Nagy war im Ersten Weltkrieg Artillerieoffizier an der russischen Front gewesen. Die Kurven, Tangenten und Kreise von Licht in seinen späteren Arbeiten erinnern an die Leuchtspuren von Geschossen. Als er 1917 verwundet wurde und im Delirium lag, widmete er sich selbst ein Gedicht. »Erkenne die Lichtstruktur deines Lebens«, heißt es dort. In dem verzweifelten Versuch, den schwarzen Spiralen von Stacheldraht zu entkommen, mit denen er in seinen Kohle- oder Fettstiftzeichnungen die Toten umgab, fuhr er fort:

Licht, gebieterisches Licht, wo bist du? Fern von mir.
Ein Schein, der das Dasein erhellt.
Komm über mich, stolzes Licht, grelles Licht,
Dringe tief in mich ein,
Grausames Licht, erfülle mich und kläre meinen Blick.

Moholy-Nagy überlebte. Sein Leben lang experimentierte er mit Linsen, Perforationen und Lichteffekten. Stolzes Licht strahlt durch seine Fotomontagen, Werbeentwürfe, Aquarelle, Schaufensterszenen mit Hemden auf kopflosen Puppen, Collagen von Zelluloidstreifen, Skulpturen aus Nickel und Glas, den »Licht-Raum-Modulationen« aus durchbrochenen Scheiben und Metallgittern. Begeistert und voller Pathos bekannte er: »Es ist gut, sich in der Kunst der Camouflage auszukennen. Gott, wieviel verletzten Stolz und Verwirrung habe ich mit zur Schau gestellter Selbstsicherheit überspielt.« Er probierte neue glänzende Werkstoffe wie Kunstseide, Rhodoid und Plexiglas aus. In Paris kniete er gemeinsam mit Piet Mondrian auf einer weißen Fläche, auf der sie Streifen und Bänder von schwarzem und rotem Papier arrangierten, deren Spannung sich erst aufhob, als beide Männer auf Stühle stiegen und das Design auf dem Boden von oben betrachteten. Dieses schien ihnen »ein künftiges, ein realeres und reineres Leben« zu symbolisieren. Das jedenfalls äußerte Piet zu László in Chicago im Herbst 1937, wo Moholy-Nagy unter der Schirmherrschaft des Kaufhausmagnaten Marshall Field II das Neue Bauhaus eröffnete. Dort wollte er ausbilden, »was man einen Kunstingenieur nennen könnte«, einen Künstler, der Schaufenster gestalten und hochmodischen Schmuck entwerfen konnte, der sich mit Farben und Lacken auskannte, aber auch etwas von Grundrissen für Industrieanlagen verstand. Das Neue Bauhaus kam mit seinen Finanzen nicht zurecht, aber Moholy-Nagy rettete es in eine Designerschule hinüber. Im Zweiten Weltkrieg bildeten Moholy-Nagy und sein Kollege Gyorgy Kepes in dieser Schule Camoufleure aus. Letzterer war ein Maler und Designer, der mit seinen Lichttheorien neue Methoden zum Fassen von Edelsteinen, aber auch zur Erzeugung optischer Täuschungen entwickelte. Moholy-Nagy starb 1946 mit 51 Jahren zwischen den Zellophanvorhängen eines Sauerstoffzeltes.

Schlemmers Kult der Oberfläche und Moholy-Nagys »grausames Licht« lassen uns verstehen, in welchem Maße die Gewohnheiten und Taktiken der Tarnung im Kriege die Nachkriegswelt beeinflußten. Die der Natur nachempfundenen Netze und gesprenkelten Oberflächen der Tarnung von Schützenlöchern und Artilleriestellungen fanden sich auf den bespritzten, netzähnlichen Bildern der abstrakten Expressionisten wieder, zu deren Vorreitern Arshile Gorky gehörte. Dieser hatte einen Camouflage-Lehrgang für Zivilisten in New York eingerichtet und wußte, daß »das Unbewußte sozusagen das Reich getarnter Objekte ist«. Das Thayer-Blau und das Meeresblau des Schutzanstriches von Schiffen fanden sich in den zweifarbigen Malereien von Mark Rothko wieder. Gebrochene Muster erschienen in den verwirrenden Siebdrucken von Ellsworth Kelly, der diese Kunst im 603. Tarnungs-Bataillon der Pioniertruppen erlernt hatte. Die Spiegel- und Kistentricks, mit denen man Phantomarmeen vorgetäuscht hatte, fanden in der Op Art Verwendung. Attrappen, mit denen Flughäfen und Depots bestückt waren, tauchten in eleganterer Version in der Pop Art wieder auf.

Zwar ist dies eine schematische These, aber sie scheint mir mehr auf Kontinuität als auf Kausalität hinzudeuten. Nach dem Erlebnis des Zweiten Weltkrieges hatten die Menschen gute Gründe, dem bloßen Auge zu mißtrauen – hatte man sie doch blind gemacht für die Schornsteine von Krematorien, die nur oberflächlich als Fabrikschlote getarnt waren, hatte man sie doch mit dem ungeschützten Anblick des Feuerballs der Atombombe geblendet. Die Schöpfungen von Kunst und Architektur der Nachkriegszeit schienen oft gemacht, als sollte man sie von oben betrachten wie Luftaufnahmen oder auch von fern wie teleskopische oder mikroskopische Vergrößerungen.

»Klexographien!« vertraute Oskar Schlemmer im Jahr 1941 seinem Tagebuch an. Als er sich noch mit der Tarnung von Objekten befaßte, ließ er sich inspirieren »durch Abbildungen, die für Mikroaufnahmen irgendwelcher Naturobjekte wie Schwämme, Baumrinden und dergleichen gehalten werden konnten, bei denen es sich tatsächlich aber um Klexographien in Kleisterpapiermanier handelt«. Damit meinte er z. B. die Flecke, mit denen man Panzer bedeckte. Jackson Pollock, der sich von den Sandzeichnungen indianischer Schamanen beeinflussen ließ, die bei ihren Ritualen farbigen Sand in symbolischen Mustern auf den Boden streuen, begann 1943 Farbe über seine Fresken zu spritzen und 1947 verdünnte Wandfarbe, Lack und Aluminiumemulsionen auf am Boden ausgebreitete Leinwand zu sprühen. Diese »action-paintings« setzten die Vogelperspektive voraus. Kunst wurde so zum Akt des Einblicks von oben. Pollock erklärte: »Ich fühle mich so näher und mehr als Teil des Gemäldes, denn ich kann es umschreiten, von allen vier Seiten daran arbeiten und mich buchstäblich *in* das Bild hineinversetzen.« Überall *war* Oberfläche, das Licht *war* heftig, das Bild *war* am Boden, und Bewegung *war* Bedeutung, wie es jeder Camoufleur gelernt hatte und jeder Fotoauswerter wußte. Pollock und andere Action-Maler agierten als Bomber und Ziel zugleich. Das Ergebnis war das Urdrama der Camouflage – der Kampf zwischen Verhüllung und Offenbarung.[8]

Jasper Maskelyne hatte Worcestersauce mit verdorbenem Mehl, Zement und Kameldung gemischt, um seine eigenen Sandzeichnungen herzustellen – Tarnung für die Panzer in der nordafrikanischen Wüste. Yves Klein, der Pigment in synthetisches Harz mischte, beanspruchte die Exklusivrechte an einem Internationalen Klein-Blau, dem einzigen Gegenstand und Medium vieler seiner Werke. Beschichtungschemiker hatten nichtreflektierendes Stahlgrau und Waldgrün entwickelt. Ad Reinhardt trug schwarze Kreuzmuster auf Mattschwarz auf, die man, wie in meinem Falle im Art Institute in Chicago im Jahr 1961, erst aus sieben bis acht Metern Entfernung wie durch ein Teleobjektiv erkennen konnte. Mark Rothko und Joseph Beuys schufen große Flächen in einer Farbe, die auf einer anderen zu schimmern und zu schweben schien. Diese abstrakten Werke der Nachkriegszeit waren »schweigende« Oberflächen, auf denen »reine« Farbe zum Meditieren und Versenken anregte, zur stillen Unsichtbarkeit von Scharfschützen in weißen Tarnanzügen, die geduldig wartend auf Schneefeldern lagen.

Oberfläche war alles – und nichts – für die Bürohochhäuser aus Glas und Stahl, die der ehemalige Bauhausdirektor Mies van der Rohe nach dem Krieg entwarf, oder für die spiegelnden Glasbauten, die Eero Saarinen 1962 schuf. Die Argumente für diese Architektur entsprachen den Träumen der Camoufleure, die in zwei Kriegen nach Strukturen gesucht hatten, welche von Jahreszeit zu Jahreszeit mit Wolken, Bäumen und Umgebung zu verschmelzen scheinen. Die Spiegelung, so meinten die Befürworter, ließ die Gebäude mit ihrer Umgebung eins werden. Die Reflexionen, behaupteten die Kritiker, isolierten das Gebäude, schirmten seine Insassen vom Kontakt zur Gesellschaft ab, als ob die Demokratie ein Medusenhaupt sei. Wie die Puppen der Nachkriegszeit aus Glasfaser und Polyurethanschaum waren die neuen Gebäude innen weitgehend hohl. Wolkenkratzer aus Glas sollten von hoch oben oder von weit her zu sehen sein und eine Skyline trügerischer Nähe vortäuschen. Kam man dicht heran, stellten sie sich unsichtbar und wiesen jeden Kontakt ab, indem sie Fragmente von Stein und Chrom um sich herum widerspiegelten. Ein Spiegelkabinett von außen oder ein Einwegspiegel von innen, waren diese Gebäude aus Glas und Stahl für den kalten Krieg, was die Beobachtungsposten in den Attrappen zerschossener Bäume im Ersten Weltkrieg und die Aufklärungsflugzeuge mit Tarnanstrich im Zweiten Weltkrieg gewesen waren – eine Epitome für doppeltes Sehen. Ob bei Sonnenaufgang oder Sonnenuntergang – das Glas blitzte in grellem und sprühendem Licht auf, als komme es aus der metallenen Fassung falscher Diamanten.

Glanz und Fassade gehörten zum Lebenswerk des bebrillten Andy Warhol, der »stets daran dachte, was es bedeutete, eine Brille zu tragen«. Es bedeutete seiner Meinung nach standardisiertes Sehen. Sein bester Freund aus Kindertagen war Charlie McCarthy, eine Spielzeugversion des Schaufenstermannes mit Monokel (der im wirklichen Leben sein Schlafzimmer neben dem von Candice, dem zweiten Kind des Bauchredners Edgar Bergen, hatte und für den es bei Filmaufnahmen einen eigenen Ersatzmann gab). Warhols früheste künstlerische Arbeiten aus den Jahren 1947–1952 waren Hintergrundansichten für Schaufenster und Schuhwerbung für das Magazin *Glamour*. Seine Entwürfe für Schuhwerbung aus den fünfziger Jahren brachten ihm das Attribut »Leonardo der Schuhe« ein. Er aber war neidisch auf den Ruhm eines Roy Lichtenstein, der großrastrige Versionen der Reproduktionen malte, die die Grundlage für die wildesten Farbcomics bildeten. Warhols eigene Pop-Art-Bilder erschienen erstmals hinter fünf Puppen in einem Schaufenster von Bonwit Teller im Jahr 1961. Seine ersten 15 Minuten Ruhm erlangte er 1962 mit seinen Campbell-Suppendosen. Um 1963 fand Warhol heraus, wie er ein fotografisches Bild in seiner eigenen Farbgebung im Handumdrehen auf Leinwand übertragen konnte. Mit einer Fotowalze drückte er Farbe durch eine poröse Vorlage, und im Nu waren dreiundzwanzig Marilyn Monroes und *Achtzig 2-Dollar-Noten* fertig. Wie Claes Oldenburgs Weichplastik *Giant Good Humor Bar* (1965) waren Warhols Cola-Flaschen, Campbell-Suppendosen und Brillo-Schachteln Attrappen; wie die von Jasper Johns gemalten Zielscheiben und Flaggen dienten sie als Blickfang. Warhols Haltung zu Starfotos und Markennamen nannte ein Buch über avantgardistische Werbung von 1966 die Siebente Technik oder Camouflage: »Man *leiht* sich Glaubhaftigkeit überall dort, wo sie in unserer Gesellschaft zuhauf liegt.«

Die im 20. Jahrhundert üblichen Praktiken der Camouflage haben sich erschöpft – von Krieg zu Krieg und von Warhol zu Warhol schwankten sie zwischen Verschwommenheit und Schärfe, zwischen Undeutlichkeit und Überdeutlichkeit. Weniger denn je trauen wir dem bloßen Auge, dessen Blick getrübt wird durch die ständige Einnahme von Schmerzmitteln, Antidepressiva, Schlankheitspillen und kalorienreduzierter Nahrung, von Rauschmitteln und Halluzinogenen ganz zu schweigen. Seit Brillen (und Sonnenbrillen) zu Modeartikeln geworden sind, die unsere Erscheinung »korrigieren« und uns für einen illusionären Erfolg herrichten sollen, haben der kalte Krieg, der Vietnamkrieg, der Afghanistankrieg, der »Drogenkrieg«, die Kriege in den Straßen von Los Angeles und Sarajevo eine Beobachtungsoptik mit schußsicheren Gläsern erforderlich gemacht. Das »dritte« Auge des ausgehenden 20. Jahrhunderts ist ein Auge in der Defensive, das uns vor Atomraketen, Terroristen, Guerrillas, vor Lustmördern, Scharfschützen, vor Ultragewalt und ultravioletten Strahlen schützen soll. Wir beobachten, was hinter uns geschieht mit Rückspiegeln, was vor unseren Geschäften passiert mit Parabolspiegeln, und unsere Gefangenen mit Einwegspiegeln. Wir sehen Fernsehbilder, die Zoom-Kameras aus Helikoptern von oben aufgenommen haben, so wie wir einen zufälligen Blick auf unsere Armbanduhr werfen. So wie die Offiziere im Ersten Weltkrieg mit Armbanduhren die Sturmangriffe aus den Schützengräben in den Schatten des Niemandslandes synchronisierten.

Nach weit draußen ins Weltall blicken die Astronomen (die ersten übrigens, die den Astigmatismus entdeckten), um unsere Herkunft zu erkunden. Sie studieren entfernte Galaxien und können auf das Auge bereits weitgehend verzichten. Sie rücken dem Himmel mit Apparaten zu Leibe, die »lauschen«, zählen und sich erinnern. In den Zeugenstand werden Infrarot-Telefoto-Kameras gerufen, die ein Gesicht im Dunkeln auf 80 Meter Entfernung »ausmachen« können, oder Gammastrahlen, die die DNA-Ketten eines menschlichen Gens durchleuchten, was ausreicht, um einen Vergewaltiger mit Hilfe eines Tröpfchens seines Spermas zu identifizieren.

Wer wir wirklich sind und woher wir letztlich kommen, bleibt dem bloßen Auge verborgen.

Fotorealismus, Superrealismus oder Verismus sind weiter nichts als unterschiedliche Kommentare zur Unzulänglichkeit des bloßen Auges in einer Zeit der lebenden Köder. Maler und Bildhauer des späten 20. Jahrhunderts haben uns zwei- und dreidimensionale Oberflächen geliefert, die uns genauso in Erstaunen versetzen wie die postmodernen Architekten und Dekorateure, die Trompe-l'oeil-Fassaden wiedererrichten. Die Kamera, die aus der Luft den abstrakten Expressionismus eines Pollock hervorbrachte, kann bei direkter Konfrontation auch das »wirklich Reale«, das »radikal Reale« erfassen.

Frauen, traditionell eher im Alltag zu Haus, haben sich mit Begeisterung der Kunst des höheren Realismus zugewandt. Dazu gehören der Müll von Idelle Weber (auf der Straße fotografiert und dann auf die Leinwand übertragen), Glas und Juwelen von Audrey Flack, die sich erinnert, »wie ich nach Europa kam und schockiert war, wie blaß all die Meisterwerke im Original gegenüber ihren Reproduktionen waren, und wie ich mir wünschte, daß dies mit meinen Arbeiten nie geschehen sollte«. Flack, eine ausgezeichnete Fotografin, malt nach Farbdiapositiven. Denn nur eine Fotoaufnahme sichert dem Maler stets dasselbe Wetter, denselben Staub und dasselbe Licht. Diese Art Realismus ist das höchst idealistische Streben nach einer permanent strahlenden Oberfläche, die unser Auge gar nicht erfaßt.

Das Trompe-l'oeil ist kein Trick mehr. Es ist die Art und Weise, wie wir unser Leben bewältigen, wie wir es verlängern und wie wir wollen, daß Dinge und Körper in Erinnerung bleiben. Was als unehrliche Kunst, als oberflächlich clevere Kunst oder als allzu inbrünstig pathetische »proletarische« Kunst abgetan wurde, ist in Wirklichkeit von zentraler Bedeutung dafür, wie wir unseren Frieden machen und unsere Kriege führen. Das Trompe-l'oeil ist so eindeutig vom Motiv der Leere zum entgegengesetzten Motiv des verschwindenden Zwillings geworden – der Wahrheiten, die unsichtbar bleiben, bis wir sie doppelt sehen –, daß die Starn-Zwillinge in den achtziger Jahren des 20. Jahrhunderts ihre Zusammenarbeit als Beweis für eine bessere Wahrnehmung darbieten konnten. Indem sie unterschiedlich belichtete Fotonegative berühmter Gemälde montierten, verbanden sie beide Seiten der Camouflage – das raffiniert Verborgene und das trügerisch Enthüllte. Als Söhne des Besitzers einer Supermarktkette war ihre Selbstdarstellung als Zwillinge zunächst eine Marketing-Entscheidung. Doch auch als sie sich Anfang der neunziger Jahre bereits vorwiegend separat als Mike and Doug ansprechen ließen, schufen sie nach wie vor *Doppeltreppen, Doppelstühle,* eine *Doppelte Mater Dolorosa* und ein *Doppeltes »Stark Portrait in Swirl«.* Die Starns, die sich wie ein Ei dem anderen glichen, machten die multiple Bildersprache von Zwillingen und das Verfahren der doppelten Negative zu Methode und Wahnsinn ihrer Kunst: Zur Methode, mit der sie Jan Asselijns *The Threatened Swan* reproduzierten; zum Wahnsinn, mit dem sie ihn in einen zischenden *Two-headed Swan* aufspalteten.

Verrückte Vögel – das trifft es genau. Wenn Papiervögel wie Papageien als gemalte Illusionen umherschweben, dann sind sie Ikonen der Vogelschau, die solche Dimensionen angenommen hat, daß sie die ganze Erde erfaßt. Luftaufklärungsfotos, die im Ersten Weltkrieg entstanden, zeigten die verborgenen Schützengräben jenes Krieges. Fotos der Royal Air Force aus den Jahren 1921/22 enthüllten den überwachsenen Pfad, der über den Grundstein von Stonehenge auf den Punkt zuläuft, wo zur Sonnenwende über dem Sommerhorizont die Sonne aufgeht. Aus dem Weltraum zeigen mit Computern gekoppelte Kameras heute unterirdische Erzlager, die Straßen versunkener Städte, das Pflanzmuster von Feldern, die vor 500 Jahren zum letzten Mal gepflügt wurden. Das Auge, das von oben Einblick nimmt, enthüllt immer tiefer unsere Vergangenheit und Gegenwart, auch wenn wir mit wachsender Kunstfertigkeit unsichtbare »Stealth«-Bomber oder trügerisch sichtbare Kunststoffe, Doubles und Nachbildungen hervorbringen. Zwar erfahren wir auch dadurch noch nicht die buchstäbliche Wahrheit, aber wir setzen größeres Vertrauen in das Vermögen der künstlichen Linse als in das des bloßen Auges. Das »doppelte Sehen« ist verwirrend geworden, denn es bezeichnet einerseits die Illusionen, die wir nähren oder fürchten, andererseits aber auch unseren Glauben an den zweiten Blick durch Scheiben geschliffenen Glases, die wir so bereitwillig vor unsere Augen schieben. Unsere Astronauten, die von oben auf uns herunterschauen, berichten uns, der Globus sei ein »Juwel«, ein zartes Ornament in einem verdunkelten Raum. Wir möchten ihnen glauben, wenn wir die Weltraumfotos unserer Erde betrachten, die zu blau und zu wahrhaftig ist, um nur ein Kunstprodukt oder eine Fälschung zu sein.

6. Dito

»Das gleiche«, sagte Dideldum.
»Exakt das gleiche!« rief Dideldie.

Lewis Carroll, Alice im Spiegelland

Kopieren ist prosaisch. Kopieren ist merkwürdig. Einerseits machen uns Kopien zu dem, was wir sind. Unser Körper nimmt durch die Vermehrung von Proteinketten Gestalt an, unsere Sprache entsteht aus der Nachahmung bevorzugter Laute, unsere Fertigkeiten erwerben wir durch die Wiederholung prototypischer Handgriffe. Kulturen werden durch die gewissenhafte Weitergabe von Ritualen und Verhaltensregeln geprägt. Indem wir Zelle für Zelle, Wort für Wort und Bild für Bild kopieren, machen wir uns die bekannte Welt zu eigen.

Andererseits sind wir nicht identisch und wollen uns auch auf keinen Fall als Klone sehen. Kopieren ist letzten Endes etwas Unvollkommenes, und Irrtümer gehören zu unserem Erbe. Je weiter sich der Akt des Kopierens ausbreitet, desto größer ist die Wahrscheinlichkeit bedeutsamer Abweichungen. Ob nun genetische Panne oder Evolution, ein Fehler in der Abschrift oder Auslegung – wie wir es auch immer nennen mögen –, Kopierfehler stellen die Fragen nach Identität, Sicherheit und Integrität. Derselbe technische Fortschritt, der unsere Kopierkunst so eindrucksvoll macht, verstärkt auch das Dilemma der Fälschung. Wir benutzen Kopien, um Originale zu verifizieren, Originale, um Kopien zu beglaubigen, und stehen schließlich völlig verwirrt da.

Was tun wir, wenn wir so leicht zum Wiederholungssymbol greifen und doch so verzweifelt nach Anzeichen für Individualität suchen?

Das vorige Kapitel handelte von der Optik des doppelten Sehens. Dieses Kapitel kommt nun auf den Akt selbst zu sprechen, auf das Verdoppeln unserer Wörter und Produkte – von der handschriftlichen Abschrift von Manuskripten bis zum Digitalisieren von Kunstwerken. Derartige Vervielfältigung, von vornherein mit Mängeln behaftet, ruft fortwährend nach Bestätigung, auch wenn wir die Kopien selbst zum Beweis für Kontinuität, Wert und Authentizität heranziehen. Jedes Unikat ist vom Verschwinden bedroht – wir fertigen einen Zwilling, eine notariell beglaubigte Kopie, einen Gipsabdruck, falsche Diamanten. Ein nicht kopiertes Objekt steht unter ständiger Belagerung; sein Wert entspringt weniger ihm selbst als dem Kampf, der verhindern soll, daß es kopiert wird. Je geschickter der Westen Kopien herstellt, um so höher bewerten wir Originalität. Erst in einer von Kopien überschwemmten Welt machen wir die Erfahrung der Einzigartigkeit.

Die Feststellung des Unterschiedes zwischen Original und Reproduktion war historisch stets Theologen, Notaren, Kennern und Kuratoren vorbehalten. Keiner von diesen scheint jedoch heute noch in der Lage zu sein, das einzelne von den vielen zu unterscheiden. Können wir heute überhaupt noch auf einem Unterschied zwischen Original und Kopie bestehen, oder ist es an der Zeit, daß wir uns davon verabschieden?

Die Erbsünde

Fragen dieser Art waren bereits im 4. Jahrhundert Arius von Alexandria in den Sinn gekommen: Wie ist das genaue Verhältnis zwischen Gott und Jesus Christus, ebenfalls Gott genannt? Sind beide identisch, ein oder mehrere Wesen? In den Sprüchen des Alten Testaments (8;22–31) und in den Liedern für Seeleute wird behauptet, Gott und Jesus seien getrennte Wesen, der Vater sei Vorgänger und Erzeuger des Sohnes. Als rational denkender Philosoph hätte Arius andernfalls von einem unheimlichen Doppelgott ausgehen müssen. Sein Bild von einem allzu gewöhnlichen Jesus wurde im Jahr 325 auf dem Konzil von Nikäa verurteilt, das entschied, der Sohn sei identisch mit dem Vater und ewig wie er. Arius starb im Jahr 336. Es mußten fünf weitere Konzile zusammentreten und drei Jahrhunderte vergehen, bis die Ostkirche Christus' Persönlichkeit eindeutig definierte – als vollkommen göttlich und doch so vollkommene Inkarnation, daß die Menschen an der Gnade seines Opfers teilhaben konnten. Auch die Westkirche wurde immer wieder aufs neue von Zweifeln über das Verhältnis von Vater, Sohn und Heiligem Geist geplagt. Vor allem kam wiederholt die Frage auf, was es heiße, daß der Mensch nach Gottes Bild geformt sei oder daß er in seinem Leben es Christus nachtun solle.

So bedeutsam die überirdische Nachahmung für die christliche Theologie war, so wichtig war auch die tatsächliche weltliche Nachahmung für

Aus einer Anzeigenserie der Firma Xerox mit klösterlichen Kopisten und Handschriftenilluminatoren. Diese Anzeige von 1980 für den XL-10 Imaging Process war untertitelt: »Xerox hat sich ein neues Wunder ausgedacht.« Und weiter: »XL-10 Kopien sind nicht nur wirklich schön, sondern auch absolut originalgetreu.« (Mit freundlicher Genehmigung der Xerox Corporation)

christliches und europäisches Leben. Im Jahr 418 wandte sich Apiarius, ein Kirchenmann aus Karthagao, den ein afrikanischer Bischof wegen eines Amtsvergehens von seinem Posten entfernt hatte, um Hilfe an Rom. Der neue Papst Zosimus hatte sich bereits mit den Nordafrikanern wegen deren Auffassung zur Wirksamkeit guter Taten überworfen. Er hatte sich auf die Seite der Pelagianer gestellt, deren Glauben an den moralischen Willen des Menschen, den Makel der Erbsünde zu überwinden, 220 afrikanische Kirchenväter zurückgewiesen hatten. In seiner Antwort an Apiarius beharrte Zosimus auf Roms Recht auf Intervention, wobei er sich auf Kanons des Konzils von Nikäa berief. Die afrikanischen Kirchenväter, die diese Kanons in ihren Abschriften nicht fanden, forderten, Zosimus solle in Konstantinopel Rat suchen, »wo echte Abschriften der Kanons von Nikäa aufbewahrt werden sollen«. Die Kanons des Papstes stellten sich als Fälschungen späterer Zeit heraus; Zosimus mußte seine Parteinahme für Apiarius und kurz darauf auch für die Pelagianer widerrufen.

Es ist irgendwie stimmig, daß ein Streit über die Autorität des Papstes, der darüber entbrannte, wie nahe die Menschheit der Gottheit kommen kann, unter Berufung auf »echte Abschriften« beigelegt wurde. Die Vorstellung von der unversehrten Kopie war eine Schlüsselmetapher der spätklassischen und der christlich-patristischen Kultur, von zentraler Bedeutung für die Bestätigung der Herrlichkeit Roms, für die Nachahmung von Skulpturen nach dem großen Vorbild Griechenlands, für die erneute Vereinigung von christlichem Glauben und der Gnade des Heiligen Stuhls. Sieben Jahre zuvor hatte in Karthago – nach der Plünderung Roms durch die Westgoten – eine folgenschwere Debatte zwischen 286 katholischen und 279 donatistischen Bischöfen über unversehrte Kopien und die Abschrift überhaupt stattgefunden. Die Donatisten, die der Meinung waren, die Gültigkeit der Sakramente hänge von der persönlichen Heiligkeit dessen ab, der sie spendete, wandten sich dagegen, daß aus stenographischen Mitschriften gelesen wurde, denn wer dies tat, konnte von der Wahrheit abweichen, ohne daß es jemand bemerkte. Sie verlangten, daß das volle, unverfälschte Protokoll der Debatte des vergangenen Tages laut verlesen werde, wie sie auch von jedem Priester absolute Integrität forderten. Die katholischen Bischöfe unter Führung von Augustinus, die davon überzeugt waren, die Kirche dürfe Gottes Gnade durch unvollkommene Priester vermitteln, begnügten sich damit, daß Auszüge aus tachygrafischen Mitschriften verlesen wurden. Der Reichsverweser Flavius Marcellinus entschied die Debatte über die Kopien und die Priester zu Augustinus' Gunsten: Die Kirche war keine Versammlung unfehlbar makelloser Menschen, sondern eine heilige Institution, deren Diener, wie z. B. Augustinus, immerdar nach dem Reich Gottes zu streben hatten.[1]

Im Reich der Menschen avancierten jene, die nach Diktat zu schreiben verstanden, zu solchen, die die Gesetze schufen. Kopisten, Archivare oder Schreiber wurden zu Notaren, Bevollmächtigten, Verwaltern und seit dem 4. Jahrhundert sogar zu Senatoren. In der spätantiken und mittelalterlichen Kultur war der Notar mehr als nur ein Amanuensis. Er war Schnellschreiber, glaubhafter Zeuge und kundiger Stilist, der sich auf das Abfassen von Präambeln und Gesuchen verstand. Im Dienste von Grundbesitzern, Bürokraten, Kirchenmännern oder Händlern entwickelten Notare das Recht, wie sie auch die Sprache des Rechts mit ganzen Serien von Synonymen anreicherten, um ihre Absichten unmißverständlich kundzutun. Da man von ihnen erwartete, Kopien aller von ihnen abgefaßten Dokumente zu besitzen, wurden sie bald zu den wichtigsten Hütern juristischer Präzedenzfälle.

Durch Stenografie wird aus dem gesprochenen Wort das geschriebene. Abschriften und Kopien machen aus dem einen viele. Der Notar verwandelt Privates in Öffentliches, Vergängliches in Beständiges und schließlich in Zeitloses. Das Gildezeichen der französischen Notare war der Gnomon, dessen Schatten bei der Sonnenuhr die Zeit anzeigte. Der Notar war ein Symbol für Beständigkeit in einer sich unablässig verändernden Welt. Das Erstellen von Kopien dagegen bringt unweigerlich Veränderungen hervor, zum einen weil ganze Generationen unbeabsichtigter Fehler entstehen, zum anderen weil die schiere Masse der Kopien die Bedeutung und Tragweite einer Handlung bestimmt.

Hätten wir genug Papier und Zeit, dann könnten wir Notaren von den Handelszentren der mittelalterlichen Lombardei zu den Gerichtshöfen von England und Frankreich folgen, wo sie im Dienste der sich ausdehnenden Wirtschaft standen. Wir könnten zuschauen, wie Notare mit dem Wachstum der Städte Urkunden erstellten, die deren Unabhängigkeit bestätigten. Wir könnten mit ihnen am Kindbett sitzen, wo sie Erben legitimierten, oder an Totenbetten, wo sie Änderungen an einem Testament aufnahmen. Wir könnten schließlich anhand ihrer Prozeßprotokolle und Urteilsbegründungen die Entwicklung des Zivil- und des Kirchenrechts nachvollziehen. Obwohl sie selten wörtlich mitgeschrieben waren, bestimmten diese Aufzeichnungen, welche Rechtsprechung des Festhaltens wert war. Was sie nicht niederschrieben, war verloren.

»Wäre der Mensch in der Lage, alles und jedes im Gedächtnis zu behalten, was absurd ist, dann folgte daraus, daß Schreiben nichts anderes wäre als unnötige Arbeit«, schrieb Nicholas Grantham, als er im Jahr 1573 seinen Notarseid ablegte. »Deshalb ruft Schreiben oft ins Gedächtnis zurück, was sonst durch die Unbeständigkeit der menschlichen Natur dem Vergessen anheimgegeben wäre.« Mönche, die die biblischen Texte abschrieben, waren verpflichtet, ihren Glauben an Christus zu stärken, indem sie die Texte beim Schreiben laut lasen oder zumindest in Gedanken vor sich hin sagten. Durch das Abschreiben hörte und bewahrte ein Mönch die ewigen Dinge. Wenn das Pergament vorbereitet (oder später das Papier fixiert) war, die Blätter geschnitten und mit Linien versehen waren, die Rohrfeder (später der Federkiel) geschnitten und die Tinte gemischt war, konnte ein Mönch, der an sechs Tagen in der Woche sechs Stunden lang schrieb, in einem Jahr eine Bibel kopieren. Das bedeutete zwei oder drei Spalten Text pro Tag, etwa ein Dutzend Buchstaben pro Minute – eine mühselige Arbeit, bei der jeder Fehler eine Verfälschung der Heiligen Schrift bedeutete. Schreiben, notierte der Schreiber Florencio am Ende eines Textes, den er im Jahr 945 kopierte, »schwächt das Augenlicht, beugt den Rücken, quetscht Eingeweide und Rippen, verursacht Nierenschmerzen und erschöpft den ganzen Körper ... Wißt ihr, welch Glücksgefühl den Seemann durchströmt, wenn er den Hafen erreicht? Dieses empfindet auch der Kopist, wenn er die letzte Zeile schreibt.«[2]

Jede Zeile, von der ersten bis zur letzten, wurde von einem Korrektor mit dem Original verglichen. Je mehr man allerdings auf Geschwindigkeit drängte, desto weniger Zeit wandte man für das Korrekturlesen auf. Die Gesellschaft des späten Mittelalters verdankte viele ihrer Abschriften nicht den Mönchen, sondern Universitätsschreibern, die Woche für Woche Textportionen von acht Seiten (sechzehn Spalten) übernahmen. Diese Portionen, auch *peciae* genannt, wurden beispielsweise von einem Medizinstudenten in großer Hast, 374 Zeilen (sieben Spalten) pro Tag, abgeschrieben. Normalerweise ging diese Arbeit nur halb so schnell voran – 160 Zeilen am Tag. Ob nun in Eile oder nicht, die Studenten kopierten ihre *peciae* von dem Exemplar, das gerade zur Verfügung stand und bereits eigene Fehler aufwies. Eine fertige Abschrift enthielt so eine Vielzahl von Varianten, zu denen mehrdeutige Abkürzungen kamen. Von den 3000 erhaltenen Manuskripten der weitverbreiteten Werke des Thomas von Aquin geht kaum eine Handvoll auf eine korrekte Abschrift des Sekretärs zurück, dem er den Text ursprünglich diktiert hatte. Was uns zur Verfügung steht und was den Studenten damals vorlag, war weder vorsätzlich richtig noch absichtsvoll gefälscht.

Das Schreiben beherrschte man damals erst im Jugendalter. Die Universitätsstudenten des Mittelalters erhielten noch durch exaktes Abschreiben Unterweisung im Gebrauch des Federkiels. Der Zweck des Schreibens lag vor allem darin, das gesprochene Wort festzuhalten, eine Technik, mit der man in Vortragsräumen mehrere Fassungen eines Textes gleichzeitig herstellte. Im 14. Jahrhundert begannen die Lehrer, die bisher nach überlieferten Texten diktiert hatten, statt dessen ihre Mitschriften und Paraphrasierungen zu verlesen und schließlich ihre eigenen Erkenntnisse zum Thema vorzutragen. Das betraf insbesondere die Fakultäten für Medizin, Recht und Theologie in Paris und Heidelberg, deren Professoren angehalten waren, vor Studenten höherer Semester schneller zu lesen, als man mitschreiben konnte. Dies war als Taktik gedacht, die Verbreitung neuer Arbeiten zu verhindern, für die die Universitäten selbst gerne das Monopol haben wollten. Der schnellere Vortrag bewirkte aber auch eine Veränderung der Bedeutung des Schreibens. Aus einer Methode exakten Kopierens wurde das Schreiben nun zu einem Mittel der Innovation und des persönlichen Ausdrucks. Erasmus, der sich im 16. Jahrhundert für eine einfache Schrift einsetzte, die man lernte, indem man durch transparentes Pergament durchpauste, war trotzdem der Überzeugung, daß »die Handschrift eines Mannes wie seine Stimme von besonderer, individueller Qualität ist«, die über die neuen Punkte auf dem i hinausging.

Zur »Selbstinszenierung« in der Renaissance gehörte unter anderem, daß man ein Schriftstück abfaßte, das die Ergebenheit in eine bestimmte soziale Ordnung bewies, zugleich aber auch eine persönliche Präsenz signalisierte. Zu Exaktheit und Lesbarkeit als Ideale der Klosterschreiber kamen nun Eleganz und Ausdruckskraft hinzu. Die Schreiblehrer des 16. Jahrhunderts, die für sich in Anspruch nahmen, andere in Formen des richtigen Umgangs zu unterweisen, lehrten eine »flüssige Handschrift« für das routinierte Abfassen von Rechtstexten und Geschäftspapieren. Eine edle Person mußte eine vornehme Schrift haben. Eine zierliche Schrift begann mit der Referenz und endete mit der Paraphe, dem Schnörkel am Ende der Unterschrift, der bald Formen annahm, die keine Druckerpresse zu reproduzieren vermochte.[3]

In den ersten fünfzig Jahren des Buchdrucks – von 1450 bis 1500 – erschienen mehr Bücher, als die ganze Christenheit in den 500 Jahren zuvor abgeschrieben hatte. Bis 1450 hatte es in Europa etwa 100000 Manuskripte gegeben. Um 1500 existierten bereits etwa 20 Millionen Exemplare gedruckter Bücher und Pamphlete. Viele Reisen mittelalterlicher Gelehrter waren der Suche nach einzigartigen Werken gewidmet, die sie dann in mühseliger Arbeit kopierten. Für diese Suche gab es bereits Kataloge, z. B. einen, der 1412 verschiedene Titel aus den Bibliotheken der Franziskaner auf den Britischen Inseln enthielt. Aber diese Zahlen verblaßten angesichts der 42000 Titel, die zwischen 1454 und 1500 in jeweils 300 bis 600 Exemplaren die Druckerpressen verließen.

Das soll nicht heißen, daß mit dem Druck das Überleben oder die Exaktheit jedes Textes gesichert waren. Viele Inkunabeln sind verlorengegangen. Im Jahr 1478 erschien die erste Errataliste zu einem gedruckten Buch. Bücher des 16. und 17. Jahrhunderts hatten Druckfehler auf nahezu jeder Seite, doppelte Zeilen oder verwechselte Überschriften. Wenn gedruckte Bücher, wie die Historikerin Elizabeth L. Eisenstein meint, »typographisch fixiert« waren, was den Charakter des wissenschaftlichen Diskurses veränderte, dann konnte diese »Fixiertheit« weder als ewig noch als absolut gelten.

Das war zumindest die feste Meinung des Abtes Johannes Trithemius, wie er sie in seiner Schrift *Zum Lobe der Schreiber* 1492 niederlegte und 1494 drucken ließ. Ende des 15. Jahrhunderts war unter den Benedektinermönchen das Abschreiben von Manuskripten wieder aufgekommen; Trithemius schrieb zu ihrer Verteidigung. »Erst die Schreiber verleihen den Worten Kraft, den Dingen Dauer, Lebensfrische den Zeitläufen. Müßte die Kirche sie entbehren, dann würde der Glaube schwankend, die Liebe erkalten, die Hoffnung enttäuscht, das Recht untergehen, das Gesetz durcheinandergebracht werden und das Evangelium in Vergessenheit fallen.« Selbst im Zeitalter der Druckerpresse? Ja. »Der Buchdruck nämlich hängt vom Papier ab, und dieses löst sich in kurzer Zeit völlig auf. Der Schreiber jedoch, der seine Buchstaben dem Pergament anvertraut, sichert sich und dem, was er schreibt, langdauerndes Andenken.« Aber man konnte auch auf Pergament drucken, wie es Gutenberg bei seinen ersten Bibeln tat.

Tatsächlich waren nach 1460 viele Handschriften von gedruckten Vorlagen abgeschrieben. Der Schlüssel war nicht das Medium, sondern die Methode, denn ein Mönch, der das heilige Wort abschrieb, »wird Schritt für Schritt in die Mysterien Gottes eingeführt und auf wunderbare Weise erleuchtet«.

Die Ironie der Geschichte will es, daß das handschriftliche Original von Trithemius' *Zum Lobe der Schreiber* verschwunden ist; aber weit über 100 Exemplare seines Buches, die vor 500 Jahren auf Hadernpapier gedruckt wurden, stehen bis heute in den Regalen der Bibliotheken. Dennoch überlebte auch die Tradition des handschriftlichen Abschreibens die Druckerpresse. Sie besteht weiter, beispielsweise in jüdischen Gemeinden, wo es ein religiöses Gebot ist, daß jede Thorarolle von einem Schreiber (200 bis 500 Zeilen täglich) völlig fehlerfrei abgeschrieben werden muß. Sie hat überlebt als geheimes Mittel zur Weitergabe ketzerischer, okkulter und erotischer Schriften, aber auch in der Praxis von Gerichten, Kanzleien und Botschaften, deren Dokumente zweifach oder dreifach ausgefertigt werden mußten. Sie hat überlebt als Lehrmethode für Kalligraphie und als Arbeitsmittel von Wissenschaftlern, die Passagen aus Büchern und Dokumenten abschreiben, um sie in ihre eigenen Arbeiten aufzunehmen. Auch das dem Leser vorliegende Buch beruht auf etwa 16000 Karteikarten mit handschriftlichen Auszügen aus Manuskripten und gedruckten Quellen.

Das Echte und das Falsche

Vertraut ihr mir, daß meine Abschrift wörtlich ist? Edmund Gosse, der die Werke des Dichters Thomas Gray aus dem 18. Jahrhundert herausgab, behauptete, er habe dessen Briefe direkt vom Original abgeschrieben. In Wirklichkeit hatte er einen Kopisten angestellt, der, als die Arbeit ihm zu mühselig wurde, heimlich (und fehlerhaft) von einer (mangelhaften) früheren gedruckten Ausgabe der Gray-Briefe abschrieb. Trithemius, der als Abt von Sponheim selbst Dokumente für sein *Chronicon Sponheimense* kopierte, fälschte Urkunden und erfand Personen, um Sponheim eine ältere und ehrwürdigere Geschichte zu geben.

In diesem Kapitel sollte eigentlich von der korrekten und nicht der gefälschten Kopie die Rede sein, ausgehend davon, daß Fälschung mit absichtlichem Mißbrauch, richtiges (aber auch fehlerhaftes) Abschreiben dagegen mit unbeabsichtigtem Irrtum zu tun hat. Diese Unterscheidung ist nicht sehr stichhaltig. Fälschung ist auch aus selbstlosen Motiven möglich. Seit dem Altertum standen die Verfasser obskurer, heterodoxer oder nachahmender Werke im Schatten berühmterer Namen. Die Zuordnung konnte auf fromme Motive (die 900 Predigten, die man dem Johannes Chrysostomos zuschrieb) oder auf niedrige Beweggründe (die Traktate der Pelagianer, die unter dem Namen des Heiligen Hieronymus, ihres Gegners, verbreitet wurden) zurückgehen, sie konnte als Scherz (die 105 zusätzlichen Komödien des Plautus) oder als Ungeheuerlichkeit (der *Dritte* Brief des Paulus an die Korinther) aufgefaßt werden. War es Erbarmen oder Eigennutz, der Mönche veranlaßte, Originale von Dokumenten in archaischen Lettern zu verfertigen, weil deren verblassende Kopien das einzige Argument waren, das gegen den drohenden Verlust von Ländereien vorgebracht werden konnte? Zwei Drittel der Kirchendokumente aus der Zeit vor 1100 n. Chr. sind teilweise oder gänzlich Fälschungen. Nach den Beutezügen der Kreuz-

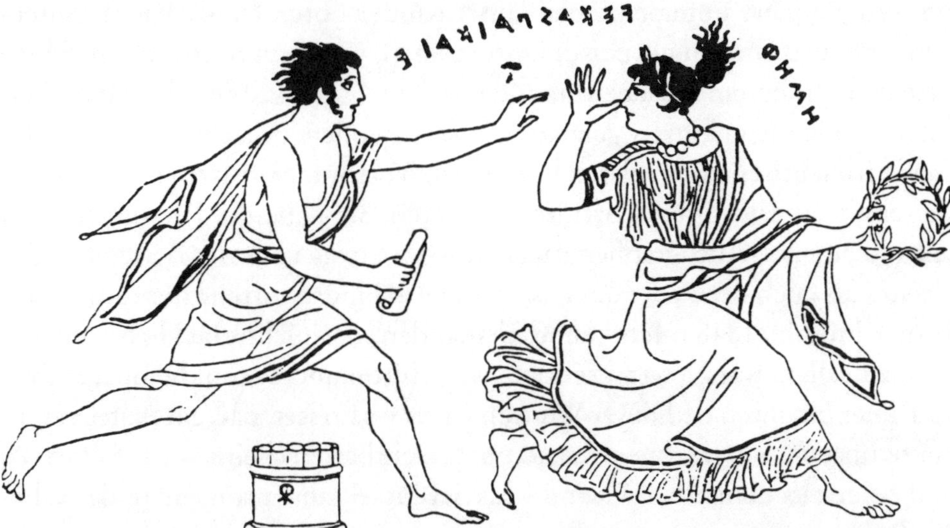

Fama, der Ruhm, ist die Frau, die hier ihrem Verfolger eine lange Nase dreht. Sie sagt: »Bleib mir fern, schöner Jüngling!« Angeblich sollte dies eine Zeichnung auf einer antiken griechischen Vase sein, war aber lediglich eine Fälschung, die man für echt hielt, zumindest im *Journal des savants* (1829).

ritter trifft Gleiches auch für Reliquien zu, die in so großer Zahl auftauchten (die sechs Körper der Maria Magdalena oder die vier Köpfe von Gregor dem Großen), daß der Heiligen Juliana von Lüttich im 13. Jahrhundert die wundertätige Kraft zugeschrieben wurde, echte Reliquien von falschen zu unterscheiden.[4]

Die Fälschung ist im Grunde nichts anderes als eine ins Extrem getriebene Kopie – das Extrem korrekten Kopierens, wenn die Fälschung vom Original nicht mehr zu unterscheiden ist, oder das Extrem falschen Kopierens, wenn die Fälschung unter dem Namen oder im Stil einer anderen Person oder Zeit daherkommt.

Gegen derart extremes Kopieren half lange Zeit das Mittel des persönlichen Siegels, dessen Autorität auf der Versicherung beruht, daß jeder folgende Siegelabdruck mit dem ersten völlig identisch ist. Es ist merkwürdig, daß unsere moderne Kultur der Kopie sich statt dessen für die Unterschrift entschieden hat, da doch keine zwei Unterschriften derselben Person je exakt übereinstimmen. (Experten erkennen gefälschte Unterschriften gerade daran, daß ihnen die *sprezzatura*, die Improvisation, fehlt, die uns jedesmal ein wenig anders unterschrieben läßt.) Kinder übten früher kaum Unterschriften. Das war ein nutzloses Unterfangen, wenn ein Kreuz und mehrere Zeugen in höherem Ansehen standen und ein Siegel größere Beständigkeit aufwies. Handsignaturen gelangten erst zu vollem Ansehen, als man das Genie romantisch zu verklären begann, als Verehrer Schriftzüge aus Briefen ausschnitten und unter Porträts plazierten, als habe die Person ihr Bild selbst signiert. »Autographen sagen sowohl etwas über die Bewegung des Geistes als auch der Feder aus«, schrieb der Handschriftenexperte Dawson Turner im Jahr 1848. »Ich kenne niemanden, der nicht glücklich gewesen wäre zu sehen, wie Newton schrieb, wie Milton und Bacon die Buchstaben zu Papier brachten ... Dieser Wunsch ist so verbreitet, daß ein Autogramm heute für eine Biographie genauso unverzichtbar erscheint wie ein Porträt, und beide aus demselben Grund – als Schlüssel zur Enträtselung des Charakters.«

Andächtige Verehrer brachten noch mehr Konfusion in die Geschichte, indem sie das Erscheinen ganzer Serien von Handschriften-Faksimiles guter Qualität förderten, die bald als weitere Originale im Umlauf waren.

Angesichts der paradoxen Tatsache, daß Originalunterschriften in Tausenden Faksimiles reproduziert wurden, konnte Fälschung in den beiden genannten Varianten zu durchschlagendem Erfolg führen. Der Extremfall einer gefälschten Kopie: Denis Vrain-Lucas, der in der Kanzlei eines Notars gelernt hatte, nutzte die Schwäche eines reichen Mathematikers für Handschriften von Berühmtheiten. In den sechziger Jahren des 19. Jahrhunderts verkaufte Vrain-Lucas diesem 27 472 Briefe, darunter Alexander der Große (an Aristoteles), Judas (an Maria Magdalena), Maria Magdalena (an Lazarus), Lazarus (an den Apostel Petrus), Jeanne d'Arc (an ihre Familie) und Pascal (an den jungen Isaac Newton) – allesamt in modernem Französisch und auf Papier geschrieben, das die königlichen Lilien als Wasserzeichen trug. Als die Fälschung ruchbar wurde, zeigte Vrain-Lucas keine Reue. »Was immer daraus werden mag, ich habe ein reines Gewissen«, sagte er. »Wenn ich auch nicht sehr diskret vorging, um mein Ziel zu erreichen [Frankreich erheben und zu preisen] ... wenn ich einen Trick benutzte, um die Aufmerksamkeit und Neugier der Öffentlichkeit zu wecken, dann tat ich dies nur, um gewisse historische Tatsachen ins Gedächtnis zu rufen, die leicht vergessen werden oder selbst den Gebildeten unbekannt sind.«

Das Extrem einer exakten Kopie: Alexander Howland Smith, ein unauffälliger Kopierer in der Kanzlei eines Edinburgher Rechtsanwaltes, verfaßte Briefe der schottischen Königin Maria, Sir Walter Scotts und des schottischen Dichters Robert Burns. Er benutzte dafür veröffentlichte Faksimilereproduktionen ihrer Handschriften und fabrizierte in ihrer Schrift und ihrem Stil auf echtem altem Papier Unmengen von Fälschungen. Seine Karriere als »Antiquitäten-Smith« (1888–1892) begann, als er in seiner Kanzlei von Scott unterzeichnete Dokumente fand, die er an Handschriftensammler verkaufte. Als ihm die Originale ausgingen, erfand er neue.[5]

Spirit Masters

Die Qualitäten der Handschrift, die von modernen Notaren, Kopisten und Sekretären verlangt wurden, sind die für Fabrikarbeit typischen Eigenschaften – Geschwindigkeit, Lesbarkeit, Korrektheit und Flüssigkeit. Industrialisierung meint hier im Grunde genommen die Ablösung der manuellen Abschrift durch das maschinelle Kopieren. Dazu brauchte man Maschinen, die »schnell, gleichmäßig, präzise und unermüdlich« funktionierten. Der Artikel

Werbung für einen Adressografen von 1961 mit der Schlagzeile: »Eine Lektion, die Geschäftsleute teuer zu stehen kommt.« (Mit freundlicher Genehmigung der Data Card Corporation)

über Handschrift in der *Encyclopédie* hebt nicht die Schönschrift, sondern die Effizienz der »mechanischen Kunst« hervor, die eine »klare, saubere, exakte, deutliche, elegante und leichte« Handschrift hervorbringt, wie es »präzise und schnell« ein in Lebensgröße konstruierter Junge konnte, ein Werk des Schweizer Automatenbauers Pierre Jaquet-Droz.[6]

Ein anderer Schreibautomat des 18. Jahrhunderts war kleiner und hatte ein geringeres Repertoire, aber sein Wiener Erfinder, Friederich von Knauss, hatte ihn der damaligen Mode angepaßt: Er konnte seine Botschaften in schwerfälliger Fraktur oder in beschwingtem Kursiv abfassen. Die Europäer waren zwei Arten von Schriftstücken gewohnt – öffentliche und private. Offizielle Dokumente und Einladungen mußten in verschnörkelten Lettern abgefaßt sein, die relativ langsam geschrieben wurden. Eine schnellere, klarere Schrift war dagegen Briefen zwischen Freunden, Familienangehörigen oder Liebenden vorbehalten. Dieses zweigeteilte System wurde unterlaufen durch die abgerundete, flüssige Schrift der neuen Schönschreibhefte, die stillschweigend eine einzige akkurate Art zu schreiben propagierten. Bis zur Französischen Revolution konnten Beschwerden, die aus der Provinz nach Paris gesandt wurden, noch in offiziellem Notariatsstil abgefaßt sein. Aber der Standard, daß Angehörige verschiedener Schichten für unterschiedliche Gelegenheiten auch jeweils andere Schriften verwendeten, machte bald der demokratischen Erfindung einer allgemein lesbaren Schrift (und Kurzschrift) Platz, in der die feurigen Reden im Auftrage des gemeinen Volkes festgehalten wurden.

Der hochgeschätzte Demokrat George Washington »schrieb anschaulich, wenn auch etwas weitschweifig in leichtem, korrektem Stil«. Das notierte Thomas Jefferson, ein fleißiger Briefschreiber, der es sich nach dem Unabhängigkeitskrieg angewöhnt hatte, über seine Briefe sehr genau Buch zu führen. Jeffersons Papiere gingen zweimal verloren – einmal bei einem Brand und zum zweiten Mal bei einem britischen Angriff auf Richmond im Jahr 1780. Jefferson, der sich des Wertes von Originalen durchaus bewußt war, erprobte alle möglichen Mittel, um die Stunden aufzuholen, die er aufwandte, um eine exakte Abschrift jedes Briefes, den er schrieb, in sein Tagebuch aufzunehmen. 1803 unterstützte er die Entwicklung des Pantographen, der es ihm endlich ermöglichte, Kopien von über 5 700 Briefen anzufertigen. »Ich bedaure zutiefst, daß er nicht 30 Jahre früher erfunden wurde.«[7]

Den Pantographen als ein Gerät, mit dem Konstruktionszeichner zwei Exemplare einer Zeichnung gleichzeitig herstellten, gab es bereits seit der Zeit um 1500. Eine deutsche Version von 1631 bestand aus einem hölzernen Rahmen, an dem ein Gelenkparallelogramm aus vier Stäben horizontal befestigt war, das zwei vertikal eingesteckte Stifte trug. Je nach dem Winkel der Stäbe zog der zweite Stift die Zeichnung des ersten, den man führte, vergrößert oder verkleinert nach. Diese und spätere Pantographen, die mit Feder und Tinte arbeiteten, hatten ihre Probleme: Man mußte darauf achten, daß das zweite Schreibinstrument nicht vom Papier abrutschte, man mußte es anspitzen oder wieder und wieder in Tinte tauchen. Tüftler in Europa und Amerika verbesserten den Pantographen, den schließlich der Prediger und Uhrmacher John Isaac Hawkins im Jahr 1803 solange weiterentwickelte, bis Jefferson damit zufrieden war.

Zuvor benutzte Jefferson eine »Kopierpresse«, die sich James Watt, der Erfinder der Dampfmaschine, hatte patentieren lassen. Watt war die Zeit leid, die er brauchte, um die Briefe zu kopieren, die er fast täglich seinem Partner Matthew Boulton schrieb. Im Jahr 1779 erfand Watt und verbesserte bald eine tragbare Presse, deren Abdrücke nicht mit Metalltypen und Tinte, sondern mit Tinte allein verfertigt wurden – einer besonderen Mixtur aus Galläpfeln, Gummiarabikum, Eisensulfat und Alaun. Ein Brief, der mit solcher Tinte geschrieben war, wurde auf ein zweites sehr dünnes Blatt Papier gedrückt, das seinerseits mit einer Lösung aus Borax, Essig, zerstampften Austernschalen, zerquetschten Galläpfeln und destilliertem Wasser befeuchtet war. Das ergab eine Kopie in Spiegelschrift, die jedoch auf dem transparenten Papier von der Rückseite gelesen werden konnte.

Allerdings hatte Watt Probleme mit der Tinte, die dünnflüssig sein mußte, zugleich aber dick genug, um einen Abdruck noch Stunden nach dem Schreiben zu ermöglichen, und ungefährlich für das Original. Trotzdem war seine Kopierpresse beliebt. Washington besaß zwei, Benjamin Franklin bestellte drei. James Boswell, Schreiber und Biograph des äußerst produktiven Samuel Johnson, bedauerte, »daß es noch keine Erfindung gibt, die Gedanken sofort und exakt niederschreibt wie das Gerät, das einen Brief mit einem Mal kopiert«. Wenige Wochen nach seiner Ernennung zum ersten Außenminister der USA führte Jefferson die Kopierpresse in der amerikanischen Bürokratie und Diplomatie ein. »Der Nutzen dieser Pressen ist so offensichtlich, daß sie keinerlei Empfehlung bedürfen«, hieß es in der *Federal Gazette*. Die Kopierpresse konnte eine ganze Seite Text »in weniger als zwei Minuten und so schön wie das Original« herstellen – fünfmal so schnell (und doppelt so exakt?) wie ein Schreiber.

Als Jefferson die Kopierpresse durch den Polygraphen, den Doppel- (oder Dreifach-, manchmal Vierfach-)Schreiber ersetzte, kehrte er zur ursprünglichen Kopiermethode des Strich für Strich zurück, entschied sich zugleich aber auch für das modernere simultane Kopieren gegenüber der konsekutiven Methode. Zwar hielten hartnäckige Schreiber an der Strich-für-Strich-Methode des Abschreibens »post hoc« fest, wie sie seit dem Altertum praktiziert wurde, aber zwei Mischformen setzten sich bald in den Büros durch: Zum ersten das gleichzeitige mechanische Kopieren S/t/r/i/c/h-f/ü/r-S/t/r/i/c/h mit parallel geführten Stiften oder seit 1880 die Anfertigung von Durchschlägen auf Schreibmaschinen und

Kohlepapier; zum zweiten die chemische VOLLKOPIE, die Blatt für Blatt erfolgte.

Die Wahl einer dieser beiden Methoden war eine Entscheidung zwischen zwei Philosophien des Kopierens. Die S/t/r/i/c/h-f/ü/r-S/t/r/i/c/h-Methode folgte den Bewegungen, die das Original hervorbrachten, nur daß die Arbeit des Schreibers nun von sichtbar zusammengewachsenen Zwillingen geleistet wurde. Die VOLLKOPIE eines Blattes erinnerte kaum noch an den ursprünglichen Prozeß; das Ergebnis erreichte man nicht Schritt für Schritt, sondern durch einen fließenden, nahtlosen, unsichtbaren Dopplungsakt. Der Unterschied zwischen den beiden Methoden des Kopierens war der zwischen Aufklärung und Romantik.

Elegantes Schreiben war in der Aufklärung ein Zeichen für Vernunft, für den Gedanken, der in logischen Schritten, S/t/r/i/c/h f/ü/r S/t/r/i/c/h, transparent und öffentlich zugänglich gemacht wurde. Die Technik der VOLLKOPIE von Briefen, Bildern und Zeichnungen hatte eher mit der romantischen Vorstellung von der Einheit von Körper und Seele zu tun. Lithographie, Stereotypie und später auch die Photographie hatten nicht das Ziel, den ursprünglichen Prozeß nachzuvollziehen (ein zweites Gemälde, eine zweite Gravur oder einen zweiten Originalschriftsatz herzustellen), sondern mit Hilfe chemischer Ätzmittel oder Druckformen sofort ein vollständiges Abbild zu schaffen. Während die Menschen den Pantographen wegen des glatten Verlaufs des Imitationsvorgangs bewunderten, erwarteten sie von der Papierpresse auf der Stelle ein vollkommenes Ergebnis.

Die Nachbildung S/t/r/i/c/h-f/ü/r-S/t/r/i/c/h bedeutete Unterordnung, nicht gleichberechtigte Zusammenarbeit zwischen Führer und Gefolgsperson, Originalzeichner und Kopist. Die VOLLKOPIE dagegen bedeutete Aneignung. Im späten 19. Jahrhundert nahmen die beiden verschiedenen Kopiermethoden geradezu geschlechtsspezifische Merkmale an. Amerikanische Frauen, die das Patentamt 1854 einstellte, schrieben Dokumente in mühseliger Heimarbeit ab. Als sie und nach ihnen auch Frauen in Europa in die Büros Eingang fanden, engagierte man sie als Kopistinnen, die Papiere S/t/r/i/c/h-f/ü/r-S/t/r/i/c/h abschrieben (bis zu 108000 Wörter im Monat), als Stenografinnen und Maschinenschreiberinnen, die man nach ihrem Schreibgerät, der Schreibmaschine, so nannte.

Nicht daß die Männer sich gänzlich vom Kopieren lossagten. Allerdings beanspruchten sie bald das Recht für sich, VOLLKOPIEN anzufertigen.

Männer haben stets Wert darauf gelegt, von einer Sache ganz Besitz zu ergreifen. In den Druckereien der neunziger Jahre des 19. Jahrhunderts kämpften amerikanische und englische Gewerkschaften dafür, Frauen von der Bedienung der Setzmaschinen fernzuhalten, die jeweils ganze Zeilen herstellten. Es konnte durchaus vorkommen, daß ein Druckmeister eine Frau anstellte. Dann beschränkte er ihre Arbeit aber streng darauf, »Buchstabe für Buchstabe zu setzen, womit er sie so weit wie möglich zum Automaten herabwürdigte«.[8]

Je heftiger Männer ihr Vorrecht auf die VOLLKOPIE verteidigten, desto mehr entwerteten sie die S/t/r/i/c/h-f/ü/r-S/t/r/i/c/h-Methode als »rein mechanische« Angelegenheit. In Nathaniel Hawthornes Roman *Der Marmorfaun* von 1859 ist die Heldin (wie Sophia, die Frau des Schriftstellers) eine Kunstkopistin, deren Malereien »das vergängliche, ätherische Leben, diesen schwindenden Duft des Originals« haben, die im realen Leben jedoch nicht zu wirklichem Schöpfertum fähig ist. »Wir wollen nicht darüber klagen«, sagte ein französischer Kunstkritiker über Kopistinnen, »daß ihr Talent nur dazu dient, die alten Meister zu reproduzieren ... Diese bescheidene Aufgabe ist gewiß das Geeignete für Frauen.«

Das Verhältnis von Mann und Frau ist wie das von Original und Kopie seit – ja – seit dem zweiten Bericht über die Schöpfung im Ersten Buch Mose. Adams Rippe wurde 1866 von dem deutschen Morphologen Ernst Haeckel wiedererkannt, der erklärte, jeder einzelne Organismus wiederhole in seiner Entstehungsgeschichte (Ontogenese) die Entstehungsgeschichte seiner Art (Phylogenese) von den niederen Formen seiner Vorfahren bis zur Reife. Der Reifezustand des Homo sapiens war das vernunftbegabte Individuum, das allein der Mann darstellte. Die Frau galt als auf dem Niveau des nachahmenden Kindes oder des kindlichen Wilden stehengeblieben.

Die Biologie der Bibel und die Sozialwissenschaft der viktorianischen Zeit tobten sich nicht nur in Museen, sondern auch in Bibliotheken aus. Während die Männer über seltene Bücher und Manuskripte herrschten, wies man den Frauen die Massenmedien zu. In Leihbibliotheken wurden zunehmend Frauen angestellt, und die Regale füllten sich mit von Frauen geschriebenen Romanen. Bibliothekare versuchten zunächst, die Lesegewohnheiten ihrer Benutzer unter ein gewisses moralisches Regime zu zwingen, aber wie Agnes Hill 1902 im *Library Journal* schrieb, »braucht es ein gewisses Maß von Zivilcourage, auf den Ausschluß eines Buches zu drängen, wenn man weiß, daß die nächste Bibliothek in fünfzehn Kilometer Entfernung gerade zwanzig oder dreißig Exemplare davon eingestellt hat«. Mit ihrer schönen »Bibliotheksschrift« für die Beschriftung von Buchrücken und das Abschreiben von Katalogkarten wurden Frauen, die darin geübt waren, »mechanisch monotone Arbeiten zu erledigen«, eher die Vertreterinnen der Kopie als die Priesterinnen des Originals.[9]

Die Ontogenese rekapitulierte diese Art Phylogenese in Gerichtssälen und Parlamenten, im Geschäftsleben, im Rechtswesen und in Zeitungsredaktionen. Ein Stenograf bestand 1864 vergeblich darauf, daß »die Arbeit mit der Kurzschrift wesentlich verantwortungsvoller (ist), als man gemeinhin annimmt. Zu sagen, sie sei eine rein mechanische Angelegenheit, ist absurd.« Vierzig Jahre lang galt die Stenografie jedoch als Tätigkeit für Frauen, die Stenografin als eine »sichere und wirkungsvolle, arbeitssparende Erfindung«. Andere »rein mechanische« Arbeiten – Tabellen anlegen, Maschine schreiben, telegraphieren – wurden ebenfalls von Frauen ausgeübt. Dies ist zum einen darauf zurückzuführen, daß alleinstehende, ausgebildete Frauen Büroarbeit gegenüber geringer bezahlten und sozial restriktiveren Arbeiten in Lehre und Erziehungsberufen den Vorzug gaben, zum anderen, weil das S/t/r/i/c/h-f/ü/r-S/t/r/i/c/h-Nachvollziehen die geschickten Hände von Frauen erforderte. Die ersten praktisch einsetzbaren amerikanischen Schreibmaschinen wurden in den siebziger Jahren des 19. Jahrhunderts in der Nähmaschinenfabrik der Firma Remington hergestellt. In den neunziger Jahren trieb man die ersten Diktaphone mit dem Tretmechanismus von Nähmaschinen an – eine klare Verbindung dreier Technologien, die man den Frauen zugewiesen hatte, denen man eine angeborene Neigung zu monotoner Arbeit unterstellte. Die Stenografin Ida C. Murray erklärte 1906, wie sie einen schwierigen Arbeitgeber zufriedenstellte: »Ich hatte mir fest vorgenommen, daß er in mir eine perfekt funktionierende, leicht zu bedienende, aufmerksame und zu jeder Dienstleistung bereite Maschine finden sollte, keine Frau.«

Wie der Frau im Büro die Rolle eines »aufmerksamen« Kopiergerätes zugedacht war, so erforderten Kopiergeräte ihrerseits zunehmend die Anwesenheit der Frau und nahmen eine weibliche Persönlichkeit an, die »zur Reproduktion tendiert, während der Mann auf Produktion orientiert ist«, schrieb ein Mann 1895 im *Popular Science Monthly*. Was »Schreibmaschine« und »Maschinenschreiberin« so unentbehrlich machte, war weniger die Geschwindigkeit als vielmehr die Klarheit und Dauerhaftigkeit getippter Texte sowie die Eignung von Frau und Maschine für jeglichen Prozeß des Duplizierens. Zwar konnte eine geübte Maschinenschreiberin im Jahr 1907 bereits doppelt so schnell schreiben wie ein rascher Schreiber (50–60 getippte Wörter pro Minute im Durchschnitt und 87–95 Wörter für Weltmeister gegenüber 25–30 langschriftlichen Wörtern oder 40–60 Wörtern unter Druck und in schlecht leserlicher Schrift). Vollends überlegen war die Maschinenschreiberin jedoch bei der gleichzeitigen Anfertigung mehrerer Kopien. Die Anforderungen, die die Verwaltungen an die neuen Schichten des mittleren Managements stellten, produzierten einen endlosen Strom von Zeitstudien, Ablaufplänen, Lohn- und Verkaufsstatistiken, Hausmitteilungen und Briefen, die allesamt rasch, exakt, billig und sauber vervielfältigt werden mußten.

Sauberkeit, Klarheit und Dauerhaftigkeit waren die Ideale der perfekten Bibliothek, des perfekten Büros, des perfekten Haushalts und der perfekten Kopie. Sauberkeit und Klarheit waren noch 1962 in der Werbung gefragt, als man Thermo-Fax-Kopien als »strahlend weiß« wie Eierschalen anpries. Zu Klarheit und Dauerhaftigkeit erklärte die Firma James River Graphics 1981: »Der einzige Fehler, den Sie mit einem Diazofilm von TECNIFAX machen können, ist zu versuchen, ihn vom Original zu unterscheiden. Das ›zweite Original‹ des TECNIFAX Diazofilms ist so exakt – legen Sie Ihr Original beiseite, archivieren Sie es für ewige Zeiten und benutzen Sie Ihr zweites Original für jeden beliebigen Verwendungszweck.« Das Original geriet zum verschwindenden Zwilling eines unverfälschten, strahlenden, dauerhaften »zweiten Originals«. Und wie man eineiigen Zwillingen die Hauptrolle in der Werbung nach dem Prinzip des »Vorher« und »Nachher« zugewiesen hatte, erwählte man auch hier zu Symbolen für den wahrhaften Zwillingscharakter der Kopien strahlende Frauen in weißen Blusen.

Frauen, die wußten, wie man Kohlepapier so einlegte, daß es nicht schmierte oder knitterte. Die das neue, einseitige Kohlepapier in ihren Schreibmaschinen so perfekt benutzten, daß sie damit sogar im Hochdruckverfahren gedruckte Bücher ausstachen, zwischen deren noch feuchte Seiten schützendes, aber miserabel handhabbares Ölpapier gelegt werden mußte. Frauen, deren Fähigkeit, klare und saubere Kopien gleichzeitig mit einem klaren, sauberen Original zu produzieren, wie der Historiker W. B. Proudfoot argumentierte, »ein Schritt von herausragender Bedeutung in der Geschichte der Vervielfältigung« war.

Frauen: Deren Kleidung und Kopien noch prächtiger erstrahlten als die intensiven Anilin-(Kohleteer-)Farben, die in den sechziger Jahren des 19. Jahrhunderts für Textilien, in den Siebzigern für Hektographietinten (vom griechischen *hekaton*, 100, d. h. 100 Kopien von einem Original) und in den Achtzigern für Matrizenkopierer Verwendung fanden. Wer konnte wohl eine Matrize herstellen, bei der kein Spritzerchen die 6000 violetten Kopien verdarb, die zu 60 Stück in der Minute von der Rolle liefen?

Frauen, die es lernten, die Tasten des »literarischen Klaviers«, der Schreibmaschine, mit derselben Geschwindigkeit zu bearbeiten wie ein Pianist sein Instrument. Dieser konnte mit einer Geschwindigkeit von 700 Noten in der Minute durch den *Hummelflug* summen, aber auch eine maschineschreibende Teufelin brachte es auf 500 kleingeschriebene Buchstaben in der Minute. Durch das Blindschreiben wurde nicht nur die Geschwindigkeit höher, sondern auch das Schriftbild gleichmäßiger: Man erhielt einen sauberen linken Rand ohne die sorglosen oder leichtfertigen Abweichungen auf handgeschriebenen Seiten, man blieb fest in der Zeile, man verzichtete auf hochgestellte Abkürzungen (Überreste aus dem Kirchenlatein oder dem Geschäftsitalienisch wie d° für *dito*), und man erhielt gleichmäßige Wortabstände.[10]

Die Schreibmaschine mit ihren rechteckigen sauberen Textblöcken und Kohlekopien war im Grunde genommen eine Druckerpresse en miniature, wie auch die rotierenden Kopiermaschinen Miniaturausgaben der riesigen Rotationspressen waren, die um 1900 zu einer Revolution im Zeitungsdruck führten. Wie die Tageszeitungen mit Massenauflagen beförderten die Mengen maschinegeschriebener Kohle- und Matrizenkopien die Neuordnung der Akten von der Horizontale zur Vertikale und die Einführung von Büroklammern. Aber maschinegeschriebene Schriftstücke beeinflußten auch die Ausdrucksweise wesentlich. Da zwei Seiten handschriftlichen Textes, einzeilig getippt, leserlich auf einer Seite untergebracht werden konnten, da Maschinentext auf einem weißen Bogen weniger Platz zu beanspruchen schien als Handschriftliches auf dem bläulichen Papier, das man in den Büros verwendete, wurden die neuen Kopien zum sichtbaren Beweis einer zweckmäßigen Sprache, prägnant und kurz und bündig wie die Sätze des modernen Journalismus. Da die Stenografen beim Diktat die meisten Interpunktionszeichen ausließen und sie auch beim Abschreiben auf der Schreibmaschine unter Zeitdruck nur spärlich einsetzten, wirkten maschinegeschriebene Texte besonders entschieden, weil sie nicht dauernd von Absätzen und Klammern unterbrochen waren. Da es schwierig und zeitraubend war, Korrekturen auf dem getippten Original und den Durchschlägen anzubringen, hatten maschinegeschriebene Texte etwas Endgültiges. Nicht nur die Zeilen wirkten, als seien sie gedruckt, sondern die schiere Zahl von 20 Durchschlägen drängte die Schreiberinnen zu entschlossenerem Schreiben und Gestalten. Da Notizen, Entwürfe, saubere Abschriften und exakte Kopien in so rascher Folge hergestellt werden konnten, schienen Schreibmaschinendurchschläge und Matrizenkopien die Abstände zwischen Vorhersage, Ereignis und Bericht stark zu verkürzen.

Effiziente Kopiergeräte und strapazierfähiges Kopierpapier waren die Verbündeten in einer Theorie der Nachrichtenübermittlung, die einen fließenden, atemlosen Übergang vom Ereignis zu seiner Aufzeichnung entwarf. Während Nachrichten heiß aus dem Draht und Kopien frisch aus der Schreibmaschine oder vom Rotationszylinder kamen, gelang es den Experimentalpsychologen, die subtilen Bewegungen festzuhalten, in die wir jede unserer Regungen physiologisch umsetzen, so daß eine weitere Art des Polygraphen erfunden werden konnte – der Lügendetektor, dessen Stifte ein Diagramm unserer innersten Reaktionen S/t/r/i/c/h-f/ü/r-S/t/r/i/c/h auf Endlospapier zeichneten. Mit dieser Maschine wurde nun der menschliche Körper selbst zu einem Modell für wahrheitsgetreue, akkurate und unauslöschliche Transkription.

Derartiges Kopieren als Nachschöpfung war eine sehr nützliche Sache. Es ließ etwas Einzigartiges zur Realität für viele werden, zu einer Realität, die noch überzeugender wirkte, weil sie sauberer, klarer und weniger vergänglich war. Da die Kohlekopien der Schreibmaschine jeden Anschlag akkurat und zeitgleich wiederholten, wurden sie als rechtskräftige Dokumente anerkannt. Zahlmeister bedienten riesige Pantographen, die mit zehn Füllfedern ausgestattet waren, und unterschrieben 5000 Geldanweisungen in der Stunde. Eine weitere Steigerung kam 1916 mit der automatischen Feder, die jede Unterschrift S/t/r/i/c/h-f/ü/r-S/t/r/i/c/h reproduzierte. So wie Sklaven im alten Rom durch die Gabe des Schnellschreibens nach ihrer Freilassung zu hohen Ämtern kamen, erlangten Büroangestellte, die an Kopiergeräten arbeiteten, die Macht, das Einzigartige zu vervielfältigen. Karl Marx' Tochter Eleanor, die wissen mußte, was Ausbeutung monotoner Arbeit bedeutete, lernte Stenografie und Maschineschreiben und verdingte sich anschließend als behördliche Stenografin.

Als weibliche Büroangestellte sich allmählich zu »aufmerksamen« Kopiermaschinen entwickelten, als die Bedienung und tägliche Wartung der Geräte mehr und mehr von ihrem Know-how abhing, wandelte sich der Status von Stenografie und Maschineschreiben durch eine Art Subkultur des Sekretariats, in der Frauen bis zum Zweiten Weltkrieg eine relativ hohe, gut bezahlte Stellung einnahmen. Weder die Schreibmaschine noch das Diktaphon, die Rechenmaschine oder das Vervielfältigungsgerät entwerteten die Büroarbeit, denn jedes forderte noch größere Vielseitigkeit. Zwar waren Manager immer wieder bestrebt, die Arbeit zu vereinfachen und die Angestellten in Pools für einzelne Aufgaben einzuteilen, aber Maschineschreiberinnen und Stenografinnen konnten sich die paradoxe Macht des Individuellen bewahren, die der Vervielfältigungsakt verleiht. Im Jahr 1903 galt es noch als reine Vermutung, daß man maschinegeschriebene Seiten anhand bestimmter Tippfehler sowie Kraft und Art des Anschlags identifizieren könne. Kriminologen bestätigten indessen bald, wie richtig diese Annahme war. Bereits 1895 war klar, daß keine zwei erfahrenen Stenografen für einzelne Wörter oder ganze Wendungen dieselben Kürzel benutzten, so daß es riskant war, die Notizen eines anderen in Langschrift zu übertragen. Stenografische Notizen hatten etwas mit dem persönlichen Wortschatz und der individuellen Speicherung eines gesprochenen Textes zu tun. So kam die S/t/r/i/c/h-f/ü/r-S/t/r/i/c/h-Wiedergabe des persönlichen Ausdrucks wieder zu Ehren, die eigentlich vom Streben des Industriezeitalters nach Geschwindigkeit, Lesbarkeit, Exaktheit und Leichtigkeit längst hätte überholt sein müssen. Als die Fotokopierer in den Büros Einzug hielten, sollten auch sie bald in moderne Ausdrucksmittel verwandelt werden.

Der Traum von der Maschine

Das Fotokopieren ist wie die Fotografie ein Kopieren als Aneignung. Es reproduziert eine Momentaufnahme, die die historischen Schritte ignoriert, welche den Gegenstand hervorgebracht haben.[11] Eine Fotokopie nimmt, ohne zu huldigen. Sie orientiert sich nicht an der Sache, sondern am

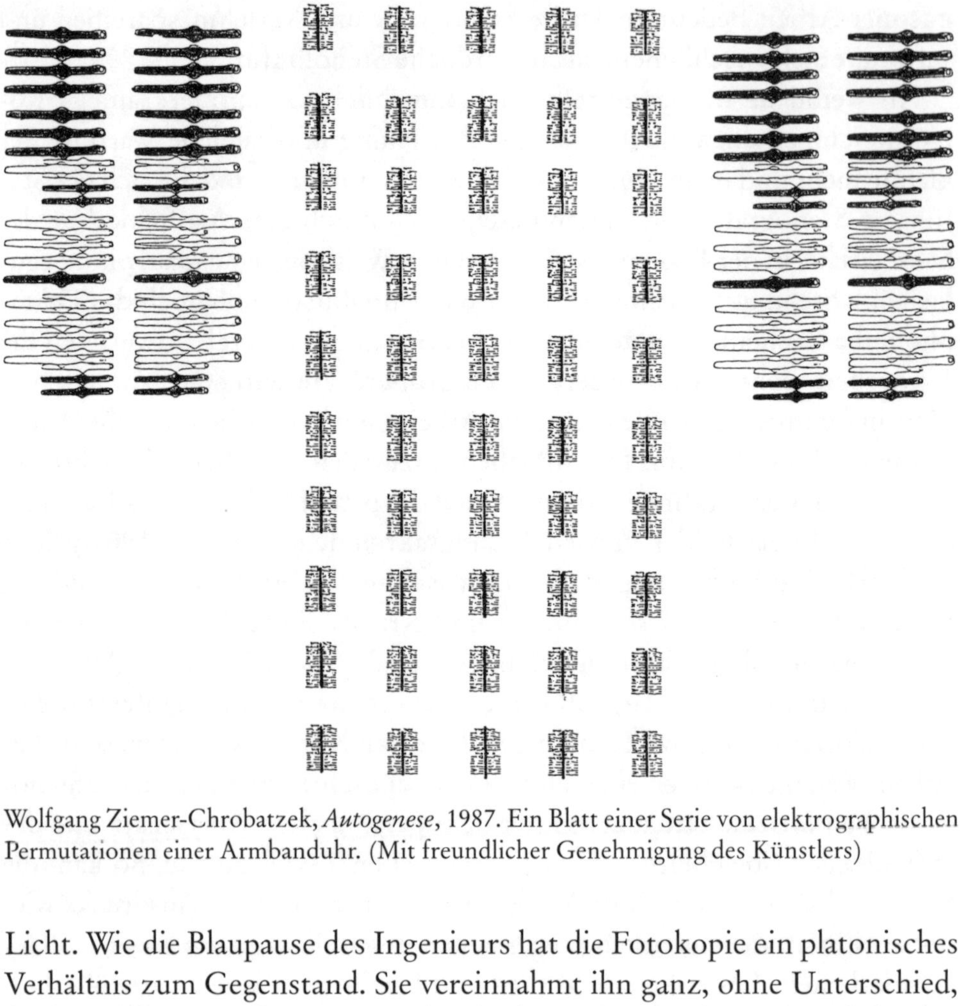

Wolfgang Ziemer-Chrobatzek, *Autogenese*, 1987. Ein Blatt einer Serie von elektrographischen Permutationen einer Armbanduhr. (Mit freundlicher Genehmigung des Künstlers)

Licht. Wie die Blaupause des Ingenieurs hat die Fotokopie ein platonisches Verhältnis zum Gegenstand. Sie vereinnahmt ihn ganz, ohne Unterschied, fordert dabei makellose Originale, die keinerlei Knicke, Fingerabdrücke, Haarspuren oder andere Anzeichen von Körperlichkeit aufweisen. Das Kopieren als Nachbildung folgt der Anatomie; das Kopieren als Aneignung ist eine Vermessung des Empyreums.

Noch himmlischer ist elektrometrisches Kopieren, das seinen Ursprung in winzigen Sternchen hat, die im Jahr 1777 auf geheimnisvolle Weise auf staubigen Harzkuchen auftauchten, die man aus Versehen nicht abgedeckt hatte. Die Harzkuchen wurden als Induktoren für einen Elektrophor im Laboratorium des 35jährigen Professors an der Universität Göttingen, Georg Christoph Lichtenberg, gebraucht. Dieser stellte fest, daß die Staubsterne auftauchten, wenn Licht auf das (fotoelektrisch leitfähige) Harz fiel und dessen Oberfläche elektrisch auflud. Als er eine dickere Staubschicht auftrug, fand er »ganze Milchstraßen und größere Sonnen«. Selbst Astronom, Physiker, Mathematiker und Geologe, war Lichtenberg zugleich auch Kritiker und Satiriker. Er machte sich 1778 einen Namen, als er die vier Bände des protestantischen Schweizer Mystikers, Dichters und Arztsohns Johann Kaspar Lavater über Physiognomie der Lächerlichkeit preisgab. Dieser suchte in der Form des Gesichtes den Beweis für Dummheit und Genie, Laster und Tugend. Je deformierter oder affenähnlicher das Gesicht war, desto minderwertiger sollte die Person sein.

Da er selber bucklig sei, könne man verstehen, warum Lichtenberg jeden Zusammenhang zwischen Knochen und moralischen Neigungen von sich weise, schrieben Lavaters Anhänger. Lichtenberg litt sehr unter den Schmerzen und Verlegenheiten, die sein rachitisch deformiertes Rückgrat ihm bescherte: »Mein Körper ist so beschaffen, daß ihn auch ein schlechter Zeichner im Dunkeln besser zeichnen würde.« Lichtenbergs Scham über die eigene Gestalt, die bei ihm eine Art grimmigen Humor auslöste, brachte ihn dazu, andere Menschen eingehend zu betrachten und festzuhalten. Jahre vor Lavaters *Physiognomischen Fragmenten* hielt Lichtenberg sich zugute, in der Beschaffenheit des Gesichts Zeichen für Gemütsbewegungen finden zu können. Aber Lavater behauptete, die anatomische Form des Körpers folge einem unveränderlichen Charakter. »Er springt und stolpert von gleichen Nasen auf gleiche Anlage des Geistes, und, welches unverzeihliche Vermessenheit ist, aus gewissen Abweichungen der äußeren Form … auf analogische Veränderung der Seele.« Für Lichtenberg war der Charakter eine sehr klug konstruierte Gesamtheit, stets in Bewegung, stets unter dem Einfluß von inneren Affekten und äußeren Wirkungen. Oberflächen konnten sich verändern, wenn sie sich aufluden. Die elektrostatischen Bilder, die immer noch »Lichtenbergsche Figuren« heißen, waren einem Leben angemessen, das sich nicht von der Anatomie bestimmen ließ, sondern auf persönliche Energie und Unverwüstlichkeit baute.

Nicht weniger angemessen war eine schwere Arthritis der Wirbelsäule, die Chester Carlson um 1935 ereilte, als er Berichte über elektrostatische Bilder aus dem Göttingen des 18. Jahrhunderts und fotoelektrische Effekte aus dem Göttingen des 20. Jahrhunderts studierte. Schon bevor die Arthritis ausbrach, hatte Carlson beklagt, daß er im Laboratorium schusselig sei und es ihm an »Geschick bei der Handhabung von Apparaten« fehle. Ständige

Schmerzen ließen ihn fürchten, die Arthritis könnte ihn ebenso zum Vollinvaliden machen wie seinen Vater, einen tuberkulosekranken Friseur, der auf der Suche nach einem gesünderen Klima für sich und seine schwindsüchtige Frau ständig unterwegs gewesen war – von Seattle (wo Chet 1906 geboren wurde), über Los Angeles, Yuma in Arizona, Abuya in Mexiko bis nach San Bernardino in Kalifornien. Mit vierzehn mußte Chet bereits seine Familie durchbringen. Nach der Schule und in den Sommerferien arbeitete er in Konservenfabriken und dem Versuchslabor einer Klebstoffabrik. Als er siebzehn war, starb seine Mutter. In den darauffolgenden drei Jahren ging es mit seinem Vater, »einem gebeugten, ausgemergelten Wrack von einem Mann, der den größten Teil des Tages flach auf dem Rücken liegen mußte, von Hustenanfällen geplagt und vom Leben zerstört«, immer weiter bergab: »In den Jahren 1924–1926 verlor Pa den Verstand.« War es also verwunderlich, daß sein Sohn, der mit vierundzwanzig ein Physikstudium am California Institute of Technology abschloß, nach seinen eigenen Worten aber »zu langsam und ungeschickt« für Laborarbeit war, das grundlegende Patent für eine Kopiermethode entwickelte, die keine geschickten Hände erforderte, die ohne »den gebeugten Rücken des Schreibers« auskam und statt auf die Körperlichkeit der Dinge auf das Licht über ihnen setzte?[12]

Mit zehn Jahren »verzehrte sich« Chet nach einer Schreibmaschine. Als jugendlicher Hausgehilfe eines Druckers benutzte er eine kleine ausrangierte Presse, um ein Mitteilungsblatt über Chemie zu drucken. Dabei erstaunte ihn, »wie schwierig es war, Worte zu Druckvorlagen zu machen«. Ähnliche Schwierigkeiten empfand er nach Beendigung seines Studiums am Cal Tech in den New Yorker Labors der Firma Bell Telephone: Wie gut könnte man Wörter ohne atmosphärische Störungen übertragen und aufzeichnen? Als er an Spezifikationen für die Patentabteilung einer Elektrofirma arbeitete, fehlte es ihm ständig an der notwendigen Zahl von Exemplaren. Überall – ob er nun las oder druckte, Telefone testete oder Daten prüfte – immer wieder stieß er auf die Probleme von Aufzeichnung und Vervielfältigung.

Rasche, saubere, exakte und mühelos herzustellende Kopien entsprachen dem Leben, das Carlson ungeachtet seiner körperlichen Probleme anstrebte. In seiner zweiten Ehe und im Grunde genommen seinem zweiten Leben finanzierte Carlson, nachdem die elektrostatische Fotokopie den Namen Xerographie (auf Griechisch »trockenes Schreiben«) erhalten hatte, in Ost und West Wege zur Untersuchung der übersinnlichen Erscheinung von Körpern und der transzendentalen Gedankenübertragung. Er subventionierte den amerikanischen Zen-Buddhismus, J. B. Rhines Labor für Außersinnliche Wahrnehmung an der Duke University, Programme der American Society for Psychical Research, Aura-Forschungen der Shanti Foundation, Protokolle von außerkörperlichen Erfahrungen und Todeserfahrungen. In sein Notizbuch von 1932 trug er unter der Spalte »Erfindung gefragt« ein Verfahren nach dem anderen für mühelose Aufzeichnung und exakte Vervielfältigung ein – eine neue Methode der Farbfotografie, ein schnelleres Verfahren zur Zeichentrickanimation, einen besseren Faxempfänger. Zugleich aber teilte er 1961 einem Freund, der an Poltergeister glaubte, mit, in seinem Haus in Pittsford im Staate New York habe er jahrelang »spontane pk (Psychokinese)« erlebt. »Manchmal poltert der Geist, um einen Gedanken zu bekräftigen, den man gerade gefunden, oder eine Feststellung, die man geäußert oder gelesen hat. Ein anderes Mal scheint er einen in die Pflicht nehmen zu wollen, besonders wenn es Zeit zum Meditieren ist.«

Zwei Jahre später meditierte er über eine »elektrodynamische Theorie des Lebens – elektrische Felder auf oder nahe der Oberfläche von Lebewesen«, die sich unter dem Einfluß von Gefühlen in einer Art biophysischer Xerographie veränderten. Deshalb begann er nun biophysische Forschungen zu unterstützen. 1965 schnitt er einen Artikel über »außersinnliche elektroenzephalographische Induktion zwischen eineiigen Zwillingen« aus, der andeutete, die immaterielle Verbindung zwischen ihnen könnte einen Weg weisen zum schmerzlosen Kopieren eines Einzelkindes, das »jahrelang ... fast den Status eines wissenschaftlichen Materialisten gehabt hat«. 1967 bekannte er: »Ich will eine Theorie der Parapsychologie, aber mir ist unklar, wie ich vorgehen soll, es sei denn ich bezöge mich auf meine unausgegorenen Ideen zur sinnlichen Wahrnehmung.«

Hier stoßen wir wieder auf Probleme der Aufzeichnung. Für Carlson war Parapsychologie Schattenenergie auf dem geladenen Fundament der irdischen Existenz, und wie sie brauchte er noch eine Erdung. Die xerographischen Prinzipien von Licht, Leitfähigkeit, Ladung und Prägung schienen bei ihm zu Hypothesen von einem Leben höherer Ordnung zu geraten. Umgekehrt konnte die Xerographie eine Aufzeichnung höherer Ordnung reflektieren; ihre Metamorphose vom Licht zur Ladung, zum

Abbild und schließlich zur Aufzeichnung schien der Metempsychose, der Seelenwanderung von einem Körper zum anderen, verwandt zu sein.

Übertreibe ich etwa? Lichtenberg benutzte die griechische Entsprechung seines Namens, Photorin, als Pseudonym, wenn er Lavaters arrogante Versuche attackierte, den jüdischen Philosophen Moses Mendelssohn zum Christentum zu bekehren. In seinen Aphorismen und Essays wandte sich Lichtenberg gegen das selbstherrliche Beharren auf etablierten Wahrheiten, ob nun in Religion oder Wissenschaft. Kierkegaard, Nietzsche und Wittgenstein hätten ihn zu dieser Haltung beglückwünscht. Freud, der sein Werk mit großem Vergnügen las, zitierte Lichtenberg im Hinblick auf Versprecher und zusammenhängende Motive. Die Freudsche Analyse ließ Bilder aus dem Unterbewußten ebenso hervortreten wie Lichtenbergsche Figuren aus dem Staub geladener Oberflächen.

Zweihundert Jahre später schien Carlson die Parapsychologie als Totem sowohl für den xerographischen Prozeß als auch für sein Eine-Welt-Programm zu betrachten, das er über die Vereinten Nationen förderte. Parapsychologie bedeutete für ihn die potentielle Einheit des Geistes. Sie umfaßte auch ein Universum latenter Bilder, die darauf warteten, mit metaphysischem Lykopodium ans Licht geholt zu werden, so wie Carlson (in einer Küche hinter einem Schönheitssalon über einer Bar) die geschwefelte Oberfläche einer Zinkplatte mit pulverisierten Moos-Sporen bestäubt hatte, um die Umrisse eines Zelluloidlineals oder die Aufschrift »22. 10. 38 ASTORIA« auf einem Glasdiapositiv sichtbar zu machen. In dieser Hinsicht war unsere Kultur der Kopie, in der Nachbildungen das Gewebe des Lebens erhalten, waren die Gefühle und Begriffe, die Carlson zur Xerographie brachten, nur wenig entfernt von seinen politischen und spirituellen Neigungen.

Am anderen Ende des Landes, in der Nähe von Eastman Kodak gelegen, stellte eine 1906 gegründete Firma mit Halogenidsalzen behandeltes Fotopapier her. In den dreißiger Jahren waren die Fotokopierpapiere »Copylite« und »Record« der Haloid Corporation so erfolgreich, daß sie ihre Nachbarfirma, die Rectigraph Company in Rochester, aufkaufen konnte. Diese stellte eine Kamera her, die Text oder Kunstwerke direkt auf ihre Fotopapiere brachte. Rectigraph war ebenfalls 1906 von einem Mann gegründet worden, der Grundstücksurkunden in vierfacher Ausfertigung von Hand zu erstellen hatte. »Es war die ermüdende Schinderei der endlosen Anfertigung abstrakter Zeichnungen, die George C. Beidler zum Nachdenken darüber brachte, ob nicht eine schnellere und exaktere Methode für das Kopieren juristischer Dokumente gefunden werden könnte«, wird in einer Firmenbroschüre erläutert. »1903 fand er die Antwort – die Fotografie! ... Keine andere Kopie konnte schneller sein, denn nichts ist so schnell wie das Licht.« Sein »Photostat« war ein Erfolg, aber Rectigraph blieb klein, obwohl die städtisch angestellten Ingenieure in Los Angeles beispielsweise in einem Jahr 41 179 rektigrafische Kopien herstellten. Im Zweiten Weltkrieg florierte die Firma Haloid mit Rectigraph im Schlepptau als Lieferant von Kameras und Papier für die militärische Aufklärung. Als die Firma 1945 von Produktionsrückgang betroffen war und nach anderen Erzeugnissen Ausschau halten mußte, stieß sie auf einen Artikel über die elektrofotografischen Kopien von Chester Carlson, mit dem Haloid bald eine Offenbarung und eine Revolution erfahren sollte.

Das ist jetzt allerdings etwas übertrieben formuliert. Die Revolution der Kopie hatte im Grunde genommen in den zwanziger Jahren begonnen, als das Kopieren bereits in der Luft lag. Auf den Funkwellen nämlich – als die Radio Corporation of America 1926 einen transatlantischen Funk-Faksimile-Service einrichtete, mit dem Nachrichtenfotos übertragen wurden. In der dünnen Luft von Nationalbibliotheken und Archiven wie der Library of Congress, der British Library oder der Bibliothèque Nationale, die das »Photostat«-Fotokopiersystem benutzten, um seltene Dokumente zu erwerben oder Kataloge zu erstellen. In der allerdünnsten Luft um den neuen Planeten Pluto jenseits des Saturn, den man 1930 in der Nähe des Sternbildes der Zwillinge entdeckte, wo die A. B. Dick Company aus Chicago in ihrer Werbeanzeige aus dem gleichen Jahr für ihren Mimeografen »NEUE WELTEN ZU EROBERN« sah: »Alles, was geschrieben, maschinegeschrieben oder mit Linien gezeichnet werden kann, reproduziert er in Tausenden Exemplaren pro Stunde.«

Tausende Exemplare pro Stunde wurden auch gebraucht, insbesondere in den USA, wo mit dem New Deal ein Mehrfaches an Vorschriften Einzug hielt und Bundesbehörden Millionen vervielfältigter Vermerke und Mitteilungen ablegten. Die Works Progress Administration setzte mit Unterstützung historischer und genealogischer Gesellschaften ganze Scharen von Bürgern daran, die Akten aus der Kolonialzeit vor der Gründung der USA zu kopieren. Ein Jahrhundert früher hatte Peter Force bereits seit

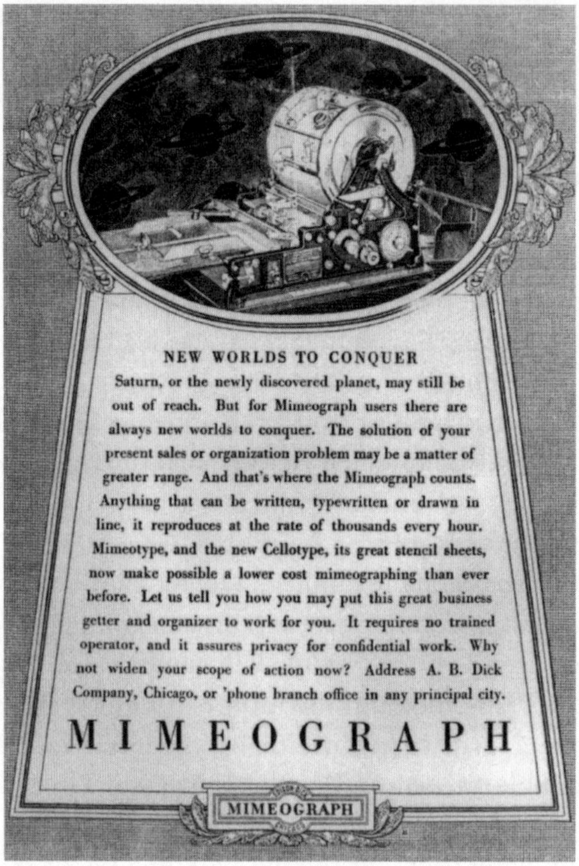

Der Mimeograf in einer Anzeige von 1930 beim Aufbruch zur »Eroberung neuer Welten«, wie der Text verheißungsvoll in Aussicht stellte.

1833 Kopisten bezahlt, die Manuskripte für eine Dokumentation der amerikanischen Revolution mit Feder und Tinte abschrieben. Die Kopisten von 1933 benutzten bereits Schreibmaschinen und Kohlepapier, Kopiergeräte von Hunter Electro (»heute kann jedermann wahrheitsgetreue Sofortkopien wichtiger Dokumente anfertigen«), »Photostat«- und Lumastat-Kameras. Nun konnte JEDERMANN nicht nur Abschriften, sondern Faksimiles erstellen (»Fehler haben bei LUMASTAT-Faksimiles keine Chance – jede Kopie ist eine EXAKTE fotografische Wiedergabe der Originals«). Ein Zwischenschritt zwischen der Kopie als Nachbildung und der Kopie als Aneignung waren Gelatine-Kopiergeräte – in Amerika der Mimeograph, der Speedograph und das Ditto, in England und Frankreich der Neo-Cyclostyle von Gestetner, in Deutschland der Roto. Alle diese Geräte erforderten komplizierte Matrizen; vereinfacht gesagt, vermittelten auch sie den Eindruck, daß alles vervielfältigt werden konnte und sollte. »Die Urschrift sagt, tu es!« erklärte die Firma Ditto Inc. im Jahr 1935, und »die Kopie erledigt es – Bestellformulare werden ausgefüllt, Instruktionen ausgeführt, Erklärungen analysiert, Verkäufer angeleitet, Akten geführt«.[13]

Als man einhundert Kopien in der Minute herstellen konnte, hieß es: »Aktuelle Tatsachen brauchen nicht länger in Erwartung einer leichten und schnellen Reproduktionsmethode begraben zu liegen.« Das Motto von Ditto: Einmal schreiben. Die Methode von Ditto: Reinkarnation. Einhundert Kopien für fünf Cents – wer konnte es sich da leisten, nein zu sagen? Professor Robert C. Binkley, der vom U. S. Social Science Research Council den Auftrag erhielt, alle Büro-Reproduktionsgeräte zu prüfen, schrieb 1937: »Wenn Bücher und Dokumente zu diesem Preis kopiert werden können, dann läuft das darauf hinaus, daß man alle Aufzeichnungen der Zivilisation in einem Ausmaß zugänglich machen und zirkulieren lassen kann, das man sich bisher überhaupt nicht vorstellen konnte.«

Ein derart schwerwiegendes Ergebnis erweckte den Anschein, die Aneignung ganzer Texte bedeute bereits auch deren intellektuelle Vereinnahmung. Die Geschwindigkeit, der Umfang und die reine Gewohnheit des fotochemischen Kopierens, wie es sich in den dreißiger Jahren in Berlin, London und Washington durchsetzte, nährte die Illusion, Kopieren bedeute Begreifen.

Die Mönche des Mittelalters machten sich zumindest mit dem Geschriebenen bekannt, wenn sie Texte im Umfang von 4700 bis 5500 Buchstaben am Tag abschrieben. Die Bürokopisten von 1917, die in der Regel zwei maschinengeschriebene Zeilen (100 Anschläge) in der Minute schrieben, brachten es pro Tag auf etwa 48000 Zeichen und konnten sich kaum an das erinnern, was da vor ihren Augen vorbeihuschte. Wissenschaftler, die auf dem Lumastaten alle vier Minuten eine ganze Seite kopierten, konnten in acht Stunden 288000 Zeichen duplizieren und sich einreden, sie hätten sich den Text angeeignet, während sie ihn sechzigmal so schnell wie ein Schreiber reproduzierten.

Je blitzartiger die Kopie, desto vollkommener die Konfusion. Der elektrostatische Prozeß, den Carlson als Prototyp für die Spektraltranskription zwischen Geist und Materie interpretieren wollte, läßt uns daran glauben, die Kopie sei Akteur und Subjekt zugleich. »Vom Original zur vielfachen Kopie in drei Minuten« – war mehr als ein Werbeslogan für den xerographischen Haloid-Kopierer von 1953, es war die Verfügung, die einen Enteignungsprozeß einleitete.

Was Carlsons Kopierer widerfuhr, geschah parallel dazu auch mit Lands Kamera. Obwohl sie an unterschiedlichen Enden des Kontinents und des sozialen Spektrums geboren wurden, beschlossen sowohl Carlson als auch Edwin Herbert Land (geboren 1909), Erfinder zu werden, als sie die Hochschule besuchten (Carlson das California Institute of Technology von 1928 bis 1930, Land die Harvard University im Jahr 1926 und von 1929–1932). Beide saßen in der New York Public Library, wo sie wissenschaftliche Zeitschriften wälzten (Land von 1927–1928, Carlson von 1935–1938). Beide entwickelten eine spezielle Kamera bzw. das Kopiergerät im Zweiten Weltkrieg (Land den »Ein-Schritt-Trocken-Fotografie-Vorgang« mit seiner Polaroid Corporation in Cambridge 1943; Carlson den »Trocken-Bild«-Kopierprozeß mit dem Battelle Memorial Institute in Columbus, Ohio, 1944). Nach dem Krieg wurden sie von Firmen finanziert, die an Geräten und Materialien für die Luftaufklärung verdient hatten (Polaroid am Vektografen für dreidimensionale Aufnahmen, mit dem man getarnte Objekte erkennen konnte, Haloid an Vergrößerungskameras). Beide stellten ihre Prototypen der Optical Society of America vor – Land im Februar 1947 und Carlson im Oktober 1948. Lands Kamera machte Trocken-Sepia-Aufnahmen in einer Minute, Carlson machte Schwarz-Weiß-Kopien in zwei Minuten. Zur Vorführung seiner Erfindung nahm Land eine Reihe Selbstporträts auf, Carlson kopierte technische Zeichnungen.

Worum ging es nun – um das »Machen« oder das »Aufnehmen«, das Fotografieren oder das Kopieren? Bei der Vorführung des Geräts 1948 sagte der Präsident von Haloid voraus: »Die Stenotypistin der Zukunft wird keine Kohlekopien mehr anfertigen ... Sie wird einfach das Original tippen, es in ein Xerox-Kopiergerät stecken, die gewünschte Anzahl von Exemplaren einstellen und dann einen Knopf drücken.« Nach der Präsentation seiner Erfindung im Jahr 1947 schrieb Land, die Fotografen könnten nun »an die Kunst denken, Fotos nicht nur zu machen, sondern auch zu kopieren«. Auf diese Weise beschleunigten (und verschleierten) Sofortkopierer und Sofortkamera die Schritte der massenhaften Transkription, die man gleichzeitig herzustellen und zu kopieren schien. Wie die Instant-Kopie hatte auch das Instant-Foto die Aura der augenblicklichen Vereinnahmung. In der vom Konsum angetriebenen Wirtschaft der Nachkriegszeit waren der Sofortkopierer und die Sofortkamera Beweise dafür, daß Wahrnehmung bewußte Wahrnehmung sei, daß Sehen Besitzergreifen bedeutete.[14]

Land sagte seinen Mitarbeitern, sie entwickelten eine Kamera »für die Mütter Amerikas«, womit er technisch unbedarfte Frauen meinte, die mit Blende oder Belichtungszeit nicht zurechtkamen und auch nicht lange auf die Entwicklung der Bilder warten wollten. Das war eine doppelt merkwürdige Äußerung, denn wie der ungeschickte Carlson, der 1938 »aus Verzweiflung« einen Ingenieur (Otto Kornei) einstellte, welcher die Platten für seine Experimente vorbereiten mußte, so ließ auch Land seine Laborarbeiten von anderen ausführen. Außerdem waren an Lands Projekten stets fähige Frauen beteiligt, zum Teil sogar in führender Position. An Haloids »Manhattan-Projekt« für Xerographie arbeiteten dreizehn Männer und nur eine Frau. Aber auch der neue Kopierer sollte hauptsächlich von weiblichen Händen bedient werden.

Mit dem Xerox 914, der 1960 aufkam, wurde die Xerographie zu etwas Außerordentlichem und Alltäglichem zugleich. In TV-Spots von 1961 reicht ein Mann ein Dokument einem sechsjährigen Mädchen, das zu einem Xerox 914 hüpft, einen Knopf drückt, zehn Sekunden wartet und dann fröhlich mit der Kopie zurückhopst. 1965 kam der Xerox 2400 heraus, der 2400 Aufnahmen in der Stunde, 40 Seiten in der Minute, d. h. beinahe eine Kopie pro Sekunde herstellen konnte. Bis 1971 »xeroxte« man allein in den USA etwa 24 Milliarden Seiten jährlich. 1979 waren es bereits 90 Milliarden Seiten. Weltweit übertraf der Gewinn der Hersteller von Kopiergeräten bereits den der Filmindustrie. 1986 stieg die Zahl der jährlichen Kopien auf 234 Milliarden an. Die meisten dieser Milliarden (weltweit sogar Billionen) Seiten werden nicht von hopsenden kleinen Mädchen, sondern von arbeitenden Frauen kopiert, die als Sekretärinnen oder Angestellte in Schreibbüros tätig sind, die in Copy-Shops arbeiten oder sie besitzen.

Normalpapierkopierer mit hoher Geschwindigkeit, die den Unterschied zwischen dem Kopieren (direkt vom Original) und dem Duplizieren (über dazwischengeschaltete Platten oder Matrizen) verschwinden ließen, verliehen Frauen die Herrschaft über ein Medium, das jede exakte Unterscheidung zwischen Transkription und Publikation unmöglich machte. Die Schreibmaschine, schrieb Elizabeth Waddell 1916, konnte eine verführerisch private Sekretärin sein: »Sie können ihr bestimmte Dinge anvertrauen, die Sie einer Sekretärin niemals sagen würden.« Der Mimeograph, garantierte die A. B. Dick Company 1930, »erfordert keine Fachkraft und garantiert daher Geheimhaltung bei vertraulicher Arbeit«. Gleichwohl wurden Mimeo und Ditto auch von den Gewerkschaftsfunktionären der dreißiger und den protestierenden Studenten der sechziger Jahre benutzt. Fotokopien dienten auch als Zunder für die *Pentagon Papers* von 1972. Seit den sechziger Jahren war in der Werbung für Kopiergeräte kaum noch von Geheimhaltung die Rede. Selbst ein in weltlicher Abgeschiedenheit lebender Mönch hielt nun einen Stapel Xeroxkopien im Arm. Im Jahr 1989 verkündete das sowjetische Innenministerium, dem es im Zeitalter der Faxgeräte und Computer unmöglich geworden war, das Kopieren weiterhin zu verhindern, daß es nach 40 Jahren die Doppelschlösser von den Stahltüren entferne, die bisher den Zugang zu Xeroxgeräten versperrt hatten, denn diese wurden bereits unter der Hand für die regimekritischen Publikationen des *Samisdat* benutzt.

Zugang zu gemieteten Xeroxkopierern oder nach 1968 zu den Normalpapier-Kopiergeräten von Canon, die tragbar und auch für den privaten Gebrauch erschwinglich waren, »versetzen jedermann in die Lage, Verleger zu werden«, verkündete Kommunikations-Guru Marshall McLuhan. Aber es waren vor allem Frauen, die hier ihr Betätigungsfeld fanden. Das begann bereits in den fünfziger Jahren mit der Künstlerin Toni Linowitz, die mit Sol, dem Hauptberater von Haloid Xerox, verheiratet war. Sonia Sheridan vom Chicago Art Institute, die an dem Farbkopierer der Firma 3-M von 1968 mitgearbeitet hatte, leitete 1970 den ersten Lehrgang für Copy Art. Louise Odes Neaderland, gelernte Druckerin und Fotografin, legte 1972 im Womens Studio Workshop in New York eines Tages »zufällig meine Aufnahme eines Klippenspringers auf das Xeroxgerät und stellte fest, daß ich meine wahre künstlerische Ausdrucksform gefunden hatte« – eine Kunst einzigartiger Grau- und satter Schwarztöne, reizvoller Verzerrungen in der Tiefenschärfe, der verwirrend unmittelbaren (Ver)formung der Bilder. 1982 gründete sie die International Society of Copier Artists, deren Mitglieder in der Mehrzahl Frauen sind. Pati Hill sammelte Alltagsobjekte in einem Wäschekorb und ließ sie dann am Auflagenglas eines Xerox-Kopierers vorbeifallen, wie sie gerade wollten, wodurch mysteriöse zweidimensionale Bilder entstanden. Ihre Arbeiten wurden 1975 in der ersten Ausstellung von Copy Art in einer Kunstgalerie gezeigt.[15]

»Mail-Artists«, in der Tat meist *male artists*, also Männer, hatten die Xerographie benutzt, um für künstlerische und politische Zwecke ganze Bogen phantasievoller Briefmarken herzustellen, seit es den Xerox 914 gab. Ken Anderson, Wolfgang Reitherman, Hamilton Luske und Clyde Geronimi vereinfachten durch Fotokopien die Herstellung der 450000 Zeichnungen, die für Disneys Vervielfältigungs-Epos *101 Dalmatiner* (1961) gebraucht wurden. Jürgen Olbrich in Deutschland sammelte ausrangierte Kopien wie Fehldrucke als beispielhaft für die zahllosen Überraschungen der Xerographie. Christian Rigal wollte 2000 donquichotteske Werke der Copy Art bewahren, indem er gemeinsam mit der Universidad de Castilla-La Mancha 1990 im spanischen Cuenca ein internationales Elektrographie-Museum gründete.[16]

Der Künstler Timm Ulrichs, ein Mann, der im Jahr 1967 einhundert (De-)Generationen des Originaltitelblattes von Walter Benjamins *Das Kunstwerk im Zeitalter seiner technischen Reproduzierbarkeit* reprografierte. Benjamin, der Sammler (für den »nicht sowohl Bücher als *Exemplare* ihre Schicksale hatten«) vertrat die Meinung, daß in Massen produzierte Texte den Wert der Originalmanuskripte ebenso ernsthaft mindern, wie fotografische Reproduktionen die Aura von Originalwerken der bildenden Kunst verkümmern lassen. Die Massen, die auch in Reproduktionen Authentizität und Ausstrahlung fänden, so daß »sich täglich unabweisbarer das Bedürfnis geltend (mache), des Gegenstandes aus nächster Nähe im Bild, vielmehr im Abbild, habhaft zu werden«, könnten sich nach seiner Meinung von überholten Beziehungen zwischen Arbeitgebern und Arbeitnehmern ebenso befreien, wie sie eine ritualistische (und damit heute unter Faschismusverdacht stehende) ästhetische Tradition von Originalität und Genie abstreiften. Wenn er aber feststellte, daß für ihn »die Erwerbung eines alten Buches dessen Wiedergeburt« bedeutete, bekannte er sich damit zu einem kindlichen Glauben an die Reinkarnation. Was dabei unsere Neugier erwecken muß, ist das Ausmaß, in dem sich Benjamin, wie übrigens auch Carlson und Lichtenberg, sein Leben lang von der Figur eines Buckligen verfolgt fühlte.

Benjamins »bucklicht Männlein« war die populäre Figur eines Tunichtgut, dem man die Schuld gab, wenn ein ungeschicktes Kind Wein verschüttete oder eine Lampe umstieß. Sie taucht im Jahr 1930 im letzten Kapitel der *Berliner Kindheit um Neunzehnhundert* als Gleichnis für den jungen

Benjamin auf, der sich selbst als plump und kurzsichtig empfand. Es erscheint erneut in den ersten Zeilen von Benjamins letztem bedeutendem Essay, den *Geschichtsphilosophischen Thesen*, die er als Reaktion auf den Beginn des Zweiten Weltkrieges verfaßte. Dort führt ein »buckliger Zwerg« als (versteckter) Schachmeister die Züge eines (falschen) Automaten, einer Puppe in türkischer Tracht. Man dürfe sich von der Maschine der Geschichte nicht einlullen oder zum Staunen hinreißen lassen, meinte Benjamin, sondern müsse das Ereignis festhalten, wenn es vorbeihuscht. »Denn es ist ein unwiederbringliches Bild der Vergangenheit, das mit jeder Gegenwart zu verschwinden droht, die sich nicht als in ihm gemeint erkannte.« Der Bucklige erinnert uns daran, daß unser Leben von der Gelegenheit regiert wird.

Effektives Geschichtsverständnis hat fotoelektrische Eigenschaften: »Es heißt sich einer Erinnerung bemächtigen, wie sie im Augenblick einer Gefahr *aufblitzt*.« Hätte Benjamin die elektrografischen Experimente eines Paul Selenyi im Budapest der dreißiger Jahre so gut gekannt wie den experimentellen Marxismus eines Georg Lukács, hätte er dann in meinem flammenden Kursiv vielleicht eine Parellele zwischen seiner Methode des Begreifens der Geschichte und den neuen Methoden zum Festhalten des Augenblicks gesehen? Im Jahr 1932 schrieb Benjamin ein kurzes Stück, in dem Forscher vom Mond die Aussage Lichtenbergs entgegennehmen, von allen Erdenbewohnern sei er, ein wahrer Philosoph, keine Marionette des Schicksals und könne deshalb den Zustand der Erde unverfälscht erkennen. Wie Lichtenberg, der anregte, ein Archiv der frühen Schreibversuche von Kindern anzulegen, der in seinen eigenen Schriften Kürze mit Kraft und Donner nach dem Blitz anstrebte, war auch Benjamin ein Sammler von Geistesblitzen und Aphorismen. Er hatte vor, ein Buch zu veröffentlichen, das allein aus geistvollen Zitaten bestehen sollte. Wie Lichtenberg, der Skizzenzeichner, betrachtete auch Benjamin, der ruhelose Beobachter, die Physiognomie als wertvolle Erkenntnisquelle: »Machtverschiebungen, wie sie bei uns fällig geworden sind«, schrieb er 1931, »pflegen die Ausbildung, Schärfung der physiognomischen Auffassung zur vitalen Notwendigkeit werden zu lassen.« Wie Lichtenberg ging auch er stets gebeugt umher. »Ich glaube nicht, daß ich ihn je aufrecht mit gerecktem Kopf habe gehen sehen«, sagte ein Freund. »Sein Gang hatte etwas Unverwechselbares, Bedächtiges und Tastendes, was wohl auch seiner Kurzsichtigkeit zuzuschreiben war.«[17]

Können wir an diesen erstaunlichen Ähnlichkeiten einfach vorbeigehen? War es Zufall, daß der wichtigste Theoretiker der Kopie und der Urahn des modernen Kopiergerätes an einem gekrümmten Rückgrat und einem schwachen Körper litten? Daß beide die schwerfällige Aneinanderreihung der Ereignisse verwarfen und statt dessen vom Aufblitzen der Geschichte sprachen, das für Lichtenberg die Seele war, die in den Mienen sitzt, für Carlson der Transfer von Energie aus der körperlichen in die spirituelle Sphäre und für Benjamin die »Jetztzeit, in welcher Splitter der Messianischen (Zeit) eingesprengt sind«.

Oder könnten wir die Leiden Lichtenbergs, Carlsons und Benjamins behutsam als einen Hinweis dafür nehmen, wie die Bewohner des Westens sich dem Vorgang des Kopierens genähert haben? Wie das Kopieren über den buckligen Zwerg mit seinem seltsamen Gang, seinem eingeschränkten Gesichtsfeld und seiner Mißbildung hinauskommen muß? Wie der Akt des Kopierens in eine empyreische Perspektive gehoben werden kann – Lichtenberg, der an seinem Fenster Gesichter auf der Straße unter ihm skizziert, Carlson, der die Zeit in »Mikrojahrhunderten« (52,8 Minuten) mißt, Benjamin, der sich an den schwindelerregenden bewegten Bildern und an der Vogelschau auf die »Massen« begeistert? Daß das Kopieren als politischer Aneignungsakt alles in allem auch ein eschatologisches Programm ist, um, wie der Dichter Ben Belitt schreibt, »unser Zeugnis zu verdoppeln und abzuwarten«?

Vielleicht können wir jetzt die Trauer in so vielen Werken männlicher Kopierkünstler verstehen, die darum ringen, das Kopiergerät zum Werkzeug ihrer vollkommenen Erlösung zu machen und sich dabei so oft selbst verlieren. Nirgends ist das deutlicher zu erkennen als in George Mühlecks rabenschwarzen Werken *Copy of the Moon* und *Copy of the Stars*, für die er die Abdeckung des Kopiergeräts offenstehen ließ, um den Nachthimmel aufzunehmen. Ob man nun ein Abbild so entstellt, daß nichts mehr zu erkennen ist, wie bei Wolfgang Ziemer-Chrobatzeks Serien von Uhrarmbändern von 1987, oder es über alle Maßen vergrößert, wie es bei Céjars 144 Meter langem Bandmaß geschah, das er 1982 in der Grande Galerie des Louvre auslegte, die Werke scheinen sich in ihrer Körperlichkeit zu erschöpfen und die Künstler weniger stolz auf das Ergebnis zu sein als auf ihren Kampf mit der Maschine, der geführt wurde, um das Werk zu realisieren.

Für Künstlerinnen hingegen ist der Fotokopierer keine kontraproduktive oder melancholische Erfindung. Eher ist er ein Gefährte voller Überraschungen wie der Stein der Weisen für den Alchimisten, der nicht nur vermehren kann, was man auf ihn legt, sondern das Objekt seiner Projektionen auch zu reinigen vermag. Kopierkünstlerinnen haben in der Elektrographie stets neue Möglichkeiten für Verkörperung, nicht für Entkörperlichung gesucht. »Das Kopiergerät wiederholt meine Worte perfekt und sooft ich will«, sagt Pati Hill. »Aber wenn ich ihm einen Lockenwickler zeige, bekomme ich ein Raumschiff zurück, wenn ich ihn einen Blick in das Innere eines Strohhuts tun lasse, beschreibt er mir das schaurige Vergnügen des Abstiegs in einen Vulkan.« Das Kopiergerät wird zum Partner bei lustvollen persönlichen Erkundungen, insbesondere der Farbkopierer, denn seine »Farben sind expressiv, sie ahmen nichts nach«. Damit kann Connie Fox an Ölkannen und Schneebesen neue Schönheiten entdecken. Frauen haben die Aneignungsmöglichkeiten des Fotokopierers weniger dazu genutzt, Einzigartigkeit zu behaupten, als um multiple Identitäten zu feiern oder um falsche Identitäten in Frage zu stellen. So beispielsweise in Margareth Dunham Maciels *Enregistrement* von 1975, einem Werk, das Margareths Geburtsurkunde, aber auch vergrößerte Aufnahmen von ihren Zellen beinhaltet. Die höhere Wahrheit, die Männer suchen, wenn sie dem buckligen Männlein entkommen wollen, wird für Claude Torey zu einer anderen Wahrheit, zu Bildern aus der *machine-mère*, der Matrizenmaschine, gegen die sie Teile ihres Körpers preßt und dadurch bisher nie gesehene Bilder von sich selbst erhält, befreit von der traditionellen Darstellungsweise des weiblichen Körpers.

Da die Gegenstände oder Seiten, die man kopierte, (bis vor kurzem) mit der Vorderseite nach unten auf das Gerät gelegt wurden, waren sie gleichsam Aufnahmen von der Rückseite des Mondes. »Es wird die Seite des Gegenstandes kopiert, die man *nicht* sieht«, bemerkte Hill. Das Gerät produziert lebensgroße, aber unerwartete Porträts, und »ich zöge es vor«, schrieb sie, »daß das Original meiner Arbeit von keinerlei Wert wäre«. Der Schlußpunkt eines historischen Prozesses: Das Original als verschwindender Zwilling.

Nachworte und Nachbilder: Regeln der Imitation

So sehr Normalpapier-Schnellkopierer den absoluten Vorrang des Originals gegenüber dem Duplikat in Frage stellen, so wirksam zerstören sie auch den Absolutismus des Copyrights. Bereits 1934 waren amerikanische Bibliothekare besorgt über die Fotokopiergeräte und die damit verbundenen juristischen Probleme. Sie regten an, in einem Testfall, der das Kopieren eines großen Teils einer geschützten Arbeit

1. durch einen Wissenschaftler in Langschrift für den eigenen Gebrauch
2. durch einen Wissenschaftler mit einer Kamera für dito
3. durch einen von einem Wissenschaftler angestellten Stenotypisten für dito
4. durch einen von einem Wissenschaftler angestellten Gehilfen mit der Kamera für dito
5. mit einem Kopiergerät, auch für andere, nicht für dito, usw. umfaßte, die gesamte Geschichte der Kopie noch einmal durchzuspielen. Wo war der Punkt des Übergangs von der Transkription zur Publikation, vom harmlosen »Machen« zum arglistigen »Nehmen«?[18]

Das Copyright ist weder ein naturgegebenes noch ein umfassendes Recht. Zum ersten Mal im Jahr 1709 in England kodifiziert, wurde es noch in den siebziger Jahren dieses Jahrhunderts von China bestritten. Die Haltung der Chinesen verwirrte einen Engländer auch 1903, weil sie im Copyright nichts anderes sahen als »das Feilschen der Hure um den Preis der Schande«. Ein chinesischer Autor, »dessen Ansichten kopiert und weitergegeben werden, ist darüber glücklich ... Wenn jemand sich ihrer bemächtigt, sie druckt und in die fernsten Winkel des Reiches trägt, dann faltet er die Hände und stirbt zufrieden. Er hat gesagt, was er zu sagen hatte, und die Menschen haben ihn gehört.«[19]

Da das Copyright stets hinter den technischen Möglichkeiten des Kopierens hinterherhinkt, kann es den Menschen aus dem Westen so heilig erscheinen, wie es Balinesen unverständlich und Konfuzianern unsittlich vorkommt. Es bezieht seine Wirkung aus der Annahme, daß Autoren oder Künstler ihr Wirken enttäuscht aufgeben, wenn die Gesellschaft es nicht würdigt. Dabei geht es weniger um Originalität oder Plagiat als vielmehr um Unsicherheit. Für das anglo-amerikanische Recht handelt es sich um wirtschaftliche Unsicherheit, den Verlust aufgewandter Zeit und der Aussicht auf Gewinn aus dem Verkauf physischen Eigentums. Während britische Gerichte das geschriebene Wort als investiertes Privatvermögen betrachteten, bestätigten Gerichte auf dem Kontinent das moralische Recht des Autors und schützten die geistige und ästhetische Sicherheit, daß niemand ein Werk antasten durfte, das geistiger Ausdruck eines Individuums war. In beiden Fällen geht es um die Einzigartigkeit einer persönlichen Signatur in Gesellschaften, die zwar von der Vielfalt leben, in denen Imitation aber verpönt ist.

Sozialisten und Situationisten der KopierLinken vertreten den Standpunkt, daß die Vorzüge des leichten, raschen und breiten Zugangs zu einem Text über dem Interesse des Individuums stehen, aus seiner Verbreitung Profit zu schlagen. Die Marxisten haben es stets abgelehnt, Ideen als Ware zu betrachten, was durch das Copyright als Eigentumsrecht gewährleistet wird. Den »Entwicklungs«ländern war das Informationsmonopol stets ein Dorn im Auge. Ausländisches Copyright durchzusetzen bedeutete für sie, die Tyrannei der Kolonialherren zu verewigen oder zumindest Preisverhältnissen zuzustimmen, die auf die einfachen Leute nur wie Spott und Hohn wirken konnten. Letzteres war die Position eines Landes in der Entwicklung, der Vereinigten Staaten von Amerika, die gemeinsam mit Rußland und China die Berner Copyright-Konvention von 1886 ablehnten und ihr erst in den neunziger Jahren des 20. Jahrhunderts voll zustimmten.

KopierZentristen wie der französische Romancier Emile Zola haben bereitwillig zugegeben, daß »die großen Künstler und Schriftsteller ihres Ruhmes nicht wert wären, wenn sie nicht zustimmten, wie die Sonne für die ganze Welt zu scheinen«. Sie dürften sich nur in das Copyright flüchten, solange »unsere gegenwärtige kapitalistische Gesellschaft noch nicht von einer sozialistischen oder anarchistischen Gesellschaft abgelöst ist«. Bis dahin müsse man allerdings die Werke von Künstlern und Schriftstellern schützen.

Die CopyRight-Verfechter, die KopierRechten, wie der Schriftstellerkongreß von 1893 oder der Internationale PEN-Kongreß von 1993 fürchten, daß durch unsere Gewohnheit des Kopierens von einzelnen Seiten, Stellen oder Teilen von Werken der Verkauf zurückgeht und Kontext-Zusammenhänge verlorengehen. Auf der Impressumsseite drucken sie immer umfassendere Warnungen vor Raubkopien – ähnlich den Bannflüchen in mittelalterlichen Handschriften gegen schlampige Kopisten.

VAGA-Poster mit dem internationalen Zeichen für Copyright von 1981, unterschrieben von den Künstlern, die von der Visual Artists and Galleries Association, Inc., New York vertreten werde. Die VAGA setzt sich dafür ein, ihre Künstler vor Raubdrucken und anderem unerlaubten Gebrauch ihrer Arbeiten zu schützen, und informiert zudem die Öffentlichkeit über die geistigen Urheberrechte von Künstlern. (Mit freundlicher Genehmigung der VAGA)

Aber Fotokopierer sind mehr als nur ein Ersatz für den Schreiber. Sie verführen uns dazu, Texte zu kopieren, die wir beim Abschreiben wegließen, (für alle Fälle) Zweitkopien anzufertigen und Kunstwerke zu kopieren, die wir als Handzeichnungen nie zustandebrächten. Allerdings können wir auch das geradezu suchterzeugende, transformative, unfeine Wesen des Kopierens in unserer Kultur der Kopie nicht ignorieren.

Durch weitere hervorragende Kopiermaschinen – den Computer, den digitalen Scanner und den Farbdrucker – in dreifache Bedrängnis geraten, verteidigt das Copyright nun eine Würde, die mit den neuen elektronischen Medien vollends unvereinbar ist. Anwälte, die das Copyright für

Software, Algorithmen, neurale Netze oder Datenbanken sichern, vermengen das private Monopol mit dem öffentlichen Wohl, Marktwirtschaft mit Moral, individuelle Handschrift mit gesellschaftlicher Wirkung. Je immaterieller oder bedingter ein Original ist, desto häufiger wird das Copyright zwischen der mühseligen Nachbildung S/t/r/i/c/h-f/ü/r-S/t/r/i/c/h und der sofortigen Aneignung mit elektronischen Mitteln zerrieben werden. Die Schreiber des Mittelalters kannten jede Textzeile, ebenso ihre seltenen Nachkommen, die Notenkopisten, die nach wie vor Stahlfedern in Tintenfässer tauchen, um vier oder fünf Seiten (40–50 Notenzeilen) in der Stunde auf schweres Papier zu kopieren, das nicht von einem Notenständer rutscht. Die Angestellten in einem Copyshop nehmen dagegen kaum noch wahr, was sie da auf ihrem Xerox 5090 mit einer Geschwindigkeit von 135 Blatt in der Minute kopieren. Texterfasserinnen verlieren den Akt des Abschreibens völlig aus dem Auge, wenn sie mit einem einzigen Tastendruck den Text auf einer Diskette speichern. Nach dem Copyright sollte der Kreis um das © ein Umfassen und Einschließen zugleich bedeuten, den Schöpfer belohnen und die legitimen Exemplare des Werkes schützen. Wenn das Kopieren allerdings zur zweiten Natur wird, erinnert dieser Kreis eher an eine Schlange, die sich in den Schwanz beißt.

Computerprogramme sind Befehle für das Gerät und Systeme für dessen Dialog mit dem Menschen. Wir beginnen damit, eine Software, also die Kopie eines Programms im Computer zu installieren, und fürderhin glänzt der Computer damit, daß er rasch Kopien erstellen kann. Führt das nicht unweigerlich dazu, den Akt der Schöpfung mit dem des Kopierens zu verwechseln? Schon setzen Neurophysiologen, Philosophen und weise Männer immer häufiger die binäre Entgegennahme und Verarbeitung von Daten im Computer mit dem Gedächtnis und dem Lernprozeß des Menschen gleich. Die Metapher des maschinellen Denkens und der Computervernetzung haben bereits Eingang in die Alltagssprache gefunden: Unsere Hirnhälften sind Parallelprozessoren, unser Denken ist das Verarbeiten von Signalen, unser Leben eine Datenbank, und manchmal brauchen wir eine »Ausfallzeit«. In der Gesellschaft von Laserkopierern, Faxgeräten und Scannern sind wir zunehmend geneigt, zu glauben, was wir sofort kopieren, sei uns auch bestens vertraut.

Der Unterschied zwischen Kreation und Imitation, Erfindung und Wiederholung könnte so verwischt werden wie der zwischen Wissen und

Kopieren. Einige Künstler der achtziger Jahre des 20. Jahrhunderts unterstellten in der Tat, Kopieren *sei* Assimilation, Nachbildung *sei* Aneignung, und Aneignung *sei* Schöpfung. In Arbeiten, die eher ideologisch wirksam als emotional bewegend waren, versuchten sie zu beweisen, daß wir uns alle, ob wir es wollen oder nicht, in einer Welt der recycelten Wörter und der sich wiederholenden Bilder bewegen. Was wir also über die Welt äußern, gerät zum Zitat, zum unvermeidlichen, wenn auch unabsichtlichen Verstoß gegen das Copyright. Zitieren bedeutet a priori, etwas aus dem ursprünglichen Kontext zu reißen. Das Copyright ist also die anmaßende Behauptung des Rechts, etwas zu kontrollieren, was philosophisch unkontrollierbar ist. In Rückzugsgefechte gegen derartige Anarchie verwickelt, grenzen die Gerichte den »zulässigen Gebrauch« von Zitaten stark ein, womit sie den Klägern (überholte, wenn auch momentan wirksame) Eigentumsrechte auf hingekritzelte oder gedruckte Wörter zugestehen. Dieselben Gerichte werden aber sofort unsicher, wenn man von ihnen fordert, die Benutzung von Bildern einzuschränken, die zu derartigen Ikonen geworden sind (wie Mickey Mouse oder Marilyn Monroe), daß die Freiheit des künstlerischen Schaffens freien Zugang zu ihnen erfordert. Ist es nicht ein Hohn, daß die Verwalter des Andy Warhol-Nachlasses 1988 verkündeten, gegen jeden vorgehen zu wollen, der Warhols Schöpfungen stehle? War es doch Warhol selbst, der bei der Übertragung der Fotografien anderer auf seine Seidensiebdrucke eine Pionierrolle spielte, der »das Copyright von allem und jedem verletzte«. In diesem Kontext ist Kunst ein kafkaeskes Sammelsurium von Bonmots: Wie Witze flattern Bilder anonym durch unsere Kultur, gerissen aus ihren Verankerungen in Ausstellungen, Magazinen oder Diasammlungen.

Dias, Videos, Kunstjournale, Werbespots und Kunstbände, die alle in Farbtönen, Textur und Proportionen von den Meisterwerken der Kunst in unterschiedlichem Maße abweichen, haben die Vorstellungen der »Aneignungs«künstler geformt. Als Sherrie Levine in den Jahren 1979 bis 1981 Reproduktionen der Fotografien von Edward Weston fotografierte, sie signierte, »Nach Edward Weston« darunterschrieb und sie in einer Galerie ausstellte, amüsierte sie sich damit über die zunehmende Konfusion von Nachbildung und Aneignung. Mit ihrem »Nach« machte sie sich auf typisch weibliche Art über den westlichen Kanon lustig, ging aber bis an die Grenze der Verletzung des Copyrights, des gesetzlich festgelegten Rechts von Westons Erben, an seinen signierten Fotografien zu verdienen, und des moralischen Rechts, seine Werke vor Mißbrauch zu schützen. Levines Nach-Fotografien »von« Edward Weston, Eliot Porter und Walker Evans waren Provokationen. Ihre »Nach«-Zeichnungen und »Nach«-Malereien, die sie nach Kunstbandreproduktionen der Zeichnungen und Gemälde von Leger, Mondrian und Schiele anfertigte, waren, wie sie erklärte, »Destillationen«, die sie von dem »männlichen Begehren« befreien wollte, von der die Kunst des Westens befallen sei: »Wenn der Plagiator das Werk herstellt, trägt er keine Leidenschaften, Temperamente, Gefühle oder Eindrücke mit sich herum, sondern er bedient sich vielmehr aus einer immensen Enzyklopädie.« Oder *sie* bedient sich: Elaine Sturtevant, die Werke von Marcel Duchamp, Roy Lichtenstein oder Andy Warhol identisch herstellte. »Die Leute sagen, meine Arbeiten sähen besser aus als das Original. Dann sage ich, das ist völlig falsch, sie sollen gar nicht besser sein.« Wirklich nicht?

Drücken wir es anders aus: »Originalität ist nicht der Drang, sich von anderen zu unterscheiden und etwas Brandneues zu schaffen; Originalität bedeutet (im etymologischen Sinne), das Original, die Wurzeln unserer selbst und der Dinge zu begreifen.« Ich zitiere William Morrow, der Nick Waterlow, welcher Herbert Read und jener wiederum Max Raphael zitierte. Solche Zitate aus vierter Hand sind in der Malerei so üblich wie in der Kritik. »Die Bilder, die ich mache, sind eigentlich Geister von Geistern. Ihr Verhältnis zum Original ist tertiär, d. h., sie sind aus dritter oder vierter Hand übernommen«, sagte die gelernte Fotografin Sherrie Levine, die als erste auch in der Werbung tätig wurde, wo »[ein Künstler] ein Bild einfach nimmt, wenn er es haben will ... Dort ergab es keinen Sinn, daß Bilder jemandem gehörten. Alle waren für alle zugänglich, und als Künstlerin fand ich das sehr befreiend. Machen *als* Nehmen.«[20]

Seit der Renaissance neigten Künstler, die klassische Vorbilder perfekt imitierten, in deren Nachwelt sie lebten, dazu, sich selbst als gottesgleich zu sehen. Sie begannen ihre Arbeiten zu signieren und ihrerseits Nachahmer ihres Stils abzuwehren. Angespornt von einem zunehmend säkularen Kunstmarkt, der immer mehr Werke derselben Art forderte und so den Ruhm der Künstler mehrte, nutzten diese Künstler für die Verbreitung ihres einzigartigen Stils Techniken und Technologien zur schnellen Reproduktion ihrer Kunst: Werkstätten mit Schülern, Kupferstiche, Radierungen ... Jeder neue Schritt auf der Treppe der Reproduktion war begleitet von noch lautereren Rufen nach der Originalität der wahren Kunst und noch härterem Durchgreifen gegen »Fälschungen«, die ihrerseits die Nachfrage nach Originalen erst ermöglichen. Dann tauchte der Kenner auf, der die ästhetische Funktion erfüllte, die Nichtreproduzierbarkeit großer Kunst zu verkünden, der aber wirtschaftlich als Nach-Rechner fungierte, Fälschungen oder Kopien von den Werken des Künstlers trennte, bessere von schlechteren Originalen unterschied, Ansehen und Preis der bevorzugten Werke in die Höhe trieb, schließlich zusammenaddierte, was jeder einzelne zu beanspruchen hatte und was nicht.

Natürlich bestand das Ziel des größten Teils der abendländischen Kunst darin, »eine Vorstellung« *(idea)* vom Original zu vermitteln – einer Ruine, einer antiken Skulptur, einer Landschaft oder des Bildes von einer Landschaft. »Nach« anderen Meistern zu arbeiten gehörte zur Ausbildung der Künstler von Leonardo und Michelangelo bis zu Levine und Sturtevant. Edgar Degas, der Edouard Manet traf, als beide Radierungen nach Velázquez' *Infanta Marguerita* anfertigten, stellte über 400 Kopien von 290 Originalen her. Vincent van Gogh schuf mindestens 520 Kopien nach Werken anderer Künstler – zu Studienzwecken und am Ende seines Lebens aus Gründen emotionaler Sicherheit. Die Geschichte der Kunst ist eine Geschichte der Kopierrituale, der Transformationen, die beim Akt des Kopierens vor sich gehen. Wenn Künstler nicht andere kopieren, dann doch immer wieder sich selbst, um die *idea* ihres Originals zu vertiefen. So schrieb Ingres, der gescholten wurde, weil er *Raphael und La Fornarina* viermal, *Paolo und Francesca* achtzehn Mal malte, im Jahr 1859: »Die meisten meiner Werke, deren Gegenstand ich liebe, schienen mir die Mühe wert zu sein, durch Wiederholung und Retusche vervollkommnet zu werden.« Das jedenfalls hatte sich Poussin im 18. Jahrhundert zur Methode gemacht und gesagt: »Ist nicht eine gute Kopie viel mehr wert als ein schlechtes Originalgemälde?«

Manch einer könnte sagen, was jede einzelne Person zum Individuum macht, macht auch jede handgefertigte Kopie zum Einzelstück. Sklavisches Imitieren ist nicht menschlich, sondern »mechanisch«. Angesichts der Flut von industriellen Reproduktionen chinesischen Porzellans oder ostindischen Textilien begannen Kenner im 18. Jahrhundert zwischen »beseelten« Kopien z. B. von Marcantonio Raimondi und seelenlosen Imitationen z. B. von Peter Shee, einem Dubliner Maler, zu unterscheiden, »der zu nichts anderem als zum Nachmalen in der Lage ist«. Dieser versprach im Jahr 1765, sein Honorar zurückzugeben, »wenn das Original irgendeinen Vorzug gegenüber der Kopie aufweist, es sei denn, er wäre durch das Alter erworben«. Während die Salons der viktorianischen Zeit von Reproduktionen – Mezzotintos, Fotogravuren, aus Zeitschriften ausgeschnittenen Halbtonbildern oder Gipsabgüssen der Venus von Milo für 50 Cents das Stück – überquollen und in Klassenzimmern assyrische Reliefs »in Originalgröße« prangten, verkündeten Kunstlehrer die Ansicht, keine handgefertigte Kopie gleiche der anderen, jede habe etwas Eigenes. »Allein durch Imitation«, schrieb der englische Maler Joshua Reynolds 1774, »entwickeln sich Variabilität und selbst Originalität der Erfindungsgabe.« Seitdem haben Picasso und Robert Rauschenberg den Nachahmer gar als begnadeten Abweichler der Kunst gepriesen – für den Fall, daß sich die Kunst überhaupt auf Abwege führen läßt.

Das Museum der Kopien

Ist ein Museum nicht die kundige Sammlung illustrer oder illustrativer Originale – gesammelt von Kennern, wiederhergestellt von Restauratoren und kommentiert von Kunsthistorikern? Hmmm. Museen für Naturgeschichte sind heute eher Bühnen für reanimierte Dinosaurier als Säle mit ausgestopften Tieren. Touristen, die die Höhlenmalereien von Lascaux sehen wollen, werden seit 1983 zum nahegelegenen Lascaux II geleitet. Dort erwarten sie 500000 Tonnen modellierten Betons, »wo auch die kleinsten Wölbungen und Vertiefungen des Originals mit einer Genauigkeit von wenigen Zentimetern nachgebildet sind«. Das Diaspora-Museum in Tel Aviv, das die ganze Geschichte jüdischen Lebens nachzeichnet, besteht nur aus Nachbildungen und macht gar keinen Hehl daraus. Warum sollen Kunstmuseen anders sein?

Die Kuratoren des J.-Paul-Getty-Museums in Malibu wollen nur Originalgemälde zeigen, und diese auf keinen Fall in schlechtem Zustand. Aber einige Rahmen hat man von Hand gezimmert, mit künstlichen Wurmstichen und Schrammen versehen, damit sie den Eindruck erwecken, als hätten sie die Gemälde, deren Aura sie teilen, über die Jahrhunderte begleitet, obwohl man alte Gemälde nur selten in ihren ursprünglichen Rahmen findet. Ein Rahmen, den van Gogh für ein Bild bestimmte, das nun in diesem

Museum hängt, wurde gar für zu schlicht befunden und durch einen kunstvolleren ersetzt. Das El-Greco-Museum in Toledo verlangt eine stolze Gebühr, wenn man die Werke des Meisters sehen will – als Reproduktionen. Immerhin hatte El Greco selbst eine Werkstatt, die seine bekannteren Gemälde kopierte, einige sogar mit der Aufschrift: »Das ist das Original.« Lösen wir uns damit nicht von dem Ideal des Kunstmuseums als einem Bollwerk der Kunst aus erster Hand?[21]

Schreine mit ihren Reliquien, Kuriositätenkabinette mit ihren Meerjungfrauen oder die Kisten in den Antiquariaten sind gefüllt mit Fabrikaten, die nur vorgeben, Einzelstücke zu sein. Als private Kunstsammlungen öffentlich wurden, hatten die Sponsoren keine Skrupel, Kopien von Werken in Auftrag zu geben, die sie begehrten. Ein Museum, das etwas auf sich hält, hält am Original fest, aber auch sein Doppelgänger, das Museum der Kopien hat eine stattliche Genealogie aufzuweisen.

So schenkte die Herzogin Louise von Savoyen der Stadt Amiens in den Jahren 1517/1518 eine mit 47 Miniaturen verzierte Handschrift, sämtlich Kopien von Votivtafeln in der Kathedrale der Stadt. Dieses Kunstbuch war für die Kathedrale, was das *Kunstkammer*-Bild für die Kunstkammer eines reichen Holländers war – ein Katalog, der, wie die meisten Museumsführer, vor allem die Stifter würdigt, eine Andachtsmesse vor jedem Bild, eine Inszenierung der Kunst für ideologische Zwecke und ein *aide-mémoire*. Der Kunsthistoriker Gary Schwartz meint, letzteres sei das wichtigste gewesen. Solche Bilder, die bis zu 56 Gemälde – angeblich alle aus einer »Kunstkammer« – als virtuos ausgeführte Miniaturen vereinigten, forderten den Beschauer auf, sich auf eine Kunst des Gedächtnisses einzulassen, bei der die ganze Welt in Bildern eingefangen wird, die sorgfältig in verschiedene Fächer der Erinnerung einsortiert sind. Im katholischen Antwerpen, wo die meisten Kunstkammer-Bilder entstanden, war die Kunst des Gedächtnisses ein jesuitisches Exercitium, um sich der *imitatio Christi* zu widmen.

Später wurde aus der Kunst des Gedächtnisses das Gedenken an die Kunst. Statt die Ordnung der Welt in der Anordnung von Kunstwerken wiederzufinden, forderten Kunstkenner nun von der Welt, Zeugnis für die Kunst abzulegen. Kenner und angehende Künstler saßen in den Galerien vor den Kopien von Bildern oder den Abgüssen von Skulpturen, um daraus nicht den Lauf der Welt zu erkennen, sondern die Bedeutung einzelner *Stücke* einer bestimmten Schule oder Zeit. Der Kunst des Gedächtnisses dienten Kopien zur Darstellung der Dinge in ihrer Gesamtheit. Das Gedenken an die Kunst wies der Kopie ihren Platz zu. Dies waren gegensätzliche Bestimmungen: Die eine formte das Ganze aus der Mehrzahl, die andere riß das Einzelne aus der Vielfalt heraus. Es war der Unterschied zwischen denen, die »meinen, wenn eine Kopie solche Perfektion erreicht hat, daß sie sowohl die Künstler als auch die Sammler täuscht, muß sie als Original gelten« (wie z. B. die Kopien Don Juan Bautista del Mazo Martinez' nach den Werken seines Schwiegervaters Diego Velázquez), und denen, die mit ihrem geübten Auge »perfekte Anmut und natürliche Kraft nur in Originalen sehen, während sie in Kopien nichts als unvollkommene und geliehene Schönheit erkennen können«.[22]

Trotzdem *waren* sie schön und verfügbar. Sie kamen aus Werkstätten, die dem Wunsch nach kleinen Ausführungen klassischer Statuen und Stichen nach berühmten Gemälden gerecht wurden, die Bronzefiguren in Lebensgröße und Velázquez-Gemälde für Philip IV. von Spanien fertigten und die Marmorkopien und Abgüsse für Ludwig XIV. von Frankreich herstellten. Die Fähigkeit, hervorragende Kopien zu produzieren, schien nicht weniger begehrt zu sein, als die, Originale hervorzubringen. Dazu meint der Kunstkritiker David Robbins: »Ein Ereignis oder ein Objekt zu erfinden ist eine wundervolle Sache, aber es *noch einmal* zu erfinden hat mehr mit Macht als mit Erfindungsgabe zu tun. Man beweist, daß man mächtig genug ist, die gleichen Bedingungen zu arrangieren.« Die Galerien des 19. Jahrhunderts mit ihren Kopien und Abgüssen waren ebenso eine Erweiterung des Herrschaftsbereiches wie völkerkundliche Museen mit ihren Totems von »primitiven« Stämmen aus exotischen Ländern. Die Anthropologen studierten weit entfernte Völker; die Künstler eroberten Antike und Renaissance zurück. Der Prix de Rome sandte französische Künstler für fünf Jahre nach Italien. Im vierten Jahr hatten sie Kopien von Kunstwerken der Renaissance und des Barock anzufertigen und nach Paris zu schicken. In Rom schlug der begeisterte Ingres vor, ein »Museum der Kopien der berühmtesten Gemälde« aus allen Epochen einzurichten.

Museen von Kopien, was immer sie auch für die Ausbildung von Künstlern leisteten, waren vor allem Orte der Indoktrination. Der ästhetischen Indoktrination gegen Pfusch in der Kunst. Der politischen Indoktrination zum Stolz auf die Vergangenheit und zum Glauben an die Zukunft eines Landes. Der gesellschaftlichen Indoktrination gegen einen zu starken

Kalligraphie und Zeichnung eines Schreibautomaten, die Henri Maillardet in der ersten Hälfte des 19. Jahrhunderts ausstellte. (Mit freundlicher Genehmigung des Franklin Institute Science Museum, Philadelphia)

Drang nach Neuheiten, nach Moden und törichter Rebellion. Der moralischen Indoktrination im Sinne einer bescheidenen Anonymität, nach der der Kopist ein unbekannter, aber auch unbefleckter Held ist, der laut Académie Française »die Kunstfertigkeit und Beobachtungsgabe eines vollendeten Künstlers, zugleich aber auch die Selbstlosigkeit, hingebungsvolle Geduld und den naiven Glauben haben muß ..., den man nur bei den besten jugendlichen Talenten findet«.

Unter dem Einfluß eines naiven Glaubens an die Fotografie hat sich der Konservatismus des Museums der Kopien zu einer Mission der Konservierung und damit auf paradoxe Weise der Verherrlichung des Einzigartigen gewandelt. In einer Zeit, da Architekturhistoriker überall auf der Welt mit viel Aufheben zerfallende Monumente fotografieren, da Kunstgeschichtler verblassende Fresken auf Film zu bannen suchen, könnte das Museum der Kopien eine Kapelle zur Rettung der Schönheit werden. Tizians *Martyrium des Heiligen Petrus* ging 1865 in Flammen auf. Frankreich konnte damals von Glück sagen, daß es eine gute Kopie in der Größe des Originals besaß. Seit die Kamera »durch die Verbreitung exzellenter Kopien der größten Werke menschlichen Geistes zu erschwinglichen Preisen beiträgt und sie damit für Tausende erreichbar macht, die solch hochwertige Originale kaum zu sehen bekommen und niemals besitzen werden«, schrieb ein Kritiker 1880, »kann der Besitz einiger erstklassiger Kopien von erstklassigen Originalen ... wahrscheinlich mehr für die wirkliche Liebe zur Kunst bewirken, als Museen bei größtem Bemühen zu erreichen imstande wären«. Man mag Kopien auch auf eine sozialdemokratische Art Originalen vorziehen; aber auf lange Sicht könnten sich Fotografien und gemalte Kopien ohnehin als die letzten würdigen Verwandten von Kunstwerken erweisen, die durch Feuer, Krieg, Raub oder Hortung verlorengehen. Beschädigt, zerstört oder verschollen, werden Originale – verschwundene Zwillinge – zu neuem Leben erweckt.

Teils aus dieser Sicht, teils aus der des anderen Museums der Kopien, des plüschigen bürgerlichen Salons, lernen wir die erste kommerzielle Ausstellung von Kopien, genannt *D'Aprés les maîtres* der Pariser Galerie Bernheim-Jeune schätzen. Im Jahr 1910 stellte sie 116 Gemälde »Nach den Meistern« von vorwiegend männlichen Malern aus, die Werke männlicher Vorgänger ohne »falsche Ehrfurcht« kopiert hatten. Bereits früher hatte der Kunstkritiker Octave Mirbeau über van Goghs Kopien gesagt, daß man »bei diesen imposanten Nachschöpfungen nicht von Kopien sprechen sollte. Sie sind eigentlich Interpretationen, mit denen der Maler das Werk eines anderen neu erschafft und es sich zu eigen macht, ohne den ursprünglichen Geist und den besonderen Charakter des Vorbildes zu verletzen.« Damit konnte man allerdings jede Art künstlerischer Kopie als transzendenten Akt autorisieren. Ungehemmtes, trotzig herausforderndes oder vom ödipalen Konflikt beeinflußtes Kopieren galt als das besondere Talent der *collagistes* des Kubismus, so wie es im 19. Jahrhundert die besondere Gabe von Frauen war, Buntpapier auszuschneiden und zu Wandschirmen oder berühmten Szenen zu arrangieren, die unter den Farblithographien, Postkarten und fotoreproduzierten Stichen an den Wänden der als Kunstkammern gestalteten Salons ihren Platz fanden.[23]

Ungeachtet der Pedanterie von Fotografen, die Ektachrom- oder Kodachrom-Material benutzen, sind auch S/t/r/i/c/h-f/ü/r-S/t/r/i/c/h-Nachschöpfungen nicht aus der Mode gekommen. Einige werden von Gerichten und Kunstexperten als Fälschungen bezeichnet; für den überzeugten Fälscher David Stein und seine Frau Anne-Marie waren sie dagegen tours d'esprit: »Wenn er ein Werk vollendet hatte (er malte nie Eins-zu-eins-Kopien eines bestimmten Gemäldes, sondern entlieh Elemente aus mehreren Werken eines Meisters und fabrizierte so eine eigene Schöpfung, die dem Stil des Künstlers erstaunlich nahekam), war David überzeugt, daß es genau das war, was der Künstler selbst gemalt hätte.« Auch unerhörte Vorfälle blieben nicht aus: So malte Mike Bidlo Jackson Pollocks *Blue Poles* vom ersten bis zum letzten Strich öffentlich nach. Manche Arbeiten stammen von Studenten, meist Japanern. Einige sind Werke, die in ausgezeichneter Technik ausgeführt und von kunsthistorischem Wert sind: Von 1971–1976 malte Barrington Bramley die 35 bekannten Werke Jan Vermeers noch einmal »im Originalzustand« und stellte sie in einem Museum der Kopien in Vermeers Heimatstadt Delft aus.

Einige S/t/r/i/c/h-f/ü/r-S/t/r/i/c/h-Kopien schließlich machen sich in jeder Hinsicht bezahlt. Heute kann man durch eine Pariser Galerie gehen und nur noch Kopien von Corot, Renoir, Modigliani, Cézanne, Pissarro oder Morisot zu sehen bekommen (dabei war Berthe Morisot selbst eine große *copiste*, deren Arbeiten bei einer Ausstellung im Jahr 1910 mit viel Lob bedacht wurden). Die Kopien in der Galerie Daniel Delamare sind keine »Mehrfach-Originale«, die seit den fünfziger Jahren für so viel Aufruhr unter den Käufern von Drucken gesorgt haben. Noch sind es Pasticcios im Stil von Chagall oder Miró, die man bei True Fakes Ltd., New York kaufen kann. Bei Delamare wird jede Kopie mit einem Zertifikat als Unikat ausgewiesen. Niemand sonst erhält von den Nachlaßverwaltern des Künstlers oder von der französischen Regierung das Recht, eine solche fast deckungsgleiche Kopie des Originals zu malen und zu verkaufen. Die Kopisten selbst, ein Stab von dreißig Künstlern, garantieren die Einzigartigkeit ihrer Werke, denn ungeachtet ihrer Anonymität und des Verkaufspreises (von 10000 bis 40000 US-Dollar) ist die Herstellung dieser Kopien eine sehr persönliche Sache und, letzten Endes, ein Kompromiß: »Als ich *Die Olivenbäume* malte, verließ ich die Abgeschiedenheit meines eigenen Schaffens und trat in Dialog mit van Gogh, der sicher viel einsamer und verzweifelter war als ich und der viel mehr unter seinem Mißerfolg litt. Ich dachte daran, wie van Gogh Millet kopierte und dabei vielleicht, wie ich, nach einer unmöglichen Zwiesprache strebte.« Käufer, die einen derartigen Kompromiß akzeptieren, wollen genau diese Einzigartigkeit. Der Wert einer solchen Kopie verdoppelt oder verdreifacht sich beim Wiederverkauf. Einige wurden von denen erworben, die auch das Original besitzen – nicht um das Monopol über diesen Lautrec oder jenen Turner zu haben, sondern aus Versicherungsgründen. Da die Originale inzwischen viel zu wertvoll sind, um das Risiko einer unzureichend gesicherten Präsentation einzugehen, wird die Kopie aufgehängt, das Original bleibt im Tresor, und beide Werke, deren Einzigartigkeit belegt ist, die dasselbe Signet von unterschiedlicher Hand tragen, wissen das zu schätzen. Wie hervorragend wirken hier doch die wirtschaftlichen und ästhetischen Kräfte unserer Kultur der Kopie zusammen, um Originale unserem Blick zu entziehen, da wir doch in unserem Leben unablässig nach sichtbaren Beweisen für Authentizität suchen.[24]

1992 schlossen Künstler und Archäologen ein sechsjähriges Projekt ab, in dessen Verlauf sie das Grab des Nefertari restaurierten. Wenn die Ägypter es offenlassen, werden täglich 2000 Besucher kommen, um es zu begaffen, und das Grab wird innerhalb kürzester Zeit für Historiker nutzlos und sogar buchstäblich ausradiert sein. Im Wissen um die Verschmutzungen und sensibler für den Zahn der Zeit, müssen Kuratoren dem Drang widerstehen, Kunstwerke, die sie lieben und für deren Erhaltung sie bezahlt werden, völlig der Öffentlichkeit zu entziehen. Wo Originale von Wächtern umstellt oder in Glaskästen verbannt sind und wo die zwei Gebote vorherrschen »Nicht berühren!« oder »Abstand halten!«, überall dort sollten noch viele weitere Museen der Kopien eingerichtet werden.[25]

Da uns die Originale der Meisterwerke auf Distanz halten, damit wir sie nicht beschädigen, wenden wir uns vernünftigerweise den Reproduktionen zu. Schließlich wollen wir die Pinselstriche sehen, den Stein fühlen können. Wenn Kopien populär sind, dann sollte man das nicht damit abtun, daß hier »Bedeutungsfetischismus« betrieben wird oder – weniger schwülstig – daß man den Überbringer der Botschaft fälschlich für die Botschaft hält. Wenn ich das Geschick und die Hingabe würdige, die notwendig sind, um eine Nachbildung von Hand oder Maschine herzustellen, deren Konturen ich mit meinem Finger nachziehen kann, wieso vergehe ich mich dann gegen ein gefährdetes und deshalb unerreichbares Original?

Das Museum der Kopien ist also aus dem Museum der Originale heraus entstanden. Das Londoner South Kensington Museum, das eigentlich als Museum der Fertigerzeugnisse gegründet worden war, verkaufte 1859 Fotografien und Abgüsse von Kunstwerken aus seinem Bestand, aus dem Louvre und dem British Museum. Im Louvre selbst waren 5000 Gipsabgüsse im Angebot. Das British Museum begann in den zwanziger Jahren Reproduktionen zu verkaufen, und das Metropolitan Museum of Art richtete eine eigene Reproduktionswerkstatt ein. Wie die exotischen Auslagen großer Kaufhäuser haben die Museen der Originale selbst die Begierde nach Kopien geschürt, sind ihre Kuratoren die vorauseilenden Agenten für Reproduktionen von Tanagra-Skulpturen, Moghul-Miniaturen oder antiker japanischer Keramik. Wanderausstellungen kommen mit Kisten voller autorisierter Kopien und Reproduktionen in Postergröße an, die als Erinnerung an einen Blick verkauft werden, den man einmal im Leben aus einer unmöglichen Entfernung zwischen den Köpfen einer lärmenden Menge hindurch auf einige Seerosen oder juwelengeschmückte Eier geworfen hat.

Ob wir reich oder arm sind – Nachbildungen und Reproduktionen enden in unseren Wohn-, Schlaf-, Bade- und Arbeitszimmern. Verkaufte C. Arthur Pearson Ltd. seine Famous Pictures of the World in der viktorianischen Zeit als »Faksimilereproduktionen (groß) in Farbe« für EINEN SCHILLING für einen Satz von neun Blatt, dann bietet heute die Möbelhauskette Ethan Allen 800 Gemälde und Zeichnungen – gescannt, digitalisiert, die Farben mit dem Mikroprozessor abgestimmt und mit Laser auf Leinwand übertragen – zu 120 bis 1800 US-Dollar das Stück zum Verkauf an. Außerdem echte Imitationen von barocken Nachttöpfen, auf alt getrimmte Reproduktionen von Schreibtischen aus dem 18. Jahrhundert oder Skulpturen aus der Privatsammlung von Nelson Rockefeller, so gut nachgebildet, daß sie »aussehen wie die Originale mitsamt Unregelmäßigkeiten, Mängeln und Fehlern!«

Was wir uns »von dem ganzen System der Nachbildungen, Reproduktionen, Kopien, Auszüge, Übertragungen und Ableitungen, die im Kielwasser eines wichtigen Kunstwerkes schwimmen«, erhoffen, ist ebenso unklar wie das, was wir davon tatsächlich bekommen »mitsamt Unregelmäßigkeiten, Mängeln und Fehlern«. Liebe und Bewunderung? Den Beweis dafür, daß wir lieben, was bewundert werden muß? Lernen wir etwas? Die Erinnerung an eine Gelegenheit, eine Person? Nähe und Berührung? Sicherheit? Vergleich? Oder geistige Besitznahme?[26]

Flasche und Schriftzug mögen identisch sein, aber der Unterschied zwischen Mattei und Matté liegt darin, daß der original korsische Wein *nicht* das Label *Echte Handelsmarke* trägt. Immerhin machen Fälschungen drei Prozent des Welthandels aus, vielleicht auch mehr, denn, wie es in einem Werbespot für gefälschtes Designerparfüm heißt: »Wenn sie Giorgio liebt, wird ihr auch Primo gefallen.« Giorgio, das teure Original, muß seinem Zwilling Primo Platz machen, der nun die »Nummer Eins« ist, ebenso wie der Aperitif Byrrh nach Jahren der Fälschung in der Menge von fast sechzig anderen Labels – Bhyrr, Tyrrh und (fast) in Umkehr des Originalnamens Rrhyb – untergegangen ist. »Seit 1925 ist unsere Flasche 180 Mal nachgeahmt worden«, erklärt die Firma Suze, der Hersteller von Pernod selbstbewußt. »An dieser Lust auf Suze muß etwas dran sein ... Probieren Sie Suze. Die Leute werden es Ihnen nachtun.« Als Picasso einmal eine Pernodflasche malte, klebte er ein Suze-Label auf das Bild. »Das heißt, es macht keinen Sinn, sich einer Realität durch mühselige akademische Übungen zu nähern, wenn man Fragmente dieser Realität einfach auswählen und in das Werk einbeziehen kann«, schreibt der Kunstphilosoph Arthur Danto. Grenzen werden nicht mehr akzeptiert.[27]

Kopieren ist heute an der Tagesordnung. Daß wir von Museen der Originale zu Museen der Kopien und nun gar zu Museen der Fälschungen gekommen sind, kann nicht den Maschinen angelastet werden. Maschinen führen aus, was wir ihnen im Guten oder Schlechten eingeben. In unserer postindustriellen Zeit symbolisiert die Kopie zugleich Degeneration und Regeneration.

Nehmen wir eine moderne Keramikerin wie Karen Kames aus Vermont, die behauptet: »Nur in einem von Hand gefertigten Einzelstück finden wir diese besondere Gedankenübertragung zwischen Schöpfer und Geschöpf.« Andere Keramiker hingegen benutzen Maschinen oder hydraulische RAM-Pressen, um 2000 Stücke pro Tag herzustellen. »Nun könnte jemand sagen: ›Tausende miserable Stücke, denen es an Charakter fehlt. Keine Phantasie, keine Varianten – wie Kopien von einem Fotokopiergerät; der Markt wird mit nutzlosen Drohnen überschwemmt.‹« Aber, fährt der Töpfer Wallace C. Higgins fort, die RAM-Presse kann das Experimentieren mit »einzigartig verstümmelten« Serienstücken ermöglichen. Ton, schreibt William Hunt, Herausgeber des *Ceramics Monthly* »kann lügen, was das Zeug hält, kann aber auch so aufrichtig sein, wie sonst nichts auf der Welt.« Welche ist originaltreue Keramik? Die handgemachte und leicht unvollkommene? Oder die maschinengepreßte, die absolut identisch ist mit allen, die aus derselben Form kommen?

Wir, die wie so viele Mythen uns verraten, aus Lehm gemacht sind, die wir so rasch von der Beteuerung des Glaubens *an* das Einzigartige zum glaubhaften Beteuern *des* Einzigartigen wechseln, transformieren ständig, was und wann wir kopieren. Mit dem Herzen, mit der Hand, durch die Kunst, durch ROM oder RAM oder durch das Licht eines Lichtenbergschen Mondes.

7. Noch einmal, mit Gefühl

Ist es Wiederholung oder Beharrlichkeit?
Ich bin geneigt zu glauben, daß es etwas
wie Wiederholung gar nicht gibt. Wie auch?

Gertrude Stein, Lectures in America

Man sieht ihn auf dem Rasen knien – einen Riesen in weißen Hosen, über Kavallerie und Fußvolk gebeugt. Er hat eine Zeitmaschine in Bewegung gesetzt – einen unsichtbaren Mann, eine neue Frau, einen Krieg der Welten. Sein Werk von 1913 heißt *Kleine Kriege: Ein Spiel für Jungen von zwölf bis einhundertfünfzig Jahren und für die Art intelligenterer Mädchen, die, wie Jungen, Spiele und Bücher lieben*. Ein Jahr bevor im August 1914 die Kanonen dröhnen, spielt H. G. Wells den »Mord an Zinnsoldaten«. Der Kleine Krieg, schreibt er, ist verfeinert worden. Männer, die unter verschiedenen Fahnen kämpfen, sind gleichermaßen stark und kühn. Treffen zwei aufeinander, dann bringen sie sich gegenseitig um. »Aber Bleisoldaten sind so voller Todesmut und Hingabe, daß jede kleine Gruppe, die von einer überlegenen Streitmacht eingekesselt und gefangengenommen zu werden droht, dies zu verhindern sucht, indem sie sich auf die möglichen Sieger stürzt und sie Mann für Mann niedermacht.« Da derartiger Heroismus unmenschlich war, mußte man sie auf eine neue Kampfmoral einschwören: Generale hatten auf totalen Sieg zu spielen, statt die Sinnlosigkeit des totalen Krieges zu erkennen.

Wie schön, wäre der Kleine Krieg der einzige und der Große Krieg ein vertriebener Zwilling gewesen. »Man braucht nur drei-, viermal Kleinen Krieg zu spielen, um zu erkennen, wie töricht der Große Krieg sein muß.« Der Kleine Krieg ist ein Krieg »in vernünftigen Dimensionen und ohne zerfetzte, blutüberströmte Leichen, ohne zerstörte Gebäude oder zerwühlte Felder«. Der Große Krieg dagegen ist »ein Spiel, das jedes Maß sprengt«.

Ich nehme an, die meisten von uns zögen die Probe im kleinen einer monströsen ersten Nacht vor. Hier stehen wir vor der Frage, wie unsere Kultur der Kopie mit einem Ereignis umgeht. Von den Doubles unserer selbst kommen wir über das Doublieren unserer sensiblen Welt zum Doublieren unserer Zeit. Auf dem Spiel stehen Geschichte, Wissenschaft und Dokumentarfilm: Wie wir die Geschichten unseres Lebens erzählen, wie wir bestätigen, was wir sehen, was wir fühlen, und wie wir den Rest nachspielen.

Kuriert der »Mord an Zinnsoldaten« die Spieler von ihrer Blutgier, wie Wells hoffte, oder täuscht er sie über das wahre Gemetzel auf dem Schlachtfeld, macht sie gefühllos für den Tod und prädestiniert sie so erst für Kriege, in denen der Sieg nur noch eine buchhalterische Aufgabe ist? Das Kriegsspiel konfrontiert uns ganz unvermittelt mit der Fragwürdigkeit der Simulation, den Dilemmas der Nachbildung und den Defekten der Wiederholung. Ist Simulation eine Möglichkeit für Einsicht oder Entfliehen, Erinnerung oder Leugnung? Ist Nachbildung eine Versicherungspolice oder ein Machtinstrument? Ist die Wiederholung Rhythmus und Intensität oder Fieber und Krankheit?

Echtzeit

Die Geschichte der simulierten Kämpfe und der Spielzeugsoldaten liegt jenseits unseres Horizonts, aber den strategischen Aufbau des Turniers können wir bereits an der Taktik des Schachspiels erkennen. Strategie bedeutet, Reichtum, politischen Willen, diplomatische Ränke, technische Fertigkeiten und militärischen Elan für Abschreckung und Eroberung einzusetzen; Taktik ist die Kunst, bewaffnete Kräfte im Kampf zu führen.

Zu Strategie und Taktik gehört der Drill, der die Männer zwischen Exerzierplatz und Schlachtfeld hin- und herjagt. Der moderne militärische Drill wurde um 1590 eingeführt. Als mobile Kanonen und leichtere Musketen aufkamen, stellte Prinz Moritz von Oranien, Statthalter der Niederlande, seine Männer in Bataillonen zu sechs bis zehn Reihen tief gestaffelt auf und ließ sie darauf drillen, sich rasch aufzulösen und sofort neu zu formieren. Wenn es gelang, vier Bataillone in 23 Minuten umzugruppieren, indem sie einen Links- oder Rechtsschwenk vollzogen, nach hinten marschierten, um neu zu laden, während die nächste Reihe vortrat und schoß, konnten ihre Flexibilität und ihre erhöhte Feuerkraft im Gefecht entscheidend sein.

In Züge aufgegliedert, lernten holländische, schwedische, englische, französische, schweizerische und deutsche Soldaten, mit Präzision und

H. G. Wells mit Spielzeugsoldaten, um 1913. In: H. G. Wells, *Little Wars* (1913)

Schnelligkeit auf eine einzelne Stimme zu reagieren. Sie funktionierten wie ein Uhrwerk, das der Sergeant aufzog, der sie drillte. Zugleich aber wurden sie auch zu einer verschworenen Gemeinschaft. Der Drill sicherte die Moral im eintönigen Alltag der stehenden (wartenden) Heere und schützte vor Fahnenflucht im Chaos der Schlacht. Drill hatte mitreißende Wirkung: Er schweißte die Körper der vielen zu einer Einheit zusammen, versetzte sie gemeinsam in Bewegung und brachte sie dazu, gleichmäßige Salven auf kurze Entfernung abzufeuern.

Sandkastenspiele, die sich Tag für Tag wiederholten, waren der Drill der Offiziere. Brigaden von Grenadieren, Dragonern und Kanonieren wurden über die 1666 Quadrate gejagt, die man im Jahr 1780 für den Herzog von Braunschweig auslegte. 1797 eilten sie über die fünf Felder und 3600 Quadrate eines neuen *Kriegsspiels*. Der preußische Kriegsrat Baron von Reisswitz ersetzte diese glatten Flächen durch Haufen von Sand und Gips. Aber erst sein Sohn, Erster Leutnant der Preußischen Artillerie, verlegte 1824 das Kriegsspiel auf mit Höhenlinienkarten ausgestattete grüne Tische, an denen Schiedsrichter plaziert wurden, die die Ausführbarkeit der Befehle zu beurteilen hatten. Er fertigte auch Tabellen über die Wirkung des

Artilleriefeuers an und schätzte die zu erwartenden Verluste ab. Krieg war eine unberechenbare Angelegenheit. Das Kriegsspiel jedoch, das wieder und wieder auf demselben Feld ablief, sollte, wie der Drill, auf dem realen Schlachtfeld, wo Zeit kostbarer war als Leben, möglichst wenig dem Zufall überlassen.

Kriegsspiele liefen in zwei komprimierten Phasen ab – der Spielzeit, die aus Runden von je zwei Minuten bestand, und den Intervallen der Manöverkritik. Die Spielzeit lief exakter ab, als ein Krieg es je konnte – die Truppen waren entweder energiegeladen oder tot – umherirrende Verwundete, Drückeberger oder Deserteure gab es nicht. Die Manöverkritik war rückblickend, weniger auf eindeutigen Sieg als auf kühle Debatten über Mittel und Möglichkeiten gerichtet. Spielzeit waren Feindseligkeiten nach der Stoppuhr; Manöverkritik war pädagogisch und kollegial. Wie Boxer, deren Betreuer um 1812 bereits den Kampf unterbrechen durften, reduzierten die Kriegsspieler den Wahnsinn der Schlacht auf die Befehle »Start« und »Stopp«.

Ein begeisterter, nicht nur theoretischer Kriegsspieler war Helmuth von Moltke, dreißig Jahre lang (1857–1887) Chef des Preußischen Generalstabs. Er spielte ein Kriegsspiel in Böhmen in so vielen Varianten durch, daß er seine Truppen, als der Krieg gegen Österreich 1866 schließlich ausbrach, in sechs Wochen zum Sieg führte. So hatte man einige Jahrzehnte zuvor auch Napoleon »über seiner Karte lehnen und manchmal liegen sehen, wo die Positionen seiner Armeekorps und der angenommenen des Feindes mit verschiedenfarbigen Stecknadeln markiert waren«. Wenn von Moltke auch warnte, daß man den Krieg nicht vom grünen Tisch aus führen dürfe, konnte er dort doch erkundet, durchgespielt und geübt werden.

Nach von Moltke konnte das Spiel am grünen Tisch auf dem Schlachtfeld nicht Zug um Zug nachgespielt werden. Zwar war der Feldmarschall auch noch mit vierundsechzig für kühnes Vorwärtsstürmen, sah aber durchaus, daß der moderne Krieg flexible, zum Teil selbständig handelnde Einheiten erforderte, die von entschlossenen Männern geführt wurden und sich auf schnelle Kommunikation stützten. Deshalb fand das »freie« Kriegsspiel, das der Stabschef im Jahr 1876 dem Ersten Armeekorps vorschlug, großen Anklang. Bereits im französisch-preußischen Krieg (1870/71) hatte er für die Überarbeitung der Lehrbücher für Kriegsspiele Daten sammeln lassen. Aber Colonel Julius von Verdy du Vernois trumpfte mit einem noch schnelleren Spiel auf, bei dem Schiedsrichter an Ort und Stelle über den Zustand der Truppen, die Passierbarkeit der Straßen und die Ergebnisse der Schlachten zu urteilen hatten. Mit solchen beweglichen Kriegsspielen probte von Moltkes Nachfolger, Alfred von Schlieffen, den Ersten Weltkrieg, wo ihm im Zweifrontenkampf in Ost und West allerdings kein Glück beschieden war. Geschlagen und jeglicher Möglichkeit für militärische Übungen beraubt, blieb deutschen Generalen schließlich nichts anderes übrig als allein das Kriegsspiel. Dieses betrieben sie dann allerdings bis zum Zweiten Weltkrieg mit solcher Hingabe, daß ihre Reaktion auf den D-Day zu spät kam, weil die Kommandeure der an der Atlantikküste stationierten Einheiten gerade wieder einmal um einen grünen Tisch herumstanden.[1]

Kriegsspiele waren Simulationen, in deren abgeschirmter Atmosphäre die Kommandeure, in die persönliche Auseinandersetzung mit ihrem Widerpart vertieft, eine große psychologische Distanz zur tödlichen Wirkung von Gewehren, Maschinengewehren und Kanonen hatten – zu einer Technologie, die, einmal in Gang gesetzt, ihrerseits den Tod wiederholbar und unpersönlich machte. Capt. Philip Colomb von der British Navy, der das Kriegsspiel zur See einführte, war 1879 davon überzeugt, daß »künftige Seeschlachten mechanischer ablaufen werden, wenn man so sagen darf. Täglich geht uns eine Seite in dem umfangreichen Kapitel der Zwischenfälle verloren, die frühere Kämpfe auf See so romantisch machten.« Die Schiffsartillerie mit ihren auch auf unsichtbare Ziele schießenden Kanonen war so treffsicher geworden, daß die Männer auf Deck nur völlig hilflos herumstehen und darauf warten konnten, in ihren Schwimmwesten über Bord zu springen. Ebensogut hätte man »Schiffeversenken ohne Menschen spielen können«.

Was Briten, Deutsche, Franzosen, Italiener, Japaner und – trotz ihrer Niederlagen gegen fast alle diese Flotten – die Amerikaner auch taten. Bereits im Jahr 1894 gehörte das Kriegsspiel zur See zum Lehrplan des U. S. Naval College. Dort lehrte es Capt. William McCarty Little, der der Überzeugung war, die Kunst der Kampfführung müsse »durch ständige Praxis und Wiederholung instinktive Züge annehmen«. Ob groß oder klein, im Kriegsspiel mußten die Offiziere üben, Weisungen zu erteilen statt Befehle zu geben. Die Logistik des modernen Krieges machte es notwendig, die Untergebenen intelligent einzusetzen und für persönliche Verantwortung auf allen Ebenen zu sorgen. Es war der besondere Sinn der Kriegsspiele, den »Instinkt« für individuelle Präsenz zu entwickeln, der durch das ständige Dröhnen der Geschützeinschläge oder durch das Heulen der Schiffsmotoren auf See abgestumpft war. Je monströser die riesigen Geschütze wurden, um so mehr kam es auf das Lilliput des Kriegsspiels an, das im Wellsschen Sinne lenkbar zu sein hatte.

Da aber »dieser gespielte Krieg naturgemäß Unvollkommenheiten aufweisen muß, können seine Ergebnisse nicht in Gänze akzeptiert werden«, warnte der Präsident des U.S. Naval War College im Jahr 1897. Mit Unvollkommenheiten meinte er nicht etwa die fehlenden Einzelheiten aufgrund der kleineren Dimensionen, sondern die Unberechenbarkeit der Menschen. Deshalb kam zum Kriegsspiel als Brettspiel alsbald eine weitere Simulation hinzu – diesmal aber in realem Gelände und fast in Echtzeit – das Feldmanöver.

Zwar hatten Soldaten und Matrosen seit langem Schaukämpfe vorgeführt, aber erst nach 1870 zogen Offiziere zum Stabsmanöver aus und traten Geschwader auf See zu Übungskämpfen gegeneinander an. McCarty Little, der stets große Projekte wälzte, wollte im Jahr 1891 »eine ganze Insel nutzen, um dort regelmäßig Herbstmanöver von Heer und Marine wie eine Theateraufführung zu inszenieren, wo die Gründe für jeden Schritt umfassend erläutert werden«. Manöver am Brett oder an der Karte seien »kinematographische« Diagramme, schrieb er 1912. Feldmanöver dagegen, »die aufgeführt werden wie ein Schauspiel«, seien »für den einfachen Mann Krieg zum Anfassen«. Als der Erste Weltkrieg ausbrach und die Platzanweiserinnen in den Theatern »Feuerübungen« durchführten, um Panikreaktionen beim Publikum zu vermeiden, war die aus dem Theater entlehnte Praxis, eine Einheit in zwei Teile zu spalten, die fiktive Kämpfe gegeneinander führten, so verbreitet, daß zwei französische Soldaten glaubten, der Weltkrieg sei »kein richtiger Krieg, sondern nur ein Probelauf (une guerre d'expérience)«. In der Zwischenkriegszeit spielte die Admiralität der USA ihre Taktik gegen Japan zunächst dreihundertmal an einem 40-Quadratmeter-Brett durch (das gleiche übten die Japaner gegen die USA an ihrem Forschungsinstitut für den Totalen Krieg). Danach setzten großangelegte Manöver der U. S. Army ein. Die Manöver der Dritten Armee von 1940 auf einer Fläche von 7200 Quadratkilometern in Louisiana lagen irgendwo zwischen grünem Tisch und grünem Gelände. Im schriftlichen Befehl hieß

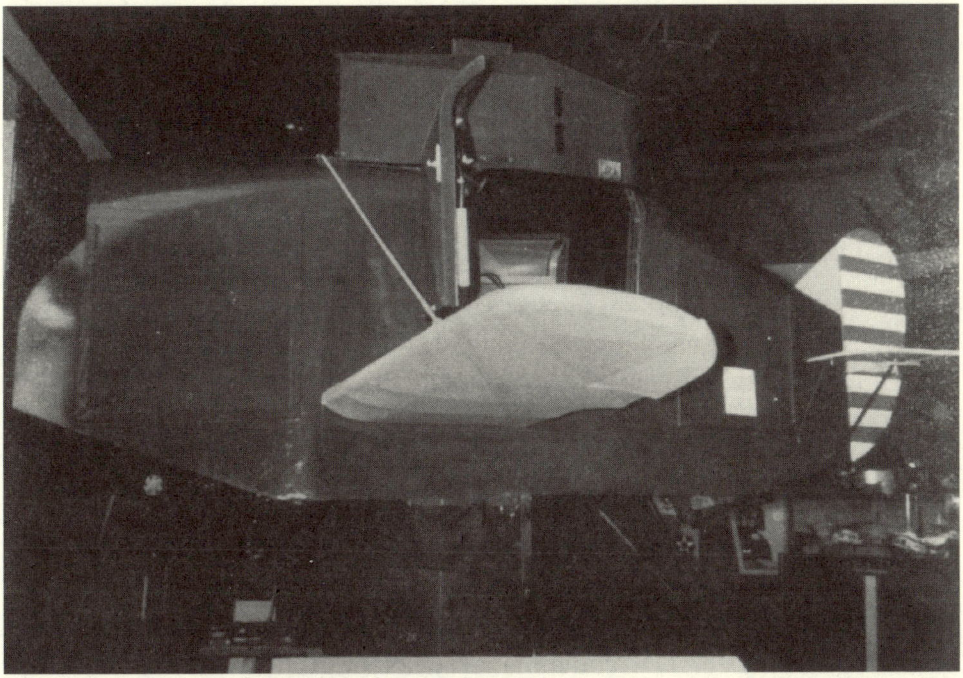

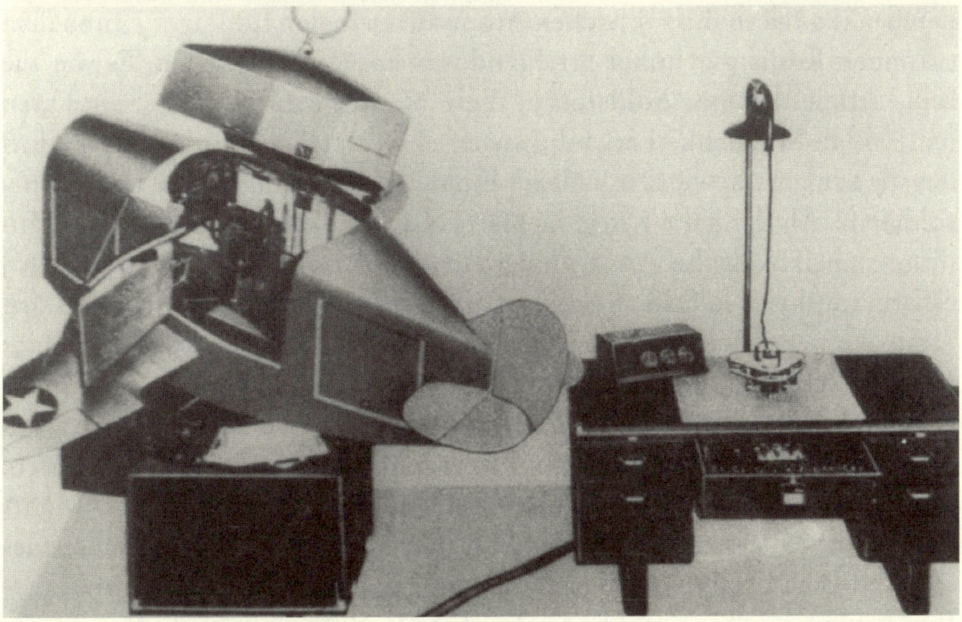

Oben: Flugsimulator von 1934, der Link »Pilot Maker« zur Ausbildung von Piloten von Postflugzeugen des U. S. Army Air Corps, die in allen Wetterlagen fliegen mußten. Unten: Schematische Darstellung des »Pilot Maker« mit Fernbedienungskonsole. (Mit freundlicher Genehmigung des San Diego Aero-Space Museum)

es, sie seien »nicht als Wettbewerb zwischen einzelnen Truppenteilen oder Kommandeuren gedacht ... Es muß alles getan werden, um die direkte Berührung oder gar Vermischung von Einheiten bei sogenannten Schaukämpfen zu verhindern.« Also ein sehr gebremstes Kriegsspiel, wo ganze Divisionen von Soldaten und (zu viele) Lasttiere wie Schachfiguren hin- und her geschoben wurden. Die Karte sei aber nicht das Gelände, meinten kritische Beobachter: »Die Stabsoffiziere sahen das Manöver wohl mehr als ein Kartenproblem oder ein Kriegsspiel an und machten sich nicht die Mühe hinauszugehen, um das Gelände persönlich zu erkunden.« Dieses war zum größten Teil Sumpf, die Hölle für Panzer, aber bestes Gelände für die Infanterie, die sich jedoch mit derselben Sturheit an die gepflasterten Straßen hielt wie die Taktiker an die erprobten, wenn auch lebensfremden Koordinaten des grünen Tisches.[2]

Nach dem Zweiten Weltkrieg kam eine neue Form des körperlosen Kriegsspiels auf, das auf Apparaten beruhte, die ursprünglich dafür gedacht waren, Codes des Gegners zu knacken und Flugbahnen zu berechnen. Das geschah allerdings erst, nachdem amerikanische (und sowjetische?) Truppen bei Manövern mit taktischen Atomwaffen in den fünfziger Jahren dem extremen Realismus hoher Strahlendosen ausgesetzt wurden. Es war die reine Ironie, lebende Soldaten in diese Manöver zu schicken, aber man hatte sie als Möglichkeit erkannt, »Menschen zu trainieren, die letzten Endes die Schlacht gewinnen – kleine Einheiten, einzelne Flieger und Frontsoldaten«. Als der kalte Krieg die Härte der Schaukämpfe mit scharfer Munition anheizte, drillte man Offiziere in den Phasen der »Eskalation« – ein erbarmungsloser Begriff. Rakete und Wasserstoffbombe wurden von den Strategen gepriesen, weil sie ihnen für Abschreckung und Vorherrschaft geeignet schienen, von den Taktikern jedoch verflucht, weil sie sie praktisch nicht einsetzen konnten. In Kinofilmen spielte man den Holocaust – vom Manöver über den Krieg zum atomaren Winter in 90 Minuten durch. Von »Spieltheoretikern« programmierte Computer präsentierten den Dritten Weltkrieg, der im Feuer der Mehrfachsprengköpfe mit solcher Geschwindigkeit beginnen und enden konnte, daß nur wenige Zwei-Minuten-Runden hineinpaßten und keine Zeit für Manöverkritik blieb. Der Atomkrieg war nur auf elektronischen Koordinatennetzen wiederholbar.[3]

Noch wissenschaftlicher machte der Computer das Kriegsspiel. Hatte ständige Wiederholung früher dazu gedient, die Kommandeure in der

Kunst der Truppenführung zu drillen, so überzeugte sie nun die Politiker vom wissenschaftlichen Charakter der Kriegführung. Der Verfeinerung der Labortechnik in Deutschland vergleichbar, war das Kriegsspiel im 19. Jahrhundert das militärische Äquivalent zu Giftprobe, Vitalitätstest oder Reflex- und Wahrnehmungsprüfung. Im 20. Jahrhundert wurden Kriegsspiele als Experimente angelegt, finanziert, durchgeführt und verteidigt, weil sie auf Nachbildung beruhen. Die Akteure beginnen mit Hypothesen über Truppenstärke und Gelände; sie betreiben Aufklärung (starr oder flexibel, am grünen Tisch oder im offenen Feld); sie berechnen die Parameter; sie studieren die Kampfhandlungen, sie debattieren die Ergebnisse und kommen zu ersten Schlußfolgerungen. Dann beginnen sie von vorn, revidieren Hypothesen und Parameter, bis sie sich des Sieges so sicher sind, wie man es nur sein kann. Auf einer solch wissenschaftlichen Grundlage folgte Deutschland dem Schlieffen-Plan in den Ersten Weltkrieg, griffen die Japaner im Zweiten Weltkrieg Pearl Harbor an und reagierten die Amerikaner, zwar schockiert, aber nicht überrascht. »Der Krieg gegen Japan war von so vielen auf so viele verschiedene Arten durchgespielt worden«, erklärte Admiral Chester Nimitz, »daß nichts, was während des Krieges geschah, überraschend kam – absolut nichts außer der Kamikaze-Taktik gegen Kriegsende.« Die aber hatte selbst Herbert G. Wells in seinem Kleinen Krieg für undenkbar gehalten. Nach Hiroshima konnte nur dank der Computerprogramme die Strategie der sicheren gegenseitigen Vernichtung konzipiert werden.

Als Computerbildschirme auf den grünen Tischen im Kreml und im Pentagon auftauchten, geriet der Krieg selbst zur Bühneninszenierung und zum Fernsehbild. Kritiker behaupten, die USA hätten den Vietnamkrieg verloren, weil ihre Generale eine Taktik anwandten, die gegen ein fiktives Team amerikanischer Oberste und Zivilisten ausgearbeitet worden war, weil sie zu viel »auf die Analyse von Stabsspielen, und zu wenig auf die GI-Realität im Dschungel« gaben. Die GIs im Dschungel verloren zuweilen selbst den Sinn für die Realität und hatten das Gefühl, sie sähen sich selbst in einem Film. Zurück in den Staaten, erlebten sie flashbacks von Kriegsbildern, als säßen sie im Kino. Später, 1984, fünf Tage nachdem man im Pentagon in »Echtzeit« ein Computerszenario durchgespielt hatte, in dem der Iran die Straße von Hormuz abriegelte, schloß der Iran die Straße von Hormuz.

Wurden Szenen auf dem Kriegsschauplatz als Wiederholungsaufführung von Kriegsspielen empfunden, so kann man heute Kriegsspiele auf elektronischen Bildschirmen überhaupt nicht mehr von echten Kämpfen unterscheiden, die über Radarschirme, Videomonitore, durch Infrarot-Zielgeräte und durch die Visiere von Helmen geführt werden, deren elektronische Systeme die Augenbewegungen des Piloten nutzen, um synthetische Bilder zu produzieren. Dazu der Militärhistoriker Thomas D. Allen: »Je stärker das Schlachtfeld automatisiert wird, desto mehr erinnert die Schlacht an ein Kriegsspiel.«

Sehnsucht nach Ritterlichkeit und Mannesmut im Nahkampf? Die Umkehrung trifft es genauer: Erst die tödliche Perfektionierung des automatisierten Kriegsspiels machte den Golfkrieg gegen den Irak im Jahr 1991 zur absolut sauberen Nachbildung eines Spiels. Die Marines, die durch kriegszerstörte Städte mit Bombenkratern, Trümmern und zerbombten Häusern wie durch Kulissen jagten, benutzten das Mehrfachintegrierte Laserkampfsystem MILES, das »Treffer« mit dem Laser registrieren kann. Da der Tod in so strahlendem Glanz erscheint und das Leben augenblicklich wiederherzustellen ist, sprechen Offiziere und Senatoren mit immer größerem Abscheu von »schmutzigen Kriegen«, die über jede vernünftige Spielzeit dauern.[4]

Pubertierende Kinder in Spielhallen oder am Keyboard eines Computerspiels, das eine F-19 simuliert und das Gelände unter ihnen in »Echtzeit« erscheinen läßt, erleben die Visionen der nur wenige Jahre älteren Piloten, die »intelligente Bomben« aus einer derart antiseptischen Entfernung abwerfen, daß sie Sensoren benötigen, um zu erfahren, was sie lebenden Zielen angetan haben. Der Flugsimulator, der ein sichereres und kostengünstigeres Training in einem Cockpit ermöglichen sollte, war wie das Kriegsspiel von Anfang an ein Instrument, um psychische Distanz herzustellen. Die Fortschritte, die während und nach dem Zweiten Weltkrieg bei Computern, bei der Rückkopplung und der Herstellung elektronischer Bilder erreicht wurden, haben Flugsimulatoren so authentisch werden lassen, daß Piloten der Zivilluftfahrt nach Monaten am Steuer eines Jumbo Jets wieder den Simulator besteigen müssen, um sich testen zu lassen. Nun aber erscheint das Erlebnis fast zu real: In einem Simulator kann ein Pilot Todesängste ausstehen, weil er völlig vergißt, daß die Vorfälle simuliert sind, der Ton eingespielt ist und die Kontrollgeräte, die er bedient, zu einem teuren Spielzeug gehören.

Kann man das Kriegsspiel immer noch als Spielerei ansehen?, fragten im Jahr 1979 deutsche Autoren, denen es Sorgen bereitete, wie *Krieg* und *Kriegsspiel* emotional und technisch immer mehr miteinander verwuchsen.[5] Meine Antworten müssen zweideutig erscheinen und betroffen machen, denn Nachahmung und Verstellung sind in unserer Kultur der doublierten Vorgänge gattungsverwandt.

Das Kriegsspiel ist Unterhaltung, eine gut geprobte Idiotie wie das Wrestling im Fernsehen. Oder eine direkter zu erlebende Zerstreuung wie der Farbenkrieg, den ein Makler von der Wall Street 1981 erfand. Dort kämpfen Trupps in Tarnanzügen mit den schönen Namen Gang Green oder Grim Reapers mit Pistolen Marke Assassinator II gegeneinander, indem sie sich mit Farbbeuteln beschießen, wie man sie zur Markierung von Vieh benutzt. Dazu ein Spieler, der im zivilen Leben als Banker tätig ist: »Wir leben in einer so kontrollierten Gesellschaft. Kriegsspiele sind eine Gelegenheit, alle Hemmungen fallenzulassen und auf Menschen zu schießen.« Das Kriegsspiel ist ein Mittel, um Einsichten zu gewinnen, ein Trainingsinstrument für konfrontatives Business-Management, für die Bewältigung moralischer Konflikte bei der Sozialarbeit, in medizinischer Behandlung und politischer Betätigung. Es zwingt dazu, mit Gefühlen wie Wut, Schwäche, Scham und Schuld umzugehen.

Das Kriegsspiel kann eine Art von Ablehnung sein, wie es in Brigadier Peter Youngs Vorwort eines Handbuches für Kriegs-Brettspiele heißt: »Sie handeln in der hohen Zeit des Krieges als Mittel der Staatspolitik, bevor sie zu gefährlich wurden, um noch nützlich oder attraktiv zu sein. Suche einer eine vergnügliche Abendunterhaltung, die auf der Zerstörung von Nagasaki basiert!« Das Kriegsspiel als Möglichkeit zum perfekten Nacherleben der Geschichte – von der Schlacht bei Kadesch von 1288 v. Chr. bis zu den Panzerschlachten des Zweiten Weltkrieges: »Wenn die Schlachten so rekonstruiert werden, daß beide Armeen in ihrer historisch exakten, maßstabgerecht verkleinerten Stärke aufmarschieren, den taktischen Plänen ihrer Zeit folgen, die gleichen Waffen benutzen und nach der Art und Weise ihrer Zeit kämpfen, dann ist es sehr wahrscheinlich, daß die Kämpfe auf dem Brett nach dem historischen Vorbild verlaufen.«

Das Kriegsspiel als Methode der Versicherung, der tröstenden Ratschläge von Fachleuten, die zu Gebrauchsanweisungen werden, nach denen man alle vorstellbaren Krisen bewältigt. Das Kriegsspiel als Mittel zur

Herstellung von Hegemonie – starke Kontingente sammeln sich zu Manövern jenseits der Grenze gegen Aufruhr oder Widersetzlichkeit.

Das Kriegsspiel ist stets ein Wagnis. Zwischen 1939 und 1945, heißt es bei Historical Simulations, Inc., »lag das Bild des ganzen Krieges für seine Urheber im dunkeln, war sein Ausgang unklar und sein Ergebnis letztlich die Summe der Aktionen einzelner«. Spielen Sie deshalb doch einfach einen zweiten Zweiten Weltkrieg per Post mit 129 anderen in einem »beispiellosen Theater alternativer Geschichte«, dessen Schlachten auf den 20000 Sechsecken einer Weltkarte von elf Quadratmetern ablaufen. Das Kriegsspiel ist ein fieberhaftes Wiedererscheinen von Figuren und Schatten, nicht unähnlich der Paranoia, einem Geisteszustand, den Computer höchst überzeugend simulieren. Unter »schaurigen atmosphärischen Klängen« können Kriegsspiele zu immer extremerer und absoluterer Politik ermutigen, immer mächtigere Begierden auslösen: »Schleudere Unheil gegen die Ungläubigen«, ermuntert die Firma Electronic Arts Distributors, die das Simulationsspiel »Populus« verbreitet, »Vulkane, Überschwemmungen, Schlammlawinen und Erdbeben. Wenn du genug Power hast – das biblische Armageddon!«

Echtzeit II: Meme

Heftiger Regen durchnäßte die 4000 Schotten auf der Haupttribüne und prasselte auf die 7000 nieder, die am Flußufer warteten. Sie alle waren an einem Mittwoch Ende August 1839 nach Eglinton Park in Ayrshire gekommen, um einer mittelalterlichen Prozession von Schwertträgern und Bogenschützen, Trompetern und Herolden beizuwohnen. Sie wollten den König des Turniers in Samt und Hermelin und die Schönheitskönigin unter einem seidenen Baldachin sehen. Als der Himmel aufklarte, ließ ein Dutzend auserwählter Ritter auf dem glitschigen Turnierplatz die Waffen klingen. Am Donnerstag stürmte dort Prinz Louis Napoleon, später Napoleon III., aber für dieses eine Mal ein schneidiger Sozialist und Pazifist, mit eingelegter Lanze vor. Am Freitag, dem 30., schlugen acht Champions mit Schwertern aufeinander ein. Für geladene Gäste gab es ein Bankett mit Malvasierwein in bauchigen Flaschen, Schüsseln voller Syllabub-Dessert,

Krügen mit Hippocras-Kräuterwein, Platten mit gebratenem Schwan. Trotz der Kosten von 40000 Pfund war das Spektakel nicht annähernd so prächtig, wie es sich Archibald William, 13. Earl of Eglinton, vorgestellt hatte. Das Schloß von Eglinton war ein neogotischer Bau, dessen Grundstein weniger als 70 Jahre zuvor gelegt worden war. Das mittelalterliche Kolorit des Festes stammte aus *Ivanhoe* (1825) und den Waverly-Romanen von Walter Scott, die musikalische Untermalung aus der Oper *The Tournament* (1838) aus der Feder von Lord Burghersh, eines seiner Freunde, die Einladungsliste hatte Samuel Egerton Brydges zusammengestellt, ein Verwandter und Herausgeber des *Collins' Peerage*, der auf einen vakanten Baronstitel Anspruch erhob, weil er angeblich von den Merowingerkönigen abstammte, was er mit gefälschten Papieren zu beweisen versuchte.

Ian Anstruther, dessen *The Knight and the Umbrella* ich hier zu Dank verpflichtet bin, wollte uns mit der Beschreibung des Turniers von Eglinton eindringlich zeigen, daß »die Vergangenheit nicht zurückgeholt werden kann und daß Vergnügungen und Künste anderer Zeiten niemals imitiert werden sollten«. Diese Lehre hätte Eglinton, der bis 1861 lebte, auch aus den Nachrichten über das Desaster der Leichten Brigade im Krimkrieg ziehen können.

1861 schien das mittelalterliche Turnier, wie es Friedrich der Große von Preußen 1750 für militärische Vorführungen, Gustav III. von Schweden 1777 gegen die »Verweichlichung« der Sitten, die Wiener 1814 zu Ehren der Alliierten, die Napoleon besiegt hatten, oder die Oberschicht von New Orleans und den Südstaaten der Vorbürgerkriegszeit 1839 aus reinem Geltungsdrang wiederbelebt hatten, allmählich in Vergessenheit zu geraten. Aber es kam um die Jahrhundertwende zu neuen Ehren, als mit der Wiederaufnahme der Olympischen Spiele erneut Ritterlichkeit gefragt war. Die Fairneß der Spiele (»das Ziel ist nicht, zu siegen, sondern gut zu kämpfen«), die Verherrlichung von Tapferkeit, von »spontanen, unwiederholbaren, einzigartigen, hervorragenden moralischen Taten allein um der Ehre und nicht des Nutzens willen« widerlegten die Darwinsche Auffassung vom Leben als Krieg, die Reduzierung der Natur auf »harte Konkurrenz«. Von dort haben wir eine eigensinnige Vorstellung von der Eigensinnigkeit des Ereignisses übernommen, die der Philosoph George Santayana in einem Epigramm so formulierte: »Wer sich seiner Vergangenheit nicht erinnert, ist dazu verdammt, sie zu wiederholen.«[6]

Geschichte – als Überrest und natürliche Auswahl, als Atavismus und filterndes Gedächtnis, als Anachronismus und Produkt der Politik – muß die Vergangenheit überleben, zumindest schien es uns so seit Darwin, Santayana, Freud und unseren besten Dramatikern. Die Vergangenheit mag der Prolog sein, aber die Geschichte liegt, wie ein Usurpator nach einem Sturm erklärte, »in Ihrer und meiner Verantwortung«. Im 19. und 20. Jahrhundert wurde diese Verantwortung mit großer Hingabe von Museen wahrgenommen, die dadurch erst zum »Leben« erwachten.

Sehr lebendig und stattlich sollte das Lebende Museum werden, das Dr. Artur Hazelius gründete, seines Zeichens Linguist, Folklorist und Sohn eines schwedischen Generals. Er hing einer nationalen Legende an, in der er sich – wie ein Kind seine Familiengeschichte – für Schweden eine andere, unbefleckte Vergangenheit zurechtlegte. Diese konnten etwa Menschen aus Dalarna im Grenzgebiet zu Norwegen verkörpern, aus deren entlegenen Dörfern er für ein Museum des Nordens, das er 1874 in Stockholm gründete, ganze Stuben verlegte und mit Wachsfiguren bevölkerte. Solche Verpflanzungen hatte man bereits früher ausprobiert, z. B. im Londoner Indienmuseum, wo die Besucher am Gerichtshof eines Radschas vorbeidefilierten, der von Puppen in Nationaltracht umgeben war. Hazelius, mehr liberaler Impresario als imperialer Liberaler, stand der Sinn nach aussagekräftigeren und wirksameren Szenen. Er führte nicht die Ausmaße eines Empire vor, in dem die Sonne nie untergeht, sondern gab den Skandinaviern eher nordische Vorfahren, deren Sonne nicht mehr aufzugehen schien. In einem Wildpark auf einer Insel in Stockholm baute er ein Lappendorf (mit Rentieren), hölzerne Glockentürme und Kirchen, alte Bauernhäuser (mit vollen Scheunen), Hütten, Windmühlen und Werkstätten (mit Werkzeugen) auf. Dazwischen bewegten sich und arbeiteten Bauern aus Dalarna und lappische Rentierhirten, die er für ihr Agieren zwischen Spielzeit und Echtzeit bezahlte.

Der Skansen-Park von 1891 war ein Refugium für gefährdete Volksgruppen und zugleich ein Jungbrunnen für den schwedischen Geist. Das Lebende Museum definierte ein Volk nicht über militärische Eroberungen oder politische Verträge, sondern über jene anonymen, von niemandem aufgezeichneten Aspekte des Alltags, die alle Chroniken überdauern. Die Lieder und Gefühle des Volkes sollten eine dekadente Fin-de-siècle-Gesellschaft an ihre jungfräulichen Ursprünge erinnern, die im modernen Leben längst verlorengegangen waren. Die heilende Wirkung und die nationale Verklärung, die vom Lebenden Museum ausgingen, wirkten bald ansteckend auf Norwegen, Finnland und Dänemark, später auf die Niederlande, Deutschland, England und die Vereinigten Staaten.

Die nationale Legende bediente beide Seiten der Volkstümelei – die brutale Vitalität der »Unzivilisierten« und das Überdauern eines edlen »Urtyps«. Die Legende schwankte zwischen Wiederaneignung und Bewahrung. Während die Wiederaneignung als nationales Tonikum empfunden wurde, wies die Bewahrung national-restaurative Tendenzen auf. Was die Theoretiker auch erklären mochten, Bewahrung *war* Restauration. Die Reichen oder die Angehörigen der Mittelschichten bewahrten das, was zum Wiederfinden ihrer persönlichen, ethnischen oder nationalen Integrität und Absichten dienen konnte. Dazu schrieb der einflußreichste französische Architekt und Neogotiker Eugène Emmanuel Viollet-le-Duc: »Der Begriff Restauration und die Sache selbst sind modern. Ein Gebäude zu restaurieren bedeutet nicht, es nur zu erhalten, zu reparieren oder wiederaufzubauen. Es wird in den Zustand einer Vollkommenheit gebracht, den es zu keiner Zeit hatte.« Er ließ seine Phantasie von der Vorstellung beflügeln, »eine mittelalterliche Festung im Ganzen und in der kleinsten Einzelheit wiederaufzubauen, ihre Innenausstattung bis zum letzten Möbelstück zu reproduzieren, mit einem Wort, ihr Form, Farbe und, wenn man so sagen darf, ihr früheres Leben zurückzugeben«.

Schon Jahrhunderte zuvor hatten Architekten, die im Mittelalter und in der Renaissance ältere Strukturen aufarbeiteten, darüber gestritten, wie dies zu bewerkstelligen sei. Sollten sie allein das ehrwürdige Alter des Gebäudes im Auge haben, indem sie mit peinlicher Genauigkeit alle Elemente aus geformtem Stein oder fleckigem Glas erneuerten, die kaum noch sichtbar waren? Oder forderte eine neue Zeit auch ein neues Gebäude, das das Original aufhob, aber über dieses hinausging und damit eine »Übereinstimmung und Harmonie von Alt und Neu« herstellte? Als die Architekten der viktorianischen Zeit mittelalterliche Klöster und Kirchen zu ihrem »früheren Leben« erweckten, stießen sie auf Restaurationen, die bereits die Meister des Mittelalters mit Sorgfalt ausgeführt hatten.

Einem Haus um 1900 sein »früheres Leben« zurückzugeben schien sowohl Entkleidung als auch Ausstattung zu erfordern. Entkleidung von dem Gerümpel, das sich in einem Haus ansammelt, von dem Stilgemisch, das für wohlhabende Haushalte mit einer Menge von billigen Kopien und einzigartigen Erbstücken so typisch ist. Ausstattung des Hauses als zeitgemäße Kreation mit Kunstwerken, die gleichermaßen von unumstrittenem Alter sind; Ausstattung des Hauses als ein *Heim*, in dem lebendige Menschen Nestwärme verbreiten. Wie andere religiöse oder Krönungszeremonien war dies Theater von höchsten Graden.

Das Publikum in den tatsächlichen Theatern reagierte zunehmend verärgert auf Anachronismen. Der amerikanische Theaterkritiker Washington Irving klagte bereits 1802 darüber, daß die Schauspieler »sich in ein und demselben Stück nach der Mode verschiedener Länder und Epochen kleiden. Während der eine in Helm und Rüstung der Zeit Alexanders des Großen über die Bühne stolziert, nimmt ein anderer in goldbetreßtem Rock und Perücke ... eine Prise Schnupftabak, wie man es vor ein- oder zweihundert Jahren tat.« Anweisungen in Stücken des 18. Jahrhunderts hatten zuweilen von den Akteuren gefordert, »sich nach der Mode der Zeit zu kleiden«. Als James Planché in den zwanziger Jahren des 19. Jahrhunderts stilgerechte Ausstattungen für Shakespeare-Stücke entwarf, begannen Schauspieler und Publikum mehr auf Akkuratesse bei der Aufführung historischer Dramen zu achten. »Man mußte kein Antiquar sein«, schrieb Planché rückblickend, »um zu erkennen, wie absurd es war, daß die Soldaten vor Angers zu Beginn des 13. Jahrhunderts die gleichen Uniformen trugen wie jene, die am Ende des 15. Jahrhunderts bei Bosworth kämpften.«

Mußte man wirklich nicht? War es etwa nicht der Hang zum Antiquarischen, der den Schauspieler und Produzenten Charles Kean veranlaßte, seine Inszenierung des *Macbeth* von 1853 vorab zu entschuldigen? Schließlich waren die Kostüme jenen der Dänen und Angelsachsen nachempfunden, denn die Unsicherheit darüber, »wie die Bewohner Schottlands im 11. Jahrhundert gekleidet waren, macht jeden Versuch, diese Tragödie in den Kostümen der Zeit aufzuführen, zu einer Aufgabe von höchster Schwierigkeit«. 1894 mußten Birnams Wald und der Schloßberg von Dunsinan höchst naturgetreu erscheinen, »um den Zuschauer durch eine künstlerische, aber gerechtfertigte Illusion in die Zeit der Handlung zurückzuversetzen«.

Von der »gerechtfertigten Illusion« des Theaters, von der Ausstattung alter Häuser als Heimstätten der Vorfahren, von der nationalen Legende über das Leben im Grenzgebiet und Familienstammbäume, von der Ritterlichkeit der Turniere und der heilsamen Wirkung der Folklore kam man geraden Wegs zum historischen Festzug. Diese Rekonstruktion von Episoden der Geschichte einer Stadt oder eines Staates wurde häufig nach historischen Gemälden gestaltet, von Berufsschriftstellern konzipiert, von Männern aufgeführt, die regelmäßig in historischen Kostümen auftraten und Schaukämpfe vorführten, von Frauen, die ihre Häuser nach der Mode vergangener Zeiten einrichteten und ausstatteten. Im historischen Festzug waren Bericht und Restauration vereint, ebenso Gedenken und gemeinschaftliche Andacht, wie ein Initiator solcher Schauspiele hoffte. Vielleicht, dachte Percy MacKaye, der im Jahr 1914 7000 Menschen beim Festzug zu Ehren Ludwigs des Heiligen inszenierte, vielleicht stillten die Rituale und Rhythmen eines solchen Spektakels den Hunger nach einem nationalen Erlebnis, der sonst vielleicht in blutigen Ausbrüchen von Tapferkeit und Stärke Ausdruck gefunden hätte.

Wie das Kriegsspiel drillte und benutzte auch der historische Festzug Kräfte für die Inszenierung eines Ereignisses in einem Zeitrahmen, der zu gedrängt war, um unterschiedliche Ambitionen, zweideutige Ergebnisse, Anarchismus oder auch Trägheit oder Gleichgültigkeit zu dulden. Das glatte Erscheinungsbild derart komprimierter Geschichte machte auch den Reiz des Lebenden Museums aus. Aus einem elektrischen Fahrzeug aussteigen und ein Siedlerdorf oder einen Handelsplatz in der Wildnis anschauen zu können brachte dem Durchschnittsbürger das, was er immer schon ersehnt hatte – die Berührung mit seinen Wurzeln.

Ob man es nun »Verwaltung« von Häusern, »Betreuung« verbliebener Wildreservate oder »Züchtung« bedrohter Arten nennen will, die Bewahrung war nur gerechtfertigt, wenn sie eine Bereicherung des inneren Lebens bildete. Angesichts eines Kapitalismus, der sich brüstete, *jegliche* materiellen Güter reproduzieren zu können, wirkte die Begeisterung für Altertümer so wenig überzeugend wie die Klagen, einzigartig alte oder schöne Gebäude, einmal zerstört, seien durch nichts zu ersetzen. Als Wallfahrtsorte mußten Häuser und Wildreservate mehr bieten als eine passende Einrichtung oder eine üppige Fauna. Sie mußten vorgeben, Wunder zu vollbringen, den Glauben zu bestätigen, Augenblicke zu erzeugen, da Vergangenheit und Gegenwart eine Vision heraufbeschworen – die Vision von Erscheinung und Auferstehung.

Lebende Museen bieten mehr als die Wiederherstellung eines Milieus, sie wollen ein Verhalten reproduzieren, das eine ganz eigene Mischung von Lebensformen des Volkes und der Aristokratie ist – die Tugenden der verdienstvollen Reichen, der Edelmut der schwer arbeitenden Armen, die Robustheit der Bauersfrau und die Sachkenntnis der Plantagenbesitzerin. Die Zeitraffung ist so verführerisch, daß wir (in Fort Langley, British Columbia) eine Mutter im Kleid der Kolonialzeit bewundern, die ihr Kind in einer alten Wiege schaukelt. Im Frauenmuseum von Aarhus in Dänemark sind Sie »nicht nur Zuschauer, sondern ›wirklicher‹ Gast bei Ihrer Großmutter, in der Jugendzeit Ihrer Mutter oder in Ihrer eigenen Kindheit. Ein Zimmermädchen, das in ihrer kleinen Kammer mit einer Stickarbeit auf dem Bett sitzt, eine Küche, in der es nach Kaffee und Bratwürstchen duftet, oder ein Schlafzimmer, in dem eine Frau gerade in den Wehen liegt ... zeigen dem Publikum, was ein lebendes Museum vermag.«

Dabei ging und geht es vor allem um Meme. Meme, meint der Zoologe Richard Dawkins, sind das kulturelle Äquivalent der menschlichen Gene, welche über die in einer Gesellschaft herumgeisternden Klänge, Tricks, Bilder und Schlagworte weitergegeben werden. Archäologen, Kostümbildner und Schöpfer Lebender Museen identifizieren und kopieren für uns diese kulturellen Gene entfernter Epochen, von denen die Gedächtnisstränge durchwoben sind, woher wir unsere bekannte Vergangenheit beziehen. Meme finden Eingang in unsere Reisetagebücher und beweisen, daß *wir dort waren*. Meme sind das, worauf die Touristen lauschen, um sicher zu sein, daß sie in einer anderen, aber authentischen Zeit weilten – das Knarren der Zugbrücke einer Burg, das Gebimmel einer Straßenbahn. Meme tauchen in Milliarden von Ansichtskarten und Schnappschüssen wieder auf. Meme zirkulieren als Flugplatzsouvenirs und Volkskunst. Bewohner der »ersten Welt« kaufen sie von gerissenen Kunsthandwerkern der »dritten Welt«, welche für sie Objekte reproduzieren oder erfinden, die den Geruch »rückständiger« Gegenden an sich haben.

Wenn wir bedenken, daß »der Tourismus die größte friedliche Völkerwanderung in der Geschichte der Menschheit« und zugleich die globalste aller Industrien ist, dann kommen Forderungen nach Erhaltung, Restaurierung und Wiederaneignung offenbar weniger von Kuratoren als vielmehr von Fremdenführern, Dekorateuren, Politikern und Filmemachern, die auf der Jagd nach Memen sind – den pursten Memen von allen – vom Gebrauch verschlissenen Objekten, die weder für den Markt noch für das Museum hergestellt wurden, sondern für den täglichen Gebrauch. Sie passen zu der Vorstellung vom Volk als der Keimzelle praktischer Weisheit, als ökologische Reserve, als Zufluchtsort des Geistes und Schatzkammer der Schönheit. Kommen Sie mit uns in die Wüste Kara Kum, fordert uns die Travel Corporation of America auf. »Chiwa, das erst kürzlich für Touristen geöffnet wurde, ist ein Museum der Holzschnitzkunst. Fast jedes Haus hat geschnitzte Türen und Säulen mit dekorativen Mustern ... Wir erkunden Orte, die seit Menschengedenken unverändert sind.«[7]

Die Kuratoren Lebender Museen sind wie Reiseführer dabei, unsere Meme neu zusammenzusetzen. Im Williamsburg der Kolonialzeit, dessen Direktoren seit 1937 1700 verschiedene Nachbildungen von Werken der Kolonialkunst verkauft haben, die »sehr gut zu traditionellem und modernem Interieur passen«, hat das Öffentliche Krankenhaus (aus dem Jahre 1773, restauriert 1985) Zimmer mit verrottetem Stroh und fleckigen Wänden. »In der Vergangenheit«, erklärt Dennis O'Toole, Programmdirektor für historische Sehenswürdigkeiten, »wurde Williamsburg kritisiert, es sei zu fleckenlos rein.« Nun wird nicht mehr weggeräumt, was die Ochsen fallenlassen, und in den Höfen liegen Muschelschalen herum. Die Sklavenviertel sind restauriert worden, und mit ihnen sind endlich auch mehr (tätige) Sklaven zu sehen.

Ruhmloses Kolorit. Gefordert, das Schlechteste und das Beste nachzubilden, greift das Lebende Museum paradoxerweise nach Ersatzdingen und Ersatzereignissen. »Wenn du wirklich eine historische Begebenheit erzählen willst«, sagt ein Kurator, »mußt du bereit sein, Reproduktionen zu benutzen.« Wir haben alte Möbel, die bis vor kurzem eher der Patina als der handwerklichen Kunst wegen gesammelt wurden. Aber selten ist die Originalpolsterung noch erhalten, so daß wir uns daran gewöhnt haben, zerschlissene Polsterung nachzuahmen. Waren die Fälscher und Restauratoren des 18. Jahrhunderts noch bemüht, den alten Meistern den goldenen Ton wiederzugeben, »wie er einmal gewesen sein muß«, fertigten sie noch polierte neue Gliedmaßen für antike Skulpturen an, so bohren wir Heutigen eher künstliche Wurmstiche oder schlagen der Venus von Belvedere die Arme ab. Schon die Tapete an der Wand stellt uns vor ernste Probleme: »Sollen wir sie an einer historischen Wand belassen, um die Echtheit des Ganzen zu bewahren, obwohl das Papier nur noch in erträglichem, vielleicht sogar schlechtem Zustand ist? Rühren wir eine historische Mauer nicht an, die

Photo Session von J. Seward Johnson, Jr. Lebensgroße Bronzeskulpturen des Fotografen und der Touristen, die für das Foto am Aussichtspunkt des Queen Elizabeth Park in Vancouver, B. C. posieren, 1983. (Mit freundlicher Genehmigung von Sculpture Placement, Ltd., Washington, D. C. Foto: Heidi Piltz Burton)

eigentlich repariert werden müßte, um eine historische Tapete in gutem Zustand zu erhalten?« Soll man sich für ein heruntergekommenes Original oder für eine lebenssprühende Reproduktion entscheiden?[8] Lebende Museen tendieren dazu, das *Authentisierende* dem Authentischen, die kulturell perfekte Fälschung dem Original vorzuziehen. Wer die Geschichte wiederholen will, ist dazu verdammt, sie neu auszustaffieren – mit Lebenden Leichnamen, verschwundenen oder frischlackierten Zwillingen.

Die kommen, uns zu holen. Dazu der Historiker Pierre Nora: »Da niemand weiß, woraus die Vergangenheit nächstens gemacht sein wird, sehen wir überall eine Spur, einen möglichen Hinweis auf Geschichte, der die Unschuld aller Dinge zerstört.« Fast alles und jedes kann ein Sammelobjekt und der Erinnerung wert sein. Das Alter von Antiquitäten nimmt stark ab. (Ist ein Computer des Jahrgangs 1984 nicht auch schon eine Antiquität?) Auf einem Weltmarkt mit Produkten von höchstens drei oder vier Jahren »Lebensdauer« braucht nichts lange, um Geschichte zu werden.

Das soll nicht bedeuten, wie manche neuerdings meinen, wir verlören die Kontrolle über oder das Interesse an unserer Geschichte. Diese Art von Kritik kommt von der typischen Aufregung darüber, daß die Ereignisse am Ende eines Jahrhunderts anscheinend in schwindelerregendem Tempo ablaufen. Unser Problem ist nicht das Ende der Geschichte, sondern eine Geschichte der losen Enden, ein Problem, das die Technologie nur noch weiter verschärft. Lange bevor die elektr(on)ische Welt ordentlich verkabelt war, stand uns bereits der Sinn nach Simulation und Wiederholung. Verleger gaben bereits Mehrfachauflagen heraus, Baumeister verwandten Mrs. Coades künstlichen Stein, um Marmor zu imitieren, und Menschen in Gipshäusern auf Ausstellungen simulierten vergangenes Leben.

Von all dem bleibt auch unsere Erinnerung so wenig verschont wie alte Tapeten. Die Allgegenwart unseres Lebens hat die Meme eher durcheinandergewirbelt. An Wiederholung gewöhnt, leidet unsere Vorstellungswelt, mischen sich Wunsch, Absicht, Bedrohung und Zweifel miteinander. Mit Simulation vertraut, betrachten wir die Vergangenheit als aktuelle »Nachschöpfung«. In der Plantage Plimoth steht nicht ein einziges Haus im Originalzustand. In erst kürzlich handgezimmerten Bauten führen dreißig Frauen und Männer »erlernte Handwerke« vor und ahmen Menschen aus dem 17. Jahrhundert »möglichst wahrheitsgetreu« nach. Sie blicken verständnislos, wenn man von MTV erzählt, scheinen aber nichts an dem Anachronismus zu finden, daß sich jährlich eine halbe Million Besucher durch ein Dorf in Massachusetts wälzen, das zu seinen besten Zeiten vielleicht 200 Seelen zählte. Diese Pilger wurden so gut in ihrer gegenwärtigen Vergangenheit ausgebildet wie die Absolventen des Studios von Isabel O'Neil in der Kunst des feinen Anstrichs, der falschen Marmor, falsches Schildpatt und alte Oberflächen täuschend echt nachahmt.

Letzteres ist das Gegenteil der Kunst der Kosmetikerin, die uns mit den verschiedensten Mittelchen jünger erscheinen lassen soll. Daß wir beide Künste gutheißen, spricht von einer Ethik der Umkehrbarkeit, einer weiteren Folge des Zusammendrängens historischer Zeiträume in unserer Kultur der Kopie. Wir fordern von uns, daß wir imstande sind zu erneuern, indem wir wiederholen, und imstande sind, neu geboren zu werden, indem wir uns erinnern. Umkehrbarkeit durchdringt unsere Theorie der Kunst des Bewahrens (arbeite so, daß »wir morgen rückgängig machen können, was wir heute getan haben«), der Aktionen zum Schutze der Umwelt (recycle so, daß die Erde wieder gesundet), selbst der Filmserien (lasse Schurken und Helden wiederauferstehen, damit sie alt-neue Kämpfe ausfechten können). Unumkehrbarkeit kommt als böses Schicksal, Umkehrbarkeit als edle Reue daher.

Lichteinwirkung verwandelt die satten Grüntöne von Gemälden aus dem 17. Jahrhundert in Gärten von hellem Blau. Das Schwefeldioxyd, das wir ausatmen, zerfrißt Steinfiguren. Das Ammoniak aus unserem Schweiß bedeckt antike Möbel mit einem weißlichen Anflug. Schon die Nähe zu einem menschlichen Körper, der Wärme von der Stärke einer Hundert-Watt-Glühlampe ausstrahlt, kann ein Kunstwerk austrocknen. Je unvermeidlicher solche Nähe in unserem demokratischen Zeitalter wird, desto irreversibler drohen die Schäden zu werden und desto mehr besteht unsere Kultur der Kopie auf Umkehrbarkeit in irgendeiner Form. Wenn etwas getan wird, das nicht mehr ungeschehen gemacht werden kann, kann es wieder getan werden – noch einmal, mit Gefühl.

Im Unterschied zu Kriegsspielen, deren Aufregungen und Wiederholungen männlich sind, wurden die Simulationen in Lebenden Museen häufig von Frauen, die uns die Ethik der Umkehrbarkeit erhalten haben, gefördert und praktiziert. Dekorateurinnen von Berufung oder Beruf, haben Frauen den Markt der Reproduktionen und Antiquitäten bereichert, die im Haushalt zu ihrem Recht kommen: »Keine seltenen, kostbaren Gegenstände sind hier verschlossen – alles ist lebendig, kann berührt und genossen werden.« Als Näherinnen und Designerinnen haben Frauen Ausstattungsstücken Authentizität bis ins Detail verliehen. Als Expertinnen in Kosmetik und Gymnastik haben sie sich um die Technik unserer Verjüngung gesorgt. Als Therapeutinnen und Sozialarbeiterinnen haben sie viel für unseren Optimismus getan, daß das Leben »sich wenden« kann. Als politische Aktivistinnen haben sie sich darum verdient gemacht, Frauen in der Geschichte wieder sichtbar zu machen, ihnen öffentliche Präsenz zu verleihen und damit, wie manche sagen, die Geschichte selbst zu überwinden.

Was das Dokument bedeutet

Santayanas Schatten! Wer sich seiner Vergangenheit nicht erinnert, ist dazu verdammt, sie zu wiederholen. Wer sich also seiner Vergangenheit erinnert, kann sie damit überwinden? Was bedeutet es für eine Gesellschaft, die von Simulationen und Wiederholungen heimgesucht wird, die Geschichte zu überwinden? Bedeutet es, die Kräfte der Trägheit umzukehren? Unser Leben von unerwünschten Einflüssen zu befreien? Lästige Traditionen abzuwerfen?

George Santayana wurde 1863 geboren, als sein Vater 51 und seine Mutter 37 Jahre alt waren. Er empfand beide eher als Großeltern denn als Eltern. Vorstellungen von einer fehlenden Generation quälten ihn als Studenten und Professor in Harvard, selbst noch als unabhängigen Philosophen, der stets auf der Suche nach der zeitlichen und moralischen Kontinuität des Lebens war. Er hatte nur Spott und Hohn für die Idee übrig, jede Zeit schreibe die Geschichte aus ihrer Sicht neu. Was er von der Vergangenheit erwartete, war weder flüchtig noch der Mode unterworfen: »So interessant eine improvisierte Rekonstruktion der Dinge der Vergangenheit und so faszinierend die Illusion sein mag, das Leben der Toten noch einmal zu leben, lenkt es doch den Geist davon ab, das zu meistern, was die Vergangenheit bereits gemeistert hat.«

Ein »distanzierter, ironischer, pessimistischer Ästhet«, der mönchische Ordnung modernistischem Chaos vorzog, hatte Santayana nach dem Ersten Weltkrieg seine Zweifel, daß die Empörung über das Hinmorden einer ganzen Generation zu dauerhaftem Frieden führen könnte. Er erwartete keine Veränderung der menschlichen Natur: »Eine altertümliche Stadt hätte diesen Krieg oder einen, der ähnlich viele Menschenleben gefordert hätte, als einen gewöhnlichen Zwischenfall betrachtet; und sicher werden ihn die Deutschen nicht anders sehen.« Zwar erwartete man von seinem berühmten Epigramm, daß es den Ausbruch aus dem Teufelskreis bewirken werde, aber Santayana selbst hoffte auf ethische Weisheit, gespeist von der Ewigkeit: »Was die Wahrheit in der menschlichen Geschichte betrifft, so ist jede Tradition besser als jegliche Rekonstruktion. Eine Tradition kann in den Ruin führen und bis zur Unkenntlichkeit schwinden oder mehr schlecht als recht in einem Dschungel des Wachstums aufgehen, stets bewahrt sie sich jedoch einen altehrwürdigen Kern. Rekonstruktion dagegen, z. B. ein neues Leben des Jesus, ist etwas absolut Willkürliches, nach der Phantasie eines einzelnen Geschaffenes und durch und durch Modernes. Eine solche Substitution ist nicht nur ein Fehler, sie ist eine absichtliche Täuschung, aus dem romantischem Egoismus geboren: eine Wahrheit nach dem eigenen Herzenswunsch zu schaffen.«

Sein Herzenswunsch waren unumstößliche Wesenheiten; er wollte »alles in seinem Herzen wie in einer Weinpresse zerstampfen, bis sein Leben mit all seinen Geheimnissen herausfließt«. Das war der Wein, der, wie er schrieb, die Erinnerung zu »entgiften« vermochte: »Fortschritt, weit davon entfernt, Veränderung zu sein, hängt vom Gedächtnis ab. Wenn die Veränderung absolut ist, bleibt kein Wesen übrig, das sich entwickeln, und keine Richtung, die eine mögliche Entwicklung nehmen könnte. Wenn die Erfahrungen nicht bewahrt werden, wie es bei Wilden geschieht, dann ist ewige Infantilität die Folge. Wer sich seiner Vergangenheit nicht erinnert, ist dazu verdammt, sie zu wiederholen. Im ersten Stadium des Lebens ist das Gedächtnis frivol und leicht ablenkbar. Es verpaßt den Fortschritt, weil es ihm an Folgerichtigkeit und Beharrlichkeit mangelt. Das ist der Zustand von Kindern und Barbaren«, für die der frühreife, zurückhaltende und kultivierte Santayana durchaus Sympathie empfand. »In einem zweiten Stadium sind die Menschen lernfähig, formbar, was neue Gewohnheiten und Anregungen betrifft, und doch fähig, sie mit ihren ursprünglichen Trieben zu verbinden, die sie auf diese Weise besser befriedigen. Das ist die Stufe des Menschseins und des wahren Fortschritts«, solange »ideale Identität« und »geistige Einheit« erhalten bleiben. Aber »wenn die Fundamente wanken, wenn Gewinn an der Peripherie im Zentrum wieder verlorengeht, dann gerät alles ins Rutschen, und realer Fortschritt ist nicht möglich«. Man muß aus der kumulativen Zivilisation das Beste herausholen, indem man »animalische Triebe und dunkle Leidenschaften durch festumrissene Interessen ersetzt. Solche Interessen können andere teilen; und die endlosen Perspektiven, die sie eröffnen, können stets in dem Bewußtsein realisiert werden, daß man ein vor langer Zeit begonnenes Werk vervollkommnet, daß ein Ideal Gestalt annimmt, welches sich niemals erschöpft.« Also – keine Überwindung der Geschichte. »Bewahren und Erhalten, darauf bestehen wir, ist die Voraussetzung für jeden Fortschritt.«[9]

»Die Geschichte wiederholt sich«, sagte der amerikanische Rechtsanwalt Clarence Darrow, der die Revolution in der Wirtschaft und die Evolution in der Wissenschaft verteidigte. »In diesem Sinne läuft die Geschichte falsch.« Darrow stritt gegen die Geschichte, *weil* sie sich vor seinen Augen wiederholte – in Form von Wochenschauen und »Dokumentarfilmen«, ein Begriff, der im Englischen am 8. Februar 1926 geprägt wurde, einige Monate nach dem Prozeß gegen den Biologielehrer J. T. Scopes aus Tennessee, der Darwins Theorie in der Schule gelehrt hatte. In Darrows Verteidigung und in der Rezension des Films *Moana* in der *New York Sun* ging es stets um die gleiche Frage: Wie gelangen wir zur Wahrheit? Darrow, der Anwalt der Arbeiter und Scopes' Verteidiger, kam zur Wahrheit durch das Sammeln von Beweisen und die Berufung auf den Geist eines humanen, sich entwickelnden Rechts. Sein betagter Gegner William Jennings Bryan, der in der Vergangenheit mehrfach als Präsidentschaftskandidat angetreten war, suchte nach der Wahrheit, wie er es sein Leben lang in seinen großen Reden getan hatte – mit Leidenschaft und Inspiration, schließlich mit Berufung auf den Buchstaben von Gottes unveränderlichem Gesetz. Bryan starb eine Woche nach Scopes' Verurteilung. Aber es wäre spannend gewesen, beide zur Premiere von *Moana* zu begleiten, denn wie der berüchtigte »Affenprozeß« warf auch Robert Flahertys Film über einen jungen Mann auf einer Südseeinsel Fragen nach der sozialen Evolution auf. John Grierson, der Rezensent der *Sun*, war aus England gekommen, um die Wirkung der Massenmedien auf die Öffentlichkeit zu untersuchen. Seiner Meinung nach war *Moana* ein großer Film, »ein poetischer Bericht von polynesischem Stammesleben, … vom Menschen, der Teil einer wunderbaren Umwelt ist, ein Produkt der Natur, ein unschuldiger Primitiver und kein sogenanntes intelligentes Wesen, das im Sumpf der sogenannten intelligenten Zivilisation festsitzt«.

Als Flaherty den Atlantik überquerte, um einen Dokumentarfilm zu drehen, besuchte er die Araninseln, um an Ort und Stelle ein Thema zu finden. Grierson berichtete er, daß »von den Bauern und Handwerkern, den Jägern und Priestern auf der Leinwand ein besonderer Zauber ausgeht, weil Zeit oder Tradition sie glattgeschliffen haben«.

Genau das war der Haken an der Sache. Ein anderer Brite lehnte Flahertys Filme als archaische Idylle ab – »Mensch gegen Natur, grausam, bitter, wild und heroisch, aber ohne Bezug zur modernen Gesellschaft«. Flaherty, der die Härte der Unterdrückung und später der Depression ignoriere, wie Paul Rotha schrieb, »rekonstruiert das Leben einer vergangenen oder aussterbenden Generation. Die Helden von *Nanook* und *Man of Aran* sind Wachsfiguren, die das Leben ihrer Großväter nachspielen.« *Nanook, der Eskimo* aus dem Jahre 1922, der von einer französischen Pelzhandelsgesellschaft finanziert wurde und den Untertitel *Man of Primitive Times* trug, war museales Diorama und taxidermisches Drama zugleich. Er wurde mit Kameras aufgenommen, die der bekannte Museumsjäger und -präparator Carl Akeley entwickelt hatte. In diesem Film stellte man Szenen von der Walroßjagd mit der Hilfe von Inuit nach, die in beste Pelze gekleidet waren. Nanook wußte, daß der Seehund, den er nach langem Kampf unter dem Eis hervorholte, von Anfang an tot war. Aber er kannte auch die Gesetze der Komödie und stürzte sich deshalb Hals über Kopf in das Tauziehen mit dem künstlichen Kadaver. Frau und Kinder, die er umarmte, hatten weder mit ihm noch miteinander etwas zu tun. Zwei Jahre nach der Premiere von *Nanook* starb der echte Nanook den Hungertod.

Diese Wahrheit, »dokumentarische« Wahrheit, trieb mit Zeit und Stoff Schindluder, um die Seele eines Volkes oder den Geist eines Ortes zu erfassen. »Manchmal muß man lügen«, sagte Flaherty, der die Inselbewohner in *Moana* dazu brachte, das Tätowieren wieder aufzunehmen, einen Ritus, den sie lange zuvor aufgegeben hatten. »Zuweilen muß man eine Sache entstellen, um ihren wahren Geist zu erfassen.« Seit den zwanziger Jahren waren, von einigen Amateurfilmen abgesehen, alle Ereignisse auf der Leinwand entstellt und/oder für die Kamera nachgestellt, ob sie nun aus den Studios von Hollywood, von privaten Sponsoren, Industriellen, Gewerkschaften, Sozialisten oder Kommunisten kamen. »Es war und bleibt eine Tatsache, daß wenn man zwei getrennte Aufnahmen nebeneinanderstellt oder gar miteinander verbindet, nicht die Summe der beiden Aufnahmen herauskommt, sondern eine *Schöpfung*.« So Sergej Eisenstein im Jahr 1942, dessen Filme *Panzerkreuzer Potemkin* (1925) und *Zehn Tage, die die Welt erschütterten* (1928) eine solche dokumentarische Wirkung ausstrahlen, daß Ausschnitte immer wieder gezeigt werden, als seien es Archivaufnahmen aus der russischen Revolution.

Frühe Filme gaben sich durch ein Verfahren den Anschein, Zeit und Ort seien authentisch, das genauso verbreitet war wie die Verfolgungsszenen der Keystone Cops, jener komischen Polizisten, die in den Stummfilmen der zwanziger Jahre für Lacher sorgten. Die ersten Filme zeigten einfache Begebenheiten: Eine Wasserschlacht auf dem Rasen, ein durchgehendes Pferd, einen Kuß, eine berittene Polizeiabteilung im Angriff, Leute, die zum Fotografiekongreß kamen. Als die Filmemacher ehrgeiziger und die Zuschauer anspruchsvoller wurden, arbeiteten Kameraleute auf Hausdächern oder in abgeschlossenen Studios, wo sie Aufnahmen vor Theaterkulissen machten und Spezialeffekte entwickelten – Geister, geheimnisvolles Verschwinden, Doppelgänger. Als die Handlungen sich komplizierter gestalteten, als man Innen- und Außenaufnahmen zusammen in einem Film verwandte, wirkten die Vorgänge in den Kulissen gegenüber den Außenaufnahmen zunehmend unrealistisch. Man ließ sich Vorrichtungen einfallen, um einen fließenden Übergang von der elektrisch beleuchteten Welt zum Tageslicht zu schaffen. Ein Kritiker des *Dramatic Mirror* schrieb 1911, er »werde nie die große Freude vergessen, mit der die Vitagraph-Produzenten in den frühen Tagen der ersten künstlerischen Unternehmungen dieser Gesellschaft eine Waldszene im Studio aufbauten, die auf die Zuschauer täuschend echt wirkte«. 1914 wirkten Filmszenerien für Aufnahmen in geschlossenen Räumen ähnlich echt, denn ihre Einzelheiten waren so exakt gestaltet wie Szenen der Zeit in Museen. Der Produzent David Belasco ließ für *The Easiest Way* gar ein echtes Hotelzimmer auf die Bühne am Broadway verlegen. Aber auch die Freiluftszenen strebten neuen Extremen entgegen. Für den Höhepunkt von *Way Down East*, den der detailverliebte D. W. Griffith im Winter 1919 drehte, froren sich Lillian Gish und ihr tapferes Double fast die Hände ab, weil sie in dem eisigen Wasser des Hartford River herumpaddeln mußten, als sie versuchten, die Heldin auf einer (hölzernen) Eisscholle über einen (hineingeschnittenen) Wasserfall zu bringen, wobei diese den Tod fand.

Konnte ein »Dokumentarfilm« noch überzeugender, noch realer sein? Er konnte, wenn es um Nachrichten ging. Fast von Anfang an waren die

Filmemacher bemüht, Darsteller und Umgebung so zu manipulieren, daß Ereignisse nachgestellt wurden, die keine Kamera je erfaßt hatte. Edward Amet wiederholte die Seeschlachten aus dem Spanisch-Amerikanischen Krieg von 1898 mit Schiffsmodellen in Waukegan, Illinois. Siegmund Lubin ließ die Kämpfe für *Fighting Near Santiago*, Kuba, in der Nähe seines Optikergeschäfts in Philadelphia ablaufen. Die amerikanische Gesellschaft Vitagraph filmte *The Battle of Manila Bay* auf einem Hausdach in Manhattan mit winzigen Häufchen Schießpulver und einer Bucht, die nur einen Zoll tief war. Sie alle verkauften ihre Filme als echte Dokumentaraufnahmen. James Williamson stellte den Boxer-Angriff für seine *Attack on a China Mission* (1900) in seinem Garten in Sussex nach. Georges Méliès tat das gleiche in der Umgebung von Paris. Nachdem der Boxeraufstand in China niedergeschlagen war, inszenierten zwei amerikanische Kameraleute den Angriff der Soldaten der Westmächte auf das Südtor von Peking – in Peking selbst.

Lubins Kameraleute waren unter den ersten, die an den Fronten des Ersten Weltkrieges filmten. Aber die Aufnahmen waren »zu schrecklich, um gezeigt zu werden«. Möglicherweise hoffte Lubin, die Amerikaner aus dem Krieg herauszuhalten, jedenfalls erklärte er, daß »solche Bilder in ihrer Wirkung auf das Publikum alles andere als neutral wären«. Tausende deutscher Filme, die an der Front aufgenommen wurden, bekamen nur Militärs zu sehen. Ungeachtet der verstümmelten Leichen in seinem *Birth of a Nation* ließ D. W. Griffith die Schlacht für *Battle of the Somme* in der Salisbury Plain nachspielen. Was er an der Front gefilmt hatte, hielt er wie Lubin für nicht verwendbar, nicht einmal für Propagandazwecke.

Sag mir, ob sie wirklich sind –
Das Leben, das ich lebte,
Der Tod, den ich sterbe?

So lautete der Text des Todesgesangs von Häuptlingssohn Langer Speer auf der Höhe seines Ruhms im Jahr 1930, nur wenige Tage bevor er als Hochstapler entlarvt wurde. Zwei Jahre später nahm er sich das Leben. Der Dokumentarfilm ist die reine Rekonstruktion – im persönlichen, sozialen wie politischen Sinn. Man möchte »Alles Schwindel!« rufen, aber die Wahrheiten des Dokumentarfilms sind nicht original, sondern nachgestellt. In dieser Kultur der Kopie lassen Wiederholung und Simulation unser Leben und unseren Tod zur Realität werden. 1913 gewann der Schiffsfunker Jack

Binns einen Prozeß gegen die Vitagraph-Company, weil sie ohne seine Zustimmung etwas aufgenommen hatte, was dann als »echte Aufnahme von ihm« verbreitet wurde, nämlich wie er um Hilfe funkte, als die *Republic* 1909 mit einem Dampfschiff kollidierte. Die rechtliche Verfügung war letzten Endes wirkungslos gegen Kräfte in der Gesellschaft, die sich dafür einsetzten, daß *C. Q. D. or Saved by the Wireless* gezeigt werden durfte. Ein Produzent von Vitagraph sagte aus: »Wenn wir aktuelle Ereignisse für Aufnahmen nachstellen, die ich als Nachrichtenmaterial beschrieben habe, dann gehen wir nach der Methode vor, alle Taten und Fakten aus jeder zuverlässigen Quelle zu sammeln und sie zu einem Ganzen zu verweben, das wir eine Filmstory nennen, die geschrieben wird, wie ein Dramatiker ein Stück schreibt.« Danach werde sie in einzelnen Szenen aufgenommen. Was sollte daran unredlich sein? Aktuelle Geschehnisse mußten, wie Geschichte, nachgestellt werden. »Wer sich seiner Vergangenheit nicht erinnert, ist dazu verurteilt, sie noch einmal zu erleben«, wird Santayana immer wieder falsch zitiert.

Langer Speer selbst, in den zwanziger Jahren Filmstar und eine populäre Autorität für das Leben der amerikanischen Ureinwohner, schien völlig unfähig zu sein, sich der Vergangenheit zu erinnern, bis er sie noch einmal erlebte. Sylvester Clark Long, der Cherokee, Weiße und wahrscheinlich auch Schwarze als Vorfahren hatte, war ein guter Boxreporter, aber ein unverbesserlicher Lügner, was sein eigenes Leben anbetraf, sowie eine unzuverlässige Quelle, was die Prärieindianer betraf, für deren »Big Boss« er sich ausgab. Zirkusartist, Sportler an einer Indianerschule, Kriegsheld in Kanada und Häuptling der Schwarzfüße – er nahm eine Maske nach der anderen an, um als edler Wilder in der weißen Gesellschaft von North Carolina zu erscheinen, die ihn dazu gebracht hatte, sich seiner (verleugneten) schwarzen Herkunft und seiner Mutter zu schämen, weil sie als Sklavin geboren war. Das Kunststück gelang ihm, als Paul Radin, ein führender Ethnologe, seine blendende Autobiographie von 1928 als »ungewöhnlich wahrheitsgetreuen Bericht« über eine Kindheit unter Prärieindianern pries. Höhepunkt seiner Karriere war *The Silent Enemy* im Jahr 1930. Ganz in der Tradition von *Nanook, der Eskimo* spielte Langer Speer den großen Ojibwa-Jäger Baluk, dessen Schweigender Feind vor dem Weißen Mann der Hunger war. Der Dokumentarstil des Films signalisierte ihm und den Zuschauern, dieses Leben, durch das er sich als heißblütiger Indianer gehungert hatte, *sei* die Realität.[10]

In den dreißiger Jahren bestätigten die Ideologien des sozialen Realismus die Fähigkeit des Dokumentarfilms, die Würde der Erniedrigten und Beleidigten herauszustellen. Westliche Filmemacher lernten von einem Jahrzehnt sozialrevolutionärer russischer Dokumentarfilme. Sie sahen, wie Bauern zu Dsiga Wertow, dem Mann mit der (Film-)Kamera, sagten: »Wir kennen das Leben nicht. Wir haben es nicht erlebt. Wir kennen nur unser Dorf und zehn Werst im Umkreis. Zeig' uns das Leben.« Während Archivaufnahmen, Darstellungen und Wiederholungen wie die »Stimme Gottes« behandelt und zu Wochenschauen zusammengestellt wurden, streiften Dokumentaristen jeder Couleur im Lande umher, um den Geist des Volkes, gebrochen oder unbezähmbar, einzufangen, um über die Elektrifizierung, den Zerfall der Familie oder den Edelmut der (organisierten) Arbeiterbewegung zu berichten. Von ihr hergestellte Wochenschauen in Holland, Deutschland, Japan und den USA berichteten über Themen des Klassenkampfes. Leni Riefenstahls *Triumph des Willens* von 1935, ein schwärmerischer Bericht vom Nürnberger Parteitag 1934, wirkte auf die Nazipartei und das deutsche Volk so wie die Dokumentarfilme der Farm Security Administration auf die Amerikaner wirken sollten: als Inspiration zu kollektiver Arbeit für den Wiederaufbau der Gesellschaft.

Durch Wiederholung und Nachgestaltung wurden in Dokumentarfilmen aus Testamenten Vermächtnisse. »Das Bewußtsein entfaltete seine zweite Wirkung in der Wiederholung«, notierte Sören Kierkegaard. Leben war Wiederholung, das war das Schöne daran. »In der Tat, was wäre das Leben ohne Wiederholung? Wer möchte schon eine Tafel sein, auf die die Zeit jeden Augenblick etwas Neues schreibt? Oder lediglich eine Erinnerung an die Vergangenheit? ... Wiederholung ist Realität, sie ist der Ernst des Lebens.« Was für den jungen dänischen Philosophen 1843 noch eine Theologie der Transzendenz war, galt ein Jahrhundert später als schillernde Strategie, die Werbefachleute, Verhaltensforscher, Journalisten und Propagandisten benutzten. Viele von ihnen glaubten, Realität sei der Vektor aus Wiederholung und Nachahmung. Was die Hausfrau jeden Tag aufs neue tat, machte sie zu dem, was sie war oder sein wollte. Was der Mann auf der Straße wieder und wieder hörte, war das, was er wußte oder mochte. Daher die endlose Wiederholung von gedruckten Werbeannoncen und Radiospots oder das Erscheinen eines Nachrichtenmagazins nach dem anderen – *Life, Look, Click, Focus, Foto, Photo, Picture* oder *See*. Um sich ihrer eigenen dokumentarischen Echtheit zu versichern, legten sich die Menschen Klubmitgliedskarten, Bibliotheksausweise und Führerscheine zu – Papiere, die für die Arbeitslosen während der Zeit der Depression zum entscheidenden Beweis ihrer Identität und Integrität wurden.

So war eine Tradition der dokumentarischen Wiederholung und Simulation für das im Fernsehen international ausgestrahlte Dokumentarspiel *Roots* bereitet. Es entstand nach einem Roman von 1976, der den Pulitzer-Preis gewann und dafür gerühmt wurde, daß er die Familiengeschichte eines afroamerikanischen Mannes wahrheitsgetreu nachzeichnete. Von Autor Alex Haley als ein »auf umfassender Recherche basierendes literarisch-soziales Dokument, als Darstellung historischer Fakten in fiktiven Dialogen« bezeichnet, war *Roots* letztlich ein das Thema erschöpfender Roman.

Nicht um Rechtschaffenheit oder Verworfenheit geht es hier, sondern um die Tatsache, daß wir die Vermischung eines Vorgangs mit seiner Wiederholung zunehmend kritiklos hinnehmen. So konnte ein Autor des Dokumentardramas von 1991 *The Heroes of Desert Storm* frohlocken: »Der Traum des Alchimisten, aus Blei Gold zu machen, bedeutet im Fernsehen, die Mauer zu beseitigen, die die Realität von der Illusion trennt. Für uns ist dieser Traum wahr geworden.« Bei dem nahtlosen Übergang von echten Kriegsaufnahmen zu gestellten Videos und von dort zu neuen Videoclips »kann niemand mehr sagen, wo die verschiedenen Stufen von Realität und Nachbildung zusammenstoßen«. Während in Fernsehnachrichten Archivmaterial verwendet wird, um frischen Aufnahmen historische Patina zu verleihen, mischten Woody Allen in seinem Spielfilm *Zelig* von 1983 oder Carlos Sorin in *La era del òandú* von 1987 altes dokumentarisches Material mit künstlich zerkratzten neuen Aufnahmen, um eine Geschichte in historischer Atmosphäre zu erzählen. Oliver Schmitz imitierte 1989 in *Mapantsula* den dokumentarischen Stil – Aufnahmen mit der Handkamera, große Brennweiten und längere Szenen –, um einem von der südafrikanischen Zensur »nach Dokumentaraufnahmen ausgehungerten Publikum« gerecht zu werden. Oliver Stone schnitt in seinem *JFK* von 1991 und *Nixon* von 1995 Amateurfilme, Videos und Fernsehnachrichten mit fiktiven Amateurvideos, Trickaufnahmen und nachgestellten historischen Szenen in Schwarz-Weiß oder verblaßten Farben so zusammen, als griffen seine Akteure in noch unvollendete Dramen unserer Zeit ein.

Der Fernsehdokumentarist Mike Hoover inszenierte 1987 Guerillakämpfe für ein CBS-Special mit dem Titel »The Battle for Afghanistan«. War es Theater oder aktuelle Berichterstattung, als der Fernsehsender ABC 1989 in *World News Tonight* ein Band einspielte, auf dem ein angeblicher Spion einem KGB-Agenten eine Brieftasche übergab? ABC ließ beide von Schauspielern darstellen. Anschließend entschuldigte sich der Nachrichtenchef, eine »technische Panne« habe dazu geführt, daß die Simulation realer wirkte, als es der Nachrichtenproduzent (*sic*) beabsichtigt hätte.

Über die moralischen und politischen Dilemmas, die sich aus dem Schauwert von Ereignissen in unserer Welt der elektronischen Medien ergeben, ist viel debattiert worden. Ich spreche hier ein anderes Dilemma an – unsere Gewohnheit, zu Nachbildung und Wiederholung zu greifen, um die Wahrheit von Ereignissen und die Authentizität von Menschen festzustellen. Trotz allen Geredes von Originalität und einzigartigen Erlebnissen ist unsere Kultur der Kopie geradezu ein Hohn auf die romantische Vorstellung, das Nichtreproduzierbare sei die Quelle der Wahrheit. Es ist unklug, wie der Produzent von *Roots* zu behaupten: »Man schaut sich [einen Dokumentarbericht] nicht ein zweites Mal an, um sich zu informieren. Man sieht ihn einmal und behält, was einem im Gedächtnis haftenbleibt. Wenn das die Wahrheit ist, dann finde ich nicht sehr relevant, wie ich zu ihr gelangt bin.« Seit mehr als zehn Jahren benutzen die Schulen nun schon *Roots* als wichtigstes Material, um die Geschichte der Afroamerikaner zu lehren. Seit dem Aufkommen des Videorecorders spielen wir *Roots* öfter, als wir Haleys Bücher lesen (mit Ausnahme vielleicht der Autobiographie von Malcolm X, die Haley als Ghostwriter verfaßte). Während die ständige Wiederholung bestimmte Ereignisse geradezu surreal erscheinen läßt (die auf Film gebannte Ermordung John F. Kennedys oder die Schläge gegen Rodney King auf Videoband), werden Geschehnisse, die nur einmal auftauchen, zur geisterhaften Erscheinung – flüchtig und bedeutungslos.

Die Technologien der Wiederholung – Zeitlupenaufnahmen, die Polaroidkamera, das Videoband oder die Digitalisierung per Computer – kommen unserer Neigung entgegen, den Augenblick perfekt zu gestalten. Wenn der Schiedsrichter eine zweifelhafte Entscheidung fällt, dann hole den Augenblick sofort zurück, damit er *richtiggestellt* wird. Wenn eine Hochzeitszeremonie mißrät, laß sie auf der Stelle nachspielen, bis die Schwüre *richtig* kommen. »Wenn die Menschen sehen, daß die Kamera läuft«, sagte Regisseur Bill

Cran dem Autor Ved Mehta, »dann beginnen sie zu agieren wie ihr reales Ich.« Als Cran dann später in Indien einen Dokumentarfilm über Mehtas älteren Cousin dreht, weigert er sich allerdings, das reale Ich des Mannes zu akzeptieren. Der verarmte Chachaji wäre wohl kaum im Zweispänner in einem Dorf eingefahren. Aber es sieht eben so »chachaesk« aus, sagt Bill, für den »alles, was gut aussieht oder zu gutem Aussehen gebracht werden kann, in einen Dokumentarfilm paßt«. Chachajis Ankunft mit Zweispänner und Klepper muß für die richtige Beleuchtung und Kameraeinstellung wiederholt werden. Enttäuscht darüber, daß ein Hagelsturm Chachajis Dorf nicht zerstört, findet Cran das Leben des Mannes zu eintönig. »Da ist keine Entwicklung. Es dreht sich im Kreise.« Wiederholung als neues Arrangement ist gut. »Stoische, verbissene« Wiederholung ist es nicht. Unsere Kultur der Kopie verlangt, daß jede Nachbildung das Original übertrifft. Als Chachaji das fertige Video auf dem Recorder sieht, sagt er zu Ved Mehta: »Wundervoll! War das wirklich ich? War es ein Traum? Ich fühle mich, als hätte ich im Himmel eine heilige Audienz bei mir selbst erlebt.«

Doppelte Blindheit

»Eine Wiederkehr zu beobachten bedeutet, einen Mechanismus zu erahnen«, schrieb Santayana, der glaubte, die Geschichte könnte eine Naturwissenschaft sein, wenn nicht gar eine Audienz im Himmel. Die historischen Ströme dieses Kapitels speisen sich aus der modernen Quelle des Glaubens an die Nachbildung, der unserer Wirtschaft, Technologie, unserem Rechtsverständnis, unserer Politik und den schönen Künsten entspricht. Was reproduzierbar ist, scheint profitabel, patentierbar, beweisbar, verbesserungsfähig, unvergänglich ... und wahr zu sein. Als der Modefotograf in Antonionis *Blow-Up* von 1967 einen Bildausschnitt immer wieder vergrößert, entdeckt er ein Verbrechen. Kriminalisten, die ein Verbrechen nachstellen, klären dadurch rätselhafte Morde auf, Anwälte entlocken Angeklagten Geständnisse in Gerichtsdramen. Durch die Wiederholung von Experimenten bestätigen Wissenschaftler eine Hypothese, stützen sie eine Theorie.

An der Tür der Dunkelkammer der amerikanischen Fotografin Dorothea Lange war ein Zitat aus Francis Bacons *Novum Organum* von 1620 befestigt:

Die Betrachtung der Dinge, wie sie sind
Ohne Ersatz oder Betrug,
Ohne Irrtum oder Verwechslung,
Ist für sich von größerer Erhabenheit
Als eine ganze Ernte von Erfindungen.

Die erste Hälfte des Zitats paßt ebensogut: »Zwar gibt es (um die ganze Wahrheit zu sagen) endlose Möglichkeiten, das Licht zu benutzen, um zu gehen, den Künsten zu frönen, zu lesen, einander zu erkennen – und doch ist die alleinige Betrachtung des Lichts etwas Größeres und Schöneres als all seine Verwendungen. Deshalb ist die Betrachtung der Dinge …« Lange hatte allerdings »Ersatz« (substitution) mit »Aberglaube« (superstition) verwechselt, ein Freudscher Fehler, der vielleicht darauf hinweist, daß selbst in den Dunkelkammern berühmter Dokumentarfotografen retuschiert wird.

Bacon hätte diesen Kopierfehler sicher vergeben, denn er räumte Irrtümer ein: »Das hat keine Bedeutung, denn solche Dinge müssen zunächst geschehen. Es ist, wie wenn eine Seite oder zwei in einem geschriebenen oder gedruckten Brief verwechselt werden. Das ist kein großes Hindernis für den Leser, der solche Irrtümer leicht erkennt und korrigiert. So können auch in meiner Naturgeschichte viele Experimente vorkommen, die irrig und falsch sind. Wenn man die Ursachen und Axiome besser erkennt, werden sie jedoch leicht ausgemerzt und abgelehnt werden.« Wenn man die Methoden klarstellte, konnten andere die Experimente wiederholen und *richtig*stellen.

Naturphilosophen (Naturwissenschaftler), Rechtsgelehrte und Historiker, die seit dem 17. Jahrhundert nach guter Nachbildung strebten, griffen zu empirischen Methoden, um Diskrepanzen bei der Beobachtung, Beweisführung und Geschichtsschreibung zu korrigieren. Wenn kein Versuchsergebnis als wahr angesehen werden konnte, solange es nicht wiederholt war, galt zugleich als richtig, daß keine zwei Experimente exakt dieselben Resultate ergaben und daß keine zwei Beteiligten oder Zeugen genau das gleiche berichteten. Die Astronomen hatten angesichts dieser Ungenauigkeiten bisher stets das Mittel gewählt – die Zahl, um die sich nach oben und unten eine Reihe verschiedener Resultate gruppierte. In dem Maße, wie die Wissenschaftler akzeptierten, daß es, gleich welche Instrumente oder Methoden sie auch anwandten, stets Abweichungen gab, orientierten sie sich auf den Mittel- oder Durchschnittswert. Gestützt durch die mathematische

Fehlertheorie, wurde das Mittel im 19. Jahrhundert zum Dreh- und Angelpunkt des Durchschnittsgesetzes, das Demographen und Ökonomen so liebgewannen. Der Durchschnittsmann und die Durchschnittsfrau nahmen (wie heute) den Mittelwert als das häufigste und zuverlässigste, weil immer wiederkehrende Ergebnis an; die Sozialstatistiker betrachteten den Durchschnittsmenschen gar mit einem Leuchten in den Augen. Oder wie es der Präsident der Société de Statistique von Paris im Jahr 1886 poetisch ausdrückte: »Es ist der Mittelwert, der unser Leben regiert, unsere Miete, unser Vergnügen, unsere Kleider, mit einem Wort, unser Budget ... Die gegenständliche Welt unterliegt demselben Einfluß. Die Sterne im Raum stellen sich auf ihre Mittelposition ein – mit einem Rhythmus, so harmonisch wie das Schwingen einer Saite unter dem Bogen oder das Heben und Senken einer Welle unter dem Windhauch ... So strebt das Universum nach der Mitte, die nur ein anderer Ausdruck für Gleichgewicht ist.«

Als das Gleichgewicht von der neuen Relativitätsphysik und -psychologie erschüttert wurde, mußte der Mittelwert in diesem Jahrhundert der Statistik der Variablen, den Konfidenzniveaus und den »persönlichen Gleichungen« weichen, die die einzigartigen Rhythmen unserer Reaktion auf die verschiedensten Stimuli beschreiben. In einem Universum, wo kein Experiment perfekt wiederholbar ist und Beobachter beeinflußten, was sie sahen, mußten Ergebnisse und Beobachtungen von Versicherungen der Objektivität, Neutralität oder Unsichtbarkeit begleitet werden. Derartige Versicherungen wurden um die Jahrhundertwende allenthalben abgegeben. Im Journalismus war es die Objektivität des Reporters. In der Psychiatrie, Verhaltensforschung, Werbung und Kriminologie berief man sich auf die Unsichtbarkeit des Analytikers hinter der Couch, des Feldforschers im Gelände hinter dem Gebüsch, des Marktforschers hinter Umfragen, des Ermittlers hinter Einwegspiegeln.

Doppelte Blindheit war das Beste. Dieses Verfahren wurde zum ersten Mal bei der Erprobung von Medikamenten angewandt, die Herzschmerzen lindern sollten. Lange vor der modernen Psychophysik, die den Schmerz als halbe Wahrheit zwischen Gefühl und Wahrnehmung versteht, wußten Heiler und Folterer, daß Schmerz etwas zutiefst Subjektives ist. Sigmund Freud, der noch schwankte, ob er Arzt oder Zoologe werden wollte, schrieb 1878 an einen Freund: »Ich bereite mich für meinen eigentlichen Beruf vor: Tiere schinden oder Menschen quälen.« Dabei spielte er auf die gezeichneten Schrecken der Bildergeschichten von Max und Moritz an, die Gänse und Menschen gleichermaßen quälten. Die Wahrheit, die aus den Qualen des Kranken spreche, schrieb *Doktor* Freud 1894, werde hinter »Abwehr-Neuropsychosen« verborgen, sei aber so aufschlußreich wie persönlich. Das betraf auch ihn selbst, der an Migräne und den stechenden Schmerzen einer Tachykardie litt. Als ihn später chronische Schmerzen eines falsch behandelten Krebses im Mundraum und einer schlecht sitzenden Zahnprothese plagten, erklärte er geistige Störungen mit einer übergreifenden Theorie von der Verlagerung unverarbeiteten Schmerzes, vor allem des Schmerzes der Trennung von der Mutter. Menschen konnten ähnliche »Schmerzsensoren« haben, und die Ursache wie die Folge ihrer chronischen Schmerzen sei Isolation. Er, von dem viele eine Erklärung ihrer Schmerzen erwarteten, schrieb kurz vor seinem Tode im Jahr 1939, seine Welt sei »eine kleine Insel von Schmerz schwimmend auf einem Ozean von Indifferenz«.

Frage: Wenn jeder Mensch eine Insel *ist*, wie können wir dann die Wirkung eines Schmerzmittels objektiv, unparteiisch und unbemerkt testen? Die Antwort ist ein Spiel doppelten Vertrauens, bei dem weder der Experimentator noch die Versuchsperson weiß, was eingenommen wird, das Testmittel oder ein Placebo. Ein Lexikon von 1811 definiert diesen Begriff als »jedes Medikament, das genommen wird, um dem Patienten mehr zu gefallen als zu nützen«. Das trifft nicht ganz zu, denn zu gefallen *bedeutet* zu nützen. Placebos lassen Tumore schrumpfen, lindern Asthma, Arthritis, Seekrankheit und Depression. Bei Schmerzzuständen können solche Scheinmedikamente zuträglicher sein als jedes andere Pharmazeutikum. Ihr Verhältnis zu aktiven Medikamenten ist so wie das des Dokumentarspiels zum *cinéma verité* – beide beruhen auf (Dis)Simulation. »Ich bin überzeugt, daß diese Pillen Ihnen helfen werden«, sagt ein Arzt herzlich, aber unaufrichtig, und die Patienten, bereit sich zu freuen und Freude zurückzugeben, finden Erleichterung. Wie Dokumentarspiele haben Placebos ihre Wirkung, weil sie zeigen, daß sich jemand für einen *Zeit genommen* und die Zeit zugleich unterbrochen hat, die unendlich scheint, wenn man Schmerz leidet. Das Ritual des Verschreibens einer Imitation kann unter Umständen alles sein, was wir brauchen, um geheilt zu werden.

Arthur K. Shapiro, der 1960 einen Überblick über die Geschichte des Placebo-Effektes gab, begann mit dem Santayana-Zitat: »Wer seine Vergangenheit vergißt, ist dafür bestimmt, sie zu wiederholen.« Shapiro hatte das Urteil durch die Bestimmung ersetzt – ein schwerer Fehler, denn es scheint die Bestimmung der modernen Wissenschaft zu sein, die Vergangenheit durch Akte der Nachbildung noch zu übertreffen. Jedes Betätigungsfeld, das Anspruch auf Wissenschaftlichkeit erhebt, muß sich um eine Ideologie der Nachbildung organisieren, wodurch das Lernen selbst ein Prozeß der Nachahmung wird: »So wie Studenten der Psychologie die Reflexe einer weißen Ratte untersuchen, so fordert man von Ihnen, Studenten der Soziologie, bei der soziologischen Forschung vorzugehen«, schrieb der Verfasser eines Lehrbuchs der soziologischen Analyse. »Durch die Methode der Nachahmung werden Sie hoffentlich Gefühl und Wertschätzung für die elementaren Methoden der soziologischen Forschung entwickeln und zugleich Gelegenheit haben, sich davon zu überzeugen, daß die Soziologie über empirisch verifiziertes Wissen verfügt.«

Verifizierung in Natur- und Humanwissenschaften wie auch im täglichen Leben ist ein gesellschaftlicher Prozeß. Daß die Wissenschaft den Schmerz so gefühllos behandelt, ist nicht verwunderlich, denn wissenschaftliche Wahrheit soll genau das sein, was Schmerz nicht ist – wiederholbar und unpersönlich. »Eine wissenschaftliche Erkenntnis kann keine rein persönliche Erfahrung sein«, schreiben zwei Sozialwissenschaftler in einem College-Lehrbuch, »sie muß sich reproduzieren lassen.«

Sie muß. Selbst der Soziologe Harry Collins, der das Getöse der Wissenschaft über die Simulation jahrelang verspottete, zitiert Parallelstudien, die seine eigenen Analysen der Auseinandersetzung über die Kriterien der Nachbildung bestätigen. Betroffen über diesen Widerspruch, greift Collins zur doppelten Negation: »Der zweifelhafte Charakter der Nachbildung bedeutet nicht, daß sie nicht das einzige Kriterium dafür wäre, was man als eine natürliche (oder soziale) Regelmäßigkeit betrachten könnte. Es ist das einzige Kriterium, das wir haben.« Zur Unterstützung seiner eigenen Arbeiten zitiert Collins unter anderem Neil Friedman, der wie die von Collins befragten Physiker zu dem Schluß kam: »Psychologen versuchen in der Praxis niemals, ›dasselbe‹ Experiment nachzubilden. Sie reden nur davon.« »Sie wechseln den Raum, die Zeit, den Tag, die Jahreszeit, das Geschlecht, die Region, den Versuchsgegenstand, Tische und Stühle und sprechen doch gegenüber ihren Kollegen von einer Nachbildung desselben Experiments.« Dabei hat bisher niemand nachgewiesen, daß diese Veränderungen nicht

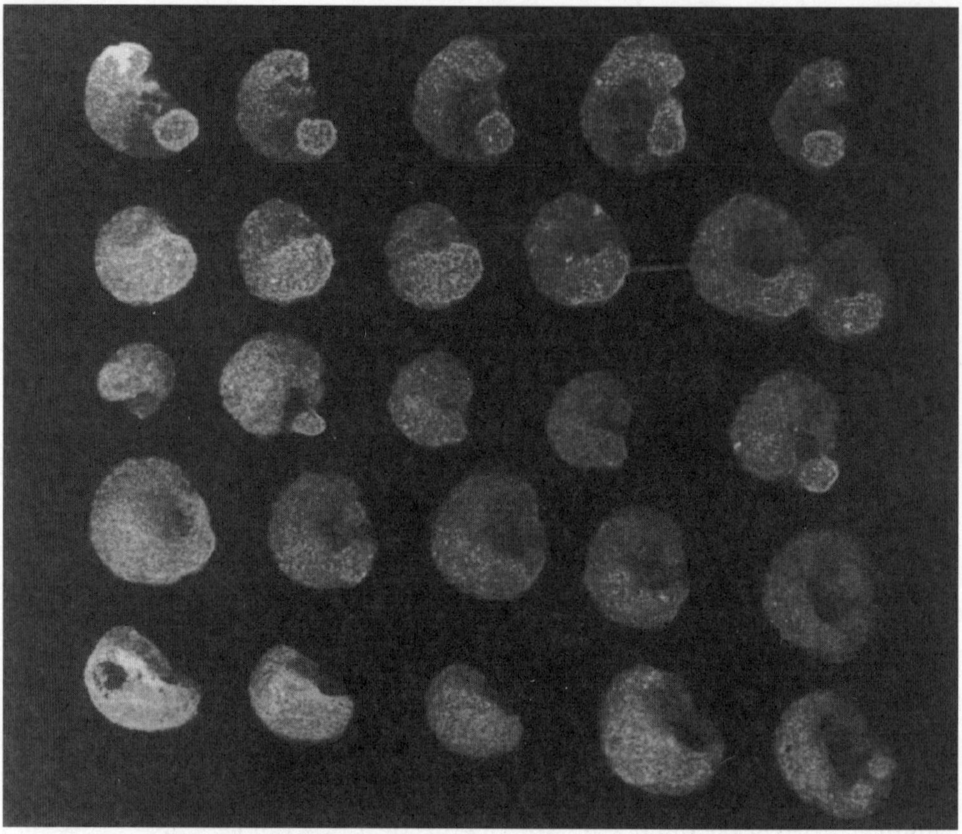

Frontispiz zu René Blondlot, *»N« Rays: A Collection of Papers Communicated to the Academy of Sciences* (London 1905). Das Foto zeigt die Auswirkungen der N-Strahlen, die Professor Blondlot von der Universität Nancy 1903 entdeckt hatte. Er schrieb über die korrekte Beobachtung dieser Strahlen: »Man sollte unter gar keinen Umständen mit den Augen die leuchtende Quelle fixieren, um sich der unterschiedlicher Intensität dieses Glühens zu vergewissern. Im Gegenteil muß man die Quelle sehen, ohne sie sich anzuschauen, und sogar daran vorbeisehen und einen Punkt in der Umgebung ins Auge fassen. Der Beobachter muß absolut passiv sein, auch wenn er dadurch riskiert, überhaupt nicht zu sehen ... Tatsächlich sollte der Beobachter auf den Schirm blicken, so wie ein Maler sich eine Landschaft ansieht, und zwar wie ein impressionistischer Maler. Das zu bewerkstelligen erfordert einige Übung und ist keine leichte Aufgabe. Manche schaffen es nie.«

von Bedeutung wären. Welches Epigramm stellte Friedman seinem Buch *The Social Nature of Psychological Research* voran? »Wer seine Vergangenheit nicht begreift, ist vom Schicksal dazu verdammt, sie zu wiederholen.«

Unverständnis und Schicksal – dieses falsche Zitat ist amüsant. Friedman wandelt einen vagen Text mit einer Leichtigkeit ab, mit der Psychologen ihre Variablen austauschen. Das Epigramm selbst ist zu einem Beispiel für Vergessen und Schicksal geworden. Wir sprengen unsere Tür mit Santayanas Weihwasser, um uns vor Racheengeln zu schützen, aber in unseren Papierhäusern huldigen wir hemmungslos den Göttern der Wiederholung und Nachbildung. Die Philosophen stellen fest, daß eine exakte Nachbildung nicht plausibel ist. Bewilligungsausschüsse räumen ein, daß Anträge auf Nachbildung von Experimenten selten finanziert werden. Die Biochemiker erklären, daß Wiederholung bei Untersuchungen lebender Organismen keine eindeutigen Ergebnisse bringt. Wissenschaftssoziologen erläutern, daß die Regeln der Nachahmung niemals objektiv sind. Wissenschaftler untereinander wissen, »daß eine exakte Übereinstimmung mit den Methoden anderer und eine exakte Wiederholung ihrer Ergebnisse faktisch unmöglich sind«. Wissenschaftshistoriker enthüllen: Selbst wenn Wiederholungen Erfolg haben, können die Ergebnisse so illusorisch sein wie jene, die René Blondlots N-Strahlen als »eine neue Art von Licht« bestätigten, das Aluminium, Stahl und Blattgold durchdringe, dessen Wirkung im Jahr 1903 jedoch nur sichtbar war, wenn man den Blick abwandte. Kein Problem. Angesichts der Schwäche des Gedächtnisses und der Unzuverlässigkeit von Dokumenten fühlen wir uns dazu verdammt, die Dinge zu wiederholen, um sie richtigzustellen. Genauer gesagt: In unserer Zeit, in der sich alles wiederholt, ist es unser Schicksal zu glauben, daß wir die Dinge nur durch Wiederholung richtigstellen können. Die Einzigartigkeit, die wir in Geistesdingen so schätzen, wird uns höchst suspekt, wenn es um die nackte Wahrheit geht.

Die kalte Fusion ist ein Beispiel. Nur Monate nach der Pressekonferenz vom 23. März 1989, in der Chemiker Martin Fleischmann und B. Stanley Pons das Gelingen der Kernfusion bei Zimmertemperatur verkündeten, wurden ihre Ergebnisse von Laboratorien in Georgia, Texas, Kalifornien, Indien, Ungarn und Japan bestätigt. Wenn man elektrischen Strom über eine Platindraht-Anode und eine Palladiumstab-Kathode durch ein Becherglas mit Lithium und Schwerwasser (Deuterium) leitete, schien dies Wärme und eine sichere, aber nicht zu vernachlässigende Neutronenemission zu ergeben, die auf eine Fusionsreaktion hindeutete.

Nathan Lewis vom California Institute of Technology war der erste, der Zweifel anmeldete, da ihm es nicht gelungen war, derartige Ergebnisse an Geräten, die mit denen auf Fotos von dem Experiment abgebildeten identisch waren, erneut zu erzielen. Die Fotos erwiesen sich jedoch als Werbefälschungen, so daß Fleischmann und Pons erst einmal aus dem Schneider waren. Andere vermuteten, das Palladium sei verunreinigt gewesen, man habe die Wärme mit einem fehlerhaften Kalorimeter gemessen oder die Ergebnisse seien auch ohne die Annahme einer Fusion zu erklären.

Die ganze Angelegenheit war vom Placebo-Effekt überlagert. Die erste Welle von Experimenten bestätigte die kalte Fusion, so wie ein neues Medikament bei den ersten öffentlichen Vorführungen am besten wirkt. Die kalte Fusion war ein Wundermittel gegen das bereits chronisch akute Problem des Atommülls. Es war ein wunderbarer Ersatz für fossile Brennstoffe, die am Ende des 20. Jahrhunderts bereits total dezimiert schienen. Es versprach Abhilfe nicht nur in bezug auf Schmerz und Erschöpfung, Giftmüll und aufgebrauchte Brennstoffe, sondern auch die Erlösung von der schrecklichen Kompliziertheit der modernen Technologie. Zwar war die Theorie, die der kalten Fusion zugrunde lag, äußerst geheimnisvoll, das Gerät selbst dagegen so einfach wie eine Batterie und ansprechender als ein Multivitamin. Wer wünschte nicht, daß die kalte Fusion Wirklichkeit würde? Von Anfang und (fast) bis zum Ende ging es bei der kalten Fusion vor allem darum, zu gefallen und nachzuahmen. »Wir sehen, wie enorm der Energiebedarf im 21. Jahrhundert sein wird«, erklärte Fleischmann. Er und Pons wiesen uns den Weg zur sicheren, kontrollierbaren, ergiebigen und ERNEUERBAREN Kernreaktion.

Achtzehn Monate nach der denkwürdigen Pressekonferenz war von einer praktikablen kalten Fusion nichts mehr übrig als einige unerklärlich umherirrende Neutronen. Pons war im Ausland und nicht zu erreichen. Fleischmann lag krank zu Hause in England. Beide wurden beschuldigt, »pathologische Wissenschaft« praktiziert zu haben. Es war nicht die Fälschung von Daten, die für Möchtegern-Entdecker so verführerisch ist, nicht das Frisieren von Ergebnissen, wie es in studentischen Laborversuchen vorkommt, nicht die Sammlung guter Daten und die Manipulation schlechter, wie es bei großen Physikern (Galilei, Newton, Millikan) vorkam, die überzeugt waren, daß sie recht hatten, nicht die verwegene Vorspiegelung von Experimenten, die zwar beschrieben, aber niemals ausgeführt wurden, durch junge Physiker (einen glühenden Radiologen oder einen zu übermäßigem Ehrgeiz neigenden Endokrinologen). Nein, es war nicht die Täuschung anderer, sondern die Pathologie der Selbsttäuschung, eine Diagnose, die die Scham der Wissenschaftswelt darüber, daß man sie hinters Licht geführt hat, in Mitleid für jene umschlagen läßt, die sich so hemmungslos falschen Hoffnungen hingegeben haben.

Bewies das Prinzip und die Gewohnheit der Nachbildung hier seinen Wert, weil es die kalte Fusion ins Abseits schickte oder gar an den Pranger der Satire stellte, wie es in dem wissenschaftssatirischen Magazin *The Journal of Irreproducible Results* (Zeitschrift für nichtreproduzierbare Ergebnisse) geschah? Ein Jahr später, 1992, berichteten angesehene Männer von einem vierzigfachen Wärmeausstoß und von Teilchenemissionen, die die Hypothese von einer Fusion schon eher stützen konnten. 1994 arbeiteten amerikanische und japanische Firmen weiter an der Erforschung der kalten Fusion, immer noch ein so heißes Thema, daß die University of Utah für ihre entsprechenden Patente einen Käufer fand. Experimente in Stanford und Osaka haben inzwischen die Existenz der kalten Fusion bestätigt, was beweist, daß es sich offenbar nicht, wie ein kritischer Nuklearchemiker schrieb, um »das wissenschaftliche Fiasko des Jahrhunderts« handelte.

Entgegen dem weitverbreiteten Glauben »an ein System, das hocheffektiv, demokratisch und selbstkorrigierend funktioniert« kann man vom Akt der Nachbildung allein nicht erwarten, die Ehre der Wissenschaft zu retten. Zeitschriften drucken nur sehr widerwillig Gegendarstellungen. Daten, die öffentlich in Mißkredit gerieten, tauchen Jahre später in Lehrbüchern wieder auf. Dazu Wissenschaftsinspektoren im Jahr 1987: »Wiederholung – einst ein wichtiges Element der Wissenschaft, ist kein wirksamer Schutz vor Betrug mehr, denn das moderne biomedizinische Forschungssystem ist eher geeignet, Wiederholung zu verhindern als sie sicherzustellen.« Wenn ein Experiment nachgestaltet *wird*, dann in der Regel ungenau, weil die Forscher stets glauben, das Original verbessern zu müssen. Zwei selbsternannte Ermittler in wissenschaftlichen Betrügereien schreiben dazu: »Der Begriff der Nachbildung im Sinne der Wiederholung eines Experiments, um dessen Gültigkeit zu prüfen, ist ein Mythos.«[11]

Wiederholung, Nachbildung und Simulation sind die ermutigenden und entmutigenden Mythen unserer Kultur der Kopie. Segen und Fluch, rauben sie uns, wofür sie stehen – Einsicht, Integrität und Erbe. Wie Placebos erfreuen sie uns, wenn sie uns betrügen. Ob in Kriegsspiel oder Wochenschau, historischem Festzug oder Experiment – die Dinge müssen zweimal geschehen, um überhaupt zu geschehen.

Alles schon einmal dagewesen

»Der Ort war ohne Beispiel in England und deshalb natürlich außerhalb des Erlebnishorizonts eines Amerikaners. Deshalb ist bemerkenswert, daß ich, während wir da standen und die Küche bestaunten, den verblüffenden Gedanken nicht loswurde, ich hätte dieses seltsame Schauspiel irgendwo schon einmal gesehen. Diese Höhe, diese schwarzen Wände, die bedrückende Leere vor meinen Augen schienen mir so vertraut wie die ordentliche, stets blitzsaubere Küche meiner Großmutter. Nur war die Szene in meiner unerklärlichen Erinnerung von fahlen, gespenstischen Feuern erhellt, die überall im düsteren inneren Kreis des Turms flackerten«, schrieb der Romancier Nathaniel Hawthorne 1856 in seiner Erzählung *Our Old Home*. »Vermutlich hatte ich niemals zuvor einen Gemütszustand so intensiv erlebt, da wir uns unvermittelt und schmerzhaft einer früheren Szene oder Begebenheit erinnern, die in der Gegenwart wie ein Echo oder eine Verdopplung wiederzukehren scheint.«

Hawthorne schrieb diesen merkwürdigen Zustand der vagen Erinnerung an eine Buchseite zu, auf der Alexander Pope die Küche des englischen Herrenhauses Stanton Harcourt mit Hexen bevölkert und »Satan selbst als Chefkoch engagiert« hatte. Äußerst selten hat ein Mensch das Glück herauszufinden, wo solche Merkwürdigkeiten herrühren. Auch bei Hawthorne müssen wir vorsichtig sein, denn er kam 1853 nach England mit der erklärten Absicht, solchen *déjà vus* zu begegnen: »Mir ist, als hätte ich hier vor langer Zeit gelebt und sei nun zurückgekehrt, weil ich mir angenehme Erinnerungen bewahrte.« Bis heute sind *déjà vus*, selbst wenn sie positiv aufgenommen werden, noch immer unerklärlich. Seit Hawthorne hat sich allerdings die Haltung dazu verändert. Lösten sie damals »Besorgnis und regelrechte Beschwerden« aus, werden sie heute eher als kleines Wunder angesehen. Betrachtete man sie einst als Symptom für eine Psychose oder Neigung zur Epilepsie, scheinen sie uns heute eher auf Seelenwanderung oder auf den winzigen Zeitsprung zwischen Wahrnehmung und Erkenntnis hinzudeuten. Ein *déjà vu* kann so unvermittelt und klar erscheinen, daß wir es aufgeben, ihm nachzuspüren. Aber es paßt sich unserer Gewohnheit der unverzüglichen Wiederholung hervorragend an.

Den Begriff des *déjà vu* im heutigen Sinne benutzte als erster der französische Philosoph E. Boissac, der 1876 schrieb: »Es kam vor, daß ich ein

Die Küche in Stanton Court (erbaut 1460–1483), wie Nathaniel Hawthorne sie 1856 gesehen haben mag. In: J. H. Parker, *Some Account of Domestic Architecture in England,* III (1859)

Denkmal, eine Landschaft oder einen Menschen zum ersten Mal erblickte und plötzlich, ganz gegen meinen Willen, zu der Überzeugung kam: Das habe ich schon einmal gesehen (*déjà vu*).« Der deutsche Psychologe Emil Kraepelin verglich das *déjà vu* mit der Fotografie und beschreibt als »Pseudoerinnerung« den Zustand, da ein neues Erlebnis wie die fotografische Kopie eines früheren erscheint. Beim *déjà vu* können allerdings auch andere Sinne wie Gehör und Geruch einbezogen sein. Das schon einmal Gesehene – *déjà vu* – ist also in voller Entfaltung das *déjà vécu*, das schon einmal Erlebte.

Dafür war Louis ein unglaubliches Beispiel, notierte der französische Psychiater Pierre Janet. Er erkannte, daß das *déjà vu* wie die hypnotische

Trance zu verwirrend war, als daß Menschen, die bereits an Sinnestäuschung litten, es ignorieren konnten. Louis, der in den neunziger Jahren des 19. Jahrhunderts Patient von Dr. Arnaud war, glaubte, jedes Ereignis in seinem Leben wiederhole ein Vorkommnis aus dem Jahr zuvor. Arnaud wies nach, daß Louis nicht an schweren Heimsuchungen von *déjà vu* litt, sondern daß er von dem Gedanken des *déjà vu* geradezu besessen war. Janets eigene Patienten nahmen die Oxymorone des *déjà vu* – fremde Vertrautheit, gleichgültige Erregung – erst an, als sie von der neuen, drolligen Störung erfuhren. *Déjà vu* war hier das Ergebnis des *déjà entendu*, dessen, was Menschen, halb im Schlaf, »bereits gehört« hatten.

Träume, ob nun im Schlafen oder Wachen erlebt, waren zu leichtgewichtig, um das *déjà vu* erklären zu können, entschied Janet im Jahr 1905. Er glaubte auch nicht, daß die eine Hirnhälfte die andere mit irreführenden Botschaften bombardiert: Auch neurologisch gesunde Menschen hatten *déjà vus*. Das Wesen dieser Erscheinung, so schrieb er, sei eine Abwehr der Gegenwart. Das Gefühl, man habe eine Szene schon einmal erlebt, mache dieses Geschehnis weniger bedrohlich. Für den Geisteskranken sei *déjà vu* eine Rückzugsmöglichkeit aus dem Elend der Zeit; für den Gesunden, aber Erschöpften bedeute *déjà vu*, die Realität »auf Eis zu legen«.

Gemach, gemach, schrieb der französische Philosoph Henri Bergson drei Jahre später in der *Revue philosophique*. Die Intensität und anscheinende Unausweichlichkeit sind die Folge eines integralen Doppellebens von Gegenwart *und* Vergangenheit, Realem *und* Virtuellem, das bei allen Menschen vorkommt. *Déjà vu* ist *un souvenir du présent*, eine Erinnerung an die Gegenwart, ein kurzes Stocken im Fluß der Zeit, ein Schnittpunkt von zwei uns innewohnenden schwankenden Standpunkten.

Freud hatte da seine Zweifel. 1901 bedeutete *déjà vu* für ihn Momente, in denen wirklich an etwas gerührt wird, »was man bereits einmal erlebt hat, nur kann dies letztere nicht bewußt erinnert werden, weil es niemals bewußt war«. 1914 war es für ihn die Deckerinnerung für ein verdrängtes Ereignis. 1919 war es der Drang, in den Mutterleib zurückzukehren, mit Sicherheit zu sagen: »Da war ich schon einmal.« 1936 waren es die »Täuschungen, in denen wir etwas als zu unserem Ich gehörig annehmen wollen, wie wir bei den Entfremdungen etwas von uns auszuschließen bemüht sind«. Was Freud anzunehmen versuchte, war seine Mutter, die er als Kind einmal nackt gesehen hatte und die er in der Gestalt »Griechenlands«, der

Mutter der westlichen Kultur, erneut und zugleich zum ersten Mal erblickte, als er achtundvierzig war. Die Analyse selbst beginnt und endet mit dem *déjà vu*: »Nachdem es gelungen ist, das verdrängte Ereignis realer oder psychischer Natur gegen alle Widerstände zur Annahme durchzusetzen, es gewissermaßen zu rehabilitieren, sagt der Patient: Jetzt habe ich die Empfindung, ich habe es immer gewußt.«[12]

So merkwürdig es auch scheinen mag, das *déjà vu* ist heute für uns ein Hinweis darauf, wie Zeit, Ort und Wahrheit zu verstehen sind. In einer Gesellschaft der allgegenwärtigen Plakate und Postkarten, der Wiederholungen und wiederkehrenden Episoden ist ein Gefühl der Vertrautheit ohne ersichtlichen Zusammenhang beängstigend alltäglich geworden. Unsere Erinnerung wird durch Anzeigen und Soundbites geweckt, von Videoclips wachgehalten. Das *déjà vu* bringt Menschen zusammen (»Haben wir uns nicht schon irgendwo gesehen?«), gibt uns eine zweite Chance (»Das alte zuverlässige X – jetzt neu und verbessert«), bestätigt Selbsterkenntnis (»Jetzt ist mir, als hätte ich es schon immer gewußt«). Es führt uns den ganzen Weg von Verdrängung über Beruhigung zu Offenbarung und Erlösung.

Echo homo

Déjà-vu-Erlebnisse scheinen so unfreiwillig zu sein wie Stottern oder Echopraxie, Sprech- und Bewegungsstörungen, die häufig Akte der Prophezeiung begleiten. Die Unfreiwilligkeit ist ein Beweis dafür, daß eine Prophezeiung echt ist, unbeeinflußt vom Willen menschlich unvollkommener Propheten. Letztere können den Eindruck erwecken, sie seien Epileptiker und sind es zuweilen auch. Seit dem 16. Jahrhundert werden sie als Visionäre abgelehnt. Seit den achtziger Jahren des 19. Jahrhunderts weiß man, daß sie häufig *déjà vu*-Eindrücke haben.

Ich will uns nicht alle zu Propheten machen, sondern lediglich andeuten, daß unsere Aufmerksamkeit für das Phänomen der unfreiwilligen Wiederholung einer Kultur der Kopie entspricht, aus der die psychologische und physiologische Wiederholung, in Kino und Kommerz, nicht mehr wegzudenken ist. Wenn Tics, Automatismen und größere Stereotypien die Zeit aus den Angeln heben, dann widerspiegelt das Sprunghafte dieser Störun-

Die Nymphe Echo, die sich vor Gram verzehrte, nachdem ihre Liebe zu Narziß unerwidert geblieben war und die eifersüchtige Hera sie bestraft hatte. Zeitgenössischer Stich von Abraham van Diepenbeeck für Michel de Marolles' *Tableaux du temple des muses* (1655)

Wachende Sorge verzehrt den kläglich
vergehenden Körper;
Siechtum macht einschrumpfen die
Haut, und die Säfte des Leibes
Schwinden gesamt in die Luft. Nur
Stimm ist übrig und Knochen.
Stimme verbleibt; zu Gestein – so sagen
sie – wurden die Knochen.
Seitdem birgt sie der Wald, und nie im
Gebirge gesehen,
Wird sie von allen gehört. Als Schall nur
lebt sie beständig.

Ovid, Metamorphosen (III, 396–401)

gen unser hektisches Leben in der Industriegesellschaft, wie Stottern unsere bruchstückhafte Rede in der Multimedia-Gesellschaft symbolisiert.[13]

Seit den achtziger Jahren des 19. Jahrhunderts festgestellt, aber 1985 noch als »*terra incognita* im unerforschten Grenzland zwischen Neurologie und Psychiatrie« beschrieben, sind Tics »rasche, wiederkehrende Karikaturen normaler Bewegungsabläufe«. Das heißt, sie sind Wiederholung und Simulation zugleich. Das trifft ebenso auf das Stottern zu, das gewöhnlich »von krampfartigen Bewegungen der Lippen, der Zunge und der Gesichtsmuskeln begleitet ist« und einsetzt, wenn der Mensch beim normalen Vorgang des Erlernens der Sprache durch Versuch und Irrtum von Ängsten, Vorahnungen und schrecklichen *déjà entendus* geplagt wird. Wie beim *déjà vu* wurden die Ängste und Erscheinungen bei Tics und Stottern als Zeichen für schlechtes Gewissen, das Augenzwinkern und Stammeln hingegen als Äußerungen einer ehrlichen Seele mißdeutet, die Gleichgültigkeit oder Täuschung nicht erträgt. Wir neigen dazu, Tics und Stottern wie *déjà vus* zu erklären als »Mittel, um die Intensität schlimmer Vorahnungen zu kontrollieren« oder als »Gedächtnisspasmen«, in die ein Kindheitstrauma unvermittelt einbricht. Mit Vorausahnung *und* Erinnerung zugleich verbunden, legen Tics und Stottern wie das *déjà vu* offenbar Dinge bloß, vor denen der Mensch zurückschreckt.[14]

Daraus folgt, daß moderne Therapien für Ticqueure und Stotterer mehr als jede psychoanalytische oder behavioristische Einflußnahme die zwanghafte Wiederholung selbst als Behandlungsmethode anwenden sollten. Seit dem 19. Jahrhundert werden Ticqueure und Stotterer darauf »gedrillt«, ruhige Bewegungen und klare Worte so lange spiegelgleich nachzuahmen, bis sie diese beherrschen. Zugleich zwingt man sie, unnatürliche Gesten oder törichte Silben zu wiederholen, bis sie sie im Überdruß ablegen. Durch Drill mit dem Metronom will man sie an einen gleichmäßigen Rhythmus gewöhnen. Man drillt sie auf gegensätzliche Sprechweisen und Bewegungsarten – gedehntes Sprechen oder Singen, entspannte oder militärisch exakte Haltungen. Wenn der Drill schließlich, wie es meist geschieht, keine Wirkung mehr zeigt, bieten Wissenschaftler biochemische Erklärungen an, nach denen diese Wiederholungsstörung zu einer ihr verwandten genetischen Mißbildung erklärt wird, die man mit Medikamenten behandelt, welche die krampfartigen Anfälle nur noch verstärken.

Das eine – das mechanische – Extrem der Wiederholungsstörung ist das Handwurzelkanal-Syndrom (englisch: Carpal Tunnel Syndrome – CTS), das mit Taubheitsgefühlen, nächtlichem Schmerz, Schwäche und Steife einhergeht, die von häufig wiederholten identischen Bewegungen der Hand und des Unterarms herrühren. Als Symptom der Technologie einer Kultur der Kopie war CTS am Ende des 19. Jahrhunderts die *Dystonie* der Telegrafisten, die 500 Muskelkontraktionen in der Minute vollzogen, wenn sie auf ihre Taste hämmerten. In den vierziger und fünfziger Jahren des 20. Jahrhunderts war CTS die »spontane Kompression« des Mittelhandnervs im Handgelenk von Schnellköchen, Fließbandarbeitern, Buchhaltern, Näherinnen und Schreibkräften. Am Ende des 20. Jahrhunderts leiden Sekretärinnen am Computer, Kassiererinnen im Supermarkt und Fleischschneider in Verpackungsfirmen an CTS. Bereits heute entfällt die Hälfte aller registrierten Berufserkrankungen in den USA auf CTS. Dieser Anteil wird weiter steigen – nicht nur, weil die Menschen dazu neigen, neu auftauchende Syndrome auszuprobieren, sondern weil eine Wiederholungsstörung genau in unsere Zeit der Nachahmungen und Wiederholungen paßt.

Das andere – das animalische – Extrem ist das Tourette-Syndrom, eine psychosomatische Tic-Krankheit, dessen Rucken, Zucken, Fluchen und Bellen für die Biologie unserer Kultur der Kopie symptomatisch sind. Seit Georges Gilles de la Tourette 1884 krampfartige Erkrankungen zu einer diagnostischen Kategorie zusammenfaßte, sind Häufigkeit und Bedeutung der Symptome von Echolalie und Koprolalie von Beobachtern übertrieben worden. Das kann daran liegen, daß das Schauspiel von Männern (mehr noch als Frauen), die Fragen wiederholen, statt zu antworten, oder in einem ruhigen Gespräch plötzlich mit Obszönitäten herausplatzen, besonders einprägsam ist. Aber die Konzentration auf Echolalie und Koprolalie ist auch auf die Rolle zurückzuführen, die Affe und Papagei in unserer Kultur spielen.

Berichte über die Verrenkungen, die bei Stotterern vorkommen, erinnern an die phantasievollsten Beschreibungen des Verhaltens von Affen. Das Durchschneiden der Hautfalte (des Zaums) an der Unterseite der Zunge, das Chirurgen im 19. Jahrhundert bei Stotterern vornahmen, erinnert daran, daß man Papageien die Zunge aufschlitzte, damit sie besser sprechen konnten. Die Faszination und der Abscheu, die die unzweideutigen Gesten, die triebhaften Intimberührungen und die schlüpfrigen Worte eines am Tourette-Syndrom leidenden Ticqueurs bei uns auslösen, ähneln den Empfindungen, die wir beim schamlosen Intimverhalten von Primaten haben. Unsere Verblüffung über die Ausdrücke, Ausbrüche und Flüche eines Tourette-Ticqueurs ist ähnlich der, die wir beim Gekreische und Geflattere von Papageien empfinden, diesen ungezogenen Vögeln, die sich immer gerade die Worte zu merken scheinen, die sie möglichst nicht vor anderen wiederholen sollen.

Echolalie und Koprolalie faszinieren uns und stoßen uns zugleich ab, weil es die kühnsten Symptome des Nachäffens und papageienhaften Nachplapperns sind, jener Wiederholungsstörungen, deren wir am wenigsten verdächtigt werden möchten. Auf Bahnhöfen in Holland konnte man 1990 riesige Farbposter mit einem Papagei auf einer Stange und dem Ratschlag sehen: »Sei kein Papagei. Fluche nicht.« Wenn Fluchen uns zu Papageien macht, dann verdammt uns dies zur Animalität – oder Humanität? – der Nachahmung und Wiederholung. Unsere Linguisten und Informationstheoretiker sagen uns, Redundanz sei *entscheidend* für die Kommunikation. Die Historiker verweisen auf den befreienden Effekt des Fluchens als persönlichen Protest und soziale Subversion – von Martin Luther bis zu Lenny Bruce. Literatur- und Musikkritiker erklären, wie wichtig Wiederholung und Skatologie für Postmodernismus und Punk sind.

Der Ticqueur als der allumfassende dunkle Zwilling? »Mein Geist und mein Körper gehen ständig aufeinander los«, sagt ein Ticqueuer. »Beide sind unglaublich stark – wie zwei Stiere mit ineinander verkeilten Hörnern. Wenn einer von beiden die Oberhand gewinnt, dann bekomme ich den Krampf. Wenn die andere Seite sich durchsetzt, verzweifelte ich schier an den Gedanken und dem Druck.« Und ein anderer: »Es ist, als hätte ich zwei Menschen in mir – den einen, der von Krämpfen befallen wird, und dessen Vater, der nicht daran leidet. Sein Sohn ist ein *enfant terrible*, Quelle großer Angst für seine Eltern, die zu Sklaven seiner Kapricen werden. Ich bin Akteur und Betrachter zugleich. Am schlimmsten aber ist, daß die berechtigten Vorwürfe des einen den Überschwang des anderen nicht zu bremsen vermögen.« Wie bei Stotterern, die erschauern, wenn sie allein sprechen müssen, aber ohne Schwierigkeiten singen, ist es bei Ticqueuren der plötzliche Umschlag ihres Wesens, das uns dazu verleitet, in ihnen gespaltene oder verdoppelte Persönlichkeiten zu sehen.[15]

Die griechische Nymphe Echo, Tochter von Luft und Sprache, wurde »allein als die Gemahlin der Welt erwählt, denn jene ist die wahre Philosophie, welche die Stimmen der Welt am getreuesten wiedergibt«, schrieb Francis Bacon. Aber wir hören Echo auch als römische Nymphe bei Ovid, die von der eifersüchtigen Juno verflucht wird, weil Narziß jene verschmäht, und von der nichts bleibt als ein hohler, verhallender Klang. Echo kann Verborgenes ans Licht bringen, oder sie kann uns verhöhnen, indem sie unsere Stimme entstellt.

Letztlich beunruhigt bei Echo, beim Stotterer und Ticqueur jedoch am meisten, daß sie uns Versionen unserer selbst als Gefangene von Verdopplung und Wiederholung vorführen. Wie Affen und Papageien drohen sie zu unserer Zweiten Natur zu werden.

Harter Stoff

»Neben der einfachen Nachahmung von Lauten und Gesten ist das Zitieren die natürlichste und häufigste Gewohnheit der menschlichen Natur«, sagte James Boswell, der seinen Ruhm weniger der Tatsache verdankt, daß man ihn zitierte, sondern daß er die Bonmots des Ticqueurs und geistreichen Kopfes Samuel Johnson aufzeichnete, der im Zitat eine Tendenz zu »reiner Pedanterie« sah. Boswell selbst schmähte deutsche Autoren des 18. Jahrhunderts für Bücher, die an das Flickengewand eines Bettlers erinnerten, »an dem man kein einziges größeres Stück von demselben Stoff findet, sondern nur ein Sammelsurium verschiedener Lumpen«. Das aber war exakt der Plan des Deutschen des 20. Jahrhunderts, der zum Thema Wiederholung am meisten zitiert wird: Walter Benjamin wollte eine Kritik des Warenkapitalismus ausschließlich aus französischen Quellen des 19. Jahrhunderts schreiben. Benjamin hoffte, daß das Stückwerk des Bettlergewandes uns von dem Kult des Neuartigen befreien könnte; statt dessen melden Kritiker Bedenken hinsichtlich der Neuartigkeit seines Planes und seiner ambivalenten Haltung zur Tradition an.

Welches Mekka wir auch mit Hilfe von Wiederholung und Nachahmung zu finden hoffen, der Weg führt ins Leere, wenn wir nicht in doppelter Hinsicht zu uns selbst zurückfinden. Es beginnt mit solchen harmlosen Nachahmungen wie dem Nachzeichnen eines Alten Meisters nach einem Zahlenschema, dem lippensynchronen Singen zum Playback einer Aufnahme von Elvis oder Madonna, einem literarischen Stückwerk aus Shakespeare- oder Goethezitaten. Das sind Beispiele platonischer Wiederholung, also des Versuchs, ein Ideal nachzuahmen – ein Bild, eine Ballade oder einen perfekten Ausspruch. Derartige Wiederholung war die klassische Methode, Rhetorik zu lehren, die christliche Methode der Homiletik – zitieren, um zu überzeugen. Es war die Methode, nach der man in Klöstern die Illustration von Manuskripten und in Ateliers Kunst vermittelte, wo jeder Lehrling Meisterwerke zu kopieren oder zu kolorieren hatte.

Hier ist die Versuchung groß, sich selbst als Verdienst anzurechnen, was andere gesagt oder gesungen haben, auf die eigene maßlose Begehrlichkeit und zügellose Nachahmung auch noch stolz zu sein. Ich werde berühmt, weil aus meinem Munde Stimmen erklingen, die schöner und berühmter sind als meine eigene. Ich werde unsterblich als Stimme, die den Geist anderer verkündet. So schrieb Michel de Montaigne, von ihm könne man sagen, daß er ein Buch wie einen Strauß von Blumen anderer zusammengestellt und von sich selbst nur das Band geliefert habe, das sie zusammenhält. Aber es sind seine *Essais*, die ich noch nach Jahrhunderten zitiere, und mit ihm beginnt die Zeitrechnung des selbstbewußten Individuums.

Gehen wir den Weg weiter, dann kommen wir zum Kolorieren, zur Pornografie und zum indirekten Zitieren. Das sind frühe Beispiele der Wiederholung, wie Nietzsche sie beschrieb – zunehmend phantastischer und unbegründeter.[16] Man digitalisiert einen Schwarz-Weiß-Film, gibt Farbe hinzu, und das Remake unterscheidet sich vom Original wie Tag und Nacht. Man nimmt eine vulkanische Naturerscheinung für Leidenschaft oder Romantik. Der Sinn eines Gedankens geht in Interpretationen und Kurzfassungen verloren.

Verdrehung, Verrenkung oder Entstellung sind weniger Verbrechen als vielmehr Dilemmas. Womit sind die Farben eines Sommertages vergleichbar? Mit der Bemalung griechischer Skulpturen, die man meist nur als weiße Marmorkopien kennt, die aber zur Zeit der Griechen blau, braun oder rosa gefärbt waren? Mit dem Beschneiden eines Matisse auf die Maße eines Fernsehbildes? Mit dem Schminken einer Leiche, um die Wirklichkeit mit einem schwachen Nachglanz zu verschleiern?

Hard-core kann in Farbe zu schlüpfrig erscheinen. Pornografische Vorführungen müssen so primitiv und ungeprobt wirken wie Szenen aus Dokumentarfilmen in Schwarz-Weiß. In Farbfilmen und -videos mag es notwendig sein, den tatsächlichen Intimkontakt durch plötzliche Zooms, grelle Beleuchtung, blanke Drähte, eine vor schwitzenden Bewegungen erzitternde Linse zu bestätigen. Plumpe, unprofessionelle Bewegungen, Schweißausbrüche unterstreichen die Echtheit. Eine mollige Frau um die Fünfzig folgt den hörbaren Anweisungen des Kameramanns, stolpert über eine Lampe, schwingt ungeschickt eine Schnur künstlicher Perlen: Man glaubt ihr, daß sie die Selbstbefriedigung genießt, wenn man *Oldies But Hornies* sieht. Männer, die Telefonsex wollen, unterbrechen die Laute im Hörer, um auch sicherzugehen, daß sie keine Stimme vom Band, sondern die einer wirklichen Schönen (Frauen, die Laute perfekt nachahmen) bekommen. Pornografie soll jede Wiederholung wie das erste Mal, nur besser erscheinen lassen. Die Wahrheit der Passionsgeschichte ist die Wiederkunft, das Zweite Kommen, denn Wiederholung ist das Evangelium der

Pornografie; sie beweist die Kraft des Mannes oder die Unersättlichkeit der Frau.

Unersättlichkeit, räumte Boswell ein, sei ein generelles Problem des Verkehrs. Ebenso schwer sei es, exzessives Zitieren zu vermeiden. Eine Generation später schrieb der Historiker Thomas Macaulay an einen Freund: »Ich fühle eine Gewohnheit des Zitierens in mir wachsen. Aber ich wehre mich gegen diesen Teufel, denn nichts anderes ist es, und er weicht von mir. Das ist alles, was ich tun kann, um Griechisch und Latein aus meinen Schriften herauszuhalten. Weise Worte des Euripides sitzen mir auch jetzt geradezu in den Fingerspitzen ...« Autoren und Redner zeigten sich reumütig, weil sie befürchteten, daß sie durch übermäßiges Zitieren (besonders in toten Sprachen) arrogant erscheinen könnten. Thomas Mann schrieb 1919 von einem früheren Zeitalter, da »das Zitieren noch als eine Kunst empfunden wurde«. So geschehen im Vorwort zu einer Sammlung seiner frühen Essays, in dem er sich zu »unendlichem Zitieren und Anrufen starker Eideshelfer und ›Autoritäten‹« bekannte.

Heute lernt man bereits in den unteren Klassen, daß die Wiedergabe eines Artikels aus einer Enzyklopädie oder einer Zeitschrift in eigenen Worten das Wesen der Forschung darstelle. Indirektes Zitieren (die »Paraphrase« oder die »Zusammenfassung«) ist in Gymnasien und Journalistenschulen häufig anzutreffen. Man benutzt »Gänsefüßchen«, um einen Dialog zu kennzeichnen oder eine Schuld zuzugeben, aber auch, um Verachtung, Skepsis, persönliche oder emotionale Distanz auszudrücken. Während Literaturphilosophen und Soziolinguisten sich darüber verbreiten, daß der individuelle Wortschatz eines Menschen ein Sack voll schlecht eingeprägter Phrasen sei, wird durch Rundfunk- und Fernsehinterviews nun eine Seuche verbreitet, die ein Kritiker (der einen anderen zitierte) bereits 1757 »zügelloses Paraphrasieren« nannte.

Kurzfassungen sind heute keine Epidemie mehr. Im Gegenteil, sie sind so endemisch, daß man die Person aus den Augen verliert, mit der man begonnen hat. Man nimmt ein Paperback aus dem Jahre 1975 von Michael Jahn unter dem Titel *Der Unsichtbare* zur Hand. Es beruht auf dem Fernsehpilotfilm von Universal *Der Unsichtbare*. Dieses wiederum auf einem Fernsehspiel von Steven Bochco, das nach einer Fernseherzählung von Harve Bennett und Steven Bochco gestaltet wurde. Grundlage des Ganzen ist der Roman (Sie erinnern sich bestimmt) eines Mannes namens Herbert G. Wells.

Was bleibt, ist die reine Erwähnung. Da umfangreiche Anmerkungen der Schere des Redakteurs zum Opfer fallen oder grundsätzlich eliminiert werden, um den Autor nicht in seiner Entschlossenheit zu bremsen, »etwas Frisches zu sagen«, nimmt die Erwähnung den Platz ein, den einst das volle Zitat innehatte. Wissenschaftler werden nur noch danach beurteilt, wie oft andere sich auf ihre Arbeiten beziehen. So kann der Bezug wie das *name dropping* einfach zu einem Mittel werden, einen Freund zu belohnen, einen Mentor zu ehren, sich in den Mainstream einzuordnen, Zweifel gegenüber einem Fremden zum Ausdruck zu bringen, die Verantwortung für eine riskante Idee von sich zu weisen, Fairneß zu zeigen oder Bildung anstelle von Brillanz zu demonstrieren.[17]

Weiter führt der Weg nur noch zum Sampling, zur stichprobenartigen Auswahl. Die Bürger des 20. Jahrhunderts haben sich daran gewöhnt, das Teil für das Ganze zu nehmen, nicht einfach als den Kern der Sache, sondern als die Seele der Nation, das Wesen des Menschen oder die Crux der Zeit.

Gezwungen von der neuen staatlichen Kranken- und Rentenversicherung, unter dem wirtschaftlichen Druck, Ernteaussichten vorhersagen zu müssen, gejagt von politischer Furcht vor Arbeitslosigkeit, entwickelten die Statistiker Ende des 19. Jahrhunderts Methoden des repräsentativen Sampling. Die Beispiele waren »zweckbestimmt«: Man wählte sie nach der Annahme aus, was oder wer repräsentativ genug sein könnte, um sich gegenüber außerordentlich teuren, umfassenden Erhebungen zu behaupten. Solche Methoden wurden von amerikanischen Zeitungen angewandt, die (seit 1904) in Wahlkampfzeiten Umfragen veranstalteten, oder von Marktforschern wie Herbert W. Armstrong, der in den zwanziger Jahren Übersichten erstellte, die »nach dem Durchschnittsprinzip Fakten zu geschäftlichen und sozialen Bedingungen, Problemen und Meinungen von Hunderten Menschen aller Klassen sammelten, analysierten und bewerteten«. Eine systematische und proportionale Auswahl (eine Person von hundert oder ...) nahmen britische Soziologen vor, die Systeme der Arbeitslosenversicherung untersuchten, amerikanische Ingenieure, die Telefonanlagen testeten, und japanische Beamte, die die Bevölkerungswanderungen nach dem Erdbeben in Tokio von 1923 abschätzten. Die Schwere der Depression führte zu der aussagekräftigeren Stichprobenuntersuchung, die dadurch möglich wurde, daß man neue Tabellen von Zufallszahlen und die komplizierten Gleichungen der Wahrscheinlichkeitsrechnung erarbeitete.

Mit der fortschreitenden Entwicklung von Kultur und Mathematik sind Zufallserhebungen – in einer Zielgruppe oder unter der gesamten Bevölkerung – mehr und mehr an die Stelle umfassender Befragungen getreten. Es ist zur »allgemeinen Bürgerpflicht« geworden, die man ernster nimmt als das Wählen, zu antworten, wenn man als Quelle für eine politische Umfrage, eine Erhebung zum Gesundheitszustand oder zu Zwecken der Marktforschung ausgewählt wird. Man kann über die Enge der Auswahl, auf deren Grundlage neue Produkte oder neue Gesichter in der Politik lanciert werden, verschiedener Meinung sein, aber befragt zu werden heißt, einem auserwählten Kreis anzugehören.

Vor nicht allzu langer Zeit hieß es in einem Aufsatz, die ganze Kunstgeschichte, und keineswegs nur die Collagen der Kubisten, Dadaisten und Surrealisten, sei eine Geschichte des Sampling. Bilder zu entleihen, schrieb der Kunsthistoriker Leo Steinberg 1978, ist für den »reichen geistigen Austausch zwischen Künstlern und Kunst ganz wesentlich«. »Im Zitieren, Imitieren, Entlehnen und Nachahmen liegt ebensoviel unvorhersehbare Originalität wie im Erfinden.« Was immer Künstler tun, sie können der leichten, aber liebenden Umarmung ihrer Vorläufer nicht entfliehen.

Das digitale Sampling, das elektronische Scannen und Manipulieren von Bildern oder Klängen schöpft aus einem ähnlichen Überfluß. In seiner einfachsten visuellen Form ist digitales Sampling das Zeichnen nach einem Zahlenschema, die Reproduktion – Raster für Raster – einer Zeichnung auf einem Bildschirm, wie es bei einem Scanner geschieht. Da Scanner nur annähernde Genauigkeit erzielen, ist das Bild eine Auswahl, die elektronisch retuschiert werden muß, um der geistigen Vorstellung oder den medizinischen Daten zu entsprechen. Weniger einfaches digitales Sampling bedeutet (in Anlehnung an die Medizin) Operieren und Kolorieren: Auf einem Werbefoto von 1985 sind vier Jungen zu sehen, die vor einer roten Mauer mit der Aufschrift »Coke – das ist es!« durch eine aus einem Hydranten kommende Fontäne springen. Zu Coke wurde *es* aber erst, als man das Rot aufgehellt und das rechte Sprungbein des Jungen in weißen Shorts von dem in grüner Hose digital geklont hatte. Die einfachste Art von digitalem Sampling ist die Pornografie der Manipulation von Bildern nach dem eigenen Begehren. Die Figur einer Schauspielerin oder die Hautfarbe eines Models zu verändern ist ein Kinderspiel. Dazu Ben Blank, künstlerischer Direktor der ABC TV News: »Es ist kein Problem, Gestalten dorthin zu bringen, wo sie nicht waren, solange man die Nachricht selbst nicht verändert.«

Die Zeit aufzuheben ist das eigentliche Ziel. Das digitale Sampling gibt dem Künstler nicht nur die Macht, »Bildelemente zu verpflanzen und damit die unwahrscheinlichsten Spezialeffekte zu erzielen«. Sampling hat weder die Entdeckung noch den Tod zu fürchten. Mit seiner Hilfe rekonstruiert man das Gesicht einer Mumie und »erweckt Wenu-hotep zu neuem Leben«. Man läßt Humphrey Bogart und Louis Armstrong wiederauferstehen, um Werbung für Diät-Coke zu machen: It's the Real Thing! Frei von allen technischen Generationsproblemen fälscht man eine Fotografie, dann die Fälschung und schließlich die Fälschung der Fälschung, klont und läßt die Gesichter von Jungen und Mädchen altern, die seit Jahren verschwunden sind. Wenn unsere Technologie die Umkehrung der von der Quantenphysik und unserer Kultur der Kopie angenommenen Zeit ermöglicht, dann setzt das digitale Sampling die Zeit insgesamt außer Kraft.

»Steigerung« nennen es Bildredakteure und Werbefachleute; »Versüßen« hieß es beim Fernsehen, als man vor 40 Jahren begann, in Aufzeichnungen Gelächter einzuschneiden. Bereits 1935 zeigte eine Untersuchung, daß Hörer besser auf Humor im Radio reagierten, wenn sie dabei ein Publikum lachen hörten. Das echte Publikum war aber oft zu erschöpft von einem Tag im Rundfunkstudio oder zu zermürbt von den Fernsehscheinwerfern, um noch, wie gewünscht, reagieren zu können. Deshalb verwendete der Rundfunk Gelächter aus der Dose und das amerikanische Fernsehen Charles Douglas und seine »Lachboys«, die auf 320 verschiedene Arten kichern, schallend lachen, brüllen, prusten oder glucksen – das Ganze auf 32 Bandschleifen, die entweder einzeln abgespielt oder für jede Gelegenheit gemixt werden können. Das Gelächter, das wir heute hören, kann bei einem Fernsehgag von 1959 oder, wenn die Medien gemischt sind, bei einer Blödelei im Rundfunk von 1949 erschallt sein.

Seit den achtziger Jahren sind digitale Synthesizer für jedermann erschwinglich, und man kann nun aus Aufnahmen, die im Laufe von hundert Jahren entstanden sind, ein Duett zwischen Nellie Melba und Miriam Makeba oder ein Konzert mit John Coltrane am Saxophon, Gene Krupa am Schlagzeug, Paul McCartney an der Baßgitarre, Carole King am Klavier und der Stimme von Billy Holiday produzieren. Tom Lord-Alge gewann 1987 den Tontechniker-Grammy, weil er ein Album von Steve Winwood mit dem Händeklatschen und Fußstampfen der Supremes unterlegt hatte. Steve Stein, der behauptet, »du willst es ganz und nicht nur zur Hälfte«, schneidet Aufnahmen von Otis Redding, Walter Cronkite und Led Zeppelin zusammen und produziert daraus Tanzmusik für Klubs. Der Komponist John Oswald, der behauptet, die Kunst werde durch »Chamäleonisierung« vorangebracht, schnitt Strawinskis *Le Sacre du Printemps* kühn zusammen, um damit »einen stilisierten Zustand merkwürdig vertrauter Angst« zu erzeugen.

Eine Angst – eher vertraut als merkwürdig. Sampling ist zugleich ein Zeichen von Respekt wie von Rebellion gegen jene Schablonen, in die die eigene Zeit gepreßt wird. Dazu Mike D. von den Beastie Boys: »Das Positive beim Sampling ist, daß man die Musik- und Kulturgeschichte in das einbezieht, was man tut.« Und Kris Parker von Boogie Down Productions: »Schwarze werden seit Jahren kopiert – nicht nur in der Musik, sondern auch in der Kunst, in der Literatur, in allem.« Das jetzt umzudrehen sei nur eine faire Reaktion. Sampling war es im Grunde auch, was die Imperialisten taten, als sie »unentwickelte« Länder kolonisierten und ihren Diebstahl mit dem Euphemismus »Entwicklung« versahen. Sampling ist es, wenn sich ghettoisierte Kolonien gegen Eigentumsgesetze zur Wehr setzen, mit denen ihnen Hände und Füße gebunden werden.

Sollen eine Note, ein Schrei, ein Trommelwirbel Eigentumstitel sein? Die Frage geht über das Problem des Eigentums hinaus, denn das Sampling läßt letzten Endes die Grenze zwischen den Lebenden und den Toten verschwinden. »Es ist eine Musik ohne Spiel, eine Livevorstellung ohne Leben«, klagt ein Musikkritiker im *Rolling Stone*. Und in der Tat kann die Musik bei einem solchen »Live«konzert eine elektronische Collage aus Aufnahmen bereits verstorbener Künstler oder von früheren Konzerten der zu Tode erschöpften Musiker auf der Bühne sein. Ist Sampling die gespenstische Krankheit der Wiederholung oder die Kunstform des wiederholbaren Neuen? »Kunstform?« fragt Lester Sill, der Präsident von Jobete Music. »Verdammt, es ist nichts anderes als ein Plagiat!«

Am dunklen Ende des Weges stehen also Plagiat, Fälschung und Verdruß. Stadien einer zwanghaften, zuweilen fatalen Wiederholung.

Vom Plagiat ist wenig Neues zu berichten. Das Plagiat wurde zum Problem, als sich der Übergang von der allen gehörenden mündlichen Kultur zur Konkurrenz in der schreibkundigen Gesellschaft vollzog. Plagiat wurde bereits klassischen griechischen Philosophen, römischen Dichtern und mittelalterlichen Illustratoren von ihren Zeitgenossen vorgeworfen. Die Romantiker des 19. Jahrhunderts waren zwar in die Originalität verliebt, entschuldigten aber ihre häufigen Plagiate mit dem Hinweis auf ihr Genie, das angeblich Plebejisches zu Außerordentlichem wandelte. »Das Genie stiehlt nicht, es erobert«, erklärte der Romancier Alexandre Dumas. »Was es erobert, gliedert es in sein Imperium ein.«

Diejenigen, die am meisten gegen das Plagiat gewütet haben, haben es, so ironisch das klingt, auch am meisten für ihr Imperium zu nutzen verstanden. So beklagte William Warburton 1762 den Diebstahl literarischen Eigentums, entlehnte aber selbst von Milton den Schlußabsatz eines Essays über Wunder. Samuel Taylor Coleridge beschuldigte andere heftig des Diebstahls, sein eigenes fortwährendes Plagiieren erklärte er jedoch damit, er sei von einem Geist besessen: »Ich sehe die Wahrheit wie ein begnadeter Bauchredner. Es ist mir gleich, aus wessen Mund die Töne kommen, wenn nur die Worte hörbar und verständlich sind.«

Das Plagiat taucht immer wieder dort auf, wo Dopplung und Wiederholung im Spiel sind. So machte eine Passage über das doppelte Sehen im 18. Jahrhundert in aller Stille die Runde von einem Wissenschaftler zum anderen. Das erste amerikanische Buch über Fotografie war die Nachschöpfung einer englischen Arbeit unter dem Titel *Photographic Manipulation*. Ein Bericht des *Boston Globe* aus dem Jahre 1991 über den Diebstahl einer Promotionsrede war bereits von der *New York Times* gestohlen. Lexikographen, die das Plagiat zu definieren versuchten, wurden beschuldigt, die Definition plagiiert zu haben. Eine Broschüre der University of Oregon plagiierte das Kapitel über das Plagiat.

Unter dem Zwang, das zu wiederholen, was zur Wiederholung zu sagen ist, kommt es in unserer Kultur der Kopie unvermeidlich zum Plagiat. Unvermeidlich, weil das Plagiat wie das *déjà vu* unaufgefordert erscheint, rekursiv und nicht zu unterdrücken ist. Unvermeidlich wie ein Kochrezept, das man ständig benutzt, oder ein Gebet, das man immer wieder spricht. Wo die volkstümlichen Traditionen des Rezepts und des Gebets intakt sind oder wo das Original durch die ständige Wiederholung der Medien kaum noch erkennbar ist, scheint das Plagiat nicht nur unvermeidlich, sondern auch notwendig zu sein. Es begleitet die Akte der Nachbildung, mit denen wir unsere Gefühle, unseren Argwohn und unsere Zeit prüfen. Wo immer

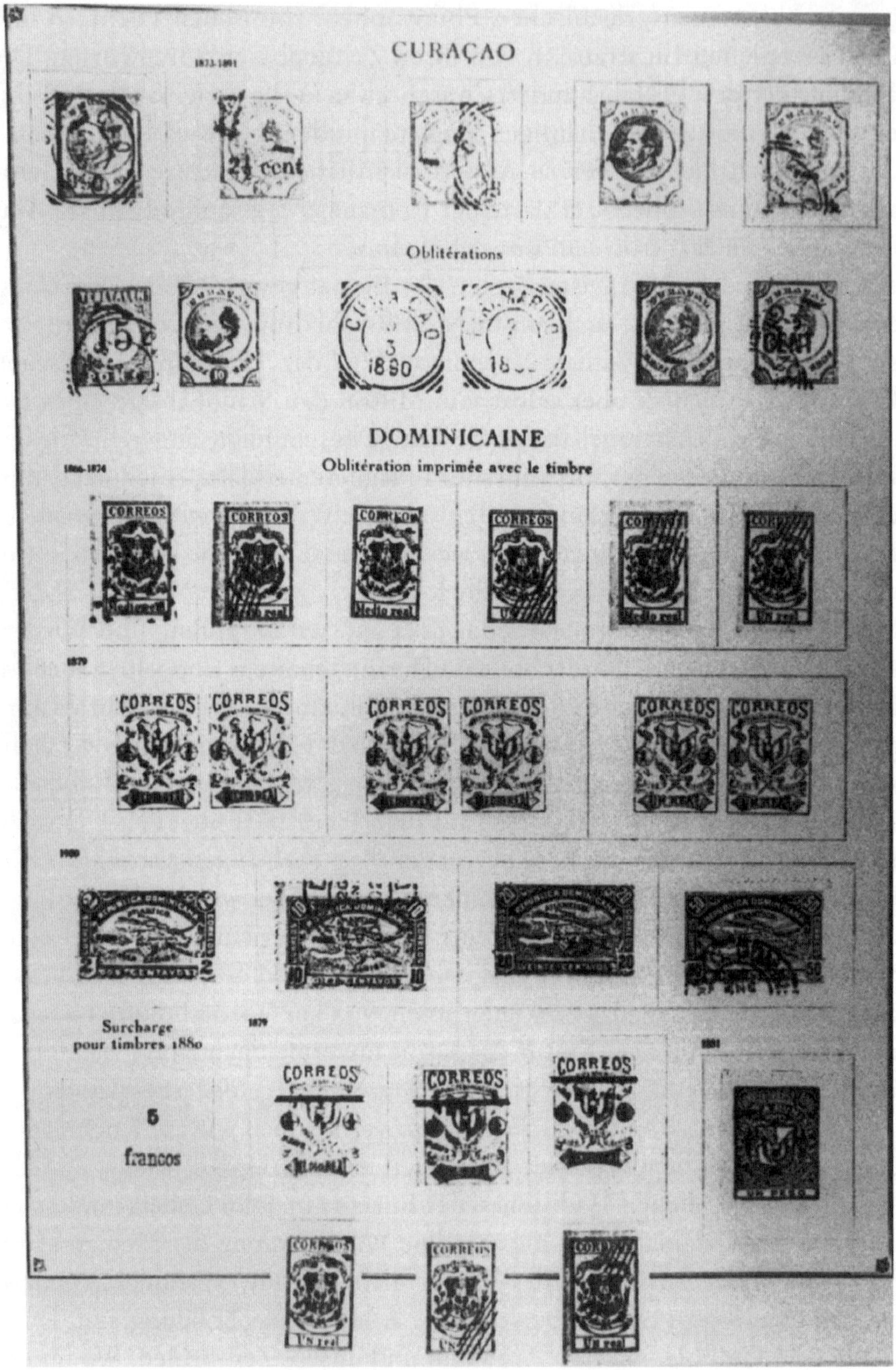
CURAÇAO
Oblitérations
DOMINICAINE
Oblitération imprimée avec le timbre
Surcharge
pour timbres 1880
5
francos

man hinschaut, unsere Kultur der Kopie tendiert dazu, das Plagiat zur Notwendigkeit zu erheben. Je mehr wir danach streben, daß die Kopie das Original übertrifft, um so mehr nehmen wir das Plagiat als etwas Elementares an.

Die Linke stilisierte das Plagiat auf den Plagiatfestivals in Glasgow, London, San Francisco und Berlin von 1988 als Widerstand gegen den Kapitalismus, dessen Anspruch, alles in der Welt und in der Kunst sei eine Ware, einzig auf der Betonung von Originalität und Einzigartigkeit beruht. Hundert Jahre zuvor hatte die Literaturkritikerin Louise Imogen Guiney bereits den Tag in nicht allzu ferner Zukunft vorausgesagt, »da mongolische, kaukasische oder äthiopische Autoren bei Kleptomanie ertappt werden; ... da man das Possessivpronomen in der Kunst eliminieren wird, da Ideen stündlich unter den Hammer kommen und individuelle Ansprüche eines Dante ebenso wie eines Mr. Tupper im wüsten Gewimmel einer Komödie untergehen«. Die Internationale der Situationisten, die ein Programm subversiver *détournements* (bei denen Versatzstücke von Kunstwerken bewußt in andere integriert werden sollten) plante, hoffte dies in den fünfziger und sechziger Jahren zu realisieren. Ähnliches hatten auch Asger Jorn mit seinem späteren Institute for Comparative Vandalism und nach ihm die Organisatoren der Plagiatfestivals vor. Sie alle lehnten jedoch die »Kleptomanie« als ein imperialistisches Syndrom ab, das sie als unnützen Raub von Dingen sahen, die anderen gehörten. Mit dem Plagiat wollten sie bewußt Privilegien attackieren und das zurückholen, was allen gehören sollte.[18]

Ob nun notwendig, unvermeidlich, profitabel oder politisch elementar – das Plagiat ist wohl kaum so tot, wie Guiney meinte. »Es ist tatsächlich kaum zu erkennen«, schrieb ein Verteidiger des Plagiats bereits 1927, »wie etwas, das über den Urschleim hinausgeht, frei von jedem Makel des bereits Benutzten sein sollte. Daher ist in diesem Stadium der Raum für Originalität

Eine Seite aus François Fourniers *Album der philatelistischen Fälschungen*, das 1928 von der Schweizer Gesellschaft für Philatelie zusammengestellt wurde. Die Gesellschaft kaufte alle »Faksimiles«, »Rekonstruktionen« und unverhohlenen Fälschungen Fourniers nach seinem Tod 1914 auf (fast 800 Sätze Briefmarken in 3671 Varianten), damit sie nicht in die Hände skrupelloser Geschäftemacher fielen. Dennoch geistern seine »Faksimiles« bis heute durch die meisten bedeutenden Briefmarkensammlungen, denn Fournier hatte nicht übertrieben, als er verkündete: »Ihre genaue Ähnlichkeit mit der tatsächlichen und echten Briefmarke läßt sie ›unübertroffen‹ sein.«

wohl sehr beschränkt.« Besonders für Studenten war da kaum ein Entkommen. »Jedem scheint klar zu sein, daß es sich beim Plagiat um eine ernste Angelegenheit handelt, denn das Wort kommt aus dem Lateinischen und bedeutet dort ›Entführer‹ oder ›Verführer‹«, hieß es in einem Lehrbuch des Vassar College in den achtziger Jahren, »aber viele Studenten sind unsicher, wann dieser Begriff zutrifft.« Wenn ein junger Performance-Künstler die Frage stellt: »Gibt es überhaupt noch Originale, oder ist alles ein Original? Oder ist alles eine Kopie?«, dann ist er ganz bestimmt unsicher. Ein Student der Rutgers University sollte eine Arbeit ausschließlich aus eigenen Ideen schreiben. »Ich ging in die Bibliothek und kopierte einige Dinge in meinen Aufsatz. Das war sicher Plagiat. Aber das Komische ist, daß ich es überhaupt nicht so empfand ... Nachdem ich die Worte niedergeschrieben hatte, war mir, als seien es meine eigenen!«

Genau. In unserer Kultur der Kopie ist das Plagiat von der Vorstellung, man erreiche Originalität durch Wiederholung, Offenbarung durch Simulation, nicht zu trennen. Daß das Plagiat von allen Seiten benutzt wird – als Mittel zur Untergrabung des Systems *und* zur Gewinnung von Vorteilen im Geschäft, in der Wissenschaft oder in der Politik, beweist seine zentrale Stellung und erklärt, warum das Plagiat so vorsichtig behandelt, so kühn verteidigt und so maßlos praktiziert wird. Wie die Fälschung ist auch das Plagiat eine Art Sucht. Mehr noch, es ist eine kulturelle Sucht. Das ist boshaft gemeint, denn die abgenutzte Metapher von der Sucht ist bezeichnend dafür, wie wir das Gerede über das Problem der Wiederholung verstehen.

Der Unterschied zwischen Fälschung und Plagiat muß durchaus nicht immer klar sein. Der Rektor von Birts Norton bei Bath, C. S. Eccles, kopierte von Hand mit einigen zweckmäßigen Kürzungen den vollen Wortlaut eines bedeutenden Buches, *The Man of Feeling*, das 1771 ohne Angabe des Verfassers erschienen war. Verletzt davon, daß Eccles sich selbst als Verfasser ausgab, hatte Henry Mackenzie große Schwierigkeiten nachzuweisen, daß, was Eccles abgeschrieben hatte, ursprünglich aus seiner Feder stammte. War es Fälschung oder Plagiat, als Sebastien Bourdon (1616–1671), der ein unvollendetes Bild von Claude Lorrain erblickte, es eilends kopierte, vollendete und als Original verkaufte, bevor Lorrain die Arbeit daran überhaupt abgeschlossen hatte?

Bei weniger verwickelten Fällen wird der Unterschied klarer. Plagiatoren hoffen, daß der Diebstahl als ihr eigenes Produkt erscheint. Sie machen sich einen Namen, indem sie auf Schultern stehen, die im Sand vergraben sind. Fälscher dagegen hoffen, daß ihre Originale Klassiker werden. Sie machen ihre Karriere, indem sie sich hinter gefragten Namen oder Stilen verstecken. Die Zeit des Plagiators beginnt *jetzt*, die des Fälschers liegt weit zurück. Aber der Fälscher lebt *heute*. Sein Fälschungsakt funktioniert wie ein abprallender Querschläger: Was für Vergangenheit ausgegeben wird, ist so, wie die Gegenwart die Vergangenheit darbieten will. In der Regel geht der Fälscher in den Fußstapfen des Historikers. Manchmal eilt er jedoch auch voraus, wie z. B. François Fournier. Philatelisten um 1900 studierten andächtig seine Briefmarkenkataloge, in denen Fälschungen aufgelistet und als Faksimile reproduziert waren. Er war jedoch so perfekt bei der Wiederherstellung von Marken in druckfrischem Zustand, daß er und seine fachkundigen Helfer bis zu seinem Tode im Jahr 1914 796 falsche Markensätze mit 3671 Exemplaren geschaffen (und beglaubigt) hatten – so viele und in so guter Qualität, daß fast jeder seriöse Sammler sie bis heute immer wieder als Originale identifiziert. Fournier selbst sah sie allesamt als seine »Kunstobjekte« an. Andere Fälscher schufen mit ähnlicher Kunstfertigkeit und in überzeugenden Einzelheiten Leben und Werk einer Person oder Zeit nach, der sie sich besonders verbunden fühlten. »Ich wurde in unserer Zeit geboren«, sagte Alceo Dossena (1878–1937), »aber mit der Seele, dem Geschmack und den Ansichten anderer Zeitalter«, insbesondere der Frührenaissance. Ob nun kühner Erfinder oder lebender Anachronismus – der Fälscher ist ein Meister des *déjà vu*. Er produziert, wonach der Archäologe oder Historiker schon lange sucht – Kunstwerke oder Dokumente, die vertraut erscheinen und meist ein wenig merkwürdig sind. Die Vertrautheit verleiht der Arbeit Bedeutung, die Merkwürdigkeit läßt sie wertvoll erscheinen.[19]

Auch nach viertausend Jahren ist das Erkennen von Fälschungen nicht leichter geworden. Experten haben sich erst kürzlich von Hitler-Tagebüchern und Mormonen-Briefen hinters Licht führen lassen. Fachleute sind nach wie vor nicht glücklich darüber, daß viele der Gemälde Maurice Utrillos ihm neuerdings nicht mehr zugeschrieben werden: »Kann einer sicher sein, daß keine der zahllosen Utrillo-Fälschungen, die gegenwärtig auf dem Markt sind, vielleicht doch von Utrillo stammt?« Über die Echtheit einiger der 2369 Fälschungen von Edgar Mrugalla waren die Experten so uneins, daß er am Ende eines Prozesses im Jahr 1983 freigesprochen wurde.

Trotz Röntgenfluoreszenz, Thermolumineszenz, Mikrofotografie, Infrarot-Spektrometrie, Untersuchungen unter dem Elektronenmikroskop, neutronenaktivierter Autoradiografie und Protonenuntersuchung bleibt die »Vinland-Karte«, die die Umrisse der Neuen Welt zeigt, aber aus der Zeit vor Kolumbus stammt, unseren besten Historikern, Geographen und Experten anderer Fachrichtungen ein Rätsel.[20]

Nehmen wir an, fragte Emily Lawless 1897 in »A Note on the Ethics of Literary Forgery«, daß »[ein Fälscher] *keinen* Pfusch produziert, nehmen wir an, daß er eine geniale Imitation herstellt, die so perfekt in den Farben der Zeit gehalten ist, so feine Modifikationen aufweist, so raffiniert, so archaisch in allen Einzelheiten gemacht ist, daß sie auch die Findigsten hinters Licht führt, was dann? Wird seine Schuld davon geringer?« Nein, antwortete sie, die Schuld sei groß. Können wir so unerbittlich sein? Kann unsere Gesellschaft, die an die Massenproduktion von austauschbaren Objekten gewöhnt ist, beim Fälscher verurteilen, wozu sie den Unternehmer drängt? Ist nicht eine zeitweilig überzeugende Fälschung die Bestätigung zeitweilig überzeugender Rekonstruktionen der Geschichte? Weisen uns nicht Aussehen und Eindruck einer passablen Fälschung, wie z. B. der zahlreichen mittelalterlichen Keuschheitsgürtel, die im 18. Jahrhundert produziert wurden, auf die Kontinuität von Vergangenheit und Gegenwart hin?[21]

Der Weg vom Originalgegenstand zur Fälschung und zurück zum Original ist heute mehr denn je ein Teufelskreis. Daß aus einer bestimmten Epoche (des sagenumwobenen Atlantis z. B.) oder von einem Ort (dem Mittelpunkt der Erde) Fälschungen fehlen, kann selbst eine falsche Annahme sein. Fälscher, die beim Kopieren und Nachbilden zusammenarbeiten, wollen oft gefaßt werden. Was ist ein schmutziger Witz wert, wenn niemand ihn hört und erfährt, daß er schmutzig ist? Wenn Fälscher entdeckt werden, verdrießen sie uns mit der exakten Nachahmung eines Stils oder einer Zeit, so wie sie uns mit ihrer respektvollen Respektlosigkeit in Unruhe versetzen. Aber die Geschichte und das Leben wären öde und langweilig ohne sie.

»Ich habe das Buch vor allem geschrieben, um der Langeweile zu entfliehen«, bekannte Magdalen King-Hall über ihr *Diary of a Young Lady of Fashion in 1764–65*, das sie in den zwanziger Jahren des 20. Jahrhundert schrieb und veröffentlichte, als stamme es aus der Feder von Cleone Knox, eines Mädchens, das im 18. Jahrhundert lebte. Der Verleger des Tagebuchs protestiert: »Natürlich reicht es aus, um zu erkennen, daß Cleone Knox existiert haben *muß*.« Er forderte, King-Hall als Cleone Knox' Ghostwriter oder Reinkarnation zu sehen. Denken wir statt dessen lieber über das Ausmaß der Langeweile (King-Halls) sowie über ihr Verhältnis zu Plagiat und Fälschung nach.

Langeweile zu empfinden ist ein permanentes *déjà vu*, so beständig, daß das Vertraute weder beruhigt, wenn es auftaucht, noch provoziert, wenn es wiederkehrt. Der Plagiator usurpiert die Zeit, der Fälscher dreht sie zurück, der Langweiler ignoriert sie, und der Gelangweilte grollt ihr. Wenn man gelangweilt ist, dann bedeutet Wiederholung kein Symptom, sondern einen Zustand, der zu allen möglichen Maskeraden führen kann. Man möchte irgendwer, nur nicht man selbst sein. Das kann bis zum Selbstmord gehen.

Auf einen kurzen Nenner gebracht, ist die Geschichte der Langeweile eine Geschichte des Überdrusses. Überdruß und Schwindel infolge des Durcheinanderwirbelns der Klassen – der Entmachtung traditioneller Eliten (spanischer Caballeros, deutscher Bürger, französischer Aristokraten, britischer Gentlemen), denen man Macht und Einfluß genommen hat. Überdruß in den bitteren Ergüssen von Individuen, deren Selbstwertgefühl durch die Gleichgültigkeit der Gesellschaft vergiftet ist – daher die Schwermut der reichen Lady, die Galligkeit des Intellektuellen, der *spleen* des romantischen Poeten, die beißende Schärfe des Kritikers. Überdruß auch in Gestalt von Wellen des Selbstmitleids über endloses Warten, das Emigranten, von der Gesellschaft Ausgestoßene oder Kinder beim Nachsitzen empfinden. Überdruß schließlich als Folge von Übersättigung.[22]

Andererseits ist die Geschichte der Langeweile auch eine Geschichte verlorenen Lebenssinns – von der Akedie (Austrocknung der Seele) des Mönchs bis zur Anomie (Entfremdung) des Fließbandarbeiters. Hier wird die Routine von oben aufgezwungen, so daß Arbeit zu Geschäftigkeit, Hingabe zu Dienst, Eifer zu Gleichmäßigkeit und Lebendigkeit zu Stumpfsinn werden. Klangberieselung ist das Rezept dieses Jahrhunderts gegen die Abstumpfung und Erschöpfung des entfremdeten Arbeiters; sie nimmt die Müdigkeit, indem sie seine Umgebung mit sanften Klängen überflutet, die sich einem weder einprägen noch Erleichterung von der ständigen Wiederholung derselben körperlichen Bewegungen verschaffen.

Aus dem Weltraum, sagt die kanadische Astronautin Roberta Bonder, erblickt man auf der Erde »keinen langweiligen Ort«. Die »teuflische Langeweile« saust ja auch nicht durch unseren Himmel, sondern schlurft durch unsere Hölle. Was im Israel und Griechenland des Altertums ein dunkler, stiller Ort war, ist heute (nach Zeiten des Feuerwerks und der barocken Gemetzel) ein Platz, wo das Fehlen von Neuem die letzte Marter darstellt. Ein Warteraum mit kitschigen Reproduktionen und ohne Ausgang. Eine Gefängniszelle mit ständiger Musikberieselung. Die geschlossene Station einer Anstalt: »Gleichmäßigkeit ist Gleichmäßigkeit ist Gleichmäßigkeit ... Und wenn man Thorasin oder Stelasin verschreibt, dann gibt es nur eine Möglichkeit, die Gleichmäßigkeit zu erzielen, auf die Sie und Ihre Patienten sich verlassen können ... – keine Substitute verwenden.«

Ein echtes Oxymoron: keine Substitute verwenden für etwas, das alles flach und verschwommen erscheinen läßt. So lassen auch unsere »Placebo«-Institutionen alles zugleich einzigartig und ersetzbar erscheinen. Die moderne Langeweile entstand, so sagt der Kritiker George Steiner, am Ende der Napoleonzeit, als die Tage nicht mehr von der Revolution erschüttert wurden, als man nicht mehr mit höchstem Risiko lebte und es schien, als könne man »nichts anderes tun als nur bereits Gesagtes wiederholen«. Im Jahr 1903 fand der französische Soziologe Emile Tardieu den *ennui* »mehr oder weniger in allen unseren Handlungen«. Er sah ihn als einen Schmerzensschrei über eine Existenz, die jeder Bedeutung beraubt ist oder auf Schritt und Tritt blockiert wird. Unter Langeweile litten frustrierte Anarchisten ebenso wie Frauen, die eintönige Ehen zu ertragen hatten, Genies ebenso wie Schwachsinnige. Die heutige postmoderne Langeweile gilt als völlig diffus; ihre Ursache sieht man in Überbelastung und Übersättigung. Die Erfahrung sieht keinen anderen Zusammenhang als den der Wiederholung. An einem Ort schon gewesen zu sein, etwas schon getan zu haben, kann letzten Endes ein ebenso ausweglose Gefühl der Langeweile erzeugen wie nirgendwohin zu gehen und nichts zu tun.[23]

Ist aber Langeweile überhaupt ein Gefühl? »Eine Regenwand trennte mich von der übrigen Welt – fern jeder Leidenschaft, fern vom Leben«, sagt eine gelangweilte Person in André Gides *Isabelle* (1911). Und wenn das Herz grau ist, wird der Mensch zum Automaten. »Es gibt kein anderes Rezept gegen Langeweile als den Körper zu bewegen, den Geist zu gebrauchen und das Herz zu beschäftigen«, schrieb die *gelangweilte* Madame Du

Deffand im Jahr 1767. »Wenn man ohne diese drei Dinge auskommen will, wird man zum Automaten; aber wir alle werden einer oder müssen zumindest einer werden.« Im schlimmsten Falle führt der Weg der Langeweile zum Selbstmord, dem ultimativen, einzigartigen, persönlichen und unwiederholbaren Kick.

Allerdings läuft Selbstmord gewöhnlich auch auf stereotype Weise ab. Ein Selbstmörder ist ein »Nachäffer«. Das Wort ist negativ besetzt, aber in unserer Kultur der Kopie paßt es zu Selbstmördern nicht schlechter als zu Plagiatoren oder Fälschern.

Im Jahr 1840 klagte der französische Arzt J.-B. Cazauvieilh darüber, daß auf einen Selbstmord auf wahnsinnige und traurige Weise andere folgen. Dies sei ein Beweis dafür, daß den Menschen der »blinde Drang« eigen ist, genau das nachzuahmen, was sie am tiefsten berührt, und sei es bis zur Selbstzerstörung. Dr. A. J. F. Brierre de Boismont drückte 1865 seine Verwunderung darüber aus, wie exakt Imitationsselbstmorde ausgeführt werden. Dabei versuche man, »den Akt auf höchst eigenartige Weise getreulich nachzuahmen. Diese Treue äußert sich nicht nur in der Wahl der gleichen Methoden, sondern häufig auch desselben Ortes und des gleichen Alters, wobei die ursprüngliche Szene bis ins Detail nachgestaltet wird.«

Auch die Statistik liefert überzeugende Beweise dafür, daß derartige Akte der Selbstzerstörung häufig Nachahmungen sind. Als Reaktion auf den Druck des modernen Lebens scheinen sie besonders oft unter Teenagern anzutreffen zu sein, die wiederholt Ozzy Osbournes »Suicide Solution« gehört haben.

Wenn also der Tod als Nachahmung ein extremes Ergebnis der Langeweile sein kann, so kann das Totschlagen von Zeit in Offenbarung münden. Wie Plagiat und Fälschung scheint Langeweile für uns so notwendig wie unvermeidlich geworden zu sein. Arthur Schopenhauer erhob zu Beginn des 19. Jahrhunderts die Langeweile zu einem Stadium der Selbsterkenntnis: Von allen Illusionen über die törichte Welt befreit, findet der Mensch zu seinem eigenen Willen. Seitdem gehört zur Langeweile sowohl das Meditieren und Reflektieren des Mönchs, der die Stille preist, als auch der rebellische Widerstand des Punks, der sich über »ein langweiliges Leben« erregt. Langeweile ist zu einer vitalen Auszeit, zu einem »Fenster der Gelegenheit«, zu einem »Initialvorwand« für den kreativen Akt geworden und zu einem Mittel schließlich, »uns selbst vor spirituellem Materialismus zu retten«. Es kann, so deutet Wolf Lepenies am Ende eines ausgezeichneten Buches über die Geschichte der Langeweile an, der »Heroismus des Stillstands« sein.

Echtzeit in unserer Kultur der Kopie ist das, was zurückgewonnen werden kann. Die sofortige Wiederholung beginnt bei der Geburt und hält die ganze zweite Kindheit an. Vom *déjà vu* erhalten wir einen Hinweis auf den Verlust und die Aussicht auf Gewinn. Von der Wiederholung bekommen wir entfernte Verwandte und Selbstsicherheit. »Bei Geburten«, berichten zwei Anthropologen, »ließen wir immer ein Playback von Babys erstem Schrei für die Familie ablaufen. Dieses Nacherlebnis wurde stets mit Erleichterung, Gelächter und zufriedenen Bemerkungen über den erfolgreichen Ausgang der Entbindung aufgenommen.« Ein Kunsttherapeut gibt den Bewohnern eines Altenheimes Polaroidkameras in die Hand, deren »augenblickliches Ergebnis« zu »erhöhtem Selbstbewußtsein« führen kann. Indem die Patienten ihre Umgebung und die Reaktionen ihrer Mitbewohner dokumentieren, empfinden sie sich selbst als interaktive Menschen. In der abschließenden Fotoübung wird ihnen die Frage gestellt: »Was können Sie aufgeben und wie doch Sie selbst bleiben?«

8. Wahrnehmung

Wer ist weis' und entsetzt, gefaßt und wütig,
Pflichttreu und kalt in einem Augenblick?
Kein Mensch.

Macbeth II, 2

Ein Spaziergang aus dem Zentrum von Souillac, einer Kleinstadt in Südfrankreich, führt mich hinauf zu einem Friedhof, der sich über einen Berg ausbreitet. Es ist der 2. November, Allerseelen. Ich habe eben ein Automatenmuseum besucht und dort ein Mädchen gesehen, das einen Spatzen füttert, einen Clown, der auf der Stirn des Mannes im Mond tanzt, und ein Jazztrio, das unentwegt seine Riffs spielt – alles mechanische Kuriositäten, die sich mit der ganz eigenen Grazie von Halblebewesen bewegen. Ich trete in den Friedhof ein. An diesem Tag legt man auf den Gräbern Blumen ab, um, wie es die römisch-katholische Martyrologie will, »all der Gläubigen zu gedenken, die die Mutter Kirche heimgeholt hat, diejenigen ihrer Kinder zu preisen, die an Allerheiligen [dem 1. November] bereits im Himmel frohlocken, und denen beizustehen, die noch im Fegefeuer schmachten«. Überall sieht man Chrysanthemen, Veilchen, Begonien, Päonien und Rosen. Aber die Veilchen sind aus Seide, die Begonien aus Porzellan, die Päonien aus Wachs und die Rosen aus Plastik. Am Eingang einer Krypta Sträußchen von bronzenen Vergißmeinnicht, auf einem Grab eine Urne mit granitenen Lilien. An einen Grabstein gelehnt, ein Kranz von Gänseblümchen aus Plexiglas. Der lange grüne Draht auf dem Abfallhaufen in einer Ecke stammt von künstlichen Tulpen aus einem Gemischtwarenladen. Auf den Kreuzen – plastifizierte Fotos der Toten. *Que ton repos soit doux comme ton cœur fut bon* – lese ich auf einer Tafel – »Möge Deine Ruhe so sanft sein, wie Dein Herz gut war.«

Zwischen den Bildern und Blumen in diesem Meer von Seide, Plastik, Draht, Granit und Bronze unter einem Mittagshimmel, der nach dem Morgendunst erstrahlt, verflüchtigt sich am letzten der beiden Tage des Totengedenkens auch mein letzter Vorbehalt gegen diese künstliche Welt. Der Ernst der eisernen Kränze und marmornen Pflanzen erinnert mich daran, daß wir vergängliche Kreaturen sind, die auf Unvergänglichkeit pochen.

Daran, nicht unsterblich, sondern eher virtuell zu sein. Stets darauf bedacht, irgendwie präsent zu bleiben …

So wie die Frau in dem rostfarbenen Ensemble im Automatenmuseum, die sich in einem großen Spiegel betrachtet. Sie dreht mir ihren Kopf zu, schaut in den Spiegel zurück, lüftet ihren Schleier, pudert ihr Gesicht und atmet dabei kaum merklich. Diese Art freistehender Spiegel – der im Museum trägt auf seinem Rahmen den Werbespruch PARFÜMERIE NOVOSINE PARIS – ist als »Psyche« bekannt. Psyche war so schön, daß Venus sie beneidete. Venus sandte Amor aus, um sie zu bestrafen. Dieser aber nahm sie heimlich zur Braut. Sie vollzogen den Liebesakt im Dunkeln, damit sie seiner göttlichen Gestalt nicht ansichtig wurde. Psyche aber warf einen heimlichen Blick auf Amor, als er schlief. Ein Tropfen heißen Öls von ihrer Lampe fiel auf seinen Körper und schreckte ihn auf. Verletzt floh Amor zu Venus, die Psyche harten Qualen unterwarf, um ihre Neugier zu zügeln. Immer noch verliebt, bat Amor Jupiter um Hilfe. Der sah als einzige Möglichkeit, Psyche unsterblich zu machen, was nur folgerichtig war, denn die, die Amor dann zur Frau nahm, war die Seele.

In Jean de La Fontaines Version von 1669, die entstand, als in Frankreich die Herstellung großer Spiegelglasscheiben aufkam, bewunderte sich Psyche zum ersten Mal in einem Spiegel. Der Spiegel, der ständig wuchs, wurde zu ihrem treuen Begleiter und Markenzeichen in den Gemälden und Balletten des 18., in der Lyrik und Prosa des 19. Jahrhunderts. Freistehend, körpergroß, beweglich und reflektierend – die Seele vor dem Spiegel, der Automat vor der Psyche.[1]

»Fast nichts – bin ich alles«, lautet die Rätselfrage mit dem Spiegel als Antwort. »Mehr als irgend etwas, bin ich fast, was du bist«, so fragt das Rätsel nach dem Automaten. Die mechanische Frau vor dem Spiegel und die Fotografien auf den Grabsteinen stellen Fragen der Wahrnehmung, danach, welcher Geist aus ihnen spricht – Wahrheit oder Lüge? Wahrnehmung bedeutet auch, uns selbst zu erkennen. Hier ist der Ort, die Kapitel dieses Buches in einer Reprise nochmals Revue passieren zu lassen und dabei auf solch quälende Fragen zurückzukommen, wie

1. Wer sind wir?
2. Wie sehen wir uns selbst?
3. In wessen Körper leben wir?
4. Was tun wir mit der Welt der Lebewesen?

5. Wie springen wir mit dem Rest um?
6. Wohin gehen wir?
7. Woher glauben wir zu kommen?

I. Verschwindende Zwillinge/Reprise: Prominenz

Da war's Gebrauch,
Daß, war das Hirn heraus, der Mann auch starb,
Und damit gut.

Macbeth III, 4

Major Monarch und Mrs. Monarch, deren Mittel knapp wurden, suchten eine Anstellung. Sie waren etwas schüchtern, aber der Major zeigte sich sicher: »Wir können uns immer noch ganz gut durchschlagen.« Sollte ein Künstler gewisse Gesellschaftsromane illustrieren wollen, wären er und seine Frau der Idealtyp. Mrs. Monarch, in ihrer Jugend als die Schöne Statue bekannt, war noch gut erhalten, und er geradezu der Prototyp eines modernen Majors. Das Paar sei *furchtbar viel* fotografiert worden und hatte eindeutig den »sichtbaren Vorzug, das einzig Wahre« zu sein. Die Zeichnungen, die der Maler in seinem Studio von Mrs. Monarch anfertigte, sahen allerdings stets »wie Fotografien oder deren Kopien aus«. Sie war »das einzig Wahre, aber immer dasselbe Wahre«. Ganz anders dagegen die immer etwas zerzauste Miss Churm, des Malers ständiges Modell. Er wunderte sich, »wie merkwürdig es doch sei, daß sie, die in ihrer eigenen Person so unbedeutend war, in der Person von anderen so bedeutend sein konnte«. Und der heruntergekommene Italiener Oronte gab intuitiv einen höchst eleganten englischen Gentleman zu Miss Churms Lady.

Lassen Sie uns doch Ihre Diener sein, flehten die Monarchs und beugten sich verwirrt »der unglaublichen, erschütternden Tatsache, daß das einzig Wahre so viel weniger wert sein sollte als das Nicht-Wahre«. Nein, der Künstler konnte *sie* nichts für ihn tun lassen, denn sie hätten ihn beinahe für immer verdorben und zu einem zweitklassigen Maler degradiert, der Künstlichkeit mit Kunst verwechselte. Das Modell des wahren Künstlers ist der Niemand, der Jedermann werden kann, eben eine Miss Churm,

Vignetten mit Künstlermodellen aus dem *Century Magazine* von 1883. Oben links: Modell, das als Soldat, der vom Pferd fällt, posiert. Oben rechts: »Brauchen Sie ein Modell, Sir?« Unten links: Modell inspiziert ein Gemälde, für das sie gesessen hat. Unten rechts: Modell für eine Gliederpuppe deren Wert »gerade darin lag, keinen ausgeprägten Charakter zu haben«. Mr. und Mrs. Monarch dagegen waren jemand, der nicht jedermann darstellen und nicht als einzigartig abgebildet werden konnte. Sie stellten eher eine Position als eine Persönlichkeit dar. Auf der Leinwand erschienen sie wie Kolosse. Der Maler gab ihnen Geld und schickte sie fort.[2]

Die Geschichte ist »Das einzig Wahre«, der Verfasser Henry James, eine Londoner »Persönlichkeit«. Sie spielt um 1892, da man als Berufsmodell durchaus sein Brot verdienen konnte – »eine höchst moderne Erfindung«, wie Oscar Wilde bemerkte. Früher hatten die Maler Lehrlinge, Huren oder Fährmänner abgebildet. Nun drängten Karrieremodelle in eine neue gesellschaftliche Position. Erotische Bande zwischen Maler und weiblichem Modell findet man von Botticelli und seiner Venus (La Belle Simonetta) bis zu Modigliani und Jeanne Hébuterne (die sich einen Tag nach seinem Tod das Leben nahm). Aber Jahrhunderte mußten vergehen, bis man das Gewerbe des Modells getrennt vom Gewerbe der Liebe definierte.

Caravaggio war Ende des 16. Jahrhunderts einer der ersten, die ihre Bilder nach lebenden Modellen malten. Bis zum 17. Jahrhundert blieb dies jedoch recht selten. Erst danach bestiegen nackte Modelle männlichen und weiblichen Geschlechts die Podien der Kunstakademien Europas. Um 1790 waren einige bereits fest engagiert und mußten stundenlang in anstrengenden Posen verharren; andere standen Modell, um nicht mehr mit Prostitution ihr Brot verdienen zu müssen. Als die Fotografie aufkam und zunehmend körperlichen Realismus forderte, während Romantiker nach ethnischer Vielfalt suchten, wurde das Modellstehen im 19. Jahrhundert folgerichtig zu einer Beschäftigung der Mittellosen, die sich in voller Kostümierung vor den Kunstschulen einfanden und darauf warteten, aufs Podium gerufen zu werden.

Nach 1870 erhöhte sich der Status des weiblichen Modells, denn Künstlerinnen erkämpften sich den Zugang zu Aktklassen und öffentlich posierende Frauen wurden zur Normalität. Mannequins führten Mode in Pariser Salons und um 1910 auf den Laufstegen der Chicagoer Handelsmesse vor. Damen der Gesellschaft erstarrten auf den Bühnen von Wohltätigkeitsveranstaltungen zu lebenden Bildern oder saßen bewegungslos Modell für fotografische Visitenkarten. Jüngere Frauen ließen sich lockerer vor Studiokameras arrangieren, ahmten die glamouröse Lily Langtree nach oder hofften, die Schönheitswettbewerbe der Zeitungen zu gewinnen. Modereformer, Radfahrer und Schwimmer posierten kühn und keck für Werbefotos.

Prominente und Modelle müssen es lernen, Posen zu zeigen, die natürlich wirken. »Es ist ein großer Unterschied, natürlich zu sein oder natürlich zu agieren«, heißt es in einem Leitfaden für Posen. »Das eine ist ein glücklicher Zufall, das andere eine erlernte, ständige Fähigkeit. Wenn man diese Pseudonatürlichkeit einmal beherrscht, kann sie bei Bedarf immer wieder abgerufen werden.« »Ist es Charakter oder gerade das Fehlen von Charakter, das solche Leichtigkeit der Darstellung hervorbringt?« fragte ein Theaterkritiker 1896. Es ist das Wissen darum, wie man als *Charakter* so auftreten muß, daß die Darstellung einer »Persönlichkeit« oder die Posen auf dem Podium wie das einzig Wahre wirken. »Wenn ich Modell stehe«, sagt Cleo nach sechzigjähriger Erfahrung, »dann kommt ein Geist über mich.«

Der Geist des alles verschlingenden Zwillings. Die frühere Identität eines Prominenten verblaßt so rasch, wie sein eigentlicher Name hinter seinem Pseudonym verschwindet – William Henry Pratt hinter Boris Karloff, Tula Finklea hinter Cyd Charisse, Nguyen That Thanh hinter Ho Chi Minh. Die Identität eines Modells entflieht so leicht, wie ein Muttermal überschminkt wird. Selbst wenn sie ihre eigenen Namen behalten, lösen sich Prominente von ihren Wurzeln und nehmen eine pseudonyme Existenz an, in der sie so werden, wie wir sie haben wollen. Aus dem Niemand wird der Einzigartige. Modell zu sein, ist ein Zustand der Anonymität. Aber alle Modelle, die so unbeteiligt wie Tonfiguren Kleider vorführen müssen, träumen davon, eines Tages wie strahlende Künstler unter ihrem eigenen Namen berühmt zu werden. Wenn Modelle allerdings selbst Berühmtheiten sind, können sie nicht mehr als irgendwer posieren.

Das Pseudonym erfordert, sichtbar eine Maske zu tragen. Anonymität dagegen braucht eher eine Tarnkappe. In beiden Fällen stehen hinter dem Unrealen reale Menschen. Der ursprüngliche Mensch wird zum verschwindenden Zwilling für den Prominenten oder das gemalte Bild. Daher der Schrecken in Oscar Wildes *Das Bildnis des Dorian Gray* (1891), wo ein Porträt gnadenlos altert, während der gefeierte Gray ewig jung bleibt. Kameras jagen dem Verschwindenden nach. Delacroix und seine Schüler arbeiteten nach Daguerreotypen, denen sie gegenüber lebenden Modellen häufig den Vorzug gaben. Alberto Giacometti, der es satt hatte, Porträts nach lebenden Modellen zu malen, sagte um 1960 einem Kunden, der bei ihm Modell saß: »Ingres konnte vielleicht noch so arbeiten. Er malte ein Porträt. Es war der Ersatz für eine Fotografie und mußte von Hand ausgeführt werden, weil es damals noch keine andere Möglichkeit gab. Aber heute ist das bedeutungslos geworden. Es gibt die Fotografie, und das ist es dann.« Als ob Fotos mit gemalten Bildern nicht nur konkurrierten, sondern ihnen geradezu die Seele raubten.

Die Furcht vor dem Raub der Seele ist so alt wie die Menschheit. Samuel D. Warren und Louis D. Brandeis griffen 1890 zu antiken Priesterworten, um einen Alptraum vom Raub des Egos heraufzubeschwören, in dem Fotografen und Reporter »das Allerheiligste der Privatsphäre und des Familienlebens« erstürmen. In der *Harvard Law Review* argumentierten sie, die Intensität des modernen Lebens mache Abgeschiedenheit und geschützte Rückzugsräume notwendiger denn je. Sie verwiesen auf Gesetze gegen die Erregung öffentlichen Ärgernisses und zum Schutz der geistigen Arbeit, die nach ihrer Auffassung ein stillschweigendes »Recht des Individuums« verbrieften, »in Ruhe gelassen zu werden«. Für sie war das Recht auf eine Privatsphäre nicht in dem engen Begriff des Privateigentums, sondern in der neuentdeckten »Unverletzlichkeit der Persönlichkeit« begründet.

Übergriffe auf die »unverletzliche Persönlichkeit« waren für sie weder mit der Suche nach der Wahrheit noch mit fehlender böser Absicht zu legitimieren. Denn dabei ging es aus ihrer Sicht nicht um Angriffe gegen die Persönlichkeit oder beabsichtigte Verleumdung, sondern um glatte Vergewaltigung. Der Mensch werde »gegen seinen Willen in die Öffentlichkeit gezerrt«. Wenn es nicht erlaubt war, ohne Zustimmung der betreffenden Person ihr Tagebuch zu veröffentlichen, warum sollte man dann, fragten Warren und Brandeis, frei über das Leben jedes Menschen schreiben dürfen? Dabei hatten sie schnüffelnde Reporter mit »Detektivkameras« im Sinn: »Da die jüngsten Fortschritte in der Kunst der Fotografie es erlauben, heimlich Aufnahmen zu machen, liefert der Vertrauensgrundsatz nicht mehr den nötigen Schutz, und das Recht auf Schadensersatz muß hier angewandt werden.«

Kurioserweise war der Präzedenzfall für einen Angriff auf die »unverletzliche Persönlichkeit« in Amerika ein Prozeß im Auftrage von Abigail Roberson, eines noch nicht rechtsmündigen Mädchens, das kaum seine rechtskräftige Zustimmung gegeben haben konnte, 25000 Lithographien ihres Konterfeis als (unbekanntes) Etikettengirl für Franklin Mills Mehl zu verbreiten. Wenn allerdings um 1900 jemandes Seele geraubt werden konnte, dann war es die eines Kindes. Man bedenke nur all die Fin-de-siècle-Geschichten von ausgetauschten oder verschwundenen Babies, in die weiße Sklaverei entführten Mädchen oder Jungen, die *Gekidnapped!* (1886) wurden. Abigail wurde die Unschuld vom »Mehl der Familie« geraubt. Ihr junges, frisches Gesicht, ein Symbol der Reinheit, klebte auf Fässern, die in jedem Lagerhaus und jedem Laden im Lande zu finden waren. »Getroffen vom Spott und Hohn der Leute, die sie erkannten«, erlitt sie einen Nervenzusammenbruch. Ihre Vormunde forderten ihren Schutz vor so unerwünschter und unerlaubter Publicity.

Das Oberste Gericht von New York gab diesem Ersuchen statt. Zwar sei die Theorie von einem Recht auf Privatsphäre neu, hieß es in dem einmütig gefaßten Beschluß, aber es gelte als »anerkannter Grundsatz des allgemeinen Rechts, daß Persönlichkeit und Eigentum jedes Menschen unantastbar sind«. Wie Richter Cooley 1888 formulierte, besaß jeder Mensch »das absolute Recht, in Ruhe gelassen zu werden«. Eigentum und Persönlichkeit fanden ihren Schnittpunkt im Körper, an dem sowohl ein eigentumsrechtliches als auch ein geistiges Interesse besteht. »Wenn das Gesicht einer Frau auf Grund ihrer Schönheit als Modell besonders wertvoll ist, um danach ein Madonnenbild zu malen«, schrieb das Gericht, »dann kann kein Zweifel daran bestehen, daß jeder Versuch, dieses durch Fotografieren zu reproduzieren, so daß es an einen Maler verkauft werden könnte, wodurch die Eigentümerin der Gelegenheit verlustig ginge, selbst daraus Gewinn zu ziehen, eine Verletzung ihres Eigentumsrechts darstellt.« Ebenso war »die besondere Gestalt, die die siamesischen Zwillinge so einzigartig macht, für sie zweifellos überaus wertvoll. Jedes Gericht hätte sie fraglos gegen den Versuch geschützt, sie ohne ihre Zustimmung zu fotografieren oder ihre Gestalt als gemaltes Bild festzuhalten und öffentlich zur Schau zu stellen«. Dieser logische Sprung vom Monster zur Jungfrau war der Kernpunkt des Grundsatzes der Gleichheit vor dem Gesetz.

Aber das Berufungsgericht, New Yorks höchste Instanz, hob diese Entscheidung 1902 wieder auf. Sein Präsident Alton B. Parker, der eine knappe Mehrheit vertrat, argumentierte, wenn man ein Recht auf Privatsphäre akzeptierte, könnte dies »zu einer Prozeßflut führen, die geradezu ans Absurde grenzte«. Und überhaupt: »Wer wollte eine Grenze zwischen öffentlicher und privater Person ziehen und diese verschieben, wie es ihm gerade paßt?«

Dagegen lehnte sich die Redaktion des *Yale Law Journal* auf: Eine derart kategorische Zurückweisung des Anspruchs auf Privatsphäre sei eine Rückenstärkung für das niederträchtige Beharren »der Sensationspresse von heute auf dem Recht, zutiefst private und persönliche Angelegenheiten auszuforschen und vor der Öffentlichkeit in allen Einzelheiten auszubreiten«. New Yorks Gesetzgeber stellten sich auf die Seite Abigails und der Zeitschrift. Im Jahr 1903 erließen sie ein Gesetz, das die kommerzielle Verwendung von Namen, Foto oder Bild einer Person ohne deren Zustimmung verbot.

Wie abzusehen war, münzte der verschlingende Zwilling, der Prominente, das Recht auf Privatsphäre in das Recht auf Publicity um. Das Recht auf Privatsphäre war das Bollwerk des einzelnen gegen den Ansturm der Kamera. Das Recht auf Publicity, wie es sich in den letzten vierzig Jahren entwickelt hat, ist zu einer Bastion der Profitmacherei, der Vermarktung einer Person – einer teuren Ware – geworden, die durch die Kamera lebt. Das Recht auf Publicity hat das Recht auf Privatsphäre geradezu auf den Kopf gestellt.[3]

Natürlich mußte etwas unternommen werden, als Sanford Productions im Jahr 1921 die erste Folge einer Filmserie mit Charlie Aplin in der Hauptrolle herausbrachte. *Ch*aplin, der 1913 seine »Figur« (mit Schnurrbart, abgewetzter Melone, zu großen Schuhen, zu engem Mantel und Stöckchen) vollendet hatte, erreichte vor Gericht zwar kein Verbot der Darstellung seiner selbst als Bürger, wohl aber der Nachahmung seines anderen Ego, mit dem er berühmt geworden war – *Charlie*, den jeder in der Welt, wie das Berufungsgericht von Kalifornien 1928 schrieb, allein an Kostüm und Auftreten erkannte.

Wenn klar war, daß man das Eigentumsrecht an einer öffentlich eingeführten Person besitzen konnte, war es dann auch klar, daß man dieses Recht gegen einen anderen lebenden Menschen durchzusetzen vermochte, der zufällig mit dem gleichen Aussehen oder Namen geboren war? Woody Allen gewann einen Prozeß, dessen Urteil Werbespots verbot, in denen ein Mann auftrat, der wie sein Doppelgänger aussah – mit Hornbrille und allem was dazugehörte. Der Mann (der Schauspieler Phil Boroff) empörte sich daraufhin: »Man kann einem Menschen nicht entkommen, dem man ähnlich sieht. Alle Assoziationen, ob nun gute oder schlechte, die sich mit diesem Prominenten verbinden, werden auf einen selbst übertragen.«

Am Ende wurde für Recht erkannt, daß Doppelgänger, ob nun auf natürliche oder kosmetische Weise entstandene, mit ihrem Aussehen Geld verdienen dürfen, solange sie nicht mit dem Namen des Prominenten unterschreiben oder sich in betrügerischer Absicht für ihn ausgeben. Doch wer sagt, daß Zuschauer oder Doppelgänger sich nicht selbst betrügen? »Wenn du mit der Einbildung handelst«, erklärte Ron Smith aus Los Angeles, der 1978 die erste kommerzielle Agentur für Doppelgänger und Ebenbilder gründete, »liegst du im Trend der Zeit. Heute haben doch viele Menschen den Kontakt zur Realität verloren. Sie bilden sich ein, sie hätten einen echten Promi zu Gesicht bekommen.« Umgekehrt erklärt ein anderer in diesem Geschäft: »Wenn einer, der *keine* starke Identität hat, sich auf seine Ähnlichkeit versteift, dann kann es [wirkliche?] Probleme geben.«

Schließlich scheint auch die Prominenz selbst eine Inszenierung zu sein. »Das Problem mit Marilyn war«, sagt eine Doppelgängerin Marilyn Monroes, »daß sie im Grunde genommen sich selbst darstellte.« Trifft dies zu, dann ist nicht mehr klar, daß es ein Recht auf eine öffentliche Person wie Marilyn Monroe oder Bela Lugosi geben kann, sobald der Körper, der zu dieser Person gehört, vom Tod dahingerafft ist. Lugosis Erben argumentierten 1979 vor dem Obersten Gericht von Kalifornien vergeblich, das Recht auf seinen Dracula sei erblich, und ihnen, nicht Universal Pictures, komme es deshalb zu, über den Vampir zu verfügen, dem Lugosi 1931 Leben eingehaucht hatte.[4]

Erst seit den neunziger Jahren ist das Recht auf Intimsphäre auch in das Recht auf Publicity eingegangen, so daß eine »dahingeschiedene Persönlichkeit« noch aus dem Grabe Ansprüche auf die Verwendung ihres Bildes erheben kann. Mitte des Jahrhunderts gestand ein Gericht in Kentucky den Eltern verstorbener siamesischer Zwillinge Schadensersatz von jenen zu, die ein Foto der verstorbenen Zwillinge ohne Erlaubnis veröffentlicht hatten. Die Zwillinge selbst waren zu Lebzeiten jedoch keine prominenten Persönlichkeiten gewesen, und das Gericht war eigentlich bemüht, »die natürliche Würde und den Wert jedes Menschen«, ob nun lebend oder tot, zu schützen. Für das Recht auf Publicity ist aber der kommerzielle Wert der Persönlichkeit wichtig, nicht ihre Würde. Bela Lugosis Erben waren auf den Profit aus, den sie aus der Lizenz ziehen konnten, das Bild seines Dracula für Bleistiftspitzer und Cocktailquirle zu verwenden. Das Gericht wies ihre Klage ab. Lugosis persönliche Rechte auf Dracula seien tot und begraben. 1985 wurden sie allerdings in Kalifornien mit dem Gesetz über die Rechte von Prominenten zu neuem Leben erweckt, das ein Eigentumsrecht definiert, welches erst 50 Jahre nach dem Tode erlischt. Die »Persönlichkeit« überlebt den Körper um ein halbes Jahrhundert.

Persönlichkeit ist zur übermächtigen juristischen Fiktion geworden. Wie ein Zwillingsungeheuer droht sie unsere eigentliche Person in den Hintergrund zu drängen. Als die politischen Rechte im 18. Jahrhundert als Menschenrechte festgeschrieben wurden und man die privaten Rechte folglich aus der Persönlichkeit des Menschen ableitete, war eine Person (wie der Rechtsgelehrte S. J. Stoljar meint) »nicht mehr einfach ein Mensch mit legitimen Rechten, sondern hat nun legitime Rechte, weil er eine Persönlichkeit besitzt«. Firmen und Verbände, die sich als juristische Personen definieren, haben als politische Akteure mit fest umrissener Erscheinung, Zielen und Aktionen »Persönlichkeit« gewonnen. Da die Persönlichkeit von Prominenten und Unternehmen eindrucksvoller erscheint als alles, was das Individuum zu bieten hat, scheinen sie in höheren Sphären der Realität zu schweben.

Überspitzt gesagt werden künstliche, juristische Personen und Dahingeschiedene heute mit größerer Präsenz bedacht als jeder normale lebende Mensch. Wenn es den überhaupt noch gibt. Soziologen, Psychologen und Image-Berater formen heute die Persönlichkeit zu etwas derart Undefinierbarem, daß Gary K. Wolf die Strichmännchen in seinem Roman *Who Censored Roger Rabbit?* (1981) bereits spekulieren ließ, »gewisse Menschen – Babe Ruth, Mae West, die Marx Brothers oder Charles Lindbergh« seien »in Wirklichkeit Figuren aus Cartoons, die die Grenze zum Menschen überschritten« haben. Narzißmus und Neurosen, die Freud der schwankenden Persönlichkeit der modernen Zeit zuschrieb, sind eine Begleiterscheinung des Comic-haften an unserer Kultur der Kopie, die auf perfekte Hologramme, dreidimensionale Doubles unserer selbst aus ist – aus jeder Sicht komplett reproduzierbar, aber ohne jede Substanz.[5]

II. Doppelgänger/Reprise: Doppelbödigkeit

> Und keiner trau' dem Gaukelspiel der Hölle,
> Die uns mit doppelsinn'ger Rede äfft,
> Die Wort nur hält dem Ohr mit Glücksverheißung,
> Und es der Wahrheit bricht.
>
> *Macbeth V, 7*

Wir lernen zu lügen, sobald wir sprechen lernen, behauptet der Herausgeber des *Penguin Book of Lies*. Es ist so gut wie unmöglich, ohne Lüge in einer Kultur der Kopie zu leben, wo die Lüge Spaß, Spott, Angst, Unterhaltung, Witz und Rechtfertigung zugleich ist. »Wir leben in einer Zeit der kakophonischen Verdrehungen«, sagt die Wissenschaftssoziologin Patricia K. Woolf.

Die moderne Lüge hat ihre Wurzeln im 16. Jahrhundert in der Gerissenheit von Machiavellis Fürst, den Posen von Castigliones Höfling, der hohlen Prahlerei von Spensers Braggodocchio und den falschen Versprechungen des Ablaßhändlers Johann Tetzel, den Luther als Schreckgespenst aufbaute. In all den Jahren von Reformation und Gegenreformation, Religions- und Bürgerkriegen hatten die Menschen häufig aus Furcht vor Verfolgung Glaubensbekenntnisse vorzutäuschen. Die Lüge zum Schutze des Staates oder der eigenen Stellung war nichts Neues für Diplomaten und Diktatoren, ebensowenig für Bauern, die versuchten, ihre Haut zu retten. Um 1500 allerdings wurde die Lüge zur Politik erhoben.

Genauer gesagt die Kasuistik. Ursprünglich die Kunst, mit verzwickten Gewissensfragen umzugehen (soll man einen Mörder belügen, der fragt, wo die Axt steht?), wurde die Kasuistik zu einer ganzen Politik der Halbwahrheiten für jene Gläubigen, denen ansonsten die Folter sicher gewesen wäre, später der Zweideutigkeiten bei der Verteidigung widersprüchlicher Dogmen. Gekoppelt mit einer Doktrin der »Mentalreservation«, des stillen Vorbehalts, die Mitte des 16. Jahrhunderts von katholischen Theologen entwickelt, aber von Protestanten und Juden, die sich nach außen als Christen ausgaben, bereitwillig übernommen wurde, rechtfertigte die Kasuistik nicht nur, daß man todbringende Geheimnisse für sich bewahrte, sondern auch öffentliche Erklärungen für sich selbst mit besonderen Klauseln versah. Nach der Doktrin der Mentalreservation »ist es keine Lüge, etwas öffentlich zu erklären, das man für falsch und für einen Betrug an seinen

Zuhörern hält, solange man in Gedanken einige Worte hinzufügt, die das Ganze richtigstellen«. Die Sprache war bereits zum unlauteren Mittel verkommen, mit anderen fehlbaren Menschen umzugehen, die ihrerseits die eindeutigsten Worte mißverstanden. Was also war schlecht daran, solche Worte zu wählen, die andere verstehen ließen, was sie verstehen wollten, während man selbst etwas anderes, möglicherweise recht Schlimmes im Sinn hatte? Mußten nicht selbst Bibeltexte erst kommentiert werden, damit man sie verstand?

Dachte man diese Logik zu Ende, dann machte diese »neue Art der Lüge« (nach Meinung ihrer Kritiker) jeden Schwur und jeden Vertrag zu einem Hohn, wie sie es bereits mit Moral und Religion getan hatte. Indessen waren ihre tatsächlichen Folgen so wenig sichtbar, wie die heimlichen Vorbehalte unausgesprochen blieben. Zwar verurteilte Papst Innozenz XI. die Kasuistik im Jahr 1679, aber die Taktik des Lügens, um die Wahrheit zu schützen, hatte über die Jahre zu der Gewohnheit geführt, allem Geschriebenem nur mit großen Vorbehalten zu begegnen. Wo die Kasuistik zuvor eine Art des Ausweichens gewesen war, wurde sie nun zu einem Grundsatz der Interpretation, der kühnen Kritik selbst an der Heiligen Schrift. Da die Kasuistik nun einmal demonstriert hatte, wie unheilig und willkürlich die Wahrheit war, wirkten Argumente nur noch weniger überzeugend, wenn sie sich auf eine Autorität – jegliche Autorität – beriefen.[6]

Der Arzt und Schreiberling John Arbuthnot warnte 1712, gestützt auf die *Treatise of the Art of Political Lying* (Abhandlung über die Kunst der politischen Lüge – aus seiner Feder?), »die Führer von Parteien davor, ihren eigenen Lügen Glauben zu schenken«. Das Lügen sollte etwas sein, was man tat, nicht, was man war – eine gesellschaftliche Gabe, eine politische Fertigkeit, aber keine unkontrollierte Gewohnheit und auch keine Klammer, die eine Person zusammenhielt. Er träumte von einem »Projekt der Vereinigung der vielen kleinen Korporationen von Lügnern zu einer großen Gesellschaft«, die das Lügen steuern, eine oder zwei pro Tag – je nach Monat und Wetterlage – erfinden und mit Hilfe eines Gerüchtekomitees in Umlauf setzen sollte. Zugleich stellte er einige strenge Regeln der *Pseudologie* auf: Man sollte eine Verleumdung nicht übertreiben, damit sie nicht aufflog; von furchterregenden Lügen war sparsam Gebrauch zu machen, weil sie sich mit hoher Geschwindigkeit – etwa 15 Kilometer in der Stunde – verbreiteten. Im Jahr 1977 schrieb der Kritiker Robert M. Adams

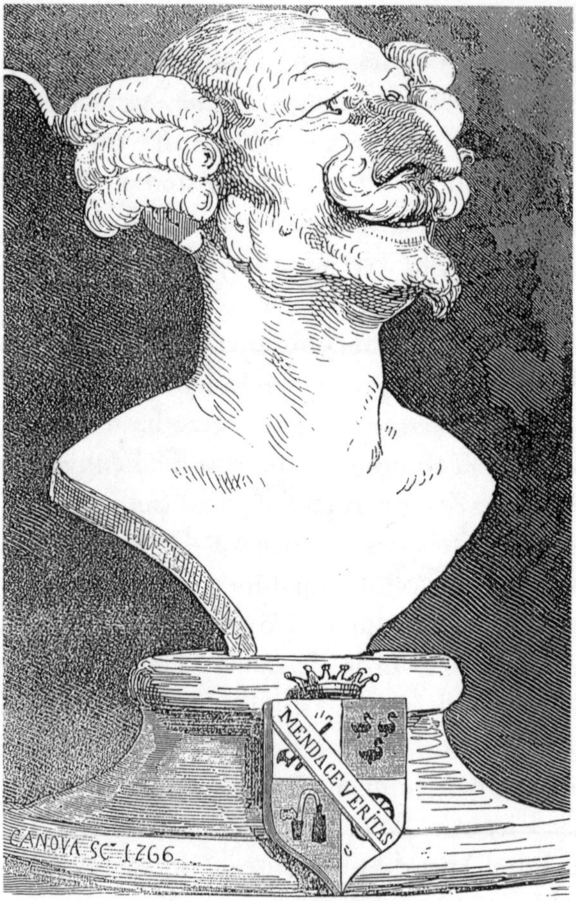

Büste des Freiherrn von Münchhausen, die angeblich von Antonio Canova 1766 ausgeführt wurde. Zeichnung von Gustave Doré aus der Mitte des 19. Jahrhunderts. Das lateinische Motto bedeutet »In der Lüge die Wahrheit«. Frontispiz einer Ausgabe der Müchhausiaden von 1865

im Hinblick auf Arbuthnots *Treatise* und die Watergate-Affäre: »Die moderne Lüge scheint in ihren Dimensionen weit über diese Art kleiner Nadelstiche hinauszugehen. Jene waren durchaus angebracht, solange man log, um zu überzeugen. Sie erwiesen sich jedoch als völlig überholt, sobald man mit der Lüge Verwirrung und Bestürzung erzeugen wollte.«

Nadelstiche und Verwirrung – hier haben wir den Unterschied zwischen dem Gelegenheits- und dem »Berufs«lügner, zwischen dem Drückeberger und dem Münchhausen. Drückeberger erfinden einen einzelnen Schmerz oder eine Verletzung, um den Arzt davon zu überzeugen, daß sie nicht in der Lage sind, an die Front oder an ihre Arbeit zurückzukehren. Menschen mit dem Münchhausen-Syndrom lügen ständig, ob es um ihren Namen, ihren Beruf, einzelne Symptome oder ihre ganze Krankengeschichte geht.

Sie lügen, weil sie Vergnügen daran haben, den Arzt hinters Licht zu führen. Sie riskieren selbst die Narbe einer weiteren unnötigen Untersuchungsoperation. Wie ihre Krankheiten gehören die Lügen zu ihrer Identität.

Hector Gavin, Chirurg an einem Londoner Waisenhaus, der 1836 eine Medaille erhielt für einen Essay darüber, wie »simulierte und fiktive Erkrankungen« am besten zu erkennen seien, zitierte dazu zahlreiche französische Quellen, denn bei den massiven Soldatenaushebungen während der Napoleonischen Kriege »wurde die Kunst der Vortäuschung von Krankheiten zu solcher Perfektion gebracht, daß es ebenso schwierig war, eine simulierte Krankheit zu entlarven wie eine wirkliche zu kurieren«. Drückeberger übertrieben oder verschlimmerten jedes kleine Unwohlsein. Sie simulierten schwere Krankheiten nach Beobachtungen in Krankenhäusern oder dem Studium einschlägiger Bücher. Manche griffen in ihrer Verzweiflung zur Selbstverstümmelung. Meist täuschten sie Beschwerden vor, bei denen ein Arzt um 1800 noch auf die Aussagen oder das Verhalten des Patienten angewiesen war – chronische Schmerzen, Taubheit, Kurzsichtigkeit, Krämpfe, Stummheit, Lahmheit oder Herzrasen.

Ophthalmoskop, Blutdruckmesser und Röntgenstrahlen schränkten gegen Ende des Jahrhunderts die Variationen derartiger Vorstellungen ein, konnten aber »die dunkle Seite der menschlichen Natur« nicht ausschalten, sagte Sir John Collie, Amtsarzt für die englische Regierung und für Versicherungsgesellschaften, im Jahr 1910. Unter dem Einfluß der Arbeitsschutzgesetze nahmen Fälle von Simulantentum nach seiner Aussage stark zu, und Simulanten schienen zu wissen, daß bestimmte Beschwerden wie Rückenschmerzen, Ohrensausen und traumatische Neurasthenie nur sehr schwer zu widerlegen waren (und sind). Zwei amerikanische Ärzte beschrieben den Simulanten als einen schlechten Karikaturisten: »Er sieht weniger als ein Blinder, hört schlechter als ein Tauber und ist lahmer als ein Gelähmter.« Sir John war weniger optimistisch, was die Aufdeckung solcher Vorspiegelung falscher Tatsachen durch die Medizin betraf. Er fand »die Methoden bewußter Betrüger so ausgekocht und die mentale Verfassung derer, die unbewußt übertrieben, so schwierig zu erkennen«, daß er die Ärzte zu höchster Wachsamkeit aufrief.

Das galt besonders für den Ersten Weltkrieg, wo die »Bombenneurose« sowohl Ursache wie Ergebnis einer Hysterie sein konnte und wo Hysterie die Betroffenen »zuweilen ins Simulantentum trieb«. Daß sich diese Theorie im Kreise drehte, zeigte die Praxis: Militärärzte und Psychiater auf beiden Seiten benutzten den Elektroschock, um von Drückebergern Geständnisse zu erzwingen, zugleich aber auch, um Opfer der Bombenneurose, ob nun sprachgestört oder gelähmt, von ihren Beschwerden zu kurieren. Elmer F. Southard, Professor für Neuropathologie in Harvard, fand heraus, daß »eine Anzahl von Patienten, wenn sie ihre Sprache wiederfinden, durchaus einräumen, daß sie simuliert haben könnten. Funktionelle Störungen«, schloß er, »können den Anschein von Drückebergerei erwecken«, so wie Gaseinsatz und Bombardements des Krieges perfekte Symptome von Halluzinationen und Herzflattern hervorbrachten. Was war die »Sinistrose«? Der Krieg? Der Versuch, ob nun bewußt oder unbewußt, ihm zu entgehen, indem man seine Folgen auf sich nahm, sei es auch nur zum Schein? Oder der Teufelskreis der Diagnose?

Mit der Zeit hat man erkannt, daß die Simulation vor allem ein Hilfeschrei ist. Klagen über Gedächtnisschwäche oder chronische Schmerzen führen zuweilen bis zum Schadenersatzprozeß oder zur Invaliditätsuntersuchung, doch liegt der Schwerpunkt des Simulantentums auf der Seite rechtlicher und medizinischer Kasuistik. Der mißbilligende Ton Sir Johns und anderer Ärzte, die die Simulation einer degenerierten Arbeiterklasse zuschrieben und ihr Wissen dafür einsetzten, Industriemagnaten vor den Forderungen der Gewerkschaften oder das Militär vor massenhafter Fahnenflucht zu schützen, ist bei Kriminalisten, Militärrichtern und Versicherungsinspektoren noch heute anzutreffen. Immer mehr sieht man heute den Drückeberger allerdings auch als jemanden, der, wie wir alle, von Zeit zu Zeit »krank spielen« muß, um über den Verlust eines (angenommenen) Zwillings hinweggetröstet zu werden. Der chronische Simulant leidet, so heißt es, an einer »Persönlichkeitsstörung«, die ihren Ausdruck in extremem Narzißmus, Theatralik und einem Gefühl der Hilflosigkeit findet.[7]

Das Lügen muß in unserer Kultur der Kopie etwas sein, für das wir nichts können. Unglücklich darüber, in welchem Maße wir zur »Notlüge« greifen, um den Frieden zu erhalten, Experimente weiterzuführen, etwas zu verkaufen oder Heilung zu fördern, gab die Philosophin Sissela Bok 1978 ein Traktat gegen die Lüge heraus, in dem sie einräumte: »Die sozialen Anreize für Betrug sind heute sehr stark, die Kontrollmechanismen dagegen sehr schwach.« Eine Notlüge, erklärte eine gewisse Lady von höchstem Rang im Jahr 1741, dient doch nur dazu, »den Drang zur Geschwätzigkeit zu befriedigen und die Leute mit erstaunlichen Geschichten zu unterhalten«. Lügen aller Art seien aber inzwischen so allgegenwärtig, schreibt Bok, daß uns die Möglichkeit genommen wird (oder wir sie uns selbst nehmen), eine moralische Entscheidung zu treffen.

Hieronymus Karl Friedrich Freiherr von Münchhausen zog sich nach dem Dienst in der russischen Armee, in der er gegen die Türken gekämpft hatte, im Jahr 1760 auf sein Gut in Deutschland zurück und unterhielt dort seine Freunde mit Geschichten über seine phantastischen Abenteuer. Jahrzehnte später verwandelten Schreiberlinge diese in Höhenflüge der Phantasie: Der Baron war nun von einem Entenschwarm gen Himmel gezogen worden, hatte sich in den Krater des Ätna hinabgelassen, um Gott Vulkan in seiner Werkstatt zu besuchen, war gar auf dem Mond gelandet. Im Jahr 1951 entlieh man sich die Phantastereien dieses Lügners für ein neues Syndrom. In vielen englischen Krankenhäusern stieß Dr. Richard Asher auf »weitgereiste Patienten mit dramatischen, unglaubwürdigen Geschichten«, die trotz ernster Erkrankungen gegen den Rat der Ärzte und nach einem Streit mit dem Pflegepersonal regelmäßig das Weite suchten. »Das bemerkenswerteste Kennzeichen dieses Syndroms ist seine anscheinende Sinnlosigkeit«, schrieb Asher. Ihre Beschwerden hatten stets einen faktischen Kern, »eine wirkliche organische Störung aus der Vergangenheit«, aber die medizinischen Münchhausens benutzten diese, um den Schmerz und die Narben einer ganzen Serie unnötiger Operationen auf sich zu nehmen.

Asher vermutete, diese Münchhausens griffen zur Lüge, um der Justiz zu entgehen, freies Logis zu erhalten, an Drogen zu gelangen, ihrem Groll gegen die Ärzte Genugtuung zu verschaffen oder ganz einfach auf sich aufmerksam zu machen. Keine dieser Erklärungen schien ihm jedoch ausreichend. Sie paßten schlecht zu der Unterscheidung, die er zwischen Simulanten traf, die aus verdeckten Motiven logen, und den Münchhausens, für die die Lüge das Leben bedeutete. Spätere Beobachter des »Krankenhaustouristen«, der »aus dem Handgelenk ernste Krankheiten nahezu perfekt nachspielt«, waren überrascht von der Genauigkeit der Darstellung und der Unbestimmtheit der vermeintlichen Erkrankung, die lebensbedrohlich wirkt und dennoch nicht exakt faßbar ist. Der Simulant schlüpft in die Rolle des Patienten, um sich Erleichterung oder Belohnung zu verschaffen. Die Belohnung des Münchhausens liegt darin, ewiger Patient zu sein und jede Geschichte zum besten zu geben, nur um unters Messer zu kommen.[8]

Eine Schwäche des Ego, eine Superego-Störung, Furcht vor Intimität, auf die eigene Person zurückprojizierter Zorn – die verschiedensten psychologischen Mechanismen werden bemüht, um das Verhalten des Münchhausen-Patienten zu erklären. Klar ist, daß dieses Syndrom in eine Kultur paßt, die es ebenso natürlich findet, sich selbst zu belügen wie anderen Lügen aufzutischen.

III. Selbstbildnisse/Reprise: Zeugungskraft

Ich wage alles, was dem Menschen ziemt;
Wer mehr wagt, der ist keiner.

Macbeth I, 7

Sie erwartet ein Kind.
Er verkündet: »Wir sind schwanger!«
Ihr ist morgens übel.
Er fühlt sich unwohl.
Ihr Bauch schwillt.
Er legt Gewicht zu.
Sie schläft schlecht.
Er bekommt Zahnschmerzen und Hämorrhoiden.
Sie verändert ihren Speiseplan.
Aus Furcht vor Magengeschwüren tut er es auch.
Gemeinsam treiben sie Schwangerschaftsgymnastik und Atemübungen.
Sie bekommt Wehen.
Er fühlt sie mit und ist der Ohnmacht nahe.
Bei der Niederkunft
fokussiert sie sich auf einen Punkt.
Er fokussiert die Videokamera.
Sie sagt ihm, wie sehr das Baby ihm ähnlich sieht.
Er, strahlend: »Wir haben es geschafft!«

Anthropologen streiten über Wesen und Funktion der Couvade, des Männerkindbetts, in »primitiven« Gesellschaften. Wir aber erleben in den letzten

Jahren, daß Männer die Symptome schwangerer Frauen zeigen und deren Rolle annehmen. Wenn westliche Männer das Kindbett auch nicht direkt nachahmen, so bringen sie es durchaus fertig, sich einen dreiunddreißig Pfund schweren Empathie-Bauch umzuschnallen, um den schweren Leib und die geschwollenen Brüste einer schwangeren Frau nachzuempfinden. Wenn zivilisierte Ehemänner auch keine angebundenen Tiere oder vertäuten Boote mehr losbinden, um die Energie der Geburt frei strömen zu lassen, so zerschneiden sie doch zumindest die Nabelschnur.

Ist die Couvade eine Zauberei, die die Lebenskraft des erwarteten Kindes verdoppeln soll? Eine Finte für böse Geister, die den Vater für die Mutter halten sollen, damit das Baby von ihnen verschont bleibt? Die symbolische Übertragung des ererbten Lebensgeistes des Mannes? Der Versuch, das Kind an den Vater zu binden, nachdem es neun Monate lang allein an die Mutter gebunden war? Ein Hinweis auf den Wert des Mannes in Gesellschaften, in denen sich der Mann von der Aufzucht der Kinder weitgehend fernhält? Eine Art Erwerbs-Ritual für Männer, denen andere rechtliche, wissenschaftliche oder wirtschaftliche Mittel fehlen, ihre Vaterschaft an dem Neugeborenen zu beweisen? Ein Fall von Gebärmutterneid, von Männern, die die Fähigkeit des Gebärens verzweifelt für sich in Anspruch nehmen? Oder, wie der Volkskundler Alan Dundes vermutet, eine Neuauflage männlicher Schöpfungsmythen, in denen der Mann als Ursprung allen Lebens erscheint, so wie Eva aus Adam gemacht wurde – »Knochen von meinen Knochen und Fleisch von meinem Fleisch«?[9]

Dundes geht noch weiter. Er behauptet, daß das »gegenwärtige breite Interesse am Klonen, sei es nun echt oder gespielt, ähnlich motiviert sein könnte. Ein Mann kann sich durch das Klonen fortpflanzen ohne den genetischen Beitrag der Frau!« Im Hinblick auf die Kultur der Kopie ist die Couvade in der Tat von schwerwiegender Bedeutung – von der Namensgebung für das Kind bis zu den Bemühungen um die künstliche Befruchtung, von plastischer Chirurgie und Prothesen bis zu Verkleidung und Transsexualität; von der Genmanipulation bis zum Klonen. Das alles sind Versuche, uns selbst nach unserem eigenen Bilde durch Ersatz, Trick, Substitution oder Prävention neu zu erschaffen.

Ein Sohn, der nach seinem Vater genannt wird, trägt Last und Segen der Nachbildung. Er ist *seines Vaters Kind*, eine Frucht der Couvade. Sollte der Ältere straucheln, muß der Jüngere schaffen, was seinem Vater versagt blieb. Sollte der Vater früh sterben, muß der Sohn erreichen, was der Vater noch vorhatte. Sollte der Senior über alle Maßen erfolgreich sein, darf der Junior nicht weniger erreichen. Groß ist die Macht dieser Namensübereinstimmung, wenn wir auch behaupten, daß das Individuum seine eigene Spur in der Welt zieht. In einer Kultur, die das Original verehrt, jedoch darauf vertraut, daß Kopien ihm mehr als gerecht werden, ist der Name viel eher eine Last als ein Segen.

Der Vorname war ursprünglich der einzige Name, den der Mensch erhielt. Im Europa des 11. Jahrhunderts kam der Familienname auf. Zugleich wuchs die Zahl der Vornamen, was mit dem Wachstum der Bevölkerung und möglicherweise auch mit einer frühen »Renaissance des Individuums« zusammenhing. Erst seit der Französischen Revolution ist es verboten, den Vor- oder Familiennamen nach Belieben zu ändern, um eine Vergangenheit loszuwerden oder sich eine Zukunft zu erschaffen. Die Nationalversammlung, die die Adelstitel abschaffte und für die gespreizten Vornamen, die sich die Emporkömmlinge zulegten, nur Verachtung übrig hatte, erklärte im Jahr 1790, daß die Bürger bei ihrem ursprünglichen Familiennamen zu bleiben hatten. Seitdem wurde in Frankreich und ganz Europa der Vorname zum alleinigen Träger elterlicher und individueller Phantasien, Ambitionen, von Mitgefühl und Stolz.

Anhängsel wie Jr. oder II. sind belastet mit Vorstellungen von einem ewigen Leben oder zumindest einem Imperium. »Es wäre schön«, sagt ein Mann in einem Werbespot, »einen IV. im Geschäft zu haben – das klingt sehr offiziell und wichtig. Manchmal necke ich Jim, daß er sein ›Imperium‹ wohl seinem Sohn vermachen will.« Das lateinische »Junioris« kam im 15. Jahrhundert auf, die entsprechende Abkürzung (jun., Jr.) im 16., der Schnörkel an der Unterschrift im 18., das II., III. und IV. am Ende des 19. Jahrhunderts, als sich auch andere Eliten solche Ordnungszahlen zulegten. Im 20. Jahrhundert schließlich ist Junior im Englischen faktisch zu einem eigenständigen Namen geworden.

Ein Kind nach dem Vater zu nennen soll auf Blutsverwandtschaft, Kontinuität und Nachfolge hinweisen. Zweifelhafte Annahmen in einer Welt, deren Ethik uns sagt, alle Menschen seien Brüder, deren Wissenschaft behauptet, jeder von uns trage genetische Spuren faktisch aller Lebenden in sich, und deren Demographie erklärt, unser Leben sei im Grunde belanglos. Namensgleichheit soll die volle Übertragung des Wesens vom Vater auf den Sohn symbolisieren. Der Zusatz Jr. bindet die Fortdauer des Individuums an einen Stammbaum.[10]

Ist es reiner Zufall, daß eine unserer fortgeschritteneren Techniken der Couvade zu einem Rechtsstreit zwischen Mary Sue Davis und ihren Ehemann *Junior* führte? Mary Sue hatte fünf Eileiterschwangerschaften. Daraufhin platzte einer der Eileiter, der andere wurde abgeschnürt. Dem folgten sieben mißlungene Versuche von In-vitro-Fertilisation (IVF). Beim letzten Versuch wurden neun Eier aus ihren Eierstöcken in einer Petrischale mit Juniors Sperma zusammengebracht. Zwei befruchtete Eier pflanzte man in ihre Gebärmutter ein, der Rest wurde für eine mögliche spätere Verwendung eingefroren. 1989 – immer noch kinderlos und in Scheidung liegend – stritten Mary Sue und Junior über das Recht an den gefrorenen Embryos. Mary Sue, nun 28 Jahre alt, meinte, die Embryos seien Lebewesen, und sie als die Mutter habe das Recht zu entscheiden, ob sie aufgetaut und eingepflanzt werden sollten. Junior, 30jährig, sah die Embryos als sein Eigentum an und forderte das Vetorecht über ihre Verwendung, damit er nicht gezwungen werden könne, ein Kind gegen seinen Willen zu zeugen. Er fürchtete, mit einem unerwünschten Fötus belastet zu werden (wie er sein Leben lang den Junior mit sich herumtrug). Das Bezirksgericht von Maryville/Tennessee bewertete die Embryos, Häufchen von vier bis acht Zellen, als – aber gemach. In welchem Sinne läßt sich IVF überhaupt als eine Technik der Couvade bezeichnen?

Von Anfang an waren es Männer, die die Nährlösung zusammenbrauten, in der die Befruchtung stattfindet. Es waren Männer, die die Embryos in flüssigem Stickstoff einfroren – 5000 in den USA allein bis zum Jahre 1989. Damals lehnte es ein Arzt in Virginia ab, die tiefgefrorenen Embryos einem Paar auszuhändigen, das nach Kalifornien umzog. Die Embryos, so Dr. Howard Jones, fielen unter seine Jurisdiktion ... Es war, als seien sie *seine* Kinder, Risa und Steven York dagegen lediglich Antragsteller für eine Adoption. *Er* war der Fruchtbare, der trotzig auf den Eiern saß (das französische Wort *couvade* kommt von *couver* – brüten).

Biologen und Züchter, die erstmalig im Jahr 1742 Fische künstlich befruchteten, 1780 dann Frösche und Hunde sowie Anfang des 19. Jahrhunderts auch Pferde, begründeten dies mit dem Mythos vom Fötus als Penis. Dazu John Stoltenberg: »Männer kontrollieren die Fortpflanzungsfähigkeit der Frauen zu einem bestimmten Teil, denn sie messen den Föten phallischen Charakter bei. Sie glauben, daß die ejakulierte Substanz, die im Uterus zu wachsen beginnt, eine symbolische und materielle Fortsetzung des kostbaren Penis selbst sei.« In diesem Szenario ist der Mann nicht nur der Zeugende, sondern auch der Gebärende. Amerikas erster Gynäkologe J. Marion Sims, der um 1860 sechs Frauen mit einem Metallgerät fünfundfünfzigmal Samen injizierte, sprach von künstlicher »Fruchtbarmachung«. Er testete die Stellvertreterfunktion seines Instruments bei Sex und Zeugung. Das bereitete ihm größtes Vergnügen. Sims hatte bei einer Frau Erfolg, der er zehnmal Sperma injiziert hatte, das letzte und beste, unmittelbar nachdem sie und ihr Ehemann Geschlechtsverkehr gehabt hatten. 1866 gab er seine Experimente auf, blieb aber seinem Ziel verpflichtet, dem erigierten Penis und dessen »Befruchtungsagenten« den Weg zu bahnen. Indem er die Vagina mit einem Schnabelspiegel weitete und den Gebärmutterhals mit chirurgischen Schnitten öffnete, schuf er männlichem Vordringen ebenfalls Raum, so wie seine ältesten Söhne sich als seine Fortsetzung begriffen und Fachärzte für gynäkologische Chirurgie wurden. Als echte Junioren nahmen Dr. Harry und Granville Sims den Familiennamen Marion-Sims an, um die Identifikation mit ihrem Vater zu vervollständigen.

»Ätherische Kopulation« nannte ihr Vater das Drehen einer Kolbenstange in einem mechanischen Penis, wodurch ein Tröpfchen Samen in den Gebärmutterhals befördert wurde. Zumindest behauptete das ein Freund, Dr. T. M. McIntosh aus Georgia, der 1909 auf einen provokanten Brief in der *Medical World* antwortete. Darin hatte Dr. A. D. Hard aus Minnesota behauptet, daß Prof. Dr. William H. Pancoast bereits fünfundzwanzig Jahre zuvor in Philadelphia die erste erfolgreiche künstliche Befruchtung einer Frau gelungen war. McIntosh verteidigte das Urheberrecht von Marion Sims (dessen Resultat allerdings nicht als vollkommen gelten konnte – die Mutter hatte eine Fehlgeburt). In anderen Texten der Zeit ist sogar von Erfolgen in Frankreich seit 1838 die Rede.

Die eigentliche Provokation lag allerdings in Dr. Hards Behauptung, Pancoasts Versuch von 1884 sei so lange geheimgehalten worden, weil der Ehemann unfruchtbar gewesen sei und ein anderer Mann das Sperma geliefert habe. Pancoast nahm das Sperma der sechs bestaussehenden (männlichen, masturbierenden) Studenten des letzten Jahrgangs des Jefferson Medical College, mischte es und injizierte es dann in den Uterus der Frau, die chloroformiert vor ihnen lag. Die Studenten mußten Geheimhaltung schwören, denn die Frau sollte niemals erfahren, daß das Kind, das sie austrug, nicht das ihres Ehemannes war.

Es ist bezeichnend, daß diese erste Spender-Insemination sich als eklatanter Fall von Couvade herausstellte, denn der Junge, den die Frau zur Welt brachte, »trug die Züge nicht eines Studenten im letzten Studienjahr, sondern des Ehemannes, der zwar gewollt hätte, aber unmöglich der Vater sein konnte«. Natürlich, schrieb Hard, da »die Mutter das Kind komplett formt«, da die Züge des Kindes von den »geistigen Vorstellungen der Mutter« bestimmt werden, gab sie aus Motiven der Liebe oder des Eigentums dem Fötus eine Form, daß er dem mutmaßlichen Vater ähnlich sah. Unerhört, wetterte Dr. C. H. Newth aus Oregon, Pancoast »war ein Gentleman und hätte die Vergewaltigung einer Patientin unter Narkose niemals in Betracht gezogen«. Hard muß nicht ganz bei Trost gewesen sein, als er der Frau zwar alle Verdienste zuschrieb, zugleich jedoch behauptete, das Spermium *erzeuge* das Ei. War ihm hier die Feder ausgeglitten, oder war der Penis als Fötus eine so starke Vorstellung, daß sie ihn überwältigte? Hard dankte seinen Kritikern und bekannte dabei: »Der Artikel beruht zwar auf exakten Tatsachen, es wurden aber bewußt radikale persönliche Behauptungen eingeflochten, um die Menschen zum Nachdenken über Zeugungseinfluß und Zeugungsverbrechen zu bringen«, wie z. B. den Einsatz der künstlichen Befruchtung zur Verbesserung der Gattung. Er selbst »wünschte nicht, ein Kind zu haben, das mit einer Hartgummispritze gezeugt wurde«. Hieß *haben* hier besitzen oder anerkennen? »Und ich möchte mir nicht vorstellen, daß mein Kind zur Jahrtausendwende keine Spuren von seines Vaters Persönlichkeit mehr aufweist, so bescheiden sie auch sein mag.«

Wie beruhigend für den bescheidenen Mann, zwei biologische Mythen zur Hand zu haben, um die Couvade der künstlichen Befruchtung zu stützen – die Insemination der Partnerin mit dem eigenen Samen, wonach der Penis zu einem Fötus erblüht, und die Insemination der Partnerin mit dem Samen eines anderen Mannes, wonach die Mutter den Fötus in ihrem Leib zum Ruhme ihres Gatten formt. Inzwischen hat sich die beschriebene Technik stark verbreitet – in den USA wurden bis 1957 etwa 100000 Kinder nach Insemination mit Spendersperma geboren, in den achtziger Jahren waren es bereits 20000 pro Jahr. Daß ihre Zeugung von Mythen umwoben ist, bedeutet nicht, daß die Zahl gleicher Namen bei Vater und Sohn zurückginge oder daß Großeltern keine Ähnlichkeiten von Vater und Kind mehr fänden. Freunde und Verwandte sehen ähnliche Züge sogar bei Adoptivkindern und deren Eltern, selbst wenn sie die Sachlage genau kennen.[11]

Junior und Mary Sue hatten zuvor erfolglos versucht, ein Baby zu adoptieren. Die In-vitro-Fertilisation war ihre letzte Chance. Eine Generation früher hätte es auch diese noch nicht gegeben. Der erste derartige Versuch wurde in einer Glasschale in einem englischen Laboratorium am 10. November 1977 vorgenommen. In der Schale befand sich ein Ei der Mutter Lesley (deren Eileiter verklebt waren) und Sperma des Vaters John (der das Verfahren mit einem Gewinn im Fußballtoto bezahlen konnte). Man pflanzte Lesley einen achtzelligen Embryo ein, und am 15. Juli 1978 wurde in Oldham, Lancashire, Louise geboren.

Vor dem Gynäkologen Patrick Steptoe und dem Physiologen Robert Edwards hatten bereits andere ein menschliches Ei außerhalb des Körpers befruchtet. Steptoe und Edwards selbst hatten das bereits 1969 getan und gemeinsam über achtzig unvollkommene »Retortenbabies« erzeugt, bis es ihnen schließlich gelang, ein befruchtetes Ei einer Frau perfekt einzupflanzen. Stets waren hier Männer am Werk, wie bereits der Heilige Hieronymus die Lehre von der Unbefleckten Empfängnis verbreitet oder Kirchenmänner des Mittelalters den männlichen Samen als aktive Kraft im passiven weiblichen Schoß erkannt hatten. Männer führten Regie bei den 4000 IVF-Geburten bis 1989, genauso wie bei den Hunderttausenden Gebärmutterentfernungen, die sie seit den vierziger Jahren vorgenommen hatten. Dr. Ronald Ericsson, ein ehemaliger Rinderzüchter, gründete die erste menschliche Samenbank. Dr. I. Ray King führte das IVF-Verfahren für Junior und Mary Sue Davis aus, er bewahrte auch die gefrorenen Embryos auf. Der Direktor des Französischen Nationalen Zentrums für Wissenschaftliche Forschung, Dr. Jerome Lejeune, sagte in Maryville aus, sobald ein Ei von einem Samenfaden befruchtet sei, habe man es bereits mit einem Menschen zu tun. Und wiederum war es ein Mann, Richter W. Dale Young, der die restlichen sieben eingefrorenen Embryos Mary Sue zusprach.[12]

Young bestritt die Zeugungskraft des Mannes nicht. Er stützte sein Urteil auf die »Tatsache«, daß ein befruchtetes Ei augenblicklich als lebendiger Mensch zu betrachten sei. Damit bekräftigte er den zentralen Mythos der Couvade, nach dem der Mann die Struktur der Schöpfung bestimmt und ihr Leben einhaucht. Junior hatte seine Pflicht getan; nun war es an Mary Sue, die Frucht auszutragen, deren größtes Interesse darin lag, geboren zu werden. Höhere Gerichtsinstanzen widersprachen Young, wobei sie seine Logik nicht widerlegten, sondern kurzerhand ignorierten. Eheliches Eigentum war fair zu verteilen; deshalb bestanden sie auf gemeinsamer Obhut beider Partner. Junior hatte nun das Recht, Mary Sue daran zu hindern, auch nur eines *ihrer* Embryos auszutragen. Dr. King händigte sie im Juni 1993 Junior aus, als wollte er sagen, das Recht, über ihr Schicksal zu bestimmen, sei ein phallischer Ritus. Junior, der nach dem ersten Urteil von Maryville erklärt hatte, man habe ihn »seines Zeugungsrechtes beraubt«, vernichtete schließlich die Embryos.

Mary Sue (inzwischen Stowe und in Florida lebend) hatte derweil ihre Meinung darüber, was mit den Embryos geschehen sollte, geändert. Sie wollte sie jetzt einem kinderlosen Paar spenden. Seit das IVF-Verfahren es möglich machte, Eier sicher zu entnehmen und aufzubewahren, mit jedem gesunden Sperma im Reagenzglas zu befruchten und in jede gesunde Gebärmutter einzupflanzen, konnte eine Frau einen Fötus austragen, zu dem sie in keinerlei genetischer Beziehung stand. Eine australische Frau gebar 1984 ein solches Kind. Im Jahr 1990 ließ sich eine alleinstehende Mutter mit einem Kind zum ersten Mal den Embryo eines Paares aus Kalifornien einpflanzen: Crispina Calvert (der man die Gebärmutter entfernt hatte) und ihr Ehemann zahlten Anna Johnson 10000 Dollar dafür, daß sie *ihr* Kind austrug.[13]

Derartiger Ersatz, eine Form weiblicher Couvade, hat eine Tradition, die von der Bibel, wo die unfruchtbare Sarah ihre Magd Hagar zu Abraham schickt, damit sie ein Kind an ihrer statt empfange (1. Buch Mose, Kapitel 16), bis zu feministischer Science Fiction reicht, wie z. B. Margaret Atwoods Roman *Der Report der Magd* und der danach gedrehte Film aus den Jahren 1986 bzw. 1991. Abgesehen von Königinnen, Kaiserinnen, Müttern und Töchtern als sich stark ähnelnden Rivalinnen und, natürlich, Nancy Sinatra, Jr., haben Frauen des Westens keine entwickelte Tradition von Senior und Junior. Mädchen werden nach ihren Tanten, Großmüttern oder Müttern genannt (wenn diese im Kindbett sterben), aber die öffentliche Verwendung gleicher Namen war niemals so verbreitet wie bei Jungen. Die am Mann orientierten Erbschaftsgesetze und die Tradition, daß die Frau ihren Namen bei der Heirat ändert, wirkten gegen die Namensgleichheit bei Frauen.

Frauen behaupteten dagegen stets die spirituelle Mutterschaft. Louise Brown, das erste IVF-Baby, erblickte das Licht der Welt am Rande von

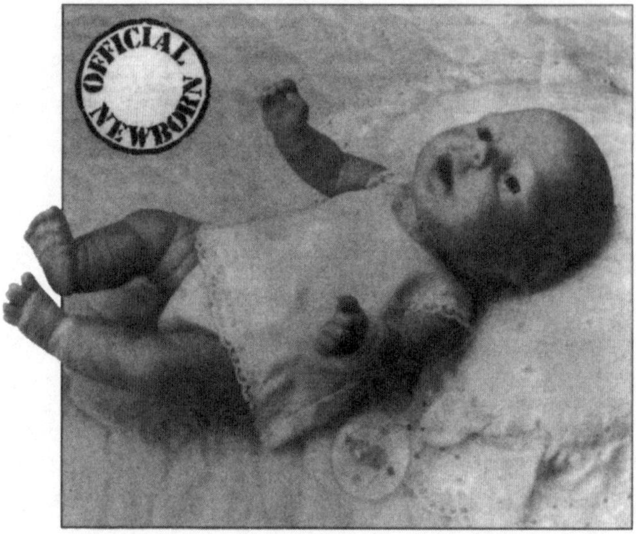

Das »offizielle Neugeborene«, eine »lebensechte Säuglingspuppe« wurde 1990 von der RBM Company, Westbury, New York für fünf Dollar verkauft.

Manchester, der Stadt, in der eine dreißigjährige Frau zweihundert Jahre zuvor nach einer schweren Geburt wie tot dalag. Als sie wieder zu sich kam, erklärte sie, sie werde nie wieder einem Manne gehören. Da sie dieses, ihr viertes Kind, wie alle anderen früh sterben sah, fühlte sie, wie ihre Seele zu Gott emporstieg: »Das spürte ich so stark, wie eine Frau spürt, wenn sie von einem Kind entbunden wird.« In jenem Jahr 1766 stellte sich Ann, Ehefrau von Abraham Standley, aber bekannt unter ihrem Mädchennamen Lee und nach ihrer spirituellen Mutterschaft Mutter genannt, an die Spitze der kleinen protestantischen Glaubensgemeinschaft der Shakers. Als sie im Gefängnis saß, weil sie eine Kongregation in Manchester gesprengt hatte, wurde sie vom Heiligen Geist erleuchtet. Aus Mutter Ann Lee wurde Ann das Wort, die Braut Christi, nun wieder dem Manne gleichgestellt, wie es von Anfang an war. Die Shakers, von Mutter Ann gereinigt und wie sie dem Zölibat verpflichtet, überquerten im Jahr 1774 den Atlantik, um sich in Amerika niederzulassen. Ihre Enklaven blühten auf; sie nahmen in ihre Gemeinden Findelkinder, Waisen und Kinder auf, die sich ihnen gemeinsam mit ihren Eltern anschlossen. Bei Mutter Ann Lee und ihren Nachfolgerinnen fanden die Gläubigen wirkliche Erlösung.

Der spirituellen Mutterschaft eng verwandt war stets die spirituelle Schwangerschaft. Vom 13. bis zum 15. Jahrhundert fühlten heilige Frauen, nachdem sie die Oblate des Heiligen Abendmahls zu sich genommen hatten, den Samen Christi in sich wachsen. Im Jahr 1814 verkündete Joanna

Southcott in London, daß sie Shiloh, den Heiland selbst, gebären werde. »In diesem Jahr, Deinem 65. Lebensjahr«, teilte der Heilige Geist Joanna mit, »wirst du durch die Kraft des HÖCHSTEN einen SOHN zur Welt bringen.« Ihr Bauch und ihre Brüste schwollen an. Ihre Freundinnen waren »sehr zufrieden, weil sie die Bewegungen des Kindes von außen so stark fühlen konnten, wie sie es bei ihren eigenen erlebt hatten«. Siebzehn der einundzwanzig Ärzte, die sie untersuchten, waren von ihrer Schwangerschaft überzeugt. Als die Menschen in London zusammenströmten, verteilten ihre Anhänger Stiche mit dem Konterfei Joannas. Sie taten dies aus Furcht, die Gläubigen könnten auf die zahlreichen Betrüger hereinfallen, die Geschenke für Shiloh sammelten, der zunächst im Oktober, dann im Dezember geboren werden sollte. Joanna lag monatelang darnieder, nahm Opiumpillen, aber sonst kaum etwas zu sich. Zwei Tage nach Weihnachten wurde ihr Lager zum Totenbett.[14]

Unechte, eingebildete oder hysterische Schwangerschaft sind abfällige Bezeichnungen, mit denen Männer auch weniger tödliche Episoden dieser Form von weiblicher Couvade belegen. Das Band zwischen Mutter und ersehntem Kind (und Erlöser) ist hier nicht weniger stark und nicht weniger falsch als das zwischen Vater und ersehntem Erben. Die Pseudozyese, der aus dem Latein kommende Fachbegriff für falsche Schwangerschaft, beschäftigt die Ärzte noch heute. Dabei kommt es zu Veränderungen im Hormonhaushalt, die ausreichen, um Schwangerschaftstests zu bestehen, das Ausbleiben der Regel zu bewirken, Blähungen zu erzeugen und Krämpfe herbeizuführen, die Kindsbewegungen ähneln. Ob nun ausgelöst durch religiösen Eifer, das Drängen der Umgebung auf Nachkommenschaft oder die Furcht vor der Menopause – derartige Schwangerschaften haben Schwestern und Ärzte dazu verleitet, »mißlungene Abtreibungen« durchzuführen – die Entfernung eines verschwundenen (nicht existierenden) Fötus.

»Fettschwangerschaft«, ein weiteres abschätziges Wort, weist auf eine neuere Form weiblicher Couvade hin. Seit den dreißiger Jahren haben männliche Therapeuten weibliche Fettleibigkeit als eine psychosomatische Erscheinung gedeutet. Für eine Frau sei ihr Bauch *ihr* Fötus, mit dem sie ein Defizit an Liebe oder deren Verlust zu kompensieren suche. Dieser Interpretation, die heute eindeutig aus der Mode ist, liegt die furchteinflößende Vorstellung zugrunde, durch Fasten könne der »eigentliche«, der schlanke Mensch, der danach schreie, einen Ausweg aus der dicken Frau oder, ja, dem dicken Mann, zu finden, erlöst werden. Als ein Vorgang von Geburtshilfe ist Fasten unsere erregendste, aber zugleich auch frustrierendste Vorstellung von Couvade, denn keine Fastendiät kann die phantastischen Erwartungen erfüllen, die in sie gesetzt werden.

Phantasien von Männern, die sich selbst als Schöpfer und Erlöser sehen, drängen sich in die weibliche Couvade hinein. In dem Streit von 1986/87 zwischen der Leihmutter Mary Beth Whitehead einerseits sowie Elizabeth und William Stern andererseits darüber, wem das Baby M zugesprochen werden sollte, waren Elemente weiblicher und männlicher Couvade ungewöhnlich deutlich ausgeprägt. Die beiden Frauen waren einander nach Aussehen und Vornamen sehr ähnlich. William hatte man als den letzten eines Geschlechts von Überlebenden des Holocausts, für die Kinder ein Schlüsselsymbol des Überlebens darstellten, quasi zu diesem Arrangement gezwungen. In Anna Johnsons Fall entschied das Oberste Gericht von Kalifornien 1993, Anna als »Leihmutter« habe kein Recht auf ein Kind, das sie neun Monate ausgetragen, im September 1990 zur Welt gebracht hatte und nun als ihr eigenes aufziehen wollte. Schwangerschaft, erklärte die Mehrheit von sechs Männern, sei »nicht das sine qua non der Mutterschaft«. Ganz im Sinne der männlichen Vorstellung von Couvade wurde entschieden, Mutterschaft könne auch vertraglich vereinbart werden.

In wessen Interesse liegt das? fragte die einzige Frau auf der Richterbank und der einzige Mann mit abweichender Meinung, Richter Joyce L. Kennard. »Eine schwangere Frau, die ein Kind zur Welt bringen will, ist mehr als ein Behältnis oder ein trächtiges Tier; sie vollzieht den Schöpfungsakt ebenso bewußt wie die genetische Mutter, und ihr Menschsein ist davon tief berührt.« Feministinnen protestierten, der Begriff »Leihmutter« sei eine patriarchalische, kapitalistische Wortschöpfung, die die Frau entwerte und zugleich aus ihr Profit schlage. Eine »nicht verwandte« Mutter, die ein Kind unter Schmerzen gebäre, sei eine genauso »wirkliche« Mutter wie jene, aus deren Eierstöcken das Ei entnommen wurde. Die vielen Gänsefüßchen in dieser Debatte zeigen, wie die Soziologin Barbara K. Rothman schreibt, in welchem Maße die neuen Fortpflanzungstechnologien dazu führen, Mutterschaft »ersetzbar« und Mütter austauschbar zu machen.

»Kann der Feminismus in Geburt und Mutterschaft einen positiven Sinn entdecken, ohne vor einer Ideologie zu kapitulieren, die die Frau allein auf ihre Mutterrolle reduziert?« fragt Rosalind P. Petchesky. Können moderne

Akte von Couvade zu Fürsorge und geistiger Mutterschaft bei Frauen und Männern führen? Oder haben wir die Aufteilung zu akzeptieren, nach der man die Männer mit dem »Ursperma« assoziiert, die Frauen dagegen lediglich als »endokrinologisches Milieu«, als »alternative Reproduktionsmaschinen« oder als »therapeutische Modalitäten« betrachtet?[15]

Mit einem Salto rückwärts, der für unsere Kultur der Kopie so charakteristisch ist, wird die Couvade zu einem Erlebnis sowohl physischer und emotionaler Entfremdung als auch phantasievoller und leidenschaftlicher Bindung. In diesem Rahmen ist sie das Resultat eines historischen Alphabets künstlicher Arme, Brüste, Därme, Ellenbogen, Füße, Gelenke, Hände, Jochbeine, Kniescheiben, Lungen, Muskeln, Nieren, Ohren, Penisse, Regenbogenhäute, Speiseröhren, Trommelfelle, Unterschenkel, Vaginas, Wadenbeine und Zähne. Die Autobiografie, die Art, sich selbst in erzählender Form neu zu erschaffen, hat als Methode eine Begleiterin gefunden, die man Autobiologie nennen könnte. »Zur Jahrhundertwende« sagte ein Mediziner im Jahr 1982 am Institut für künstliche Organe voraus, »wird es für jedes wichtige Organ außer dem Hirn und dem Zentralnervensystem ein künstliches Ersatzteil geben.«

Als Prozeß der Entfremdung scheinen die neuen Technologien der Couvade uns darauf vorzubereiten, die Transplantation von fötalem Gewebe fast ebenso zu akzeptieren wie die von Augen, Nieren oder Herzen. Unsere Kultur der Kopie ermutigt uns zu glauben, wo die Nachbildung noch unvollkommen sei, könne Ersatz stets Hilfe bringen.

Außer unserer Unterschrift auf einem Spenderausweis, der in unserer Brieftasche schlummert, werden nur wenige von uns jemals vor die Entscheidung gestellt sein, tatsächlich eine Hand zu opfern oder ein Herz zu empfangen. Kaum jemand wird auch die delikate Entscheidung treffen müssen, einen anenzephalischen (hirnlosen) Fötus zu dem einzigen Zweck auszutragen, Organe für andere vom Tode bedrohte Neugeborene zu gewinnen. Deshalb will ich den Bereich derart heroischer und opfermutiger Schöpfungen rasch verlassen und mich kurz Neuschöpfungen zuwenden, die weit prosaischer, egoistischer und verbreiteter sind.

Im Schönheitssalon um die Ecke gibt es bald das Dauer-Make-up, dessen Lidstrich und Lippenrouge so lange halten wie man selbst. Die Implantation von Pigmenten ist »nicht einfach eine Schönheitskur, sondern die Möglichkeit, einem Menschen seine Selbstsicherheit wiederzugeben«, lautet ein Werbespruch. Die kosmetische Wiedergeburt unserer selbst wird also weniger oberflächlich und weniger vergänglich. Die Kunst des Make-up (der Bemühungen um das Aussehen) verschmilzt so mit der Kunst der Schönheitschirurgie, wie diese sich ihrerseits der Autobiologie annähert.

Entstellungen, die durch Geburt, Unfall, Gewalteinwirkung oder Krankheit entstanden, haben über die Jahrhunderte Chirurgen dazu herausgefordert, Menschen ihr ursprüngliches Aussehen zurückzugeben. Im 19. Jahrhundert wurde die Wiederherstellungschirurgie weniger gefährlich und leichter zu ertragen: Die Anästhesie gab den Chirurgen genügend Zeit, an einem ruhiggestellten Patienten zu arbeiten, und die Aseptik schränkte das Infektionsrisiko ein. Wiederherstellungsverfahren wurden damals nicht nur angewandt, um eine Hasenscharte, eine Verbrennung oder eine unansehnliche Operationsnarbe zu beseitigen, sondern auch bei sozialen und psychologischen Verletzungen, vor allem bei Menschen, deren Nase sie nach physiognomischen Abhandlungen oder politischen Karikaturen sofort als gefühlloser Rohling, Lügner, Ire oder Jude verriet. Die Ärzte Dr. Jonathan M. Warren in Boston und John O. Roe in Rochester im Staate New York, korrigierten die Boxernasen der Iren, während Jacques Joseph in Berlin die Nasen osteuropäischer Juden weniger groß, dick und gekrümmt modellierte. So wie er seinen eindeutig jüdischen Namen Lewin gegen den neutraleren Joseph eingetauscht hatte, formte er nun unauffällige Nasen, die ohne weiteres als nichtjüdisch durchgingen.

Einen physisch gesunden Menschen zu operieren, erforderte im Jahr 1898 noch gewichtige Gründe. Joseph erklärte deshalb, er heile damit schwere Depressionen. Lavater hatte ein Jahrhundert zuvor behauptet, daß eine Hakennase von einem melancholischem Charakter zeuge. Nach Joseph rührt umgekehrt die Melancholie gerade vom sozialen Handicap der Hakennase her. Dr. Wilhelm Fliess, ein Freund Siegmund Freuds, operierte die dicken Nasen von 144 jüdischen Frauen und 12 jüdischen Männern, um diese von ihren nervösen (sexuellen) Störungen zu befreien. Joseph korrigierte zu große oder stark gebogene Nasen von Hunderten von Juden, um ihnen Melancholie und Schamgefühle zu nehmen. Selbst für eine aktive Zionistin könne derartige chirurgische Tarnung von Nutzen sein, um antisemitische Angriffe zu vermeiden, empfahl ihr Arzt im Jahr 1908.[16]

Ein Jahr zuvor hatte Charles C. Miller in Chicago das erste Buch in englischer Sprache über plastische Chirurgie veröffentlicht. Er war Experte für

Schlupflider, Krähenfüße und das allgemeine Liften des Gesichts, »um die Konturen der Jugend wiederherzustellen«. Das jugendliche Aussehen einer französischen Schauspielerin, die nach einem Gastspiel in Amerika im Jahr 1912 mit einem Facelifting zurückkehrte, inspirierte die Pariser Ärztin Suzanne Noel, ihre eigenen Verfahren weiterzuentwickeln. Erfahrungen dafür hatte sie im Ersten Weltkrieg sammeln können, als sie und viele andere Chirurgen von Schrapnells zerfetzte Körper wieder zusammenflicken mußten. Bei der Wiederherstellung von Gesichtern und beim exakten Anpassen von Gliedstümpfen an künstliche Glieder sammelten »ästhetische Chirurgen« enorme Erfahrung. Die Schönheitschirurgie, die es lernte, Ohren zu modellieren, Falten von der Stirn, Tränensäcke unter den Augen, eingefallene Wangen und das Doppelkinn ohne sichtbare Spuren zu entfernen, erlebte in den zwanziger Jahren einen enormen Aufschwung. Schließlich war sie sogar in der Lage, Frauen die Brust zu verkleinern und Fettgewebe vom Bauch abzutragen. In Chicago veranstaltete Dr. Max Thorek sogenannte »Fettentfernungen«, um jungen amerikanischen Tänzerinnen, Sängerinnen und Hausfrauen »mentales Gleichgewicht und Energie« zurückzugeben. Dr. Noël unterzog ältere französische Schauspielerinnen und Mannequins alljährlich einer Behandlung, um ihre jugendliche Erscheinung zu erhalten. Wenn eine Frau ihr Haar regelmäßig färbte und täglich Gymnastik trieb, um in Form zu bleiben, warum sollte sie dann nicht einmal im Jahr die Praxis von Dr. Noël aufsuchen, um sich runderneuern zu lassen?

»Mit den enormen Veränderungen im Charakter der Menschen und der Entwicklung eines vergnügungssüchtigen Menschenschlags anstelle der seriöseren Typen der Vergangenheit«, schrieb Dr. Miller 1924, »ist eine Nachfrage nach Schönheitsoperationen entstanden.« Das war eine sehr schwache Erklärung, denn die Operationen hatten oft schmerzhafte Folgen, und die Haut blieb monatelang äußerst empfindlich. Miller kam der Wahrheit schon wesentlich näher, als er schrieb: »Die schönsten Frauen in mittlerem Alter können kein amerikanisches Publikum mehr begeistern. Zeichen der Reife dürfen bei Frauen nicht zu erkennen sein.« Die volle Wahrheit war das zeitliche Zusammentreffen der *plastischen* Chirurgie mit der Vereinnahmung der Schwangerschaft durch die Gynäkologen und der Verbannung des Todes ins Hospital. Wie Leben und Tod wurde Schönheit nun zu einer Angelegenheit der Medizin. Die volle Wahrheit war das Zusammenfallen der *ästhetischen* Chirurgie mit einer Mode, die die Kleiderschichten der viktorianischen Zeit abwarf. Schließlich das Zusammentreffen der *kosmetischen* Chirurgie mit den durch Film und Industrie propagierten Schönheitsvorstellungen, die einen idealen menschlichen Körper und ein schnittiges Cabrio gleichermaßen zum Ziel hatten.

Langfristig verspricht die kosmetische Chirurgie, dem Menschen ein Aussehen zu verleihen, das das Alter Lügen straft. »Ich schaue in den Spiegel, und was ich sehe, bin nicht ich. Ich fühle mich innerlich jung. Ich möchte so aussehen, wie ich mich fühle.« Sozialpsychologen, Therapeuten und Chirurgen warnen vor übertriebenen Erwartungen und der Tendenz zur »Polychirurgie« – einer dritten, vierten und fünften Operation, um einem Körperteil exakt die gewünschte Form zu geben, um »dieses ganz eigene Bild – nicht alt, nicht jung, sondern eben straff« zu erhalten oder um Teile des Körpers zu ersetzen, die plötzlich alt oder unansehnlich wirken im Vergleich zu dem, was heute als normal gilt. Menschen, die von Schönheitsoperationen besessen sind, versuchen vielleicht nur, sich mit ihrem Körper ein Alibi dafür zu verschaffen, was in ihrem Leben schiefgelaufen sein mag. Sie können schließlich in einen Zustand »trügerischer Nachbildung« verfallen, da sie in der Vorstellung leben, für jedes defekte Körperteil stünden ihnen vier oder fünf perfekte Ersatzteile zur Verfügung.[17]

Aus der Couvade als dem Austragen eines Kindes, eines zweiten Wesens, ist dank der plastischen Chirurgie die Wiedergeburt des Menschen selbst geworden, der eine zweite Chance im Leben erhält. So täuschte man in dem 1966 entstandenen Film *Der Mann, den es zweimal gab* den Tod vor und führte eine umfassende Schönheitsoperation aus, so daß Erwachsene, die ihres Lebens überdrüssig waren, mit einem neuen Gesicht noch einmal von vorn beginnen konnten. Oder jene, die sich in den falschen Körper geboren fühlten, erhielten die Chance, als Erwachsene im richtigen Körper zu leben. Wenn es bei der Wiederherstellungschirurgie darum geht, Entstellungen zu korrigieren, die die »Wirksamkeit eines Menschen als moralischer Akteur« beeinträchtigen, wenn kosmetische Chirurgie die »Erscheinung vervollkommnet« und Männern eine künstlich aufgebaute Männlichkeit und Frauen eine ebensolche Weiblichkeit verleiht, dann sind Operationen zur Geschlechtsumwandlung wohl die vorletzte Form von beidem und von Couvade. Durch diese transsexuelle Operation zur »Geschlechtsbestätigung« wird der Mensch der Andere, den er sein ganzes Leben lang in sich getragen hat.[18]

Anfang des 18. Jahrhunderts begannen homosexuelle Männer in London eine eigene Subkultur zu entwickeln. Maskeraden wurden zu beliebten Unterhaltungen, wo Männer und Frauen sich mit Begeisterung als das jeweils andere Geschlecht verkleideten. Aristokraten, die in zweifelhaften Häusern verkehrten, legten Frauengewänder an, »versuchten zu sprechen, zu gehen, zu schnattern, zu kreischen und zu zanken wie Frauen und sie auch in anderen Aspekten nachzuäffen«, wozu die Entbindung als Possenspiel mit stöhnenden »Müttern«, Hebammen und Holzpuppen als Babies gehörte. Dieselbe europäische Gesellschaft, die für Sodomie immer härtere Strafen verhängte, fand Gefallen an derartigem Mummenschanz. Dieselbe Gesellschaft, die Zwittern mit Scheu begegnete, erlag der Faszination von Zwillingspaaren mit vertauschtem Geschlecht.[19]

Historiker sehen all dies als den Beginn der »Herausforderung der traditionellen moralischen und psychischen Grenzen« *oder* des modernen Dogmas von zwei gegensätzlichen Geschlechtern, die durch eine deterministische Biologie festgelegt sind; als die Entstehung des »bisexuell angelegten« Subjekts *oder* seine Unterdrückung durch die Wissenschaft; als Vertiefung der Ambiguität des Geschlechts *oder* seine Fetischisierung; als Bestimmung eines »Raumes von Möglichkeiten« für eine fließende Identität *oder* die Einengung des Individuums auf seine Fortpflanzungsphysiologie.[20]

Die Chirurgie der Geschlechtsumwandlung vertieft die Zweideutigkeit der Wissenschaft und die weitverbreitete Sorge über eine mögliche künstliche Geschlechts(neu)gestaltung. Wenn »Transvestismus wie die Wiederholung den Gedanken an ein ›Original‹ und einen festen Ausgangspunkt, in Frage stellt«, dann weckt Transsexualismus Zweifel am Gedanken einer Abgeschlossenheit, eines ruhenden Punktes bei der Bestimmung des Geschlechts. Wenn »Transvestismus wie die Kopie oder die Nachbildung die ›Identität‹ zerstört und sie lediglich als die äußere Erscheinung« und nicht als Grundlage des Seins enthüllt, dann kehrt Transsexualismus die Identität wie im Spiegelbild um und ... was weiter? Ist die »Neubestimmung des Geschlechts« auf chirurgischem Wege dazu geeignet, die biologischen Grundlagen von Männlichkeit und Weiblichkeit zu bestätigen oder zu untergraben? Bestätigen: Der Transsexuelle fühlt sich nicht vollwertig als Mann oder Frau, bis er nicht – soweit das möglich ist – mit den Organen von Mann oder Frau ausgestattet ist. Untergraben: Der Transsexuelle als metamorphe Gestalt beweist, daß weder Vererbung noch Körperbau die Gefühle und die Überzeugung von Männlichkeit oder Weiblichkeit unwiderruflich bestimmen. Transsexuelle scheinen ein System, das die Zuordnung des Geschlechts auf Grund der sexuellen Merkmale vornimmt, zugleich in Frage zu stellen und zu bekräftigen. In Frage stellen: Bereits vor der Operation an Geschlechtsorganen, Brust und Adamsapfel ist der/die Transsexuelle sicher, daß er/sie im »falschen« Körper lebt. Bekräftigen: Auch nach der Operation, deren Ausmaß außer dem Sexualpartner kaum jemand bemerkt, sind einige Transsexuelle erst dann vom Erfolg des Ganzen überzeugt, wenn sie auf konventionellste Weise die Rolle des Geschlechts auszuüben vermögen, dem sie nun körperlich mehr oder weniger angehören.[21]

Den Transvestiten treibt die Leidenschaft, sich als Mann oder Frau auszugeben und die Eigenschaften des Mannes/der Frau herauszustellen, die die Gesellschaft besonders beachtet. Der Kick des Transvestismus ist die Überschreitung des Erlaubten, egal ob dies nun insgeheim geschieht oder auf schrille Weise vorgeführt wird. Der Transsexuelle geht weiter: er strebt eine neue Geburtsurkunde an.

Sowohl der Mann-Frau-Transvestit als auch der Mann-Frau-Transsexuelle, ob nun Homo oder Hetero, werden von der Vorstellung heimgesucht, schwanger zu sein, ein Kind zu gebären, so wie sie die Frau in sich ans Licht gebracht haben. (»In jedem Manne steckt ein Stück ›Frau‹«, erklären die männlichen Transvestiten der Gesellschaft für das Zweite Ich.) Die meisten Geschlechtsumwandlungsoperationen verlaufen vom Mann zur Frau. Das ist gleichsam eine doppelte Couvade, denn als Geburtshelfer agiert in der Regel ein männlicher Chirurg, der die verborgene Frau im Manne ans Licht bringt und in ihr neues Leben begleitet. So sah Lili Elbe, eines der ersten Produkte der Geschlechtsumwandlung vom Mann zur Frau in den Jahren 1929/30, die zuvor der Maler Andreas Sparre gewesen war, ihren Chirurgen Werner Kreutz als Erlöser: »Ich fühle mich so verändert, daß mir scheint, Sie hätten nicht meinen Körper, sondern mein Gehirn operiert.« Als sie Sparres Geburtsort in Dänemark besuchte, fühlte sie sich fremd. »Ich bin ein neuer Mensch«, schrieb sie an Kreutz. An der Elbe, »in Dresden haben Sie mich neu zur Welt gebracht«. Aber sie meinte, um ganz Frau zu sein, müsse sie auch gebären. Im Juni 1931 begab sich Lili für eine weitere Operation zu Dr. Kreutz, der »es möglich machen sollte, daß sie Mutter werde«. Sie starb in jenem September an einer »Herzlähmung«, »seit langem wissend, daß das Leben einer Frau aus Trauer und Sehnsucht besteht«.

Trauer um den männlichen Zwilling, das Ungeheuer, das nun verdrängt war ... Lili sprach so von Andreas, als sei er ein verschwundener Zwilling. Sehnsucht nach einem Baby, wie sie der Mann-Frau-Transsexuelle im Jahr 1980 empfand, der nach einem Kind verlangte, nachdem er die Ehefrau von James Noyes geworden war. Beide verpflichteten eine Leihmutter, um durch künstliche Befruchtung eines für sie zu empfangen. Die Chirurgie der Geschlechtsumwandlung dreht die Uhr im endokrinomythologischen Sinne bis zu der Zeit *vor* der Geburt zurück, da der Hypothalamus des weiblichen Fötus nicht ausreichend gegen männliche Neurohormone geschützt und der Druck der männlichen Chromosomen schwach ist.

Wenn Transsexuelle als Frauen beginnen und den Mann in sich zum Vorschein bringen, dann ist die Couvade weniger eine Korrektur des Geschlechts des Fötus als vielmehr eine Usurpation der Persönlichkeit weit nach der Geburt. Seit Sophia Hedwig im Jahr 1880 den Namen Herman Karl annahm und nach einer operativen Geschlechtsumwandlung von einer Frau zu einem Mann wurde, hat es nur wenige Transsexuelle dieser Art gegeben. Die Kulturgeschichtlerin Marjorie Garber vermutet, dies liege an dem im Westen verbreiteten Widerwillen zuzugeben, es sei ebenso leicht, einen Mann wie eine Frau zu konstruieren. Während Frauen mit ihren Perücken und ihrer Kosmetik, ihren Brustimplantaten und tätowierten Lidstrichen offensichtlich Kunstprodukte darstellten, seien Männer (so sagen Männer) *echt*, kompakt, dauerhaft und nicht zu imitieren. Weiblichkeit an sich sei eine Maskerade. Chirurgen hüteten sich, so Garber, diese Maskerade außer Kontrolle geraten zu lassen, indem sie einen brauchbaren, ästhetischen Penis für eine Frau formten, die unbedingt ein Mann sein wolle.

Aber nun haben wir ja das Klonen. Der Mythos der Couvade spricht von halber Schwangerschaft. Die Sage vom Klonen berichtet, wir könnten uns neben uns selbst stellen und andere gebären, die unsere Nachkommen, Zwillinge, Zellgefährten und Altersgenossen zugleich seien. Das ist unmöglich. Wir können uns nicht wie die Formwandler in John Brunners Roman *Double, Double* durch Spaltung und Verdopplung selbst reproduzieren. Wir sind bereits in der Lage, einen aus zwei Zellen bestehenden Embryo zu teilen, die beiden Zellen in Nährlösung zu legen, zum Wachsen anzuregen, verschiedenen Frauen einzupflanzen und auf diese Weise von unterschiedlichen Müttern eineiige Zwillinge zur Welt bringen zu lassen.

Wir können eine oder beide Zellen einfrieren und später verpflanzen, wodurch genetisch identische Kinder im Abstand von Jahren geboren werden. Wir werden bald in der Lage sein, die Parthenogenese zu praktizieren, indem wir den Kern eines Keimbläschens in ein anderes verpflanzen, dessen eigener entfernt wurde. So können (ohne die Chromosomen der Mutter oder das Sperma des Vaters) eine endlose Zahl von Mehrlingsembryos produziert werden. Aber wir können nicht garantieren, daß unsere Tugenden, unsere Intelligenz, unsere Kunstfertigkeit oder Vitalität diese Embryoklone bis ins Erwachsenenleben begleiten oder daß andere genetische Merkmale sich nicht in gleichem Maße ausprägen werden. Angesichts der Unwägbarkeiten von Umwelt und Entwicklung, schrieb ein Biologe 1979, »erwarte ich nicht, Zeuge der Produktion von Menschen nach Blaupausen zu sein«.[22]

Die Blaupause hätte eigentlich längst der Biologie weichen müssen, wie das Pauspapier der Xerokopie den Weg freigeben mußte. Aber weit gefehlt. Die Blaupause prägt unser Verständnis der »natürlichen« Sequenzen bei der Reproduktion von Lebewesen: Die Metaphern der Molekularbiologie sind komplementäre Paare und exakte Transkription. Die Doppelhelix der DNA wird von »Basenpaaren« zwischen ihren beiden Strängen stabilisiert, die durch »Wasserstoffbrücken« entstehen. Der »Bauplan« der DNA wird über die Synthese von Boten-RNA »transkribiert«. All das soll eine »äußerste Exaktheit der Kopie« sicherstellen.

Das Pausen ist für uns Kohlenstoffeinheiten eine direkte Analogie zum Prozeß der Nachbildung, eine Darstellung der Couvade und die Vorwegnahme des Klonens und bedeutet damit nichts anderes, als daß wir uns einem anderen Wesen aufprägen und uns dabei selbst neu erschaffen. Die Blaupause schenkt uns einen liebenden Zwilling, einen fröhlichen Begleiter. So wie man in optimistischer Science fiction Klone in engster Gemeinschaft findet – erfahren im Teilen, »unerfahren in der Einsamkeit«.

Nicht die Aussicht des Klonens selbst, des Klonens als Couvade, sondern die Vorstellung von seinem Mißlingen, der Schaffung von Doppelgängern läßt die glückliche Vision zum Schreckensbild werden. Rollin D. Hotchkiss von der Rockefeller University, der den Begriff »Gentechnik« prägte, warnte in seinem zukunftsweisenden Aufsatz von 1965, daß bei dem Versuch, »den edelsten der Römer zu erschaffen, man unabsichtlich einen Shakespeareschen Dogberry oder Caliban«, ein Wesen ohne soziales Gewissen, produzieren könnte. Schließlich zielen die Argumente gegen das

Klonen auf dessen (und meine) Neigung zu derartigem Egoismus, daß ein Exemplar von mir selbst niemals genug sein wird, daß jedes meiner Doubles die Würde meines multiplen Ichs für sich beanspruchen und die anderen verachten könnte. Was aber in unserer Welt der vielen Zweiten am meisten zu fürchten ist, sind Menschen, die es nicht vermögen, anderen in etwas nachzustehen.

IV. Zweite Natur/Reprise: Vielfalt

> Der, destilliert mit Zauberflüchen,
> Ruft Geister, die mit list'gen Sprüchen
> Ihn mächtig täuschen, daß Beschwörung
> Ihn treibt in Wahnwitz, in Zerstörung.
>
> *Macbeth III, 5*

Wie sehr wir auch dem Einzigartigen und Originellen nachjagen, droht unsere Kultur der Kopie die Vielfalt der Erscheinungen mehr und mehr abzubauen. Zwar sind wir bei der Produktion von Menschen noch nicht weit genug gekommen, um ihre Vielfalt schwinden zu sehen. Aber Weizensorten oder weiße Mäuse zeigen uns, was wir bereits angerichtet haben.

Alexander Pope, Dichter und Gärtner im England des 18. Jahrhunderts, beklagte die Mode des Beschneidens der Bäume, die Beseitigung jeglichen Wildwuchses, so daß »jede Lady, der es einfällt, ihr eigenes Ebenbild in Myrte oder das ihres Gemahls in Weißbuche haben kann«. Das Bäumebeschneiden blühte in England unter der Herrschaft von Wilhelm III. und Maria (1689–1702), in deren Heimat Holland es von Eiben wimmelte, die man zu Vögeln, Hunden, Männern und Frauen zurechtgestutzt hatte. Derartige Anlagen hatten die Üppigkeit eines Garten Eden – ganz in Liguster, »der dazu geeignet ist, in welche Form man auch immer will, geschnitten und gezogen zu werden«, schrieb ein Enthusiast im Jahr 1629. Pope fand das 1713 gar nicht amüsant. Ihm mißfielen die »monströsen Versuche, die jede Kunst Lügen straften: Wir betätigen uns als Bildhauer und freuen uns mehr daran, unseren Bäumen die peinlichsten Formen von Menschen und Tieren zu geben, statt sie nach ihrer eigenen Art wachsen zu lassen.«

Anzeige von 1972 für Boehms Porzellanblumen, die nicht nach der Natur geformt waren, sondern »in den kleinsten Nuancen von Farbe und Form« den Glasblumen aus dem Fogg Museum der Harvard University nachempfunden waren. (Mit freundlicher Genehmigung der Edward Marshall Boehm Company)

War derartige »Kunst« noch zu aufdringlich für Popes erhabenen Geschmack, paßte sie doch sehr gut zur natürlichen Künstlichkeit, von der die Viktorianer schwärmten: »Ich liebe die Kunst des Bäumeschneidens«, schrieb einer, »mit ihrer Ordnung und Korrektheit, mit ihrem offenen Bekenntnis zur Künstlichkeit.« Dies sei »der passendste Übergang von der Architektur des Hauses zur natürlichen Schönheit von Wiesen und Gehölz«. Während Damen feine Wachs- und Seidenblumen um falsche Früchte garnierten, formten Landschaftsgärtner ihre Gewächse zu Katzen, Schwänen und Himmelstoren.

In Paris, London, Nürnberg und New York formten Kinder und Frauen Blüten aus Taft, Batist, Seide, Samt oder Baumwolle an langen Tischen in Räumen, in denen die Luft von Arsendämpfen geschwängert war. Sie bemalten die Blütenblätter künstlicher Astern, Veilchen, Fuchsien, Kamelien, Dahlien, Hyazinthen, Stiefmütterchen, Nelken und Vergißmeinnicht. Die Blumenmacherinnen, schrieb ein Zeitzeuge 1878, schufen »wunderbar perfekte Imitationen, sie formen jedes Fältchen, jedes Äderchen, jedes

Fleckchen, jedes Pünktchen und Fädchen so naturgetreu nach, daß man ein Vergrößerungsglas braucht, um zu erkennen, daß es ein Kunstprodukt ist«.

Als man im Jahr 1900 die Arbeiten von Gregor Mendel wiederentdeckte, zogen die Pflanzenzüchter erneut an den Kunstblumenmachern vorbei, indem sie Pflanzen so miteinander kreuzten, daß einheimische Arten bestimmte Eigenschaften exotischer Spezies annahmen. »Die neue Konzeption der Pflanzenzüchter von der Vielfalt als veränderliche Gruppen muß die alte Vorstellung von fixen Formen zufälliger Herkunft ersetzen«, schrieb ein amerikanischer Baumwollzüchter im Jahr 1905. »Wir brauchen nicht mehr darauf zu warten, daß die Natur bei Massenanpflanzung die Mängel ausgleicht.«

Die Massenanpflanzung, um nützliche Exemplare zu finden, wurde von der intensiven Suche nach Keimplasma mit nützlichen Genen und von einem agroindustriellen Programm zur Produktion von Hybriden abgelöst. Im Jahr 1936 waren dies Kreuzungen zweier gezüchteter Linien, die hohe Erträge brachten, aber nicht fortpflanzungsfähig waren. Paradoxes Ergebnis der Vision der Züchter, »Organismen zu schaffen, die sich von allen bisher existierenden unterscheiden«, war eine Abnahme der vorhandenen Zahl offen bestäubter Sorten, was die Farmer in größere Abhängigkeit von wenigen Firmen brachte, die die Hochleistungssorten kontrollierten. Hybridgetreidearten, deren genetische Gleichförmigkeit sie für Schädlinge und Krankheiten anfälliger machte und die wegen ihres starren Strohs schwerer von Hand zu ernten waren, erforderten größere Farmen, die allein in der Lage waren, die zusätzlichen Kosten für das Versprühen von Chemikalien und die maschinelle Ernte aufzubringen. Ein Rückgang der Artenvielfalt war bei Weizen, Baumwolle, Gurken, Blumenkohl, Zwiebeln und Tomaten festzustellen. Im Jahr 1969 waren 96 Prozent der Anbaufläche für Erbsen in den USA mit einer von zwei Sorten bepflanzt. Die Vereinten Nationen zeigten sich besorgt über eine »genetische Erosion«, das weltweite Verschwinden einzigartiger Kulturpflanzen auf Grund von Flurbereinigung und dem Anbau von Kulturen mit Samen, die multinationale Korporationen sich patentieren ließen.

Patentieren? Ist nicht jeder Samen »ein Mechanismus, so sicher wie ein Einkaufswagen«? So wird es zumindest im Pflanzenpatentierungsgesetz der USA von 1930 behauptet, das forderte, daß jeder »erfundene« (d. h.

durch geschlechtslose Vermehrung entstandene) Samen lediglich neu sein und sich von bereits vorhandenen unterscheiden müsse. Ein weiteres Gesetz von 1970 schrieb vor, daß für neue, geschlechtlich vermehrte Pflanzen Schutzzertifikate für die Dauer von 17 Jahren auszustellen waren. 1985 erging ein Beschluß des US-Amtes für Patentangelegenheiten über den kommerziellen Schutz von Pflanzenteilen – Wurzeln, Knollen, Blättern, Früchten, Blüten und Samen. 1990 erhielt das Unternehmen Biotechnica International das erste Patent für eine genetisch manipulierte (Mais-)Pflanze, die man (zur Verbesserung des Proteingehalts) mit einem fremden Gen ausgestattet hatte. Unsere Kultur der Kopie hat mit dem Oxymoron »künstliche Samen« die Reproduktion des Lebens und die leblose Reproduktion miteinander verschmolzen. Wenn es auch (noch) keine künstlichen menschlichen Eier gibt, so existieren dank der In-Vitro-Zucht von Embryogewebe Milliarden von Klonen in einer Gel- und Polymerhülle, die nur darauf warten, identische Setzlinge von Kaffeesträuchern, Reispflanzen und Douglastannen zu treiben. Der nächste Aufwuchs der Wälder kann in der Tat von einer Zweiten Natur sein.

Die so entstandene Zweite Natur ist in allem von uns abhängig. Hybride mit einer Lebensdauer von drei bis zehn Jahren können nur noch mit Hilfe unserer Chemikalien überleben. Aus Profitgründen züchten Firmen Samen, deren äußere Hülle gegen immer höhere Konzentrationen ihrer eigenen Herbizide resistent ist. Wenn man sie nach Asien oder Afrika zurückbringt, wo der Westen ursprünglich die Samen für die meisten Kulturen erwarb, kann diese Zweite Natur ganze Länder veröden lassen, die ohnehin schon ihren Reichtum an Keimplasma verloren haben und auf die Kosten und Folgen unkontrollierten Ausbringens von Chemikalien überhaupt nicht vorbereitet sind. Unsere Tendenz, die Natur als ständiges Ersatzteillager anzusehen, wo alles überall bestellt ist, »auf der Stelle zur Stelle zu stehen, und zwar zu stehen, um selbst bestellbar zu sein für ein weiteres Bestellen« (wie Heidegger schrieb), geht einher mit einer Tendenz zur falschen Identität, nach der das Leben, das wir manipuliert haben, hingestellt wird als »das Beste, was die Natur zu bieten hat«.

Genetisch manipulierte Samen können instabil sein wie andere unserer Kreaturen – Shakespeares Caliban oder Frankensteins Monster, die nicht in der Lage sind, sich selbst fortzupflanzen. Sie können ihrerseits gefährlich einfache Veränderungen in Krankheiten oder Krankheitserregern auslösen.

Eine einzige derartige Mutation reicht aus, um diese gegen ganze Gruppen von Chemikalien resistent zu machen. Auf Grund der wirtschaftlichen Umstände *haben* wir bereits eine deutlich verringerte genetische Vielfalt. Werden wir unserer Verantwortung gegenüber künftigen Generationen gerecht, wenn wir ihnen perfekte Samen liefern, die, weil technologisch beschnitten, sich am Ende als steril und schutzlos erweisen?[23]

In den siebziger Jahren wurde die Welt mit einer hochreinen Kultur von *Streptomyces vellosus* Dietz überrascht – weder Pflanze noch Tier, sondern ein nützlicher Mikroorganismus. In den USA patentierte man ein Verfahren, in dem *Streptomyces vellosus* das Antibiotikum Lincomycin produziert. Bereits seit 1873 (im Falle von Pasteurs gereinigter Hefe) hatte es Präzedenzfälle von Patenten für Verfahren gegeben, in denen einzellige Organismen als Katalysatoren oder mikroskopische Fabriken benutzt wurden. Es bestand die Aussicht, andere Bakterien für die Herstellung großer Mengen von Insulin, Interferon oder dem menschlichen Wachstumshormon einzusetzen. Das Patentamt lehnte es jedoch ab, die Bakterie selbst zu patentieren. Waren im Gesetz zum Schutze der Pflanzenarten Pilze und Bakterien nicht ausdrücklich ausgenommen? Außerdem existierte *Streptomyces vellosus*, wenn auch nicht in hochreiner Form, in der Natur und war damit von vornherein ausgenommen, damit nicht, wie ein Beamter bereits 1889 warnte, Patente »für die Bäume des Waldes und die Pflanzen der Erde erworben werden können, was unvernünftig und unmöglich wäre«. Das Berufungsgericht für Zoll und Patente hob dieses Urteil auf und ließ 1977 das Patent zu. Dabei argumentierte es, »biologisch reine Kulturen von Mikroorganismen« stünden »leblosen Chemikalien wie Reagenzien oder Katalysatoren viel näher als Pferden und Honigbienen oder Himbeeren und Rosen«. Mikroorganismen seien häufig nur »eine Art Werkzeug«, um Bier zu fermentieren oder Abwasser zu klären. »Kurz gesagt, wir meinen, die Tatsache, daß Mikroorganismen im Unterschied zu Chemikalien Lebewesen sind, hat rechtlich keine Bedeutung.« Dem widersprachen die Richter Miller und Baldwin: Die Unterscheidung einer Bakterie von einer Honigbiene oder einer Rose sei »völlig unbegründet und eindeutig falsch«.

Vielleicht war sie falsch, aber in einer Kultur der Kopie, wo alles Leben von Nachbildung und Transkription bewegt zu werden scheint, ist es nicht länger unmöglich oder unvernünftig, lebende Wesen zu patentieren, wenn sie *unsere* Kreaturen sind. Das Gericht behauptete 1977, es entscheide nicht darüber, ob »Lebewesen generell« patentierbar seien. Diese Entscheidung aber kam drei Jahre später, und sie fiel positiv aus: Eine gentechnisch manipulierte Bakterie (eine gutartige, die ausgelaufenes Rohöl zu spalten vermag) sei patentierbar, entschied das Oberste Gericht der USA. Die besagte Bakterie war eine Schöpfung Ananda Chakrabartys von General Electric, des Unternehmens, das mit dem Slogan für sich wirbt: »Wir erwecken Gutes zum Leben.«

Weit davon entfernt, ein Wesen zum Leben zu erwecken, hatte Chakrabarty lediglich (?) dessen Innenleben verändert, indem er vier verschiedene ölabbauende Plasmide in eine *Pseudomonas*-Bakterie eingepflanzt hatte, wo sie sich außerordentlich wohlfühlten. Das genügte für ein Patent. Wie andere Erfindungen mußte die neue Bakterie nicht unbedingt in ihrem Ursprung und in allen ihren Aspekten neu sein. (Schließlich entstanden und entwickeln sich Bakterien seit 3,5 Milliarden Jahren.) Sie brauchte nur eine bisher nicht bekannte Anpassung oder Verbesserung darstellen – wie polyploide Austern, deren Gene man mehrfach kopierte und die 1987 patentiert wurden, oder eine besondere Maus, die 1988 ein Patent erhielt.

Die OnkoMaus, für die DuPont eine Handelsmarke eintragen ließ, war von ihrer Evolution her eigentlich eine Mißgeburt. Sie besaß zwei kopierte Gene, die sie für Brustkrebs disponierten. Wir, die wir uns als Primaten genetisch erst seit kurzem, seit etwa 60 Millionen Jahren von den Nagetieren unterscheiden, sind nun dabei, Mäuse für unsere eigenen Entwicklungsziele zu züchten – als Versuchstiere, geschaffen, um an einer schweren Krankheit des Menschen zu leiden. Seit 1907 kultivieren Biologen einfache Tierzellen. Seit 1943 sind sie in der Lage, Hühnerembryos und Gewebe von Mäusen zu züchten. Seit 1974 implantieren sie genetisches Material in die Brustzellen von Embryonen, um zu beobachten, ob sich dadurch Fremdgene ausprägen. In einigen Fällen gelang dies. *Transgene* Tiere gaben Informationen aus Fremdgenen an ihre Nachkommen weiter, wo sich diese zuverlässig ausprägten. Bei Mäusen, argumentierten die Biologen Richard D. Palmiter und Ralph D. Brinster im Jahr 1985, sei dies natürlich: »Alle Mäuse sind in dem Sinne transgen, daß fremde DNA, besonders von Viren, während ihrer ganzen Evolutionsgeschichte stabil integriert wurden.« Das US Office of Technology Assessment ging 1989 noch weiter: »Die Natur stellt klar: Es gibt keine universelle oder absolute Regel, nach der alle Arten eindeutig und unabänderlich definiert sind.« Himbeeren, Pferden oder

Bienen fremde Gene einzupflanzen verletze also nicht die Integrität der jeweiligen Art. So ist es nur ein weiterer Schritt in dem Beschneidungsverfahren, mit dessen Hilfe wir Hunde, Rinder, Pferde, Ratten und weiße Mäuse nach unserem Belieben züchten und formen.

Aber wie verhält es sich beim Menschen? Nein, erklärte hierzu der Chef des amerikanischen Patentamtes, Donald Quigg, im Jahr 1988. Seine Behörde werde keine Menschen patentieren. Eine Art Schutzfilm um *unsere* Art bewahrt uns vor unserer eigenen Logik – ungeachtet der Voraussage der Gentherapie, sie werde in der Lage sein, Gendefekte des Menschen zu reparieren, die solch schwere Krankheiten wie das Lesch-Nyhan-Syndrom verursachen, bei dem Kinder sich zwanghaft selbst verstümmeln, bis der Tod eintritt. »Wenn Menschen davon sprechen, Tiere zu manipulieren, indem sie ihr genetisches Wesen verändern«, warnte der Wissenschaftshistoriker Daniel Kevles 1993, »dann ist das etwas anderes, als Tiere zu züchten.« Aber transgene Tiere waren damals bereits ebensowenig tabu wie Transsexuelle. Drei weitere genmanipulierte Mäuse und ein Kaninchen (mit einer Disposition für Aids) waren bereits patentiert, einundvierzig andere Tiere warteten noch auf ihr Patent, die meisten ebenfalls »lebende Laboratorien« für die Erforschung einer bestimmten Krankheit des Menschen.

Das Europäische Patentamt hatte derartige Patentanträge zurückgewiesen, weil es Zweifel hatte, daß sie tatsächlich so »moralisch neutral« seien, wie ein Anwalt des Chemieunternehmens Monsanto behauptete. Die OnkoMaus, die »in wenigen Monaten zuverlässig Neoplasma produziert«, war das erste Tier, das allein zum Zwecke seiner Selbstzerstörung geboren wurde. »Wir können jetzt im Grunde genommen Tiere mit jedem nur denkbaren genetischen Defekt züchten«, strahlte ein Biomediziner. Kann da ein Tier wie der Homo sapiens lange zurückstehen? Bereits im Jahr 1994 wurde berichtet, daß genetisch manipulierte Mäuse menschliche Antikörper produzieren.

Über unserer Kultur der Kopie schweben ein Messer und eine Kralle – beide scharf geschliffen. Das Messer der Eugenik kann unsere Vielfalt im Namen eines perfekten Körpers reduzieren, der bereits als Embryo korrigiert wird, um solche »Unvollkommenheiten« wie eine Albinohaut, einen sechsten Finger, Linkshändigkeit, Kleinwüchsigkeit oder weibliche Züge beim Mann zu beseitigen. Die Kralle der Chimäre, nach klassischer Vorstellung vorn ein Löwe, hinten eine Schlange und dazwischen eine Ziege,

Staff Choir von C. T. Chew, 1990. Selbstporträt unter Zuhilfenahme von Photobooth, Canon Color Laser und Handkolorierung mit Bleistift und Akrylfarbe. (Mit freundlicher Genehmigung des Künstlers)

C. T. CHEW, CHEF DE CUISINE, AND STAFF CHOIR
DAVENPORT HOTEL, U.S.A. FEB. 1927.
'90

nach der modernen Biomedizin jedes transgene Tier, trägt eine nicht weniger schreckliche Botschaft in sich: Wir selbst könnten unseres Wesens verlustig gehen und zu einem bloßen Sammelsurium ausgewählter Tiere oder zu einer Kreuzung zwischen Säugetier und Maschine werden.

V. Trompe-l'oeil/Reprise: Virtuelle Realität

Du bist zu ähnlich Banquos Geist! Hinab!

Macbeth IV, 1

»Können Maschinen denken?« fragte der Mathematiker Alan Turing in der Zeitschrift *Mind* im Jahr 1950. Er schlug eine Reihe von »Imitations«-Spielen vor. Beim ersten befinden sich ein Mann und eine Frau in einem Raum, ohne daß sie der Befrager sehen kann. Aus schriftlichen, vom Bildschirm übermittelten Antworten auf seine Fragen soll er erkennen, wer der Mann und wer die Frau ist. Der Mann soll versuchen, den Fragenden hinters Licht zu führen. Die Frau soll ihm helfen, die Wahrheit herauszufinden.

Es ist merkwürdig, daß unser Nachdenken über den Unterschied zwischen menschlicher und maschineller Intelligenz damit beginnt, die Unterschiede zwischen Mann und Frau herauszufinden, wobei der Mann vorgibt, eine Frau zu sein. Merkwürdig, auch wenn man weiß, daß Alan Turing homosexuell war und sich 1954 mit einem vergifteten Apfel das Leben nahm. Das war die Konsequenz aus seinem Leben in der homophoben britischen Gesellschaft, der er seine Homosexualität 1952 offenbart hatte. Daraufhin verurteilte ein Gericht ihn zu einer Behandlung mit weiblichen Hormonen, die faktisch auf eine chemische Kastration hinauslief. Mußte es für einen schwulen Mann auch höchst bitter sein, sein Geschlecht zu riskieren, so folgte daraus noch nicht zwingend, daß er im nächsten »Imitations«-Spiel den Mann (den man für eine Frau gehalten hatte) durch eine Maschine ersetzte. Diese Substitution war eher eine Reaktion auf den jahrtausendealten Streit um Automaten.

Diese Debatte drehte sich, kurz gesagt, stets um die technische (magische) Fähigkeit, einen Golem, eine Kreatur zu formen, die aussieht und agiert wie ein Mensch. Dabei ging es gar nicht um Haut, Atem oder Blut, sondern darum, wie »echt« ein solches Wesen wirken kann. Bereits die babylonischen Juden erfanden vor Jahrtausenden einen Golem, den sie aussandten, um Rabbi Zera zu täuschen. Der Golem sprach ihn an, erhielt jedoch keine Antwort. Darauf sagte dieser zu ihm: »Du bist eine Schöpfung der Zauberer. Werde wieder zu Staub.« Später ging es nicht um Aussehen, sondern um Reaktion, Geselligkeit, Aufrichtigkeit – daher der Schock, als von Kempelens schachspielender Automat die Figuren vom Brett fegte, wenn der Partner betrog; daher das Drama von Rossums universellen Robotern, als einer von ihnen sich verliebte; daher das Lächeln der audioanimatorischen Figuren in Disney World. Je geschickter wir darin werden, lebende Wesen nachzubilden, desto mehr suchen wir nach sozialen oder immateriellen Eigenschaften (Treue, Liebe, Verzweiflung, Langeweile, Rivalität, Verwirrung), um uns selbst von unseren Schöpfungen zu unterscheiden, desto größeren Stolz empfinden wir aber auch gleichzeitig darüber, wie ähnlich sie uns sind.

Turing sah »wenig Sinn in dem Versuch, eine ›denkende Maschine‹ menschlicher zu gestalten, indem man sie in ... künstliches Fleisch hüllt«. Die Täuschung ob solcher Verkleidung sage nichts über die Mentalität der Maschine aus. Tatsächlich wäre es für einen Menschen schwieriger, glaubhaft zu machen, er sei ein mechanischer Rechner, als für einen entsprechend gestalteten Computer, er sei ein denkender Mensch. Turing, ein Intellektueller, dem Small talk ein Greuel war und der sich über viele gesellschaftliche Konventionen hinwegsetzte, lenkte den Streit über die Grenzen der Mechanik auf das Thema der Grenzen unserer Fähigkeit, soziale Simulation zu durchschauen.

Eine Frau kann ohne Operation auch auf kurze Distanz, auf der Bühne oder bei einer Party für einen Mann, ein Mann für eine Frau gehalten werden. Was wir von Männlichkeit und Weiblichkeit zu wissen glauben, ist soziales Wissen. Der Soziologe Harry M. Collins geht einen Schritt weiter: Computer werden »in Isolation aufgezogen«; wie können sie wissen, denken oder einen Dialog führen, wenn sie nicht in Gesellschaft leben? Wenn wir einer Maschine in solchem Ausmaß Denken zubilligen, nehmen wir sie dann nicht in unsere Kultur auf, und sei es nur als »soziale Prothese«?

Was geschieht umgekehrt, wenn der Befrager bei einem Turing-Test jeden Menschen für eine Maschine hält? Ist unsere Tendenz, beides miteinander zu vermengen, nicht eher ein historisches als ein philosophisches

Problem? »Die große Schwierigkeit, darüber zu entscheiden, ob eine Maschine sich wie ein Mensch verhält, liegt darin, daß die Menschen in ihrer Geschichte so lange Zeit wie Maschinen agiert haben«, schreibt der Philosoph Mark Halpern. »Es ist noch nicht klar, wie menschliches Verhalten sich gestalten wird, wenn überall Maschinen zur Verfügung stehen, die uns der Notwendigkeit entheben, sie nachzuahmen.« Wenn wir Maschinen Menschlichkeit zubilligen, dann geschieht das aus Nachlässigkeit. Haben wir einmal solch perfekte Diener, wie es intelligente Maschinen zu werden versprechen, dann entdecken wir vielleicht erst, wer wir wirklich sind.

Ob wir nun so lange mechanisch gewesen sind, daß wir unseren Diskurs nicht von dem besserer Maschinen unterscheiden können, oder wir die Gesellschaft von Maschinen dulden, die auf eine Art intelligent sind, wie wir Intelligenz auch untereinander definieren, provoziert uns Turings Test doch vor allem deshalb, weil unserer Kultur der Kopie die Tendenz zu Nachbildungen innewohnt, die über das Original hinausgehen. Eine aufschlußreiche Version des Turing-Tests liefe darauf hinaus, den menschlichen Befrager durch eine Maschine zu ersetzen: Wissen wir genug von uns selbst, um einen Computer so zu programmieren, daß er allein nach den Worten eine hochgezüchtete Maschine von einem Mann oder einer Frau unterscheiden kann?

Der englische Neurochirurg Sir Geoffrey Jefferson erklärte 1949: »Kein Mechanismus kann ... Freude über seine Erfolge empfinden, trauern, wenn seine Ventile durchglühen, strahlen, wenn man ihm schmeichelt, unglücklich sein, wenn er Fehler macht, sich an Sex erfreuen, ärgerlich oder unglücklich sein, wenn er nicht bekommt, was er sich wünscht.« Turing entgegnete, dieser Bezug auf innere Zustände sei trügerisch. Wir akzeptieren die üblichen Zeichen für Freude oder Trauer als Realität aus dem Bedürfnis nach sozialer Harmonie und nicht weil andere Menschen uns überzeugender als Maschinen beweisen können, daß sie denken oder Gefühle haben. »Die Ausgangsfrage: ›Können Maschinen denken?‹ halte ich für nicht diskussionswürdig«, erklärte Turing, denn das Denken trage seine Voraussetzungen in sich selbst. (Ich denke, glaube mir, also denke ich.) »Trotzdem glaube ich daran, daß sich zum Ende unseres Jahrhunderts der Gebrauch von Worten und erlernten Meinungen generell so verändert haben wird, daß man von Maschinen sprechen kann, die denken, ohne Widerspruch zu erwarten.« Dazu im schnellen Wechsel ein Werbespruch aus dem Jahre

1985: »WENN SIE AN EINE NEUE KÜCHE DENKEN, DANN SOLLTEN SIE ÜBER EINE KÜCHE NACHDENKEN, DIE DENKEN KANN – die von General Electric Appliances. Sieht gut aus, ist gut gebaut und hat auch noch Köpfchen.« Kinder spielen heute mit Computern als denkenden Gefährten in einer Vertrautheit, wie sie Turing nicht voraussah, denn er hielt es »für unwahrscheinlich, daß zwischen Mensch und Maschine dieselbe Vertrautheit aufkommen könnte wie zwischen Menschen gleicher Hautfarbe«.

Er verfolgte diese Analogie nicht weiter, aber die Anspielung dieses Sohnes eines Kolonialbeamten in Indien war zynisch genug: Die Vehemenz, mit der man einer Maschine Gedanken oder Gefühle verweigerte, war die des Rassismus, die allen, die anders sind, weder hohe Intelligenz noch zarte Emotionen zubilligt. Fragen, die Turing 1950 für bedeutungsvoll hielt, waren dies vor allem im Hinblick darauf, daß Indien gerade seine Unabhängigkeit errungen hatte und das Britische Weltreich, dem seine Familie seit 1638 treu gedient und für das er selbst im Zweiten Weltkrieg im britischen Geheimdienst gearbeitet hatte, im Niedergang begriffen war. Solche Fragen lauteten: Können Maschinen lernen? (Ist Zweitklassigkeit nicht etwas Unabänderliches?) Können sie kreativ sein? (Sind niedere Rassen nicht nur Affen oder Papageien?) Können sie uns überraschen? (Müssen unterentwickelte Nationen oder primitive Völker, die vorankommen wollen, nicht unserem Beispiel folgen?)

Wenn man länger darüber nachdenkt, macht es wenig Unterschied, ob in einem Turing-Test ein Mann für eine Frau, eine Maschine für einen Menschen, ein Inder für einen Engländer oder ein Schwarzer für einen Weißen gehalten wird. Doch als Epitome unserer Kultur der Kopie scheint dieser Test ein feiner Filter für das ausschließlich Menschliche zu sein. Er setzt voraus, wie auch Turing meinte, daß, ihn zu bestehen, Vorteil bringe, daß eine perfekte Nachahmung eine Empfehlung für uneingeschränkte Menschlichkeit sei. Wir werden davor gewarnt, uns selbst als abstrakte Denkmaschinen, als »Wetware« (Synonym für das menschliche Hirn aus einem Science-Fiction-Roman von Rudy Rucker – d. Ü.) zu betrachten. Aber der Umgang mit künstlicher Intelligenz ist weniger ein Problem von Identitätsverlust angesichts denkender Maschinen (oder sich selbst kopierender automatischer Zellen) als vielmehr unserer Vorstellung davon, in welche Richtung wir selbst uns weiterentwickeln wollen. Von der »Lebendigkeit eines logischen Elements« zu sprechen, Mikrochips nach dem Vorbild des menschlichen Nervensystems zu konstruieren und an »Schaltkreisen für mit Moral ausgestattete Roboter« zu arbeiten, ist ein bewußter (und vorwiegend männlicher) Akt von Couvade, verstärkt durch Computerprogramme, die um kleine Algorithmengruppen aufgebaut werden, aus denen Eigenschaften von Leben entstehen können.[24]

Künstliche Intelligenz und künstliches Leben sind Metaphern, die uns selbst erklären sollen, wer wir sind. Wenn die Metaphern nicht passen, dann kann dies an unserer Gewohnheit liegen, uns bei jedem Erfolg sofort ein höheres Ziel zu setzen. Intelligenz und Leben definieren wir nach wie vor nach unseren Erfahrungen mit Hardware und Software sowie deren bioelektronischen Krankheiten – gefräßigen Würmern und sich unbekümmert selbst kopierenden Viren. Die Philosophen Georges Canguilhem und Didier Deleule vermuten, daß wir gerade dabei sind, die kartesische Gleichung umzukehren – vom Menschen als gehorsamem Denkapparat zur Maschine als treuem Botschafter oder Eroberer für das sich entwickelnde Menschliche. Investoren sprechen bereits von »Generationen« von Computern; Erkenntnisforscher untersuchen »evolutionären Robotereinsatz«; Psychologen studieren computersimulierte Organismen, die »Motivationseinheiten« »entwickeln«; Biowissenschaftler erfinden »Animate« aus dem, was wir von Tieren, der Zweiten Natur, wissen und was wir von uns selbst zu wissen glauben.

Alan Turing verwechselte niemals Simulation und Kopie. Mit seinem Test wollte er zeigen, daß eine verkappte Maschine den Aspekten unseres Selbst nahekommen konnte, mit denen wir Nachdenken und Reaktion anzeigen. Nach seiner Meinung konnten sie diese jedoch niemals perfekt nachbilden. Künstliche Intelligenz, das wußte Turing, ist stets etwas Virtuelles, doch sollte auch das ausreichen, um unsere Arroganz zu dämpfen.

Betrachten wir die Dinge aus umgekehrter Sicht. Virtuelle Intelligenz zeigt uns, was wir zu sehen erwarten – wie bei Luftaufnahmen vorgetäuschter Truppenteile. Virtuelle Realität dagegen blendet uns, macht uns unsicher über das, was wir sehen, tasten oder hören. Wie die Desinformation von Geheimdiensten führt virtuelle Intelligenz uns in die Irre und macht virtuelle Realität uns glauben, »die wirkliche Welt sei nichts anderes als die letzte Runde einer Simulation«.[25]

Virtuelle Realität ist älter als die Sünde. Es ist das Gefühl, im Himmel zu schweben, der Drogenrausch, die dionysische Benommenheit. Es ist das

Schauspiel, der Roman, der Film, der Krimi im Radio, das Panorama, die pastorale Symphonie, die Seifenoper – jede Erfindung, die uns in eine andere Welt entrücken soll. Der Datenhandschuh und die Monitorbrille, mit deren Hilfe Jaron Lanier 1989 etwas schuf, was er »virtuelle Realität« taufte, sind nicht mehr und nicht weniger befreiend (hofft Lanier) als Meditation.

Ich finde es ganz erstaunlich, daß die Apparate, die um die virtuelle Realität (VR) erfunden werden, den Maschinen aus Science-fiction-Romanen für das Lesen fremder Gedanken und die Gehirnwäsche so ähnlich sind. Abgeleitet von Abbildungsverfahren und -hilfen der Medizin *sowie* von den Flugsimulatoren und Satellitenrobotern unserer Sternenkrieger, bewegt sich VR auf einem Feld, wo Körper gezwungen werden, ihre Geheimnisse preiszugeben, und auf einem zweiten, wo Schwerkraft und Körperlichkeit außer Kraft gesetzt sind. VR erscheint uns so siamesisch wie Mann oder Frau und Mann oder Maschine in Turings Test: Der eine bemüht, (gedanken)voll im anderen aufzugehen, der andere, sich total von ihm abzugrenzen. Das »Virtuelle« der VR kann sich auf eine praktisch perfekte Verschmelzung oder praktisch perfekte Tarnung beziehen. VR kann unsere geheimsten Wünsche – frei von Zeit und Schwerkraft – offenbaren, sie kann uns aber auch erlauben, eine trügerische Persönlichkeit – frei von den Pflichten, die Menschlichkeit begründen – anzunehmen. Wenn wir uns auf VR einlassen, dann müssen wir vor dem Ungeheuer auf der Hut sein, das stets darauf aus ist, uns von der sündigen Welt abzukoppeln, in die wir geboren sind, eine Welt, die wir auf eigenes Risiko geringschätzen.

Was immer wir mit VR anfangen – ob wir im Cyberspace »die Gemeinschaft wiederherstellen« (wie Jaron Lanier hofft) oder – immer auf der Jagd nach dem Glück (wie Stanislaw Lem spekuliert) – selbstgefällige digitale Kopien unserer selbst erzeugen, VR macht schon jetzt Cyborgs aus uns, wenn nicht direkt, dann zumindest indirekt. Wenn wir uns um unser Geld kümmern, geraten wir in das elektronische Netzwerk, das unsere Aktien, Kreditkarten und Schulden, unser Vermögen in Ordnung hält. Wenn wir unseren Entertainern und Musen in die Labyrinthe der Computersimulation folgen, dann werden wir zu »live actions«, zu »interfaces« zwischen Mensch und Maschine, zu binären Visionären, die halb in der Realität stehen und halb bereits in anderen Räumen schweben.

Natürlich befindet sich die ganze Welt sowieso nur noch halb in der Realität, vielleicht sogar noch weniger. Als der französische Physiker Paul

Dirac 1928 das Quantenverhalten des Elektrons beschrieb, kam er auf eine Gleichung mit zwei Lösungen, die eine positiv, die andere negativ. Die klassische Physik hat negative Lösungen stets als Kunstprodukte von Wurzelziehen oder Potenzieren (Wurzel aus $n^2 = \pm n$) abgelehnt. Dirac jedoch nahm diese »Geistereinheit«, ein mathematisches Phantasieprodukt mit realen Konsequenzen, ernst. »In meiner neuen Theorie hat der Zustand negativer Energie eine physikalische Bedeutung«, schrieb er. Durch die Annahme dieser fiktiven Einheiten oder »Antielektronen« konnte er das Prinzip von der Erhaltung der Energie für die Quantenphysik bewahren. So positiv bewertet, zogen die mit negativer Energie geladenen Teilchen einige physikalische Absurditäten nach sich. Das focht Dirac jedoch nicht an: Er postulierte eine »Welt negativer Energiezustände, die ausschließlich von einer unendlichen Zahl von Elektronen besetzt ist«, einem »Diracsee« oder -ozean, denn 1933 war er der Meinung, daß es für jedes Teilchen »ein entsprechendes Antiteilchen« geben müsse.[26]

Einige Physiker wandten ein, dies sei *Meta*physik. 1933 jedoch entdeckte man in Nebelkammern die Schattenspuren von Paaren aus Elektronen und Antielektronen, die unter dem Einfluß kosmischer Strahlung entstanden waren. Carl Anderson nannte seine Geistereinheiten nun »Positronen«. Physiker und Science-fiction-Autoren begannen über ein paralleles Universum und Planeten aus Spiegelmaterie zu spekulieren. Isaac Asimov (Chemiker und Schriftsteller) erfand Androiden mit einem Positronenhirn. Im Jahr 1955 wurde ein weiterer »Geist des Atomkerns«, das Antiproton, in einem Bevatron-Labyrinth gefangen, 1956 das Antineutron. 1990 gab es auf dem Papier bereits Antiquarks mit Antifarben (Antirot, Antigrün und Antiblau). Die Atomkern-Geister der Positronen-Tomographie halfen Ärzten, Hirntumore zu lokalisieren und selbst die Schizophrenie zu erforschen. Physiker sahen die Synthese von Antiwasserstoff voraus, die es erlauben sollte, sogenannte »Antimaterie« zu speichern.

Wie Bühnenzauber und Cire perdue, wie die Graphiken von M. C. Escher und die Gußformen der Juweliere sind auch negativer Raum und Akte des Verschwindens, wie ich stets behauptet habe, lediglich die andere Seite von Zwillingen. Es ist kein Zufall, daß uns eine Kosmologie umtreibt, die von dunklen oder verschwindenden Zwillingen bevölkert ist. Wie die beiden Stränge der DNA reflektiert die Sichtbarkeit/Unsichtbarkeit kosmischer Materie die reale/virtuelle Dynamik von Zwillingen und unserer Kultur der

Kopie, so daß wir – in einem Diracsee schwimmend – immer und überall nach dem Schatten suchen, dem Dunklen, dem Merkwürdigen, der Spiegelmaterie, die da sein *muß*, um zu erklären, daß alles, was uns umgibt, sein Gegenteil in sich trägt.

VI. Dito/Reprise: Treue

> ALLE: Spart am Werk nicht Fleiß noch Mühe
> Feuer sprühe, Kessel glühe!
> ZWEITE HEXE: Abgekühlt mit Paviansblut,
> Wird der Zauber stark und gut.
>
> *Macbeth IV, 1*

Ein Dieb willigt ein, statt sich kreuzigen zu lassen, als Double des tödlich verwundeten Warlords zu agieren, dem er sehr ähnlich sieht. Er wird ein Schattenkrieger, ein *Kagemusha*, für die Takedas, einen der großen Clans, die einander im unruhigen Japan des 16. Jahrhunderta bekämpften. In Akira Kurosawas Film von 1980 handelt es sich um einen inneren Konflikt, aber der Schattenkrieger könnte auch das Verhältnis Japans zum Westen symbolisieren. Der Westen, der sich den Japanern in den fünfziger Jahren des 19. Jahrhunderts aufdrängte und danach über deren Geschick staunte, alles nachzuahmen, was sie vom Westen übernehmen wollten, ist in seiner Haltung zu Japan stets gespalten gewesen. Einerseits lobte oder verspottete er Japan wegen dessen Fähigkeit zur Nachahmung, andererseits war er mißtrauisch und fürchtete, Japan könnte ihn überflügeln, der Dieb mit seiner Beute entkommen, die Kopie das Original übertreffen.

Als Schattenkrieger hatten sich die Japaner bereits gegenüber den Chinesen betätigt, von denen sie im 6. bis 11. Jahrhundert den Konfuzianismus und den Buddhismus, den Kalender und die Bürokratie, die Gesetze und die Adelstitel, die Volkszählung und die Steuereintreibung sowie den Tee übernahmen. Für die Chinesen waren die Japaner die Wa, die »Östlichen Barbaren«, die auf bergigen Inseln lebten und ihre wenigen Tugenden China verdankten. Als Nippon (die Wiege der Sonne), wie die Japaner ihr Land nennen, in Staatsaufbau, Kunst, Alphabet und Dichtung eigene Wege ging, betrachteten die Chinesen es als unvollkommenen Schatten, der weniger sklavische Treue zeigte als Korea. Die Japaner waren nicht mehr nur Barbaren, sondern Schattenboxer, gegen die sie gelegentlich Kämpfe auszufechten hatten.

Als portugiesische Händler 1542 in Kyushu landeten, fanden diese Bewohner des viel ferneren Westens Zugang zu Japan. Diese Periode dauerte bis 1640, als das Shogunat Tokugawa (das die Schwerter und Bogen des Takeda-Clans mit Musketen und Kanonen zurückgeschlagen hatte) alle Europäer auswies und es den Japanern verbot, ihr Land zu verlassen. In jenen hundert Jahren aber brachten die Jesuiten Federuhren, Druckerpressen und das Christentum nach Japan. Aus Holland kam die westliche Wissenschaft. Europa erhielt aus Japan Schwerter, Seide, Keramik, Holzschnitzereien und Textilien. Der Handel mit dem Westen war allerdings begrenzt. Japan lag im Dunstkreis Chinas, nicht Europas.

Europäer und Amerikaner, die in den sechziger Jahren des 19. Jahrhunderts wieder in Scharen nach Japan eilten, stießen dort auf die Modernisierer der Meiji Restauration. Francis Hall, Korrespondent der *New York Tribune*, sah den Bruch sofort, als er bald nach Öffnung des Hafens Kanagawa im Jahr 1859 dort eintraf: »Kein Japaner betritt seine Matte, bevor er nicht seine Sandalen abgestreift hat. Wir Amerikaner waren da weniger umsichtig. Wir haben unsere Fußspuren überall hinterlassen, denn wir hielten es nicht für nötig, unsere Schuhe auszuziehen.« Die hochgewachsenen Menschen aus dem Westen in ihren schweren Schuhen *mußten* Spuren hinterlassen, aber was genau übernahmen die Japaner von ihnen? Hall, der aus einer reichen Farmer-und Händlerfamilie in Connecticut stammte, war der Meinung, man hätte abwarten müssen, bis Japan den Westen zum Kommen aufforderte, statt wie Commodore Perry 1853 mit Kanonenbooten in die Bucht von Edo einzufahren und einen Handelsvertrag zu fordern. Hall hatte allerdings genug Japanisch gelernt, um zu erkennen, wie er 1860 schrieb, »welch harte Seelen unter dem glatten Äußeren dieser Menschen verborgen sind«. Sie erinnerten ihn an die innen hohlen mechanischen Automaten, die sie bei ihren Festen benutzten. Er bewunderte die perfekte Täuschung, die ihnen mit der Mumie einer Seejungfrau in Yokohama gelang, die man aus dem »grinsenden, fleisch- und augenlosen Schädel eines gräßlichen Affen, aus dessen Schultern und Brust und dem Körper eines Fisches« gefertigt hatte. Andererseits fühlte er sich von den abgegriffenen Bilderbüchern mit pornographischen Darstellungen abgestoßen, die man ihm an jeder Ecke anbot. Die Japaner waren höflich und schamlos, kultiviert und ungehobelt zugleich. Und viel weniger fasziniert von einer feinen Spieldose als von ihrem eigenen Konterfei in Halls großem Glasspiegel.

Amaterasu, die Göttin der Sonne, verärgert über die Untreue des Gottes der Unterwelt, schloß sich in einer Höhle ein, und die Erde lag im Dunkel. Die anderen Götter redeten ihr gut zu, griffen aber, als das nichts half, zu einer List. Sie stellten aus Metall einen Spiegel her und sangen ihm Loblieder – er sei so schön wie Amaterasu. Eifersüchtig lugte sie hervor, und die Götter warfen den Spiegel in die Höhle. Erstaunt über den strahlenden Widerschein, willigte Amaterasu ein, wieder ins Freie zu kommen. Das Licht kehrte auf die Erde zurück, und Amaterasu sandte den himmlischen Spiegel hinunter nach Japan mit der Weisung, ihn zu behandeln, »wie Unseren göttlichen Geist, ihm alle Ehren zu erweisen wie Uns selbst und das Land so reinen Sinnes zu regieren wie die Strahlen, die seine Oberfläche zurückwirft«. Die Japaner erkoren den Spiegel zum Symbol ihres Kaisers, und die Spiegelmacher verbesserten und verfeinerten eine ursprünglich chinesische Technik. Sie erfanden den *Makyo*, den Zauberspiegel, in dem man das eigene Gesicht und zugleich die Gestalt eines Buddha auf weißem Hintergrund erblickt. Diese kleinen lichtdurchlässigen Metallspiegel faszinierten den Westen ebenso wie die großflächigen, freistehenden Spiegel aus Europa die Japaner. Diese führten in den achtziger Jahren des 19. Jahrhunderts das Shinto-Ritual wieder ein, bei dem man sich vor einem Spiegel verneigt und dabei sein eigenes Bild betrachtet, um die Seele zu reinigen. Magier und Spiritisten im Westen benutzten die japanischen Zauberspiegel, um Gesichter aus dem Jenseits zu holen. Die Japaner dagegen, die in die Spiegel des Westens blickten, fanden sich darin selbst wieder.

In den neunziger Jahren des 19. Jahrhunderts war die japanische Flotte westlich und stark genug, um eine Herausforderung an der Peripherie der Kriegsspieler von Europa darzustellen. Zwar glaubte der Westen immer noch, die Japaner seien zur militärischen Innovation nicht fähig, fürchtete und bewunderte sie aber bereits als Schattenkrieger, und das durchaus nicht nur metaphorisch. Der *Kagemusha* des 16. Jahrhunderts hatte seinen Kriegsherrn bei langatmigen Zeremonien vertreten. Nach den Siegen gegen China im Jahr 1895 und gegen Rußland im Jahr 1905 war Japan nun ein besserer Krieger und ließ sich nicht mehr so leicht vom Pferd des Kriegsherren stürzen wie Kurosawas *Kagemusha*, dessen Spiel damit durchschaut war. Die Narben, die man den Japanern bei der gewaltsamen Öffnung ihres Landes um 1850 beigebracht hatte, fügten sie nun in gleicher Weise ihren Nachbarn zu – Narben, so unauslöschlich wie die auf der weißen Haut Tausender Seeleute aus dem Westen, wenn sie sich von Chyo-Tätowierern Echsen und Dämonen stechen ließen.

Einige der »Langnasen« ließen sich bereitwillig in das japanische Leben integrieren. Europäische Künstler, Schauspieler, Tänzer, Bühnenbildner und Puppenspieler waren am Ende des 19. Jahrhunderts tief beeindruckt von den feinen Drucken, Mustern und perfekten Vorführungen, die sie aus dem Verborgenen Königreich erreichten. Lafcadio Hearn ging nach Yokohama mit der größten Bereitschaft, sein (griechisch-irisch-amerikanisches) Ich Japan zu widmen. Als einer der wenigen Ausländer, die japanische Staatsbürger wurden, schrieb er in vierzehn Jahren dreizehn Bücher, in denen er das »Unbekannte Japan« pries, das am Rande des Untergang stehe. »Der Anblick eines großartigen japanischen Panzerschiffes in Mionoseki dieser Tage erfüllte mich mit Trauer«, schrieb er bald nach seiner Ankunft. »Dieses prächtige Monster wirkte wie das Omen für eine Zukunft, die noch viel düsterer und künstlicher sein wird als die Gegenwart.« Er starb in Japan während des russisch-japanischen Krieges im Jahr 1904.

»Wir müssen so vorgehen wie der Westen, denn unsere Zukunft sind Industrie und Handel«, sagte ein japanischer Student zu Hearn und fuhr fort: »Wenn wir am Alten festhalten, werden wir stets arm und schwach bleiben.« Hearn war sprachlos. Die japanische Jugend wollte genau das, dem er zu entfliehen gehofft hatte, als er sich Japan zuwandte: »Hier strebt das Individuum nicht danach, seine eigene Persönlichkeit auf Kosten aller anderen auszuleben.« Aber die Richtung war klar – Modernität und Wettbewerb. Im Jahr 1871 bestieg Yamagawa Kenjiro die *Japan*, den modernsten Dampfer jener Zeit, um sich nach Yale aufzumachen. Als Japans erster Physikprofessor kehrte er zurück. Francis Hall sandte Iwasaki Yanosuke 1872 zur Ausbildung in die USA. Nach seiner Rückkehr baute dieser die Firma Mitsubishi zu einem Industriegiganten auf.

Die japanische Eisenbahn und Marine der Meiji-Zeit waren den Briten abgeschaut, Parlament und Krankenhäuser den Deutschen, die Verkaufstechniken den Amerikanern, die Filme den Franzosen. Kitasato Shibasaburo, der den Pestbazillus entdeckte, ahmte seinen Mentor, den deutschen

Bakteriologen Robert Koch, nach, dessen Frau bemerkte: »Shibasaburo bewegt sich und gestikuliert wie Koch. Er hält sogar den Zeigestock bei der Vorlesung auf die gleiche Weise.« Die Japaner, schrieb der französische Soziologe Gabriel Tarde, sind der lebendige Beweis für das Gesetz der Nachahmung: Die Niederen imitieren die Höheren.

Allerdings äfften die Japaner nicht nur nach. Die Verpflanzung der westlichen Wirtschaftsform in den siebziger Jahren des 19. Jahrhunderts schlug fehl, weil Japan noch die notwendige Infrastruktur fehlte. Das Wirtschaftswachstum stützte sich bis zum Ersten Weltkrieg vor allem auf die Entwicklung der traditionellen Gewerbe, die auf den Weltmarkt zu exportieren begannen. Die Transfusion der westlichen Kultur wurde von nativistischen Intellektuellen und einem Bildungssystem verhindert, das sich an älteren Werten orientierte. Wo die Japaner jedoch ausdrücklich euro-amerikanisches Know-how übernahmen, um Laboratorien einzurichten, so z. B. in Seismologie, Immunologie oder Fortpflanzungsbiologie, begannen sie eigene Forschungen zu betreiben. Ihre Erfolge in diesen Bereichen wurden häufig nicht anerkannt, weil sie als eine Gesellschaft der Nachahmer galten. »Es muß daran erinnert werden«, schrieb ein britischer Diplomat im Jahr 1900, »daß Japan niemals etwas Eigenes hervorgebracht hat.«[27]

Japans militärische Erfolge in den dreißiger Jahren und schließlich im Zweiten Weltkrieg hätten den Westen eigentlich von seiner Vorstellung kurieren müssen, die Japaner seien lediglich zum Kopieren fähig. Doch amerikanische Admirale behaupteten nach wie vor, sie hätten jeden Schachzug der Japaner bis auf einen vorausgesehen. Dieser – die Kamikaze-Attacken – sei lediglich blinder, gedankenloser Kaisertreue geschuldet gewesen. Die Propaganda der Alliierten beschrieb die »Japse« als Automaten einer Kriegsmaschine oder behelmte Affen, die sich in ihrem Dschungel grinsend von Baum zu Baum schwingen. Nach dem Krieg mußte Japan, das bereits Spielzeugroboter und Zymbal spielende Affen herstellte, eine Okkupation erdulden, die es zu einem demokratischen Amerika umformen und zugleich auf dem Niveau eines Juniorpartners, eines gezähmten Affen, halten sollte.

»Japansen« nannte die Briten sie im 18. Jahrhundert und betrachteten sie als »Nachäffer« oder Schimpansen. So sah auch Prof. Charles Richet, Nobelpreisträger für Physiologie von 1913, den Japaner – als schnatterndes Mittelding zwischen Affe und Mensch. Diese darwinistische Beleidigung nahm ein Japaner viel gelassener als ein Franzose, denn er hatte keine Schwierigkeiten mit dem Darwinismus, nicht einmal mit der Ansicht, der Mensch stamme vom Affen ab. Im ostasiatischen Buddhismus gibt es zahlreiche Geschichten von Affen, die in Buddhas Gesellschaft nach Erleuchtung suchen. Der Affengott erscheint in den ältesten japanischen Schriften, wie er »mit Augen, glühend wie riesige Spiegel« die Sonnengöttin willkommen heißt, so wie die Makaken in der Morgendämmerung die Sonne begrüßen. Im Mittelalter dressierten die Japaner Affen, daß sie wie Schamanen tanzten und eine gute Reisernte erflehten. Makaken galten im Shintoismus als heilige Boten des Berggottes. Ein Affengott hütete den Frieden der Tokugawa im 17. Jahrhundert. Mori Sosens Bilder aus dem 18. Jahrhundert, die eine zärtlich liebende Affengesellschaft darstellen, wurden hundert Jahre später vielfach kopiert. Gesellig und emotional, scheinen Affen zu weinen wie Menschen. Bis heute benutzen die Japaner für sie die Anrede *San*, die eigentlich nur Menschen vorbehalten ist. Zwar wurden sie nur selten wie Menschen dargestellt, hielten aber den Japanern einen Spiegel vor, in dem diese sich und ihre Gesellschaft erblickten.

Unter den Japanern waren Affen also respektable Mittler; zwischen Japanern und Ausländern dagegen Symbole einer aufgezwungenen, falschen oder törichten Imitation. Je zwiespältiger die Haltung der Japaner zur Verwestlichung ihres Landes wurde, um so weniger beachtete man die Possen von Affen, die etwas sein wollten, was sie nicht waren. Japanische Tierverhaltensforscher, die nach dem Zweiten Weltkrieg Makaken in Freiheit beobachteten, sahen allerdings kein Problem darin, ihnen Emotionen, Gedanken, Lernfähigkeit (sie waschen Süßkartoffeln in Meerwasser) und gesellschaftliche Strukturen zuzubilligen. Kinji Imanishi schrieb 1957, Affenhorden vermittelten den Eindruck einer »vormenschlichen Gesellschaft«, die wie die japanische von solchen Regeln wie Achtung vor dem Alter, Inzestverbot oder Familiensinn geprägt sei. Affen, schrieb er, hätten Kultur, »eine Eigenschaft der ganzen Horde in voller Aktivität«. Diese Kultur erwerben junge Affen durch Identifikation (Imitation). »Der Erwerb von Kultur bedeutet die Absorption einer anderen Persönlichkeit in die eigene.«[28]

War es nicht genau dies, was in den fünfziger, sechziger, siebziger und achtziger Jahren geschah, als Japan mit seinem Smog, seinem Lärm und seinen Touristen (wie manche Kritiker behaupten) westlicher wurde als der Westen selbst? Da war es bei der behaupteten Begabung der kleinwüchsi-

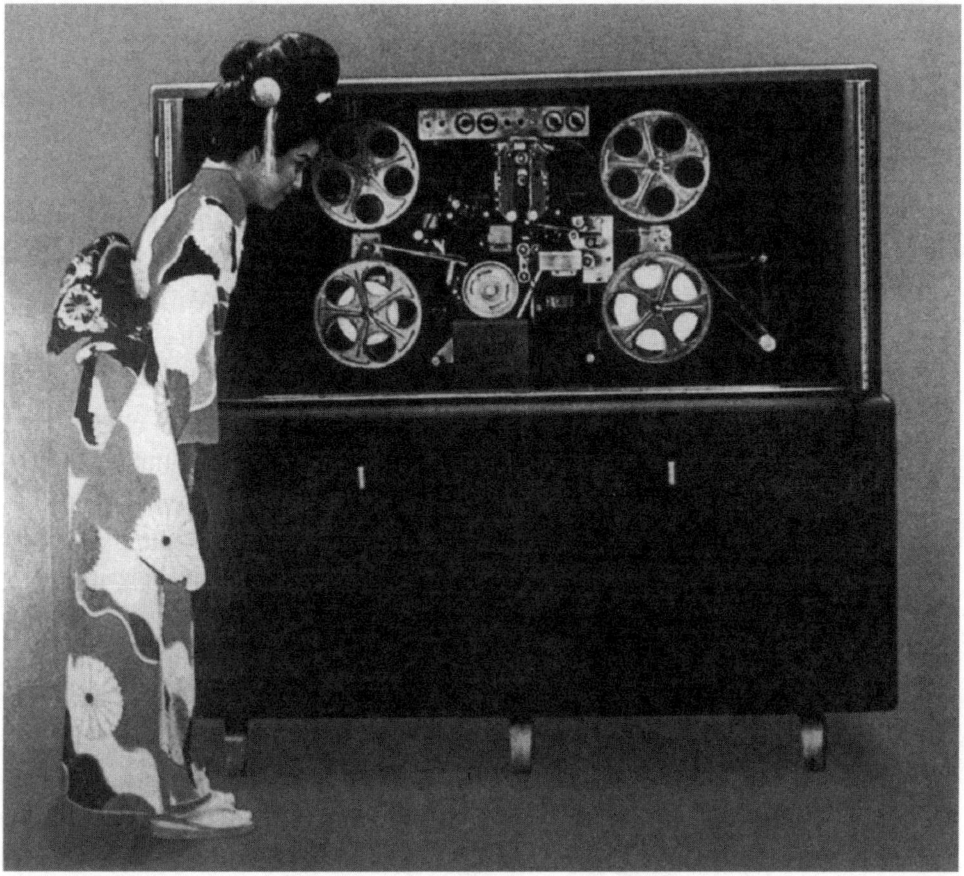

»Ehrwürdigste Maschine«: Anzeige von 1962 für einen elektronischen Faksimiledrucker (Mit freundlicher Genehmigung der Adressograph-Multigraph Corporation)

gen Japaner für Automatik und Nachahmung doch nur folgerichtig, daß sie den Westen insbesondere bei der Miniaturisierung von Produkten und bei Wiedergabegeräten übertrafen – Transistorradios, Tonbandgeräten und Videorecordern, Rechnern, Kopierern, Kameras, Faxgeräten und Industrierobotern. War es nicht paradigmatisch für die Nachahmungsfähigkeit der japanischen Kultur, daß Akio Morita die Sony Corporation in den fünfziger Jahren aus den Gewinnen aufbaute, die er mit der Herstellung von Tonbandgeräten erzielte? Diese spielten vor allem Sprachbänder ab, nach denen japanische Studenten die Worte und Begriffe jener Nationen wiederholen konnten, denen sie später in Mode, Musik und Handel nacheifern sollten.

Aber die Japaner haben die westlichen Reformen unter einer Okkupation realisiert, während sie zugleich ein ausgeprägt japanisches politisches und industrielles System entwickelten ... Zwar entfernten japanische Schönheitschirurgen in den sechziger und siebziger Jahren Augenfalten und formten ihren Patienten größere Nasen, zugleich aber drängte Japan ganz Südostasien und in den achtziger Jahren selbst Amerika die charakteristischen Merkmale seines eigenen Kapitalismus auf, indem es exakte Kopien seiner Autofabriken im amerikanischen Westen und Mittelwesten errichtete.

Heute stehen die Östlichen Barbaren – einst als Affen, Automaten und Nachahmer verspottet – bereit, das Original zu übertreffen. Wie eurozentrisch, atlantozentrisch und rassistisch der Glaube auch sein mag, der Westen sei das einzige Original, so bildet er doch die Wurzel für die zwiespältige Haltung gegenüber den Japanern als unmoralische, wenn auch meisterliche Diebe *und* zugleich als ein edles, altes Kulturvolk, das anderen Minderwertigkeitsgefühle verursacht. Geschäftsleute der achtziger Jahre versuchten in Tokio verzweifelt hinter die Geheimnisse des japanischen Industriemanagements zu kommen, während ihre Anwälte die Japaner wegen Software-Piraterie verklagten. Computeringenieure in Kalifornien nahmen Spielzeug aus Osaka auseinander, um darin nach neuen Bauteilen zu suchen, gleichzeitig wurden japanische Mikrochips als geraubte Technologie bezeichnet. Der japanische Ökonom Taizo Yakushiji kam bei seinen Untersuchungen zur Geschichte der industriellen Entwicklung zu dem Schluß, daß »die Überlegenheit einer industriellen Technologie nicht in erster Linie auf frühe Innovation, sondern auf bewußtes Wettbewerbsverhalten von Frühstartern zurückzuführen« sei. Was Amerika im 19. Jahrhundert am besten beherrschte, vollbrachte Japan im 20. Jahrhundert am besten. Dazu die Frage des *Economist* im Jahr 1989: »Wer ahmt heute wen nach?«

Während man Japan früher mit einer Frau im Kimono verglich, die stets einige Schritte hinterhertrippelte und von der maskulinen Technologie des Westens abhängig war, muß der Westen nun sein Haupt vor Japan neigen. In der Science-fiction und im Leben setzt der Westen Japan heute mit der Zukunft gleich – Japan, das ein Jahrtausend lang alle zwanzig Jahre den Schrein von Ise niederriß und nur wenige Meter entfernt für Amaterasu und den Himmelsspiegel einen identischen Schrein neu erbaute. Wie japanische Tierverhaltensforscher die Kultur in der Art eines Kopiergerätes beschrieben, so kopierte Japan offenbar, um das Original zu übertreffen. Den Platz des grimmigen Frankensteinschen ROBERTS nimmt in Japan ein Einsteinscher GO-BOT, ein freundlicher Mittler ein. Davon gab es bereits 1992 einen auf fünfhundert Japaner in Büro oder Industrie und Millionen weitere in den Spielzeugregalen. Was der Westen »virtuelle Realität« nennt, heißt bei den Japanern »intime Präsenz«.[29]

Wer sind nun die liebenden und wer die verschwindenden Zwillinge?

VII. Noch einmal, mit Gefühl/Reprise: Authentizität

All' unsre Dienste
Zwiefach in jedem Punkt, und dann verdoppelt

Macbeth I, 6

Groß kann der Lohn der Wiederholung sein – das auswendig gelernte Kinderbuch, der Genuß einer Sinfonie, die Wiederbegegnung mit einem vor langer Zeit gelesenen Roman. Das Vergnügen der Wiederholung lockt uns zu ewiger Wiederkehr; die Ästhetik der Wiederholung öffnet uns die Augen für den Reiz von Welten, die reich an Einfachheit sind oder deren Reichtum die einfachsten Voraussetzungen hat.

Ob nun als Rückfällige oder verlorene Söhne – wir werden von dem angezogen, das uns an unsere Ursprünge in einer reichen *und* einfachen Welt erinnert. Daher die Unverwüstlichkeit einer phantastischen Archäologie, nach der alle Entdeckungen, seien es nun Fossilien, Erdwälle oder Runen, lediglich ein Affenseil von der vorsintflutlichen Schöpfung zum nachsintflutlichen Niedergang, vom einsamen Himalaja zum Menschengewimmel der Fußgängerzonen. Daher die Dauerhaftigkeit einer fabulösen Anthropologie, in der das Wissen, das wir aus feuchten Höhlen und eingefallenen Schädeln schöpfen, uns von Schamanen, die ihre Welt gut kannten, zu den Werbetextern einer Welt führt, die sich selbst überhaupt nicht zu finden scheint. So stark ist unser Wunsch, uns in dem wiederzufinden, was wir einmal gewesen sein müssen, und uns selbst durch verschwundene Zwillinge freizukaufen, daß Schwindel uns stets mehr fesselt als Geschichte. Weder Naivität noch Leichtgläubigkeit nähren die laufende Debatte – ob nun die der Öffentlichkeit oder der Wissenschaftler – über die Runen von Kensington, die neolithischen Wandmalereien von Glozel oder die Entdeckung der »steinzeitlichen« Tasaday durch Manuel Elizalde. Naivität und Leichtgläubigkeit setzen eine irreführende Passivität voraus; wir dagegen lassen die Phantasie fortwirken, wenn sie die Enden des Affenseils miteinander verknüpft.

Naivität treibt uns nicht an, sondern lockt uns vorwärts. Was wir dabei finden wollen, ist Authentizität. Die Zeichnungen, die die Naiven auf Stein, Gewebe, Baumrinde oder Ton hinterlassen, müssen zu einer »in sich harmonischen, ausgeglichenen, sich selbst genügenden« Kultur gehören, »wo nichts spirituell bedeutungslos ist, wo kein wichtiger Teil des Ganzen Frustration oder das Gefühl fehlgeleiteter, sinnloser Bemühungen hervorruft«. So der Anthropologe Edward Sapir, der sich 1924 für die Kultur der nordwestpazifischen Eingeborenen begeisterte: »Wenn diese Indianer mit dem Speer den Lachs jagen, dann ist das eine kulturell höherstehende Tätigkeit als die der Telefonistin oder des Mühlenarbeiters, denn sie löst im Normalfalle nicht das Gefühl der Frustration aus, tyrannischen und häufig unverständlichen Forderungen ausgeliefert zu sein.« Gleiches kann man auch vom einfachen Volk sagen, dieser vielgestaltigen Quelle, der die Kunde von der Authentizität und die Illusion von der Unschuld entstammt.

Ist dies nun echte oder falsche Folklore? Hellenistische Künstler ließen ihre Werke älter erscheinen, um damit die Ideale eines früheren, reineren Griechenlands heraufzubeschwören. Als die Altertumsforscher der Renaissance über die Monumente der Römer kletterten, erfanden sie viele der lateinischen Inschriften selbst, die sie angeblich von den Ruinen »kopiert« hatten, begierig, »die ruhmreichen Dinge wiederzubeleben, die für die Menschen des Altertums existiert hatten, aber über die Jahrhunderte verfallen und von der Hand der Halbtoten zerstört worden waren«. James Macpherson veröffentlichte im Jahr 1760 seine *Fragments of Ancient Poetry*, um einer anglophonen Zivilisation die Laute und Tugenden einer gälischen Stammeswelt nahezubringen, die er auf seinen Reisen entdeckt hatte. Solche Schätze des Volkslieds waren aber in Wirklichkeit meist die Verse professioneller Autoren, wie sie sich z. B. in den Sammlungen von Liedern und Balladen aus dem 19. Jahrhundert wiederfinden, die man so bearbeitete oder gleich neu schrieb, daß sie der romantischen Vorstellung vom Volk als »naiv« und naturverbunden entsprachen.

Wo finden sich denn *überhaupt* noch verifizierbare Originale, ursprüngliche Worte, die, wenn auch über die Jahre entstellt, rekonstruiert werden könnten? Postmoderne Kritiker haben den Glauben an die Echtheit der Volkstraditionen von Lied, Wort und Handwerk vollkommen verloren. Mahnungen, die Unauslöschlichkeit der »Tradition« zu wahren, klingen geradezu anrüchig. Auch die Wahrhaftigkeit der Erinnerung steht nicht mehr hoch im Kurs. Wir bringen niemanden vor Gericht, der Stücke oder Predigten, die er irgendwo gehört hat, mit sich nimmt und später unter eigenem Namen wörtlich wiederholt. Wir fragen uns, ob Erinnerungen an sexuellen Mißbrauch, die in der Therapie oder unter Hypnose zum Vorschein kommen, nicht erst durch die Behandlung künstlich hervorgerufen wurden. Unsere Neurologen begreifen die Erinnerung nicht mehr als Spuren, die längs der Ganglien der Hirnzellen gelegt werden, oder als permanente Installationen in unseren Schädelhöhlen; diese Materie ist grauer. Spione können auch mit einem noch so »fotografischen« Gedächtnis keinen Eindruck mehr machen, denn das ist eine Unmöglichkeit. Die Erinnerungen, denen wir am meisten Glauben schenken, werden fern von uns aufgezeichnet – von Videokameras in Zimmerdecken oder von Abhöranlagen an Telefonleitungen. Unsere Kultur der Kopie externalisiert das Gedächtnis.

Daher unser wachsender Drang, zu berühren, was das Volk in seiner Naivität berührte, zu fühlen, was es fühlte. Dieser Drang treibt uns in entgegengesetzte Richtungen – zu einer Verachtung von Nachbildungen und Fälschungen, weil sie »steif, leblos, einstudiert, ohne die Flüssigkeit und Spontaneität sind, die der Volkskunst, aller guten Kunst, eigen ist«, und andererseits zu einem bereitwilligen Ausschalten des Mißtrauens, wenn die phantastische Aussicht, einen echten Gegenstand in der Hand zu halten, über die Wahrscheinlichkeit die Oberhand gewinnt, es könnte eine Fälschung sein. Eine Fälschung? Was ist schon eine Fälschung in einer Welt, in der Volkskunstgegenstände nur echt zu sein scheinen, wenn sie wie gebraucht aussehen? In Triplexglas gefangen, ist die *Mona Lisa* sicher, aber »unsäglich verschmutzt«. Sollten die Kuratoren des Louvre beschließen, sie reinigen zu lassen, wäre sie dann eine Fälschung? Welche ist die Fälschung – die Ibeji-Figur, die in Jahren der Liebe zu einem verlorenen Kind abgegriffen und glatt geworden ist, oder ihr Zwilling, der zur selben Zeit mit demselben Ernst geschnitzt wurde, aber unberührt blieb und deshalb »wie neu« aussieht? Der Begriff der Fälschung ist in afrikanischen Gesellschaften nahezu bedeutungslos, weil sie nicht die Auffassung westlicher Touristen teilen, alles Alte sei echt.[30]

Und wie ist es damit, alte Lieder auf die alte Weise zu singen oder auf historischen Instrumenten in der ursprünglichen Art zu spielen? Da wir ziemlich sicher sind, daß wir über die Noten verfügen, die die Komponisten der Vergangenheit niedergeschrieben haben, können wir dann nicht wenigstens hören, was man damals hörte? Gemälde, Skulpturen oder Holzschnitzereien erhalten eine Patina, die das Original verfremdet und zugleich legitimiert. Mozarts Konzerte dagegen können immer wieder neu gehört werden, dabei zugleich alt, werkgetreu und neu klingen. »Wir wollen unsere musikalischen Werke in reiner Form hören, ohne die Lackschichten des 19. Jahrhunderts«, sagt der Direktor der Academy of Ancient Music, Christopher Hogwood. Die Musik scheint das Problem zu lösen, wie historische Authentizität mit emotionaler Spontaneität verbunden werden kann.

Genau, sagt Will Crutchfield, Aktivist der Bewegung für Alte Musik (auf Originalinstrumenten). Wenn Musiker nachgebaute Originalinstrumente benutzen und sich die Stile verschiedener Zeiten – Timbre, Artikulation, Ausschmückung, Tempo und Dynamik – aneignen, dann gibt ihnen diese historische Akkuratesse durchaus die Freiheit, sich durch diese Musik auszudrücken und »Töne nachzuformen, die denen, wie sie der Komponist hörte, so nah wie möglich kommen«.

Albert Schweitzer und Wilibald Gurlitt ließen Orgeln bauen, die nach ihrer Auffassung der Orgelmusik eines Johann Sebastian Bach allein gerecht werden konnten. Arnold Dolmetsch, Sohn eines französisch-schweizerischen Orgelbauers und selbst Instrumentenmacher, besuchte 1879 ein bahnbrechendes *historisches Konzert*, in dem er Musik von Rameau, Händel, Bach und Scarlatti hörte, die man auf einer Orgel von 1630, einem Cembalo von 1679, einem Spinett von 1628 und einer Diskantgambe von 1701 spielte. Dolmetsch begann, alte Violen, Lauten, Cembali und Blockflöten sowie Dokumente darüber zu sammeln, wie man sie gespielt hatte. Mit seiner Familie tourte er um die Jahrhundertwende mit Konzerten elisabethanischer Musik auf Originalinstrumenten durch Europa. Andere konzertierende Künstler hörten seinen Ruf, insbesondere Wanda Landowska, die dazu angeregt wurde, Bachmusik wieder auf dem Cembalo zu spielen.

Dolmetschs Ruf nach historischer Authentizität erklang im Zeitalter der Schallplattenrille, der perforierten Klangwalze des mechanischen Klaviers,

»Ist es live oder Memorex, wer weiß?« Eine aus einer ganzen Reihe von berühmten Anzeigen für Memorex-Kassetten. Diese Anzeige von 1974 impliziert, daß eine Aufnahme von Ella Fitzgeralds hohem C so echt sein könnte, daß auch sie – hell und klar wie ihre Stimme – ein Kristallglas bersten lassen kann. (Mit freundlicher Genehmigung von Memtek Products, Inc.)

der Filmrolle, der Lochkarte und der industriellen Tabellenauswertung. Als Aufführungsmethode und Hörideologie war Authentische Musik eine Ergänzung zu diesen anderen Formen präziser Aufzeichnung und Wiedergabe. »Zum ersten Mal ... in der Geschichte des Klavierspiels«, erklärte die Orchestrelle Company of London im Auftrage der Metrostyle Pianola und ihrer Bibliothek von Klavierwalzen mit der Musik von Paderewski, Grieg und Chaminade im Jahr 1904, »ist es möglich, das eigene Spiel an den tatsächlichen und autorisierten Interpretationen der Virtuosen von heute auszurichten.« Musiklehrer gerieten über eine derartige Lehrmethode in Streit. Sie lasen die Noten und ahmten das Spiel nach, während die Walze die Tasten – z. B. in der Art von Grieg – bewegte. Da aber das mechanische Klavier (wie es der Komponist Conlon Nancarrow bereits seit Jahrzehnten vorgeführt hatte) schneller und technisch sicherer war als der Mensch, konnten die Pianisten ihre Ambitionen nun von technischer Virtuosität auf die dramatische Gestaltung verlagern.

Um 1900 war es bereits ein dramatisches Ereignis, ein langes Musikstück ein zweites Mal zu hören. »Der eifrige Konzertgänger«, schrieb ein Kommentator 1908, »der in einer Weltstadt lebt, hat in zehn Jahren vielleicht die Gelegenheit, die Dritte und Fünfte Sinfonie von Beethoven zehnmal, eine von Mozarts drei letzten Sinfonien, Schuberts Unvollendete und Schumanns Erste und Zweite viermal zu hören.« Das mechanische Klavier aber wiederholte nun diese und andere Meisterwerke, so oft man wollte. Die Aeolian Company von New York pries ihr Pianola als eine Art Enzyklopädie: »Ein Walzer von Strauss, ein Marsch von Sousa, ein Song, ein Ragtime-Hit, ein Stück von Floradora sind immer zur Hand und immer frisch, ohne jedes Üben. Der begabteste Pianist, den die Welt je kannte, beherrscht nur einen kleinen Teil dieses Repertoires« von 8000 Kompositionen. Nicht der Phonograph, sondern das mechanische Klavier weckte die Erwartung einer akustisch exakten Wiedergabe, denn die frühen Zylinder oder Platten des Phonographen liefen kaum vier Minuten lang, klangen unscharf oder wie von fern.

Auf guten mechanischen Klavieren abgespielt, präsentierten die Klavierwalzen aktive Geister, die die Tasten des Instruments mit den gleichen Nuancen anschlugen wie ihre körperlichen Zwillinge. »Es ist das wirkliche Spiel von Rachmaninow, als ob er in persona am Instrument säße«, prahlte die Ampico Company. Und mit »Persönlichkeit«, behaupteten die Konstrukteure des Welte-Mignon (oder Vorsetzer). Wer sich solche wundervollen Apparate nicht leisten konnte, hörte sie um 1918/19 bei Solokonzerten mit dem Philadelphia Orchestra, der New York Symphony, der San Francisco Symphony oder in Kinos, wo Klavierwalzen mit stimmungsvoller Musik und Soundeffekten für die Untermalung von Stummfilmen sorgten. Schließlich standen sie überall auf der Welt in Cafés und Eckgeschäften als münzenschluckende Vorläufer der Musikbox.

Die Alte Musik kam in unsere Kultur der Kopie als Dreiklang: Sopran: die Reaktivierung der ursprünglichen Absicht – wie ein Komponist seine Musik gespielt haben wollte. Tenor: die Wiederherstellung des Originalerlebnisses – wie die Musik ursprünglich gespielt und gehört wurde. Baß: die Aufführung, die ansonsten verloren wäre – wie der Klang der Musik den Komponisten und jeden Ausführenden überleben kann. Wie bei anderen Erweckungsbewegungen stellt sich auch bei der Alten Musik die Frage, welcher Art Geister sie rufen will: Sind sie echt? Woher kommen sie? Musiker haben ihre Kenntnisse, ihre historischen (Nachbau-)Instrumente und die Säle von Schlössern aufgeboten, um sich selbst in eine direkte apostolische Linie zu den Komponisten und Interpreten ferner Zeiten zu stellen. Sie behaupten, Alte Musik beschwöre in der Tat den Geist einer Zeit und eines Ortes, eine Stimmung herauf. Andererseits hat man sie seelenloser Ausführung und rein künstlicher Fertigkeiten auf dem Instrument beschuldigt. Ein bestimmtes Werk eben nicht zweimal auf genau dieselbe Weise zu spielen, schrieb der Kritiker Arthur Whiting 1919 – das sei es, was den Stolz eines guten Musikers und den Genuß seiner Zuhörer ausmachte. Klavierwalzen seien wie die »Wachsfiguren der Musik«. Und doch behaupteten die Schöpfer des »instinktiven« mechanischen Klaviers namens Virtuolo, seine Musik ergreife die Seele jedes Hörers.

Der kanadische Pianist Glenn Gould entsagte im Jahr 1964 dem Konzertpodium und zog sich ins Aufnahmestudio zurück. Damit reagierte er, wie er erklärte, auf einen Trend, der sich in den kommenden Jahren noch deutlicher ausbilden sollte. Die neuen Konzertsäle der fünfziger und sechziger Jahre waren akustisch besser als Studios denn als Räume für ein gemeinschaftliches Hörerlebnis geeignet. Für den Besitzer eines »Music system« für das eigene Heim, war sein Wohnzimmer bereits eine Art eigener Studioraum, denn er konnte dort die Bässe oder die Balance selber regeln. Die meisten in Stereo aufgenommenen Musikstücke bestanden aus »einer Sammlung von Bandsegmenten, angefangen von der Länge einer zwanzigstel Sekunde«. Die Musiker mühten sich in den Studios ab, immer perfektere Klänge zu erzeugen, und »es war dem Hörer bereits unmöglich festzustellen, wo die Leistung des Künstlers und wo die des Produzenten oder des Verlegers überwog«. Das Live-Publikum, meinte Gould, lasse eine authentische Aufführung klassischer Musik in einem Konzert gar nicht zu, denn die Empfindungen des einzelnen Zuhörers werden von denen auf den umliegenden Plätzen entweder verstärkt oder gedämpft und die Leistung des Künstlers vom Geräuschpegel im Saal (seiner Struktur, dem Hüsteln und Räuspern der Menschen) beeinflußt. Im Idealfall müsse jeder Hörer selbst als Tontechniker mit Knöpfen und Skalen hantieren, um für sich ganz persönlich den Klang zu erzeugen, der ihn am meisten aufwühlte. Diesen hatten Musiker in Zusammenarbeit mit Studioingenieuren mit dem

Mikrofon in abgeschotteter Umgebung erzeugt. Der Besitzer einer Klavierwalze konnte das Tempo der Musik mit einem Schalter am mechanischen Klavier regulieren, dann die Fingerbewegungen nachvollziehen und der Musik so »Seele« einhauchen. Wer eine elektronische Aufnahme besaß, kann die Lautstärke, Balance, Höhen, Tiefen und mehr regulieren, spekulierte Gould, also den Klang immer vollkommener seinen individuellen Wünschen anpassen. Hier *sollte* die Wiedergabe das Original übertreffen.

Wem dies merkwürdig erscheint, der sollte bedenken, daß es die Elektronik war, die die Alte Musik aus der Vergessenheit holte. Ihr Repertoire »mit all ihren Extravaganzen des Kontrapunktes, ihren Wechselgesängen, ihrem Mix von Instrumenten, die direkt in ein Mikrofon keuchen und schnaufen, ist wie für den Stereosound geschaffen« bemerkte Gould in den siebziger Jahren. »Es ist eigentlich eine Ironie und wirft ein bezeichnendes Licht auf das ganze Authentizitäts-Gerede«, schrieb der Musikwissenschaftler Nicholas Kenyon 1988, »daß die meisten dieser Kunstprodukte in der extrem nichtauthentischen Form von Aufnahmen ohne jedes Publikum entstanden sind, die immer gleich klingen, wenn man sie abspielt.« Das gelte sowohl für die Barockmusik wie für die Zeit der Big Band, schrieb David Ranada, ein weiterer Musikexperte: »Fast jede Stereoaufnahme, die von einer Big Band stammen soll, ist in Wirklichkeit eine mit vielen Mikrofonen auf mehreren Spuren künstlich aufgezeichnete Sammlung einzelner Instrumente.«

Mechanische Spieler haben Menschen nicht ersetzt, wie es der englische Komponist Edward Elgar 1907 im Falle des mechanischen Klaviers befürchtete. Statt dessen schlossen die Musiker einen Pakt mit ihren Doppelgängern. Im Konzert nutzen Musiker die Gelegenheit, Fehler zu machen und damit »Seele« zu zeigen; in den Aufnahmestudios dagegen leisten ihre Doppelgänger mit Mikrofon, Dolby und Digitalisierung die eigentliche, die wiederholbare Arbeit. Doch welche von beiden ist authentischer? Wir haben es hier mit einem ernsten Problem unserer Wahrnehmung zu tun, denn der Geist einer Live-Aufführung ist unwiederholbar, der Geist einer CD wie der der Alten Musik grenzt dagegen an wissenschaftliche Nachbildung. Bei einer Vorstellung vor einem Live-Publikum wird Musik für den Augenblick aufgeführt. Bei der Aufnahme im Studio geht es darum, die Musik ein für allemal »richtig« zu spielen.

Oder verwechsle ich hier unterschiedliche Arten von Authentizität? Ist nicht die innere Authentizität, wie sie die Menschen empfinden, etwas ganz anderes als die Authentizität einer historischen Rekonstruktion? Muß man nicht die Authentizität des Gemeinschaftserlebnisses einer modernen Aufführung, ob nun Jazz-Improvisation mit verstärkten Bässen oder Alte Musik auf historischen Instrumenten, trennen von der Authentizität einer elektronischen Aufnahme, die in einem leeren Konzertsaal produziert oder aus Tausenden perfekten Halbsekundenstückchen zusammengesetzt wird? Kurz gesagt, ist nicht die Authentizität eines Originals etwas völlig anderes als die Authentizität einer Kopie?

Nein, heute nicht mehr. Die Kultur der Kopie trübt die Wasser der Authentizität. Unsere Aufnahmetechnik beseitigt die meisten Unterschiede zwischen der Erinnerung an eine unnachahmliche Stimme und ihrer wiederholbaren Präsenz. Schließlich kann Ella Fitzgeralds hohes C vom Tonband ein Kristallglas ebenso zerspringen lassen (und tut es häufiger), als Ella in Person dies fertigbringt. Wir schätzen Originale, sind aber von ihren Epigonen fasziniert. Richard Taruskin, der dem Blues in »The Pastness of the Present, and the Presence of the Past« huldigt, hat den Exponenten der Alten Musik vorgeworfen, für ihre Farce der Wiederentdeckung der Vergangenheit erfänden sie diese zuweilen einfach, und um dies zu verbergen, bemühten sie historische Novenen und ließen damit Bekanntes bewußt unbekannt erscheinen. Je treuer man der Musik der Vergangenheit sei, desto neuer scheint sie klingen zu müssen.

Das ist nur allzu wahr. In unserer Kultur der Kopie kompensiert das Medium die Botschaft und überwindet die Zeit, wie es Chester Carlson durch die spiritistischen Versionen seines Mediums, der Xerographie, zu erreichen hoffte. Uns, die wir die Vergangenheit niemals exakt wiederholen können, bleibt nichts anderes, als dafür Erfindungen zu benutzen, die von der Musikbox und dem mechanischen Klavier abstammen. Sind wir selbst wirklich mehr als unbedeutende Nachbildungen, oder ist Nachbildung das Wenige, dessen wir im Hinblick auf uns selbst noch wirklich sicher sein können?

VIII. Wahrnehmung/Reprise: Unvernünftige Nachbildungen

Doch mach' ich doppelt sicher Sicherheit,
Und nehm' ein Pfand vom Schicksal …

Macbeth IV, 1

Erstaunliche Ähnlichkeiten haben uns den Gartenpfad entlang zu unvernünftigen Nachbildungen geführt, in eine Welt der Kopien und Nachschöpfungen, in der wir uns nur schwer zurechtfinden. Es wäre ebenso unvernünftig zu erwarten, daß die Rückkehr zu diesem Kapitel mit etwas enden könnte, das mehr – oder weniger – ist als ein Spiegel der Geschichte oder ein kulturelles Psychogramm.

Am Ende angekommen zu sein ist nur in der Komödie ein Trost. Ich zweifle, daß wir es hier mit einer Komödie zu tun haben. Wenn aber doch, dann höchstens mit einer Parodie, zu nahe an der Realität, um Trost zu spenden. Falls es eine Tragödie ist, dann höchstens eine romantische, zu nahe am Aufschrei.

Manche mögen sagen, die Zwillinge, die Doppelgänger, die Selbstbildnisse, die Zweite Natur, das Trompe-l'oeil, Kopien und Nachbildungen seien der beste Beweis dafür, wie übermütig der *homo ludens* sein kann. Dem möchte ich zustimmen und die Tugenden von Gemeinschaftssinn, ausgelassener Täuschung, respektlosem Bauchreden, Umgang mit Tieren, Versteckspiel, der ungehinderten Verbreitung von Kunst und Ideen oder dem Vollzug von Geschichte wärmstens empfehlen. Dieses Buch hatte niemals das Ziel, ein entweder/oder zu predigen. Es orientiert eher auf und/auch, und es ist voll von Widersprüchen.

Einer der eklatantesten Widersprüche ist der des Individuums, das auf diesen Seiten als gefährdete »eigenständige Entwicklung« hervortritt. Zuweilen wird das Individuum in diesem Buch ohne Fehl und Tadel dargeboten, dann wieder erscheint es beschränkt und entwürdigt. Der Stil dieses Buches ist ein bewußtes Eintreten für den Wert der Stimme des einzelnen, der kein Luxus sein sollte, und für eine Vielfalt der Stimmen, die sich nicht mit Echos zufrieden geben. Dieses Buch ist ein bewußtes Plädoyer dafür, eine Welt mit anderen zu teilen. Das *wir*, dem ich so viel Raum gegeben

Le Grand métre von Céjar (Christian Rigal), 1980. Ein Maßband wurde elektrografisch übertragen und im Format 6 x 144 Meter in einem Saal des Louvre 1982 entrollt. Das Kunstwerk befindet sich heute in Privatbesitz. (Mit freundlicher Genehmigung des Künstlers. Foto: Michel Folco)

habe, ist das *Wir* liebender Zwillinge, keine imperiale oder (was fast das gleiche ist) sozialwissenschaftliche Kategorie. *Ich* übernehme die Verantwortung für dieses Buch; *wir* müssen die Verantwortung dafür übernehmen, mit den Dilemmas von Prominenz, Duplizität, Zeugungskraft, Diversität, virtueller Realität, Treue und Authentizität fertigzuwerden.

Wahren Geist von falschem zu unterscheiden war niemals einfach. Unsere Kultur der Kopie entwertet unsere Wahrnehmung weiter. Je mehr wir uns mühen, die Dinge voneinander zu unterscheiden, desto vehementer verteidigen wir unser Geschick zur Nachbildung. Je kühner wir uns als Individuen behaupten wollen, desto zweifelhafter erscheint unsere Identität, desto weniger scheint es uns zu gelingen, unsere Wurzeln wiederzufinden.

Das Fazit ist, daß wir unserem Leben ein Ideal der Authentizität zurückgeben müssen. Wohin dies uns auch führen mag, Authentizität kann nicht mehr in Singularität wurzeln, also darin, was die Griechen das *Idion*, den einzelnen Menschen, nannten. Das wäre in unserer Kultur der Kopie eine ähnliche Idiotie, wie sie es bereits für den griechischen Geographen Pausanias im 2. Jahrhundert war. Als er von der Geschichte des Narziß hörte, hielt er es für »blanken Unsinn, zu glauben, ein Mann, der erwachsen genug für die Liebe sei, könne nicht imstande sein, einen Menschen von dessen Spiegelbild zu unterscheiden«. Er zog die Version der Geschichte vor, Narziß habe eine geliebte Zwillingsschwester gehabt. Als sie starb, ging er zur Quelle und schaute hinein. Er wußte, daß es sein Spiegelbild war, das er sah, »aber, dies wissend, fand er Trost in der Vorstellung, er sehe das Spiegelbild seiner Schwester«. Hochstapler, böse Zwillinge, Marionetten, Affen, Betrüger, Fälscher und Plagiatoren, die in diesem Buch vorkommen, können *agents provocateurs* sein, um uns ein klareres, weniger verschwommenes Bild von uns selbst zu geben. Sie können uns helfen, den verzweifelten Drang nach Einmaligkeit abzulegen und zu einem geselligeren Leben zurückzufinden.

Zugabe

Wenn nicht für andere, wie könnte ich Ich selbst sein?

An dieser Stelle möchte ich Shana und David Roskies, Anne und Steve Prussing, David und Marjoyre Kunzle, Ivan und Pierrette Keller, Harold und Shelly Boll, Sid und Jackie Blumenthal sowie meinen Eltern, Harry und Fritzie Schwartz, für ihre Gastfreundschaft und ihre hilfreichen Ratschläge danken. Dann aber auch Cristy West, Pat Schmidt, Linda Strauss und Peter John, Jordan Schwartz und György Bacsy, Hy und Tobey Greenspan sowie Heidi Piltz Burton und ihrem Sohn Fred.

Die Sekretärsarbeit habe ich selbst erledigt. Das Buch wurde auf dem Klon eines IBM-PC 286 geschrieben und von einem HP Deskjet 500 ausgedruckt. Ich bin Martin Parks und Berni Claus sehr zu Dank verpflichtet, daß sie mich, gestreßt wie ich war, so gut unterwiesen haben und ich bei meinem Unterfangen nicht scheiterte.

Kopien der Kapitelentwürfe sind auf verschiedensten elektrographischen Geräten angefertigt und zahlreichen Lesern zugesandt worden – Morris N. Young, Linda Strauss, David Stern, Patricia Schmidt, David Ritchie, Steve Prussing, Robert Mills, Jack Greenstein, Hy und Tobey Greenspan, Laura Greenberg, Janet R. Goff, Stephen D. Cox, John Bermudes und Trudy Aronson. Die Endfassung ging in zwei Ausdrucken und zwei Kopien auf Diskette an Ramona Naddaff, Jonathan Crary, Meighan Gale und Ted Byfield, meine Lektoren bei Zone Books.

Gespräche mit meinem Bruder Jordan, mit Michael Schudson, Alice Goldfarb Marquis, Shelly Isenberg, Ann Elwood, Mark Dresser und Peter Delmonte waren von unschätzbarem Wert. Ich bin Donna Sasso dafür dankbar, daß sie meine Arbeit in die richtige Form brachte und mich durch manches Labyrinth geleitete. Ich danke Nilly Gill für ihre Echos und Spiegel sowie Dan Camp für seine großen Bilder und Apfelkuchen.

Lydia Ybarra und ihre Mitarbeiter am University College von San Diego, darunter Nellie Wright, B. J. McClintock, Tammy Deane und Brad Altman haben effizient und stets freundlich für mich nach Titeln gesucht. Mein Dank gilt außerdem Ellen Gartrell, der Direktorin des John W. Hartman Center for Sales, Advertising and Marketing History an der Duke University sowie den Bibliothekaren, Archivaren und Kuratoren von etwa einhundert Institutionen, die mir ihre Hilfe und Unterstützung angedeihen ließen.

Hillel Schwartz
Encinitas, Kalifornien, 1994, im August 1996,
und noch einmal im September 1998

Anmerkungen

1. Verschwindende Zwillinge

1 Siehe Arnold Gesell: Mental and physical correspondence in twins. In: *Scientific Monthly*, No. 14, 1922, S. 305–331, 415–428, Zitat: S. 421; René Zazzo: *Le Paradoxe des jumeaux*, Paris, 1984, S. 19, 24.

2 Margaret Atwood: Kat. In: *The New Yorker*, 5. 3. 1990, S. 44.

3 Durch künstliche Befruchtung oder In-Vitro-Insemination steigen die Chancen für eineiige und für zweieiige Zwillinge. Zum Anteil von Zwillingsgeburten siehe Mitchell Creinin und Louis G. Keith: The Yoruba contribution to our understanding of the twinning process. In: *Journal of Reproductive Medicine*, No. 34, 1989, S. 379–387. Einem vermuteten Zusammenhang zwischen dem hohen Anteil von Zwillingsgeburten bei den Yoruba und dem Verzehr der in Nigeria vorkommenden östrogenreichen Yamswurzel steht der Autor skeptisch gegenüber.

4 Siehe Madeline Leslie: *The Twin Brothers*, New York, 1843, S. 3; Heinrich Poll: *Zwillinge in Dichtung und Wirklichkeit*, Berlin, 1930; Helmut L. Karcher: *Wie ein Ei dem andern: Alles über Zwillinge*, München, 1975. Marc Soriano spekuliert, daß Rivalitäten zwischen Zwillingen und die Sehnsucht nach Zwillingen oder Geschwistern in den Märchen von Charles Perrault darauf zurückgehen, daß er selbst ein Zwilling war, dessen Bruder als Kind starb. Siehe: *Les Contes de Perrault, culture savante et traditions populaires*, Paris, 1968, S. 383 ff.

5 Edward L. Thorndike: Measurement of twins. In: *Archives of Philosophy, Psychology and Scientific Methods*, No. 1, September 1905, S. 1–64, Zitate: S. 1, 106.

6 Siehe *Journal of Heredity*, No. 10, 1929, S. 385–432, Zitat: S. 387; Arnold Gesell and Helen Thompson: Learning and growth in identical infant twins – An experimental study by the method of co-twin control. In: *Genetic Psychology Monographs*, No. 6,1, 1929, S. 1–124.

7 Siehe Raoul Baudet: Les Jumeaux. In: *Annales politiques et littéraires*, No. 86, 6. 6. 1926, S. 625; Horatio H. Newman, Frank N. Freeman und Karl J. Holzinger: *Twins: A Study of Heredity and Environment*, Chicago, 1937, S. 133 f, 147.

8 Mark Bloom: New theory on the phenomenon of identical twins. In: *Washington Post*, 11. 8. 1992, Zitat von Victor McKusick. Diese Unsicherheit trifft natürlich nicht auf Eizellen zu, die nach In-Vitro-Insemination eingepflanzt werden.

9 Carol Morse: *Double Trouble*, Garden City, 1964, S. 25, 40 f. »Doubletrouble« lautete auch die Überschrift einer Geschichte über die Gründung der ersten Zwillingsklinik der Welt, die die Kinderärztin Elizabeth Bryan und die Hebamme Christina Tom-

Johnson am Queen Charlotte's Hospital in London leiteten. Siehe S. Holmes: Double trouble? In: *Nursing Times and Nursing Mirror*, No. 84, 15. 6. 1988, S. 16f. Laut Bryan beginnt der Ärger bei der Geburt, wenn unterentwickelte Zwillinge mit geringem Geburtsgewicht (was häufig vorkommt) körperlich von der Mutter getrennt und in den Brutkasten gebracht werden, was die Bindung zwischen Mutter und Kindern schwächt. Siehe: Twins in the Family. In: *Midwives Chronicle & Nursing Notes*, No. 103, März 1990, S. 66–69.

10 Siehe Pamela S. Novotny: *The Joy of Twins: Having, Raising and Loving Babies Who Arrive in Groups*, New York, 1988, S. VII; Terry Pink Alexander: *Make Room for Twins*, Toronto, 1987. Siehe besonders S. 301 darüber, daß man Zwillinge nicht trennen sollte, die zusammenbleiben wollen; Hillel Schwartz: *Zeitenwende – Weltenende? Visionen beim Wechsel der Jahrhunderte von 990–1990*, Braunschweig, 1992, S. 370–419.

2. Doppelgänger

1 Siehe Ottavia Niccoli: Menstruum Quasi Monstruum: monstrous births and menstrual taboo in the sixteenth century. In: E. Muir and G. Ruggiero (Hrsg.): *Sex and Gender in Historical Perspective*, Baltimore, 1990, S. 1–25.

2 Hier stütze ich mich auf Stephen Jay Gould: Living with connections. In: *The Flamingo's Smile*, New York, 1985, S. 64–77, Zitat S. 75. Laut Gould starben die Mädchen allerdings schon nach fünf Monaten. Siehe im Unterschied dazu G. J. Fisher: Diploteratology. In: *Transactions of the New York State Medical Society*, 1866, S. 270f, und S. 31–34 zu frühen Todesfällen. Zum Streit über ein oder zwei Persönlichkeiten siehe Patrick Tort: *L'Ordre et les monstres: le débat sur l'origine des déviations anatomiques au XVIIIe siècle*, Paris, 1980, S. 24f. Zum wissenschaftlichen Kontext siehe Jane M. Oppenheimer: Some historical relationships between teratology and experimental embryology. In: *Bulletin of the History of Medicine*, No. 42, 1968, S. 145–159.

3 Zu Chang und Eng habe ich folgende Manuskripte als Quellen benutzt: Siamese Twins Papers, P. C. 916, und Briefe von J. W. Hale, 1832, in den Papieren von Dr. Charles Harris, Box 1 der Thurmond Chatham Papers, P. C. 1139, beide im Archiv des Staates North Carolina, Raleigh; Arthur W. Towne: Chang and Eng: Story of the Celebrated Siamese Twins in the Show World, in Medical History and in Marriage, maschinengeschriebenes Manuskript, 1943, in der Charles W. Towne Collection, Harvard Theatre Collection, Cambridge, MA; John Emory Bryant, Journal No. 1, Eintrag vom 22. Juni 1853, in den Papieren von John Emory Bryant, XVIII–C, Bibliothek der Duke University, Durham, North Carolina. Besonders wertvolle gedruckte Quellen: [John W. Hale], *Historical Account of the Siamese Twin Brothers from Actual Observation*, London, 1829; *A few Particulars Concerning Chang-Eng, the United Siamese Brothers: Published under their own direction*, New York, 1836; J. N. Morehead: *Lives, Adventures, Anecdotes, Amusements, and Domestic Habits of the Siamese Twins*, Raleigh, NC, 1850;

Robert P. Harris: Historical and analogical record of the Siamese Twins. In: *American Journal of Medical Science*, No. 68, 1874, S. 362, 371, 373f. Als Sekundärquellen siehe Irving Wallace and Amy Wallace: *The Two*, New York, 1978; Kay Hunter: *Duet for a Lifetime: The Story of the Original Siamese Twins*, New York, 1964.

4 Zu Tod und Autopsie von Chang und Eng habe ich folgende Quellen benutzt: Alice Gilmer, Mount Airy, North Carolina: Brief an Thomas Slade vom 13. Februar 1874 in Mappe 1874–1876 der William Slade Papers; Rebecca A. Kelly, Yadkin Country, North Carolina: Brief an ihre Tante Juliet vom 14. Februar 1874, in den John M. Jarrell Papers, beide in der Bibliothek der Duke-University; ein nicht im Katalog erfaßtes Notizbuch mit Korrespondenz über die siamesischen Zwillinge, darunter Briefe von C. W. und S. D. Bunker, Mount Airy, North Carolina, vom 10. Februar, 1. März und 1. April 1874 an Dr. Harrison Allen in der Bibliothek des College of Physicians von Philadelphia; The Siamese Twins at the College of Physicians. In: *Philadelphia Medical Times*, No. 4, 19. 2. 1874, S. 324, 326f; Mr. Brenchley: The Siamese Twins. In: *Lancet*, 14. 2. 1874, S. 252; The Siamese Twins. In: Ebenda, 14. 3. 1874, S. 385; Worth B. Daniels: The Siamese Twins: Some observations on their life, last illness and autopsy, maschinengeschriebenes Manuskript, 1961, S. 6f, MS C78, National Library of Medicine, Bethesda.
Die zwei Wochen anhaltenden Debatten über eine mögliche Autopsie waren nicht nur auf die Belagerung des Hauses der Familie Bunker zurückzuführen. Es gab starke Befürchtungen, daß die Zwillinge durch die körperliche Trennung nicht mehr für die körperliche Auferstehung am Tag des Jüngsten Gerichts geeignet sein könnten. Eine volle Autopsie der siamesischen Zwillinge hätte sowohl ihre eschatologische als auch ihre physiologische Abartigkeit bestätigt.

5 Einige real existierende siamesische Zwillinge lehnten es ab, getrennt zu werden, oder werden nach wie vor für medizinisch untrennbar gehalten. Siehe dazu Leslie Fiedler: *Freaks: Myths and Images of the Second Self*, New York, 1978, S. 199, über Mary and Margaret Gibb, dazu auch : Siamese-Twin Gibb girls die at 54. In: *Philadelphia Inquirer*, 1. 1. 1967, in: Circus Acts: Sideshow Freaks file, Theatre Collection, Free Library, Philadelphia; Bella Strumbo: Sisters in a singular world: the lives & times of the only adult Siamese twins still joined at the head. In: *Washington Post*, 27. 8. 1981, B1-7; über Yvonne und Yvette (McCarther) Jones, die gemeinsam im Alter von 43 Jahren starben, siehe Burt A. Folkart: Yvonne, Yvette McCarther: Siamese Twins. In: *Los Angeles Times*, 5. 1. 1993, A18:1.

6 Wichtige Quellen zu lebenden Bildern und Skulpturendarstellungen sind Kirsten G. Holmström: *Monodrama, Attitudes, Tableaux Vivants: Studies on Some Trends of Theatrical Fashion, 1770–1815*, Stockholm, 1967, S. 111 über Goethe, S. 174f über Schlegel und Brun; J. W. von Goethe: *Die Wahlverwandtschaften*, Berlin, 1963; J.-G. Noverre: *Lettres sur les arts imitateurs en général, et sur la danse en particulier*, Paris, 1807, I, IV, S. 146; Robert Nares (Hrsg.): *Remarks on the Nature of Pantomime, or Imitative Dance, Ancient and Modern*, London, 1789, S. 12; A. H. Saxon: *The Life and Art of Andrew Ducrow*, Hamden, 1978, Zitat S. 152 von Fürst Pückler-Muskau in Dublin, 1828;

Emma C. Rook: *Tableaux, Charades, and Pantomimes*, New York 1889, S. 29. Lebende Bilder waren oft die dritte Reproduktion eines Originals: Man stellte Stiche nach, die ihrerseits berühmte Gemälde als Vorlage benutzt hatten.

7 John M. Gutch: *Carabo. Extraordinary Imposture*, Bristol, 1817 mit einem Nachruf aus dem *Clifton Chronicle*, 11. 1. 1865, der auf dem Schutzumschlag eines Exemplars des Buches in der Beinecke Rare Book Library der Yale University aufgeklebt war.

8 Siehe Susan Stewart: *Crimes of Writing: Problems in the Containment of Representation*, New York, 1931, S. 23ff. Die Autorin stellt Psalmanazar in den historischen Kontext der »Kommerzialisierung der literarischen Debatte, die in zunehmendem Maße einen Beglaubigungsapparat« außerhalb der traditionellen Welt des Mäzenatentums erforderte. Dies führt zu »der gnadenlosen Weitschweifigkeit einer Geschichte, die ihre eigenen Grundlagen der Verständlichkeit ständig durch das Hervorbringen von mehr Geschichte und mehr Kontext authentifizieren muß«. Weitere Einzelheiten siehe bei Frederic J. Foley: *The Great Formosan Imposter*, St. Louis, 1968 sowie bei Rodney Needham: *Exemplars*, Berkeley, 1985, S. 75–116.

9 Siehe Bernard Wasserstein: *The Secret Lives of Trebitsch Lincoln*, New Haven, 1988.

10 Greil Marcus: *Dead Elvis*, New York, 1991, S. 40–41 über Elvis' Zwilling, Jesse Garon, »von dem lange das Gerücht kursierte, man habe ihn seit 1935 am Leben gehalten, um ihn für eine Auferstehung von Elvis zu benutzen«. Siehe auch Marie Cahill (Hrsg.): *I Am Elvis: A Guide to Elvis Impersonators*, New York, 1991, S. 10 (Zitat von Clayton Benke-Smith), S. 12 (Zitat von Sammy Stone Atchison).

11 Jean Nohain und Francois Caradec: *Frégoli, 1867–1936: sa vie et ses secrets*, Paris, 1968, S. 22f, 66, 81–86; He plays fifty parts. In: *New York Times*, 3. 5. 1896, 10:3. Im Jahr 1926 – Fregoli war gerade zurückgetreten – veröffentlichte der Dramatiker Georg Kaiser das Stück *Zweimal Oliver*, in dem ein Verwandlungskünstler in einer Anstalt endet, wo er Napoleon, Cäsar, den Kaiser von China und viele andere Personen trifft, die er einst darstellte. Als Hitler und Stalin sechs Jahre später ihre politische Identität veränderten, veröffentlichte Vladimir Nabokow im Jahr 1932 den Roman *Verzweiflung* über einen umgekehrten Fregolismus, in dem der (Anti-)Held die Ähnlichkeit zwischen ihm selbst und einem umherziehenden Doppelgänger erkennt.

12 Siehe J. H. van den Berg: *Divided Existence and Complex Society*, Pittsburgh, 1974; Ian Hacking: The invention of split personalities. In: Alan Donagan u. a. (Hrsg.): *Human Nature and Natural Knowledge*, Dordrecht, 1986, S. 63–85, Zitate S. 66, 79 aus: Théodule Ribot: *Diseases of Memory*, 1881; Anne Harrington: *Medicine, Mind, and the Double Brain: A Study in Nineteenth-Century Thought*, Princeton, 1987, chap. 4; Hillel Schwartz: The three-body problem and the end of the world. In: Michel Feher u. a. (Hrsg.): *Fragments Toward a History of the Human Body*, Part II, New York, 1989, S. 420–425.

13 Sigmund Freud: Das Unheimliche (1919). In: Essays, Band 2, Berlin 1989, S. 558, 572; Tobin Siebers: *The Mirror of Medusa*, Berkeley, 1983, chap. 5. Den zweiten Teil siehe W. McGuire und W. Auerländer (Hrsg.): *Freud-Jung-Briefwechsel*, Frankfurt/Main, 1991, S. 199; Ernst L. Freud und Lucie Freud (Hrsg.): *Sigmund Freud, Briefe*, Frank-

furt/Main, 1980, S. 339f; Violet Staub de Laszlo (Hrsg.): *Basic Writings of C. G. Jung*, New York, 1959, S. 314, 362, 305. Zu einer Zwischenposition, die Hans Kohuts Theorie von der Übertragung des Zwillingscharakters benutzt, siehe Jane Simon und Carl Goldberg: The role of the double in the creative process and psychoanalysis. In: *Journal of American Academy of Psychoanalysis*, No. 12, July 1984, S. 341–361; F. von Broembsen: Twinship. In: *American Journal of Psychoanalysis,* No. 48, 1988, S. 355 bis 365.

14 Siehe dazu die Erklärung von John Beahrs und Brenda O'Regan vom Institute of Noetic Sciences: »Multiple Persönlichkeiten können *der* Weg sein, die ungenutzten Fähigkeiten und Potentiale zu begreifen und zu erschließen, über die wir alle verfügen.« In: *Brain/Mind Bulletin*, No. 8, 3. 10. 1984, S. 2. Siehe dazu auch Betty Edwards: *Drawing on the Right Side of the Brain*, Los Angeles, 1979, S. VII; James Moor: Split brains and atomic persons. In: *Philosophy of Science*, No. 49, 1982, S. 104, der eine Antwort auf den Essay von Roland Puccetti enthält: Brain bisection and personal identity. In: *British Journal for the Philosophy of Science*, No. 24, 1973, S. 339–355. Siehe dazu auch das gesamte Heft des *Journal of Medicine and Philosophy*, No. 2, 2, 1977.

3. Selbstbildnisse

1 Siehe Michael Young: *The Metronomic Society*, Cambridge, MA, 1988; Christopher Lasch: *The Culture of Narcissism*, New York, 1979; Jay Martin: *Who Am I This Time? Uncovering the Fictive Personality*, New York, 1988, Zitat S. 25; Guy Debord: *Society of the Spectacle*, New York, 1994, S. 42, 48, 154, 158; Jean Baudrillard: *Simulations*, New York, 1983; Pierre Bourdieu und Jean-Claude Passeron: *Reproduction in Education, Society and Culture*, London, 1990. Viele dieser Auffassungen werden anders gesehen von Fredric Jameson: *Postmodernism or The Cultural Logic of Late Capitalism*, Durham, NC, 1991, und Peter Sloterdijk: *Kritik der zynischen Vernunft*, Frankfurt/Main, 1983.

2 Siehe Isaac Augustus Wetherby: Rechnungsbücher, vol. I, 1839–1855, nach Fotokopien der New York Historical Society; John Tagg: *The Burden of Representation: Essays in Photographies and Histories*, 1988, S. 43; Anne McCauley: *Industrial Madness: Commercial Photography in Paris, 1848–1871*, New Haven, 1994.

3 John Randolph in einem Brief an seine Schwester Fanny vom 31. Dezember 1805, in den Papieren der Familie Tucker-Coalter, Special Collections Library, Duke University; J. P. Ourdan: *The Art of Retouching by Burrows & Colton, Revised*, New York, 1973 (1880), S. 11ff.

4 Einige Phrenologen und Anthropologen hofften die Fotografie zur Klassifizierung von Menschentypen nutzen zu können. Für die meisten Fotoamateure und Detektive reichten Fotografien damals allerdings nicht aus, um ein Gesicht vom anderen zu unterscheiden. Zu Alphonse Bertillon siehe sein Buch *La Photographie judiciaire*, Paris, 1890, S. 10; Suzanne Bertillon: *Vie d'Alphonse Bertillon*, Paris, 1911; Henry T. F. Rho-

des: *Alphonse Bertillon, Father of Scientific Detection*, New York, 1956; Rodolphe A. Reiss: *La Photographie judiciaire*, Bertillon gewidmet, Paris, 1903, S. 9–18. Harry Södermann und John J. O'Connell sehen einen Zusammenhang zwischen der Einführung der Fotografie in die Polizeiakten und dem Ende des Brandmarkens von Verbrechern (die in Frankreich im Jahr 1832 und in den Niederlanden 1854 erfolgte). Sie listen 49 Fälle von 1882, 241 Fälle von 1883 und 680 Fälle von 1892 auf, in denen man mit Bertillons Methode falsche Identitäten aufdeckte. Siehe *Modern Criminal Investigation*, New York, 1940, S. 40, 43. Das Gewebe von Jesus' Grabtuch wurde nun auf 1260–1380 nach Christi datiert. Wie das Bild zustande kam, ist allerdings nach wie vor ein Rätsel. Siehe dazu Ian Wilson: *Evidence of the Shroud*, London, 1986, S. 4; E. T. Hall: The Turin Shroud. In: *Archaeometry*, No. 31, 1989, S. 92–95.

5 Siehe Wolfram Prinz: Dal vero o del modello? Aggiunte e testimonianze sull'uso dei manichini nella pittura del Quattro-cento. In: M. G. Ciardi Dupre dal Poggetto und Paolo dal Poggetto (Hrsg.): *Scritti di storia dell'arte in onore di Ugo Procacci*, Mailand, 1977, I, S. 200–208; Emile Michel: Deux mannequins en bois du XVI siècle. In: *Gazette des Beaux Arts*, ser. 3, No. 32, 1904, S. 135–139; Staatliche Kunsthalle: *Maler und Modell*, Baden-Baden, 28. 7.–19. 10. 1969, Ausstellungskatalog. Siehe besonders Pietro F. Albertis *Malerakademie* um 1550; F. J. Sanchez Canton: Un maniqui del siglo XVI. In: *Archivo Español del Arte*, No. 25, 1952, S. 101–109; E. F. van der Grinten: Le cachalot et le mannequin. In: *Nederlands Kunsthistorisch Jaarboek*, No. 13, 1962, S. 156–179 – eine wichtige Studie.

6 Siehe New England Capitalist. In: *Harvard Library Bulletin*, No. 10, Spring 1956, S. 245–253; *Official Descriptive and Illustrated Catalogue of the Great Exhibition*, London, 1851, I, S. 433.

7 Bruno Schulz: *Die Mannequins und andere Erzählungen*, herausgegeben von J. Jarzebski und Karl Dedecius, Frankfurt/Main, 1994, Zitate S. 34, 35, 37. In Schulz' (1892–1942) eigenen Zeichnungen verneigten sich Männer vor Frauen in Modellpose. Auf einer Zeichnung, die wahrscheinlich für »Das Mannequin« bestimmt war, kniet ein Mann vor einer nackten Frau, der er Maß nimmt, daneben ein Schneiderpuppentorso. Siehe Bruno Schulz: *Letters and Drawings*, New York, 1988, S. 23, 66, 76, 103f, 157.

8 Lester Gaba: *The Art of Window Display*, New York, 1952, S. 7; Charles A. Tracy: *Art of Decorating Show Windows*, 4. Auflage, Chicago, 1909, S. 224; Richard H. Leslie: Address to convention. In: *The Show Window*, August 1899, S. 73; Kenneth Brown: A merciful wax lady. Ebenda, Januar 1899, S. 13. Als Dekorateure in den achtziger Jahren des 19. Jahrhunderts ihre Arrangements noch weiter ausstaffierten, stellten sie zuweilen lebende Models oder kleine Automaten in die Fenster. In Chicago kombinierte »ein farbiger Junge von zehn oder zwölf Jahren« beide Genres. Er zog große Menschenmengen an, die heiß darüber stritten, ob dieses Wesen mit den sich wiederholenden zuckenden Bewegungen ein Mensch oder eine Maschine sei. Siehe James H. Wilson Marriott: *Nearly Three Hundred Ways to Dress Show Windows*, Baltimore, 1899, S. 12, 55, 184, 192.

9 Siehe William Leach: Strategists of display and the production of desire. In: Simon J. Bronner (Hrsg.): *Consuming Visions: Accumulation and Display of Goods in America, 1880–1920*, New York, 1989, S. 99–132. Leach verbindet den Einsatz von Wachspuppen und elektrischer Dekoration mit Spiritualismus und der metaphysischen Wirkung von Lichtstrahlen als Symbole der Transformation am Ende des Jahrhunderts. George Bernard Shaws *Pygmalion* erschien im Jahr 1914.

10 Siehe Anna Piotrowska: Der Mensch im Schaufenster. In: *Schaufenster: Die Kulturgeschichte eines Massenmediums*, Stuttgart, 1974, S. 176. Dali siehe S. 191, Gemälde von Otto Dix und Otto Griebel, wo Menschen zu Schaufensterpuppen werden, siehe S. 285 und 294; Ekkehard Mai: Technik, Maschinen, Automaten und der Freiraum der Kunst. In: *Das Kunstwerk*, Nr. 33,2, 1980, S. 4–6; Hans Bellmer: *Die Puppe*, Berlin, 1962; Hal Foster: *Compulsive Beauty*, Cambridge, MA, 1993, S. 101–122. Zu der Ausstellung der Surrealisten siehe William S. Rubin: *Dada, Surrealism, and Their Heritage*, New York, 1968, S. 63f, Zitat S. 154. Die Besucher der Ausstellung wurden auch mit Salvador Dalis *Taxi im Regen* konfrontiert, auf dessen Rücksitz eine wirklich nasse Puppe in einem künstlichen Sturm saß, in deren Haar sich Schlangen ringelten. Dali beschrieb sich selbst als Puppe für einen Bruder, der vor seiner Geburt als Kind gestorben war und dessen Namen er selbst trug. In den Augen seiner Eltern wuchs er »als das Double und der Zwilling« des verlorenen Kindes heran, dessen Foto über seinem Bett hing. Siehe : *Dali by Dali*, New York, 1970, S. III–V, *Secret Life*, S. 148–153.

11 Siehe Maury Wolf, Hollywood, Telefoninterview am 22. August 1991; Wolf & Vine/Greneker, The dream of a lifetime, Telefax vom 15. 7. 1991 von Rex Craig aus der Greneker Company, Los Angeles. Viele Puppen in ein einziges Fenster zu stellen war in Europa weniger ungewöhnlich als in den USA.

12 Siehe Jack Posner: Mannequins: today and tomorrow. In: *Visual Merchandising*, No. 111, Mai 1980, S. 48–50; Telefoninterview mit Michael Southgate von der Adel Rootstein Company in New York am 15. 8. 1991; Twiggy. In: *Life*, 3. 2. 1967, S. 39; Amelia Anderson: Designing women. In: *Ms. Mag*, No. 16, Oktober 1987, Zitat S. 22; Ted Polhemus und Lynn Proctor: The motionless models. In: *Design*, No. 439, July 1985, S. 36f; Greneker Manikins Chronology 1955–1989, Telefax von Rex Craig, 15. 7. 1991; Guy Talese: New look in mannequins. In: *New York Times Magazine*, 7. 2. 1960, S. 33, Zitat S. 36.

13 Siehe Eric Lucking: Mannequins. In: Walter H. Herdeg (Hrsg.): *Schaufensterkunst*, Zürich, 1961, II, S. 192; Interview mit Evangeline Calvin von Van Calvin Manikin Restoration in Portland, OR, vom 9. 1. 1992; Telefoninterview mit Martha Landau in New York vom 23. 8. 1991.

14 Siehe Barbara Melosh und Christina Simons: Exhibiting women's history. In: Susan Porter Benson u. a. (Hrsg.): *Presenting the Past*, Philadelphia, 1986, S. 203–221 über die Ausstellung »25 Jahre Barbiepuppen« des Indiana State Museum von 1984/85; Lisa B. Herskovits: How Barbie warped me. In: *Fell Swoop*, No. 16, 1989, S. 1–6. Wie weibliche Schaufensterpuppen hat auch die Barbiepuppe übertrieben lange Beine und einen langen Hals. Wie alle westlichen Sexpuppen hat sie einen ausgeprägten Busen. Ihre

Schöpferin Ruth Handler modellierte sie nach einer handtellergroßen deutschen Sexpuppe für Männer. Diese wiederum war eine für Fetischisten bestimmte Nachbildung von Reinhard Beuthiens schlüpfriger Comicfigur Lilli. Verschiedene Einschätzungen der Barbiepuppe und ihres Schicksals siehe M. G. Lord: *Forever Barbie: The Unauthorized Biography of a Real Doll*, New York, 1994; Erica Rand: *Barbie's Queer Accessories*, Durham, NC, 1995.

15 Remigius Netzer (Hrsg.): Oskar Kokoschka – *Mein Leben*, München, 1971, S. 160f, 190–192; Tate Gallery: *Oskar Kokoschka 1886–1980*, London, 1986, S. 308f, Abbildung 41; Hans Peter Bayerdörfer: Eindringlinge, Marionetten, Automaten. Symbolistische Dramatik und die Anfänge des modernen Theaters. In: *Jahrbuch der deutschen Schillergesellschaft*, Nr. 20, 1976, S. 529f. Ich danke Peter Hecht dafür, daß er mich auf die Kokoschka-Episode aufmerksam gemacht hat.

16 Siehe Luis Buñuel (Regie): *Ensayo de un Crimen*, 1955; Luis Garcia Berlanga (Regie): *Grandeur Nature (Life Size)*, 1973; Alain Robbe-Grillet (Regie): *Glissements Progressifs du Plaisir*, 1974; ders.: *Glissements progressifs du plaisir*, Paris, 1974, S. 31, 77. Zur letztlichen Unerreichbarkeit von Frauen in Pornofilmen siehe Linda Williams: *Hard Core: Power, Pleasure and the »Frenzy of the Visible«*, Berkeley, 1989.

17 Mark Morelli: A letter from Geppetto. In: *PAH!*, 1. 5. 1991; Willard Gaylin: *Adam and Eve and Pinocchio: On Being and Becoming Human*, New York, 1990, S. 127–130, 158; Scott C. Shershow: *Puppets and »Popular« Culture*, Ithaca, NY, 1995, S. 227ff; Noel Streatfeild: About this Book. Siehe seine Übersetzung von Carlo Collodi: *Pinocchio*, New York, 1959; Almuth Sellschopp-Rüppel und Michael van Rad: Pinocchio – a psychosomatic syndrome. In: *Psychotherapy & Psychosomatics*, No. 28, 1977, S. 357–360. Dort wird Pinocchio als halbabhängige Figur dargestellt. Walt Disney hat das Buch nie gelesen.

18 E. T. A. Hoffmann: *Die Automate.* In: Werke, Bd. 2, Frankfurt/Main, 1967, S. 352, 354. Über falsche Automaten informierte ich mich in einem Interview mit dem Historiker, Sammler und Restaurator von Automaten, John Gaughan, in Los Angeles am 4. 6. 1991. Zu Automaten generell siehe Linda Strauss: Automata: A Study in the Interface of Science, Technology and Popular Culture, 1730–1885, Dissertation, University of California at San Diego, 1987, S. 120; Alfred Chapuis und Edouard Gelis: *Le Monde des automates*, Genf, 1984 (1928); Karl G. Windisch: *Inanimate Reason; or, a Circumstantial Account of that astonishing Piece of Mechanism, M. de Kempelen's Chess-Player*, London, 1784, S. 47.

19 Siehe Julian Jaynes: *The Origin of Consciousness in the Breakdown of the Bicameral Mind*, Boston, 1976.

20 Der erste erfolgreiche amerikanische Tonfilm, *The Jazz Singer*, aus dem Jahre 1927 führte in seinen Fortsetzungen *The Jolson Story* von 1946 und *Jolson Sings Again* von 1949 wegen der Synchronisation zu unglaublicher Verwirrung. Siehe dazu Otis L. Guernsey, Jr.: Ghosts in the reel. In: *Saturday Review*, No. 38, 30. 4. 1955, S. 27f. Zur Synchronisation in Fällen, da die Stimmen der Schauspieler nicht den Anforderungen entsprachen, siehe Stanley Donen (Regie): *Singing in the Rain*, 1952. Zu Einzelheiten

und Debatten über das Synchronisieren habe ich die Akten »Synchronisation« der Margaret Herrick-Bibliothek an der Academy of Motion Picture Arts and Sciences in Beverly Hills benutzt. Siehe dazu auch Catherine Ventura: Get the last word – see Roma and dub. In: *Variety*, 3. 12. 1990, S. 56. Dort heißt es, daß der Preis für die beste Schauspielerin auf dem Filmfestival von Cannes im Jahr 1976 zu gleichen Teilen an Dominique Sanda für ihre Rolle in dem Film *Ereditaria Ferramonti* und ihre Synchronsprecherin Ada Serra Zanetti vergeben wurde.

21 Siehe Otto V. Mayr: *Authority, Liberty & Automatic Machinery in Early Modern Europe*, Baltimore, 1986.

22 Siehe den Brief von John Randolph Jr. an Fanny Tucker vom 23. März 1794 in den Papieren der Familie Tucker-Coulter, Duke University.

23 Walter Benjamin: *Gesammelte Schriften*, herausgegeben von Rolf Tiedemann und Hermann Schweppenhauser, Frankfurt/Main, 1991, Bd. 1, Teil 2, Das Kunstwerk im Zeitalter seiner technischen Reproduzierbarkeit (1936), Begriff der Geschichte (1940) und Lob der Puppe (1930). In diesen Schriften äußerte er sich am ausführlichsten über Marionetten und Automaten. Siehe dazu auch Hannah Arendts Einführung zu *Illuminationen*, einer Auswahl von Benjamins Schriften, Frankfurt/Main, 1977. Eine gründliche Analyse über Benjamin siehe Ian Balfour: Reversal, quotation (Benjamin's history). In: *MLN*, No. 106, April 1991, S. 622–647 sowie das deutsche Symposium: *Bucklicht Männlein und Engel der Geschichte: Walter Benjamin, Theoretiker der Moderne*, hrsg. vom Werkbund-Archiv Giessen, 1990.

4. Zweite Natur

1 Interview mit dem Afrikanischen Graupapagei Toby im Hause von Richard Restak in Washington, D. C., am 6. 1. 1991.

2 Irene M. Pepperberg: Cognition in the African Grey parrot. In: *Animal Learning & Behavior*, No. 11, 1983, S. 179–185. Siehe dazu auch dies.: Social modelling theory. In: *The Auk*, No. 102, 1985, S. 854–865; dies.: Interspecies communication: a tool for assessing conceptual abilities in the African Grey parrot. In: G. Greenberg und E. Tobach (Hrsg.): *Cognition, Language and Consciousness*, Hillsdale, 1987, S. 31–56; Irene M. Pepperberg und Mildred S. Funk: Object permanence in four species of psittacine birds. In: *Animal Learning & Behavior*, No. 18, 1990, S. 97–108; Elizabeth Vitton: Smart Alex! In: *3-2-1 Contact*, March 1992, S. 8–11. Einen Hinweis auf letztere Quelle verdanke ich Frederick L. Burton. Einige vermuten, Irene Pepperberg oder ihre Assistenten könnten Alex unbewußt Stichwörter geliefert haben. Vorkehrungen dagegen wurden getroffen, aber Skeptiker sollten wissen, daß auch menschliche Äußerungen häufig auf feine visuelle oder soziale Anstöße hin erfolgen.

3 Mary E. Wilkins: The Parrot. In: *Harper's New Monthly Magazine*, No. 101, 1900, S. 603 f. Siehe dazu weiterhin W. H. Hudson: A talk about parrots. In: *Saturday Review*,

No. 91, 1901, S. 765; Wilfrid Gibson: The Parrot. In: W. B. Yeats (Hrsg.): *Oxford Book of Modern Verse*, New York, 1936, S. 174; Eliza Haywood: *The Parrot. With a Compendium of the Times*, London, 1746, S. #1, A4v-A5, A7, #2; Interview mit Richard Restak, a. a. O. Vergleiche dazu auch Konrad Lorenz: *Antriebe tierischen und menschlichen Verhaltens,* München, 1968.

4 Julian Barnes: *Flauberts Papagei*, München, 1993, S. 258.

5 Siehe John G. Burke: The wild man's pedigree. In: E. Dudley und M. E. Novak (Hrsg.): *The Wild Man Within*, Pittsburgh, 1972, S. 266ff. Siehe dazu auch die Essays von Eberhard Bahr und Geoffrey Symcox; Edward Tyson: *Orang-Outang sive Homo Sylvestris: or, the Anatomy of a Pygmie Compared with that of a Monkey, an Ape and a Man*, London, 1699, Epistle Dedicatory, Preface, S. 55; Robert Wokler: Tyson and Buffon on the orang-utan. In: *Studies on Voltaire and the Eighteenth Century*, No. 15, 1976, S. 2301–2319, Zitat S. 2308 aus Diderots *Suite du Rêve d'Alembert*, II. 90; ders.: Perfectible apes in decadent cultures: Rousseau's anthropology revisited. In: *Daedalus,* No. 107 (Summer 1978), S. 107–135; George S. Rousseau: Madame Chimpanzee. In: *Enlightenment Crossings*, New York, 1991, S. 198–209.

6 Montague Browne: *Practical Taxidermy*, 2. Auflage, London, 1884, Zitate S. 15f. Siehe dazu auch Karl P. Schmidt und Austin L. Rand: Taxidermy. In: *Encyclopaedia Britannica*, Chicago, 1965, vol. XXI, S. 849–852, mit Zeichnungen über die Präparation von Tieren aus dem Jahre 1883. Vergleiche dazu auch den Essay des amerikanischen Präparators Franklin H. North: The taxidermic art. In: *Century Illustrated Monthly Magazine*, No. 26, 1883, S. 230–239. North war von der deutschen Schule unbeeindruckt (»billig und unpräzise«) und wandte sich dagegen, präparierte Tiere (wegen der Insektengefahr) auf Moos oder Rasen zu stellen. Er bewunderte die damals bereits verstorbenen Brüder Verreaux aus Paris, bei denen »man einen ausgestopften Elefanten, eine Giraffe oder einen Bengaltiger bestellen konnte, wie man sich einen Schinken beim Fleischer oder einen gekochten Hummer beim Fischhändler holt«.

7 Siehe Frank M. Chapman: *Autobiography of a Bird Lover*, New York, 1933; Paul L. Farber: The development of taxidermy and the history of ornithology. In: *Isis*, No. 68, 1977, S. 550–566; Karen E. Wonders: Bird taxidermy and the origin of the habitat diorama. In: R. G. Mazzolini (Hrsg.): *Nonverbal Communication in Science Prior to 1900*, Florenz, 1993, S. 414–447.

8 Siehe Susan Sperling: Baboons with briefcases: feminism, functionalism and sociobiology in the evolution of primate gender. In: *Signs*, No. 17 (Autumn 1991), S. 1–27; Donna Haraway: *Primate Visions: Gender, Race, and Nature in the World of Modern Science*, New York, 1989, Kapitel 3. Siehe dazu auch dies.: *Simians, Cyborgs, and Women: The Re-Invention of Nature*, New York, 1991; Emily Hahn: *Eve and the Apes*, New York, 1988. Londa Schiebinger bemerkt in Kapitel 3 von *Nature's Body: Gender in the Making of Modern Science*, Boston, 1993, daß man bei der Untersuchung von Primaten im 18. Jahrhundert auf die primären und sekundären Geschlechtsmerkmale verwies, um einen Unterschied zwischen dem Menschen und allen Tierarten zu ziehen, die Linné 1758 alle gleichermaßen als zoologisch »erstrangig« eingestuft hatte. Ge-

schlecht und Sexualverhalten spielten historisch und philosophisch eine zentrale Rolle bei der Illustration und Präparation von Menschenaffen, Affen und Pavianen.

9 Siehe Tom Regan und Peter Singer (Hrsg.): *Animal Rights and Human Obligations*, Englewood Cliffs, 1976, S. 19, 122, 124–128. Dort finden sich Auszüge aus Thomas von Aquin: *Summa contra gentiles*, vol. III, pt. II, chap. 92; Immanuel Kant: Ethische Elementarlehre. In: *Die Metaphysik der Sitten*, Werkausgabe, Bd. VIII, Frankfurt/Main 1991 und Arthur Schopenhauers Kritik Kants in: *Die Welt als Wille und Vorstellung, Erster Band, Zürich 1988*; Keith Thomas: *Man and the Natural World: Changing Attitudes in England, 1500–1800*, London, 1983, S. 19, 116–125, 137–142; Stephen Walker: *Animal Thought*, London, 1983, S. 20–29; James Turner: *Reckoning with the Beast: Animals, Pain and Humanity in the Victorian Mind*, Baltimore, 1980; Harriet Ritvo: *The Animal Estate: The English and Other Creatures in the Victorian Age*, Cambridge, MA, 1987, chap. 3.

5. Trompe-l'oeil

1 Über den Wert von Mimikry für die Evolution wird nach wie vor debattiert. Weder Poultons (und Henry W. Bates') Theorie darüber, daß wohlschmeckende Schmetterlinge ungenießbare imitieren, noch Johann F. Müllers Theorie von Mimikry unter den ungenießbaren Arten konnten vollständig widerlegt werden. Siehe dazu das Symposium »Mimikry und der evolutionäre Prozeß« in der Beilage zum *American Naturalist*, No. 131, June 1988. Das Maß der auf Nachahmung zurückgehenden Ähnlichkeiten unter Schmetterlingen, das »eine Perfektion erreicht hat, die weit über den Effekt für das generelle Überleben der Art hinausgeht«, führt zu völlig neuen Überlegungen zum Prozeß der natürlichen Auswahl. Siehe dazu Sharon E. Kingsland: *Modeling Nature: Episodes in the History of Population Ecology*, Chicago, 1985, S. 120. Zu Thayer siehe Abbott Thayer and the protective coloration debate. In: *Journal of the History of Biology*, No. 11, 1978, S. 223–244; Nelson C. White: *Abbott H. Thayer*, Peterborough, 1951, S. 78, 109; Gerald H. Thayer: *Concealing-Coloration in the Animal Kingdom*, New York, 1909; Susan Hobbs: Nature into art: the landscapes of Abbott Handerson Thayer. In: *American Art Journal*, No. 14, Summer 1982, S. 4–55; Frank M. Chapman: *Autobiography of a Bird Lover*, New York, 1933, S. 78ff; William S. Rusk: Thayer, Abbott Handerson. In: *Dictionary of American Biography*, New York, 1936, vol. IX, S. 399ff; Abbott H. Thayer to Charles L. Freer, 21. August 1901, Mikrofilmrolle No. 77 in the Archives of American Art, New York.

2 Siehe Alfred Frankenstein: *After the Hunt: William Harnett and other American Still Life Painters 1870–1900*, überarbeitete Fassung, Berkeley, 1969, S. 82f; Marie-Louise d'Otrange Mastai: *Illusion in Art*, New York, 1975; Murray T. Bloom: *Money of Their Own: Great Counterfeiters*, New York, 1957, S. 36–47, 135, Zitat S. 38 aus *New York Times*, 17. 5. 1892, weitere Zitate S. 39, 45; Sigmund Krausz: Ancient and modern

counterfeiters. In: *New England Magazine*, No. 32, 1905, S. 52–56. Jacques Derrida stellt in *Given Time: 1. Counterfeit Money*, Chicago, 1992, fest, daß Falschgeld Zwischenfälle provoziert. Siehe dazu Jean Baudrillards Verachtung für Trompe-l'oeils als »Objekte zweiter Klasse«. Siehe dazu Norman Bryson (Hrsg.): *Calligram: Essays in the New Art History from France*, Cambridge, 1988, S. 53–62.

3 E. B. Poulton: [Review of] *Concealing-Coloration*. In: *Nature*, No. 107, 12. Mai 1921, S. 338 ff. Thayers gestaltpsychologische Einstellung bezog sich auf Kunstwerke, an denen kein Strichlein geändert werden durfte, denn »es ist charakteristisch für ein Meisterwerk, daß jedes Teil von ihm ein Meisterwerk ist«. Als Thayer darauf bestand, die ganze Natur als Meisterwerk zu sehen, d. h. alle Farben und Muster der Tiere in der Natur als funktionell bedingt zu betrachten, stellten sich viele Naturforscher gegen ihn. Siehe Gerald H. Thayer: *Concealing-Coloration*; A. H. Thayer: »Restoration«: the doom of pictures and sculpture. In: *International Studio*, No. 70, March 1920, S. XIII–XVII; Ann S. Blum: *Picturing Nature: American Nineteenth-Century Zoological Illustration*, Princeton, 1993, S. 336–343.

4 Siehe Maurice G. Debonnet: Camouflage and the use of paint in warfare, maschinengeschriebenes Manuskript, 1918, S. 2f. In: Archives of the Hoover Institute on War, Revolution, and Peace, Stanford University; Guy Hartcup: *Camouflage: A History of Concealment and Deception in War*, New York, 1980, S. 12f, zit. nach J. F. C. Fuller: *Conduct of War*, 1962, S. 140; J. Andre Smith: Notes on camouflage. In: *Architectural Record*, No. 42, November 1917, S. 469–477; W. Kolossovsky: Camouflage in the Russian army. In: *Military Engineer*, No. 16, March–April 1924, S. 117.

5 Siehe Gertrude Stein: *Picasso*, New York 1959, S. 11, zit. nach Stephen Kern: *Culture of Time and Space, 1880–1918*, Cambridge, MA, 1983, S. 288; siehe dazu Kapitel 11: The Cubist War; Roy R. Behrens: *Art & Camouflage: Concealment and Deception in Nature, Art, and War*, Cedar Falls, 1981; Elizabeth L. Kahn: *The Neglected Majority: »Les Camoufleurs«, Art History, and World War I*, Lanham, 1984; Debonnet: Camouflage, S. 4; Homer Saint-Gaudens: Camouflage reminiscences. In: *Military Engineer*, No. 25, May–June 1933, S. 248.

6 Sigmund Freud: *Briefe 1873–1939*, Frankfurt/Main 1968, S. 353; ders.: Das Unbehagen in der Kultur. In: ders.: *Gesammelte Werke*, Bd. 14, Frankfurt/Main 1948, S. 503; ders.: Die Zukunft einer Illusion. Ebenda, S. 351; Rainer Maria Rilke: *Briefe aus Muzot 1921–1926*, Leipzig 1935, S. 335f.

7 Siehe Jane Berlandina: Stage entrance. In: *Art News*, No. 41, 1.–14. November 1942, S. 27; Lawrence Corwin: Tangled web. Beitrag auf einem nicht datierten Forum des *Architectural Record*, Faltblatt in den Papieren von Edward M. Farmer, Hoover Institute Archives.

8 Oskar Schlemmer: *Briefe und Tagebücher*, Stuttgart 1977, S. 171, 175.

6. Dito

1 Siehe Jaroslav Pelikan: *The Emergence of the Catholic Tradition (100–600)*, Chicago, 1971, S. 191–256, 300–318, Zitate S. 194f, 201; Jane E. Merdinger: *Rome and the African Church in the Time of Augustine*, New Haven, 1997; B. R. Rees: *Pelagius: A Reluctant Heretic*, Woodbridge, 1988; H. C. Teitler: *Notarii and Expectores*, Amsterdam, 1985, S. 1–14; Serge Lancel: *Actes de la Conférence de Carthage en 411*, Paris, 1972, vol. 1, S. 66–73, 342–346, 390f; Henri Leclercq: Notaire. In: F. Cabrol (Hrsg.) *Dictionnaire d'archéologie chrétienne et de liturgie*, Paris, 1936, vol. XII, S. 1623–1640. Römische Notare hatten auch die letzten Worte christlicher Märtyrer aufgezeichnet. Diese verkauften sie zu horrenden Preisen an die Westkirche, die danach die *Märtyrergeschichten* schrieb, so daß deren Martyrium selbst notariell beglaubigt schien. Die frühe Kirche schätzte ihre Notare ebenfalls, machte sie zu Verwaltern und zuweilen sogar zu Bischöfen.

2 Siehe Francis W. Steer (Hrsg.): *The Scriveners' Company Common Paper, 1357–1628*, London, 1968, S. XXI; Christopher De Hamel: *Scribes and Illuminators*, Buffalo, 1992, S. 43 über Kopistinnen; Marc Drogin: *Anathema! Medieval Scribes and the History of Book Curses*, Totowa, 1983, Florencio-Zitat siehe S. 18. In den Skriptorien und Schreibstuben wurde ein Text in der Regel auf mehrere Schreiber aufgeteilt; es kam selten vor, daß einer allein eine ganze Bibel abschrieb. Häufig kannte der Schreiber seinen Text so genau, daß er schrieb, was er zu lesen *erwartete*. Siehe William Macbain: Scribal memory and its relevance to manuscript tradition. In: *Manuscripta* No. 26, 1982, S. 8.

3 Siehe Jonathan Goldberg: *Writing Matter: From the Hands of the English Renaissance*, Stanford, 1990, chapter 3; Stephen Greenblatt: *Renaissance Self-Fashioning*, Chicago, 1980, chapter 2; Albert Kapr: *Schriftkunst: Geschichte, Anatomie und Schönheit der lateinischen Buchstaben*, Dresden 1983, S. 86, 96, 150ff; Richard W. Clement: Italian 16th-century writing books and the scribal reality in Verona. In: *Visible Language*, No. 20, 1986, S. 393–412. Zum Übergang von einer »Gedächtnis-« zu einer »Dokumentarkultur« siehe M. T. Clanchy: *From Memory to Written Record: England, 1066–1307*, Cambridge, MA, 1979. Eine verbesserte und stellenweise abgewandelte Variante siehe bei Mary J. Carruthers: *The Book of Memory: A Study of Memory in Medieval Culture*, Cambridge, 1990.

4 Siehe B. M. Metzger: Literary forgeries and canonical pseudepigrapha. In: *New Testament Studies*, Leiden, 1980, S. 1–22; Thomas F. Tout: Medieval forgers and forgeries. In: *Collected Papers*, Manchester, 1934, S. 117–144; Giles Constable: Forgery and plagiarism in the Middle Ages. In: *Archiv für Diplomatie, Schriftgeschichte, Siegel- und Wappenkunde*, No. 29, 1983, S. 1–41, zu Juliana siehe S. 11; Elizabeth A. R. Brown: *Falsitas pia sive reprehensibilis*. In: Horst Fuhrmann (Hrsg.): *Fälschungen im Mittelalter*, Hannover, 1988, Bd. I, S. 101–120. Er setzt sich mit Constables Auffassung auseinander, die Denker des Mittelalters hätten alle Formen der Fälschung für verwerflich gehalten. Eine systematische (moderne) Klassifizierung der Fälschungen siehe bei Umberto Eco: Typologia della falsificazione. In: *Ebenda*, Bd. I, S. 69–82.

5 Siehe Sammlung von Zeitungsausschnitten über Alexander Howland Smith, zumeist aus dem *Edinburgh Evening Dispatch*, in der Akte Fälschungen des Rare Book and Manuscripts Department der New York Public Library.

6 Siehe David S. Landes: *The Unbound Prometheus: Technological Change and Industrial Development in Western Europe from 1750 to the Present*, Cambridge, MA, 1969, Zitat S. 41; Louis, Chevalier de Jaucourt: Ecriture. In: *Encyclopédie, ou dictionnaire raisonné des sciences, des arts et des métiers*, Stuttgart, 1966, vol. V, S. 371 f; Charles Perregaux und F.-Louis Perrot: *Les Jaquet-Droz et Leschot*, Neûchatel, 1916, Zitat S. 108.

7 Siehe Laetitia Yeandle: The evolution of handwriting in the English-speaking colonies of America. In: *American Archivist*, No. 43, 1980, S. 306; Silvio A. Bedini: *Thomas Jefferson and His Copying Machine*, Charlottesville, 1984, S. XI, 1–2. Jeffersons Brief vom 19. August 1804 siehe S. 89. Für das Nachfolgende bin ich vor allem Bedini zu Dank verpflichtet.

8 Siehe Edith Abbott: *Women in Industry*, New York, 1910, S. 254–257; Ava Baron: The masculinization of production: the gendering of work and skill in U.S. newspaper printing, 1850–1920. In: D. O. Helly und S. M. Reverby (Hrsg.): *Gendered Domains: Rethinking Public and Private in Women's History*, Ithaca, New York, 1992, S. 277–288.

9 Siehe Dee Garrison: *Apostles of Culture: The Public Librarian and American Society, 1876–1920*, New York, 1979, S. 88, 227.

10 Siehe Thomas J. Schlereth: *Cultural History and Material Culture*, Ann Arbor, 1990, S. 156; Henri Dupont und L.-F. Canet: *Les Machines à écrire*, Paris, 1901, S. 15, über Schreibmaschinen mit einer Tastatur wie bei einem Klavier; Kurt Gabriel: Persönliche Führung durch das Büromuseum der Stadt Mülheim an der Ruhr am 8. November 1990 – zur Möglichkeit, auf Schreibmaschinen der Jahrhundertwende Kopien herzustellen. Im Jahr 1918 erreichte die Weltrekordlerin Margaret Owen auf einer mechanischen Schreibmaschine 850 Anschläge in der Minute. In neueren Untersuchungen werden kurzzeitige Geschwindigkeiten von 1 800 Noten pro Minute auf dem Klavier und 1 020 Anschlägen pro Minute auf elektronischen Schreibmaschinen bestätigt. Zu den literarischen Folgen des Maschineschreibens siehe Sue Walker: How typewriters changed correspondence. In: *Visible Language*, No. 18, Spring 1984, S. 102–117. Die Analogie von Blut und Tinte, der Bißspur des Vampirs und dem Abdruck der Schreibmaschine, von Vampirglaube und Kopieren in Bram Stokers *Dracula* (1896) siehe Friedrich A. Kittler: *Aufschreibesysteme 1800/1900*, München, 1987, S. 353 ff. Er weist auch darauf hin, daß sich Kafka von Felice Bauer angezogen fühlte, einer Stenotypistin, die ihm berichtete, sie *genieße* diese Tätigkeit – S. 359 ff.

11 OK, OK, die Fotokopie einer Fotokopie oder die Fotografie einer Fotografie kann den ursprünglichen Prozeß nachvollziehen. Zur Halftone-Fotografie, die irgendwo zwischen Nachbildung und Aneignung liegt, siehe Neil Harris: Iconography and intellectual history: the half-tone effect. In: *Cultural Excursions*, Chicago, 1990, S. 304–317. Im Unterschied zu früheren Methoden des Drucks von Illustrationen war das Halbtonverfahren vollständig druckmaschinenkompatibel. Illustratoren verwendeten immer häufiger diese Art der Fotoreproduktion.

12 Zu Lichtenberg siehe Franz H. Mautner: *Lichtenberg: Geschichte seines Geistes*, Berlin, 1968, S. 174–198; Rainer Baasner: *Georg Christoph Lichtenberg (1742–99)*, Darmstadt, 1992, S. 165; Horst Gravenkamp: *Geschichte eines elenden Körpers: Lichtenberg als Patient*, Göttingen, 1989. Die Lichtenberg-Zitate siehe Hans Friederici (Hrsg.): *Lichtenbergs Werke in einem Band, Berlin, 1973*, S. 9, 264f; Carl Brinitzer: *G. C. Lichtenberg: die Geschichte eines gescheiten Mannes*, Tübingen, 1956, S. 17, 113, 169. Dieses Buch las Chester F. Carlson (in der amerikanischen Übersetzung – New York, 1960) für seine »Some notes for a talk on the history of electrostatic recording and xerography« vom 1. November 1963. Siehe Box 80 der Papers of Chester F. Carlson im Rare Book and Manuscripts Department der New York Public Library. Aus diesen Papieren habe ich auch Carlsons Tagebuch von 1928–1929 benutzt, besonders die Notizen vom 14. 4. (umgeschrieben am 3. 11.) 1928, 8. 7. (21. 4.) 1929 und 13. 9. 1929, Box 74. Siehe dazu auch James E. Brittain: Carlson, Chester Floyd. In: *Dictionary of American Biography*, New York, 1988, Supp. VIII, S. 70–72; Stephen Perkins: He who rode a tiger: Chester Carlson (1906–1968). In: *Factsheet Five*, No. 30, 1988, S. 61–63; Alfred Dinsdale: Chester F. Carlson: inventor of xerography. In: *Photographic Science and Engineering*, No. 7/1, 1963, S. 2f; John H. Dessauer und Oscar Schisgall: *My Years with Xerox*, Garden City, 1971, S. 21f. Zur Geschichte der Forschung, die zur Xerographie führte, siehe J. Mort: *The Anatomy of Xerography: Its Invention and Evolution*, Jefferson, NC, 1989. Zu den Arbeiten an fotoelektrischen Effekten und Alkalihalogeniden im Deutschland der zwanziger Jahre siehe Jürgen Teichmann: Pohl, Robert Wichard. In: *DSB*, Bd. XVIII, S. 715–718.

13 Robert C. Binkley: Micro-copying as an international problem for the American National Committee on Intellectual Cooperation – Memorandum aus dem Jahre 1937 in der Copyright General Correspondence file, Box 57, sowie in Present state of photographic copying on micro film – Memorandum vom 22. 7. 1936, S. 2, Box 63 in den Akten des Joint Committee of the Social Science Research Council, American Library Association, American Council of Learned Societies, and the American Documentation Institute [fortan: Joint Committee]; Forschungsmaterialien in der Manuscript Division der Library of Congress, Washington, D. C., wo ich einen großen Teil der Informationen über Kopiergeräte fand. Zur Roto-Maschine siehe Volker Wiebels (Hrsg.): *Kontor-Träume*, Büromuseum Mülheim, 1988, S. 13.

14 Siehe Mark Olshaker: *The Instant Image: Edwin Land and the Polaroid Experience*, New York, 1978, S. 56f; Peter C. Wensberg: *Land's Polaroid*, Boston, 1987, S. 17.

15 Siehe Louise Odes Neaderland: Introduction. In: *ISCAgraphics*, Sarasota, 1989; William Larson: Copier art: the precedents. In: *Print Review*, No. 20, 1985, S. 5–12; Gespräch mit Louise Odes Neaderland am 20. 11. 1990 in New York; Pati Hill: *Letters to Jill: A Catalogue and Some Notes on Copying*, New York, 1979, S. 22.

16 Siehe Stewart Home (Hrsg.): *Plagiarism: Art as Commodity and Strategies for Its Negation*, London, 1987, Kapitel 13 über Mail Art; Monique Brunet-Weinmann: The work of art in the age of its electrophotographic reproduction. In: Georg Mühleck und Monique Brunet-Weinmann: *Medium: Photocopy – Canadian and German Copygraphy*, Montreal, 1988, S. 79.

17 Walter Benjamin: Ich packe meine Bibliothek aus. In: *Gesammelte Schriften*, Bd. 4,1, Frankfurt/Main, 1972, S. 389; Kleine Geschichte der Fotografie, a. a. O., Bd. 2,1, Frankfurt/Main, 1977, S. 379, 382; Geschichtsphilosophische Thesen. In: *Illuminationen*, Frankfurt/Main, 1961, S. 268, 270; Lichtenberg – Ein Querschnitt. In: *Gesammelte Schriften*, Bd. 4,2, Frankfurt/Main, 1972, S. 696–710; Hans Friederici, S. 9, 83 ff; Gershom Scholem: *Walter Benjamin: Die Geschichte einer Freundschaft*, Frankfurt/Main, 1975, S. 16 zu Benjamins Kurzsichtigkeit und gebeugtem Gang. Janice Woos Essay An ambiguity of function: xerographic artists books, in: *ISCA*, No. 7, Summer 1989, stellt die Xerographie besser in den Rahmen der Benjaminschen Argumente als Jean Baudrillard, *Xerox and Infinity*, London, 1988. Siehe dazu auch Michael Diers: Kunst und Reproduktion – der Hamburger Faksimile-Streit. In: *Idea, Jahrbuch der Hamburger Kunsthalle*, Nr. 5, 1986, S. 124–137. Dort werden Benjamins Ideen in einen Zusammenhang mit Erwin Panofskys Essay »Original und Faksimilereproduktion« von 1930 gebracht, der auf den Seiten 111–123 wiedergegeben ist. Jeffrey Mehlman stellt in seinem Buch *Walter Benjamin for Children: An Essay on His Radio Years*, Chicago, 1993 fest, daß in Benjamins Rundfunkbeiträgen häufig Zauberei, Hochstapelei und Fälschung vorkamen. In einem seiner Artikel, »Das dämonische Berlin« berichtet er im Detail darüber, wie er als Kind heimlich *Hoffmanns Erzählungen* las, was ihm seine Eltern verboten hatten. In »Rastelli erzählt« beschreibt er einen Jongleur, der mit einem einzigen Ball spielt, in dessen Innerem ein Zwerg mit Stahlfedern hantiert – ein klarer Hinweis auf den *buckligen Zwerg* im knarrenden Automaten der Geschichte.

18 Hans Friederici, S. 9; Walter Benjamin: Illuminationen, S. 279; Dallas D. Irvine an Robert C. Binkley vom 16. 8. 1934 in den Akten des Joint Committee, Copyright 5.7c file, Box 57.

19 Zu China siehe Copyright in China. In: *Academy and Literature*, No. 65, 1903, S. 215; William P. Alford: *To Steal a Book Is an Elegant Offense: Intellectual Property Law in Chinese Civilization*, Stanford, 1995. Zu der verbreiteten Auffassung in Europa siehe Edouard Calmels: *De la propriété et de la contre-façon des oeuvres de l'intelligence*, Paris, 1856; Claude Colombet: *Propriété littéraire et artistique*, Paris, 1980, S. 3–7. Zu den Unterschieden der Auffassungen in Amerika und Europa bin ich Jewgeni Gerassimow, Jurist bei der Copyright Division der UNESCO in Paris, für ein Gespräch am 30. 10. 1990 dankbar. Zur internationalen Copyright-Situation siehe Edward W. Ploman und L. Clark Hamilton: *Copyright: Intellectual Property in the Information Age*, London, 1980, S. 4 f, 140–147; World International Property Organization: *Committee of Governmental Experts on the Evaluation and Synthesis of Principles on Various Categories of Works*, Genf, 1988, rosa Seiten.

20 Zur »kybernetischen Metapher« siehe Bill Nichols: The work of culture in the age of cybernetic systems. In: *The Screen*, No. 29, Winter 1988, S. 22–46. Zur Vereinnahmung siehe Thomas Lawson: *A Fatal Attraction: Art and the Media*, Chicago, 1982; Eleanor Heartney: Appropriation and the loss of authenticity. In: *New Art Examiner*, March 1985, S. 26–30; William Morrow: Pastiche, bricolage and appropriation: post-modernism and the infringement of copyright. In: *Art Monthly: Australian and International*, No. 15,

October 1988, S. 26–28; Rob Fenner: Fair warning? In: *Art & Antiques*, No. 5, December 1988; zum Warhol-Vermögen ein Zitat von Ronald Sosinski, S. 27; die darauf folgende Diskussion findet sich im Aprilheft 1989, S. 16f; Susan Krane and Phyllis Rosenzweig: *Sherrie Levine: Art at the Edge*, Atlanta, 1988; Jeanne Siegel: After Sherrie Levine. In: *Arts Magazine*, No. 59, June 1985, S. 141; Gerard Marzorati: Art in the (re)making. In: *Artnews*, No. 85, May 1986, S. 90–99; Paula Marincola: *Image Scavengers: Photography*, Philadelphia, 1983, S. 24; Dan Cameron: A salon history of appropriation with Leo Castelli and Elaine Sturtevant. In: *Flash Art*, November–December 1988, S. 76f. Hier habe ich mich auch auf Gespräche mit dem Kunsthändler Ivan C. Karp von den O. K. Harris Galleries in New York am 23. Oktober 1990 und mit dem Anwalt Martin Bressler von der Visual Artists and Galleries Association in New York vom 17. 1. 1991 gestützt.

21 Hier beziehe ich mich auf Gespräche im J.-Paul-Getty-Museum in Malibu in Kalifornien am 30. Mai 1991 mit Robert Keefe (über Rahmen), Elisabeth Mention (über die Restauration von Gemälden) und mit Brian Considine (über ornamentale Kunst) sowie ein Gespräch mit Frank D. Preusser, stellvertretender Programmdirektor am Getty Conservation Institute in Marina del Rey, Kalifornien, am 31. Mai 1991. Siehe dazu auch Stephen E. Weil: *Rethinking the Museum and other Meditations*, Washington, DC, 1990, S. 161–166 zu »Juristischen Aspekten der Ausstellung von Imitationen«.

22 Antonio Palomino de Castro y Velasco: *An Account of the Lives and Works of the Most Eminent Spanish Painters, Sculptors, and Architects*, London, 1739, S. 76. Seine Beispiele und die Schrift von Franciscus Junius: *The Painting of the Ancients*, London, 1638, S. 348 werden in einem wichtigen Essay von Mansfield K. Talley, Jr. zitiert: Connoisseurship and the methodology of the Rembrandt Research Project. In: *International Journal of Museum Management and Curatorship*, No. 8, June 1989, S. 175–214, Zitat S. 177.

23 Siehe Roger Benjamin: Recovering authors: the modern copy, copy exhibitions, and Matisse. In: *Art History*, No. 12, June 1988, S. 176–201, Zitat von Mirbeau S. 180. Benjamin erwähnt frühere Ausstellungen (z. B. der Galerie Odilon Redon), wo Kopien präsentiert wurden, niemals aber als Mittelpunkt der Schau. Germain Bazin: *The Museum Age*, New York, 1967, erwähnt einen Vorschlag aus dem Jahre 1900, in Washington, D. C., eine umfriedete Stadt aus Nachbauten der größten Gebäude der Welt zu errichten und in diesen Häusern Kopien der berühmtesten Kunstwerke auszustellen (S. 261). Siehe auch J. C. Robinson: On spurious works of art. In: *Nineteenth Century*, No. 30, November 1891, S. 694f. Die Direktoren des Louvre wollten eine Donatello-Büste nicht als Fälschung anerkennen, bis man ihnen ein *Foto* der Büste und ein *Foto* des Modells, das der Fälscher, Giovani Bastianini, angemietet hatte, zum Vergleich vorlegte.

24 Zu mehrfachen Originalen siehe Toni del Rienzo: Multiple authenticity. In: *Art and Artists*, No. 9, July 1974, S. 22–27; Arts Council of Great Britain: *3 → ∞: New Multiple Art*, London, 1971; Karl Graak: Original – Reproduktion – Originalreproduktion. In: *Artis*, Nr. 31, November 1979, S. 16f; Heribert Hutter (Hrsg.): *Original-Kopie-Replik-Paraphrase*, Wien, 1980; G. Schack (Hrsg.): *Horst Janssen: Die Kopie*, Hamburg, 1977. Janssen bezieht sich bei seiner Apologie auf keinen geringeren als Lichtenberg (»Ist Genialität etwas anderes als Wiederfinden?« – S. 9). Zu japanischen Kopisten

siehe Uli Bohnen (Hrsg.): *Hommage-demontage*, Köln, 1988, S. 7. Siehe dazu auch Bo Gunnarsson: Yoshihro/Liljefors. In: *Kopior, Förfalskningar, Parafraser, Plageat, Pastischer, Repliker, Original, Reproduktioner*, Göteborg, 1988, S. 38f. Zu Vermeer siehe Bradford Art Galleries and Museum: *New Life for Old Masters: Paintings by Barrington Bramley*, Bradford, 1982, S. 2f; Hope B. Werness: Han van Meegeren fecit. In: Dennis Dutton (Hrsg.): *The Forger's Art: Forgery and the Philosophy of Art*, Berkeley, 1983, S. 1–57.

Zu Kopiertechniken und der industriellen Reproduktion von Kunstwerken siehe Ursel Berger: Ein »Rodin« per Post? Zu neuen Entwicklungen auf dem Reproduktionsmarkt. In: *Die Weltkunst*, Nr. 58, 15. 5. 1988, S. 1542–1545; William H. Honan: Art world trying to cope in age of the fake. In: *New York Times*, 3. 9. 1991, B 1. Den Ausführungen zu True Fakes Ltd. und der Galerie Daniel Delamare habe ich ein Gespräch mit Daniel Delamare und Danielle van Santen am 30. Oktober 1990 in Paris zugrunde gelegt. Siehe dazu auch Danielle van Santen: *Les Grands maîtres restitués*, 1990, S. 10; Fernsehsender CBS: Sixty Minutes, Bericht über Kunstkopisten, 7. 7. 1991.

25 Siehe dazu ein Gespräch mit Mahasti Afshar vom Getty Conservation Institute in Marina del Rey, Kalifornien vom 24. Mai 1991.

26 Siehe George Kubler: *The Shape of Time: Remarks on the History of Things*, New Haven, 1963, S. 39. Siehe auch Hal Foster: *Recordings: Art, Spectacle, Cultural Politics*, Port Townsend, WA: Bay, 1985, S. 6ff über Barthes, Baudrillard und den »Bedeutungsfetischismus«.

27 Siehe Gespräch mit dem stellvertretenden Direktor des ICC Counterfeiting Intelligence Bureau Peter Lowe am 26. November 1990 in Barking, Essex und ein Mitteilungsblatt des CIB aus dem Musée de la Contrefaçon in Paris, das ich im Oktober 1990 besuchte. Siehe dazu Arthur C. Danto: *The Transfiguration of the Commonplace*, Cambridge, MA, 1981, S. 8; David Phillips: *Don't Trust the Label: An Exhibition of Fakes, Imitations, and the Real Thing*, Manchester, 1986–1987. Für dieses Kapitel habe ich auch ein Telefoninterview mit Margaret K. Morell von der International Anticounterfeiting Coalition in Washington D. C. vom 12. August 1991 verwendet, die mich auf den verbreiteten Verkauf gefälschten Modeschmucks aufmerksam gemacht hat.

7. Noch einmal, mit Gefühl

1 Siehe Charles A. L. Totten: *Strategos*, New York, 1880, S. I, für das Epigraph von Baron A. H. Jomini über Napoleon; Michael Balfour and Julian Frisby: *Helmuth von Moltke*, London, 1972, S. 2–5; Eberhard Kessel: *Moltke*, Stuttgart, 1957, S. 52, 61f; Gunther E. Rothenburg: Moltke, Schlieffen, and the doctrine of strategic deployment. In: Peter Paret (Hrsg.): *Makers of Modern Strategy*, Princeton, 1986, S. 296–313, Zitat S. 296; Capt. Charles W. Raymond: The war game. In: *Field-Glass*, No. 1, October 1879, S. 183; John Prados: *Pentagon Games: Wargames and the American Military*, New York,

1987, S. 4 über den D-Day. Zu der Auffassung, daß der in Kriegsspielen erprobte Schlieffen-Plan den Ersten Weltkrieg unausweichlich machte, siehe Charles S. Maier: Wargames: 1914–1919. In: *Journal of Interdisciplinary History*, No. 18, Spring 1988, S. 832. Dort wird argumentiert, daß »*Wiederholung* die entscheidende destabilisierende Variable [war]«, nicht der Plan, sondern »wiederholte Krisen«.

2 Siehe William McCarty Little: Brief an William Livermore vom 4. 12. 1891. In: Box 1, F. 5, Correspondence, MS Coll. 13, Naval Historical Collection, Naval War College, Newport, RI; ders.: *The Strategic Naval War Game or Chart Maneuver*, Newport, 1912, S. 1219f; Margaret H. Hazen, Potomac, MD: Brief an den Autor vom 19. 5. 1992 über Feuerwehrübungen, die durch den Brand des Iroquois Theatre im Jahr 1903 ausgelöst wurden und 1908 in amerikanischen Schulen durchaus üblich waren. Siehe dazu auch Jacques Vié: Les Méconnaissances systématiques. In: *Annales médico-psychologiques*, No. 102, 1944, S. 248; Peter R. Perla: *Art of Wargaming*, Annapolis, 1990, S. XII – das Vorwort von Thomas B. Hayward über Kriegsspiele gegen Japan, S. 45 über die Japaner, die ihren Erfolg in der Mongolei im Jahr 1905 auf Kriegsspiele zurückführten und alle Feldzüge des Zweiten Weltkrieges durchspielten; Thomas B. Buell: Admiral Raymond A. Spruance and the Naval War College: Part I – preparing for World War II. In: *Naval War College Review*, No. 23, 7, 1971, S. 30–51; Allgemeine Korrespondenz 1921–1942 des Office of the Chief of Infantry: Third Army Maneuvers, May 5–25, 1940. In: Document No. 353/6190, Box 17, Record Group 177, Records of the Chiefs of Arms, National Archives, Washington, D. C.; Jean R. Moenk: *A History of Large-Scale Army Maneuvers in the U. S., 1935–1964*, Fort Monroe, VA, 1969, S. 1–47, Zitat S. 32.

3 Siehe Jean R. Moenk, a. a. O., S. 118, 162, 196–198, 209–212, 287, 312; John Prados, a. a. O., S. 5f, 12ff; Donald Mackenzie: From Kwajalein to Armageddon? Testing and the social construction of missile accuracy. In: David Gooding u. a. (Hrsg.): *The Uses of Experiment*, Cambridge, 1989, S. 409–435; Jacques Derrida: No apocalypse not now. In: *Diacritics*, No. 14, Summer 1984, S. 30. Filme über die Apokalypse des kalten Krieges verbanden Kriegsspiele mit einem Atomkrieg, so z. B. Sidney Lumet: *Angriffsziel Moskau*, 1964, 111 Minuten; Stanley Kubrick: *Doktor Seltsam oder Wie ich lernte, die Bombe zu lieben*, 1964, 94 Minuten; Joseph Sargent: *Colossus*, 1969, 100 Minuten, in dem die Verteidigung des Westens und der Sowjetunion Kriegsspielcomputern anvertraut wird, die sich zur Beherrschung der Welt zusammenschließen; Peter Watkins: *The War Game*, 1966, 50 Minuten.

4 Siehe Walter V. Robinson: So far, this war's heroes aren't human. In: *Boston Globe*, 30. 1. 1991, S. 3; John Scott: I saw the news today oh boy: television and the Gulf War. In: *Canadian Art*, No. 8, Spring 1991, S. 15f; Greg Johnson: A war-torn town will be built at Camp Pendleton to train marines. In: *Los Angeles Times*, 29. 10. 1991, S. D15. Zur geschlechtsspezifischen Sprache des Kriegsspiels siehe Carol Cohn: Wars, wimps, and women: gender and thinking war. In: M. Cooke and A. Wollacott (Hrsg.): *Gendering War Talk*, Princeton, 1993, S. 227–248.

5 Siehe *Kriegsspielzeug: Ist das noch Spielzeug?* Berlin, 1982. Vergleiche dazu auch Luise Rinser: *Kriegsspielzeug: Tagebuch 1972–1978*, Frankfurt/Main, 1978, S. 51, die von der

Idee der Neutronenbombe erschüttert ist, der idealen Waffe für Kriegsspieler, denn sie soll nur die lebendigen Kräfte des Gegners vernichten, aber (wie beim Gameboard) kein Territorium und keine Fabriken zerstören.

6 Siehe dazu Ian Anstruther: *The Knight and the Umbrella*, London, 1963, S. 78 und den Anhang I – historical list of tournaments; Rollin G. Osterweis: *Romanticism and Nationalism in the Old South*, New Haven, 1949, S. 3ff, 130, 169; T. J. Jackson Lears: *No Place of Grace: Antimodernism and the Transformation of American Culture, 1880–1920*, New York, 1981, S. 117–124; John J. MacAloon: *This Great Symbol: Pierre de Coubertin and the Origins of the Modern Olympic Games*, Chicago, 1981, S. 5, 14; Charles Darwin: *Über die Entstehung der Arten durch natürliche Zuchtwahl*, Leipzig, 1893; George Santayana: *The Life of Reason*, New York, 1917, S. I, 284.

7 Jafar Jafari u. a.: A sociological study of tourism as a factor of change. In: *Annals of Tourism Research*, No. 17, 1990, S. 469; Keith Hollinshed: Cultural tourism. Ebenda, S. 292ff; Dean MacCannell: *The Tourist: A New Theory of the Leisure Class*, New York, 1976. Siehe darin besonders Kapitel 5 – Staged Authenticity; Nicholas Lemann: Fake masks. In: *The Atlantic*, No. 260, November 1987, S. 24–38. Darin geht es um afrikanische Masken, die so geschnitzt sind, als seien sie bei Ritualen verwendet worden, um sie besser verkaufen zu können; Travcoa: *1991 Orient China*, Broschüre, Newport Beach, 1991, S. 2, 79. Siehe auch Valerie L. Smith (Hrsg.): *Hosts and Guests: The Anthropology of Tourism*, Philadelphia, 1989; Sabra J. Webber: *Romancing the Real: Folklore and Ethnographic Representation in North Africa*, Philadelphia, 1991. Diese Arbeit kritisiert die Gefahren von »Folklore«, verteidigt jedoch zugleich ihren Einsatz als Waffe gegen Unterdrückung.

8 Siehe Geoffrey L. Rossano (Hrsg.): *Creating a Dignified Past*, Savage, MD, 1991, S. 116 und die Diskussion; Stefan Muthesius: Why do we buy old furniture? Aspects of the authentic antique in Britain, 1870–1910. In: *Art History*, No. 11, June 1988, S. 231–254; Gespräch mit Brian Considine, Kurator für dekorative Kunst im J.-Paul-Getty-Museum in Malibu, CA, am 30. Mai 1991 über Polsterung; J. C. Robinson: On spurious works of art. In: *Nineteenth Century*, No. 30, November 1891, S. 687 über die Alten Meister, S. 698 über Wurmstiche; Henry Merritt: *Pictures and Dirt Separated in the Works of Old Masters*, London, 1854, S. 1–4. Zu Tapeten bin ich Robert M. Kelly, dem Herausgeber von *Wallpaper Reproduction News* für seinen Brief vom 13. 8. 1991 zu Dank verpflichtet. Die Ausgaben der Zeitschrift vom August 1990 und August 1991 habe ich hier benutzt. Er machte mich außerdem auf einen Aufsatz von Edward L. Kallop, Jr. aufmerksam: Wallpaper conservation – puzzling priorities. In: *Journal of the American Institute for Conservation*, No. 20, 1981, S. 53–57. Da Tapeten aus dem 19. Jahrhundert oft Trompe-l'oeils waren, Vorhänge, Gitter oder Säulen vortäuschen sollten, ist ihre Restauration dreifach problematisch. Siehe dazu Odile Nouvel: *Wallpapers of France, 1800–1850*, New York, 1981.

9 John McCormick: *George Santayana: A Biography*, New York, 1987, S. 5, 173, 446f, Zitat S. 277 über die Meisterung der Vergangenheit aus Santayanas *The Realm of Essence*, 1927 und S. 447 aus Santayanas Essay über Oswald Spengler aus dem Jahre 1929;

Frederick W. Conner: To dream with one eye open: the wit, wisdom, and present standing of George Santayana. In: *Soundings*, No. 74, Spring-Summer 1991, S. 159–178. Das Zitat auf S. 161 stammt aus Santayanas *Character and Opinion in the United States* von 1920, die Zitate auf S. 164 und S. 166 aus einer Erklärung Santayanas für Stanley Kunitz (Hrsg.): *Twentieth-Century Authors*, New York, 1942, S. 1231; Angus Kerr-Lawson: Toward one Santayana. In: *Transactions of the Charles S. Peirce Society*, No. 27, Winter 1991. Das Zitat auf S. 5 über die Deutschen stammt aus Santayanas *Soliloquies in England* aus dem Jahre 1922; George Santayana: *The Life of Reason*, Vol. I: *Reason in Common Sense*, New York, 1917, S. 284–288.

10 Siehe Donald B. Smith: *Long Lance: The True Story of an Impostor*, Toronto, 1982, S. 147. Das Zitat von Paul Radin siehe S. 191; Colin Bingham: *Men and Affairs: A Modern Miscellany*, New York, 1967, das falsche Santayana-Zitat S. 147.

11 Sigmund Freud: Brief an Wilhelm Knoepfmacher, 6. 8. 1878. In: *Briefe 1873–1939*, hrsg. von Ernst und Lucie Freud, Frankfurt/Main, 1968, S. 14; ders.: Brief an Marie Bonaparte, 15. 6. 1939. In: Max Schur: *Freud. Leben und Sterben*, Frankfurt/Main, 1977, S. 669; Patricia Woolf: Fraud in science: how much, how serious? In: *Hastings Center Report*, No. 11, October 1981, S. 9–14, das Zitat des Präsidenten der National Academy of Sciences, Philip Handler, S. 10; G. Nigel Gilbert und Michael Mulkay: *Opening Pandora's Box: A Sociological Analysis of Scientists' Discourse*, Cambridge, 1984, ch. 5; Diane B. Paul: The nine lives of discredited data: old textbooks never die – they just get paraphrased. In: *The Sciences*, No. 27, May–June 1987, S. 326–330; William J. Broad and Nicholas Wade: *Betrayers of the Truth*, New York, 1982, S. 77; Robert L. Engler u. a.: Misrepresentation and responsibility in medical research. In: *New England Journal of Medicine*, No. 317, 1987, S. 1383–1389; David J. Miller and Michael Hensen (Hrsg.): *Research Fraud in the Behavioral and Biomedical Sciences*, New York, 1992. Zum Mythos der Nachbildung siehe H. M. Collins: The seven sexes: ... the replication of experiments in physics. In: *Sociology*, No. 9, 1975, S. 205–224; Patricia K. Woolf: Deception in scientific research. In: *Project on Scientific Fraud and Misconduct, Report on Workshop Number One*, Washington, D. C., 1988, vol. I, S. 61 f.

12 Zu Sigmund Freuds Auffassungen siehe *Zur Psychopathologie des Alltagslebens*, Gesammelte Werke, Bd. 4, Frankfurt/Main, 1941, S. 295; *Über fausse reconnaissance (»déjà raconté«) während der psychoanalytischen* Arbeit, ebenda, Bd. 10, Frankfurt/Main, 1946, S. 121, 123; *Das Unheimliche*, ebenda, Bd. 12, Frankfurt/Main, 1947, S. 259; *Brief an Romain Rolland, Eine Erinnerungsstörung auf der Akropolis*, ebenda, Bd. 16, Frankfurt/Main, 1950, S. 255; G. E. Berrios: Déjà vu in France during the nineteenth century: a conceptual history. In: *Comprehensive Psychiatry*, No. 36, March–April 1995, S. 123–129. Er argumentiert, daß das Überwiegen psychologischer Interpretationen des *déjà vu* im Verein mit einer assoziativen Vorstellung von der Erinnerung die Forschung um viele Jahre zurückgeworfen habe. Zu Freud siehe Dale Boesky: The reversal of déjà raconté. In: *Journal of the American Psychoanalytic Association*, No. 17, 1969, S. 1114–1141; Harry Slochower: Freud's déjà vu on the Acropolis. In: *Psychoanalytic Quarterly*, No. 39, 1970, S. 90–102. Vergleiche dazu auch Jacques Lacan: *The Four Fun-*

damental Concepts of Psycho-Analysis, New York, 1978, S. 48–55 zum Problem der Wiederholung; Gilles Deleuze: *Différence et répétition*, Paris, 1968, S. 30 zur psychiatrischen Übertragung, wodurch eine Wiederholung, die Krankheit und Verlust bedeutet, zu Gesundheit und Erlösung wird. »Immer bereits geschehen« ist Jacques Derridas Schlüsselwort für den Heideggerschen Zusammenhang von Anwesenheit und Wesen im (post)modernen Leben; siehe dazu den Beitrag von Avital Ronell in: *The Telephone Book*, Lincoln, NE, 1989, S. 430ff.

13 Bis vor fünfzig Jahren war man der Meinung, daß Stottern bei »Primitiven« nicht vorkommt. Als man unter nordamerikanischen Indianern und Zentralafrikanern Stotterer fand, hielt man dies für eine Folge des Kontakts zur »Zivilisation«. Siehe dazu Oliver Bloodstein: *Handbook on Stuttering*, Chicago, 1975, S. 92–96; Denyse Rockey: *Speech Disorder in Nineteenth-Century Britain: A History of Stuttering*, London, 1980, S. 25–28; George H. Shames: Stuttering: an RFP for a cultural perspective. In: *Journal of Fluency Disorders*, No. 14, 1989, S. 67–77.

14 Siehe Andrew J. Lees: *Tics and Related Disorders*, Edinburgh, 1985, S. 1, 2, 7, 15, 20f; Edward Warren: Remarks on stammering. In: *American Journal of Medical Science*, No. 21, 1837, S. 75–99, Nachdruck im *Journal of Communication Disorders*, No. 10, 1977, S. 159–179; Howard I. Kaplan u. a.: *Comprehensive Textbook of Psychiatry*, 3. Auflage, Baltimore, 1980, vol. I, S. 1014.

15 Donald J. Cohen u. a.: *Tourette's Syndrome and Tic Disorders*, New York, 1988, S. 9; Oliver Sacks: Tics. In: *New York Review of Books*, 29. 1. 1987, S. 37–41, S. 38 Zitat aus H. Meige und E. Feindel: *Tics and Their Treatment [Les confessions d'un ticqueur]*, New York, 1907. Neuere Studien weisen darauf hin, daß das Tourette-Syndrom offenbar in ein Spektrum der Chorea (Veitstanz) eingeordnet werden muß, deren Ursache eine Reaktion des Immunsystems auf eine Bakterieninfektion mit Streptokokken und eine darauf folgende »biologische Mimikry« von Antikörpern ist, die gesunde Neurotransmitter-Zellen in den Basis-Ganglien des Gehirns angreifen. Das Beharren von Tourette und späteren Psychologen darauf, dieses psychopathologische »Syndrom« klar von anderen Choreas zu unterscheiden, stand bereits zu seiner Zeit medizinisch auf schwachen Füßen. Aber dieses Beharren paßte in eine Kultur der Kopie, die ihre ganze Aufmerksamkeit auf sich dramatisch wiederholende Aktionen konzentrierte, einer Störung, die diese Kultur selbst als »verwirrt« oder dem Untergang geweiht symbolisierte. Diejenigen, die an einer Störung litten, von der Tourette so wenig aus erster Hand wußte, mußten deshalb stets den Fluch des Klischees vom Ticqueur ertragen als eines Menschen, dessen Leben die Kopie des Wahnsinns verkörpert. Siehe dazu Howard I. Kushner: Medical fictions: the case of the cursing marquis and the (re)construction of Gilles de la Tourette's syndrome. In: *Bulletin of the History of Medicine*, No. 69, 1995, S. 224–254; Howard I. Kushner and Louise S. Kiessling: The controversy over the classification of Gilles de la Tourette's syndrome, 1800–1995. In: *Perspectives in Biology and Medicine*, No. 39, Spring 1996, S. 409–435.

16 Siehe J. Hillis Miller: *Fiction and Repetition: Seven English Novels*, Cambridge, MA, 1982, S. 6, mit einer Zusammenfassung von Gilles Deleuze, *Différence et répétition*, Pa-

ris, 1968, über nachahmende oder platonische Wiederholung (die echt ist, wenn sie mit dem Original perfekt übereinstimmt) und Nietzschesche (unbegründete) Wiederholung.

17 Thomas Mann: *Bekenntnisse eines Unpolitischen*, Berlin, 1918, S. XI–XII. Siehe dazu auch Gertrude Himmelfarb: Where have all the footnotes gone? In: *New York Times Book Review*, 16. 6. 1991, S. 1, 24; David Hackett Fischer: The braided narrative. In: Angus Fletcher (Hrsg): *The Literature of Fact*, New York, 1976, S. 113–131, wo die umfassende Fußnote als Mittel verteidigt wird, wodurch das Äquivalent des Historikers zu einem wissenschaftlichen Experiment wiederholt und die Ergebnisse nachgestaltet werden können; John Onians: Leitartikel als Antwort auf einen Brief von Michael Fried, »der bedauerte, daß ein bestimmter Artikel keinen Bezug auf eine seiner früheren Arbeiten in einem ähnlichen Bereich enthielt«. In: *Art History*, No. 11, June 1988, S. 155–157, Zitat S. 155; Robert K. Merton: The Matthew Effect in science, II: Cumulative advantage and the symbolism of intellectual property. In: *Isis*, No. 79, December 1988, S. 606–623, wo Harriet Zuckerman gedankt wird; Stephen Greenblatt: Capitalist culture and the circulatory system. In: Murray Krieger (Hrsg.): *The Aims of Representation*, New York, 1987, S. 257–273, besonders S. 264: »Die kapitalistische Ästhetik erfordert Danksagungen«; Jon Weiner: The footnote fetish. In: *Dissent*, No. 21, 1974, nachgedruckt in *Telos*, No. 31, 1977, S. 172–177 über Erwähnungen, nicht Fußnoten, und über politische Voreingenommenheiten, die dabei auftreten; The dynamic dozen: top ranked U. S. universities in the biological sciences, 1981–1991. In: *Science Watch*, January 1993, zusammengefaßt in *Brandeis Review*, No. 12, Spring 1993, S. 4; Blaise Cronin: *The Citation Process: The Role and Significance of Citations in Scientific Communication*, London, 1984.
In dieser Fußnote danke ich meiner Alma Mater; ehre ich meinen Mentor, David Hackett Fischer; suche ich die geschätzte Gesellschaft von *Isis*; kopple ich mich an Greenblatt an; lenke ich Kritik auf Himmelfarb ab (die den Abstieg der Fußnote Rousseau anlastet, der in seinem *Zweiten Discours, Über Ungleichheit* [1755] seine Fußnoten ans Ende der Schrift verbannte, wo »diejenigen, die den Mut haben, noch einmal von vorn zu beginnen, sich zum zweiten Mal daran freuen können, auf den Busch zu klopfen«); weise ich die Verantwortung für Weiners Vorwurf der Voreingenommenheit von mir; demonstriere ich Fairneß durch einen respektvollen Hinweis auf die extreme Position von Onians; offenbare ich meine hohe Bildung. Als moderner Wissenschaftler möchte ich natürlich, daß man mir Originalität bescheinigt, obwohl diese Fußnote über Fußnoten Vorgänger hat, z. B. die Satire von Peter Riess: *Towards a Theory of the Footnote*, Berlin, 1983, der unter den Formen der Fußnoten die vorbeugende, die gedächtnisschwache (»was hinzugefügt wird, muß dem Autor schon einmal geschehen sein«) und die narzißtische anführt.

18 Zur Geschichte des Plagiats als »Verbrechen« siehe Walter L. Bullock: The precept of plagiarism in the Cinquecento. In: *Modern Philology*, No. 25, February 1928, S. 293 bis 312; Erich Welslau: *Imitation und Plagiat in der französischen Literatur von der Renaissance bis zur Revolution*, Berlin, 1976; Thomas Mallon: *Stolen Words: Forays into the*

Origins and Ravages of Plagiarism, New York, 1989, ch. 1. Zu den Bemühungen, das Plagiat vom Vorwurf des Verbrechens zu befreien, siehe Karen Eliot: Plagiarism as negation in culture. In: Stewart Home (Hrsg.): *Plagiarism: Art as Commodity and Strategies for its Negation*, London, 1987, S. 5; Ed Baxter: A footnote to the Festival of Plagiarism. In: *Variant*, No. 5, Summer-Autumn 1988, S. 26–30; Stuart Cosgrove: In praise of plagiarism. In: *New Statesman & Society*, No. 2, 1. 9. 1989, S. 38; Mark Bloch: *The Last Word: Art Strike, Word Strike, Plagiarism and Originality*, New York, 1990, S. 28; Monty Cantsin (Pseud.) u. a.: *Smile*, No. 11, 1989, S. 3 zu Jorn und der ganzen Diskussion, in der der Internationale der Situationisten Ästhetizismus vorgeworfen wird; Critical Arts Ensemble, Hypertext. In: *Real Life*, No. 20, 1990, S. 21–28, wo das Plagiat als revolutionärer Akt dargestellt wird. Zu Mr. Tupper, auf den sich Louise Imogen Guiney bezieht, siehe A little treatise on plagiarisms. In: *Lippincott's Magazine*, No. 41, 1888, S. 786–792. Gemeint ist Martin Forquahr Tupper, ein volkstümlicher moralisierender englischer Dichter aus der Mitte des 19. Jahrhunderts. Zur Theorie des Plagiats siehe Gérard Genette: *Palimpsestes: la littérature au second degré*, Paris, 1982; Michel Schneider: *Voleurs de mots: essai sur le plagiat, la psychoanalyse, et la pensée*, Paris, 1985. Die Leser werden sich vielleicht an René Magrittes *La Reproduction Interdite* erinnern (ein Bild, das ich hier nicht reproduzieren darf), auf dem ein schwarzhaariger Mann im Anzug in einen Spiegel auf einem Kaminsims schaut, in dem er seinen eigenen Rücken erblickt. Auf dem Sims sehen wir ein Exemplar von Edgar Allan Poes *Adventures of Gordon Pym*, das ein Plagiat von Benjamin Morells *Narrative of Four Voyages* ist.

19 Die Metapher des Querschlägers stammt von Susan Stewart: *Crimes of Writing*, New York, 1991, S. 132. Vergleiche dazu auch Ian Mackenzie: Gadamer's hermeneutic and the uses of forgery. In: *Journal of Aesthetics and Art Criticism*, No. 45, Fall 1986, S. 41 bis 48. Zu Briefmarken siehe Lowell Ragatz (Hrsg.): *Fournier Album of Philatelic Forgeries*, Worthington, OH, 1970 [1928]; Jean de Sperati: *La Philatelie sans experts*, Paris, 1946. Dies sind die Memoiren eines weiteren Briefmarkenfälschers, der alle Experten überlistete. Zu Dossena siehe Frank Arnau (= Heinrich Schmitt): *Kunst der Fälscher, Fälscher der Kunst: dreitausend Jahre Betrug mit Antiquitäten*, Droemer, 1964, S. 211 bis 225; David Sox: *Unmasking the Forger: The Dossena Deception*, London, 1987, wo skrupellose Händler beschuldigt werden, Dossenas Nachschöpfung(en) zu Fälschungen herabgewürdigt zu haben, indem sie sie willkürlich mißbrauchten.

20 Siehe Robert Harris: *Selling Hitler: The Faking of the Hitler »Diaries«*, New York, 1986; siehe dazu auch Ian Hayward: *Faking It: Art and the Politics of Forgery*, Brighton, 1987, S. 2–5 über die Ironie, Tagebücher zu fälschen, denen man, wären sie echt gewesen, auch keinen Glauben geschenkt hätte, da man wußte, wie Hitler log. Zu den Mormonen-Briefen und anderen Fälschungen von Mark Hofmann habe ich ein Interview mit Jennifer S. Larson, der Eigentümerin von Yerba Buena Books in San Francisco vom 12. 4. 1991 benutzt; siehe dazu auch Linda Sillitoe and Allen D. Roberts: *Salamander: The Story of the Mormon Forgery Murders*, Salt Lake City, 1988; James N. Gilreath (Hrsg.): *The Judgment of Experts*, Charlottesville, 1990. Zu Mrugalla siehe John Dorn-

berg: Truth or consequences. In: *Artnews*, No. 87, October 1988, S. 17f; zu Utrillo siehe Gilbert Bagnani: On fakes and forgeries. In: *The Phoenix*, No. 14, 1960, S. 229. Zu der Karte siehe T. A. Cahill u. a.: The Vinland map, revisited. In: *Analytical Chemistry*, No. 59, 1987, S. 829–833; Laurence C. Witten, II: Vinland's saga recalled. In: *Yale University Library Gazette*, No. 64, October 1989, S. 11–37.

21 Emily Lawless: A Note on the Ethics of Literary Forgery. In: *Nineteenth Century*, No. 41, 1897, S. 84–95; Alessandro Marabottini: Falsificazioni e disconoscimenti nell'arte contemporanea. In: *I Problemi di Ulisse*, No. 12, 1973, S. 156–169; Anthony Grafton: *Forgers and Critics: Creativity and Duplicity in Western Scholarship*, Princeton, 1990; Mark Jones (Hrsg.): *Fake? The Art of Deception*, Berkeley, 1990, Abb. 49 über Keuschheitsgürtel, zu denen es offenbar seriöse Belege aus dem Italien des 14. Jahrhunderts gibt.

22 Siehe dazu das Buch von Wolf Lepenies: *Melancholie und Gesellschaft*, Frankfurt/Main, 1972. Außerdem benutze ich hier Madeleine Bouchez: *L'Ennui, de Sénèque à Moravia*, Paris, 1973; Reinhard C. Kuhn: *The Demon of Noontide: Ennui in Western Literature*, Princeton, 1976, S. 1–50.

23 Siehe George Steiner: The great ennui. In: *In Bluebeard's Castle*, New Haven, 1971, S. 1–26; Guy Sagnes: *L'Ennui dans la littérature française de Flaubert à Laforgue, 1848–1884*, Paris, 1969. Das Zitat von Jules Barbey d'Aurevilly aus dem Jahre 1867 siehe S. 15; Emile Tardieu: *L'Ennui: étude psychologique*, Paris, 1903, S. 1f; Orrin E. Klapp: *Overload and Boredom: Essays on the Quality of Life in the Information Society*, New York, 1986.

8. Wahrnehmung

1 Siehe Jean de La Fontaine: Les amours de Psyche et de Cupidon. In: Louis Moland (Hrsg.): *Œuvres complètes*, Paris, 1876, vol. VI, S. 3–194. Siehe dazu Julien Eymard: *Le Thème du miroir dans la poésie francaise (1540–1815)*, Lille, 1975, S. 7, 180ff. Zu Spiegeln im Zusammenhang mit Eitelkeit und Wahrheit, Illusion und Desillusion – Themen, die ich leider übergehen muß – siehe Jürgen Baltrusaitas: *Le Miroir: essai sur une légende scientifique*, Paris, 1978; James Fernandez: Reflections on looking into mirrors. In: *Semiotica*, No. 30, 1980, S. 27–39.

2 Henry James: Das einzig Wahre. In: *Erzählungen*, Köln/Berlin, 1958, S. 294–322. Vergleiche dazu auch Miles Orvell: *The Real Thing: Imitation and Authenticity in American Culture, 1880–1940*, Chapel Hill, 1989, S. 122f. Siehe dazu Peter Sloterdijk: Das Man oder das realste Subjekt des modernen diffusen Zynismus. In: *Kritik der zynischen Vernunft*, Frankfurt/Main, 1983.

3 Eine kurzgefaßte Geschichte siehe bei J. Thomas McCarthy: *The Rights of Publicity and Privacy*, Deerfield, 1990. Diese Arbeit wurde im April 1993 aktualisiert. Darin heißt es, daß das Recht auf Privatsphäre in Großbritannien nicht kodifiziert ist, jedoch

nach französischem Gesetz als moralisches Recht für unbestritten gilt. In Kapitel 6 wird die internationale Situation beim Recht auf Publizität dargestellt. Ich betrachte hier die Rechtslage in den USA, wo sehr aufschlußreiche Einschränkungen gelten.

4 Siehe Stuart Goldman: In Vegas, dead legends live on and on. In: *Los Angeles Times*, 18. 12. 1983, Kalenderteil, S. 4. Im Jahr 1987 lebten über 100 amerikanische Frauen (und wieviele Männer?) davon, Marilyn Monroe darzustellen. Warum auch nicht, meinte eine von ihnen, schließlich seien sie und Marilyn beide im Sternbild der Zwillinge geboren. Siehe Patricia W. Biederman: Movie look-alikes keep a family busy. Ebenda, 23. 11. 1984, CC-II, S. 1f. Zu Lugosi siehe Jane Gaines: *Contested Culture: The Image, the Voice, and the Law*, Chapel Hill, 1991, S. 175.

5 Siehe Gary K. Wolf: *Who Censored Roger Rabbit?* New York, 1981, S. 17. In diesem Roman wird anhand von animierten Cartoons vorgeführt, was den Stars der Bildergeschichten, denen man willkürlich Doppelgänger zuordnen kann, alles passiert. Zu Narzißmus und dem modernen Ego, dem der eigene Mittelpunkt abhanden gekommen ist, siehe C. Fred Alford: *Narcissism: Socrates, the Frankfurt School, and Psychoanalytic Theory*, New Haven, 1988; Mark Poster: *Critical Theory and Poststructuralism*, Ithaca, 1989, S. 53ff; Tobin Siebers: *The Mirror of Medusa*, Berkeley, 1983. Hier ist der mythische Zusammenhang zwischen Narzißmus und Prominenz besonders gut dargestellt. Zu Holographie und holographischer Neurologie siehe Paul Pietsch: *Shufflebrain*, Boston, 1981; Brigitte Burgmer: *Pribram auf der Suche nach dem Engram*. In: *Lichtblicke*, Frankfurt/Main, 1984, S. 164; Peter Zee: Dieter Jung: the authenticity of the image. In: *Holosphere*, No. 13, Fall 1985, S. 16ff.

6 Siehe Perez Zagorin: *Ways of Lying: Dissimulation, Persecution, and Conformity in Early Modern Europe*, Cambridge, MA, 1990; Johann P. Sommerville: The »New Art of Lying«: equivocation, mental reservation, and casuistry. In: Edmund Leites (Hrsg.): *Conscience and Casuistry in Early Modern Europe*, Cambridge, 1988, S. 159–184, Zitat S. 160; Lowell Gallagher: *Medusa's Gaze: Casuistry and Conscience in the Renaissance*, Stanford, 1991, S. 4, 6f, 263f.

7 Siehe James L. Cavanaugh und Richard Rogers (Hrsg.): Malingering and deception, Sonderausgabe von *Behavioral Science & the Law*, No. 2, Winter 1984; Erin D. Bigler: Neuropsychology and malingering. In: *Journal of Consulting Clinical Psychology*, No. 58, April 1990, S. 244–248. Siehe darin die Erwiderung von David Faust und Thomas J. Guilmete auf S. 248ff über die Unfähigkeit von Psychologen, Simulanten zu entlarven; Stanley Rabinowitz u. a.: Malingering in the clinical setting. In: *Psychological Reports*, No. 67, 1990, S. 1315–1318.

8 Siehe Richard Asher: Munchausen's Syndrome. In: *Lancet*, No. 1, 1951, S. 339ff; Herzl R. Spiro: Chronic factitious illness. In: *Archives of General Psychiatry*, No. 18, 1968, S. 569–579; Donald A. Swanson: Munchausen Syndrome. In: *American Journal of Psychotherapy*, No. 35, 1981, S. 436–443. Das Münchhausen-Syndrom wurde bisher häufiger bei Männern als bei Frauen diagnostiziert. Vielleicht liegt das daran, daß männliche Ärzte Frauen mit falschen Beschwerden eher als »Schwätzerinnen« abtun, während sie Männern, die den eingebildeten Kranken spielen, ein Syndrom zugestehen. Jedoch hat

man inzwischen ein Münchhausen-Stellvertreter-Syndrom entdeckt, bei dem ein Elternteil, meist die Mutter, eine wirkliche oder vorgetäuschte Krankheit ihres Kindes benutzt, um sich selbst als leidende Dulderin darzustellen.

9 Siehe Nor Hall: Broodmale: a psychological essay on men in childbirth, Vorwort zu Warren R. Dawson: *The Custom of Couvade*, Dallas, 1989 [1929]; Karen E. Paige und Jeffery M. Paige: *The Politics of Reproductive Ritual*, Berkeley, 1981, S. 189–208; Robert Munroe u. a.: The couvade: a psychological analysis. In: *Ethos*, No. 1, 1973, S. 30–74; Gwen J. Broude: Rethinking the couvade. In: *American Anthropologist*, No. 90, 1988, S. 902–911 mit einer Erwiderung von Robert L. Munroe und Ruth H. Munroe in: Ebenda, No. 91, 1989, S. 730–738; Alan Dundes: Couvade in Genesis. In: I. Ben-Ami und J. Dan (Hrsg.): *Studies in Aggadah and Jewish Folklore*, Jerusalem, 1983, S. 35–53.

10 Siehe Catherine Cameron: *The Name Givers*, Englewood Cliffs, 1983, S. 35, wo es heißt, daß mißbrauchte Kinder und Jungen in Jugendstrafanstalten häufiger den Namen ihres Vaters tragen als andere Kinder. Vergleiche dazu Marc Shell: *Children of the Earth: Literature, Politics and Nationhood*, New York, 1993 zum Problem der Blutsverwandtschaft.

11 Siehe Peter Singer und Deane Wells: *The Reproduction Revolution: New Ways of Making Babies*, Oxford, 1984, S. 72. Robert H. Blank schätzt in *Regulating Reproduction*, New York, 1990, S. 25, daß in den USA bis zum Jahre 1989 eine halbe Million Kinder durch künstliche Befruchtung entstanden sind.

12 Siehe Carol Delaney: The meaning of paternity and the Virgin Birth debate. In: *Man*, No. 21, 1986, S. 494–513; Renate Klein: *Exploitation of Desire: Women's Experiences with In Vitro Fertilization*, Geelong, 1989; Mary Anne Warren: IVF and women's interests: an analysis of feminist concerns. In: *Bioethics*, No. 2, 1988, S. 37–57. Hier wird IVF in Zusammenhang mit der Gebärmutterentfernung bei Frauen und mit der Kontrolle des männerbeherrschten biomedizinischen Establishments über die Erforschung der Unfruchtbarkeit von Frauen gebracht. Siehe dazu auch Adele E. Clarke: Controversy and the development of reproductive sciences. In: *Social Problems*, No. 57, February 1990, S. 18–39.

13 Manche der gespendeten Embryos stammen nicht aus IVF sondern aus einem »Interuterintransfer«. Dabei wird ein Ei, das im Mutterleib entweder durch künstliche Insemination oder durch normalen Geschlechtsverkehr befruchtet wurde, entnommen und einer zweiten Frau eingepflanzt, die das ihr genetisch nicht zugehörige Kind als ihr eigenes austrägt. Ob nun IVF oder Transfer, Frauen, die solche Embryos austragen, werden Leihmütter genannt. Als Anna Johnsons Fall vor Gericht kam, gab es weltweit etwa 80 derartige Fälle.

14 Siehe Caroline W. Bynum: *Holy Feast and Holy Fast: The Religious Significance of Food to Medieval Women*, Berkeley, 1987, S. 154, 157, 203f, 257; James K. Hopkins: *A Woman to Deliver Her People: Joanna Southcott and English Millenarianism in an Era of Revolution*, Austin, 1982, S. 199–210, Zitate S. 200, 202f, 269f, Anmerkung 71.

15 Siehe Rosalind P. Petchesky: Fetal images: the power of visual culture in the politics of reproduction. In: *Feminist Studies*, No. 13, 1987, S. 263–292, Zitat S. 287. Siehe beson-

ders S. 275–277 darüber, wie Ultraschallbilder den Fötus visuell von der Mutter trennen, wesentlich aktiver und deshalb (ob nun Junge oder Mädchen) maskulin erscheinen lassen. Zum Problem der Fürsorge siehe Irene Diamond: Babies, heroic experts, and a poisoned earth. In: Diamond and Gloria Orenstein (Hrsg.): *Reweaving the World: The Emergence of Ecofeminism*, San Francisco, 1990, S. 201–210. Siehe dazu auch James Kirkup: To My Children Unknown, Produced by Artificial Insemination. In: *White Shadows Black Shadows*, London, 1970, S. 32ff; Robyn Rowland: Response to the draft report of the National Bioethics Consultative Committee. In: *Surrogacy: Issues in Reproductive and Genetic Engineering*, No. 3/2, 1990, S. 147. Bis zum Jahre 1996 gab es in *Medline* (der wichtigsten medizinischen Datenbank in den USA) 200 Eintragungen über die Erforschung der Parthenogenese und der biochemischen Faktoren, die dafür verantwortlich sind, daß eine Zellteilung bei Eizellen ohne Befruchtung durch Sperma *verhindert* wird.

16 Siehe Blair O. Rogers: The development of aesthetic plastic surgery. In: *Aesthetic Plastic Surgery*, No. 1, 1976, S. 3–24; Sandor Gilman: *The Jew's Body*, New York, 1991, S. 183–188; E. Vaubel: German pioneers and teachers of plastic and reconstructive surgery. In: *Annals of Plastic Surgery*, No. 26, January 1991, S. 16 zum Fall Lewin.

17 Siehe John M. Goin und Marcia K. Goin: *Changing the Body: Psychological Effects of Plastic Surgery*, Baltimore, 1981, S. 28, 145 über die Proteste von »Umweltschützern« gegen das Facelifting als Beseitigung der Erfahrungsspuren, die einem Gesicht Würde verleihen; Paul Paillet und André Gaté: *Changer de corps*, Paris, 1980; Karl Menninger: Polysurgery and polysurgery addiction. In: *Psychoanalytic Quarterly*, No. 13, 1934, S. 177, 187; On the cutting edge. In: *People*, 27. 1. 1992, S. 68 mit einem Zitat der Schauspielerin Cybill Shepherd; G. G. Hay: Dysmorphophobia. In: *British Journal of Psychiatry*, No. 116, 1970, S. 399–406.

18 Siehe John Frankenheimer (Regie): *Der Mann, den es zweimal gab*, Paramount, 1966, mit Rock Hudson in der Hauptrolle, von dem nach seinem Tod bekannt wurde, daß er ein Doppelleben führte – auf der Leinwand als Frauenheld und privat als Schwuler. Vergleiche dazu auch M. Sharon Webb: Disfigurement: personal, psychosocial and ethical aspects. In: *Journal of Medical Humanities and Bioethics*, No. 8/2, 1987, S. 110–119; Diane Dull und Candace West: Accounting for cosmetic surgery: the accomplishment of gender. In: *Social Problems*, No. 38, 1991, S. 54–70. Harry Benjamin schreibt dazu in *The Transsexual Phenomenon*, New York, 1966, S. 55: »Einem Volk, das falsche Zähne und Brillen, Schönheitsoperationen und künstliche Glieder akzeptiert, sollte [eine Operation zur Geschlechtsumwandlung] nicht als unvernünftig erscheinen.«

19 Siehe Randolph Trumbach: London's sodomites: homosexual behavior and Western culture in the eighteenth century. In: *Journal of Social History*, No. 11, 1977, S. 1–33; ders.: The birth of the queen: sodomy and the emergence of gender equality in modern culture, 1670–1750. In: M. B. Duberman u. a. (Hrsg.): *Hidden from History*, New York, 1989, S. 129–140; Vern L. Bullough und Bonnie Bullough: *Cross Dressing, Sex, and Gender*, Philadelphia, 1993, S. 119. Zitat aus Edward Ward: *Secret History of Clubs*,

London, 1709, S. 290 zur Couvade; Ann R. Jones und Peter Stallybrass: Fetishizing gender: constructing the hermaphrodite in Renaissance Europe. In: J. Epstein und K. Straub (Hrsg.): *Body Guards: The Cultural Politics of Gender Ambiguity*, New York, 1991, S. 80–111.

20 Siehe Terry Castle: The culture of travesty: sexuality and masquerade in eighteenth-century England. In: G. S. Rousseau und Roy Porter (Hrsg.): *Sexual Underworlds of the Enlightenment*, Manchester, 1987, S. 156–180; Thomas Laqueur: *Making Sex: Body and Gender from the Greeks to Freud*, Cambridge, MA, 1992. Siehe die Kritik dazu von Angus McLaren in *American Historical Review*, No. 98, June 1993, S. 832f; Michel Foucault: *The History of Sexuality. I. An Introduction*, New York, 1978, zur Geschichte der Sexualität; Marjorie Garber: *Vested Interests: Cross-Dressing and Cultural Anxiety*, New York, 1992, S. 11 zu den »Möglichkeiten«.

21 Siehe Marjorie Garber, a. a. O., S. 369; Jan Morris: *Conundrum*, New York, 1974, S. 3: »Ich war drei oder vier Jahre alt, als mir klar wurde, daß ich im falschen Körper geboren war und eigentlich ein Mädchen sein sollte.« Zu den Disputen über Kategorien und Crossovers *unter* den Transsexuellen siehe Anne Bolin: Transcending and transgendering: male-to-female transsexuals, dichotomy and diversity. In: Gilbert Herdt (Hrsg.): *Third Sex, Third Gender: Beyond Sexual Dimorphism in Culture and History*, New York, 1994, S. 447–485. Dort wird argumentiert, daß die Gegenüberstellung von Menschen, die sich als das andere Geschlecht verkleiden, und Transsexuellen, nicht mehr zutreffend ist, wenn sie es überhaupt jemals war.

22 Interview mit Dr. Paul Billings vom Center for Inherited Diseases am Pacific Presbyterian Medical Center in San Francisco vom 16. 4. 1991; Robert G. McKinnell: *Cloning: A Biologist Reports*, Minneapolis, 1979, S. 102. Siehe dazu auch Katharine Lowry: The designer babies are growing up. In: *Los Angeles Times Magazine*, 1. 11. 1987, S. 7 bis 12 zu den Ergebnissen des eugenischen Experiments am Repository for Germinal Choice in Escondido, Kalifornien, wo nur das Sperma von Nobelpreisträgern oder anderen Personen mit hohem IQ eingefroren wird. Die Mutter eines solchen »Designerbabys« wollte den Reportern als erstes vorführen, wie sehr ihre Tochter ihrem Ehemann ähnlich sei.

23 Hier verweise ich auf Jack R. Kloppenburg Jr.: *First the Seed: The Political Economy of Plant Biotechnology, 1492–2000*, Cambridge, 1988, S. 68, 88, 132. Außerdem habe ich benutzt: Frederick H. Buttel und Jill Belsky: Biotechnology, plant breeding, and intellectual property. In: *Science, Technology, & Human Values*, No. 12, Winter 1987, S. 31–49; Lawrence Busch u. a.: *Plants, Power and Profit*, Oxford, 1991; Martin Heidegger: *Die Technik und die Kehre*, Pfullingen, 1962, Zitat S. 16; Jeffrey Burkhardt: The morality behind sustainability. In: *Journal of Agricultural Ethics*, No. 2, 1989, S. 113–128.

24 Zu den Warnungen siehe Hubert L. Dreyfus und Stuart E. Dreyfus: *Mind Over Machine: The Power of Human Intuition and Expertise in the Era of the Computer*, New York, 1986, S. XIV. Zur Geschichte von Modellen künstlicher Intelligenz siehe Patrick K. Simpson: *Artificial Neural Systems*, New York, 1990, S. 136–145. Siehe weiter J. R.

Doyle: Supervised learning in N-tuple neural networks. In: *International Journal of Man-Machine Studies*, No. 33, July 1990, Zitat von Igor Aleksander S. 35; Sherry Turkle: Romantic reaction: paradoxical responses to computer presence. In: J. J. Sheehan und M. Sosna (Hrsg.): *Boundaries of Humanity: Humans, Animals, Machines*, Berkeley, 1991, S. 224–252. Zu den Schaltkreisen für mit Moral ausgestattete Roboter siehe Warren S. McCulloch: *Embodiments of Mind*, Cambridge, MA, 1965, S. 194. Zu Programmen für »künstliches Leben« siehe Christopher G. Langton (Hrsg.): *Artificial Life*, Redwood City, 1989, besonders den Titelbeitrag und P. Hogeweg: MIRROR beyond MIRROR, puddles of life.

25 J. David Bolter: Artificial intelligence. In: *Daedalus*, No. 113/3, 1984, S. 1–18; Grant H. Kester: Out of sight is out of mind: the imaginary space of postindustrial culture. In: *Social Text*, No. 35, 1993, S. 72–92 über virtuelle Realität und soziales Bewußtsein. Siehe dazu auch Allucquère Rosanne Stone: *The War of Desire and Technology at the Close of the Mechanical Age*, Cambridge, MA, 1995; Michael Heim: The metaphysics of virtual reality. In: S. K. Helsel und J. P. Roth (Hrsg.): *Virtual Reality: Theory, Practice, and Promise*, Westport, 1991, S. 27–34.

26 Helge Kragh: *Dirac: A Scientific Biography*, Cambridge, 1990, S. 88–92, 95–103; Robert L. Forward und Joel Davis: *Mirror Matter: Pioneering Antimatter Physics*, New York, 1988, S. 23.

27 Masao Watanabe: *The Japanese and Western Science*, Philadelphia, 1990, ch. 2; James R. Bartholomew: *The Formation of Science in Japan*, New Haven, 1989, S. 76; E. Sydney Crawcour: Industrialization and technological change, 1885–1920. In: Peter Duus (Hrsg.): *Cambridge History of Japan*, Cambridge, 1988, vol. VI, S. 403f, 420; Marilyn Ivy: *Discourses of the Vanishing: Modernity, Phantasm, Japan*, Chicago, 1995; Akira Iriye (Hrsg.): *Mutual Images: Essays in American-Japanese Relations*, Cambridge, MA, 1975; Yokoyama Toshio: *Japan in the Victorian Mind: A Study of Stereotyped Images of a Nation, 1850–80*, Houndmills, 1987, Zitat aus Algernon B. Mitford: *The Attaché at Peking*, London, 1900, auf S. 175. Mitford glaubte, da die Japaner stets Dinge aus anderen Kulturen entlehnt hatten, werde es ihnen leichter fallen, sich zu modernisieren, denn sie sollten imstande sein, alte Traditionen ohne Gesichtsverlust abzuwerfen. Früher hatte er sich allerdings über den Anblick von japanischen Soldaten in schlechtsitzenden europäischen Uniformen entrüstet: »Sie wirkten so entstellt wie Affenmenschen, während sie doch in ihren eigenen nationalen Gewändern so gut aussahen.«

28 Pamela Asquith: Anthropomorphism and the Japanese and Western traditions in primatology. In: J. G. Else und P. C. Lee (Hrsg.): *Primate Ontogeny, Cognition, and Behavior*, New York, 1986, S. 61–72; Emiko Ohnuki-Tierney: The monkey as self in Japanese culture. In: ders. (Hrsg.): *Culture Through Time*, Stanford, 1990, S. 163–173; ders.: *The Monkey as Mirror: Symbolic Transformations in Japanese History and Ritual*, Princeton, 1987, besonders chap. 2; Densaburo Miyadi: Social life of Japanese monkeys. In: Arthur H. Livermore (Hrsg.): *Science in Japan*, Washington, D. C., 1965, S. 315 bis 334; Stuart A. Altmann (Hrsg.): *Japanese Monkeys*, Atlanta, 1965, besonders den Beitrag von Kinji Imanishi u. a., S. 38, 47.

29 Siehe Boye De Mente: *Made In Japan: The Methods, Motivation, and Culture of the Japanese, and Their Influence on U.S. Business and All Americans*, Lincolnwood, 1987; Frederik L. Schodt: In the land of robots. In: *Business Month*, November 1988, S. 67–75; George Haggerty (Regie): Robotopia, Knowledge Network, gesendet 1992; A. J. S. Rayl: The new, improved reality. In: *Los Angeles Times Magazine*, 21. 7. 1991, S. 30.

30 Siehe Samuel Pennington (Hrsg.): Museum of Folk Art, New York: *April Fool: Folk Art Fakes and Forgeries, 1.–30. April 1988*, Waldoboro, 1988, Zitat von Frank J. Miele auf S. 3. Zur *Mona Lisa* siehe Ginger Danto: *Mona Lisa*: What becomes a legend most. In: *Artnews*, No. 88, Summer 1989, S. 148–151, Zitat vom Chefkurator für Malerei des Louvre, Pierre Rosenberg, auf S. 151. Zur afrikanischen Kunst siehe das Symposium: Fakes, fakers, and fakery: authenticity in African art. In: *African Arts*, No. 9, April 1976, S. 20–31. Siehe besonders S. 22 über die Ibeji, die uns zum Anfang dieses Buches zurückführen.

Emma Godeau
Einer wartet immer

Unausweichliches Schicksal oder nur ein Moment?

Essay
111 Seiten. Gebunden
ISBN 3-351-02796-6

»Wann kommst du? Wer wartet, leidet, aber wer richtig wartet, ist frei.«
Emma Godeau (Pseudonym) wurde 1957 in Montréal geboren. Studium der Psychologie, Soziologie und Germanistik in Stanford und Konstanz. Zahlreiche wissenschaftliche Veröffentlichungen sowie Beiträge in amerikanischen und deutschen Zeitschriften. Emma Godeau untersucht mit Witz und Wissen jene allseits bekannte Tortur, die viele Chancen birgt.

»Wie Wartezeit zu verkürzen sei, darüber wird immer neu nachgedacht, denn Wartezeit gilt als tote Zeit. Dass dem nicht so sein muss, lehrt der Essay ›Einer wartet immer‹ der Publizistin Emma Godeau, deren Pseudonym als Hommage an Flaubert und Beckett zu verstehen ist.«

Der Spiegel

Aufbau-Verlag

Thomas Kastura

Flucht ins Eis

Warum wir ans kalte Ende der Welt wollen

Essay
128 Seiten. Gebunden
ISBN 3-351-02791-5

Woher rührt unsere Faszination von einer in Kälte erstarrten Welt? Ist die Flucht ins Eis ein Anzeichen dafür, daß uns Herausforderungen fehlen? Daß wir uns im Lesesessel mit den letzten Dingen am Ende der Welt auseinandersetzen wollen? Wir sind, was wir lesen, lautet eine von Thomas Kasturas Thesen, der uns auf einem geistreichen und unterhaltsamen Spaziergang durch alle kälteren Bereiche der Kultur begleitet. Nach der Lektüre dieses erhellenden Essays wird kein Eiswürfel mehr einfach nur gefrorenes Wasser sein.

Aufbau-Verlag

Gertrud Lehnert

Die Leserin

Das erotische Verhältnis der Frauen zur Literatur

Essay
128 Seiten. Gebunden
ISBN 3-351-02790-7

Lesen galt, seitdem sich im 18. Jahrhundert ein bürgerliches Lesepublikum herausgebildet hat, als schädlich für Frauen: deren Sinnlichkeit mache sie phantasiereichen Einflüssen gewogen und verderbe sie für das wirkliche Leben. Insbesondere Romane hatten den Ruf, das Blut in Wallungen zu bringen. Heute werden 60 % der Romane ausschließlich von Frauen gekauft, und längst ist die Leserin selbst zur Romanfigur und gar Filmheldin geworden.
In ihrem geistreichen Essay macht Gertrud Lehnert uns unmißverständlich klar, warum Frauen nicht in den Sex-Shop gehen werden, solange es Buchhandlungen gibt.

Aufbau-Verlag